D0944604

A REVERSE DICTIONARY OF THE SPANISH LANGUAGE

A REVERSE DICTIONARY OF THE SPANISH LANGUAGE

Fred A. Stahl and Gary E. A. Scavnicky

UNIVERSITY OF ILLINOIS PRESS
Urbana Chicago London

Manufactured in the United States of America
Library of Congress Catalog Card No. 68-24625

ISBN 0-252-72540-9

Acknowledgments

The authors wish to acknowledge Joseph Allen, Jr., and R. Joe Campbell, without whose encouragement this work would not have been made available. Thanks are also due to Merlin Forster for his help in acquiring the printing device, to Robert Mullen and James Studier for their aid in programming, and to James Snyder for providing financial assistance for computer time from the Graduate College Research Board of the University of Illinois. Much credit is also due to our wives for the many hours of laborious proofreading that were necessary and for their constant encouragement. Also thanks to the staff of the University of Illinois Press for their patience.

FOREWORD

by J. H. D. Allen, Jr.

Scholarly works known to specialists as reverse-ordered dictionaries, and sometimes known to non-specialists as backward dictionaries, have not been nearly so well known and appreciated as they deserve to be. There have been two principal reasons for this obscurity. The first of these is the ill-founded suspicion, rather widespread even among humanists, that the term refers to a dictionary constructed by placing at the beginning all words with initial *Z-*, and at the end all words with initial *A-*, with the remainder appropriately ordered between. A glance at Stahl and Scavnicky's text will quickly reveal that this is not the case; yet probably the obvious lack of utility in such a procedure causes much of the skepticism with which mention of these works is often greeted among humanists.

The second reason for the neglect of these dictionaries is of a different kind. The labor of producing one, if it is done in the conventional way with pencil and paper, is so enormous that even the most intrepid scholars may easily be dissuaded from undertaking it. As a consequence, until quite recently very few such dictionaries have been compiled and published, and there must be numerous serious students of language who have not yet seen one.

Discounting two small reverse glossaries (one of the *Rig Veda,* the other of Old Persian), the first — and for forty years the only — reverse dictionary of any language was the *Laterculi vocum latinarum,* compiled by Otto Gradenwitz and published in Leipzig in 1904.

The advent of the great computers and their gradual adaptation to linguistic, and particularly to lexicographic, applications, has substantially assisted the compilation of these works. They have very largely removed the problem of great amounts of hand labor, and they have diminished, if not removed, the dangers of faulty alphabetization, misspellings, and typographical errors which always hang heavy over any lexical enterprise. Accordingly, beginning in 1944 we can observe a rapid and substantial increase in the publication of these works, with two dedicated to Greek and one to Old Church Slavic. The first one that I am aware of to be dedicated to a Romance language is the *Dicționar Invers,* published by the Rumanian Academy in Bucharest in 1957. Russian is represented by two in 1958 and 1959, and then there appears the *Dizionario inverso italiano* of Mario L. Alinei (The Hague, 1962). Alphonse Juilland next published his *Dictionnaire inverse de la langue française* (The Hague, 1963), leaving Spanish as the principal Romance language yet to receive this kind of treatment. It is this lack, of course, which Stahl and Scavnicky's work is now designed to fill.

It is plain that one principal purpose of the compilers of some of the early reverse dictionaries, particularly those of the classical languages, was to assist the epigrapher. It frequently happens that an interesting inscription on stone or other material has been mutilated by the action of weather, the chipping or breaking of the stone, or similar accidents in such a way that the left-hand parts of words have been lost, in some cases the left-hand parts of each initial word in several consecutive lines. If the scholar undertakes to restore such an inscription, he has before him much unnecessary labor searching through conventional dictionaries for all of the words in the language which end in the letters of the inscription which have escaped mutilation. The reverse-ordered dictionary, on the other hand, brings together in one convenient list all words in the language ending in any given sequence of letters (or sounds, in Juilland's dictionary). The epigrapher then needs only to try the words in this limited list, one by one, and to decide which best suits the context of the remaining inscription and to propose that one as a reconstruction.

The process of reverse ordering obviously brings together (in many languages) classes of words such as verbs of the same conjugation and words formed with the same suffix, e.g., in Spanish: verbs in *-izar,* adverbs in *-mente,* adjectives in *-oso, -doso, -dadoso,* and abstract nouns in *-dad.* Thus a great deal of the useless labor is removed from the study of the use of suffixes to make new formations, the growth or diminution of the vitality of particular suffixes, preferences for one of two or more similar suffixes (e.g., the Spanish diminutives *-ito* and *-ico*), and other investigations of the final parts of words. The usefulness of reverse ordering subsumes, but is not limited to, most of the uses of the more familiar rhyming dictionaries.

Stahl and Scavnicky have performed a very useful task; students of certain aspects of the history and structure of Spanish will find that their labors are greatly facilitated by consulting their work. Spanish has now been added to Rumanian, Italian, and French in the list of languages treated in this manner, and we can look forward to the day when all of the Romance languages will be available in this form. It is a pleasure to present this useful work to scholars.

PREFACE

This dictionary has been sorted and printed by computer. It represents a unique approach to the generation and presentation of this type of linguistic information. The techniques used to accomplish this are described here for those who are interested. There is no one computer that can be pointed to as having produced this dictionary; there were, in fact, quite a few computers involved. The various procedures that were used for inputting the data, sorting it, and printing it are described in the paragraphs that follow.

Input Data

The data[1] were originally key-punched and transferred to magnetic tape. Since the key-punch equipment was not equipped to handle diacritic marks, an encoding scheme was chosen to represent the various marks found in Spanish. The encoding consisted of merely inserting a slash character "/" immediately after the character that should have been given the particular diacritic mark being encoded. The table that follows illustrates this procedure:

TABLE 1. ENCODING THE DIACRITIC MARKS

Words with Diacritics	Encoded Form
Dramática	DRAMA/TICA
Céntrico	CE/NTRICO
Indígena	INDI/GENA
Ópalo	O/PALO
Útilmente	U/TILMENTE
Sueño	SUEN/O
Lingüista	LINGU/ISTA

Note that no confusion can result from the occurrence of U/ as it can only be ü when in the context of GU/E or GU/I, and ú otherwise.

Computer Sorting

A computer sorting program was needed in order to produce this dictionary. It was necessary to sort the key-punched words so that they would appear in the same order in which they occurred in the original dictionary for proofreading, and also to sort the words into reverse order after proofing was completed.

English-language computer sorting programs are unacceptable for sorting Spanish words into their proper order, due to the differences found in Spanish and English alphabetization. In addition, there are the irregularities introduced by the encoding of the diacritic marks as described above that would make a standard English sorting program undesirable. However, in order to avoid having to write a special computer program for Spanish sorting, an additional encoding was made and used as a *sorting key* for use with a standard English sorting program. A sorting key is a means of tagging the original word with additional information for purposes of sorting.

The code used follows: All characters are rewritten with a blank space following them except for the CH, LL, and N/ characters. All slashes are ignored except for the N/, as just noted. The table below illustrates this encoding.

TABLE 2. ENCODING SPANISH WORDS FOR FORWARD SORTING

Spanish Word	Sorting Key
MUCHAS	M U CHA S
LLAMAR	LLA M A R
O/PALO	O P A L O
SUEN/O	S U E N/O
LINGU/ISTA	L I N G U I S T A

In a standard English sorting program a "blank" character occurs alphabetically before any other character. So two words matching up to the C vs. CH position would be sorted properly because, although the C's would match, the blank occurs alphabetically before the H; similarly with L and LL. In the case of N and N/ the slash occurs alphabetically after the blank, so these would be sorted properly also. Since the other diacritics do not affect the alphabetical order of words, their omission in this encoding procedure yields the proper sorting key.

In order to encode a sorting key that could be used to produce the dictionary in reverse order, the only change needed in the procedure just described was to start with the last character of the word and proceed to the left instead of the other way around.

[1] Words were taken from Real Academia Española, *Diccionario de la Lengua Española*, 18th ed. (Madrid, 1956).

Special care has to be exercised when going backward in this manner. If the letter under consideration is an H, L, or /, then the next letter to the left has to be checked, to see if it is a C, L, or N, respectively. If it is, then the following space has to be omitted. The table below gives the sorting keys for some words for use in a reverse sort.

TABLE 3. ENCODING SPANISH WORDS FOR REVERSE SORTING

Spanish Word	Reverse Sorting Key
MUCHAS	S A CHU M
LLAMAR	R A M A LL
O/PALO	O L A P O
SUEN/O	O N/E U S
LINGU/ISTA	A T S I U G N I L

Computer Printing

In order to produce the final computer output with the proper diacritic marks with which everyone is familiar, a special printing device was designed and attached to the computer. The printing device contains all the standard characters A through Z as well as the numerals 0 through 9. The other characters are: . / - ¿ ? ¡ ` ´ ^ ı • ¸ ¨ ( ) _ ˜ and , . For this particular dictionary the only special characters used were the ˜ ´ and ¨ .

Printing was accomplished by first striking the alphabetic character and then overstriking with the proper diacritic character. The printing device can print 600 lines a minute.

Fred A. Stahl

A

A
ABA
BABA
ABABA
REBABA
ESCABA
ALDABA
FABA
ALFABA
ALGABA
HABA
JABA
ALJABA
CALABA
CHILABA
SÍLABA
DECASÍLABA
ENDECASÍLABA
DODECASÍLABA
ENEASÍLABA
TETRASÍLABA
PENTASÍLABA
HEPTASÍLABA
HEXASÍLABA
BISÍLABA
DISÍLABA
POLISÍLABA
PARISÍLABA
IMPARISÍLABA
CUADRISÍLABA
TRISÍLABA
CUATRISÍLABA
SEPTISÍLABA
MONOSÍLABA
OCTOSÍLABA
NABA
BANABA
GUANABÁ
RABA
CÁRABA
CARABA
GÁRABA
PARABA
DRABA
ALMADRABA
ARRABÁ
TRABA
PELTRABA
TABA
CUABA
GUABA
YABA
GUAYABA
ALCAZABA
JABEBA
AJABEBA
CUBEBA
CEBA
MANCEBA
GLEBA
FALLEBA
AMEBA
GREBA
ESTEBA
ANÚTEBA
PRUEBA
CONTRAPRUEBA
REPRUEBA
COMPRUEBA
TABAIBA
JAIBA
BIAJAIBA
COPAIBA
AGUARAIBÁ
TATAIBÁ
CEIBA
GIBA
AMIBA
COPIBA
RIBA
BRIBA
CRIBA
ESCRIBA
ARRIBA
DIATRIBA
DIRECTIBA
ESTIBA
ALBA
MANIALBA
PATIALBA
COLLALBA
UNALBA
CUATRALBA
TRESALBA
DOSALBA
TOZALBA
SILBA
BAMBA
CAMBA
CHAMBA
GAMBA
LIGAGAMBA
GUTAGAMBA
JAMBA
CARAMBA
TARAMBA
CATERAMBA
TAMBA
ZAMBA
PATIZAMBA
BIMBA
NAMBIMBA
CIMBA
CACIMBA
CHIMBA
CACHIMBA
CALIMBA
TAMBARIMBA
CARIMBA
MARIMBA
TIMBIRIMBA
CASIMBA
TIMBA
GÜIMBA
BOMBA
ZAMBOMBA
COMBA
LOMBA
TROMBA
GAYOMBA
CUMBA
CHUMBA
CACHUMBA
GARANDUMBA
BALUMBA
RUMBA
TARUMBA
CHIRUMBA
TUMBA
ULTRATUMBA
GATATUMBA
YUMBA
ZUMBA
CAOBA
BOBA
ANDABOBA
TOBOBA
COBA
ALCOBA
TRASALCOBA
ESCOBA
CHOBA
ADOBA
CÓRDOBA
XENÓFOBA
HIDRÓFOBA
CLERÓFOBA
FOTÓFOBA
LOBA
CAROBA
COSCOROBA
JOROBA
PROBA
RÉPROBA
IMPROBA
ARROBA
GARROBA
ALGARROBA
PICAZUROBA
SOBA
TOBA
ATOBA
OTOBA
BARBA
SOTABARBA
COBARBA
SOBARBA
JUSBARBA
CARBA
GARBA
AZARBA
ACERBA
HIERBA
CONTRAHIERBA
DESHIERBA
SUPERBA
SERBA
VERBA
YERBA
DESYERBA
TIORBA
SORBA
SANGUISORBA
TURBA
ZURBA
ISBA
CAUBA
CARNAUBA
BUBA
CUBA
MACUBA
CARRICUBA
CUCUBÁ
DUBA
GUÁDUBA
JUBA
ALJUBA
GOLUBA
BÍNUBA
PRÓNUBA
SIMARUBA
TUBA
SÓRTUBA
GAYUBA
YUYUBA
CA
ACÁ
BACA
ABACÁ
ATABACA
ALTABACA
CACA
MACACA
CHANCACA
CHACA
MACHACA
CHACARRACHACA
BOLCHACA
CAMANCHACA
BURCHACA
DACÁ
DACA
FACA
ÁFACA
HACA
ALBAHACA
TACAMAHACA
CIBIACA
POLICIACA
ELEFANCIACA
EGIPCIACA
CARDIACA
CORDIACA
ELEGIACA
ALIACA
CELIACA
HELIACA
ILIACA
GENETLIACA
MANIACA
LIPEMANIACA
MONOMANIACA
CLEPTOMANIACA
AMONIACA
DEMONIACA
SIMONIACA
PULMONIACA
BOSNIACA
OLIMPIACA
HIPOCONDRIACA
TERIACA
SIRIACA
ESPERRIACA
TRIACA
ATRIACA
AUSTRIACA
GENESIACA
ISIACA
PARADISIACA
AFRODISIACA
ANAFRODISIACA
ANTIAFORODISIACA
DIONISIACA
TIACA
HELESPONTIACA
QUIACA
JACA
GUAJACA
BURJACA
LACA
CHALACA
CHACHALACA
VALACA
FLACA
MAGLACA
POLACA
PLACA
MORLACA
LLACA
BELLACA
MILLACA
MACA
TACAMACA
HAMACA
TAURÓMACA
ALEXIFÁRMACA
SUMACA
CANACA
TAMANACA
ALMANACA
CHINACA
ESPINACA
PASTINACA
FARNACA
CORNACA
GUIPUZCOACA
CLOACA
PACA
ALPACA
OPACA
BARACA
CARACA
GUACHARACA
SANDÁRACA
ALHARACA
AJARACA
MARACA
PARACA
ASÁRACA
GUARACA
BRACA
CALANDRACA
BARRACA
CARRACA
FARRACA
CHIRRACA
URRACA
HURRACA
TRACA
CATRACA
MATRACA
PILTRACA
MAURACA
CURACA
SACA
CASACA
RESACA
ENTRESACA
SONSACA
COSACA
REDROSACA
TACA
HATACA
PATACA
GUATACA
PETACA
LANTACA
ESTACA
BUTACA
CURRUTACA
GUACA
HUACA
VACA
CARAVACA
ARÉVACA
ESLOVACA
CHECOSLOVACA
YACA
HAYACA
CARAYACA
GUAYACA
ZACA
CICCA
BECA
JABECA
JÁBECA
CECA
CHECA
DECA
PERENDECA
ALBUDECA
BABIECA
PERIECA
PLECA
LLECA
HOLLECA
MECA
CHICHIMECA
COZOLMECA
CANECA
FANECA
PENECA
SÉNECA
CHARNECA
MUÑECA
PECA
ARECA
BRECA
GRECA
ALHURRECA
SECA
RESECA
VERDISECA
CARNISECA
PUNTISECA
ANQUISECA
BOQUISECA
CALSECA
FORÍNSECA
INTRÍNSECA
EXTRÍNSECA
TECA
ATECA
ZACATECA
YUCATECA

TLASCALTECA
GUATEMALTECA
TOLTECA
ANTECA
MANTECA
ENTECA
PINACOTECA
DISCOTECA
BIBLIOTECA
OPLOTECA
HOPLOTECA
APOTECA
HIPOTECA
HEMEROTECA
QUIROTECA
PASTECA
AZTECA
ALMIZTECA
CUECA
ZAMACUECA
CHUECA
HUECA
CAÑAHUECA
CLUECA
LLUECA
BALLUECA
MUECA
JAQUECA
AJAQUECA
ALJAQUECA
ALAQUECA
RUECA
MARRUECA
SUECA
TUECA
BATUECA
ZUECA
TEBAICA
INCAICA
TROCAICA
ARCAICA
CALDAICA
ESPONDAICA
JUDAICA
LAICA
GALAICA
BALALAICA
TOLEMAICA
ROMAICA
CIRENAICA
PIRENAICA
TRASPIRENAICA
TRANSPIRENAICA
ALGEBRAICA
HEBRAICA
MESERAICA
MISERAICA
FARISAICA
MOSAICA
PROSAICA
MUSAICA
URALALTAICA
VOLTAICA
SILÁBICA
ENDECASILÁBICA
HEPTASILÁBICA
BISILÁBICA
PARISILÁBICA
MONOSILÁBICA
OCTOSILÁBICA
RÁBICA
ARÁBICA
ANTIRRÁBICA
TABICA
CIBICA
LÍBICA
CORIÁMBICA
JAMBICA
DITIRÁMBICA
YÁMBICA
DIYÁMBICA
PLÚMBICA
CÚBICA
QUERÚBICA
CICA
CACICA
ESPÁCICA
JURÁCICA
HERBECICA
TARDECICA
TERNECICA
FONTECICA
PORTECICA
CIEGUECICA
SILÍCICA
CÁLCICA

GONOCÓCICA
ESTREPTOCÓCICA
DISTÓCICA
CHICA
MÁCHICA
ARCÁDICA
ESPORÁDICA
SÁDICA
TRAGÉDICA
MÉDICA
COMÉDICA
VELOCIPÉDICA
CALIPÉDICA
ENCICLOPÉDICA
ORTOPÉDICA
PRÉDICA
PORFÍDICA
NUMÍDICA
VERÍDICA
JURÍDICA
ANTIJURÍDICA
CAUSÍDICA
HIDATÍDICA
FATÍDICA
VATÍDICA
DRUÍDICA
DAVÍDICA
HERÁLDICA
ISLÁNDICA
ÍNDICA
SÍNDICA
PERIÓDICA
MELÓDICA
MÓDICA
INMÓDICA
ESPASMÓDICA
ANTIESPASMÓDICA
SINÓDICA
MONÓDICA
PARÓDICA
SÓDICA
EPISÓDICA
PROSÓDICA
CATÓDICA
METÓDICA
LOMBÁRDICA
BEZOÁRDICA
NÓRDICA
BÚDICA
PALÚDICA
ANTIPALÚDICA
TALMÚDICA
PÚDICA
IMPÚDICA
DISNEICA
DIARREICA
CASEICA
PROTEICA
SERÁFICA
GRÁFICA
CABLEGRÁFICA
TELEGRÁFICA
RADIOTELEGRÁFICA
CALIGRÁFICA
POLIGRÁFICA
EPIGRÁFICA
ANEPIGRÁFICA
ESTRATIGRÁFICA
TAQUIGRÁFICA
LEXICOGRÁFICA
CALCOGRÁFICA
IDEOGRÁFICA
GEOGRÁFICA
PALEOGRÁFICA
ESTEREOGRÁFICA
COREOGRÁFICA
BIOGRÁFICA
AUTOBIOGRÁFICA
RADIOGRÁFICA
HAGIOGRÁFICA
BIBLIOGRÁFICA
HELIOGRÁFICA
HISTORIOGRÁFICA
CRISTALOGRÁFICA
SIFILOGRÁFICA
DACTILOGRÁFICA
ESTILOGRÁFICA
XILOGRÁFICA
DEMOGRÁFICA
ANEMOGRÁFICA
COSMOGRÁFICA
MECANOGRÁFICA
OCEANOGRÁFICA
ORGANOGRÁFICA
ICNOGRÁFICA
ESCENOGRÁFICA

ESTENOGRÁFICA
ICONOGRÁFICA
FONOGRÁFICA
MONOGRÁFICA
PORNOGRÁFICA
ETNOGRÁFICA
ZOOGRÁFICA
TIPOGRÁFICA
CROMOTIPOGRÁFICA
FOTOTIPOGRÁFICA
ANTROPOGRÁFICA
TOPOGRÁFICA
MICROGRÁFICA
HIDROGRÁFICA
DENDROGRÁFICA
CONDROGRÁFICA
OROGRÁFICA
COROGRÁFICA
ASTROGRÁFICA
CINEMATOGRÁFICA
PICTOGRÁFICA
FITOGRÁFICA
LITOGRÁFICA
CROMOLITOGRÁFICA
FOTOLITOGRÁFICA
PALEONTOGRÁFICA
FOTOGRÁFICA
CRIPTOGRÁFICA
CARTOGRÁFICA
ORTOGRÁFICA
AUTOGRÁFICA
SÁFICA
MALÉFICA
BENÉFICA
VENÉFICA
TABÍFICA
MORBÍFICA
PACÍFICA
TRANSPACÍFICA
ESPECÍFICA
LAPIDÍFICA
DEÍFICA
ANAGLÍFICA
HIEROGLÍFICA
JEROGLÍFICA
PROLÍFICA
MAGNÍFICA
MUNÍFICA
CLARÍFICA
CERÍFICA
LOGOGRÍFICA
MIRÍFICA
ODORÍFICA
SUDORÍFICA
FRIGORÍFICA
CALORÍFICA
HONORÍFICA
TERRORÍFICA
TERRÍFICA
HORRÍFICA
PETRÍFICA
TÍFICA
BEATÍFICA
PARATÍFICA
LETÍFICA
CIENTÍFICA
ESCIENTÍFICA
ARTÍFICA
VIVÍFICA
PARVÍFICA
DÉLFICA
ADÉLFICA
TRÓFICA
ATRÓFICA
HIPERTRÓFICA
ESTRÓFICA
MONOSTRÓFICA
TEOSÓFICA
FILOSÓFICA
ÓRFICA
METAMÓRFICA
ANTROPOMÓRFICA
CÚFICA
ESOFÁGICA
PELÁGICA
MÁGICA
BLENORRÁGICA
TRÁGICA
ESTRATÉGICA
ÁLGICA
CARDIÁLGICA
CEFALÁLGICA
GASTRÁLGICA
NEURÁLGICA
ODONTÁLGICA
NOSTÁLGICA

BÉLGICA
PEDAGÓGICA
ANTIPEDAGÓGICA
DEMAGÓGICA
ANAGÓGICA
PARAGÓGICA
ISAGOGICA
MISTAGÓGICA
LÓGICA
GENEALÓGICA
ANALÓGICA
MINERALÓGICA
ILÓGICA
ANTILÓGICA
ANFIBOLÓGICA
MALACOLÓGICA
FARMACOLÓGICA
ECOLÓGICA
GINECOLÓGICA
SICOLÓGICA
PSICOLÓGICA
LEXICOLÓGICA
TOXICOLÓGICA
PAIDOLÓGICA
IDEOLÓGICA
GEOLÓGICA
NEOLÓGICA
FRASEOLÓGICA
TEOLÓGICA
OSTEOLÓGICA
ARQUEOLÓGICA
GRAFOLÓGICA
MORFOLÓGICA
BIOLÓGICA
MICROBIOLÓGICA
SOCIOLÓGICA
PAREMIOLÓGICA
EMBRIOLÓGICA
BACTERIOLÓGICA
SEMASIOLÓGICA
FISIOLÓGICA
ICTIOLÓGICA
ETIOLÓGICA
FILOLÓGICA
ETIMOLÓGICA
OFTALMOLÓGICA
ENTOMOLÓGICA
SISMOLÓGICA
COSMOLÓGICA
ARACNOLÓGICA
TECNOLÓGICA
ENOLÓGICA
FRENOLÓGICA
CARCINOLÓGICA
CRIMINOLÓGICA
ICONOLÓGICA
FONOLÓGICA
CRONOLÓGICA
ETNOLÓGICA
ZOOLÓGICA
APOLÓGICA
TROPOLÓGICA
ANTROPOLÓGICA
NECROLÓGICA
HIDROLÓGICA
AGROLÓGICA
METEOROLÓGICA
ASTROLÓGICA
NOSOLÓGICA
ESCATOLÓGICA
CLIMATOLÓGICA
DERMATOLÓGICA
PATOLÓGICA
TERATOLÓGICA
LITOLÓGICA
MITOLÓGICA
ORNITOLÓGICA
HELMINTOLÓGICA
ONTOLÓGICA
ODONTOLÓGICA
PALEONTOLÓGICA
OTOLÓGICA
EGIPTOLÓGICA
ORTOLÓGICA
HISTOLÓGICA
TAUTOLÓGICA
ALOBRÓGICA
LETÁRGICA
ENÉRGICA
GEÓRGICA
TEÚRGICA
METALÚRGICA
SIDERÚRGICA
QUIRÚRGICA
TAUMATÚRGICA
LITÚRGICA

PELÁSGICA
PARAPLÉJICA
HEMIPLÉJICA
PARADÓJICA
ÁLICA
VOCÁLICA
INTERVOCÁLICA
DIDASCÁLICA
VANDÁLICA
FÁLICA
CEFÁLICA
ENCEFÁLICA
BRAQUIOCEFÁLICA
GÁLICA
ROPÁLICA
SÁLICA
TESÁLICA
FARSÁLICA
METÁLICA
ITÁLICA
CARNAVÁLICA
OXÁLICA
BÍBLICA
PÚBLICA
REPÚBLICA
CLICA
CÍCLICA
EPICÍCLICA
ENCÍCLICA
GAÉLICA
BÉLICA
BABÉLICA
SABÉLICA
CÉLICA
MEFISTOFÉLICA
ANGÉLICA
ARCANGÉLICA
EVANGÉLICA
HÉLICA
MÉLICA
FAMÉLICA
EUTRAPÉLICA
EUTROPÉLICA
FILATÉLICA
PENTÉLICA
ARISTOTÉLICA
PANTAGRUÉLICA
MAQUIAVÉLICA
IDÍLICA
CLOROFÍLICA
BASÍLICA
MASÍLICA
DACTÍLICA
METÍLICA
GENTÍLICA
DIABÓLICA
ANABÓLICA
PARABÓLICA
CATABÓLICA
METABÓLICA
SIMBÓLICA
HIPERBÓLICA
CÓLICA
PASACÓLICA
MELANCÓLICA
MALENCÓLICA
BUCÓLICA
EÓLICA
MONGÓLICA
MOGÓLICA
ARGÓLICA
ALCOHÓLICA
ANTIALCOHÓLICA
VITRIÓLICA
FARMACOPÓLICA
CATÓLICA
ANTICATÓLICA
NEOCATÓLICA
DIASTÓLICA
EPISTÓLICA
SISTÓLICA
ASISTÓLICA
APOSTÓLICA
MAYÓLICA
PLICA
RÉPLICA
CONTRARRÉPLICA
TRÍPLICA
DÚPLICA
SÚPLICA
ÁULICA
HIDRÁULICA
ABÚLICA
FARANDÚLICA
FÚLICA
PELLICA

MICA
CÁMICA
EPITALÁMICA
ISLÁMICA
ANTEISLÁMICA
CINÁMICA
DINÁMICA
ADINÁMICA
BIODINÁMICA
TERMODINÁMICA
HIDRODINÁMICA
AERODINÁMICA
ELECTRODINÁMICA
CERÁMICA
PANORÁMICA
BALSÁMICA
SEPTICÉMICA
ACADÉMICA
EPIDÉMICA
ENDÉMICA
BOHÉMICA
POLÉMICA
ANÉMICA
URÉMICA
ÓHMICA
MUSLÍMICA
MÍMICA
PANTOMÍMICA
ANÍMICA
ANTROPONÍMICA
TOPONÍMICA
PATRONÍMICA
METONÍMICA
SÍMICA
CICLOTÍMICA
QUÍMICA
ALQUÍMICA
CACOQUÍMICA
FISICOQUÍMICA
BIOQUÍMICA
ELECTROQUÍMICA
OFTÁLMICA
EXOFTÁLMICA
CÓMICA
TRAGICÓMICA
NÓMICA
GNÓMICA
ANTINÓMICA
ECONÓMICA
GEONÓMICA
AGRONÓMICA
ASTRONÓMICA
GASTRONÓMICA
DASONÓMICA
FISONÓMICA
AUTONÓMICA
TAXONÓMICA
PRODRÓMICA
ORTODRÓMICA
LOXODRÓMICA
ATÓMICA
ANATÓMICA
DICOTÓMICA
TRICOTÓMICA
ANOTÓMICA
VÓMICA
DÉRMICA
EPIDÉRMICA
ENDODÉRMICA
HIPODÉRMICA
MESODÉRMICA
ECTODÉRMICA
PÉRMICA
TÉRMICA
CLOROFÓRMICA
SÍSMICA
CÓSMICA
RÍTMICA
LOGARÍTMICA
ALGORÍTMICA
ARRÍTMICA
MONORRÍTMICA
EURÍTMICA
ÍSTMICA
CANICA
MECÁNICA
BALCÁNICA
VOLCÁNICA
TUSCÁNICA
DÁNICA
OCEÁNICA
INTEROCEÁNICA
ARISTOFÁNICA
ORGÁNICA
INORGÁNICA
CIÁNICA
TREBELIÁNICA
MESIÁNICA
OSIÁNICA
TREBELÁNICA
MAGALLÁNICA
ALEMÁNICA
ROMÁNICA
OTOMÁNICA
GERMÁNICA
INDOGERMÁNICA
SANANICA
MAÑANICA
PÁNICA
TIMPÁNICA
HISPÁNICA
CELTOHISPÁNICA
TIRÁNICA
CORÁNICA
ALCORÁNICA
VESÁNICA
TÁNICA
SATÁNICA
BRETÁNICA
TETÁNICA
OCCITÁNICA
BRITÁNICA
LUSITÁNICA
TITÁNICA
AQUITÁNICA
SULTÁNICA
BOTÁNICA
ARTANICA
INDOSTÁNICA
GALVÁNICA
TÉCNICA
POLITÉCNICA
NEMOTÉCNICA
MNEMOTÉCNICA
ENOTÉCNICA
ZOOTÉCNICA
AEROTÉCNICA
PIROTÉCNICA
ELECTROTÉCNICA
SARRACÉNICA
MICÉNICA
ESCÉNICA
EDÉNICA
INFIDENICA
GEOGÉNICA
EMBRIOGÉNICA
HIPOGÉNICA
OROGÉNICA
PATOGÉNICA
ONTOGÉNICA
FOTOGÉNICA
HIGIÉNICA
ANTIHIGIÉNICA
GALÉNICA
HELÉNICA
PREHELÉNICA
ESPLÉNICA
DOLMÉNICA
FENOMÉNICA
ECUMÉNICA
GANGRÉNICA
ASTÉNICA
NEURASTÉNICA
VAINICA
RABÍNICA
CINICA
BACINICA
PROTEÍNICA
CLÍNICA
POLICLÍNICA
VITAMÍNICA
FULMÍNICA
DOMÍNICA
DOMINICA
DOMÍNICA
LUMÍNICA
SÍNICA
ACTÍNICA
BITÍNICA
VÍNICA
CATALNICA
GÍMNICA
FARAÓNICA
BONICA
CARBÓNICA
BORBÓNICA
BUBÓNICA
CÓNICA
LACÓNICA
TICÓNICA
MALENCÓNICA
VASCÓNICA
MACEDÓNICA
CELIDÓNICA
SARDÓNICA
LEÓNICA
CAMALEÓNICA
NAPOLEÓNICA
FÓNICA
AFÓNICA
TELEFÓNICA
RADIOTELEFÓNICA
POLIFÓNICA
SINFÓNICA
CACOFÓNICA
RADIOFÓNICA
EUFÓNICA
AGÓNICA
PATAGÓNICA
ANTAGÓNICA
GEOGÓNICA
TEOGÓNICA
COSMOGÓNICA
HISTRIÓNICA
ANFICTIÓNICA
JÓNICA
TESALÓNICA
CICLÓNICA
BABILÓNICA
AMÓNICA
HEGEMÓNICA
NEMÓNICA
MNEMÓNICA
SALOMÓNICA
NOMÓNICA
GNOMÓNICA
PATOGNOMÓNICA
ARMÓNICA
HARMÓNICA
FILARMÓNICA
ENARMÓNICA
INARMÓNICA
MORMÓNICA
NEUMÓNICA
PERINEUMÓNICA
CANÓNICA
ANTICANÓNICA
JAPÓNICA
GEOPÓNICA
AARÓNICA
CRÓNICA
ACRÓNICA
ANACRÓNICA
SINCRÓNICA
VERÓNICA
IRÓNICA
CORÓNICA
MACARRÓNICA
PIRRÓNICA
TRÓNICA
ELECTRÓNICA
RETRÓNICA
MASÓNICA
SUPERSÓNICA
TÓNICA
ATÓNICA
DIATÓNICA
PLATÓNICA
NEOPLATÓNICA
TECTÓNICA
ARQUITECTÓNICA
GEOTECTÓNICA
BETÓNICA
BRETÓNICA
PRETÓNICA
SANTÓNICA
BENTÓNICA
SINTÓNICA
HIPOTÓNICA
PROTÓNICA
ISOTÓNICA
POSTÓNICA
TEUTÓNICA
PLUTÓNICA
DEVÓNICA
AMAZÓNICA
ÁRNICA
HIBÉRNICA
HÉRNICA
CALIFÓRNICA
ÉTNICA
ÚNICA
CATALÁUNICA
TRIBÚNICA
PÚNICA
RÚNICA
TÚNICA
NEPTÚNICA
ROÑICA
EUBOICA
ECOICA
DIOICA
LOICA
LLOICA
PARANOICA
MONOICA
DICROICA
HEROICA
ESTOICA
BENZOICA
PALEOZOICA
PICA
PICAPICA
OPOTERÁPICA
HIDROTERÁPICA
ELECTROTERÁPICA
ÉPICA
CHEPICA
HÍPICA
FILÍPICA
TÍPICA
ARQUETÍPICA
ESTEREOTÍPICA
FENOTÍPICA
GENOTÍPICA
ELECTROTÍPICA
FOTOTÍPICA
OLÍMPICA
TELESCÓPICA
PERISCÓPICA
CALIDOSCÓPICA
ESTEREOSCÓPICA
RADIOSCÓPICA
DACTILOSCÓPICA
MACROSCÓPICA
NECROSCÓPICA
MICROSCÓPICA
ULTRAMICROSCÓPICA
HIGROSCÓPICA
GIROSCÓPICA
ESPECTROSCÓPICA
ETIÓPICA
CICLÓPICA
SINÓPICA
HIDRÓPICA
ANTIHIDRÓPICA
TRÓPICA
FILANTRÓPICA
MISANTRÓPICA
ALOTRÓPICA
ESÓPICA
TÓPICA
UTÓPICA
RICA
MALABÁRICA
CENTROBÁRICA
ISOBÁRICA
BARBÁRICA
ANDARICA
PINDÁRICA
BALEÁRICA
ESTEÁRICA
SAHÁRICA
FALÁRICA
MARICA
MARIMARICA
MARMÁRICA
BEZOÁRICA
TARTÁRICA
OVÁRICA
FÁBRICA
CANTÁBRICA
ALGÉBRICA
CÁMBRICA
INALÁMBRICA
CÍMBRICA
LÓBRICA
RÚBRICA
CRICA
OCTAÉDRICA
POLIÉDRICA
SULFHÍDRICA
CLORHÍDRICA
ACLORHÍDRICA
HIPOCLORHÍDRICA
HIPERCLORHÍDRICA
CILÍNDRICA
SEMICILÍNDRICA
HIPOCÓNDRICA
IBÉRICA
CELTIBÉRICA
PERIFÉRICA
ESFÉRICA
SEMIESFÉRICA
HEMISFÉRICA
ATMOSFÉRICA
COLÉRICA
AMÉRICA
QUIMÉRICA
HOMÉRICA
NUMÉRICA
GENÉRICA
CARBONERICA
HESPÉRICA
SÉRICA
HOLOSÉRICA
CLIMATÉRICA
ICTÉRICA
DIFTÉRICA
ENTÉRICA
LIENTÉRICA
MESENTÉRICA
DISENTÉRICA
NEOTÉRICA
ESOTÉRICA
EXOTÉRICA
HOROPTÉRICA
HISTÉRICA
ANTIHISTÉRICA
CADAVÉRICA
FILOXÉRICA
ÁFRICA
DENTÍFRICA
ESPAGÍRICA
PANEGÍRICA
LÍRICA
ILÍRICA
ONÍRICA
PÍRICA
EMPÍRICA
SATÍRICA
DÓRICA
TEÓRICA
METEÓRICA
SEMAFÓRICA
ANAFÓRICA
METAFÓRICA
FOSFÓRICA
EUFÓRICA
FANTASMAGÓRICA
PITAGÓRICA
ALEGÓRICA
CATEGÓRICA
CLÓRICA
HIDROCLÓRICA
PILÓRICA
FOLKLÓRICA
LLORICA
MADREPÓRICA
PICTÓRICA
PLETÓRICA
RETÓRICA
ESCULTÓRICA
HISTÓRICA
PREHISTÓRICA
ANTEHISTÓRICA
PROTOHISTÓRICA
CRUÓRICA
CÚPRICA
BARRICA
DIÁRRICA
CAZARRICA
CERRICA
FÉRRICA
PÍRRICA
BORRICA
TEÁTRICA
IDOLÁTRICA
EGOLÁTRICA
ELÉCTRICA
DIELÉCTRICA
RADIOELÉCTRICA
DINAMOELÉCTRICA
TERMOELÉCTRICA
HIDROELÉCTRICA
FOTOELÉCTRICA
PIEZOELÉCTRICA
MÉTRICA
DIAMÉTRICA
TELEMÉTRICA
POLIMÉTRICA
PERIMÉTRICA
CALORIMÉTRICA
SIMÉTRICA
ASIMÉTRICA
DISIMÉTRICA
DOSIMÉTRICA
BATIMÉTRICA
TAQUIMÉTRICA
CORDOMÉTRICA

GEOMÉTRICA
ESTEREOMÉTRICA
PLUVIOMÉTRICA
KILOMÉTRICA
QUILOMÉTRICA
DINAMOMÉTRICA
ANEMOMÉTRICA
TERMOMÉTRICA
MANOMÉTRICA
ACTINOMÉTRICA
TRIGONOMÉTRICA
CRONOMÉTRICA
ANTROPOMÉTRICA
BAROMÉTRICA
MICROMÉTRICA
HIDROMÉTRICA
HIGROMÉTRICA
ELECTROMÉTRICA
HIPSOMÉTRICA
FOTOMÉTRICA
CARTOMÉTRICA
VOLUMÉTRICA
ERÉTRICA
TÉTRICA
CÍTRICA
NÍTRICA
CÉNTRICA
METACÉNTRICA
CONCÉNTRICA
GEOCÉNTRICA
HELIOCÉNTRICA
ANTROPOCÉNTRICA
EXCÉNTRICA
DIÓPTRICA
CATADIÓPTRICA
CATÓPTRICA
TÁRTRICA
GÁSTRICA
EPIGÁSTRICA
HIPOGÁSTRICA
EMPLÁSTRICA
ZOROÁSTRICA
PALÉSTRICA
LÚSTRICA
ÚRICA
ÁURICA
MERCÚRICA
SULFÚRICA
TELÚRICA
SILÚRICA
DISÚRICA
CINTURICA
BÁSICA
CAUCÁSICA
AFÁSICA
BIFÁSICA
POLIFÁSICA
TRIFÁSICA
MONOFÁSICA
LIÁSICA
TRIÁSICA
ELEFANTIÁSICA
CLÁSICA
PRECLÁSICA
ANTECLÁSICA
NEOCLÁSICA
IDIOSINCRÁSICA
JURÁSICA
POTÁSICA
GEODÉSICA
ANALGÉSICA
GENÉSICA
PALINGENÉSICA
EUGENÉSICA
MAGNÉSICA
DIATÉSICA
ANESTÉSICA
CENESTÉSICA
HIPERESTÉSICA
GNÉISICA
FÍSICA
METAFÍSICA
SICOFÍSICA
PSICOFÍSICA
GEOFÍSICA
HELIOFÍSICA
ASTROFÍSICA
RISICA
TÍSICA
HEMOPTÍSICA
APOTEÓSICA
ESCLERÓSICA
MÁRSICA
PÉRSICA
ACUSICA
MÚSICA

PRÚSICA
ÁTICA
SABÁTICA
RUMBÁTICA
ZURUMBÁTICA
BOBÁTICA
ACROBÁTICA
PROBÁTICA
HIPERBÁTICA
BUBÁTICA
CEÁTICA
IDEÁTICA
ELEÁTICA
GENEÁTICA
PANCREÁTICA
ANSEÁTICA
HANSEÁTICA
ENFÁTICA
LINFÁTICA
FOSFÁTICA
BRIBIÁTICA
CIÁTICA
MANIÁTICA
MONOMANIÁTICA
CEREMONIÁTICA
SIMONIÁTICA
ADRIÁTICA
FRIÁTICA
MURIÁTICA
ASIÁTICA
EURASIÁTICA
ISQUIÁTICA
LIBELÁTICA
PLÁTICA
PERLÁTICA
ACROAMÁTICA
DRAMÁTICA
MOLODRAMÁTICA
GRAMÁTICA
ANAGRAMÁTICA
EPIGRAMÁTICA
PROGRAMÁTICA
EMBLEMÁTICA
PROBLEMÁTICA
FLEMÁTICA
DILEMÁTICA
CINEMÁTICA
POEMÁTICA
TEMÁTICA
MATEMÁTICA
EXANTEMÁTICA
SISTEMÁTICA
ESQUEMÁTICA
SINALAGMÁTICA
DIAFRAGMÁTICA
PRAGMÁTICA
FLEGMÁTICA
ENIGMÁTICA
ANASTIGMÁTICA
DOGMÁTICA
CLIMÁTICA
ALMÁTICA
DALMÁTICA
CIGOMÁTICA
IDIOMÁTICA
AXIOMÁTICA
DIPLOMÁTICA
AROMÁTICA
CROMÁTICA
ACROMÁTICA
DICROMÁTICA
SEMICROMÁTICA
PANCROMÁTICA
APOCROMÁTICA
CEROMÁTICA
SOMÁTICA
SINTOMÁTICA
ESTOMÁTICA
AUTOMÁTICA
SARMÁTICA
ESPERMÁTICA
ASMÁTICA
MIASMÁTICA
PLASMÁTICA
PROTOPLASMÁTICA
ABISMÁTICA
CISMÁTICA
ESCISMÁTICA
EMBOLISMÁTICA
NUMISMÁTICA
CARISMÁTICA
PRISMÁTICA
TRAUMÁTICA
NEUMÁTICA
REUMÁTICA
EMPIREUMÁTICA

ANTIRREUMÁTICA
FANÁTICA
MORGANÁTICA
PANÁTICA
VENÁTICA
VINÁTICA
LUNÁTICA
APÁTICA
HEPÁTICA
TELEPÁTICA
ANTIPÁTICA
SIMPÁTICA
POMPÁTICA
HOMEOPÁTICA
ALOPÁTICA
HIDROPÁTICA
ESPÁTICA
FELDESPÁTICA
FEBRÁTICA
UMBRÁTICA
ACRÁTICA
PANCRÁTICA
TEOCRÁTICA
DEMOCRÁTICA
TIMOCRÁTICA
HIPOCRÁTICA
BUROCRÁTICA
SOCRÁTICA
DASOCRÁTICA
MESOCRÁTICA
ARISTOCRÁTICA
AUTOCRÁTICA
PLUTOCRÁTICA
EUCRÁTICA
CATEDRÁTICA
HIERÁTICA
ENTIMERÁTICA
PIRÁTICA
PRÁTICA
ERRÁTICA
PROTÁTICA
ASTÁTICA
ESTÁTICA
MAYESTÁTICA
ANTIPERISTÁTICA
HEMOSTÁTICA
HIPOSTÁTICA
HIDROSTÁTICA
AEROSTÁTICA
PROSTÁTICA
ELECTROSTÁTICA
EXTÁTICA
ACUÁTICA
SALVÁTICA
SELVÁTICA
SILVÁTICA
CERVATICA
DIDÁCTICA
GALÁCTICA
PARALÁCTICA
PROFILÁCTICA
PRÁCTICA
TÁCTICA
SINTÁCTICA
HÉCTICA
DIALÉCTICA
ECLÉCTICA
ESMÉCTICA
CAQUÉCTICA
APODÍCTICA
ASFÍCTICA
ÁRCTICA
ANTÁRCTICA
ÉTICA
BÉTICA
ALFABÉTICA
DIABÉTICA
CUODLIBÉTICA
PENIBÉTICA
CÉTICA
ACÉTICA
FARMACÉTICA
POLIORCÉTICA
ASCÉTICA
JAFÉTICA
PROFÉTICA
GÉTICA
CINEGÉTICA
EXEGÉTICA
TRANSGANGÉTICA
APOLOGÉTICA
ENERGÉTICA
HÉTICA
SOVIÉTICA
ESQUELÉTICA
APOPLÉTICA

ATLÉTICA
EMÉTICA
ANTIEMÉTICA
MIMÉTICA
MAHOMÉTICA
SOMÉTICA
HERMÉTICA
ARISMÉTICA
COSMÉTICA
ARITMÉTICA
APLANÉTICA
GENÉTICA
PARTENOGENÉTICA
ESPLENÉTICA
PARENÉTICA
FRENÉTICA
PROXENÉTICA
MAGNÉTICA
ELECTROMAGNÉTICA
CINÉTICA
CARIOCINÉTICA
FONÉTICA
CIBERNÉTICA
ALOÉTICA
POÉTICA
ANTIPOÉTICA
HERPÉTICA
RÉTICA
CRÉTICA
ANTICRÉTICA
SINCRÉTICA
HERÉTICA
CATERÉTICA
APIRÉTICA
ANACORÉTICA
DIAFORÉTICA
MASORÉTICA
URÉTICA
DIURÉTICA
SETICA
ANTISÉTICA
PATÉTICA
PERIPATÉTICA
DIETÉTICA
ANTITÉTICA
EPENTÉTICA
PARENTÉTICA
SINTÉTICA
PARASINTÉTICA
POLISINTÉTICA
HIPOTÉTICA
PROTÉTICA
ARTÉTICA
ESTÉTICA
ANTIESTÉTICA
PROSTÉTICA
HELVÉTICA
CENOBÍTICA
ASCÍTICA
ESCÍTICA
TROGLODÍTICA
CARDITICA
MEFÍTICA
MENFÍTICA
LÍTICA
MEGALÍTICA
DIALÍTICA
ANALÍTICA
PARALÍTICA
CATALÍTICA
ENCLÍTICA
PROCLÍTICA
ISRAELÍTICA
MIELÍTICA
SIBILÍTICA
SIFILÍTICA
ANTISIFILÍTICA
PALEOLÍTICA
NEOLÍTICA
ARQUEOLÍTICA
MONOLÍTICA
OOLÍTICA
POLÍTICA
APOLÍTICA
IMPOLÍTICA
GEOPOLÍTICA
AEROLÍTICA
SUPERFEROLÍTICA
ELECTROLÍTICA
GENETLÍTICA
MÍTICA
CAMÍTICA
PREADAMÍTICA
BETLEHEMÍTICA
BETLEMÍTICA
EREMÍTICA

SEMÍTICA
SODOMÍTICA
DOLOMÍTICA
TIMPANÍTICA
GRANÍTICA
SAMNÍTICA
PÍTICA
SIBARÍTICA
CRÍTICA
DIACRÍTICA
AUTOCRÍTICA
HIPERCRÍTICA
DENDRÍTICA
NEFRÍTICA
CLORÍTICA
CHIQUIRRITICA
DETRÍTICA
ARTRÍTICA
PLEURÍTICA
PARASÍTICA
ESTÍTICA
RAQUÍTICA
JESUÍTICA
LEVÍTICA
MOSCOVÍTICA
BÁLTICA
COBÁLTICA
ASFÁLTICA
BASÁLTICA
PERISTÁLTICA
ANTIPERISTÁLTICA
CÉLTICA
CÁNTICA
GIGÁNTICA
CALÁNTICA
ATLÁNTICA
TRANSATLÁNTICA
TRASATLÁNTICA
SEMÁNTICA
GEOMÁNTICA
ROMÁNTICA
HIDROMÁNTICA
AEROMÁNTICA
NIGROMÁNTICA
PIROMÁNTICA
QUIROMÁNTICA
PRERROMÁNTICA
NOSOMÁNTICA
CARTOMÁNTICA
CONSONÁNTICA
CUÁNTICA
CERVÁNTICA
IDÉNTICA
EPILÉNTICA
AUCTÉNTICA
AUTÉNTICA
HELMÍNTICA
ANTIHELMÍNTICA
LABERÍNTICA
CORÍNTICA
ANACREÓNTICA
PÓNTICA
HELESPÓNTICA
CAÓTICA
BOTICA
REBOTICA
ESTRAMBÓTICA
NICÓTICA
NARCÓTICA
SARCÓTICA
ANECDÓTICA
GEÓTICA
APOTEÓTICA
GÓTICA
VISIGÓTICA
ANTIBIÓTICA
SIMBIÓTICA
CALOBIÓTICA
MACROBIÓTICA
SEMIÓTICA
AMNIÓTICA
PATRIÓTICA
ANTIPATRIÓTICA
GLÓTICA
TELEOLÓTICA
DEMÓTICA
OSMÓTICA
CIANÓTICA
HIPNÓTICA
EPIZOÓTICA
DESPÓTICA
ESCARÓTICA
ERÓTICA
ESCLERÓTICA
EPIRÓTICA
CLORÓTICA

CIRRÓTICA
CHICORROTICA
NEURÓTICA
APONEURÓTICA
MITÓTICA
AMITÓTICA
EXÓTICA
ESCÉPTICA
ANALÉPTICA
CATALÉPTICA
EPILÉPTICA
DISPÉPTICA
EUPÉPTICA
SÉPTICA
ASÉPTICA
DÍPTICA
APOCALÍPTICA
ECLÍPTICA
ELÍPTICA
GLÍPTICA
ESTÍPTICA
ÓPTICA
CÓPTICA
PANÓPTICA
SINÓPTICA
ARTICA
ÁRTICA
BEZAÁRTICA
CATÁRTICA
ANTÁRTICA
PÉRTICA
DESÉRTICA
AÓRTICA
NÓRTICA
BOMBÁSTICA
SARCÁSTICA
ORGIÁSTICA
ENCOMIÁSTICA
ECLESIÁSTICA
ENTUSIÁSTICA
ELÁSTICA
FILÁSTICA
ESCOLÁSTICA
PLÁSTICA
EMPLÁSTICA
GALVANOPLÁSTICA
CEROPLÁSTICA
DOCIMÁSTICA
ALMÁSTICA
ONOMÁSTICA
PARONOMÁSTICA
ANTONOMÁSTICA
DINÁSTICA
ANTIDINÁSTICA
GIMNÁSTICA
PLEONÁSTICA
MONÁSTICA
EPISPÁSTICA
DRÁSTICA
PARAFRÁSTICA
PERIFRÁSTICA
TETRÁSTICA
FANTÁSTICA
SVÁSTICA
ESVÁSTICA
DOMÉSTICA
INDOMÉSTICA
ANAPÉSTICA
AJEDRECÍSTICA
DÍSTICA
ESTADÍSTICA
HACENDÍSTICA
PERIODÍSTICA
PANTEÍSTICA
SOFÍSTICA
DIALOGÍSTICA
FLOGÍSTICA
ANTIFLOGÍSTICA
SILOGÍSTICA
PAISAJÍSTICA
BALÍSTICA
CABALÍSTICA
ANALÍSTICA
DUALÍSTICA
ACUARELÍSTICA
NOVELÍSTICA
ESTILÍSTICA
AUTOMOVILÍSTICA
FUTBOLÍSTICA
SUMULÍSTICA
GALLÍSTICA
MÍSTICA
EUFEMÍSTICA
ATOMÍSTICA
HUMANÍSTICA
HELENÍSTICA

AGONÍSTICA
CRONÍSTICA
EUCARÍSTICA
ERÍSTICA
OPERÍSTICA
CARACTERÍSTICA
MIRÍSTICA
HIPOCORÍSTICA
AFORÍSTICA
APRIORÍSTICA
HUMORÍSTICA
PATRÍSTICA
HEURÍSTICA
TURÍSTICA
PROSÍSTICA
CREMATÍSTICA
RENTÍSTICA
ARTÍSTICA
HUELGUÍSTICA
LINGÜÍSTICA
CATEQUÍSTICA
CASUÍSTICA
ARCHIVÍSTICA
PAROXÍSTICA
NÓSTICA
GNÓSTICA
AGNÓSTICA
DIAGNÓSTICA
GEOGNÓSTICA
ACRÓSTICA
FERÓSTICA
CÁUSTICA
ENCÁUSTICA
ACÚSTICA
DIACÚSTICA
ELECTROACÚSTICA
OTACÚSTICA
LIGÚSTICA
FINÚSTICA
RÚSTICA
NÁUTICA
AERONÁUTICA
ESCORBÚTICA
ANTIESCORBÚTICA
PROPEDÉUTICA
HERMENÉUTICA
TERAPÉUTICA
LATRÉUTICA
ENFITÉUTICA
SIÚTICA
CUICA
BÁQUICA
TAUROMÁQUICA
SÍQUICA
PSÍQUICA
METAPSÍQUICA
OLIGÁRQUICA
POLIÁRQUICA
ANÁRQUICA
MONÁRQUICA
JERÁRQUICA
AUTÁRQUICA
AVICA
ATÁVICA
SUÉVICA
CÍVICA
ATÁXICA
LÉXICA
ASFÍXICA
TÓXICA
ONOMATOPÉYICA
CALCA
FALCA
NALCA
PALCA
VERALCA
RUSALCA
MELCA
CHILCA
ALAHÍLCA
PILCA
CUPILCA
POLCA
ESCULCA
TRIFULCA
CARAPULCA
BISULCA
TRISULCA
ANCA
BANCA
BABANCA
TRABANCA
OROBANCA
CHANCA
CHIQUICHANCA
PALANCA

BLANCA
CARABLANCA
BARBIBLANCA
PECHIBLANCA
PELIBLANCA
MANIBLANCA
CARIBLANCA
PATIBLANCA
ARISBLANCA
CARLANCA
LLANCA
FALLANCA
MANCA
PACHAMANCA
SALAMANCA
ZAMANCA
LUNANCA
PANCA
TAPANCA
BRANCA
FRANCA
BARRANCA
CARRANCA
TRANCA
RETRANCA
ARRETRANCA
COJITRANCA
ARRITRANCA
POTRANCA
ESTANCA
FAYANCA
HOYANCA
ZANCA
AZANCA
CENCA
SALACENCA
IBICENCA
TERCENCA
PODENCA
BERMEJENCA
AZULENCA
CELLENCA
ZULLENCA
FLAMENCA
PENCA
ZOPENCA
RENCA
BRENCA
TRENCA
MOSTRENCA
TENCA
PASTENCA
MESTENCA
CUENCA
JUVENCA
INCA
CINCA
FINCA
TRINCA
CUATRINCA
TINCA
VINCAPERVINCA
CONCA
CALLONCA
CAMANONCA
RONCA
BRONCA
TRONCA
TONCA
ADUNCA
ESPELUNCA
NUNCA
TRUNCA
OCA
BOCA
TAPABOCA
CIENTOEMBOCA
COCA
ZAFACOCA
MACOCA
BICOCA
CHOCA
CHCHOCA
BICHOCA
VICHOCA
CHUCHOCA
DOCA
FOCA
MANDIOCA
TAPIOCA
PERÍOCA
CENOZIOCA
BAJOCA
LOCA
MALOCA
BLOCA

MILOCA
TONTILOCA
NOCA
SÍNOCA
POCA
ÁPOCA
ÉPOCA
ANTÍPOCA
ROCA
AROCA
CAROCA
BROCA
EMBROCA
POROROCA
CAPOROROCA
RECÍPROCA
BARROCA
SOCA
TOCA
POTOCA
FARMACÉUTOCA
UNÍVOCA
EQUÍVOCA
INEQUÍVOCA
ZOCA
ARCA
BARCA
ABARCA
BRICBARCA
ALBARCA
SALTAMBARCA
SALTAEMBARCA
CARCA
CHARCA
NEARCA
GENEARCA
OLIGARCA
HARCA
BIARCA
PATRIARCA
HERESIARCA
LEXIARCA
MARCA
CONTRAMARCA
POLEMARCA
COMARCA
IRENARCA
MONARCA
PARCA
TOPARCA
JERARCA
TETRARCA
ANASARCA
NAVARCA
EXARCA
ZARCA
OJIZARCA
ALBERCA
CERCA
ACERCA
ENTRECERCA
HOMOCERCA
HETEROCERCA
MERCA
PERCA
TERCA
HUERCA
PUERCA
PAZPUERCA
TUERCA
CIRCUMCIRCA
CHIRCA
PIRCA
ORCA
CORCA
ANCORCA
FORCA
HORCA
AJORCA
MAJORCA
ALJORCA
MORCA
CANORCA
APORCA
TORCA
MAZORCA
URCA
AMURCA
TURCA
MAZURCA
ASCA
BASCA
CASCA
CHASCA
VARDASCA
VERDASCA

LASCA
BERGAMASCA
ARNASCA
HOJARASCA
CHAMARASCA
TARASCA
BRASCA
FRASCA
CARRASCA
PINCARRASCA
CHARRASCA
BORRASCA
TRASCA
TASCA
CHATASCA
PATASCA
GUASCA
SACHAGUASCA
CALAGUASCA
HUASCA
VASCA
CHAVASCA
NEVASCA
ESCA
ARABESCA
ROMANCESCA
SANCHOPANCESCA
CORCESCA
DIECIOCHESCA
GAUCHESCA
SOLDADESCA
ABOGADESCA
QUEVEDESCA
IRLANDESCA
GODESCA
GOLIARDESCA
SARDESCA
TUDESCA
SIMIESCA
BRUJESCA
MADRIGALESCA
MEMORIALESCA
CURIALESCA
LIBERALESCA
CARNAVALESCA
SAYALESCA
DIABLESCA
NOVELESCA
FRAILESCA
ALGUACILESCA
BIRLESCA
BURLESCA
FABULESCA
CHULESCA
CANALLESCA
VERSALLESCA
CAMARILLESCA
PEROGRULLESCA
TRUHANESCA
LUCIANESCA
RUFIANESCA
CRISTIANESCA
CHALANESCA
VILLANESCA
ALEMANESCA
ROMANESCA
GERMANESCA
REFRANESCA
GITANESCA
SACRISTANESCA
DONJUANESCA
OFICINESCA
CHINESCA
MARINESCA
PUSINESCA
FOLLETINESCA
CELESTINESCA
ARLEQUINESCA
BRIBONESCA
BUFONESCA
TALONESCA
MONESCA
MATRIMONESCA
LADRONESCA
FANFARRONESCA
RATONESCA
DUEÑESCA
PESCA
GUARDAPESCA
NAIPESCA
PRINCIPESCA
HAMPESCA
BARBARESCA
PICARESCA
JUGLARESCA
BRESCA

LIBRESCA
HECHICERESCA
ALFILERESCA
CABALLERESCA
CANCILLERESCA
FULLERESCA
PLATERESCA
CHURRIGUERESCA
FRESCA
BOQUIFRESCA
GRESCA
LABRADORESCA
TROVADORESCA
PINTURESCA
CHOCARRESCA
GUITARRESCA
CURESCA
TAHURESCA
CARICATURESCA
TOBOSESCA
GATESCA
CORCHETESCA
SAINETESCA
MERCANTESCA
DANTESCA
MERCADANTESCA
PEDANTESCA
ANDANTESCA
GIGANTESCA
CERVANTESCA
QUIJOTESCA
MANFLOTESCA
GRUTESCA
PUTESCA
BRUTESCA
GRUTESCA
HORMIGUESCA
GALGUESCA
MUESCA
LOQUESCA
PETRARQUESCA
TURQUESCA
YESCA
GOYESCA
CISCA
GRECISCA
FRANCISCA
PARDISCA
NÉISCA
HISCA
JISCA
ODALISCA
CELLISCA
FOLLISCA
LLANISCA
ALEMANISCA
ALIMANISCA
ARENISCA
CHAPISCA
TAPISCA
ARISCA
BRISCA
PEDRISCA
BERBERISCA
MORISCA
NAVARRISCA
TRISCA
VENTRISCA
SISCA
LEVANTISCA
PONENTISCA
VENTISCA
FUISCA
GREGUISCA
QUISCA
NEVISCA
GENOVISCA
TORVISCA
VOLSCA
OSCA
ANDOSCA
TRASANDOSCA
FOSCA
HOSCA
MOSCA
POSCA
ROSCA
GROSCA
CORROSCA
TOSCA
BUSCA
REBUSCA
CHUSCA
PELANDUSCA
PARDUSCA
VERDUSCA

FUSCA
LUSCA
MUSCA
AMUSCA
CHARAMUSCA
BRUSCA
LABRUSCA
QUERUSCA
BORUSCA
CORUSCA
HERRUSCA
ETRUSCA
TUSCA
APATUSCA
AUCA
CAUCA
MEAUCA
CLAUCA
GLAUCA
RAUCA
TRABUCA
SAMBUCA
CUCA
MACUCA
CARRACUCA
CHUCA
VINCHUCA
CADUCA
FEÚCA
DIUCA
MISERIUCA
HIJUCA
FALUCA
MALUCA
PELUCA
NOCTILUCA
DONCELLUCA
CALMUCA
CUBRENUCA
PINUCA
USUPUCA
RUCA
BARUCA
CERUCA
MUJERUCA
MONTERUCA
BORUCA
CARRUCA
FARRUCA
CURRUCA
CURUCA
CASUCA
TUCA
BEATUCA
CHILTUCA
YUCA
BAYUCA
CAYUCA
CUEXCA
BIZCA
PIZCA
NEGRIZCA
BLANQUIZCA
BLANCUZCA
NEGRUZCA
CHA
GABACHA
BOMBACHA
HOBACHA
CACHA
ARRACACHÁ
RICACHA
BOCACHA
VIZCACHA
CHACHA
PACHACHA
MOCHACHA
MUCHACHA
FACHA
GACHA
CORNIGACHA
HACHA
QUIEBRAHACHA
LACHA
ALACHA
HILACHA
REMOLACHA
MACHA
TACAMACHA
NACHA
GARNACHA
HORNACHA
CAPACHA
RACHA
CARACHA
CUCARACHA

FARACHA
HILARACHA
GUARACHA
VIVARACHA
CORACHA
MORACHA
BORRACHA
TACHA
ESTACHA
CUTACHA
GUACHA
AGUACHA
COVACHA
CHIBCHA
ENDECHA
FECHA
AFECHA
CONTRAFECHA
REFECHA
GRANDIFECHA
DESFECHA
SATISFECHA
INSATISFECHA
POSFECHA
COGECHA
HECHA
CONTRAHECHA
MALHECHA
COHECHA
DESHECHA
CONIECHA
LECHA
FLECHA
MECHA
PECHA
EPECHA
SOSPECHA
BRECHA
ERECHA
DERECHA
MANDERECHA
ARRECHA
CORRECHA
AFORRECHA
TRECHA
MALTRECHA
VENTRECHA
CONTRECHA
ESTRECHA
BISTRECHA
COSECHA
VESTECHA
DUECHA
BICHA
CHICHA
SALCHICHA
DICHA
CONTRADICHA
REDICHA
SOBREDICHA
PREDICHA
ENTREDICHA
ANTEDICHA
MALDICHA
AVANDICHA
DEVANDICHA
BENDICHA
SUSODICHA
DESDICHA
FICHA
MICHA
GUARICHA
CALCHA
COLCHA
ANCHA
CANCHA
CHANCHA
RODANCHA
TORDANCHA
ENTREANCHA
GANCHA
CABECIANCHA
CARIANCHA
BOQUIANCHA
LANCHA
PLANCHA
RODAPLANCHA
MANCHA
BRANCHA
GARRANCHA
TRANCHA
SANCHA
ENSANCHA
CENCHA
CHENCHA
CARDENCHA

CRENCHA
CINCHA
SOBRECINCHA
HINCHA
PINCHA
CEBORRINCHA
TRINCHA
HUINCHA
QUINCHA
VINCHA
CONCHA
RECHONCHA
LONCHA
PONCHA
RONCHA
BRONCHA
MORONCHA
MORRONCHA
MUNCHA
PUNCHA
BOCHA
TAMBOCHA
COCHA
VIRACOCHA
SACOCHA
RECOCHA
MELCOCHA
DESCOCHA
CHOCHA
FOCHA
GOCHA
GUANGOCHA
PIOCHA
ESPIOCHA
LOCHA
GALOCHA
MILOCHA
ZOLOCHA
GARLOCHA
BIRLOCHA
MOCHA
CALAMOCHA
TRASQUILIMOCHA
DESMOCHA
PANOCHA
PINOCHA
ÑOCHA
POCHA
POPOCHA
TOPOCHA
ROCHA
CAROCHA
JAROCHA
MAROCHA
BROCHA
QUEROCHA
CORUCHA
MORUCHA
CARROCHA
GARROCHA
PARROCHA
TROCHA
TOCHA
ATOCHA
AGUATOCHA
ARCHA
ESCARCHA
MARCHA
CONTRAMARCHA
ALMARCHA
PARCHA
CERCHA
CICERCHA
CHERCHA
LERCHA
PERCHA
GUTAPERCHA
GUERCHA
CORCHA
CHORCHA
LORCHA
ANTORCHA
CHURCHA
CAUCHA
CHAUCHA
GAUCHA
LAUCHA
BUCHA
BABUCHA
CAMBUCHA
BARBUCHA
FLACUCHA
MARACUCHA
ESCUCHA
RADIOESCUCHA
CHUCHA

CACHUCHA
MACHUCHA
PACHUCHA
DUCHA
ADUCHA
DELICADUCHA
DELGADUCHA
MELADUCHA
PALIDUCHA
CANDUCHA
BLANDUCHA
TENDUCHA
CARDUCHA
FEÚCHA
HUCHA
LUCHA
CALUCHA
GALUCHA
MALUCHA
ENDEBLUCHA
CAMILUCHA
MUCHA
CAMUCHA
ENFERMUCHA
CAPUCHA
COPUCHA
CLARUCHA
LARGUIRUCHA
CARRUCHA
GARRUCHA
PAPARRUCHA
TRUCHA
CASUCHA
SANTUCHA
BADA
ABADA
BABADA
ACABADA
MASCABADA
MOSCABADA
ALDABADA
FABADA
HABADA
ALABADA
RABADA
TRABADA
TRABADA
TRASTRABADA
CEBADA
GIBADA
CRIBADA
ARRIBADA
DERRIBADA
ANQUIDERRIBADA
ALBADA
CAMBADA
COMBADA
PLUMBADA
RUMBADA
ARRUMBADA
BARRUMBADA
BORRUMBADA
BURRUMBADA
TUMBADA
BOBADA
ABOBADA
ESCOBADA
ADOBADA
LOBADA
ALOBADA
ROBADA
JOROBADA
PROBADA
APROBADA
REPROBADA
ARROBADA
SOBADA
RESOBADA
RETOBADA
BARBADA
SOBARBADA
DESBARBADA
AGARBADA
ENGARBADA
DESENGARBADA
HERBADA
CONTURBADA
UBADA
ACUBADA
JUBADA
NUBADA
ANÚBADA
ANUBADA
ADRUBADA
FADRUBADA
CADA

BACADA
ATABACADA
ESCACADA
MACHACADA
POLACADA
BELLACADA
ABELLACADA
FUSTANACADA
PACADA
ARRACADA
ATRACADA
SACADA
PECHISACADA
TACADA
ATACADA
ESTACADA
VACADA
AVACADA
BECADA
DÉCADA
ENDÉCADA
AMUÑECADA
MANTECADA
ENTECADA
ALAMBICADA
HOCICADA
CHICADA
ACHICADA
PREDICADA
PERJUDICADA
CRUCIFICADA
CALIFICADA
MELIFICADA
SIGNIFICADA
ESCARIFICADA
NOTIFICADA
CERTIFICADA
INMORTIFICADA
JUSTIFICADA
INJUSTIFICADA
GALICADA
DELICADA
INDELICADA
UMBILICADA
APLICADA
INAPLICADA
DESAPLICADA
CUADRIPLICADA
CENTIPLICADA
COMPLICADA
DUPLICADA
INEXPLICADA
CHAMICADA
FENICADA
COMUNICADA
INCOMUNICADA
TUNICADA
PICADA
AMARICADA
IMBRICADA
RUBRICADA
AFRICADA
BORICADA
BARRICADA
BORRICADA
PARALITICADA
DOMESTICADA
INDOMESTICADA
RECALCADA
FALCADA
REVOLCADA
ANCADA
BANCADA
PALANCADA
DESPERNANCADA
PANCADA
BRANCADA
EBRANCADA
ARRANCADA
ESPARRANCADA
DESPARRANCADA
TRANCADA
ESTANCADA
ZANCADA
APODENCADA
AFINCADA
AHINCADA
ARRINCADA
INTRINCADA
JUNCADA
TRUNCADA
BOCADA
EMBOCADA
DESBOCADA
COCADA
DESCOCADA
ALOCADA
SONLOCADA
DESCOLOCADA
APOCADA
ROCADA
BROCADA
MOROCADA
ARROCADA
TROCADA
TOCADA
ESTOCADA
ARCADA
BARCADA
ABARCADA
ENCHARCADA
DESCERCADA
ALTERCADA
HORCADA
AHORCADA
BIFURCADA
TRIFURCADA
ASURCADA
CASCADA
MASCADA
DAMASCADA
ADAMASCADA
TARASCADA
ACARRASCADA
ATASCADA
PESCADA
CONFISCADA
BRISCADA
ENRISCADA
AMORISCADA
ARRISCADA
EMBOSCADA
CONTRAEMBOSCADA
ENFOSCADA
MOSCADA
ROSCADA
BUSCADA
CHUSCADA
CHAMUSCADA
INEDUCADA
AGOZCADA
GABACHADA
AZABACHADA
CORBACHADA
CACHADA
ENCACHADA
MUCHACHADA
AMUCHACHADA
FACHADA
MACHADA
REMACHADA
EMPENACHADA
CAPACHADA
EMPACHADA
DESPACHADA
MAMARRACHADA
BORRACHADA
ABORRACHADA
AMOSTACHADA
ECHADA
ESCABECHADA
BARBECHADA
LECHADA
AFLECHADA
ENFLECHADA
ENECHADA
PECHADA
ANTEPECHADA
INSOSPECHADA
TECHADA
APROVECHADA
INAPROVECHADA
DESAPROVECHADA
DESDICHADA
DESGALICHADA
BOLICHADA
ENGUICHADA
COLCHADA
ACOLCHADA
DANCHADA
LANCHADA
PLANCHADA
APLANCHADA
MANCHADA
GARRANCHADA
DERRANCHADA
FINCHADA
HINCHADA
GUINCHADA
CONCHADA
DESCONCHADA
PONCHADA
EMPONCHADA
CARONCHADA
BAMBOCHADA
ENCOCHADA
BIZCOCHADA
ABIZCOCHADA
MOCHADA
SONOCHADA
TRASNOCHADA
BROCHADA
EMBROCHADA
ATOCHADA
PATOCHADA
FANTOCHADA
ESCARCHADA
PERCHADA
ACORCHADA
GAUCHADA
BUCHADA
EMBUCHADA
PUCHADA
ATRUCHADA
ENTRUCHADA
DADA
ALOBADADA
MALFADADA
DESENFADADA
AHIGADADA
HADADA
MALHADADA
BIENHADADA
ALMOHADADA
DESAPIADADA
DESPIADADA
BRIADADA
ESPADADA
GRADADA
DEGRADADA
HORADADA
AZADADA
DEDADA
MONEDADA
AMONEDADA
DESHOSPEDADA
REDADA
EMPAREDADA
HEREDADA
QUEDADA
VEDADA
ABOVEDADA
ALHIDADA
ALIDADA
CONSOLIDADA
NIDADA
MALMARIDADA
DESCUIDADA
OLVIDADA
ENVIDADA
CONVIDADA
BALDADA
ALCALDADA
ESCALDADA
ARRUFALDADA
HALDADA
JALDADA
GUALDADA
ALBAYALDADA
CABILDADA
ATILDADA
ENMOLDADA
SOLDADA
ENTOLDADA
ANDADA
BANDADA
DESBANDADA
ENGLANDADA
MANDADA
DEMANDADA
MALMANDADA
BIENMANDADA
DESMANDADA
RANDADA
HACENDADA
REMENDADA
RECOMENDADA
ENCOMENDADA
ARRENDADA
ADUENDADA
VECINDADA
DESAVECINDADA
ALINDADA
GUINDADA
ABONDADA
FONDADA
AFONDADA
HONDADA
ORONDADA
ABUNDADA
INFUNDADA
COYUNDADA
CODADA
ACODADA
ACOMODADA
DESACOMODADA
DENODADA
RODADA
YODADA
BARDADA
ALABARDADA
ALBARDADA
LOMBARDADA
CARDADA
ABOCARDADA
DARDADA
ESPINGARDADA
RETARDADA
AVUTARDADA
GUARDADA
AGUARDADA
ASUARDADA
ACUERDADA
BORDADA
ACORDADA
DESACORDADA
CAUDADA
ATAUDADA
LUDADA
MUDADA
ALMUDADA
EXUDADA
AYUDADA
ALABEADA
BRACEADA
LANCEADA
BRONCEADA
LADEADA
MOLDEADA
BANDEADA
VANDEADA
REDONDEADA
FONDEADA
FAJEADA
GARGAJEADA
TRAJEADA
OREJEADA
OJEADA
TABLEADA
TECLEADA
OLEADA
COLEADA
ASOLEADA
EMPLEADA
MEADA
RAMEADA
PALMEADA
CANCANEADA
GRANEADA
SANEADA
ESCAMONEADA
FESTONEADA
CARNEADA
CORNEADA
BIZCORNEADA
CHAPEADA
GOLPEADA
CAMPEADA
GALOPEADA
HERROPEADA
JASPEADA
CAREADA
PAREADA
EMBREADA
INCREADA
CONCREADA
APEDREADA
ASENDEREADA
CUEREADA
ORÉADA
FLOREADA
CLAMOREADA
DIAPREADA
LAMPREADA
ARREADA
APERREADA
CHORREADA
APORREADA
DELETREADA
RASTREADA
LAUREADA
ASEADA
GLASEADA
DESASEADA
RABOSEADA
CATEADA
GATEADA
PLATEADA
LACTEADA
RIBETEADA
VERGETEADA
OJETEADA
AJUANETEADA
CORRETEADA
BAQUETEADA
VETEADA
VOLTEADA
ANTEADA
CANTEADA
SERPENTEADA
CINTEADA
PUNTEADA
PICOTEADA
REPICOTEADA
ENTREGOTEADA
PALOTEADA
MANOTEADA
CARTEADA
TRASTEADA
LISTEADA
FLAUTEADA
LARGUEADA
ESCAQUEADA
LAQUEADA
EMBLANQUEADA
FLANQUEADA
FRANQUEADA
BOQUEADA
FLOQUEADA
ARQUEADA
MOSQUEADA
ROSQUEADA
FADA
TARAFADA
PARRAFADA
ZAFADA
GRIFADA
AGRIFADA
ESQUIFADA
ESCALFADA
ESQUILFADA
ALCACHOFADA
ALCARCHOFADA
AFILOSOFADA
ESTOFADA
ARFADA
GARFADA
BUFADA
ARRUFADA
ATUFADA
CAGADA
PLAGADA
ENCENAGADA
APAGADA
DESPAGADA
BRAGADA
DESBRAGADA
AURRAGADA
AHURRAGADA
TRAGADA
NADGADA
ENJALBEGADA
TALEGADA
ENTALEGADA
DELEGADA
SUBDELEGADA
PLEGADA
LLEGADA
ALLEGADA
GALLEGADA
AGALLEGADA
BIENLLEGADA
NEGADA
FANEGADA
HANEGADA
ABNEGADA
RENEGADA
EMPEGADA
DESPEGADA
FREGADA
AGREGADA
BORREGADA
ENTREGADA
VENTREGADA
SEGADA
SOSEGADA
VEGADA
ARRAIGADA
AMACIGADA
LECHIGADA

LIGADA
OMBLIGADA
COLIGADA
DESCOLIGADA
DESAMIGADA
ESPIGADA
NARIGADA
DESNARIGADA
BRIGADA
ABRIGADA
DESABRIGADA
MADRIGADA
LORIGADA
DESBARRIGADA
ALMASTIGADA
ENVIGADA
CABALGADA
DESENCABALGADA
AHIDALGADA
NALGADA
SALGADA
DELGADA
HELGADA
AHELGADA
ENHELGADA
AMELGADA
REMILGADA
COLGADA
FOLGADA
HOLGADA
DESCOMULGADA
EXCOMULGADA
PULGADA
REPULGADA
VULGADA
JANGADA
MANGADA
ARREMANGADA
ZANGUANGADA
AMERENGADA
DERRENGADA
DOMINGADA
ENDOMINGADA
PRINGADA
PAMPRINGADA
VASCONGADA
AMONDONGADA
ALONGADA
OBLONGADA
PROLONGADA
TONGADA
BOGADA
ABOGADA
AHOGADA
DESAHOGADA
NOGADA
ROGADA
TOGADA
EMBARGADA
CARGADA
ENCARGADA
DESCARGADA
SARGADA
ASARGADA
ALBERGADA
ACHAMBERGADA
ENJERGADA
TORGADA
RASGADA
BOQUIRRASGADA
ARRIESGADA
NESGADA
SESGADA
VETISESGADA
BUGADA
LECHUGADA
ALECHUGADA
VERDUGADA
VERDUGADA
FUGADA
JUGADA
CONJUGADA
ENTARUGADA
MADRUGADA
AVERRUGADA
BESUGADA
YUGADA
CONYUGADA
HADA
AVAHADA
BESAVAHADA
MOHADA
ALMOHADA
ABUHADA
LABIADA
ALABIADA

ALGARABIADA
CAMBIADA
AGOBIADA
ENACIADA
GRACIADA
AGRACIADA
DESAGRACIADA
DESGRACIADA
VACIADA
PRECIADA
INDICIADA
DESPERDICIADA
BENEFICIADA
ARTIFICIADA
ICTERICIADA
AJUSTICIADA
AJUICIADA
DESJUICIADA
CIRCUNSTANCIADA
LICENCIADA
INTELIGENCIADA
AQUERENCIADA
PENITENCIADA
ENUNCIADA
NEGOCIADA
ANEGOCIADA
ROCIADA
ASOCIADA
TERCIADA
AFUCIADA
DESFIUCIADA
ENLUCIADA
ADIADA
RADIADA
MEDIADA
INTERMEDIADA
INDIADA
AINDIADA
GERUNDIADA
JUDIADA
AJUDIADA
FIADA
BIOGRAFIADA
ESGRAFIADA
CONFIADA
DESCONFIADA
ESCOFIADA
GARFIADA
PORFIADA
PRIVILEGIADA
COLEGIADA
EFIGIADA
REFUGIADA
ATAUJIADA
RUJIADA
ALIADA
EMPALIADA
CILIADA
UNIFOLIADA
TRIFOLIADA
PERFOLIADA
ANDAMIADA
ALJAMIADA
JEREMIADA
OMMIADA
LACINIADA
DEMONIADA
ENDEMONIADA
HERNIADA
PIADA
DESTAPIADA
OLIMPIADA
OPIADA
ALOPIADA
APROPIADA
ESPIADA
RIADA
CARIADA
ASALARIADA
NOTARIADA
VARIADA
INVARIADA
DESVARIADA
CALABRIADA
CRIADA
MALCRIADA
DRÎADA
VIDRIADA
FERIADA
ESCALOFRIADA
MIRÎADA
ENRIADA
GLORIADA
DESMEMORIADA
HISTORIADA
ARRIADA

BARRIADA
CHIRRIADA
ESMIRRIADA
DESMIRRIADA
ENGURRIADA
REPATRIADA
BALAUSTRIADA
DEMASIADA
LISIADA
ESCLISIADA
SITIADA
ACONTIADA
ABESTIADA
ANGUSTIADA
GUIADA
APARROQUIADA
VIADA
SARAVIADA
AGRAVIADA
EXTRAVIADA
ABREVIADA
ENVIADA
ANTUVIADA
JADA
AJADA
BAJADA
TRABAJADA
ATRABAJADA
REBAJADA
EMBAJADA
RANCAJADA
CARCAJADA
ENCARCAJADA
BADAJADA
FAJADA
CONTRAFAJADA
MIGAJADA
AMIGAJADA
AVIAJADA
ENVIAJADA
ACELAJADA
MAJADA
PAJADA
EMPAJADA
DESPARPAJADA
BARAJADA
DESANDRAJADA
DESCERRAJADA
SAJADA
GASAJADA
ATASAJADA
TAJADA
ATAJADA
AVENTAJADA
DESAVENTAJADA
CUAJADA
NAVAJADA
ANAVAJADA
SALVAJADA
GRACEJADA
DEJADA
DESMADEJADA
GUEDEJADA
ENGUEDEJADA
SEMEJADA
DESEMEJADA
MANEJADA
ENCRISNEJADA
ESPEJADA
DESPEJADA
REJADA
MAREJADA
APAREJADA
EMPAREJADA
ENREJADA
DESOREJADA
ARREJADA
ACONSEJADA
MALACONSEJADA
DESACONSEJADA
QUEJADA
ANTRUEJADA
IJADA
AIJADA
EMBIJADA
ACIJADA
REGOCIJADA
CRUCIJADA
ENCRUCIJADA
INDIJADA
FIJADA
AFIJADA
AHIJADA
DESHIJADA
TRASIJADA
CORTIJADA

DESORTIJADA
DESENSORTIJADA
AGUIJADA
QUIJADA
ALFANJADA
NARANJADA
ANARANJADA
AFRANJADA
PINJADA
ALOJADA
MOJADA
AMANOJADA
APANOJADA
ARROJADA
TROJADA
TRASOJADA
ANTOJADA
FORJADA
REBUJADA
DESDIBUJADA
MASCUJADA
COGUJADA
CUGUJADA
MUJADA
GRANUJADA
AGRANUJADA
PAPUJADA
EMPUJADA
CARRUJADA
ENCARRUJADA
LADA
ALADA
BALADA
ABALADA
TABALADA
CAMBALADA
CALADA
BACALADA
GUARDACALADA
TRACALADA
MATRACALADA
RECALADA
ACICALADA
ENCALADA
BROCALADA
ESCALADA
CHALADA
ACAUDALADA
DESCAUDALADA
REGALADA
OJALADA
ANIMALADA
CANALADA
ACANALADA
APANALADA
APEDERNALADA
SEÑALADA
PUÑALADA
APUÑALADA
PALADA
CONTRAPALADA
UMBRALADA
DINERALADA
SALADA
DESALADA
RESALADA
ENSALADA
METALADA
AMETALADA
QUINTALADA
DESTARTALADA
PORTALADA
COSTALADA
BAGUALADA
IGUALADA
INIGUALADA
DESIGUALADA
CARNAVALADA
OVALADA
DESMAZALADA
FABLADA
HABLADA
MALHABLADA
BIENHABLADA
DIABLADA
ENDIABLADA
TABLADA
ENTABLADA
ENSAMBLADA
OBLADA
DOBLADA
REDOBLADA
ENDOBLADA
POBLADA
DESPOBLADA
ANUBLADA

AÑUBLADA
CICLADA
MEZCLADA
CASCABELADA
CELADA
ENCELADA
CINCELADA
PINCELADA
OCELADA
ABOCELADA
CANDELADA
MODELADA
ENRODELADA
CORDELADA
FLAGELADA
HELADA
NIELADA
BURIELADA
BUJELADA
MELADA
AGUAMELADA
MERMELADA
CANELADA
ACANELADA
ACHINELADA
TONELADA
PELADA
APELADA
EMPAPELADA
REPELADA
ENTREPELADA
TERCIOPELADA
ATERCIOPELADA
ANGRELADA
ATIRELADA
PRELADA
ABURELADA
TESELADA
FUSELADA
AVITELADA
DESMANTELADA
ADINTELADA
AMARTELADA
CUARTELADA
ACUARTELADA
CONTRACUARTELADA
SANMIGUELADA
ABUÑUELADA
JAQUELADA
NIQUELADA
ABROQUELADA
VELADA
ACLAVELADA
ADOVELADA
ANOVELADA
ENJOYELADA
CHIFLADA
RUNFLADA
APANTUFLADA
REGLADA
ARREGLADA
DESARREGLADA
DESREGLADA
RENGLADA
CINGLADA
JUNGLADA
FRAILADA
AFRAILADA
DESPABILADA
DESGARBILADA
JUBILADA
EMBRACILADA
VERTICILADA
ENCHILADA
CANDILADA
ACANDILADA
ENCANDILADA
MANDILADA
FILADA
ENFILADA
PERFILADA
HILADA
AHILADA
DESHILADA
ACEMILADA
PILADA
APILADA
RECOPILADA
TAMBORILADA
CARRILADA
BURILADA
ASILADA
BRASILADA
ABRASILADA
DATILADA
DACTILADA

ACANTILADA
MUTILADA
SAQUILADA
TRASQUILADA
ESQUILADA
AMOSQUILADA
BULADA
ARREBOLADA
EMBOLADA
ARBOLADA
ENARBOLADA
COLADA
COLADA
ACOLADA
CARACOLADA
ACARACOLADA
ENCOLADA
ACHOLADA
CAPICHOLADA
DOLADA
LANCEOLADA
ENGOLADA
ENGARGOLADA
ALCOHOLADA
PECIOLADA
RIOLADA
VIOLADA
ULTRAVIOLADA
INVIOLADA
MOLADA
BEMOLADA
DESMOLADA
ESPAÑOLADA
PEÑOLADA
ESPOLADA
ESCAROLADA
CHAROLADA
ACHAROLADA
AFAROLADA
PAPIROLADA
PAMPIROLADA
EMPAMPIROLADA
SOLADA
TORNASOLADA
APARASOLADA
CRISOLADA
DESCONSOLADA
APOSTOLADA
VOLADA
CAZOLADA
AMAZOLADA
PEZOLADA
TUZOLADA
ATIPLADA
TEMPLADA
DESTEMPLADA
ASIMPLADA
SOPLADA
DUPLADA
PERLADA
CHIRLADA
DESMIRLADA
AISLADA
EMBAULADA
CONTRIBULADA
LOBULADA
BILOBULADA
TRILOBULADA
CULADA
ACULADA
INMACULADA
RECULADA
FASCICULADA
CALICULADA
PANICULADA
MATRICULADA
DENTICULADA
ARTICULADA
INARTICULADA
UNGUICULADA
CLAVICULADA
PEDUNCULADA
CARUNCULADA
TORCULADA
SURCULADA
CHULADA
ACHULADA
UNDULADA
REGULADA
ANGULADA
TRIANGULADA
CUADRANGULADA
UNGULADA
AHULADA
CELULADA
MULADA

DISIMULADA
GRANULADA
DISCIPULADA
CLAUSULADA
CARATULADA
CAPITULADA
TITULADA
DESTITULADA
TARANTULADA
RUTULADA
POSTULADA
AZULADA
CABALLADA
ACABALLADA
ENCABALLADA
CALLADA
FALLADA
CHAFALLADA
AGALLADA
ENGALLADA
HALLADA
MALLADA
CANALLADA
ACANALLADA
AMURALLADA
TALLADA
DETALLADA
CARVALLADA
CARVALLADA
CABELLADA
ACABELLADA
DESCABELLADA
CENCELLADA
MELLADA
ACAMELLADA
GAMELLADA
MAMELLADA
REMELLADA
DIENTIMELLADA
MARMELLADA
PELLADA
CAPELLADA
EMPELLADA
ATROPELLADA
ESTRELLADA
SELLADA
DANTELLADA
DENTELLADA
EMBOTELLADA
HABILLADA
ESCOBILLADA
EMBARBILLADA
MANCILLADA
CACHILLADA
CUCHILLADA
ACUCHILLADA
CARIACUCHILLADA
ALMOHADILLADA
ESPADILLADA
RODILLADA
ARRODILLADA
ATABARDILLADA
ABUHARDILLADA
AGUARDILLADA
NARANJILLADA
DESPALILLADA
ENGOLILLADA
COLMILLADA
ANILLADA
CANILLADA
ACANILLADA
DESTORNILLADA
PILLADA
CAPILLADA
ENCAPILLADA
ESTAMPILLADA
ANGARILLADA
ALCANTARILLADA
AMEMBRILLADA
LADRILLADA
ENLADRILLADA
DESCUADRILLADA
TINTERILLADA
GRILLADA
CARRILLADA
TRILLADA
ENTRILLADA
RASTRILLADA
SILLADA
ENCASILLADA
ENSILLADA
ENGATILLADA
DESPATILLADA
CARRETILLADA
ARTILLADA
MARTILLADA

CASTILLADA
ACASTILLADA
ENCASTILLADA
RASTILLADA
ENLECHUGUILLADA
AQUILLADA
CHIQUILLADA
ACHIQUILLADA
ABOQUILLADA
ABARQUILLADA
AHORQUILLADA
GAVILLADA
DESGAVILLADA
NOVILLADA
ABOLLADA
CEBOLLADA
ACEBOLLADA
ENCEBOLLADA
COLLADA
SOCOLLADA
DESCOLLADA
MEOLLADA
FOLLADA
AFOLLADA
TRASFOLLADA
CUELLIDEGOLLADA
ACRIOLLADA
POLLADA
CARIAMPOLLADA
PIMPOLLADA
ENROLLADA
ARROLLADA
DESOLLADA
EXCULLADA
COGULLADA
ACOGULLADA
ENCAPULLADA
GARULLADA
GRULLADA
PEROGRULLADA
GURULLADA
AMADA
CAMADA
ENCAMADA
ESCAMADA
CHAMADA
ADAMADA
FAMADA
AFAMADA
BIENFAMADA
GAMADA
LLAMADA
MAMADA
RAMADA
AGRAMADA
ENRAMADA
DESPARRAMADA
DERRAMADA
CASQUIDERRAMADA
ENTRAMADA
DIADEMADA
EXTREMADA
QUEMADA
REQUEMADA
IMADA
ENSAIMADA
TAIMADA
RACIMADA
ARRACIMADA
SUBLIMADA
ESCOLIMADA
INANIMADA
PRIMADA
SOBREPRIMADA
EMPRIMADA
SIMADA
ULTIMADA
ESTIMADA
INESTIMADA
APROXIMADA
CALMADA
PALMADA
APALMADA
DESALMADA
COLMADA
HEBDÓMADA
REDOMADA
ARREDOMADA
INDOMADA
ENGOMADA
LOMADA
ALOMADA
PLOMADA
APLOMADA
EMPLOMADA
NÓMADA

POMADA
ABROMADA
ACROMADA
ASOMADA
TOMADA
ARMADA
DESARMADA
AFIRMADA
REFORMADA
AMORMADA
PASMADA
ABISMADA
FUMADA
AFUMADA
HUMADA
AHUMADA
SAHUMADA
DESAHUMADA
PLUMADA
CONSUMADA
COSTUMADA
NADA
ENGABANADA
GUANABANADA
ENSABANADA
ATABANADA
REBANADA
ALBANADA
GALBANADA
AGALBANADA
CARAMBANADA
ACARAMBANADA
CANADÁ
CHABACANADA
ALIACANADA
ASTRACANADA
HURACANADA
AVOLCANADA
BOCANADA
CHANADA
BADANADA
ANDANADA
AFANADA
GANADA
BARRAGANADA
ZANGANADA
TRUHANADA
ATRUHANADA
ATERCIANADA
ARRUFIANADA
ACRISTIANADA
LANADA
ENLANADA
PLANADA
EXPLANADA
LLANADA
VILLANADA
AVILLANADA
MANADA
ESCARRAMANADA
HERMANADA
PANADA
CAMPANADA
ACAMPANADA
ENCAMPANADA
ACHAMPANADA
PAMPANADA
EMPANADA
MARANADA
ALACRANADA
VERANADA
AZAFRANADA
GRANADA
AFILIGRANADA
MALGRANADA
BIENGRANADA
DESGRANADA
CHARRANADA
ALQUITRANADA
APATANADA
ATAFETANADA
GITANADA
AGITANADA
ASACRISTANADA
SANJUANADA
DESHILVANADA
ADNADA
ENFAENADA
CENADA
ALMACENADA
ADOCENADA
ENCADENADA
CONDENADA
ORDENADA
INORDENADA
COORDENADA

DESORDENADA
OXIGENADA
NITROGENADA
ALIENADA
ENAJENADA
BERENJENADA
ABERENJENADA
DESMELENADA
EMBALLENADA
ALMENADA
DESALMENADA
PENADA
REFRENADA
SOBREFRENADA
SOFRENADA
TRENADA
SENADA
ENSENADA
TENADA
SETENADA
ANTENADA
ENTENADA
CENTENADA
SARTENADA
AVENADA
AGNADA
ASIGNADA
COGNADA
VIZCAINADA
COMBINADA
BACINADA
EMPECINADA
ABOCINADA
EMBOCINADA
ARROCINADA
ATOCINADA
COCHINADA
MARAVEDINADA
ASARDINADA
SUBORDINADA
INSUBORDINADA
INORDINADA
COORDINADA
PEINADA
REPEINADA
TEINADA
FINADA
REFINADA
SEMIRREFINADA
CONFINADA
MARGINADA
FAJINADA
INCLINADA
MOLINADA
DISCIPLINADA
INDISCIPLINADA
PAMPLINADA
ZARRAMPLINADA
MINADA
CAMINADA
DESCAMINADA
APERGAMINADA
LAMINADA
INCONTAMINADA
AFEMINADA
EFEMINADA
DEFEMINADA
ENFEMINADA
GEMINADA
CELEMINADA
INNOMINADA
PRONOMINADA
DETERMINADA
INDETERMINADA
ALBUMINADA
ACUMINADA
ALUMINADA
ILUMINADA
BITUMINADA
PINADA
ENCHAPINADA
EMPINADA
GALOPINADA
INOPINADA
DESOPINADA
TOPINADA
CLARINADA
ACULEBRINADA
CRINADA
ENCRINADA
CHICHIRINADA
CASCARRINADA
CHAFARRINADA
INDOCTRINADA
TINADA
ALATINADA

DESATINADA
ASAETINADA
MAITINADA
ABOTINADA
AMOTINADA
CORTINADA
DESTINADA
PREDESTINADA
ARESTINADA
QUINADA
ARLEQUINADA
ADOQUINADA
TARQUINADA
PASQUINADA
ESQUINADA
ALNADA
DAMNADA
ANNADA
ABONADA
JABONADA
ENJABONADA
BRIBONADA
ABRIBONADA
CHAMBONADA
EMBONADA
CARBONADA
TURBONADA
ATURBONADA
CHACONADA
BALCONADA
HALCONADA
ANCONADA
ENCONADA
RINCONADA
ARRINCONADA
HORCONADA
BRAVUCONADA
AHOBACHONADA
GACHONADA
ATACHONADA
DONADA
ADONADA
AZADONADA
ALMIDONADA
BALDONADA
ABANDONADA
HONDONADA
ACORDONADA
ENCORDONADA
DESDONADA
LEONADA
ALEONADA
PEONADA
BUFONADA
PERDIGONADA
MANGONADA
HURGONADA
ZAHONADA
GURBIONADA
FACIONADA
ACCIONADA
AFACCIONADA
AFAICIONADA
CONDICIONADA
ACONDICIONADA
AFICIONADA
INTENCIONADA
MALINTENCIONADA
BIENINTENCIONADA
PROPORCIONADA
IMPROPORCIONADA
DESPROPORCIONADA
AMORRIONADA
OCASIONADA
DESOCASIONADA
APASIONADA
DESAPASIONADA
COMPASIONADA
APOSESIONADA
COMISIONADA
PENSIONADA
COMPLEXIONADA
ACOMPLEXIONADA
CAJONADA
ENCAJONADA
ARREJONADA
AGUIJONADA
TALONADA
DOBLONADA
AMELONADA
MAMELONADA
ESPOLONADA
ABORLONADA
GALLONADA
AGALLONADA
AFARALLONADA

MILLONADA
AMILLONADA
BOLLONADA
COLLONADA
MÓNADA
MONADA
ENCAMONADA
CAÑAMONADA
LIMONADA
SALMONADA
ASALMONADA
ASERMONADA
NONADA
ENCAÑONADA
APIÑONADA
RIÑONADA
ARRIÑONADA
CAPONADA
ACAPONADA
ENCAPONADA
CRAMPONADA
COMPONADA
ARPONADA
CABRONADA
ACABRONADA
BALADRONADA
CHAPERONADA
JIRONADA
CORONADA
ESPORONADA
CARRONADA
ASOCARRONADA
FANFARRONADA
CIMARRONADA
CINARRONADA
HERRONADA
TURRONADA
ZURRONADA
TRONADA
ATRONADA
PATRONADA
SONADA
ASONADA
BLASONADA
ARTESONADA
AFRISONADA
PERSONADA
APERSONADA
TONADA
GRATONADA
ARRATONADA
CAPETONADA
CHAPETONADA
CARRETONADA
APITONADA
ABARITONADA
CANTONADA
TRASCANTONADA
FARFANTONADA
VALENTONADA
AVALENTONADA
ESPONTONADA
COTONADA
AMELOCOTONADA
ESPORTONADA
BASTONADA
CESTONADA
AFESTONADA
LISTONADA
PAVONADA
MAZONADA
RAZONADA
DESENRAZONADA
CORAZONADA
ACORAZONADA
SAZONADA
DESAZONADA
CABEZONADA
APEZONADA
TIZONADA
INFANZONADA
TORZONADA
CHUZONADA
CARNADA
ENCARNADA
DESCARNADA
DESGOBERNADA
CERNADA
PERNADA
ESPERNADA
DESPERNADA
ALTERNADA
INTERNADA
INVERNADA
SOBORNADA
CORNADA

ACORNADA
ENCORNADA
ABOCHORNADA
HORNADA
JORNADA
TORNADA
CONTORNADA
ASNADA
ALESNADA
MESNADA
ALOBUNADA
LUNADA
ALUNADA
MANCOMUNADA
ABETUNADA
ACEITUNADA
FORTUNADA
AFORTUNADA
DESAFORTUNADA
BIENFORTUNADA
INFORTUNADA
CORAZNADA
ALEZNADA
MEZNADA
TORREZNADA
TIZNADA
AÑADA
BAÑADA
CAÑADA
ENCAÑADA
DAÑADA
ESPADAÑADA
FAÑADA
REGAÑADA
DESENGAÑADA
DESMAÑADA
APAÑADA
ENTREPAÑADA
ACHAMPAÑADA
EMPAÑADA
ACOMPAÑADA
ARAÑADA
CACARAÑADA
ENSAÑADA
ANTAÑADA
ACASTAÑADA
ENDEÑADA
DESDEÑADA
EMPEÑADA
ENGREÑADA
DESGREÑADA
PREÑADA
ENSEÑADA
ALIÑADA
DESALIÑADA
ARMIÑADA
NIÑADA
ANIÑADA
APIÑADA
GUIÑADA
DESBLANQUIÑADA
GAZMOÑADA
AMADROÑADA
BISOÑADA
OTOÑADA
UÑADA
CUÑADA
CONCUÑADA
PUÑADA
AZOADA
CAPADA
ENCAPADA
ESCAPADA
CHAPADA
ENCHAPADA
SOLAPADA
PAPADA
DESHARRAPADA
DESARRAPADA
BARBIRRAPADA
ENTRAPADA
ESTRAPADA
SAPADA
TAPADA
DESTAPADA
TREPADA
RETREPADA
ESTREPADA
ACIPADA
ANTICIPADA
PRINCIPADA
TRIPADA
ENTRIPADA
DISIPADA
CONSTIPADA
AFELPADA

CULPADA
INCULPADA
DESPULPADA
ESCAMPADA
DESCAMPADA
LÁMPADA
ESTAMPADA
TROMPADA
OPADA
COPADA
ACOPADA
CASQUIACOPADA
SEMICOPADA
SINCOPADA
GALOPADA
EMPOPADA
ATROPADA
HISOPADA
TOPADA
ESTOPADA
ARPADA
ESCARPADA
FARPADA
HARPADA
ZARPADA
ASPADA
RASPADA
CARRASPADA
ESPADA
ENCRESPADA
AVISPADA
OCUPADA
DESPREOCUPADA
DESOCUPADA
CHUPADA
GRUPADA
RADA
ARADA
ALMIBARADA
CARADA
CARADA
NACARADA
ANACARADA
MALCARADA
ENCARADA
CASCARADA
MASCARADA
ENMASCARADA
DESCARADA
AZUCARADA
CHARADA
CUCHARADA
ACUCHARADA
TUFARADA
ALGARADA
PULGARADA
FOGARADA
VAHARADA
ACLARADA
DECLARADA
AJUGLARADA
MILLARADA
ACOLLARADA
CAMARADA
ALFAMARADA
LLAMARADA
ALMARADA
POMARADA
FUMARADA
HUMARADA
PUMARADA
DINARADA
ALUNARADA
UÑARADA
PARADA
REPARADA
PREPARADA
PINTIPARADA
MALPARADA
DESAMPARADA
COMPARADA
INCOMPARADA
DESPARADA
DISPARADA
LUMBRARADA
CANTARADA
TESTARADA
LENGUARADA
VARADA
CABRADA
LABRADA
DESCALABRADA
PALABRADA
CEBRADA
ACEBRADA
AHEBRADA

LEBRADA
GINEBRADA
GINEBRADA
PEBRADA
INVERTEBRADA
QUEBRADA
ALIQUEBRADA
LIBRADA
EQUILIBRADA
DESEQUILIBRADA
ALAMBRADA
ESTAMBRADA
AHEMBRADA
MEMBRADA
SEMBRADA
CIMBRADA
HOMBRADA
AHOMBRADA
NOMBRADA
RENOMBRADA
ENCUMBRADA
DESCUMBRADA
LUMBRADA
ALUMBRADA
DESALUMBRADA
MALACOSTUMBRADA
DESACOSTUMBRADA
AZUMBRADA
OBRADA
COBRADA
ACOBRADA
ENCOBRADA
SOBRADA
DEMACRADA
ADRADA
ALADRADA
DESMADRADA
CUADRADA
DESMEDRADA
PEDRADA
SAMPEDRADA
EMPEDRADA
CIDRADA
HOJALDRADA
ANDRADA
CENDRADA
ACENDRADA
ALMENDRADA
ANQUIALMENDRADA
CILINDRADA
ATOLONDRADA
HABERADA
LIBERADA
DELIBERADA
INDELIBERADA
ACERADA
LACERADA
APLACERADA
CANCERADA
ENCERADA
MADERADA
ENMADERADA
CONFEDERADA
CONSIDERADA
MALCONSIDERADA
INCONSIDERADA
DESCONSIDERADA
CALDERADA
PANDERADA
PONDERADA
MODERADA
INMODERADA
APODERADA
DESAPODERADA
DESPODERADA
JIFERADA
EXAGERADA
MORIGERADA
TIJERADA
AMUJERADA
GALERADA
CELERADA
ACELERADA
ESCELERADA
ACABALLERADA
AGLOMERADA
CONGLOMERADA
ESMERADA
AMANERADA
DEGENERADA
DINERADA
ADINERADA
MARINERADA
CARNERADA
ACARNERADA
IRREMUNERADA

PERADA
APERADA
TEMPERADA
INTEMPERADA
DESTEMPERADA
MOMPERADA
INESPERADA
DESESPERADA
PROSPERADA
SOMBRERADA
ENSOMBRERADA
LUMBRERADA
INVETERADA
ALITERADA
ALTERADA
INALTERADA
ENTERADA
CUARTERADA
MORTERADA
TESTERADA
NOGUERADA
CALAVERADA
CONTRAVERADA
ADVERADA
ENTREVERADA
FRADA
CEFRADA
CIFRADA
ALJIMIFRADA
COFRADA
AZUFRADA
GRADA
ENALMAGRADA
VINAGRADA
AVINAGRADA
SAGRADA
NEGRADA
TARDÍGRADA
ATIGRADA
DIGITÍGRADA
SALTÍGRADA
PLANTÍGRADA
CENTÍGRADA
RETRÓGRADA
IRADA
AIRADA
DESAIRADA
GIRADA
LIRADA
MIRADA
REMIRADA
MALMIRADA
ASPIRADA
SUSPIRADA
TIRADA
RETIRADA
ESTIRADA
VIRADA
REVIRADA
HONRADA
ASABORADA
DESABORADA
ALBORADA
ALAMBORADA
ESLAMBORADA
ARBORADA
CORADA
DECORADA
DORADA
ATRAIDORADA
ARDORADA
FORADA
AFORADA
DESAFORADA
ALCANFORADA
FOSFORADA
HORADA
FLORADA
AFLORADA
CONTRAFLORADA
COLORADA
ADOLORADA
INEXPLORADA
MORADA
ENAMORADA
DESAMORADA
DESMEMORADA
HUMORADA
MALHUMORADA
ATENORADA
SEÑORADA
ASEÑORADA
TEMPORADA
PROFESORADA
TORADA
DOCTORADA

ACASTORADA
COMPRADA
BARRADA
ABARRADA
ALBARRADA
EMBARRADA
DESBARRADA
NUBARRADA
ANUBARRADA
CARRADA
CHARRADA
GUACHARRADA
DESPILFARRADA
AGARRADA
BIGARRADA
ABIGARRADA
ALGARRADA
DESGARRADA
ENGUIJARRADA
AMARRADA
ZAMARRADA
ENZAMARRADA
PARRADA
APARRADA
ALCAPARRADA
CHAPARRADA
ACHAPARRADA
ZAPARRADA
ENCATARRADA
ESPATARRADA
DESPATARRADA
AGUARRADA
APIZARRADA
EMPIZARRADA
ERRADA
CERRADA
BECERRADA
SOBRECERRADA
ENCERRADA
CENCERRADA
ENCENCERRADA
FERRADA
HERRADA
PERRADA
MATAPERRADA
EMPERRADA
SERRADA
ASERRADA
DESERRADA
TERRADA
DESOTERRADA
DESTERRADA
MIRRADA
BORRADA
CHORRADA
AMODORRADA
AFORRADA
GORRADA
AHORRADA
MANJORRADA
MORRADA
CALAMORRADA
PORRADA
TORRADA
BURRADA
ABURRADA
DESPACHURRADA
BATURRADA
ZURRADA
LETRADA
ILETRADA
SALITRADA
MITRADA
ENTRADA
CENTRADA
CONCENTRADA
DESCENTRADA
MALENTRADA
VENTRADA
CINTRADA
CONTRADA
ENCONTRADA
POTRADA
ALABASTRADA
ARRASTRADA
DESASTRADA
ESTRADA
MAESTRADA
AMAESTRADA
ADESTRADA
ADIESTRADA
ASILVESTRADA
ADMINISTRADA
COSTRADA
JOSTRADA
DESCALOSTRADA

MOSTRADA
ROSTRADA
ARROSTRADA
SORROSTRADA
BALAUSTRADA
ABALAUSTRADA
EXCLAUSTRADA
ILUSTRADA
ALUTRADA
CURADA
ACURADA
DURADA
ASEGURADA
FIGURADA
JURADA
CONJURADA
AMURADA
APURADA
EMPURPURADA
MESURADA
DESMESURADA
APRESURADA
ATURADA
VENTURADA
AVENTURADA
MALAVENTURADA
BIENAVENTURADA
DESAVENTURADA
DESVENTURADA
ESTURADA
ASADA
BASADA
BARRABASADA
CASADA
FRACASADA
MALCASADA
SOBREASADA
MASADA
DESAMASADA
PASADA
PREPASADA
ANTEPASADA
COMPASADA
ACOMPASADA
DESCOMPASADA
SOBRASADA
ENRASADA
ARRASADA
ATRASADA
DESASADA
PAYASADA
FRANCESADA
AFRANCESADA
PROCESADA
CONFESADA
MESADA
PESADA
MAMPESADA
RESADA
INTERESADA
COINTERESADA
DESINTERESADA
FRESADA
PRESADA
SESADA
DESATESADA
ENTESADA
TRASTESADA
PORTUGUESADA
AHUESADA
QUESADA
TURQUESADA
ATURQUESADA
PAVESADA
EMPAVESADA
ATRAVESADA
REVESADA
ENREVESADA
ARREVESADA
ENVESADA
ENYESADA
APAISADA
FLORDELISADA
ENCAMISADA
DESCAMISADA
ANISADA
PISADA
RISADA
FRISADA
AGRISADA
GUISADA
AGUISADA
DESAGUISADA
DESGUISADA
VISADA
AVISADA

DESAVISADA
FALSADA
REFALSADA
BOLSADA
PULSADA
CANSADA
DESCANSADA
GANSADA
AMANSADA
INCENSADA
PENSADA
IMPENSADA
PRENSADA
OSADA
ADOSADA
EMBALDOSADA
FOSADA
LOSADA
ENLOSADA
POSADA
REPOSADA
AMARIPOSADA
PAMPOSADA
ESPOSADA
DESPOSADA
ROSADA
PROSADA
ACAPARROSADA
DESOSADA
VERSADA
ENVERSADA
CURSADA
CONCURSADA
USADA
PAUSADA
ACUSADA
COACUSADA
DECUSADA
ESCUSADA
EXCUSADA
FUSADA
AFUSADA
HUSADA
AHUSADA
ABLUSADA
INUSADA
ATADA
GARABATADA
AGARABATADA
ARREBATADA
EMPECATADA
RECATADA
MENTECATADA
ALICATADA
DESFACHATADA
SULFATADA
FOSFATADA
GATADA
ENGATADA
ALPARGATADA
HATADA
ESQUELATADA
DILATADA
ACHOCOLATADA
AMULATADA
ACASAMATADA
REMATADA
TOMATADA
ANATADA
CARBONATADA
GAZNATADA
PATADA
DESBARATADA
DISPARATADA
BOTARATADA
AMORATADA
ACIGUATADA
NOVATADA
AFECTADA
INAFECTADA
SAETADA
ENCAPACETADA
LANCETADA
ABOCETADA
RECRUCETADA
CACHETADA
CORCHETADA
CADETADA
BOFETADA
ABOHETADA
GRIETADA
ALETADA
PALETADA
MULETADA
BILLETADA
ENGOLLETADA

AMOLLETADA
AJUANETADA
ASAINETADA
JINETADA
BONETADA
CASTAÑETADA
TAPETADA
ENTAPETADA
TROMPETADA
ATROMPETADA
ACOPETADA
ENCOPETADA
TOPETADA
ENJARETADA
TIJERETADA
TITERETADA
AFRETADA
FLORETADA
APRETADA
CORNIAPRETADA
ENTREPRETADA
CARRETADA
CHORRETADA
GORRETADA
PORRETADA
CHURRETADA
AGRISETADA
COSETADA
ATETADA
LENGÜETADA
TRINQUETADA
CASQUETADA
VETADA
AVETADA
DESCHAVETADA
INHABITADA
DESHABITADA
INDUBITADA
INCAPACITADA
PRECITADA
RESUCITADA
IMPREMEDITADA
ACREDITADA
DESACREDITADA
ACEITADA
DESACEITADA
AFEITADA
CONFITADA
EXAGITADA
DIGITADA
INCOGITADA
HABILITADA
IMPOSIBILITADA
IMITADA
LIMITADA
ILIMITADA
VOMITADA
PITADA
DESPEPITADA
PRECIPITADA
FRITADA
ESPIRITADA
DESPIRITADA
NECESITADA
DESPROPOSITADA
USITADA
INUSITADA
CUITADA
DESCUITADA
EVITADA
INVITADA
ASFALTADA
SALTADA
EXALTADA
ABULTADA
REBULTADA
INSEPULTADA
RESULTADA
CANTADA
ENCANTADA
DISCANTADA
TRAGANTADA
AGIGANTADA
GARGANTADA
SOLIVIANTADA
DESEMBLANTADA
ADELANTADA
ENGLANTADA
PLANTADA
DIAMANTADA
ADIAMANTADA
TUNANTADA
ESPANTADA
ATARANTADA
QUEBRANTADA
MONTANTADA

GUANTADA
LEVANTADA
SOLEVANTADA
INOCENTADA
DENTADA
ACCIDENTADA
ENDENTADA
DESDENTADA
ARGENTADA
PONIENTADA
ALENTADA
DESATALENTADA
AVALENTADA
MENTADA
DESORNAMENTADA
ELEMENTADA
CIMENTADA
EXPERIMENTADA
ESCARMENTADA
FERMENTADA
AUMENTADA
DOCUMENTADA
INDOCUMENTADA
RENTADA
DESEMPARENTADA
ARRENTADA
SENTADA
ASENTADA
PRESENTADA
AUSENTADA
TENTADA
ATENTADA
DESATENTADA
FUENTADA
VENTADA
AVENTADA
ENCINTADA
PINTADA
CONTADA
MONTADA
REMONTADA
DESMONTADA
AFRONTADA
TONTADA
UNTADA
PUNTADA
APUNTADA
RABOTADA
ACOTADA
DESACOTADA
AMAZACOTADA
ECOTADA
PICOTADA
ESCOTADA
INDOTADA
ABIGOTADA
DESCOGOTADA
AMOGOTADA
AHOTADA
ENHOTADA
QUIJOTADA
BALOTADA
PALOTADA
CAMELOTADA
ABELLOTADA
MANOTADA
DESMANOTADA
CONNOTADA
POTADA
PAJAROTADA
PASMAROTADA
CAPIROTADA
PAPIROTADA
ENVIROTADA
ALBOROTADA
EMPINGOROTADA
GORGOROTADA
ARROTADA
DERROTADA
RISOTADA
CREOSOTADA
VOTADA
ENDEVOTADA
AZOTADA
INADAPTADA
RAPTADA
ENCARTADA
LAGARTADA
ALAGARTADA
HARTADA
CUARTADA
APARTADA
LIBERTADA
ENCOBERTADA
ACERTADA
DESACERTADA
CONCERTADA
DESCONCERTADA
CORTADA
RECORTADA
ENTRECORTADA
NORTADA
PORTADA
ANTEPORTADA
ESPORTADA
TORTADA
HURTADA
ASTADA
DESCASTADA
GASTADA
CANASTADA
ENASTADA
TRASTADA
ESTADA
CESTADA
SUDESTADA
AGESTADA
ENGESTADA
BALLESTADA
EMBALLESTADA
JINESTADA
RESTADA
CRESTADA
ENCRESTADA
PRESTADA
ARRESTADA
TESTADA
ATESTADA
ENTESTADA
INTESTADA
LISTADA
ALISTADA
ENTRELISTADA
ARISTADA
ENQUISTADA
ACOSTADA
AGOSTADA
DENOSTADA
TOSTADA
RETOSTADA
BARAUSTADA
FUSTADA
DISGUSTADA
AJUSTADA
FLAUTADA
AFLAUTADA
ENFLAUTADA
PAUTADA
LUTADA
ENLUTADA
ACAÑUTADA
DIPUTADA
ABRUTADA
CUADA
ADECUADA
INADECUADA
ANTICUADA
ARCUADA
GRADUADA
AGUADA
APANIAGUADA
VAGUADA
ATREGUADA
YEGUADA
IGUADA
PANIGUADA
APANIGUADA
INAVERIGUADA
SANTIGUADA
DESLENGUADA
MENGUADA
MINGUADA
APAZGUADA
CONTINUADA
ATISUADA
ACENSUADA
ACTUADA
SITUADA
INACENTUADA
SEXUADA
CAVADA
CONCAVADA
OCHAVADA
LAVADA
CLAVADA
ENCLAVADA
CAÑILAVADA
DESLAVADA
PAVADA
DEPRAVADA
SEXTAVADA
DOZAVADA
LEVADA
ELEVADA
LLEVADA
NEVADA
DESNEVADA
ESTEVADA
PATIESTEVADA
DADIVADA
DERIVADA
PRIVADA
INCULTIVADA
INMOTIVADA
ESTIVADA
MALVADA
SALVADA
ENSELVADA
OVADA
AOVADA
ENCOVADA
CONCOVADA
CORCOVADA
JOVADA
TRASOVADA
LARVADA
PARVADA
RESERVADA
CORVADA
ENCORVADA
CONCORVADA
CURVADA
UVADA
ABAYADA
CAYADA
APAPAGAYADA
PLAYADA
EXPLAYADA
DESMAYADA
PAYADA
RAYADA
CAMBRAYADA
ACAMBRAYADA
SUBRAYADA
ENRAYADA
ENSAYADA
GUAYADA
BOYADA
ABOYADA
HOYADA
ENJOYADA
EXPLOYADA
ARROYADA
AZADA
CALABAZADA
DESFAZADA
ARREGAZADA
ALCAHAZADA
LAZADA
DESMALAZADA
MAZADA
APELMAZADA
TENAZADA
ATENAZADA
RAPAZADA
RAZADA
ALBARAZADA
EMBARAZADA
DESEMBARAZADA
BRAZADA
ABRAZADA
CRAZADA
FRAZADA
AGRAZADA
ACORAZADA
ENCORAZADA
ALBARRAZADA
TRAZADA
ENTRAZADA
ENJAEZADA
CABEZADA
DESCABEZADA
TROJEZADA
ENTROPEZADA
REZADA
AJEDREZADA
ADEREZADA
ENDEREZADA
FREZADA
TEZADA
ATEZADA
ESTEZADA
ALMUEZADA
IZADA
CAHIZADA
ABESTIALIZADA
PALIZADA
EMPALIZADA
DESNATURALIZADA
ALCOHOLIZADA
TITULIZADA
ESCUCHIMIZADA
ANGLICANIZADA
ORGANIZADA
GRANIZADA
DESTIRANIZADA
ENCARNIZADA
TABERNIZADA
ENCAÑIZADA
ENTAPIZADA
RIZADA
SECULARIZADA
ERIZADA
CARACTERIZADA
ENRIZADA
RUBORIZADA
AUTORIZADA
DESAUTORIZADA
CARRIZADA
COTIZADA
ARTIZADA
AMESTIZADA
BAUTIZADA
ESQUIZADA
ALZADA
CALZADA
CARIALZADA
AGARBANZADA
ALCANZADA
DESCHANZADA
DANZADA
ACRIANZADA
LANZADA
PANZADA
ARANZADA
ESPERANZADA
TRANZADA
AVANZADA
TRENZADA
POTENZADA
CONTRAPOTENZADA
DESPINZADA
ESCONZADA
AVERGONZADA
ENVERGONZADA
DESVERGONZADA
PUNZADA
PESCOZADA
GARGOZADA
GORGOZADA
HOZADA
ALMOZADA
ENZARZADA
ALCORZADA
ESCORZADA
FORZADA
REFORZADA
ESFORZADA
ALMORZADA
ALCUZADA
AGUZADA
ANDALUZADA
ACAMUZADA
GAMUZADA
AGAMUZADA
CRUZADA
CAPERUZADA
AFERRUZADA
BEBDA
DEBDA
MUEBDA
LAMBDA
ROBDA
DUBDA
BÉBEDA
ACEBEDA
NÉBEDA
POBEDA
CEDA
ACEDA
CARIACEDA
CERECEDA
SALCEDA
ALMOCEDA
NOCEDA
SAUCEDA
CANDEDA
HEDA
MOHEDA
JEDA
BUJEDA
LEDA
ALEDA
NOPALEDA
PERALEDA
ROSALEDA
BLEDA
ROBLEDA
CLEDA
ARBOLEDA
MEDA
ALAMEDA
OLMEDA
ANDRÓMEDA
HÚMEDA
AVELLANEDA
PINEDA
MONEDA
ALMONEDA
PIORNEDA
FRESNEDA
CASTAÑEDA
HEXÁPEDA
CEPEDA
BÍPEDA
ALÍPEDA
PALMÍPEDA
CAPRÍPEDA
ATRÍPEDA
FISÍPEDA
GLOSOPEDA
HUÉSPEDA
HUMAREDA
POLVAREDA
NEBREDA
PEREDA
VEREDA
GREDA
MOREDA
CÓMPREDA
BARREDA
PERREDA
SEDA
ALISEDA
FILOSEDA
TEDA
QUEDA
ROQUEDA
MOSQUEDA
BÚSQUEDA
BEJUQUEDA
RUFDA
VEDA
BÓVEDA
SAMOYEDA
ZEDA
IDA
ALBAIDA
CAÍDA
DECAÍDA
RECAÍDA
ALICAÍDA
CABEZCAÍDA
CABIZCAÍDA
ALFAIDA
ALGAIDA
LAIDA
RAÍDA
FORAIDA
ENTRERRAÍDA
CARIRRAÍDA
TRAÍDA
RETRAÍDA
DISTRAÍDA
VAÍDA
DESVAÍDA
ZAIDA
CABIDA
DESHABIDA
RÁBIDA
SABIDA
DESABIDA
RESABIDA
SOBRESABIDA
CONSABIDA
TÁBIDA
ZABIDA
BEBIDA
EMBEBIDA
DESAPERCEBIDA
DEBIDA
INDEBIDA
DESAPERCIBIDA
ESCRIBIDA
LAMBIDA
MÓRBIDA
TÓRBIDA
SUBIDA
ÁCIDA
ANTIÁCIDA

PLÁCIDA
NACIDA
ANTENACIDA
SITÁCIDA
PSITÁCIDA
FLÁCCIDA
ENCAECIDA
ANOCHECIDA
AGRADECIDA
MALAGRADECIDA
DESAGRADECIDA
DESGRADECIDA
MALDECIDA
ESTORDECIDA
ENVEJECIDA
FALLECIDA
DEFALLECIDA
ENORFANECIDA
AMANECIDA
DESVANECIDA
GUARNECIDA
ESCLARECIDA
PARECIDA
APARECIDA
CRECIDA
MERECIDA
INMERECIDA
ESMORECIDA
ESPAVORECIDA
ABORRECIDA
ACONTECIDA
CARIACONTECIDA
DESBASTECIDA
DESBLANQUECIDA
DEICIDA
REGICIDA
CONYUGICIDA
DEFALICIDA
FILICIDA
CALLICIDA
DEFALLICIDA
HOMICIDA
VERMICIDA
TIRANICIDA
BACTERICIDA
UXORICIDA
PARRICIDA
MATRICIDA
PATRICIDA
FRATRICIDA
INSECTICIDA
FETICIDA
INFANTICIDA
LIBERTICIDA
SUICIDA
CENCIDA
SENCIDA
VENCIDA
CARIFRONCIDA
BOQUIFRONCIDA
COCIDA
RECOCIDA
CONOCIDA
RECONOCIDA
DESCONOCIDA
ESPARCIDA
EJERCIDA
TORCIDA
RETORCIDA
ROSTRITORCIDA
BOQUITORCIDA
ZURCIDA
ENROBRESCIDA
REDUCIDA
INDUCIDA
LÚCIDA
LUCIDA
ENLUCIDA
TRASLÚCIDA
DESLUCIDA
TRANSLÚCIDA
REHENCHIDA
ALHADIDA
AÑADIDA
PROCEDIDA
SUCEDIDA
MEDIDA
COMEDIDA
ACOMEDIDA
DESCOMEDIDA
DESMEDIDA
IMPEDIDA
DESPEDIDA
EXPEDIDA
AGREDIDA
DESPIDIDA

GALDIDA
BANDIDA
CÁNDIDA
GANDIDA
DECENDIDA
ENCENDIDA
TRASCENDIDA
DESCENDIDA
DEFENDIDA
OFENDIDA
LABIHENDIDA
PATIHENDIDA
BOQUIHENDIDA
ESPLÉNDIDA
RENDIDA
PRENDIDA
INCOMPRENDIDA
DESPRENDIDA
TENDIDA
ESPALDITENDIDA
PIERNITENDIDA
ENTENDIDA
DESENTENDIDA
VÉNDIDA
ESCONDIDA
CUNDIDA
FUNDIDA
REHUNDIDA
BOQUIHUNDIDA
ARDIDA
FARDIDA
PÉRDIDA
PERDIDA
REGORDIDA
MORDIDA
CABIZMORDIDA
SÓRDIDA
ESTORDIDA
ATURDIDA
SACUDIDA
RECUDIDA
REPERCUDIDA
CEFEIDA
LEÍDA
ACLEIDA
RECREÍDA
DESCREÍDA
NEREIDA
POSEÍDA
FIDA
BÍFIDA
TRÍFIDA
PINATÍFIDA
INFIDA
PÉRFIDA
ÉGIDA
ELEGIDA
DESCORREGIDA
PROTEGIDA
RÍGIDA
FRÍGIDA
FÚLGIDA
FINGIDA
UNGIDA
COMPUNGIDA
COGIDA
ACOGIDA
RECOGIDA
ENCOGIDA
ESCOGIDA
DEMERGIDA
TÚRGIDA
FÚGIDA
RUGIDA
FORAJIDA
TARAGOZAJIDA
MEJIDA
TEJIDA
CONTEJIDA
REVEJIDA
CÁLIDA
FALIDA
COMALIDA
PÁLIDA
SALIDA
CRISÁLIDA
ESCUÁLIDA
VÁLIDA
VALIDA
REVÁLIDA
INVÁLIDA
DESVALIDA
HERACLIDA
BELIDA
GÉLIDA
DOLIDA

MOLIDA
POLIDA
SÓLIDA
CONSÓLIDA
ESTÓLIDA
COMPLIDA
CUMPLIDA
SUPLIDA
PULIDA
REPULIDA
FALLIDA
BELLIDA
VELLIDA
ZAMBULLIDA
MULLIDA
TULLIDA
MIDA
LAMIDA
CALAMIDA
RELAMIDA
CARAMIDA
COMPRIMIDA
TÍMIDA
COMIDA
SOBRECOMIDA
MALCOMIDA
DÓMIDA
DORMIDA
SEMIDORMIDA
DESDORMIDA
HÚMIDA
NÚMIDA
PRESUMIDA
BOQUISUMIDA
CONSUMIDA
TÚMIDA
BANIDA
MANIDA
EXINANIDA
GRANIDA
ARÁCNIDA
DETENIDA
RETENIDA
ENTRETENIDA
CONTENIDA
SOSTENIDA
SUSTENIDA
VENIDA
AVENIDA
MALAVENIDA
DESAVENIDA
SOBREVENIDA
PREVENIDA
DESPREVENIDA
BIENVENIDA
CONVENIDA
INSIGNIDA
DEFINIDA
INDEFINIDA
INFINIDA
FALCÓNIDA
MEMNÓNIDA
EMPEDERNIDA
FORNIDA
IMPUNIDA
PLAÑIDA
TAÑIDA
CEÑIDA
REÑIDA
ESTREÑIDA
TEÑIDA
BARBITEÑIDA
ENGURRUÑIDA
OÍDA
ROÍDA
HEROIDA
HEMORROIDA
LÁPIDA
RÁPIDA
SÁPIDA
TAPIDA
GÉPIDA
TRÉPIDA
INTRÉPIDA
INSÍPIDA
ESTAMPIDA
LIMPIDA
ROMPIDA
ARROMPIDA
ININTERRUMPIDA
TÓRPIDA
HÍSPIDA
RÍSPIDA
ESCUPIDA
TUPIDA
ESTÚPIDA

ÁRIDA
ALARIDA
PARIDA
MALPARIDA
TARIDA
CANTÁRIDA
GUARIDA
CASUÁRIDA
BRIDA
FABRIDA
SABRIDA
DESABRIDA
FEBRIDA
HÍBRIDA
DESHAMBRIDA
EMPOBRIDA
CRIDA
ESCALDRIDA
PODRIDA
RECERÍDA
FERIDA
DEFERIDA
INDIGERIDA
HERIDA
SOBREHERIDA
ENTELERIDA
ESPERIDA
QUERIDA
FRIDA
SUFRIDA
MALSUFRIDA
GRIDA
DENEGRIDA
RENEGRIDA
DESABORIDA
FLORIDA
DESCOLORIDA
DOLORIDA
ADOLORIDA
FAVORIDA
PAVORIDA
ESPAVORIDA
DESPAVORIDA
BARRIDA
GARRIDA
MARRIDA
AMARRIDA
DESMARRIDA
AGUERRIDA
CORRIDA
SOCORRIDA
AMODORRIDA
HÓRRIDA
TÓRRIDA
ABURRIDA
RECURRIDA
ESCURRIDA
APÁTRIDA
AUSTRIDA
NUTRIDA
PÚTRIDA
ANTIPÚTRIDA
CASIDA
ÁBSIDA
PANSIDA
TRANSIDA
CENSIDA
COSIDA
DESCOSIDA
HETERÓPSIDA
AUTÓPSIDA
CORCUSIDA
BATIDA
ABATIDA
LATIDA
FÉTIDA
ASAFÉTIDA
METIDA
ARREMETIDA
ENTREMETIDA
COMETIDA
ACOMETIDA
PROMETIDA
ENTROMETIDA
DERRETIDA
NÍTIDA
MENTIDA
FEMENTIDA
DESMENTIDA
ARREPENTIDA
SENTIDA
DESENTIDA
RESENTIDA
CONSENTIDA
COLOQUÍNTIDA
EUFÓTIDA

CARÓTIDA
PARÓTIDA
PARTIDA
CONTRAPARTIDA
BIPARTIDA
PROPARTIDA
ADVERTIDA
INADVERTIDA
DESADVERTIDA
DIVERTIDA
INVERTIDA
CURTIDA
ENCURTIDA
ENFURTIDA
SURTIDA
RESURTIDA
BASTIDA
EMBESTIDA
TRAVESTIDA
REVESTIDA
ENSANGOSTIDA
EMBUTIDA
BUIDA
CUIDA
FUIDA
GUIDA
VAGUIDA
SEGUIDA
ENSEGUIDA
LÁNGUIDA
DESLÁNGUIDA
DISTINGUIDA
CUELLIERGUIDA
HUIDA
REHUIDA
FLUIDA
DISMINUIDA
AULÁQUIDA
ALGUAQUIDA
DESEQUIDA
RESEQUIDA
LÍQUIDA
ILÍQUIDA
MARQUIDA
DRUIDA
INSTRUIDA
VIDA
ÁVIDA
PRECAVIDA
BUSCAVIDA
PÁVIDA
IMPÁVIDA
GRÁVIDA
INGRÁVIDA
ATREVIDA
LÍVIDA
VIVIDA
VÍVIDA
ÍNVIDA
LLOVIDA
MOVIDA
PRÓVIDA
IMPRÓVIDA
TOVIDA
FÉRVIDA
HERVIDA
PORVIDA
EXIDA
BALDA
RIBALDA
CALDA
FALDA
SOBREFALDA
HALDA
JALDA
BILLALDA
GUIRNALDA
ESPALDA
ESMERALDA
GIRALDA
GUALDA
CELDA
BIELDA
SUELDA
CONSUELDA
MENEGILDA
REMOLDA
TOLDA
BULDA
ANDA
BANDA
ZARABANDA
ESCURRIBANDA
ZURRIBANDA
SALBANDA
SOBANDA

ESCANDA
EDUCANDA
NEFANDA
INFANDA
BUFANDA
PROPAGANDA
VIANDA
LANDA
HOPALANDA
SOPALANDA
BLANDA
PELIBLANDA
BOQUIBLANDA
CASQUIBLANDA
HOLANDA
IRLANDA
GUIRLANDA
MANDA
DEMANDA
ALEMANDA
CONFIRMANDA
NORMANDA
EXAMINANDA
LUANDA
PANDA
GARAPANDA
CUCHIPANDA
SOPANDA
RANDA
BARANDA
JACARANDÁ
JACARANDA
PEÑARANDA
ZARANDA
EXECRANDA
VENERANDA
MISERANDA
GRANDA
MIRANDA
ADMIRANDA
MEMORANDA
DOCTORANDA
PARRANDA
DESPOSANDA
TANDA
VITANDA
GRADUANDA
PREBENDA
ALBENDA
FACHENDA
PUDENDA
FENDA
AGENDA
LEGENDA
CORRIGENDA
BEBIENDA
FACIENDA
HACIENDA
AHCIENDA
COGIENDA
HIENDA
MOLIENDA
EMIENDA
ENMIENDA
COMIENDA
ENCOMIENDA
PROPIENDA
RIENDA
MERIENDA
SOBRERRIENDA
CASATIENDA
CONTIENDA
TRASTIENDA
VIVIENDA
CALENDA
BLENDA
HORNABLENDA
PECBLENDA
PECHBLENDA
TELENDA
EMENDA
TREMENDA
REPRIMENDA
COMPONENDA
ESTUPENDA
RENDA
REVERENDA
OFRENDA
PRENDA
BERRENDA
HORRENDA
SENDA
CUENDA
MALACUENDA
DUENDA
ESPUENDA

SERUENDA
GORRUENDA
VENDA
LEYENDA
ZENDA
INDA
SUCINDA
CHINDA
LINDA
CALINDA
GALINDA
SOGALINDA
BLINDA
CELINDA
RELINDA
CARILINDA
ÑAPINDÁ
GUINDA
SUINDÁ
ZUINDÁ
ONDA
CACHONDA
REDONDA
CARIRREDONDA
ANQUIRREDONDA
FONDA
HONDA
SABIHONDA
SABIONDA
FEDIONDA
HEDIONDA
HIDIONDA
ARDIONDA
CERIONDA
MORIONDA
TORIONDA
VERRIONDA
BOTIONDA
BUTIONDA
BLONDA
MONDA
ESCAMONDA
RONDA
SERONDA
FRONDA
ORONDA
CORONDA
MORONDA
CONTRARRONDA
SOBRERRONDA
SONDA
TRAPISONDA
ROTONDA
BARAÚNDA
NAUSEABUNDA
VAGABUNDA
ERRABUNDA
MEDITABUNDA
COGITABUNDA
GEMEBUNDA
TREMEBUNDA
PUDIBUNDA
MORIBUNDA
FURIBUNDA
SITIBUNDA
FACUNDA
INFACUNDA
IRACUNDA
FECUNDA
INFECUNDA
VERECUNDA
INVERECUNDA
RUBICUNDA
JOCUNDA
CARCUNDA
DUNDA
FUNDA
TAPAFUNDA
BARAFUNDA
PROFUNDA
SEGUNDA
BARAHÚNDA
VORAHÚNDA
ORIUNDA
VAGAMUNDA
SALAMUNDA
INMUNDA
TORUNDA
TUNDA
ROTUNDA
COYUNDA
ODA
BODA
TORNABODA
CODA
TRASCODA

ESCODA
BEODA
GEODA
GODA
PAGODA
VISIGODA
OSTROGODA
VISOGODA
MODA
OMNÍMODA
CÓMODA
INCÓMODA
DESCÓMODA
PODA
ÁPODA
EPODA
ANTÍPODA
OCTÓPODA
RODA
CONTRARRODA
SODA
RAPSODA
TODA
VAIVODA
ARDA
BARDA
GABARDA
ALABARDA
ALBARDA
GUIMBARDA
BOMBARDA
LOMBARDA
LONGOBARDA
CARDA
PENCHICARDA
PICARDA
ESCARDA
MOSCARDA
CUCARDA
FARDA
ALFARDA
BUFARDA
GARDA
ZALAGARDA
BEGARDA
BIGARDA
ESPINGARDA
BUHARDA
GOLIARDA
GALLARDA
BILLARDA
BERNARDA
BOARDA
PARDA
ZAPARDA
SARDA
BUSARDA
TARDA
AVETARDA
BASTARDA
AVUTARDA
GUARDA
RETAGUARDA
SALVAGUARDA
REGUARDA
SOBREGUARDA
VANGUARDA
AVANGUARDA
JUARDA
SUARDA
OLIVARDA
YARDA
BOYARDA
NIZARDA
BUZARDA
CERDA
MIERDA
IZQUIERDA
LERDA
CUERDA
CALACUERDA
HALACUERDA
MANCUERDA
CONCUERDA
BORDA
ZABORDA
REBORDA
CORDA
SURSUNCORDA
GORDA
CINTAGORDA
CACHIGORDA
CARIGORDA
ENGORDA
HORDA
VILORDA

SORDA
TORDA
BURDA
CURDA
GURDA
ZAHÚRDA
KURDA
PALURDA
ABSURDA
ZURDA
CAUDA
DAUDÁ
JAUDA
LAUDA
ALAUDA
RAUDA
RABUDA
BARBUDA
HOCICUDA
PICUDA
ANCUDA
ZANCUDA
PENCUDA
BOCUDA
BOTOCUDA
CASCUDA
PESCUDA
CACHUDA
FACHUDA
PENACHUDA
CAPRICHUDA
CALCHUDA
GANCHUDA
GRENCHUDA
PINCHUDA
CONCHUDA
TRONCHUDA
DUDA
CALDUDA
FALDUDA
GALDUDA
HALDUDA
ESPALDUDA
CERDUDA
BEUDA
DEUDA
TATARADEUDA
LEUDA
AGUDA
REAGUDA
SOBREAGUDA
PELIAGUDA
PUNTIAGUDA
NARIGUDA
BARRIGUDA
CERVIGUDA
NALGUDA
LENGUDA
CATINGUDA
LIUDA
VIUDA
LINAJUDA
CORAJUDA
NAVAJUDA
CEJUDA
FORCEJUDA
GUEDEJUDA
PELLEJUDA
HOLLEJUDA
CERNEJUDA
OREJUDA
REVEJUDA
VEDIJUDA
COJUDA
HOJUDA
LUDA
ALUDA
PELUDA
VUELUDA
FILUDA
COLUDA
AGALLUDA
TALLUDA
CABELLUDA
VELLUDA
RODILLUDA
COLMILLUDA
CAPILLUDA
CARRILLUDA
PANTORRILLUDA
PATILLUDA
CUARTILLUDA
COSTILLUDA
CEBOLLUDA
REBOLLUDA
MEOLLUDA

REPOLLUDA
PIMPOLLUDA
MUDA
ESCAMUDA
MASAMUDA
TARTAMUDA
FLEMUDA
REMUDA
RACIMUDA
CALMUDA
SORDOMUDA
LOMUDA
NUDA
CANUDA
MACANUDA
LANUDA
PLANUDA
CAMPANUDA
MELENUDA
MENUDA
ESPINUDA
PERSONUDA
CARNUDA
CORNUDA
DESNUDA
SAÑUDA
CEÑUDA
GREÑUDA
MOÑUDA
PAPUDA
TRIPUDA
FELPUDA
CHAMPUDA
COPUDA
CORPUDA
RUDA
CASCARUDA
QUIJARUDA
TESTARUDA
HEBRUDA
MEMBRUDA
CRUDA
OJERUDA
GARRUDA
CHAPARRUDA
PACHORRUDA
MORRUDA
PORRUDA
LETRUDA
VENTRUDA
NASUDA
PASUDA
SESUDA
HUESUDA
OSUDA
TUDA
BATUDA
PATUDA
ZAPATUDA
CACHETUDA
MOFLETUDA
MOLLETUDA
JUANETUDA
COPETUDA
TOPETUDA
TETUDA
ZOQUETUDA
MANTUDA
DENTUDA
TREDENTUDA
DIENTUDA
TALENTUDA
FRONTUDA
COTUDA
MORROCOTUDA
BIGOTUDA
COGOTUDA
CAPOTUDA
ZAMBOROTUDA
PINGOROTUDA
ZAMBORROTUDA
GESTUDA
CRESTUDA
NERVUDA
AYUDA
SOTAYUDA
BOYUDA
ZUDA
AZUDA
CAZUDA
CACHAZUDA
BEZUDA
CABEZUDA
CORTEZUDA
NARIZUDA
CONFIANZUDA

PANZUDA
PACIENZUDA
CONCIENZUDA
PESCUZUDA
TOZUDA
FORZUDA
LEZDA
EA
TRÁBEA
SÁBEA
TABEA
FLEBEA
PLEBEA
TEBEA
PLÚMBEA
CUBEA
JACOBEA
TARBEA
EUBEA
RÚBEA
CEA
CANNABÁCEA
SEBÁCEA
ALBÁCEA
BOMBÁCEA
HERBÁCEA
SIMARUBÁCEA
BOMBACÁCEA
FITOLACÁCEA
PORTULACÁCEA
ESTIRACÁCEA
DIPSACÁCEA
SALICÁCEA
MICÁCEA
PUNICÁCEA
CARICÁCEA
TAMARICÁCEA
ERICÁCEA
URTICÁCEA
COLQUICÁCEA
OROBANCÁCEA
JUNCÁCEA
ASCLEPIADÁCEA
RESEDÁCEA
OXALIDÁCEA
HAMAMELIDÁCEA
AMARILIDÁCEA
CAPARIDÁCEA
BERBERIDÁCEA
IRIDÁCEA
ORQUIDÁCEA
YUGLANDÁCEA
SAPINDÁCEA
NINFEÁCEA
TIMELEÁCEA
OLEÁCEA
DIOSCOREÁCEA
TEÁCEA
PROTEÁCEA
TIFÁCEA
FAGÁCEA
SAXIFRAGÁCEA
MORINGÁCEA
EUFORBIÁCEA
RUBIÁCEA
AURANCIÁCEA
POLIPODIÁCEA
QUENOPODIÁCEA
CARDIÁCEA
ANACARDIÁCEA
MALPIGIÁCEA
ALANGIÁCEA
ALIÁCEA
PEDALIÁCEA
ARALIÁCEA
LOBELIÁCEA
MELIÁCEA
BROMELIÁCEA
LILIÁCEA
TILIÁCEA
FOLIÁCEA
CAPRIFOLIÁCEA
AQUIFOLIÁCEA
MAGNOLIÁCEA
ESTERCULIÁCEA
MONIMIÁCEA
LOGANIÁCEA
GERANIÁCEA
DILENIÁCEA
FRANQUENIÁCEA
BEGONIÁCEA
POLEMONIÁCEA
OPIÁCEA
CARIOCARIÁCEA
GLOBULARIÁCEA
ESCROFULARIÁCEA

PONTEDERIÁCEA
GESNERIÁCEA
BITNERIÁCEA
CORIÁCEA
CHICORIÁCEA
ARISTOLOQUIÁCEA
AMIGDALÁCEA
POLIGALÁCEA
SANTALÁCEA
CANELÁCEA
BASELÁCEA
CIGOFILÁCEA
ZIGOFILÁCEA
CARIOFILÁCEA
AMILÁCEA
ESMILÁCEA
CORILÁCEA
ERITROXILÁCEA
TROPEOLÁCEA
VIOLÁCEA
SALSOLÁCEA
AZOLÁCEA
RANUNCULÁCEA
PRIMULÁCEA
CAMPANULÁCEA
FERULÁCEA
CRASULÁCEA
BETULÁCEA
CONVOLVULÁCEA
ULMÁCEA
POMÁCEA
BUTOMÁCEA
MENISPERMÁCEA
ALISMÁCEA
CANÁCEA
PANDANÁCEA
GENCIANÁCEA
VALERIANÁCEA
CRISOBALANÁCEA
SOLANÁCEA
PANACEA
MEMBRANÁCEA
PLATANÁCEA
HIPOCASTANÁCEA
EBENÁCEA
VERBENÁCEA
ARENÁCEA
ELEAGNÁCEA
APOCINÁCEA
PLUMBAGINÁCEA
BORRAGINÁCEA
NICTAGINÁCEA
PLANTAGINÁCEA
LINÁCEA
GALINÁCEA
COMMELINÁCEA
GALLINÁCEA
BALSAMINÁCEA
FARINÁCEA
CASUARINÁCEA
MIRSINÁCEA
RAMNÁCEA
LEMNÁCEA
CANNÁCEA
POLIGONÁCEA
PAPILIONÁCEA
ANONÁCEA
BIGNONÁCEA
SAPONÁCEA
FORNÁCEA
AÑACEA
AIZOÁCEA
DIPTEROCARPÁCEA
ARTOCARPÁCEA
DRUPÁCEA
ARÁCEA
TARACEA
ATARACEA
EFEDRÁCEA
CINGIBERÁCEA
ZINGIBERÁCEA
ACERÁCEA
GUNNERÁCEA
CIPERÁCEA
PIPERÁCEA
DROSERÁCEA
BURSERÁCEA
OENOTERÁCEA
PAPAVERÁCEA
CORÁCEA
NEORÁCEA
CNEORÁCEA
RIZOFORÁCEA
PASIFLORÁCEA
MORÁCEA
PORRÁCEA

LITRÁCEA
CELASTRÁCEA
LAURÁCEA
FURFURÁCEA
CUPRESÁCEA
GRISÁCEA
MIMOSÁCEA
ROSÁCEA
DIPSÁCEA
MUSÁCEA
MELASTOMATÁCEA
ALISMATÁCEA
CACTÁCEA
ABIETÁCEA
NETÁCEA
GNETÁCEA
COMBRETÁCEA
CRETÁCEA
EQUISETÁCEA
CUCURBITÁCEA
VITÁCEA
PULTÁCEA
ACANTÁCEA
MARANTÁCEA
AMARANTÁCEA
LORANTÁCEA
AMENTÁCEA
NEPENTÁCEA
TEREBINTÁCEA
SAPOTÁCEA
MIRTÁCEA
TESTÁCEA
CISTÁCEA
CRUSTÁCEA
RUTÁCEA
MALVÁCEA
TAXÁCEA
BUXÁCEA
PAPAYÁCEA
VACCEA
DISECEA
TEODICEA
SILÍCEA
AVENÍCEA
PICEA
PÍCEA
CINERÍCEA
TRITÍCEA
ALCEA
LINCEA
JÚNCEA
ARCEA
DIRCEA
SADUCEA
TRANCHEA
TRINCHEA
CORCHEA
SEMICORCHEA
DEA
BADEA
CICÁDEA
ASCLEPIADEA
IDEA
OXALÍDEA
AMPELÍDEA
AMARILÍDEA
MONOCLAMÍDEA
SEMIDEA
FICOIDEA
CONCOIDEA
TIFOIDEA
PARATIFOIDEA
XIFOIDEA
HIOIDEA
ALCALOIDEA
HALOIDEA
CRISTALOIDEA
CICLOIDEA
COLOIDEA
SESAMOIDEA
SIGMOIDEA
ADENOIDEA
ALBUMINOIDEA
CONOIDEA
LIPOIDEA
AROIDEA
SACAROIDEA
CANCROIDEA
DENDROIDEA
TIROIDEA
COROIDEA
OVOIDEA
AXOIDEA
LAPÍDEA
CAPARÍDEA
BERBERÍDEA

IRÍDEA
CELTÍDEA
RAQUÍDEA
ORQUÍDEA
ALDEA
JUGLANDEA
CÉNDEA
ÁRDEA
VERDEA
JUDEA
FEA
AÑAFEA
ATAFEA
CEFEA
NINFEA
RONFEA
LEUCOFEA
MORFEA
GEA
DRAGEA
GRAGEA
TEGEA
COCCÍGEA
MENÍNGEA
FARÍNGEA
NASOFARÍNGEA
LARÍNGEA
ALANGIEA
CAMELIEA
VACCINIEA
GROSULARIEA
ONAGRARIEA
LITRARIEA
PARONIQUIEA
JEA
AJEA
PAJEA
TAJEA
ATAJEA
NANJEA
ATARJEA
ALEA
BALEA
CEFALEA
GÁLEA
GALEA
POLIGÁLEA
JALEA
RALEA
SALEA
TÁLEA
PLATALEA
ZALEA
AZALEA
HIBLEA
ASAMBLEA
OBLEA
CÓCLEA
SOFOCLEA
CIBELEA
PELEA
CIGOFÍLEA
CARIOFILEA
GARIOFILEA
GALILEA
BASILEA
AQUILEA
ERITROXÍLEA
TROPEOLEA
POLEA
SOLEÁ
VOLEA
AZOLEA
EMPLEA
PIMPLEA
HERCÚLEA
CERÚLEA
PATULEA
MEA
RÁMEA
ARAMEA
FRÁMEA
SESÁMEA
NEMEA
PIGMEA
DIDÍMEA
ALMEA
ROMEA
DIATOMEA
BUTOMEA
IDUMEA
PLÚMEA
ESPÚMEA
NEA
ANEA
HACANEA

SUPERVACÁNEA
SUCEDÁNEA
PANDÁNEA
SUFRAGÁNEA
CIANEA
GENCIANEA
JUSTINIANEA
MISCELÁNEA
HERCULÁNEA
MANEA
CANANEA
HEMICRÁNEA
FORÁNEA
TEMPORÁNEA
CONTEMPORÁNEA
EXTEMPORÁNEA
ALBARRÁNEA
ERRÁNEA
SUBTERRÁNEA
MEDITERRÁNEA
CONTERRÁNEA
COTERRÁNEA
SOTERRÁNEA
INTRÁNEA
FRUSTRÁNEA
PLATÁNEA
COLACTÁNEA
COLECTÁNEA
COETÁNEA
SUBITÁNEA
LIMITÁNEA
SIMULTÁNEA
INSTANTÁNEA
MOMENTÁNEA
PRESENTÁNEA
ESPONTÁNEA
HIPOCASTÁNEA
CUTÁNEA
SUBCUTÁNEA
INTERCUTÁNEA
ÉNEA
ENEA
HOMOGÉNEA
HETEROGÉNEA
CHIMENEA
CIRENEA
ATENEA
ÍGNEA
CANABÍNEA
COCCÍNEA
SALICÍNEA
ILICÍNEA
FILICÍNEA
HIPERICÍNEA
LACTICÍNEA
DULCINEA
BRONCÍNEA
TAMARISCÍNEA
ARUNDÍNEA
LICOPODÍNEA
TESTUDÍNEA
GINEA
PLUMBAGÍNEA
BORRAGÍNEA
NICTAGÍNEA
ORIGÍNEA
VIRGÍNEA
ALBUGÍNEA
FERRUGÍNEA
LÍNEA
ENTRELÍNEA
RECTILÍNEA
MISTILÍNEA
MIXTILÍNEA
CURVILÍNEA
APOLÍNEA
GRAMÍNEA
TAMÍNEA
ESTAMÍNEA
FEMÍNEA
FULMÍNEA
CARMÍNEA
JAZMÍNEA
ESPÍNEA
ACERÍNEA
HIDROPTERÍNEA
CIRINEA
PIRINEA
CELASTRÍNEA
LAURÍNEA
TÍNEA
ABIETÍNEA
EQUISETÍNEA
CISTÍNEA
GUINEA
SANGUÍNEA

CONSANGUÍNEA
BIXÍNEA
GLOXÍNEA
RÁMNEA
COTILEDÓNEA
ACOTILEDÓNEA
DICOTILEDÓNEA
MONOCOTILEDÓNEA
IDÓNEA
GORGÓNEA
DIONEA
ESCAMONEA
MACARRONEA
ERRÓNEA
APNEA
DIPNEA
CÁRNEA
LERNEA
CÓRNEA
EBÚRNEA
DISNEA
ETNEA
NEPTÚNEA
PEA
APEA
CAPEA
NAPEA
AGANIPEA
MENIPEA
FARMACOPEA
CASIOPEA
MELOPEA
PARTENOPEA
CUADROPEA
ARROPEA
FARROPEA
FERROPEA
HERROPEA
CUATROPEA
EUROPEA
INDOEUROPEA
ARTOCÁRPEA
REA
ÁREA
CAREA
NACAREA
DECAREA
ICÁREA
CALCÁREA
DIPTEROCÁREA
DECIÁREA
KILIÁREA
QUILIÁREA
CENTIÁREA
CLAREA
ESCLAREA
MAREA
CONTRAMAREA
CONTRAREA
CESÁREA
TAREA
ATAREA
HECTÁREA
NECTÁREA
CETÁREA
TARTÁREA
VAREA
NAZAREA
BREA
HEBREA
LIBREA
TIMBREA
CREA
ASCREA
JEDREA
AJEDREA
PEDREA
APEDREA
AÉREA
ANTIAÉREA
CEREA
CÉREA
SIDÉREA
VENÉREA
ANTIVENÉREA
CINÉREA
FUNÉREA
APEREÁ
VIPÉREA
ETÉREA
DELETÉREA
CITEREA
ZAFÍREA
EMPÍREA
IMPÍREA
OREA
SABOREA
ARBÓREA
HIPERBÓREA
COREA
PECOREA
ESTERCÓREA
DIOSCÓREA
RIZOFÓREA
PASIFLÓREA
MÓREA
MARMÓREA
CORPÓREA
CONCORPÓREA
HECTÓREA
ESTENTÓREA
TINTÓREA
NESTÓREA
ECUÓREA
PREA
DIAPREA
LAMPREA
DIARREA
FÉRREA
TESTAFÉRREA
TÉRREA
SEBORREA
VERBORREA
CORREA
BRONCORREA
LEUCORREA
PIORREA
AMORREA
BLENORREA
AMENORREA
DISMENORREA
GONORREA
ESPERMATORREA
OTORREA
ABEURREA
PÉTREA
ERITREA
VÍTREA
UREA
ÁUREA
LÁUREA
CENTAUREA
EPICÚREA
TAFUREA
SULFÚREA
PURPÚREA
CÁSEA
FRICASEA
CAUCÁSEA
PEGASEA
PRESEA
ODISEA
ELÍSEA
CARISEA
GRÍSEA
ÓSEA
RÓSEA
NÁUSEA
JEBUSEA
MEDUSEA
RAGUSEA
TEA
ATEA
BATEA
NABATEA
JATEA
PLATEA
CARATEA
EFRATEA
ALCABTEA
ACTEA
CÁCTEA
LÁCTEA
BRÁCTEA
HETEA
LETEA
POPLÍTEA
ALTEA
DIALTEA
ESPÉLTEA
GIGANTEA
POLIANTEA
ARGÉNTEA
DRAGONTEA
MONTEA
HICOTEA
JICOTEA
AZOTEA
FILISTEA
LÚTEA
GLÚTEA
AZUTEA
ÁCUEA
AQUEA
TERRÁQUEA
TRÁQUEA
FILOTRÁQUEA
DENDROTRÁQUEA
MANIQUEA
CÁVEA
CHAVEA
ALCARAVEA
NÍVEA
SUBÁLVEA
NÉRVEA
ÓVEA
SÁXEA
EXEA
FA
SINABAFA
GAFA
ADIAFA
ALAFA
MALAFA
ALMALAFA
NAFA
AGUANAFA
RAFA
TAQUÍGRAFA
MUSICÓGRAFA
BIÓGRAFA
DACTILÓGRAFA
OLÓGRAFA
HOLÓGRAFA
EPISTOLÓGRAFA
HOMÓGRAFA
MECANÓGRAFA
ESTENÓGRAFA
QUIRÓGRAFA
MITÓGRAFA
ORTÓGRAFA
AUTÓGRAFA
JIRAFA
AZORAFA
CARRAFA
RIFARRAFA
GARRAFA
PILTRAFA
ESTAFA
ZAFA
BEFA
JEFA
SINALEFA
AZANEFA
CENEFA
ACENEFA
ALMUHARREFA
ALMORREFA
AJAQUEFA
AZAQUEFA
DAIFA
AZOFAIFA
AZUFAIFA
REGAIFA
TAIFA
ACEIFA
AZOFEIFA
AZUFEIFA
ALJOFIFA
JIFA
ALIFA
CALIFA
ALCALIFA
HALIFA
JALIFA
ENGAÑIFA
RIFA
GARIFA
JARIFA
TARIFA
APÓCRIFA
GRIFA
TIFA
CATIFA
ALCATIFA
ALQUETIFA
ALQUITIFA
GUIFA
HUIFA
ALFA
ALFALFA
BELFA
ADELFA
FILADELFA
ROSADELFA
ORNITODELFA
GÜELFA
FILFA
GOLFA
ENGOLFA
SOLFA
CARINENFA
LINFA
ENDOLINFA
NINFA
CARININFA
QUINFA
BOFA
COFA
ALCACHOFA
ALCARCHOFA
FOFA
GOFA
GALLOFA
MOFA
GALLAROFA
GROFA
GARROFA
TETRÁSTROFA
ESTROFA
ANTISTROFA
SOFÁ
FILÓSOFA
ESTOFA
GARFA
ALJARFA
ALGORFA
MORFA
AMORFA
DIMORFA
POLIMORFA
CIGOMORFA
ACTINOMORFA
ANTROPOMORFA
ISOMORFA
BUFA
CHUFA
ADUFA
AFUFA
CATALUFA
RUFA
GALDRUFA
TRUFA
COTUFA
ESTUFA
AGÁ
BAGA
BAGÁ
TUMBAGA
DAGA
ANAFAGA
RÁFAGA
ADEFAGA
POLÍFAGA
GEÓFAGA
ICTIÓFAGA
FILÓFAGA
XILÓFAGA
ZOÓFAGA
ANTROPÓFAGA
CARPÓFAGA
NECRÓFAGA
COPRÓFAGA
ESCATÓFAGA
HEMATÓFAGA
GALACTÓFAGA
FITÓFAGA
LITÓFAGA
ANTÓFAGA
LOTÓFAGA
RIZÓFAGA
MÁRFAGA
GAGA
ACIAGA
ALIAGA
ANIAGA
BRIAGA
EMBRIAGA
ZURRIAGA
JAGA
ÁLAGA
DALAGA
DIÁLAGA
MÁLAGA
BOLAGA
ABOLAGA
VERDOLAGA
PLAGA
AULAGA
ABULAGA
LLAGA
MAGA
CIÉNAGA
LUCIÉRNAGA
BIZNAGA
PAGA
SOBREPAGA
ADÁRAGA
BRAGA
FALSABRAGA
DRAGA
FRAGA
ARSÁFRAGA
OSÍFRAGA
SAXÍFRAGA
NÁUFRAGA
MORAGA
MÁRRAGA
TÁRRAGA
ATARRAGA
BETARRAGA
SAGA
PRÉSAGA
ALMÁRTAGA
OSTAGA
USTAGA
VAGA
UNDÍVAGA
NOCTÍVAGA
GIRÓVAGA
ZAGA
REZAGA
ORZAGA
MARZADGA
ALFÁBEGA
ALHÁBEGA
JABEGA
JÁBEGA
MANCHEGA
ALFÓNDEGA
BODEGA
CIEGA
PALACIEGA
BURRICIEGA
TETICIEGA
MACHIEGA
JUDIEGA
LIEGA
CANALIEGA
CAÑALIEGA
JIRAPLIEGA
LEBANIEGA
MERCHANIEGA
ALDEANIEGA
CRISTIANIEGA
MANIEGA
PANIEGA
VERANIEGA
ALBARRANIEGA
SERRANIEGA
MARTINIEGA
INFURCIONIEGA
NOCHARNIEGA
NOCHERNIEGA
ENVERNIEGA
RAPIEGA
ANDARIEGA
PIARIEGA
ALIJARIEGA
ESCOLARIEGA
SOLARIEGA
PALOMARIEGA
PINARIEGA
CAÑARIEGA
CASARIEGA
BRIEGA
LABRIEGA
RIBERIEGA
MUJERIEGA
ROMERIEGA
ASPERIEGA
ESPERIEGA
FRIEGA
REFRIEGA
GRIEGA
MORIEGA
ENTRIEGA
SIEGA
ARRANCASIEGA
PASIEGA
SOSIEGA
MATIEGA
LEGA
GALEGA
SALEGA
TALEGA
ÉLEGA
FRAILEGA
SACRÍLEGA
SORTÍLEGA

COLEGA
CONCOLEGA
LLEGA
GALLEGA
FUÉLLEGA
FRIOLLEGA
MEGA
ALHÁMEGA
OMEGA
ALÁRMEGA
ALBANEGA
FANEGA
HANEGA
CRISTIANEGA
REBAÑEGA
CADAÑEGA
BOLAÑEGA
PEGA
EMPEGA
BREGA
LÓBREGA
PICAGREGA
COREGA
MÁRREGA
BORREGA
CUATREGA
ENTREGA
SEGA
ESTRATEGA
ALMÁRTEGA
ORTEGA
CORTEGA
BUEGA
NORUEGA
VEGA
ROYEGA
ZAMBAIGA
TAIGA
BIGA
ARÁBIGA
ZÁMBIGA
BÁCIGA
FILÁCIGA
ALMÁCIGA
LECHIGA
ALBÉRCHIGA
FADIGA
ALCANDIGA
MENDIGA
ALBÓNDIGA
ALFÓNDIGA
ALHÓNDIGA
LÓNDIGA
ALMÓNDIGA
PRÓDIGA
MUMÓRDIGA
TÓRDIGA
ESTÓRDIGA
TÓRDIGA
MEIGA
GIGA
HIGA
JIGA
CAJIGA
VEJIGA
VERDEVEJIGA
LIGA
CÁLIGA
RELIGA
APOSTÓLIGA
HUÉLLIGA
MIGA
AMIGA
NEMIGA
ENEMIGA
HORMIGA
CANÓNIGA
AUNIGA
ÑÁÑIGA
BOÑIGA
ESPIGA
LÓBRIGA
CUADRIGA
RODRIGA
LORIGA
BARRIGA
TRIGA
INTRIGA
ESTRIGA
AURIGA
FATIGA
ANTIGA
CANTIGA
SALAMÁNTIGA
BOTIGA
REBOTIGA

ARTIGA
ALMÁRTIGA
PÉRTIGA
ORTIGA
ALMÁSTIGA
VÁSTIGA
TRESTIGA
ALFÓSTIGA
VIGA
ALGA
FIDALGA
HIDALGA
GALGA
NALGA
SALGA
RESALGA
BELGA
EMBELGA
ACELGA
DELGA
BIELGA
MIELGA
TREMIELGA
TRIMIELGA
PIELGA
CAÑAJELGA
MELGA
AMELGA
EMELGA
JIMELGA
CUELGA
HUELGA
POCILGA
SILGA
ALBOLGA
FOLGA
PULGA
CASAMPULGA
CASIMPULGA
CANGA
CHANGA
PICHANGA
MANDANGA
PENDANGA
MINDANGA
MORONDANGA
GANGA
BOJIGANGA
MOJIGANGA
LANGA
GALANGA
CLANGA
SILANGA
PLANGA
CARLANGA
BERLANGA
BULLANGA
MANGA
BOCAMANGA
ZANGAMANGA
REMANGA
NANGA
CANANGA
GUACHINANGA
ÑAPANGA
PAMPANGA
CARANGA
CHARANGA
FARANGA
GUARANGA
ZARANGA
MATURRANGA
PARASANGA
GUASANGA
TANGA
BATANGA
CATANGA
PITANGA
FRITANGA
ZANGUANGA
ZANGA
ABADENGA
REALENGA
RELENGA
FRAILENGA
FRIOLENGA
MENGA
RENGA
ARENGA
VARENGA
BRENGA
ORENGA
ENTENGA
LUENGA
BARBILUENGA
PECILUENGA

INGA
CHINGA
CANDINGA
GANDINGA
MANDILANDINGA
MANDINGA
PUDINGA
RELINGA
SILINGA
TILINGA
CARLINGA
BERLINGA
ESLINGA
MINGA
PINGA
TAPINGA
JERINGA
SERINGA
FRINGA
GRINGA
SIRINGA
MORINGA
ESTRINGA
RESTRINGA
SINGA
MESINGA
CATINGA
SEÑORITINGA
COTINGA
RESTINGA
GUINGA
BONGA
CONGA
CANDONGA
ZANGANDONGA
PINDONGA
MONDONGA
PECHIGONGA
CAJONGA
LONGA
CABALONGA
CONALONGA
OBLONGA
MILONGA
PILONGA
CUADRILONGA
PROLONGA
BIRLONGA
MORRONGA
TRONGA
TONGA
CHUNGA
ZANGANDUNGA
SANDUNGA
LUNGA
MATUNGA
BOGA
CIABOGA
SABOGA
CIMBOGA
ACIMBOGA
DOGA
COLAGOGA
DEMAGOGA
SINAGOGA
ANÁLOGA
ÉCLOGA
ÉGLOGA
GINECÓLOGA
MICÓLOGA
MUSICÓLOGA
IDEÓLOGA
PALEÓLOGA
NEÓLOGA
TEÓLOGA
SOCIÓLOGA
CONQUILIÓLOGA
HOMÓLOGA
CAMPANÓLOGA
APÓLOGA
SEROLOGA
ASTRÓLOGA
EGIPTÓLOGA
ORTÓLOGA
FILLOGA
DROGA
FROGA
PRÓRROGA
SOGA
TOGA
CARGA
SOBRECARGA
AVANCARGA
RETROCARGA
DESCARGA
DARGA

ADARGA
LARGA
RABILARGA
PELILARGA
COLILARGA
CUELLILARGA
MANILARGA
CARILARGA
PASILARGA
LENGÜILARGA
ZANQUILARGA
MARGA
AMARGA
ALMARGA
SARGA
BOTARGA
VARGA
CHAMBERGA
JERGA
MONSERGA
JUERGA
VERGA
POSAVERGA
SIRGA
ALBORGA
ANDORGA
CANDORGA
PANDORGA
GORGA
MORGA
SINSORGA
TORGA
BURGA
LICURGA
MURGA
PURGA
TAUMATURGA
PELASGA
TRASGA
DESGA
NESGA
PESGA
SESGA
FISGA
MUSGA
LECHUGA
PECHUGA
ENTREPECHUGA
FUGA
CONTRAFUGA
LUCÍFUGA
VERMÍFUGA
TENÍFUGA
IGNÍFUGA
FEBRÍFUGA
CENTRÍFUGA
HIDRÓFUGA
PRÓFUGA
TRÁSFUGA
TRÁNSFUGA
MATALAHÚGA
MUGA
JAMUGA
SAMUGA
PUGA
SALPUGA
LAMPUGA
RUGA
TARUGA
ERUGA
JERUGA
ORUGA
BORUGA
ARRUGA
VERRUGA
URUGA
TORTUGA
CASTUGA
PESTUGA
AYUGA
PELAZGA
HUMAZGA
MAYORAZGA
HARTAZGA
HA
BARAHÁ
TAHA
ABIA
BABIA
ALDABÍA
LABIA
RABIA
ARABÍA
ARABIA
ALGARABÍA
MOZARABÍA

SABIA
MANCEBÍA
ENDIBIA
ANFIBIA
JIBIA
LIBIA
ESPIBIA
BRIBIA
TIBIA
CATIBÍA
ESTIBIA
CAMBIA
SAMBUMBIA
FOBIA
AGORAFOBIA
XENOFOBIA
ACROFOBIA
HIDROFOBIA
CLEROFOBIA
CLAUSTROFOBIA
FOTOFOBIA
TANOBIA
LICNOBIA
SOBERBIA
SUPERBIA
GURBIA
TURBIA
LESBIA
GUBIA
ALUBIA
RUBIA
GARRUBIA
MATARRUBIA
BARBIRRUBIA
PELIRRUBIA
BOQUIRRUBIA
ZUBIA
CÍA
BACÍA
ACROBACIA
ACACIA
EFICACIA
PERSPICACIA
SUSPICACIA
DACIA
AUDACIA
REACIA
FACIA
LEGACÍA
ABOGACÍA
HACIA
PELOPONESIACIA
LACIA
FALACIA
MALACIA
OSTEOMALACIA
PRELACÍA
SELACIA
MACIA
SUPREMACÍA
PRIMACÍA
DIPLOMACIA
FARMACIA
POLIFARMACIA
CONTUMACIA
PERTINACIA
ACRACIA
GINECOCRACIA
BANCOCRACIA
TEOCRACIA
FISIOCRACIA
OCLOCRACIA
DEMOCRACIA
TIMOCRACIA
BUROCRACIA
DASOCRACIA
MESOCRACIA
ARISTOCRACIA
AUTOCRACIA
PLUTOCRACIA
GRACIA
VERBIGRACIA
DESGRACIA
TRACIA
ALMOCATRACÍA
SAMOTRACIA
SACIA
MATACÍA
GUACIA
MANIVACÍA
MANVACÍA
FACECIA
SANCHECIA
GRANDECÍA
PROFECÍA
INOBEDIECIA

NECIA
VENECIA
PERIPECIA
ALOPECIA
ESPECIA
RECIA
ALFERECÍA
CLERECÍA
HELVECIA
PRESBICIA
PUDICICIA
IMPUDICICIA
AMICICIA
INIMICICIA
CEDICIA
BLANDICIA
MUNDICIA
INMUNDICIA
CUDICIA
ARDICIA
CUDICIA
IMPUDICIA
ORIFICIA
PONTIFICIA
LICIA
REGALICIA
MALICIA
CARDENALICIA
CATEDRALICIA
ESPONSALICIA
NATALICIA
HOSPITALICIA
VITALICIA
DELICIA
EDILICIA
MILICIA
GENTILICIA
POLICÍA
MOLLICIA
PRIMICIA
FENICIA
TRIBUNICIA
PROPICIA
LUPICIA
CARICIA
AVARICIA
ALBRICIA
CINERICIA
PERICIA
IMPERICIA
JURISPERICIA
ATERICIA
ICTERICIA
ITERICIA
PUERICIA
PIGRICIA
TIRICIA
PASTORICIA
PATRICIA
COMPATRICIA
MERETRICIA
OBSTETRICIA
LITOTRICIA
ESTRICIA
DESTRICIA
NUTRICIA
CRASICIA
COMENDATICIA
ARRENDATICIA
ACOMODATICIA
PRELATICIA
TRASLATICIA
TRANSLATICIA
AGNATICIA
COGNATICIA
PIGNORATICIA
FACTICIA
PROFECTICIA
COLECTICIA
FICTICIA
LETICIA
ADITICIA
CREDITICIA
SUPOSITICIA
ESTULTICIA
RECREMENTICIA
EXCREMENTICIA
ALIMENTICIA
SARMENTICIA
FRUMENTICIA
GUARENTICIA
ADVENTICIA
NOTICIA
OBREPTICIA
SUBREPTICIA
ARREPTICIA

MESTICIA
JUSTICIA
INJUSTICIA
SINJUSTICIA
CLERIGUICIA
NEQUICIA
FRANQUICIA
VICIA
SEVICIA
NOVICIA
CONNOVICIA
ALABANCIA
RIMBOMBANCIA
VACANCIA
INSIGNIFICANCIA
ALCANCÍA
MERCANCÍA
ESCANCIA
IMPEDANCIA
ANDANCIA
COMANDANCIA
BIENANDANCIA
ABUNDANCIA
SOBREABUNDANCIA
SUPERABUNDANCIA
REDUNDANCIA
INUNDANCIA
CONCORDANCIA
DISCORDANCIA
MUDANCIA
ELEFANCÍA
INFANCIA
MAGANCIA
FRAGANCIA
VAGANCIA
EXTRAVAGANCIA
ELEGANCIA
INELEGANCIA
ALLEGANCIA
ARROGANCIA
CARGANCIA
VIGILANCIA
AMBULANCIA
PETULANCIA
LECANIMANCIA
ONICOMANCIA
GEOMANCIA
ESPATULOMANCIA
ONOMANCIA
DEMONOMANCIA
CAPNOMANCIA
CERAUNOMANCIA
NECROMANCIA
HIDROMANCIA
AEROMANCIA
CEROMANCIA
HETEROMANCIA
NIGROMANCIA
ONIROMANCIA
PIROMANCIA
QUIROMANCIA
CATOPTROMANCIA
UROMANCIA
ALECTOMANCIA
ORNITOMANCIA
CARTOMANCIA
GANANCIA
REPUGNANCIA
PREDOMINANCIA
ESQUINANCIA
ASONANCIA
RESONANCIA
DISONANCIA
UNISONANCIA
ALTISONANCIA
CONSONANCIA
ALTERNANCIA
NOCTURNANCIA
DISCREPANCIA
RANCIA
PROTUBERANCIA
EXUBERANCIA
PREPONDERANCIA
EQUIPONDERANCIA
BELIGERANCIA
TOLERANCIA
INTOLERANCIA
TEMPERANCIA
INTEMPERANCIA
ASEVERANCIA
PERSEVERANCIA
FRANCIA
SANFRANCIA
FLAGRANCIA
FRAGRANCIA
IGNORANCIA

INORANCIA
CALASANCIA
JACTANCIA
LACTANCIA
RELUCTANCIA
EXORBITANCIA
OSCITANCIA
CONCOMITANCIA
RESULTANCIA
IMPORTANCIA
OBSTANCIA
SUBSTANCIA
SINSUBSTANCIA
ESTANCIA
PRESTANCIA
DISTANCIA
EQUIDISTANCIA
INSTANCIA
CONSTANCIA
INCONSTANCIA
CIRCUNSTANCIA
SUSTANCIA
OBSERVANCIA
INOBSERVANCIA
ENCÍA
ENCIA
ESCAENCIA
SABENCIA
INCUMBENCIA
ABSORBENCIA
COMPLACENCIA
NACENCIA
DECENCIA
EXCANDECENCIA
RESPLANDECENCIA
INDECENCIA
CONVALECENCIA
PARECENCIA
COMPARECENCIA
CRECENCIA
ACRECENCIA
DESCRECENCIA
EXCRECENCIA
VUECENCIA
MALEDICENCIA
MALEFICENCIA
BENEFICENCIA
COEFICENCIA
GRANDIFICENCIA
MANIFICENCIA
MAGNIFICENCIA
MUNIFICENCIA
HONORIFICENCIA
PARVIFICENCIA
LICENCIA
DISPLICENCIA
RETICENCIA
INOCENCIA
INNOCENCIA
CONOCENCIA
DESCONOCENCIA
NASCENCIA
IRASCENCIA
PUBESCENCIA
ERUBESCENCIA
ACESCENCIA
INCANDESCENCIA
RECRUDESCENCIA
AQUIESCENCIA
ALCALESCENCIA
OPALESCENCIA
ADOLESCENCIA
INTUMESCENCIA
SENESCENCIA
INSENESCENCIA
CONCRESCENCIA
EXCRESCENCIA
ARBORESCENCIA
FOSFORESCENCIA
FLORESCENCIA
EFLORESCENCIA
INFLORESCENCIA
FLUORESCENCIA
ABORRESCENCIA
LACTESCENCIA
DELITESCENCIA
INFRUTESCENCIA
DELICUESCENCIA
EFERVESCENCIA
DEHISCENCIA
REMINISCENCIA
LUMINISCENCIA
CONCUPISCENCIA
CONOSCENCIA
UCENCIA
BALBUCENCIA

CONDUCENCIA
LUCENCIA
CADENCIA
DECADENCIA
SIMILICADENCIA
SEMICADENCIA
INTERCADENCIA
PRECEDENCIA
ANTECEDENCIA
PROCEDENCIA
IMPROCEDENCIA
EXCEDENCIA
CREDENCIA
INCIDENCIA
REINCIDENCIA
DIFIDENCIA
CONFIDENCIA
INCONFIDENCIA
ESTRIDENCIA
RESIDENCIA
PRESIDENCIA
VICEPRESIDENCIA
DISIDENCIA
EVIDENCIA
CLARIVIDENCIA
PROVIDENCIA
IMPROVIDENCIA
CANDENCIA
DECENDENCIA
ASCENDENCIA
TRASCENDENCIA
DESCENDENCIA
CONDESCENDENCIA
TRANSCENDENCIA
PENDENCIA
APENDENCIA
DEPENDENCIA
INDEPENDENCIA
INTERDEPENDENCIA
LITISPENDENCIA
TENDENCIA
ATENDENCIA
PRETENDENCIA
INTENDENCIA
SUBINTENDENCIA
SOBREINTENDENCIA
SUPERINTENDENCIA
RESPONDENCIA
CORRESPONDENCIA
CONTUNDENCIA
MENUDENCIA
IMPUDENCIA
PRUDENCIA
IMPRUDENCIA
JURISPRUDENCIA
CREENCIA
DESCREENCIA
AGENCIA
REGENCIA
CORREGENCIA
INDIGENCIA
INTELIGENCIA
NEGLIGENCIA
DILIGENCIA
INDILIGENCIA
TRANSIGENCIA
INTRANSIGENCIA
VIGENCIA
EXIGENCIA
INDULGENCIA
EFULGENCIA
REFULGENCIA
CONFULGENCIA
TANGENCIA
REFRINGENCIA
ASTRINGENCIA
CONTINGENCIA
EMERGENCIA
DIVERGENCIA
CONVERGENCIA
URGENCIA
TURGENCIA
CIENCIA
NACIENCIA
PACIENCIA
IMPACIENCIA
EFICIENCIA
DEFICIENCIA
SUFICIENCIA
INSUFICIENCIA
CONCIENCIA
ESCIENCIA
NESCIENCIA
PRESCIENCIA
OMNISCIENCIA
SUBCONSCIENCIA

INCONSCIENCIA
OBEDIENCIA
DESOBEDIENCIA
AUDIENCIA
CONVENIENCIA
INCONVENIENCIA
DESCONVENIENCIA
DISCONVENIENCIA
SUPERVENIENCIA
SAPIENCIA
DESIPIENCIA
INSIPIENCIA
APARIENCIA
EXPERIENCIA
INEXPERIENCIA
PREMORIENCIA
MAJENCIA
NAJENCIA
FALENCIA
PALENCIA
VALENCIA
AMBIVALENCIA
EQUIVALENCIA
VUECELENCIA
EXCELENCIA
EPILENCIA
PESTILENCIA
DOLENCIA
ANDOLENCIA
ENDOLENCIA
INDOLENCIA
CONDOLENCIA
VIOLENCIA
SANGUINOLENCIA
VINOLENCIA
SOMNOLENCIA
SOÑOLENCIA
EQUIPOLENCIA
INSOLENCIA
MALEVOLENCIA
BENEVOLENCIA
TURBULENCIA
TRUCULENCIA
ANDULENCIA
FRAUDULENCIA
OPULENCIA
CORPULENCIA
AMARULENCIA
VIRULENCIA
PURULENCIA
FLATULENCIA
AMENCIA
DEMENCIA
FEMENCIA
HEMENCIA
VEHEMENCIA
CLEMENCIA
INCLEMENCIA
INMANENCIA
PERMANENCIA
TENENCIA
ATENENCIA
SUBTENENCIA
DETENENCIA
RETENENCIA
MANTENENCIA
CONTENENCIA
CAPTENENCIA
LUGARTENENCIA
PERTENENCIA
MANUTENENCIA
VENENCIA
AVENENCIA
DESAVENENCIA
CONVENENCIA
EMINENCIA
PREEMINENCIA
SUPEREMINENCIA
INMINENCIA
PROMINENCIA
DESINENCIA
DETINENCIA
CONTINENCIA
INCONTINENCIA
PERTINENCIA
IMPERTINENCIA
ABSTINENCIA
ESQUINENCIA
PONENCIA
CONCERNENCIA
CARENCIA
INHARENCIA
APARENCIA
TRASPARENCIA
TRANSPARENCIA
DEFERENCIA

REFERENCIA
PREFERENCIA
DIFERENCIA
EQUIDIFERENCIA
INDIFERENCIA
INFERENCIA
CONFERENCIA
CIRCUNFERENCIA
SEMICIRCUNFERENCIA
INTERFERENCIA
TRASFERENCIA
TRANSFERENCIA
GERENCIA
VICEGERENCIA
INGERENCIA
SUGERENCIA
HERENCIA
ADHERENCIA
COHERENCIA
INCOHERENCIA
DESHERENCIA
INJERENCIA
BENEMERENCIA
QUERENCIA
MALQUERENCIA
BENQUERENCIA
BIENQUERENCIA
REVERENCIA
IRREVERENCIA
DESREVERENCIA
FLORENCIA
ABORRENCIA
CORRENCIA
CONCURRENCIA
OCURRENCIA
ABSENCIA
ESENCIA
QUINTAESENCIA
INTERESENCIA
PRESENCIA
OMNIPRESENCIA
USENCIA
AUSENCIA
APETENCIA
INAPETENCIA
COMPETENCIA
INCOMPETENCIA
INTERMITENCIA
PENITENCIA
IMPENITENCIA
RENITENCIA
SENTENCIA
POTENCIA
PREPOTENCIA
PLENIPOTENCIA
OMNIPOTENCIA
IMPOTENCIA
PARTENCIA
ADVERTENCIA
ANIMADVERTENCIA
INADVERTENCIA
ASISTENCIA
DESASISTENCIA
SUBSISTENCIA
INSUBSISTENCIA
DESISTENCIA
RESISTENCIA
INSISTENCIA
CONSISTENCIA
PERSISTENCIA
EXISTENCIA
PREEXISTENCIA
INEXISTENCIA
COEXISTENCIA
FRECUENCIA
INFRECUENCIA
SECUENCIA
OBSECUENCIA
CONSECUENCIA
INCONSECUENCIA
DELINCUENCIA
CODELINCUENCIA
ELOCUENCIA
GRANDILOCUENCIA
VANILOCUENCIA
ALTILOCUENCIA
FLUENCIA
AFLUENCIA
DIFLUENCIA
MELIFLUENCIA
INFLUENCIA
CONFLUENCIA
SUPERFLUENCIA
ANUENCIA
RENUENCIA
CONGRUENCIA

INCONGRUENCIA
ATREVENCIA
CONNIVENCIA
VIVENCIA
CONVIVENCIA
COVIVENCIA
SUPERVIVENCIA
SOLVENCIA
INSOLVENCIA
FERVENCIA
HERVENCIA
PROVINCIA
VICEPROVINCIA
CONCIA
ORTODONCIA
FRONCIA
UNCIA
SESCUNCIA
JUNCIA
ANUNCIA
DENUNCIA
RENUNCIA
PRONUNCIA
OPUNCIA
ESTAFILOCOCIA
GONOCOCIA
ESTREPTOCOCIA
ESCOCIA
CAPADOCIA
BEOCIA
FEROCIA
SOCIA
CONSOCIA
TOCÍA
TOCIA
DISTOCIA
INEPCIA
EGIPCIA
BARCIA
GARCÍA
JARCIA
MARCIA
SARCIA
POLISARCIA
GERCÍA
SOLERCIA
INERCIA
TERCIA
DECIMATERCIA
DECIMOTERCIA
ENFORCIA
MAVORCIA
ASCIA
NESCIA
ANFISCIA
OMNISCIA
PERISCIA
HETEROSCIA
FILAUCÍA
ACUCIA
FIDUCIA
INDUCIA
FUCIA
AGUCIA
ARGUCIA
HUCIA
FIUCIA
LUCIA
CARILUCIA
CASQUILUCIA
ALMUCIA
MENUCIA
MINUCIA
PUCIA
RUCIA
BRUCIA
LAMBRUCIA
BARBIRRUCIA
SUCIA
VERSUCIA
TUCÍA
TONTUCIA
ASTUCIA
CHÍA
MACHÍA
SALVACHIA
ESTRECHÍA
COCHÍA
DÍA
ABADÍA
SECADÍA
INEFICADIA
ARCADIA
ALFADÍA
ARRUFADÍA
RAGADÍA

REGADÍA
COLLADÍA
ALMADÍA
ARMADÍA
ASONADÍA
CUÑADÍA
RADÍA
LABRADÍA
SEMBRADÍA
HOMBRADÍA
NOMBRADÍA
CONFRADÍA
COFRADÍA
ARCHICOFRADÍA
PASADÍA
OSADÍA
ESTADÍA
SOBRESTADÍA
ACEDIA
ACEDÍA
TRAGEDIA
MEDIA
COMEDIA
TRAGICOMEDIA
INTERMEDIA
INEDIA
CALIPEDIA
ENCICLOPEDIA
ORTOPEDIA
ANTEDÍA
ALCAIDÍA
ACIDIA
CECIDIA
FALCIDIA
PERFIDIA
LIDIA
NIDIA
DESIDIA
INSIDIA
MONORQUIDIA
ENVIDIA
INVIDIA
BALDÍA
ALCALDÍA
CADALDÍA
REBELDÍA
ALCANDÍA
ESCANDIA
MERCHANDÍA
ISLANDIA
SANDÍA
SANDIA
ZANDÍA
INDIA
FRONDIA
FACUNDIA
IRACUNDIA
VERECUNDIA
INVERECUNDIA
ENJUNDIA
INJUNDIA
ESPUNDIA
TITUNDIA
MEDIODÍA
MELODÍA
SALMODIA
CASMODIA
PALINODIA
CENTINODIA
MONODIA
DIPODIA
ANTIPODIA
RODIA
PARODIA
PROSODIA
RAPSODIA
TODÍA
CUSTODIA
COBARDÍA
BRADICARDIA
PICARDÍA
TAQUICARDIA
DEXIOCARDIA
ESTENOCARDIA
BIGARDÍA
GALLARDÍA
TARDÍA
COTARDÍA
BASTARDÍA
GUARDIA
CONTRAGUARDIA
RETAGUARDIA
SALVAGUARDIA
MANGUARDIA
GRANGUARDIA
VANGUARDIA

AVANGUARDIA
RETROGUARDIA
MISERICORDIA
CONCORDIA
DESCONCORDIA
DISCORDIA
FALORDIA
PAVORDÍA
LANCURDIA
JURDÍA
CLAUDIA
JUDÍA
CONTRAJUDÍA
LUDIA
CRUDIA
CABREIA
FÍA
TRINCAFÍA
ALAFIA
PAFIA
RAFIA
GRAFÍA
AGRAFIA
TELEGRAFÍA
RADIOTELEGRAFÍA
HELIOTELEGRAFÍA
CALIGRAFÍA
POLIGRAFÍA
EPIGRAFÍA
ESTRATIGRAFÍA
BRAQUIGRAFÍA
TAQUIGRAFÍA
CACOGRAFÍA
CECOGRAFÍA
LEXICOGRAFÍA
CALCOGRAFÍA
CINCOGRAFÍA
GEOGRAFÍA
PALEOGRAFÍA
OLEOGRAFÍA
ESTEREOGRAFÍA
COREOGRAFÍA
MUSEOGRAFÍA
BIOGRAFÍA
AUTOBIOGRAFÍA
RADIOGRAFÍA
CARDIOGRAFÍA
ELECTROCARDIOGRAFÍA
HAGIOGRAFÍA
BIBLIOGRAFÍA
HELIOGRAFÍA
MIOGRAFÍA
ARTERIOGRAFÍA
HISTORIOGRAFÍA
ICTIOGRAFÍA
CALOGRAFÍA
ELECTROENCEFALOGRAFÍA
CRISTALOGRAFÍA
MELOGRAFÍA
AMPELOGRAFÍA
SIFILOGRAFÍA
SIGILOGRAFÍA
DACTILOGRAFÍA
XILOGRAFÍA
DEMOGRAFÍA
ANEMOGRAFÍA
CHISMOGRAFÍA
COSMOGRAFÍA
MECANOGRAFÍA
OCEANOGRAFÍA
ORGANOGRAFÍA
URANOGRAFÍA
ICNOGRAFÍA
ESCENOGRAFÍA
SELENOGRAFÍA
ESTENOGRAFÍA
IGNOGRAFÍA
ICONOGRAFÍA
FONOGRAFÍA
MONOGRAFÍA
CRONOGRAFÍA
PORNOGRAFÍA
ETNOGRAFÍA
ZOOGRAFÍA
TIPOGRAFÍA
CROMOTIPOGRAFÍA
FOTOTIPOGRAFÍA
ANTROPOGRAFÍA
PROSOPOGRAFÍA
TOPOGRAFÍA
MICROGRAFÍA
HIDROGRAFÍA
DENDROGRAFÍA
CONDROGRAFÍA
OROGRAFÍA
COROGRAFÍA

ESPECTROGRAFÍA
PETROGRAFÍA
ARTROGRAFÍA
NOSOGRAFÍA
CINEMATOGRAFÍA
PICTOGRAFÍA
FITOGRAFÍA
LITOGRAFÍA
CROMOLITOGRAFÍA
FOTOLITOGRAFÍA
PALEONTOGRAFÍA
FOTOGRAFÍA
LITOFOTOGRAFÍA
CRIPTOGRAFÍA
CARTOGRAFÍA
ORTOGRAFÍA
AUTOGRAFÍA
TAFIA
RATAFÍA
ZAFIA
JIFIA
PIFIA
SERIFIA
COFIA
ESCOFIA
ALMOFÍA
ATROFIA
HIPERTROFIA
DIASTROFIA
DISTROFIA
TEOSOFÍA
FILOSOFÍA
DEMOSOFÍA
BAZOFIA
GAZOFIA
AMORFÍA
GEOMORFÍA
PORFÍA
BUFIA
ADEFAGIA
POLIFAGIA
ANTROPOFAGIA
AEROFAGIA
ESCATOFAGIA
DISFAGIA
MAGIA
SAXIFRAGIA
VERBORRAGIA
BRONCORRAGIA
HEMORRAGIA
BLENORRAGIA
MENORRAGIA
METRORRAGIA
ELEGÍA
ELEGIA
REGIA
EGREGIA
ESTRATEGIA
SICIGIA
LARINGOLIGÍA
LOPIGIA
FRIGIA
GUARENTIGIA
ESTIGIA
VIGÍA
CARDIALGIA
MIALGIA
RAQUIALGIA
CEFALALGIA
DERMALGIA
ENTERALGIA
GASTRALGIA
NEURALGIA
ODONTALGIA
OTALGIA
NOSTALGIA
COXALGIA
FALANGIA
MENGÍA
CAROLINGIA
CARLOVINGIA
MEROVÍNGIA
CALONGÍA
AGOGÍA
PEDAGOGÍA
DEMAGOGIA
ANAGOGÍA
HIDROGOGÍA
DACTILIOGÍA
LOGIA
GENEALOGÍA
ANALOGÍA
MINERALOGÍA
TETRALOGÍA
BILOGÍA
DILOGÍA

TRILOGÍA
ANTILOGÍA
ANFIBOLOGÍA
MALACOLOGÍA
FARMACOLOGÍA
ECOLOGÍA
GINECOLOGÍA
MICOLOGÍA
SICOLOGÍA
PSICOLOGÍA
MUSICOLOGÍA
LEXICOLOGÍA
TOXICOLOGÍA
ONCOLOGÍA
TOCOLOGÍA
MONADOLOGÍA
PAIDOLOGÍA
METODOLOGÍA
IDEOLOGÍA
GEOLOGÍA
ESPELEOLOGÍA
TELEOLOGÍA
CRANEOLOGÍA
FRASEOLOGÍA
TEOLOGÍA
OSTEOLOGÍA
ARQUEOLOGÍA
EDAFOLOGÍA
GRAFOLOGÍA
MORFOLOGÍA
OTORRINOLARINGOLOGÍA
BIOLOGÍA
MICROBIOLOGÍA
HIDROBIOLOGÍA
SOCIOLOGÍA
RADIOLOGÍA
CARDIOLOGÍA
BIBLIOLOGÍA
CONQUILIOLOGÍA
MIOLOGÍA
PAREMIOLOGÍA
SEMIOLOGÍA
MARIOLOGÍA
EMBRIOLOGÍA
BACTERIOLOGÍA
ARTERIOLOGÍA
ASIRIOLOGÍA
SEMASIOLOGÍA
FISIOLOGÍA
ICTIOLOGÍA
ETIOLOGÍA
CALOLOGÍA
ANGELOLOGÍA
FILOLOGÍA
DACTILOLOGÍA
IDOLOLOGÍA
HAPLOLOGÍA
EPISTEMOLOGÍA
ETIMOLOGÍA
OFTALMOLOGÍA
POMOLOGÍA
ENTOMOLOGÍA
ENTOMOLOGÍA
BRASMOLOGÍA
SISMOLOGÍA
COSMOLOGÍA
ORGANOLOGÍA
CAMPANOLOGÍA
ARACNOLOGÍA
TECNOLOGÍA
ENOLOGÍA
ADENOLOGÍA
FRENOLOGÍA
CARCINOLOGÍA
CRIMINOLOGÍA
TERMINOLOGÍA
RINOLOGÍA
ENDOCRINOLOGÍA
SINOLOGÍA
ICONOLOGÍA
FONOLOGÍA
DEMONOLOGÍA
CRONOLOGÍA
ETNOLOGÍA
ZOOLOGÍA
APOLOGÍA
TIPOLOGÍA
TROPOLOGÍA
ANTROPOLOGÍA
CARPOLOGÍA
NECROLOGÍA
HIDROLOGÍA
CONDROLOGÍA
CARACTEROLOGÍA
HISTEROLOGÍA
AGROLOGÍA

METEOROLOGÍA
PATROLOGÍA
METROLOGÍA
ARTROLOGÍA
ASTROLOGÍA
NEUROLOGÍA
PERISOLOGÍA
NOSOLOGÍA
POSOLOGÍA
BATOLOGÍA
ESCATOLOGÍA
CLIMATOLOGÍA
BROMATOLOGÍA
SOMATOLOGÍA
ESTOMATOLOGÍA
DERMATOLOGÍA
PATOLOGÍA
FITOPATOLOGÍA
TERATOLOGÍA
DIALECTOLOGÍA
MICETOLOGÍA
HERPETOLOGÍA
PIRETOLOGÍA
FITOLOGÍA
LITOLOGÍA
MITOLOGÍA
ORNITOLOGÍA
PARASITOLOGÍA
ANTOLOGÍA
HELMINTOLOGÍA
ONTOLOGÍA
ODONTOLOGÍA
DEONTOLOGÍA
PALEONTOLOGÍA
OTOLOGÍA
GLOTOLOGÍA
EGIPTOLOGÍA
ORTOLOGÍA
HISTOLOGÍA
CRISTOLOGÍA
TAUTOLOGÍA
LETARGIA
LITARGIA
ALERGIA
ENERGÍA
SINERGIA
ASINERGIA
ORGIA
ORGÍA
TEÚRGIA
METALURGIA
SIDERURGIA
DRAMATURGIA
TAUMATURGIA
LITURGIA
CIRUGÍA
ARRUGIA
ZURUGÍA
BAHÍA
TABAHIA
BAJÍA
ALFAJÍA
SAJÍA
ATAJÍA
LEJÍA
PARAPLEJÍA
HEMIPLEJÍA
APOPLEJÍA
ALMEJÍA
BERMEJÍA
HEREJÍA
EXTRANJÍA
MONJÍA
CANONJÍA
ALFARJÍA
TAUJÍA
ATAUJÍA
BUJÍA
CRUJÍA
LÍA
ACALIA
SENESCALÍA
FISCALÍA
MARISCALÍA
DALIA
IDALIA
ACIDALIA
ANDALIA
SANDALIA
ACEFALÍA
BRAQUICEFALIA
DOLICOCEFALIA
MACROCEFALIA
MICROCEFALIA
HIDROCEFALIA
MESOCEFALIA

ACROMEGALIA
REGALÍA
POLIGALIA
ALGALIA
ARGALIA
OFICIALÍA
CONCEJALÍA
BRADILALIA
ECOLALIA
DISLALIA
ANIMALIA
COMALIA
ANOMALÍA
CARDENALÍA
COMUNALÍA
PALIA
PRINCIPALÍA
OBISPALÍA
HISPALIA
ARALIA
LECTORALÍA
MAYORALÍA
MENESTRALÍA
MAGISTRALÍA
SALIA
REPRESALIA
TESALIA
CONMENSALÍA
COMENSALÍA
CORRESPONSALÍA
CASTALIA
VALÍA
DESVALÍA
PLUSVALÍA
ESTABLÍA
CONDESTABLÍA
BIBLIA
CELIA
DELIA
BEDELÍA
PARHELIA
AMELÍA
CAMELIA
CONTUMELIA
CORONELÍA
EUTRAPELIA
TROPELÍA
EUTROPELIA
FILATELIA
NEUROGLIA
BAILÍA
FRAILÍA
ALGUACILÍA
FILIA
BIBLIOFILIA
HEMOFILIA
VIGILIA
FAMILIA
HOMILÍA
BASILIA
MASILIA
TILIA
EMBOLIA
EUBOLIA
MELANCOLÍA
MALENCOLÍA
COCOLÍA
MAESTRESCOLÍA
CAPISCOLÍA
EOLIA
FOLÍA
CUADRIFOLIA
ALHOLÍA
MAGNOLIA
ETOLIA
ASISTOLIA
AMPLIA
PANOPLIA
ABULIA
DULÍA
HIPERDULÍA
TERTULIA
CONTERTULIA
ALCALLÍA
MÍA
AMIA
CAMIA
DIFAMIA
INFAMIA
DISFAMIA
BIGAMIA
POLIGAMIA
MONOGAMIA
ALJAMIA
LAMIA
AMILAMIA

MAMÍA
DINAMIA
ADINAMIA
SAMIA
BALSAMÍA
ALTAMÍA
CADMÍA
SEPTICEMIA
GLUCEMIA
HIPOGLUCEMIA
ACADEMIA
EPIDEMIA
PANDEMIA
ENDEMIA
BLASFEMIA
BOHEMIA
COLEMIA
ANEMIA
AZOEMIA
PAREMIA
HIPEREMIA
PREMIA
UREMIA
POLISEMIA
LEUCOCITEMIA
ABSTEMIA
CIMIA
VENDIMIA
JIMIA
BULIMIA
NIMIA
HOMONIMIA
ANONIMIA
SINONIMIA
ANTROPONIMIA
TOPONIMIA
PARONIMIA
METONIMIA
ANTONIMIA
CHIRIMÍA
SIMIA
CATIMÍA
CICLOTIMIA
ZOOTIMÍA
LIPOTIMIA
QUIMIA
ALQUIMIA
CACOQUIMIA
OFTALMÍA
XEROFTALMÍA
EXOFTALMÍA
BADOMÍA
SODOMÍA
MAYORDOMÍA
GOMIA
ESTEGOMÍA
DOLOMÍA
MOMIA
CAROMOMIA
ANTINOMIA
ECONOMÍA
GEONOMÍA
FISIONOMÍA
AGRONOMÍA
ASTRONOMÍA
GASTRONOMÍA
DASONOMÍA
FISONOMÍA
AUTONOMÍA
TAXONOMÍA
POLICROMÍA
TRICROMÍA
ORTODROMIA
LOXODROMIA
ANATOMÍA
FLEBOTOMÍA
DICOTOMÍA
TRICOTOMÍA
ESTEREOTOMÍA
OSTEOTOMÍA
TRAQUEOTOMÍA
OVARIOTOMÍA
NOTOMÍA
ANOTOMÍA
LAPAROTOMÍA
FITOTOMÍA
LITOTOMÍA
CISTOTOMÍA
PAQUIDERMIA
TAXIDERMIA
ESCLERODERMIA
PANSPERMIA
DIATERMIA
HIPOTERMIA
HIPERTERMIA
RASMIA

DISOSMIA
ALGORITMIA
ARRITMIA
EURITMIA
GUMÍA
LUMIA
RUMIA
TAZMÍA
DEZMÍA
NÍA
ESCRIBANÍA
URBANÍA
CANIA
DECANIA
VULCANIA
CERCANÍA
CAMPECHANÍA
CIUDADANÍA
LEDANÍA
ALBARDANÍA
DARDANIA
RAFANIA
EPIFANÍA
PROFANÍA
UFANÍA
PAGANÍA
HARAGANÍA
BARRAGANÍA
ALHANÍA
TRUHANÍA
ANCIANÍA
MEDIANÍA
GUARDIANÍA
SOBEJANÍA
LEJANÍA
LANÍA
GALANÍA
ESCOLANÍA
CARLANÍA
CAPELLANÍA
CASTELLANÍA
VILLANÍA
MANÍA
TRUJAMANÍA
LIPEMANÍA
ALIMANIA
MUSICOMANÍA
TOXICOMANÍA
CALCOMANÍA
EMPLEOMANÍA
TEOMANÍA
GRAFOMANÍA
NINFOMANÍA
BIBLIOMANÍA
DEMONIOMANÍA
MEGALOMANÍA
MELOMANÍA
ANGLOMANÍA
FILOMANÍA
MORFINOMANÍA
MONOMANÍA
DEMONOMANÍA
ROMANÍA
ETEROMANÍA
DIPSOMANÍA
EROTOMANÍA
CLEPTOMANÍA
GERMANÍA
HERMANÍA
GAÑANÍA
UCRANIA
SOBERANÍA
IRANIA
TIRANÍA
ALBARRANÍA
SERRANÍA
URANIA
TURANIA
ARTESANÍA
CORTESANÍA
VESANIA
INSANIA
LATANIA
RATANIA
LETANÍA
TETANIA
CAPITANÍA
TITANIA
SULTANÍA
SACRISTANÍA
ALMOTAZANÍA
LOZANÍA
SEMIOTECNIA
ERIOTECNIA
HALOTECNIA
NEMOTECNIA

MNEMOTECNIA
ENOTECNIA
LUMINOTECNIA
ZOOTECNIA
HIPOTECNIA
HIDROTECNIA
AEROTECNIA
PIROTECNIA
ELECTROTECNIA
CENIA
ACENIA
ALMOTACENÍA
LEUCENIA
ADENIA
COINCIDENIA
GARDENIA
PRIMIGENIA
GEOGENIA
PIOGENIA
EMBRIOGENIA
ORGANOGENIA
OROGENIA
NOSOGENIA
PATOGENIA
ONTOGENIA
NEUMENIA
ARMENIA
CATECUMENIA
NENIA
ESQUIZOFRENIA
ESENIA
TENIA
ASTENIA
NEURASTENIA
CALISTENIA
VENIA
INSIGNIA
ROBINIA
LACINIA
MIODINIA
ANODINIA
PLEURODINIA
ARCIFINIA
POLIGINIA
MISOGINIA
VIRGINIA
PAULINIA
TAMINIA
IGNOMINIA
PLATIRRINIA
ABISINIA
INSINIA
ACTINIA
BITINIA
LEMNIA
CALOMNIA
CALUMNIA
CALONNIA
AONIA
DIACONÍA
LACONIA
HELICONIA
MELANCONÍA
ENCONÍA
MALENCONÍA
MACEDONIA
CALCEDONIA
CALEDONIA
CALIDONIA
CELIDONIA
SIDONIA
SARDONIA
PEONÍA
PEONIA
AFONÍA
TELEFONÍA
RADIOTELEFONÍA
POLIFONÍA
PERIFONÍA
ZANFONÍA
SINFONÍA
CACOFONÍA
EGOFONÍA
RADIOFONÍA
COLOFONIA
HOMOFONÍA
APOFONÍA
EUFONÍA
AGONÍA
TRAGONÍA
BEGONIA
GEOGONÍA
TEOGONÍA
COSMOGONÍA
SICIONIA
PIONÍA

BRIONIA
ANFICTIONÍA
JONIA
SAJONIA
ASCALONIA
ESCALONIA
CHAFALONÍA
FELONÍA
PELONÍA
BABILONIA
SILONIA
AGUILONIA
COLONIA
POLONIA
PAULONIA
FOLLONÍA
LACEDEMONIA
HEGEMONÍA
CEREMONIA
HEGUEMONÍA
ACRIMONIA
AGRIMONIA
SIMONÍA
PARSIMONIA
SANTIMONIA
CASTIMONIA
PULMONÍA
ARMONÍA
HARMONÍA
FILARMONÍA
NEUMONÍA
PERINEUMONÍA
BRONCONEUMONÍA
CANONÍA
PANONIA
MENONIA
BIGNONIA
GEOPONÍA
BARONÍA
HARONÍA
VARONÍA
LADRONÍA
IRONÍA
BORONÍA
ALBORONÍA
MORONÍA
ALMORONÍA
TESONÍA
AUSONIA
ATONÍA
RECATONÍA
REGATONÍA
AUTOCTONÍA
CETONIA
SINTONÍA
COTONÍA
ALCOTONÍA
VAGOTONÍA
GLOTONÍA
MONOTONÍA
ESTONIA
ESCLAVONIA
ESCLAVONÍA
LIVONIA
AMAZONIA
INFANZONÍA
GARZONÍA
BERNIA
HERNIA
VENTERNÍA
ALBORNÍA
CALIFORNIA
BIGORNIA
HORNÍA
ALCURNIA
FURNIA
TURNIA
SATURNIA
BOSNIA
CERAUNIA
PECUNIA
ADUNIA
CALUNIA
ALMUNIA
PETUNIA
COMPAÑÍA
HURAÑÍA
PARANOIA
PÍA
CAPIA
LARINGOSCAPIA
MELAPIA
ESCOLAPIA
SARAPIA
TERAPIA
RADIUMTERAPIA

SICOTERAPIA
PSICOTERAPIA
BALNEOTERAPIA
RADIOTERAPIA
HELIOTERAPIA
QUIMIOTERAPIA
FISIOTERAPIA
METALOTERAPIA
MECANOTERAPIA
VACUNOTERAPIA
OPOTERAPIA
HIDROTERAPIA
AEROTERAPIA
SEROTERAPIA
SUEROTERAPIA
ELECTROTERAPIA
TALASOTERAPIA
FOTOTERAPIA
SARRAPIA
SATRAPÍA
PROSAPIA
TAPIA
ORTOEPÍA
SEPIA
RIPIA
ESCRIPIA
SIPIA
CATATIPIA
CALITIPIA
CALCOTIPIA
ESTEREOTIPIA
CALOTIPIA
CELOTIPIA
CROMOTIPIA
LINOTIPIA
PLATINOTIPIA
MONOTIPIA
DAGUERROTIPIA
ELECTROTIPIA
FOTOTIPIA
ESTAMPÍA
IMPÍA
LIMPIA
RELIMPIA
COPIA
POLICOPIA
MICROCOPIA
FOTOCOPIA
RADIOSCOPIA
DACTILOSCOPIA
OFTALMOSCOPIA
RINOSCOPIA
METOPOSCOPIA
NECROSCOPIA
HIDROSCOPIA
HIEROSCOPIA
HIGROSCOPIA
ESPECTROSCOPIA
CATOPTROSCOPIA
UROSCOPIA
ESTETOSCOPIA
OTOSCOPIA
CORNUCOPIA
CRANEOSCIOPIA
AMBLIOPÍA
MIOPÍA
ETIOPÍA
ETIOPIA
NICTALOPÍA
DIPLOPÍA
INOPIA
PROPIA
REPROPIA
IMPROPIA
ARROPÍA
GUARDARROPÍA
HIPERMETROPÍA
LICANTROPÍA
FILANTROPÍA
ZOANTROPÍA
MISANTROPÍA
ALOTROPÍA
ECTOPIA
UTOPÍA
ARPÍA
PANCARPIA
ESCARPIA
HARPÍA
SERPIA
CHIRPIA
ESTIRPIA
CASPIA
ESPÍA
LUPIA
RUPIA
ZUPIA

RÍA
RIA
ARIA
BARÍA
BARIA
CIBARIA
BARBARIA
HERBARIA
CARIA
BECARIA
PRECARIA
BIBLIOTECARIA
HIPOTECARIA
ENFITEUTECARIA
ICARIA
SUBURBICARIA
SALICARIA
CIMICARIA
FORNICARIA
MATRICARIA
PERSICARIA
BOTICARIA
URTICARIA
ENFITEUTICARIA
VICARIA
VICARÍA
ALCARÍA
BANCARIA
MATERCARIA
MUSCARIA
ARAUCARIA
VERRUCARIA
ANCHARIA
HADARIA
HEBDOMADARIA
VEREDARIA
SOLIDARIA
LAPIDARIA
PARTIDARIA
CALDARIA
NEFANDARIA
LEGENDARIA
PRENDARIA
LEYENDARIA
MONDARIA
SECUNDARIA
SEGUNDARIA
MUNDARIA
BALEARIA
COCLEARIA
NUCLEARIA
OLEARIA
BALNEARIA
QUIROGRAFARIA
NEFARIA
FRAGARIA
PLEGARIA
GREGARIA
ANGARIA
BERENGARIA
ROGARIA
LARGARIA
INDICIARIA
JUDICIARIA
BENEFICIARIA
SUPERFICIARIA
SILENCIARIA
PENITENCIARÍA
PENITENCIARIA
PLENIPOTENCIARIA
TERCIARIA
FIDUCIARIA
DIARIA
INTERMEDIARIA
SUBSIDIARIA
INCENDIARIA
PLAGIARIA
ALIARIA
BILIARIA
ATRABILIARIA
MOBILIARIA
INMOBILIARIA
NOBILIARIA
DOMICILIARIA
MILIARIA
CONSILIARIA
AUXILIARÍA
HERNIARIA
PECUNIARIA
SORTIARIA
AVIARIA
TRANVIARIA
FERROVIARIA
ALARIA
CIMBALARIA
ESTRAFALARIA

REGALARÍA
MALARIA
HOSPITALARIA
INHOSPITALARIA
CANCELARÍA
ARANCELARIA
CARCELARIA
PARCELARIA
CANDELARIA
ESTELARIA
YOGLARÍA
JUGLARÍA
FILARIA
ARBOLARIA
HERBOLARIA
PROTOCOLARIA
CALCEOLARIA
PATIBULARIA
PROSTIBULARIA
ESPECULARIA
ARTICULARIA
ADULARIA
PERDULARIA
ESCROFULARIA
CELULARIA
FORMULARIA
NUMULARIA
TUMULARIA
GROSULARIA
MARÍA
MAMARIA
AVEMARÍA
PRIMARIA
COPRIMARIA
VICESIMARIA
LEGITIMARIA
CALMARÍA
PALMARIA
ULMARIA
FUMARIA
PLUMARIA
SUMARIA
CANARIA
TERCIANARIA
LANARIA
SEMANARIA
LUPANARIA
OCHENTANARIA
CUARTANARIA
DECENARIA
QUINCENARIA
DOCENARIA
MERCENARIA
DENARIA
DUODENARIA
NONAGENARIA
CUADRAGENARIA
QUINCUAGENARIA
SEPTUAGENARIA
SEXAGENARIA
OCTOGENARIA
MILENARIA
PLENARIA
SENARIA
CATENARIA
CENTENARIA
CINCUENTENARIA
VEINTENARIA
SEPTENARIA
LIGNARIA
BINARIA
HIRUNDINARIA
ORDINARIA
EXTRAORDINARIA
ENTREORDINARIA
TRASORDINARIA
VALETUDINARIA
CONSUETUDINARIA
SIMILITUDINARIA
VICISITUDINARIA
LATITUDINARIA
IMAGINARIA
ORIGINARIA
LINARIA
CATILINARIA
DISCIPLINARIA
CULINARIA
SEMINARIA
LUMINARIA
ILUMINARIA
TOPINARIA
VETERINARIA
INTERINARIA
DOCTRINARIA
URINARIA
GENITOURINARIA

RUTINARIA
SANGUINARIA
INGUINARIA
MAQUINARIA
COQUINARIA
VINARIA
COLUMNARIA
CARBONARIA
ESTACIONARIA
REACCIONARIA
FACCIONARIA
REFACCIONARIA
FRACCIONARIA
REFECCIONARIA
EXPEDICIONARIA
PETICIONARIA
UNCIONARIA
FUNCIONARIA
REVOLUCIONARIA
REGIONARIA
CORRELIGIONARIA
EMBRIONARIA
PASIONARIA
CESIONARIA
PROCESIONARIA
DIMISIONARIA
VISIONARIA
DIVISIONARIA
CONVULSIONARIA
CONCUSIONARIA
TALONARIA
AQUILONARIA
MILLONARIA
MULTIMILLONARIA
PULMONARIA
SERMONARIA
SAPONARIA
CORONARIA
CESONARIA
TABERNARIA
CUADERNARIA
TERNARIA
CUATERNARIA
CAVERNARIA
LUNARIA
CEDOARIA
ALOARIA
PROTOZOARIA
PARIA
ESTEPARIA
TALPARIA
LUMBRARIA
ERARIA
CELERARIA
TEMERARIA
NUMERARIA
SUPERNUMERARIA
CINERARIA
DINERARIA
ITINERARIA
VULNERARIA
ONERARIA
FUNERARIA
OPERARIA
LITERARIA
AGRARIA
EBORARIA
HORARIA
HONORARIA
TEMPORARIA
CAPRARIA
PETRARIA
ARBITRARIA
CONTRARÍA
CONTRARIA
SECUESTRARIA
USURARIA
ESCRITURARIA
FUTURARIA
SARIÁ
NECESARIA
INNECESARIA
DESNECESARIA
EMPRESARIA
EMISARIA
COMISARÍA
COMISARIA
FIDEICOMISARIA
FALSARIA
COSARIA
AVERSARIA
ADVERSARIA
ANIVERSARIA
CORSARIA
CURSARIA
SABATARIA

ADJUDICATARIA
LOCATARIA
DATARÍA
ARRENDATARIA
SUBARRENDATARIA
CONCORDATARIA
FEUDATARIA
LEGATARIA
EPIGRAMATARIA
SIGNATARIA
ASIGNATARIA
DESTINATARIA
ENDOSATARIA
PRESTATARIA
MUTUATARIA
LACTARIA
REFRACTARIA
SECTARIA
CONSECTARIA
CETARIA
SOCIETARIA
PROPIETARIA
COPROPIETARIA
ARIETARIA
PARIETARIA
PROLETARIA
COMETARIA
PLANETARIA
INTERPLANETARIA
MONETARIA
SECRETARÍA
SECRETARIA
SUBSECRETARÍA
SUBSECRETARIA
VICESECRETARÍA
VICESECRETARIA
ORBITARIA
INFRAORBITARIA
PUBLICITARIA
PLEBISCITARIA
HEREDITARIA
COMANDITARIA
SAGITARIA
TOTALITARIA
IGUALITARIA
UTILITARIA
SOLITARIA
HUMANITARIA
SANITARIA
TRINITARIA
ANTITRINITARIA
UNITARIA
PARITARIA
QUIRITARIA
AUTORITARIA
PARASITARIA
DEPOSITARÍA
DEPOSITARIA
UNIVERSITARIA
UBIQUITARIA
PITUITARIA
VOLTARIA
SEXTANTARIA
PLACENTARIA
DENTARIA
SEDENTARIA
ACCIDENTARIA
REGLAMENTARIA
ANTIRREGLAMENTARIA
PARLAMENTARIA
ANTIPARLAMENTARIA
INTERPARLAMENTARIA
SACRAMENTARIA
TESTAMENTARÍA
TESTAMENTARIA
COMPLEMENTARIA
SUPLEMENTARIA
FRAGMENTARIA
PIGMENTARIA
SEDIMENTARIA
RUDIMENTARIA
TORMENTARIA
INDUMENTARIA
TEGUMENTARIA
FRUMENTARIA
SERPENTARIA
UNGÜENTARIA
VOLUNTARIA
INVOLUNTARIA
OTARIA
NOTARÍA
LIBERTARIA
PRESUPUESTARIA
TRIBUTARIA
CONTRIBUTARIA
TENUTARIA

ESTATUTARIA
PECUARIA
AGROPECUARIA
GUARIA
LEGUARIA
IGUARIA
USUARIA
ESTATUARIA
ACTUARIA
FRUCTUARIA
USUFRUCTUARIA
TUMULTUARIA
SUNTUARIA
PORTUARIA
CUESTUARIA
MUTUARIA
USUFRUTUARIA
VARIA
CAVARIA
CLAVARIA
CERVARIA
CABRIA
CABRÍA
CANTABRIA
EBRIA
HAMBRÍA
LLAMBRIA
CIMBRIA
FIMBRIA
OMBRÍA
MAYORDOMBRÍA
HOMBRÍA
RICAHOMBRÍA
SOLOMBRÍA
SOMBRÍA
UMBRÍA
SOBRIA
CRÍA
TRINACRIA
RECRÍA
ORÍA
HAMADRÍA
ESCUADRÍA
CEDRIA
CIDRIA
HIDRIA
ACLORHIDRIA
HIPOCLORHIDRIA
HIPERCLORHIDRIA
NIDRIA
POLIANDRIA
ALEJANDRÍA
CALANDRIA
FILANDRIA
MANDRIA
SALAMANDRIA
ALTAMANDRÍA
HIPOCONDRÍA
CODRIA
LUDRIA
ERÍA
NABERÍA
BEBERÍA
IBERIA
ESTRIBERÍA
CELTIBERIA
BOBERÍA
ADOBERÍA
ROBERÍA
BARBERÍA
CUBERÍA
TUBERÍA
ACERÍA
ABACERÍA
CACERÍA
ALCACERÍA
CEDACERÍA
FACERÍA
LACERIA
LACERÍA
ALMACERÍA
PELMACERÍA
RAPACERÍA
TRAPACERÍA
TRACERÍA
RETACERÍA
ALCAECERÍA
ALJECERÍA
ESPECERÍA
VECERÍA
CERVECERÍA
ALCAICERÍA
MAICERÍA
HECHICERÍA
PRIMICERIA
CARNICERÍA

TAPICERÍA
CHORICERÍA
DULCERÍA
MAGANCERÍA
LANCERÍA
PITANCERÍA
LENCERÍA
SINVERGÜENCERÍA
RONCERÍA
BRONCERÍA
ZONCERÍA
PERCOCERÍA
CARROCERÍA
VOCERÍA
APARCERÍA
ALPARCERÍA
BERCERÍA
MERCERÍA
TERCERÍA
ARCABUCERÍA
CHAPUCERÍA
CRUCERÍA
MUCHACHERÍA
POPULACHERÍA
BORRACHERÍA
LECHERÍA
FLECHERÍA
PECHERÍA
RETRECHERÍA
CHICHERÍA
SALCHICHERÍA
CHANCHERÍA
RANCHERÍA
BIZCOCHERÍA
SUPERCHERÍA
CHUCHERÍA
CEBADERÍA
MERCADERÍA
PESCADERÍA
MANDADERÍA
MAJADERÍA
LADERÍA
SALADERÍA
HELADERÍA
NADERÍA
GANADERÍA
PANADERÍA
MESNADERÍA
CUÑADERÍA
ESPADERÍA
CAMARADERÍA
GRADERÍA
PRADERÍA
JURADERÍA
POSADERÍA
MONEDERÍA
HOSPEDERÍA
SEDERÍA
RIBALDERÍA
TOLDERÍA
BULDERÍA
BANDERÍA
ABANDERÍA
HILANDERÍA
CURANDERÍA
LAVANDERÍA
HACENDERÍA
PRENDERÍA
LINDERÍA
VAGABUNDERÍA
FUNDERÍA
GODERÍA
ALBARDERÍA
LOMBARDERÍA
CARDERÍA
FARDERÍA
ESPINGARDERÍA
BASTARDERÍA
GUARDERÍA
CORDERÍA
ZURDERÍA
ESCUDERÍA
JUDERÍA
CORREERÍA
FERIA
CAFERÍA
SEXTAFERIA
JIFERÍA
PERIFERIA
GOLFERÍA
CHUFERÍA
HERIA
SAMBUMBIERÍA
ESPECIERÍA
PENITENCIERÍA
BUJIERÍA

INGENIERÍA
PIERIA
TAPIERÍA
VIDRIERÍA
ARRIERÍA
HARRIERÍA
CAJERÍA
TABLAJERÍA
CELAJERÍA
FOLLAJERÍA
MAJERÍA
[illegible]AJERÍA
[illegible]AJERÍA
TIN[illegible]JERÍA
[illegible]JERÍA
[illegible]AJERÍA
[illegible]NSAJERÍA
POTAJERÍA
SALVAJERÍA
AZULEJERÍA
PELLEJERÍA
ESPEJERÍA
REJERÍA
TEJERIA
TEJERÍA
ROPAVEJERÍA
OVEJERÍA
GRANJERÍA
EXTRANJERÍA
LISONJERÍA
PIOJERÍA
ALOJERÍA
RELOJERÍA
CONSERJERÍA
GORJERÍA
BUJERÍA
GRANUJERÍA
BRUJERÍA
BALERÍA
CALERÍA
GALERÍA
PALERÍA
MENESTRALERÍA
[illegible]SPITALERÍA
CRISTALERÍA
SAYALERÍA
CABEZALERÍA
ESTABLERÍA
MUEBLERÍA
SENSIBLERÍA
DOBLERÍA
CANCELERÍA
CARCELERÍA
PICHELERÍA
CANDELERÍA
CORDELERÍA
TONELERÍA
PAPELERÍA
MANTELERÍA
PASTELERÍA
ANAQUELERÍA
VELERÍA
NOVELERÍA
VOCINGLERÍA
JOGLERÍA
JUGLERÍA
FRAILERÍA
GUADAMACILERÍA
ALGUACILERÍA
ACEMILERÍA
AÑILERÍA
ALBAÑILERÍA
BARRILERÍA
SILERÍA
CURSILERÍA
FUSILERÍA
DESTILERÍA
OLERÍA
OLERÍA
MARMOLERÍA
PAÑOLERÍA
ESPAÑOLERÍA
BUÑOLERÍA
FAROLERÍA
SOLERÍA
ATOLERÍA
COPLERÍA
PARLERÍA
PERLERÍA
CHIRLERÍA
BURLERÍA
FRUSLERÍA
MAULERÍA
CHULERÍA
GANDULERÍA
CAMANDULERÍA

VERDULERÍA
GARRULERÍA
CABALLERÍA
ALCALLERÍA
QUINCALLERÍA
GALLERÍA
CANCELLERÍA
DONCELLERÍA
CAMELLERÍA
ESTRELLERÍA
ARTELLERÍA
[illegible]TELLERÍA
[illegible]ILLERÍA
CANCILLERÍA
[illegible]ECANCILLERÍA
[illegible]CILLERÍA
[illegible]HILLERÍA
BACHILLERÍA
CUCHILLERÍA
LOMILLERÍA
SUMILLERÍA
PILLERÍA
SILLERÍA
BOTILLERÍA
ARTILLERÍA
CASTILLERÍA
CHIQUILLERÍA
QUINQUILLERÍA
VILLERÍA
BOLLERÍA
GOLLERÍA
PULLERÍA
FULLERÍA
GULLERÍA
MARRULLERÍA
DAMERÍA
ZALAMERÍA
RAMERÍA
PRESTAMERÍA
TAIMERÍA
CIMERIA
PRIMERÍA
POSTRIMERÍA
[illegible]ALMERÍA
[illegible]ALMERÍA
PALOMERÍA
PLOMERÍA
MOMERÍA
ROMERÍA
[illegible]SUMERÍA
ARMERÍA
GENDARMERÍA
ENFERMERÍA
CH[illegible]MERÍA
PERFUMERÍA
PLUMERÍA
DEZMERÍA
CHABACANERÍA
ALCANERÍA
MUNDANERÍA
ALBARDANERÍA
HARAGANERÍA
BARRAGANERÍA
ZANGANERÍA
TRUHANERÍA
MEDIANERÍA
RUFIANERÍA
LANERÍA
CHALANERÍA
VILLANERÍA
PASAMANERÍA
SEMANERÍA
CHARRANERÍA
MARRANERÍA
FAISANERÍA
GUSANERÍA
CHARLATANERÍA
PATANERÍA
GITANERÍA
ALTANERÍA
FONTANERÍA
HOLGAZANERÍA
IMAGENERÍA
FRENERÍA
TENERÍA
CHACINERÍA
COCINERÍA
TOCINERÍA
COCHINERÍA
JARDINERÍA
PEINERÍA
REFINERÍA
IMAGINERÍA
TRAJINERÍA
MOLINERÍA
GALLINERÍA

MINERÍA
COMINERÍA
CHAPINERÍA
MARINERÍA
GORRINERÍA
MALSINERÍA
BOTINERÍA
BORCEGUINERÍA
JORGUINERÍA
JABONERÍA
BRIBONERÍA
CARBONERÍA
MACHACONERÍA
BALCONERÍA
HALCONERÍA
BRAVUCONERÍA
HOBACHONERÍA
GACHONERÍA
BONACHONERÍA
TACHONERÍA
ECHONERÍA
COLCHONERÍA
ALMIDONERÍA
ALBARDONERÍA
BORDONERÍA
CORDONERÍA
LEONERÍA
PEONERÍA
BUFONERÍA
TRAGONERÍA
PREGONERÍA
BOHONERÍA
BUHONERÍA
GUARNICIONERÍA
CAJONERÍA
PELONERÍA
RAMPLONERÍA
SOPLONERÍA
COLLONERÍA
FOLLONERÍA
MONERÍA
CAÑONERÍA
TAPONERÍA
LADRONERÍA
SOCARRONERÍA
FANFARRONERÍA
TESTARRONERÍA
GORRONERÍA
TURRONERÍA
SANTURRONERÍA
POLTRONERÍA
CAMASTRONERÍA
BLASONERÍA
MASONERÍA
FRANCMASONERÍA
TESONERÍA
PERSONERÍA
RECATONERÍA
REGATONERÍA
LATONERÍA
GUITONERÍA
FARFANTONERÍA
HOTONERÍA
GLOTONERÍA
MOTONERÍA
TROTONERÍA
CARTONERÍA
LISTONERÍA
MAZONERÍA
PUNZONERÍA
GARZONERÍA
CHUZONERÍA
TABERNERÍA
PERNERÍA
HORNERÍA
TORNERÍA
ASNERÍA
TUNERÍA
BETUNERÍA
CABAÑERÍA
ALBAÑERÍA
CAÑERÍA
TACAÑERÍA
MAÑERÍA
PAÑERÍA
COMPAÑERÍA
HAZAÑERÍA
NIÑERÍA
TIÑERÍA
GAZMOÑERÍA
ÑOÑERÍA
ROÑERÍA
BISOÑERÍA
CHAPERÍA
TRAPERÍA
GUAPERÍA

PIPERÍA
TRIPERÍA
PULPERÍA
CAMPERÍA
TRAMPERÍA
ESTAMPERÍA
ROPERÍA
HESPERIA
BARBARERÍA
AZUCARERÍA
ALFARERÍA
ALFAHARERÍA
PAJARERÍA
JUGLARERÍA
CAMARERÍA
LAMPARERÍA
ANSARERÍA
CANTARERÍA
CABRERÍA
PALABRERÍA
ORFEBRERÍA
LIBRERÍA
COCHAMBRERÍA
LUMBRERÍA
OBRERÍA
POBRERÍA
ZUCRERÍA
ALADRERÍA
COMADRERÍA
COMPADRERÍA
PEDRERÍA
SIDRERÍA
MELINDRERÍA
ODRERÍA
CERERÍA
MADERERÍA
CALDERERÍA
SOMBRERERÍA
MONTERERÍA
ESTERERÍA
CAÑAVERERÍA
MILAGRERÍA
NEGRERÍA
LOGRERÍA
ANCORERÍA
AGORERÍA
MURERÍA
TESORERÍA
TORERÍA
TINTORERÍA
CHOCARRERÍA
CHARRERÍA
CACHARRERÍA
CIGARRERÍA
GUITARRERÍA
GUARRERÍA
PIZARRERÍA
CERRERÍA
DERRERÍA
FERRERÍA
HERRERÍA
PERRERÍA
SERRERÍA
TERRERÍA
GUERRERÍA
CORRERÍA
CHINCHORRERÍA
GORRERÍA
PORRERÍA
ZORRERÍA
CHURRERÍA
MATRERÍA
CETRERÍA
ACETRERÍA
SALITRERÍA
NITRERÍA
SASTRERÍA
CABESTRERÍA
BALAUSTRERÍA
TAFURERÍA
FIGURERÍA
TAHURERÍA
CONFITURERÍA
SERIA
CASERÍA
MASERÍA
GRASERÍA
GUASERÍA
QUESERÍA
YESERÍA
MISERIA
CAMISERÍA
BOLSERÍA
DESPENSERÍA
OSERÍA
JOCOSERIA

PORDIOSERÍA
GOMOSERÍA
ROÑOSERÍA
RAPOSERÍA
GROSERÍA
LEPROSERÍA
SOSERÍA
COMPARSERÍA
VERSERÍA
CURSERÍA
SAUSERÍA
BATERÍA
CONTRABATERÍA
CORBATERÍA
ZARRACATERÍA
RECATERÍA
MENTECATERÍA
CICATERÍA
HORCHATERÍA
BEATERÍA
CALAFATERÍA
GATERÍA
MARAGATERÍA
REGATERÍA
MOJIGATERÍA
ALPARGATERÍA
HATERÍA
LATERÍA
HOJALATERÍA
MALATERÍA
FILATERÍA
CHOCOLATERÍA
VOLATERÍA
PLATERÍA
MATERIA
VINATERÍA
ZAPATERÍA
RATERÍA
BARATERÍA
PIRATERÍA
RETRATERÍA
PAZGUATERÍA
ALFAYATERÍA
BACTERIA
FILACTERIA
JUBETERÍA
CALCETERÍA
CAFETERÍA
AGUJETERÍA
PELETERÍA
TAFILETERÍA
BOLETERÍA
GALLETERÍA
PELLETERÍA
JAMETERÍA
PANETERÍA
BONETERÍA
TROMPETERÍA
ESCOPETERÍA
POBRETERÍA
CARRETERÍA
FERRETERÍA
CORSETERÍA
POTETERÍA
LENGÜETERÍA
JUGUETERÍA
ALCAHUETERÍA
PAQUETERÍA
COQUETERÍA
MARQUETERÍA
MOSQUETERÍA
DIFTERIA
GAITERÍA
ALBEITERÍA
ACEITERÍA
CONFITERÍA
LITERÍA
GRITERÍA
MANGUITERÍA
SOLTERÍA
CULTERÍA
CANTERÍA
MARCHANTERÍA
MERCHANTERÍA
PEDANTERÍA
INFANTERÍA
GARGANTERÍA
GALANTERÍA
LLANTERÍA
TUNANTERÍA
SANTERÍA
FARSANTERÍA
ESTANTERÍA
GUANTERÍA
PLACENTERÍA
APLACENTERÍA

AGUARDENTERÍA
ARGENTERÍA
SARGENTERÍA
LIENTERÍA
DISENTERÍA
CINTERIA
CARPINTERÍA
QUINTERÍA
MONTERÍA
FRONTERÍA
TONTERÍA
PUNTERÍA
YUNTERÍA
BOTERÍA
PICOTERÍA
ALCHOTERÍA
LAGOTERÍA
ALAGOTERÍA
PEGOTERÍA
ALCAHOTERÍA
PATRIOTERÍA
PIJOTERÍA
QUIJOTERÍA
LOTERÍA
PELOTERÍA
ARLOTERÍA
ROTERÍA
ACROTERIA
DEVOTERÍA
ARTERIA
ARTERÍA
TALABARTERÍA
CARTERÍA
TRAQUEARTERIA
PARTERÍA
ESPARTERÍA
ASPERARTERIA
CERTERÍA
PORTERÍA
COMPORTERÍA
SORTERÍA
TRASTERÍA
CESTERÍA
BALLESTERÍA
CRESTERÍA
SOFISTERÍA
METALISTERÍA
FUMISTERÍA
EBANISTERÍA
HOSTERÍA
REPOSTERÍA
MAMPOSTERÍA
EMBUSTERÍA
CAÑUTERÍA
PUTERÍA
FRUTERÍA
BISUTERÍA
PARAGÜERÍA
PLEGUERÍA
GREGUERÍA
MESEGUERÍA
VEGUERÍA
YEGÜERÍA
PERTIGUERÍA
VIGUERÍA
BLANDENGUERÍA
MONDONGUERÍA
LONGUERÍA
DROGUERÍA
SOGUERÍA
AZOGUERÍA
ALBERGUERÍA
TABAQUERÍA
MACHAQUERÍA
BELLAQUERÍA
SAQUERÍA
VAQUERÍA
MUÑEQUERÍA
TABIQUERÍA
COMIQUERÍA
ABANIQUERÍA
PIQUERÍA
GRAMATIQUERÍA
POLITIQUERÍA
BOTIQUERÍA
FINUSTIQUERÍA
ALQUERÍA
PULQUERÍA
FLAMENQUERÍA
TOQUERÍA
ARQUERÍA
TERQUERÍA
PORQUERÍA
CHUBASQUERÍA
CASQUERÍA
ATASQUERÍA

PESQUERÍA
FRESQUERÍA
CUQUERÍA
PELUQUERÍA
ESTUQUERÍA
AVERÍA
ALMOGAVERÍA
CLAVERÍA
BRAVERÍA
NEVERÍA
HUEVERÍA
CONSERVERÍA
ECHACORVERÍA
JOYERÍA
CABUYERÍA
FRÍA
AVEFRÍA
AGRIA
ESTAFISAGRIA
ALEGRÍA
SANGRÍA
ALCAIRÍA
PELAIRÍA
FREJIRÍA
LIRIA
ILIRIA
MIRIA
SIRIA
ASIRIA
USIRÍA
TIRIA
VALQUIRIA
NABORÍA
CORIA
CHICORIA
ACHICORIA
ESCORIA
FECHORÍA
BIENFECHORÍA
DORIA
MERCADORÍA
COMENDADORÍA
CURADORÍA
JURADORÍA
CORREDORÍA
REGIDORÍA
OIDORÍA
PEORÍA
TEORÍA
EUFORIA
FANTASMAGORÍA
ALEGORÍA
CATEGORÍA
ZANAHORIA
MEJORÍA
CALORÍA
FALORIA
VALORÍA
GLORIA
VANAGLORIA
ESLORÍA
VELLORIA
VILLORÍA
GOLLORÍA
GULLORÍA
MEMORIA
DESMEMORIA
NORIA
ANORIA
TANORÍA
AZANORIA
MENORÍA
AZENORIA
MINORÍA
SEÑORÍA
VUESEÑORÍA
USEÑORÍA
INTIMARORIA
SUASORIA
ACCESORIA
SUCESORIA
FESORIA
ASESORÍA
POSESORIA
CISORIA
INCISORIA
RESCISORIA
REMISORIA
COMISORIA
PROMISORIA
COMPROMISORIA
IRRISORIA
VISORIA
REVISORÍA
DIVISORIA
PROVISORÍA
COMPULSORIA
REVULSORIA
CENSORIA
DEFENSORÍA
APREHENSORIA
SUSPENSORIA
REPRENSORIA
SENSORIA
DETERSORIA
DELUSORIA
ILUSORIA
COLUSORIA
PROBATORIA
APROBATORIA
REPROBATORIA
COMPROBATORIA
DEPRECATORIA
IMPRECATORIA
DEDICATORIA
VINDICATORIA
REIVINDICATORIA
EDIFICATORIA
MODIFICATORIA
PURIFICATORIA
RATIFICATORIA
CERTIFICATORIA
IMPLICATORIA
SUPLICATORIA
MASTICATORIA
ADVOCATORIA
REVOCATORIA
INVOCATORIA
CONVOCATORIA
PISCATORIA
MANDUCATORIA
COMENDATORIA
RECOMENDATORIA
RETARDATORIA
RECAUDATORIA
LAUDATORIA
SUDATORIA
ALEATORIA
FATORÍA
OLFATORIA
INDAGATORIA
DELEGATORIA
DENEGATORIA
VEJIGATORIA
OBLIGATORIA
FUMIGATORIA
MITIGATORIA
ROGATORIA
DEROGATORIA
SUPEREROGATORIA
PURGATORIA
EXPURGATORIA
NUGATORIA
PROPICIATORIA
DENUNCIATORIA
GLADIATORIA
PALIATORIA
CONCILIATORIA
AUXILIATORIA
EXPIATORIA
EMBAJATORIA
VEJATORIA
AGUIJATORIA
ALCABALATORIA
RELATORÍA
OSCILATORIA
DILATORIA
DEPILATORIA
COMPILATORIA
DESTILATORIA
CONSOLATORIA
CONTEMPLATORIA
JACULATORIA
EYACULATORIA
ARTICULATORIA
CALCULATORIA
CIRCULATORIA
ADULATORIA
ONDULATORIA
UNDULATORIA
GRATULATORIA
CONGRATULATORIA
AMATORIA
DIFAMATORIA
INFAMATORIA
DISFAMATORIA
DECLAMATORIA
EXCLAMATORIA
INFLAMATORIA
BLASFEMATORIA
CREMATORIA
SUBLIMATORIA
LACRIMATORIA
ESTIMATORIA
PALMATORIA
CONFIRMATORIA
DEFORMATORIA
REFORMATORIA
CONDENATORIA
SENATORIA
VENATORIA
COMBINATORIA
DECLINATORIA
ELIMINATORIA
CONMINATORIA
DIVINATORIA
ADIVINATORIA
ESCAPATORIA
NUNCUPATORIA
ARATORIA
ACLARATORIA
DECLARATORIA
PREPARATORIA
VIBRATORIA
COBRATORIA
EXECRATORIA
LIBERATORIA
MODERATORIA
REMUNERATORIA
IMPERATORIA
OPERATORIA
MIGRATORIA
EMIGRATORIA
INMIGRATORIA
TRANSMIGRATORIA
GIRATORIA
ESPIRATORIA
RESPIRATORIA
ORATORIA
EXPLORATORIA
MORATORIA
CONMEMORATORIA
EVAPORATORIA
NARRATORIA
IMPETRATORIA
ARBITRATORIA
ADMINISTRATORIA
FRUSTRATORIA
JURATORIA
DEPURATORIA
SUPURATORIA
COMPENSATORIA
ACUSATORIA
NATATORIA
DICTATORIA
CITATORIA
IMITATORIA
ATENTATORIA
ROTATORIA
CAPTATORIA
HORTATORIA
EXHORTATORIA
GESTATORIA
REFUTATORIA
CONFUTATORIA
TRASMUTATORIA
TRANSMUTATORIA
ESTORNUTATORIA
EVACUATORIA
AGRAVATORIA
CONSERVATORÍA
CONSERVATORIA
FACTORÍA
BENEFACTORÍA
PISCIFACTORÍA
SATISFACTORIA
LECTORÍA
ALECTORIA
RECTORÍA
DIRECTORIA
PROTECTORÍA
PROTECTORIA
TRAYECTORIA
CONTRADICTORIA
VICTORIA
PERFUNCTORIA
INTRODUCTORIA
DESTRUCTORIA
RECETORÍA
PLETORÍA
COMPLETORIA
SUPLETORIA
SECRETORIA
EXCRETORIA
PRETORÍA
PRETORIA
REDHIBITORIA
INHIBITORIA
PROHIBITORIA
CITORIA
AUDITORÍA
AUDITORIA
MINGITORIA
VOMITORIA
GENITORIA
MONITORIA
PREMONITORIA
MUNITORIA
PEPITORIA
MERITORIA
DEMERITORIA
INMERITORIA
REQUISITORIA
INQUISITORIA
TRANSITORIA
DISPOSITORIA
PETITORIA
VITORIA
ANTORÍA
CANTORÍA
PERENTORIA
OTORÍA
NOTORIA
DECEPTORIA
RECEPTORIA
RECEPTORÍA
DESCRIPTORIA
RESCRIPTORIA
PASTORÍA
HISTORIA
PREHISTORIA
PROTOHISTORIA
MAMPOSTORÍA
AUTORÍA
PRECAUTORIA
FAUTORÍA
EJECUTORIA
EJECUTORÍA
SECUTORIA
PERSECUTORIA
INTERLOCUTORIA
COADJUTORÍA
ABSOLUTORIA
RESOLUTORIA
SUTORIA
TUTORÍA
RESTITUTORIA
COADYUTORIA
TEXTORIA
MORTUORIA
MAYORÍA
CIPRIA
PROPRIA
IMPROPRIA
ARRIA
BAMBARRIA
TAMBARRIA
ALCARRIA
CASCARRIA
CAZCARRIA
BANDARRIA
MANDARRIA
FANFARRIA
GARRIA
CAGARRIA
HARRIA
DIARRÍA
NARRIA
SARRIA
ZARRIA
BIZARRÍA
CUERRIA
BIRRIA
SIRRIA
TIRRIA
VIDORRIA
AHORRÍA
ALHORRÍA
CAZORRÍA
BANDURRIA
MANDURRIA
MAMANDURRIA
MODURRIA
ANGURRIA
ESTANGURRIA
ENGURRIA
BALHURRIA
MURRIA
CANCAMURRIA
CANTURRIA
CAZURRÍA
TRÍA
CHATRIA
PEDIATRÍA
GERIATRÍA
SIQUIATRÍA
PSIQUIATRÍA
LATRÍA
IDOLATRÍA
EGOLATRÍA
OFIOLATRÍA
DEMONOLATRÍA
ZOOLATRÍA
PATRIA
FRATRÍA
VEINTECUATRÍA
VEINTICUATRÍA
BENEFACTRÍA
MALFETRÍA
BIENFETRÍA
HETRÍA
BEHETRÍA
MALHETRÍA
ALETRÍA
FOTOGRAMETRÍA
TELEMETRÍA
ACIDIMETRÍA
POLIMETRÍA
PLANIMETRÍA
SACARIMETRÍA
CALORIMETRÍA
COLORIMETRÍA
SIMETRÍA
ASIMETRÍA
DISIMETRÍA
DOSIMETRÍA
BATIMETRÍA
ALTIMETRÍA
TAQUIMETRÍA
GEOMETRÍA
ESTEREOMETRÍA
DINAMOMETRÍA
ANEMOMETRÍA
TERMOMETRÍA
URANOMETRÍA
ACTINOMETRÍA
TRIGONOMETRÍA
CRONOMETRÍA
TIPOMETRÍA
ANTROPOMETRÍA
HIDROMETRÍA
HIGROMETRÍA
ELECTROMETRÍA
HIPSOMETRÍA
FOTOMETRÍA
CARTOMETRÍA
HIPERMETRÍA
POETRÍA
ITRIA
CHANTRÍA
EMPOTRÍA
DIOPTRÍA
DISARTRIA
SOLLASTRÍA
ESTRÍA
MAESTRÍA
ADESTRÍA
INDUSTRIA
LUTRIA
NUTRIA
JAURÍA
CURIA
DECURIA
PENCURIA
INCURIA
FECHURÍA
DERECHURÍA
MERCADURÍA
PAGADURÍA
JUZGADURÍA
FIADURÍA
ABREVIADURÍA
HABLADURÍA
CELADURÍA
CHARLADURÍA
PARLADURÍA
CENADURÍA
SENADURÍA
CERRADURÍA
LETRADURÍA
CURADURÍA
PROCURADURÍA
JURADURÍA
ASADURÍA
DICTADURÍA
APOSENTADURÍA
CONTADURÍA
CONSERVADURÍA
EXPENDEDURÍA
VEEDURÍA

PROVEEDURÍA
TEJEDURÍA
TENEDURÍA
CORREDURÍA
METEDURÍA
SABIDURÍA
FREIDURÍA
RESIDURÍA
CURTIDURÍA
FURIA
ESTRANGURIA
POLIURIA
INJURIA
LUJURIA
MURIA
ANURIA
MELANURIA
PENURIA
ALBUMINURIA
ESPURIA
CONFESURÍA
DISURIA
TISURIA
GLUCOSURIA
FOSFATURIA
ABREVIATURÍA
HEMATURIA
COLECTURÍA
CANTURÍA
CENTURIA
HOLOTURIA
CASIA
COLOCASIA
AFASIA
DISFASIA
NEOPLASIA
MASÍA
AMASIA
DEMASÍA
FLEGMASÍA
DOCIMASIA
PARANOMASIA
PARONOMASIA
ANTONOMASIA
ATANASIA
EUTANASIA
GIMNASIA
IDIOSINCRASIA
DISCRASIA
AGERASIA
EUFRASIA
TASIA
ECTASIA
BRONQUIECTASIA
FANTASÍA
ANASTASIA
MENOSTASIA
APOSTASÍA
CUASIA
MALVASÍA
FUCSIA
GEODESIA
EFESIA
ANALGESIA
EGLESIA
IGLESIA
ANTEIGLESIA
MILESIA
SILESIA
PERLESÍA
MANGANESIA
AGENESIA
PALINGENESIA
LITOGENESIA
EUGENESIA
FRENESÍA
MAGNESIA
ACINESIA
POLINESIA
AMNESIA
DISMNESIA
INDONESIA
POESÍA
PESIA
HIDROPESÍA
PARESIA
HIPOCRESÍA
FELIGRESÍA
PARRESIA
ATRESIA
PLEURESÍA
PLEITESÍA
TARTESIA
CORTESÍA
DESCORTESÍA
ANESTESIA

RAQUIANESTESIA
CENESTESIA
SINESTESIA
PARESTESIA
HIPERESTESIA
DISESTESIA
BURGUESÍA
CARQUESIA
TRAVESÍA
ATRAVESÍA
ANAFRODISIA
ELISIA
MISIA
ARTEMISIA
DIONISIA
ODRISIA
FRISIA
ASISIA
FALSÍA
ANSIA
CANSÍA
HORTENSIA
CELOSÍA
GOLOSÍA
GEOGNOSIA
HIDROGNOSIA
DONOSÍA
RAPOSÍA
AMBROSÍA
MEDROSÍA
GENEROSÍA
SOSIA
BRAVOSÍA
ALEVOSÍA
TAPSIA
CATALEPSIA
EPILEPSIA
APEPSIA
BRADIPEPSIA
DISPEPSIA
EUPEPSIA
ASEPSIA
ANTISEPSIA
ADIPSIA
POLIDIPSIA
ECLAMPSIA
BIOPSIA
NECROPSIA
ACROMATOPSIA
AUTOPSIA
CONTROVERSIA
USÍA
CAUSÍA
MENOPAUSIA
RUSIA
PRUSIA
TATUSIA
TÍA
MALATÍA
POLIMATÍA
CRESTOMATÍA
NATÍA
MANATÍA
ENATÍA
APATÍA
TELEPATÍA
ANTIPATÍA
SIMPATÍA
COMPATÍA
SICOPATÍA
PSICOPATÍA
HOMEOPATÍA
CRANEOPATÍA
CARDIOPATÍA
ALOPATÍA
HEMOPATÍA
ADENOPATÍA
FRENOPATÍA
HIDROPATÍA
ARTROPATÍA
BARATÍA
SAETÍA
MALETÍA
PITIA
ANTIA
CANTÍA
MARCHANTÍA
MERCADANTÍA
AYUDANTÍA
PLANTÍA
CALLANTÍA
GARANTÍA
LABRANTÍA
ALMIRANTÍA
PASANTÍA
CESANTÍA

ESTANTÍA
SOBRESTANTÍA
CUANTÍA
ARDENTÍA
SARGENTÍA
VALENTÍA
CORRENTÍA
SERVENTÍA
TIRINTIA
CORINTIA
CONTÍA
TARAGONTÍA
DRAGONTÍA
POLIGLOTÍA
ARLOTÍA
EPIZOOTIA
ENZOOTIA
HARTÍA
GALVANOPLASTIA
RINOPLASTIA
BLEFAROPLASTIA
AUTOPLASTIA
DINASTÍA
PEDERASTIA
BESTIA
MODESTIA
INMODESTIA
MOLESTIA
AMNESTÍA
CARESTÍA
AMNISTÍA
EUCARISTÍA
SACRISTÍA
ANTESACRISTÍA
OSTIA
AGOSTÍA
HOSTIA
ANGUSTIA
MUSTIA
FILAUTÍA
HUTÍA
JUTÍA
TUTÍA
ATUTÍA
GUÍA
TORNAGUÍA
CONTRAGUÍA
ATAGUÍA
CONTRAATAGUÍA
ZAGÜÍA
HIDALGUÍA
VERGUÍA
QUIA
QUÍA
BAQUÍA
ALBAQUÍA
LEUCOPLAQUIA
LISIMAQUIA
LOGOMAQUIA
MONOMAQUIA
TAUROMAQUIA
NAUMAQUIA
CEQUIA
ACEQUIA
ZABACEQUIA
CABECEQUIA
ENTELEQUIA
SEQUÍA
PETEQUIA
RELIQUIA
FALQUÍA
MULQUÍA
BRANQUIA
FRANQUÍA
ATANQUÍA
VENTRILOQUIA
ARISTOLOQUIA
PARROQUIA
BARQUÍA
OLIGARQUÍA
POLIARQUÍA
JARQUÍA
MELARQUÍA
ANARQUÍA
MONARQUÍA
TOPARQUÍA
HIERARQUÍA
JERARQUÍA
TETRARQUÍA
TARQUIA
PENTARQUÍA
HEPTARQUÍA
AUTARQUÍA
TURQUÍA
FASQUÍA
VÍA

CAVIA
TODAVÍA
GUARDAVÍA
GAVIA
CAMBIAVÍA
SUBCLAVIA
ANAVIA
IGNAVIA
PAVÍA
ESCAMPAVÍA
BRAVÍA
SAVIA
OBVIA
PREVIA
ENTREVÍA
LASCIVIA
VALDIVIA
CHIRIVÍA
SALVIA
TRANVÍA
OVIA
AGOVÍA
NOVIA
SINOVIA
AEROVÍA
TOTOVÍA
QUINQUENERVIA
SERVIA
PROTERVIA
LATVIA
JUVIA
LUVIA
PLUVIA
LLUVIA
GALAXIA
ANAFILAXIA
ATAXIA
CATAPLEXIA
PIREXIA
APIREXIA
ANOREXIA
CAQUEXIA
ASFIXIA
HETERODOXIA
ORTODOXIA
OBNOXIA
RAZZIA
AJA
AJÁ
BAJA
BAJÁ
ESCARABAJA
MALTRABAJA
REBAJA
TOBAJA
BARBAJA
CABIZBAJA
CAJA
CAJÁ
CONTRACAJA
PORTACAJA
CHAJÁ
ZARANDAJA
ENCENDAJA
INCENDAJA
RODAJA
BARDAJA
GUARDAJA
CEAJA
MEAJA
FAJA
ALFAJA
CEGAJA
HIGAJA
MIGAJA
ALHAJA
MIAJA
AJAJÁ
LAJA
MAJA
MAJÁ
ALMAJA
GOLMAJA
NAJA
TINAJA
ADIVINAJA
SONAJA
CERNAJA
PAJA
RAJA
RAJÁ
BARAJA
ESCUSABARAJA
EXCUSABARAJA
CARAJA
ADARAJA

QUEBRAJA
SOBRAJA
GRAJA
MARRAJA
ALMARRAJA
TARRAJA
CERRAJA
TERRAJA
BORRAJA
SAJA
TAJA
TAJÁ
VENTAJA
AVENTAJA
DESVENTAJA
TARTAJA
MORTAJA
GUAJA
NAVAJA
ABEJA
SOBEJA
CEJA
RAPACEJA
SOBRECEJA
RAICEJA
DEJA
MADEJA
ANADEJA
GUEDEJA
VEDEJA
BANDEJA
ENDEJA
HACENDEJA
VENDEJA
VERDEJA
CAÑAHEJA
ANIEJA
VIEJA
REVIEJA
JEJA
LEJA
ALEJA
ZAGALEJA
AMARGALEJA
MALEJA
CAMALEJA
CANALEJA
SEÑALEJA
MORALEJA
CARRALEJA
DESTRALEJA
FAZALEJA
HAZALEJA
RAZONABLEJA
CANDELEJA
RODELEJA
FLEJA
REFLEJA
CANDILEJA
MOLEJA
CAZOLEJA
COMPLEJA
INCOMPLEJA
PERPLEJA
AZULEJA
CALLEJA
CASCALLEJA
DONCELLEJA
GAMELLEJA
PELLEJA
CUCHILLEJA
TORDILLEJA
CAPILLEJA
ZANGARILLEJA
AMARILLEJA
MANTILLEJA
NOVILLEJA
COLLEJA
HOLLEJA
MOLLEJA
SEMEJA
ALMEJA
TRAFALMEJA
BERMEJA
SOBERMEJA
NEJA
ANEJA
MEDIANEJA
CAPITANEJA
CENEJA
SARTENEJA
CERTENEJA
POLLINEJA
TOMINEJA
CONEJA
CORONEJA

CERNEJA
CORNEJA
CRISNEJA
CREZNEJA
CRIZNEJA
AÑEJA
TRASAÑEJA
TRESAÑEJA
CAPEJA
VULPEJA
REJA
COLLAREJA
CAÑAREJA
PAREJA
CARIPAREJA
DESPAREJA
DISPAREJA
PALABREJA
COMADREJA
RODREJA
HEREJA
ESCALEREJA
BACHILLEREJA
IGREJA
CANGREJA
OREJA
TORREJA
TREJA
CONSEJA
TEJA
BOCATEJA
TOCATEJA
CULITEJA
LANTEJA
LENTEJA
BOTEJA
HIDALGUEJA
QUEJA
ALMADRAQUEJA
SALAMANQUEJA
OVEJA
ARVEJA
BIJA
CAMBIJA
COBIJA
CIJA
YACIJA
ARMADIJA
AGUADIJA
VEDIJA
SABANDIJA
REDENDIJA
HENDIJA
REHENDIJA
RENDIJA
FIJA
AFIJA
PREFIJA
POSTIFIJA
TRASFIJA
TRANSFIJA
SUFIJA
HIJA
ALEJIJA
LIJA
VALIJA
PROLIJA
CANIJA
MANIJA
CORNIJA
HORNIJA
TORNIJA
ESTORNIJA
RIJA
ARIJA
HARIJA
LAMBRIJA
HENDRIJA
SERIJA
VERIJA
GRIJA
AGRIJA
ZADORIJA
SALDORIJA
TORRIJA
VASIJA
TIJA
PLATIJA
BARATIJA
BOTIJA
LAGARTIJA
PARTIJA
SORTIJA
CUIJA
GUIJA
AGUIJA
LAVIJA
CLAVIJA
NARANJA
FRANJA
GRANJA
ZANJA
JINJA
GUINJA
LONJA
MONJA
ESPONJA
TORONJA
LISONJA
BOJA
COJA
PATICOJA
COSCOJA
PARADOJA
FOJA
GOJA
ANGOJA
CONGOJA
HOJA
BATIHOJA
DESHOJA
CRIOJA
ALOJA
MALOJA
MELOJA
FLOJA
PANOJA
AÑOJA
ROJA
SEROJA
PINTARROJA
VERROJA
BARBIRROJA
ALIRROJA
PELIRROJA
TROJA
SOJA
BISOJA
PATOJA
PINTOJA
TARJA
ZARJA
AZARJA
VERJA
ALVERJA
FORJA
ALFORJA
GORJA
AGAUJA
JAUJA
ARAUJA
CAMBUJA
BURBUJA
CUJA
ADECUJA
ADUJA
BLANDUJA
PAPANDUJA
GARDUJA
GUJA
AGUJA
TIENTAGUJA
SANGUJA
CATALUJA
RAMUJA
TAMUJA
GRANUJA
PUJA
CARUJA
CASCARUJA
TENTARUJA
BRUJA
MAGRUJA
PIRUJA
CORUJA
TRUJA
CURUJA
PLATUJA
CARTUJA
KA
VODKA
LA
ALA
ALÁ
BALA
CÁBALA
SACABALA
ALCABALA
TIRABALA
ALBALÁ
FALBALÁ
BÚBALA
CALA
ANACALA
TRÁCALA
ALCALA
ESCALA
MARISCALA
CHALA
DALA
ADALA
AMÍGDALA
JÁNDALA
VÁNDALA
REALA
ARREALA
ACÉFALA
BICÉFALA
BRAQUICÉFALA
DOLICOCÉFALA
CALOCÉFALA
MACROCÉFALA
MICROCÉFALA
HIDROCÉFALA
FARFALÁ
BÚFALA
GALA
TRÁGALA
TAGALA
ZAGALA
REGALA
CIGALA
POLÍGALA
ZANGALA
BENGALA
ALBENGALA
MARTINGALA
HALA
ADAHALA
ALMAHALA
ADEHALA
MEHALA
REHALA
OFICIALA
PROVINCIALA
COLEGIALA
CONCEJALA
OJALÁ
ALALÁ
CHALALA
ULALA
MALA
ÁMALA
ENHORAMALA
NORAMALA
AGUAMALA
PRIMALA
ANÓMALA
RAVENALA
PALA
TRÁPALA
ASÉPALA
DISÉPALA
DIALISÉPALA
POLISÉPALA
GAMOSÉPALA
MONOSÉPALA
HISPALA
RALA
FARALÁ
ERALA
GENERALA
FUNERALA
MAYORALA
MENESTRALA
SALA
MAESTRESALA
TÉSALA
ANTESALA
TALA
APÉTALA
DIPÉTALA
DIALIPÉTALA
POLIPÉTALA
GAMOPÉTALA
MONOPÉTALA
ANISOPÉTALA
ÍTALA
POTALA
ESTALA
PASCUALA
GUALA
GUALÁ
BAGUALA
CHAGUALA
CALAGUALA
IGUALA
CHAVALA
ZALÁ
AZALÁ
ZABAZALA
ALMOZALA
FABLA
HABLA
DIABLA
NABLA
TABLA
RAJATABLA
ACHITABLA
DEBLA
NIEBLA
TINIEBLA
VINIEBLA
PUEBLA
ALQUIBLA
MAMBLA
RAMBLA
ENSEMBLA
COBLA
DOBLA
ROBLA
NUBLA
BARNACLA
TECLA
TINICLA
ANCLA
CHANCLA
NOCLA
TROCLA
MEZCLA
BELA
CASCABELA
CHABELA
GABELA
CARABELA
SABELA
LIBELA
UMBELA
CHIRUMBELA
CHURUMBELA
CELA
GACELA
NACELA
RECELA
RUBICELA
TUNICELA
VARICELA
CANCELA
PONCELA
ALMOCELA
PROCELA
ESCARCELA
PARCELA
CAÑUCELA
PUCELA
FRANCACHELA
TICHELA
ROCHELA
CIUDADELA
CORADELA
MORTADELA
CANDELA
CONTRACANDELA
ARANDELA
CICINDELA
RODELA
ALBARDELA
PARDELA
CAFELA
CIFELA
ÁNGELA
ALCOHELA
BIELA
NOCHIELA
FURRIELA
PURRIELA
LELA
PARALELA
MELA
DIAMELA
GUMAMELA
PAMELA
CARAMELA
BESAMELA
GEMELA
MEMELA
IMELA
FILOMELA
VORMELA
CANELA
CHANELA
TERCIANELA
PANELA
CAMPANELA
FRANELA
TANELA
FONTANELA
CHINELA
POLICHINELA
PULCHINELA
FEMINELA
PIMPINELA
ESPINELA
CANTINELA
CENTINELA
ESQUINELA
GONELA
CIDRONELA
CORONELA
CHARNELA
PRUNELA
ROELA
PELA
CAPELA
ZACAPELA
ESCARAPELA
PRINCIPELA
ERISIPELA
COPELA
CARAPOPELA
CASCARELA
PELARELA
PASARELA
CANTARELA
ACUARELA
LEBRELA
TIRELA
PASTORELA
ARRELA
PURRELA
BOTASELA
TESELA
DAMISELA
MADAMISELA
BRUSELA
TELA
CATELA
BAGATELA
PANATELA
CONTRATELA
CURATELA
PANETELA
CARRETELA
ENTRETELA
VITELA
RUMBANTELA
RUMANTELA
TARANTELA
CLIENTELA
PARENTELA
BIZCOTELA
CORRUPTELA
CARTELA
ESTELA
MISTELA
ALPISTELA
MOSTELA
COMPOSTELA
MUSTELA
CAUTELA
TUTELA
MIXTELA
ABUELA
TATARABUELA
TRASABUELA
TRESABUELA
BISABUELA
REBISABUELA
TRASBISABUELA
TRANSBISABUELA
BELLACUELA
SECUELA
CHICUELA
LOCUELA
ESCUELA
MAESTREESCUELA
MAESTRESCUELA
CHUELA
CACHUELA
MUCHACHUELA
FACHUELA
GACHUELA
HACHUELA
HORNACHUELA
BORRACHUELA
TACHUELA
COVACHUELA
HABICHUELA
TAQUICHUELA
NAVICHUELA

ANCHUELA
LANCHUELA
PLANCHUELA
MANCHUELA
CINCHUELA
CONCHUELA
BROCHUELA
TROCHUELA
ATOCHUELA
GARRUCHUELA
TRUCHUELA
DUELA
CRIADUELA
BARREDUELA
HACENDUELA
AGÜELA
NAGÜELA
BISAGÜELA
CORREGÜELA
SUBIGÜELA
VEJIGÜELA
HORMIGÜELA
TERIGÜELA
VAQUIGÜELA
MAYORAZGÜELA
ALDEHUELA
CREHUELA
ANDREHUELA
LAMPREHUELA
CORREHUELA
BATEHUELA
PICARDIHUELA
JUDIHUELA
PIHUELA
PARIHUELA
BESTIHUELA
VIHUELA
BAJUELA
CAJUELA
CASCAJUELA
RODAJUELA
MEAJUELA
FAJUELA
MIGAJUELA
ALHAJUELA
MAJUELA
TINAJUELA
SONAJUELA
PAJUELA
RAJUELA
TAJUELA
NAVAJUELA
SALVAJUELA
ABEJUELA
CEJUELA
MADEJUELA
CALLEJUELA
PELLEJUELA
HOLLEJUELA
MOLLEJUELA
BERMEJUELA
ESPEJUELA
REJUELA
OREJUELA
CONSEJUELA
TEJUELA
LANTEJUELA
LENTEJUELA
OVEJUELA
VEDIJUELA
SABANDIJUELA
HIJUELA
BOTIJUELA
SORTIJUELA
FRANJUELA
COJUELA
FOJUELA
HOJUELA
ALFORJUELA
AGUJUELA
AGALLUELA
DONCELLUELA
ARMELLUELA
ESTRELLUELA
HEBILLUELA
PILLUELA
OLLUELA
POLLUELA
AMPOLLUELA
MUELA
MANUELA
TIRANUELA
MONUELA
CABAÑUELA
CAÑUELA
MAÑUELA
TAMAÑUELA
COMPAÑUELA
ARAÑUELA
TARRAÑUELA
PATRAÑUELA
MONTAÑUELA
PORTAÑUELA
CASTAÑUELA
PEÑUELA
GREÑUELA
CIGÜEÑUELA
PEQUEÑUELA
CIÑUELA
PIÑUELA
TIÑUELA
TRIQUIÑUELA
VIÑUELA
CIGOÑUELA
UÑUELA
CIGUÑUELA
ESPUELA
AQUELA
LUMAQUELA
ESQUELA
ERUELA
CIBERUELA
CALDERUELA
HILANDERUELA
SENDERUELA
CORDERUELA
LIGERUELA
TIJERUELA
PARLERUELA
RAMERUELA
VENERUELA
TERNERUELA
MAÑERUELA
SALSERUELA
CICATERUELA
RATERUELA
EMBUSTERUELA
HIGUERUELA
NOGUERUELA
OQUERUELA
MOSQUERUELA
CIRUELA
VIRUELA
ZORRUELA
SUELA
ARTESUELA
CRISUELA
SANGUISUELA
BABOSUELA
MOCOSUELA
PLACETUELA
ESTUDIANTUELA
TUNANTUELA
TONTUELA
PUTUELA
CAYUELA
ALACAYUELA
ATALAYUELA
PLAYUELA
AMAYUELA
PARPAYUELA
RAYUELA
SAYUELA
TAYUELA
CORREYUELA
FIYUELA
HOYUELA
JOYUELA
ARROYUELA
ZUELA
AZUELA
CALABAZUELA
CAZUELA
HAZUELA
PLAZUELA
RAPAZUELA
TERRAZUELA
CABEZUELA
PLEBEZUELA
HIERBEZUELA
PIECEZUELA
NECEZUELA
PECEZUELA
GRANDEZUELA
TENDEZUELA
INDEZUELA
RODEZUELA
CUERDEZUELA
VERDEZUELA
CORDEZUELA
COFIEZUELA
VIEJEZUELA
VEJEZUELA
PERLEZUELA
MANEZUELA
VENEZUELA
PERNEZUELA
TERNEZUELA
SERPEZUELA
LIEBREZUELA
POBREZUELA
PIEDREZUELA
PEDREZUELA
SERREZUELA
TERREZUELA
GROSEZUELA
NETEZUELA
LENTEZUELA
CUENTEZUELA
FUENTEZUELA
PUENTEZUELA
FONTEZUELA
PONTEZUELA
HUERTEZUELA
PUERTEZUELA
CORTEZUELA
FORTEZUELA
HORTEZUELA
PORTEZUELA
BESTEZUELA
CUESTEZUELA
COSTEZUELA
CEGUEZUELA
CIEGUEZUELA
YEGÜEZUELA
LENGÜEZUELA
LONGUEZUELA
CHOQUEZUELA
PUERQUEZUELA
PORQUEZUELA
COVEZUELA
NIETIZUELA
BESTIZUELA
LANZUELA
PENDENZUELA
SENTENZUELA
JOVENZUELA
BRIBONZUELA
LADRONZUELA
CHOZUELA
MOZUELA
POZUELA
MAGARZUELA
ZARZUELA
MUJERZUELA
TERZUELA
ORZUELA
HABLADORZUELA
ESCRITORZUELA
VELA
ALCAVELA
GUARDAVELA
DUERMEVELA
SOBREVELA
DORMIVELA
MANIVELA
DOVELA
NOVELA
TERUVELA
CHIFLA
RECHIFLA
CAÑIFLA
ENGAÑIFLA
CHANFLA
MANFLA
RUNFLA
CHUFLA
MUFLA
PANTUFLA
REGLA
FALSARREGLA
SALTARREGLA
TRIGLA
SIGLA
ANGLA
MANGLA
RINGLA
BAILA
LILAILA
PAILA
CABILA
ZABILA
SIBILA
ALGUACILA
ESCILA
MOCHILA
BADILA
EDILA
CORDILA
FEILA
LEILA
FREILA
FILA
ÁFILA
CÁFILA
GRAFILA
DÍFILA
PÁNFILA
COLOMBÓFILA
ALIADÓFILA
CALOFILA
HALÓFILA
ANEMÓFILA
ENTOMÓFILA
HISPANÓFILA
MONOFILA
HIDRÓFILA
NEGRÓFILA
CLOROFILA
TAURÓFILA
ANISOFILA
CERVANTÓFILA
ARGILA
HILA
RETAHÍLA
PEREJILA
LILA
CALILA
JÁMILA
MAMILA
CAMAMILA
RÁMILA
ACÉMILA
ALQUIMILA
CAMOMILA
REZMILA
MANILA
ALBAÑILA
VOILA
PILA
PILAPILA
PAPILA
URPILA
PUPILA
CONDRILA
GORILA
BARRILA
MASILA
TONSILA
TILA
PULSATILA
DIDÁCTILA
TORMENTILA
COTILA
XILOTILA
CASTILA
POLISTILA
POSTILA
OCTÓSTILA
MÚTILA
RÚTILA
ÁGUILA
MORCEGUILA
ANGUILA
ESGUILA
QUILA
CHILAQUILA
MAQUILA
TEQUILA
TRANQUILA
INTRANQUILA
TRASQUILA
ESQUILA
FAVILA
AXILA
OLA
TABAOLA
CHAOLA
BATAOLA
BOLA
CHABOLA
PARÁBOLA
DENÉBOLA
CÍBOLA
CHIBOLA
ROCAMBOLA
CARAMBOLA
DISÍMBOLA
HIPÉRBOLA
ALBUÉRBOLA
ALBÓRBOLA
COLA
CARACOLA
ATACOLA
SOTACOLA
RADICÍCOLA
OLEÍCOLA
AJICOLA
CELÍCOLA
REGNÍCOLA
VINÍCOLA
VITIVINÍCOLA
LEMNÍCOLA
CAVERNÍCOLA
PICOLA
APÍCOLA
AGRÍCOLA
TERRÍCOLA
OSTRÍCOLA
BATICOLA
PLANETÍCOLA
VITÍCOLA
AVÍCOLA
OLIVÍCOLA
ÍNCOLA
SARCOCOLA
TRÓCOLA
SOCOLA
CRISOCOLA
LITOCOLA
CÁRCOLA
MÁRCOLA
DÍSCOLA
PEÑÍSCOLA
CHOLA
CACHOLA
PICHOLA
CAPICHOLA
ANDOLA
BANDOLA
FARANDOLA
PÉNDOLA
OROPÉNDOLA
MERENDOLA
GUIRINDOLA
GUINDOLA
GÓNDOLA
GRÓNDOLA
RUBÉOLA
LANCÉOLA
AREOLA
AUREOLA
LAURÉOLA
ROSÉOLA
BRACTÉOLA
GOLA
SEMIGOLA
NIGOLA
GARIGOLA
BRIGOLA
CONGOLA
MOGOLA
GÁRGOLA
PÉRGOLA
HOLA
BATAHOLA
GRACIOLA
CARNIOLA
CORNIOLA
PIOLA
PIPIOLA
CABRIOLA
VIDRIOLA
ARTERIOLA
CARRIOLA
VIOLA
SERVIOLA
BATALLOLA
MOLA
MAMOLA
SÉMOLA
ESMOLA
PIANOLA
MANOLA
CHERINOLA
PERINOLA
CHIRINOLA
TINOLA
QUÍNOLA
CARAMAÑOLA
CARMAÑOLA
ESPAÑOLA
PORTAÑOLA
CASTAÑOLA
ABEÑOLA
PEÑOLA
POLA
CHAPOLA
AMAPOLA
CEPOLA

ANGARIPOLA
CHAMPOLA
GRÍMPOLA
FARMACOPOLA
BIBLIOPOLA
NIÉSPOLA
NÍSPOLA
CAROLA
BARCAROLA
ESCAROLA
FAROLA
TALLAROLA
MAROLA
FUMAROLA
PAROLA
ACEROLA
CACEROLA
TERCEROLA
BANDEROLA
PEROLA
MUSEROLA
PUNTEROLA
CUARTEROLA
MOSQUEROLA
MUSQUEROLA
CHIROLA
GIROLA
VIROLA
COROLA
FUMOROLA
TROLA
SOLA
CAMISOLA
ÍNSOLA
CONSOLA
TOLA
ETOLA
CÍTOLA
VITOLA
ALBÉNTOLA
CENTOLA
VENTOLA
BARTOLA
TÓRTOLA
ESTOLA
BÉSTOLA
ABÉSTOLA
BÍSTOLA
FÍSTOLA
CAÑAFÍSTOLA
PISTOLA
EPÍSTOLA
CHAVOLA
MALÉVOLA
BENÉVOLA
VELÍVOLA
FRÍVOLA
YOLA
ESCAYOLA
GAYOLA
CARAMAYOLA
BATAYOLA
BRAZOLA
TRIPLA
MÚLTIPLA
SUBMÚLTIPLA
AMPLA
TEMPLA
IMPLA
CANTIMPLA
COPLA
MANOPLA
CONSTANTINOPLA
MARSOPLA
DÉCUPLA
UNDÉCUPLA
TERCIODÉCUPLA
DUODÉCUPLA
DUPLA
SUBDUPLA
CUÁDRUPLA
ÓCTUPLA
CÉNTUPLA
QUÍNTUPLA
SÉPTUPLA
SÉXTUPLA
CARLA
CHARLA
GARLA
PARLA
GALIPARLA
LATINIPARLA
CULTALATINIPARLA
CAÑAHERLA
CAÑIHERLA
CAÑAHIERLA

MIERLA
MERLA
CAÑERLA
PERLA
MADREPERLA
CANTERLA
BIRLA
CHIRLA
MIRLA
CAÑIRLA
ESQUIRLA
ORLA
BORLA
CORLA
CHORLA
BURLA
CHURLA
ISLA
PENISLA
BROSLA
AULA
CAULA
JAULA
MAULA
CARANTAMAULA
CANAULA
BULA
FÁBULA
RÁBULA
MANDÍBULA
FÍBULA
GÁLBULA
SOMNÁMBULA
SONÁMBULA
FUNÁMBULA
NOCTÁMBULA
GÁRBULA
ÁCULA
FÁCULA
MÁCULA
VERNÁCULA
FÉCULA
MOLÉCULA
VULPÉCULA
RECULA
SÉCULA
RADÍCULA
RIDÍCULA
PELÍCULA
SILÍCULA
CANÍCULA
PANÍCULA
SANÍCULA
FEBRÍCULA
CUADRÍCULA
MATRÍCULA
AURÍCULA
SÍCULA
VESÍCULA
VERSÍCULA
CRATÍCULA
RETÍCULA
CONVENTÍCULA
PARTÍCULA
CUTÍCULA
CLAVÍCULA
NAVÍCULA
CARBÚNCULA
PORCIÚNCULA
CARÚNCULA
MONÓCULA
CICÉRCULA
BÁSCULA
MÁSCULA
MINÚSCULA
MAYÚSCULA
SÚCULA
CHULA
DULA
ADULA
CÉDULA
CONTRACÉDULA
SOBRECÉDULA
MEDULA
CRÉDULA
INCRÉDULA
ACÍDULA
CAMÁLDULA
GANDULA
GLÁNDULA
CAMÁNDULA
FARÁNDULA
GIRÁNDULA
LAVÁNDULA
CALÉNDULA
PÉNDULA

FILIPÉNDULA
HIERÓDULA
VÁRDULA
CORDULA
TÓRDULA
BORRACHEULA
ÍNFULA
ESCRÓFULA
GULA
MANDRÁGULA
SÁGULA
LÍGULA
ANGULA
TRIÁNGULA
EQUIÁNGULA
CUADRÁNGULA
RECTÁNGULA
HEXÁNGULA
SEXÁNGULA
VÍRGULA
BRÚJULA
ESDRÚJULA
SOBREESDRÚJULA
SOBRESDRÚJULA
LULA
LIBÉLULA
CÉLULA
ÓLULA
MULA
FÁMULA
ARGAMULA
FLÁMULA
CALPAMULA
ÉMULA
TRÉMULA
CAUDATRÉMULA
PRÍMULA
FÓRMULA
PLÚMULA
NULA
ÁNULA
CÁNULA
CAMPÁNULA
RÁNULA
ÉNULA
PÍNULA
LUCÉRNULA
LÚNULA
ABÉÑULA
ESCÁPULA
PÁPULA
CRÁPULA
DISCÍPULA
CONDISCÍPULA
ISÍPULA
DISÍPULA
ERISÍPULA
TÍPULA
ESTÍPULA
CÓPULA
CÚPULA
RULA
ÁRULA
FÉRULA
HÉRULA
CHIRULA
MÓRULA
GÁRRULA
SULA
ÉSULA
MÉNSULA
ÍNSULA
PENÍNSULA
CÓNSULA
CÁPSULA
CLÁUSULA
MATULA
ESPÁTULA
CARÁTULA
TEREBRÁTULA
GETULA
CAPÍTULA
TARÁNTULA
FÓTULA
RÓTULA
ESPÓRTULA
CÁSTULA
ERGÁSTULA
FÍSTULA
CAÑAFÍSTULA
PÓSTULA
PÚSTULA
CRÚSTULA
SÉXTULA
VÁLVULA
PÁRVULA

ÓVULA
NÁZULA
GUZLA
ALLÁ
CABALLA
CANABALLA
TREBALLA
TOBALLA
CALLA
CARACALLA
JARACALLA
CHITICALLA
QUINCALLA
ROCALLA
ESCALLA
DALLA
DALLÁ
MEDALLA
RONDALLA
BURDALLA
FALLA
ANAFALLA
RAFALLA
ALMOFALLA
BORRUFALLA
GALLA
AGALLA
ZARAGALLA
ANTAGALLA
CLERIGALLA
CIRIGALLA
QUIRIGALLA
CANGALLA
CHANGALLA
BUGALLA
MALLA
FARAMALLA
GRAMALLA
CONTRAMALLA
LIMALLA
CANALLA
MARANALLA
GRANALLA
BURDINALLA
CARBONALLA
FORNALLA
COALLA
TOALLA
PARPALLA
CHUPALLA
ACHUPALLA
CARALLA
MORRALLA
TRALLA
METRALLA
CONTRALLA
MURALLA
CONTRAMURALLA
ANTEMURALLA
VASALLA
TALLA
BATALLA
METALLA
PETALLA
ENTRETALLA
PANTALLA
CENTALLA
GENTALLA
PRESENTALLA
VENTALLA
ANTIGUALLA
VITUALLA
GENTUALLA
VALLA
NOVALLA
CIZALLA
RECIZALLA
ELLA
PAELLA
BELLA
CELLA
AGUACELLA
ENCELLA
DONCELLA
PONCELLA
MORCELLA
MOSCELLA
PICHELLA
DELLA
TORDELLA
FIBIELLA
CIELLA
CANADIELLA
FABLIELLA
MELLA
CAMELLA

GAMELLA
MAMELLA
ARMELLA
MARMELLA
PELLA
ZACAPELLA
EMPELLA
ARPELLA
PARELLA
QUERELLA
BIGORRELLA
ESTRELLA
SISELLA
GROSELLA
CENTELLA
BOTELLA
DEGÜELLA
HUELLA
CONTRAHUELLA
MANUELLA
AQUELLA
MIRUELLA
RONZUELLA
MAÍLLA
TRAÍLLA
BILLA
BABILLA
CABILLA
ALDABILLA
TARABILLA
TRABILLA
TABILLA
HEBILLA
ALBILLA
CHAMBILLA
BOMBILLA
TUMBILLA
CAOBILLA
ALCOBILLA
ESCOBILLA
AJOBILLA
GARROBILLA
ALGARROBILLA
BARBILLA
ABUBILLA
CUBILLA
ALCUBILLA
RUBILLA
SUBILLA
CILLA
CALABACILLA
ADACILLA
GACILLA
JACILLA
ESTRACILLA
MOTACILLA
MOSTACILLA
CABECILLA
NUECECILLA
GRADECILLA
REDECILLA
TABLECILLA
MANECILLA
CARNECILLA
LUNECILLA
LIEBRECILLA
MADRECILLA
PEDRECILLA
LANDRECILLA
CERECILLA
TORRECILLA
ESECILLA
GENTECILLA
PUENTECILLA
FONTECILLA
PONTECILLA
PORTECILLA
COSTECILLA
CEGUECILLA
CIEGUECILLA
PORQUECILLA
AVECILLA
NAVECILLA
RAICILLA
CENICILLA
CALCILLA
CANCILLA
LANCILLA
MANCILLA
PANCILLA
GRANCILLA
RENCILLA
TRENCILLA
SENCILLA
ALCONCILLA
PASIONCILLA

ARCILLA
MUJERCILLA
MURCILLA
CHILLA
CUMPRACHILLA
FLECHILLA
CHINCHILLA
BARCHILLA
ORCHILLA
URCHILLA
CUCHILLA
RABADILLA
CEBADILLA
SACADILLA
ZANCADILLA
TROCADILLA
PESCADILLA
ECHADILLA
HIGADILLA
ESPIGADILLA
CARGADILLA
SARGADILLA
ALMOHADILLA
CRIADILLA
TAJADILLA
LADILLA
SALADILLA
ENSALADILLA
DOBLADILLA
PELADILLA
PALMADILLA
ARMADILLA
NADILLA
EMPANADILLA
GRANADILLA
PENADILLA
TONADILLA
CAÑADILLA
PADILLA
PAPADILLA
ESPADILLA
CENDRADILLA
GRADILLA
DORADILLA
COLORADILLA
EMBARRADILLA
PESADILLA
MAMPESADILLA
QUESADILLA
BOSADILLA
CORTADILLA
PORTADILLA
NEVADILLA
CAYADILLA
AZADILLA
CEDILLA
VEDILLA
BOVEDILLA
ZEDILLA
SABIDILLA
MARISABIDILLA
COMIDILLA
ASIDILLA
SEGUIDILLA
ESPALDILLA
GIRALDILLA
CELDILLA
TOLDILLA
HOLANDILLA
PANDILLA
BARANDILLA
ZARANDILLA
HACENDILLA
MERENDILLA
CARRENDILLA
CORRENDILLA
GUINDILLA
REDONDILLA
SEGUNDILLA
RODILLA
ARDILLA
ALBARDILLA
ESCARDILLA
ALFARDILLA
BOHARDILLA
BUHARDILLA
BOARDILLA
PARDILLA
BASTARDILLA
GUARDILLA
CORDILLA
GORDILLA
SORDILLA
TORDILLA
PICUDILLA
ESCUDILLA

CORNUDILLA
LAMPREÍLLA
TREILLA
ADELFILLA
ESTUFILLA
ARGILLA
CAJILLA
FAJILLA
MAJILLA
PAJILLA
VAJILLA
CEJILLA
MEJILLA
REJILLA
SORTIJILLA
NARANJILLA
COXCOJILLA
BRUJILLA
CALILLA
MALILLA
VERSALILLA
TALCUALILLA
HABLILLA
TABLILLA
DOBLILLA
MEZCLILLA
CANDELILLA
CANELILLA
TELILLA
VELILLA
FACILILLA
AGUILILLA
COLILLA
CENDOLILLA
GOLILLA
POLILLA
BORLILLA
ASLILLA
ISLILLA
JAULILLA
PAULILLA
VIRGULILLA
MULILLA
MILLA
CAMILLA
RAMILLA
CARAMILLA
GRAMILLA
TRAMILLA
RETAMILLA
ANTAMILLA
ALHUCEMILLA
SEMILLA
PRIMILLA
ALMILLA
PALMILLA
COMILLA
PALOMILLA
ARMILLA
HORMILLA
RESMILLA
PLUMILLA
ESPUMILLA
ANILLA
SABANILLA
CANILLA
CANCANILLA
RECANCANILLA
ESCANILLA
MANGANILLA
LANILLA
COLANILLA
MANILLA
SEMANILLA
ROMANILLA
PANILLA
CAMPANILLA
PAMPANILLA
TEMPANILLA
RANILLA
GRANILLA
TEMPRANILLA
ALBARRANILLA
SERRANILLA
VENTANILLA
SOTANILLA
COSTANILLA
COVANILLA
YANILLA
MANZANILLA
CADENILLA
CARDENILLA
GENILLA
ALMENILLA
COLMENILLA
ARENILLA

CENTENILLA
VAINILLA
SABINILLA
BACINILLA
COCINILLA
COCHINILLA
NOMINILLA
ESPINILLA
PRETINILLA
CORTINILLA
GUINILLA
BONILLA
CARBONILLA
CORONILLA
PERSONILLA
TERNILLA
HORNILLA
ASNILLA
LUNILLA
DURAZNILLA
CAÑILLA
PILLA
CAPILLA
ANTECAPILLA
LAPILLA
PAPILLA
ESTEPILLA
ESTAMIPILLA
FELPILLA
ESCAMPILLA
TRAMPILLA
COPILLA
ROPILLA
TROPILLA
ESTOPILLA
TUCURPILLA
ASPILLA
RASPILLA
CRESPILLA
TAMBARILLA
CARILLA
CARICARILLA
CASCARILLA
MASCARILLA
CUCHARILLA
GANGARILLA
ZANGARILLA
PAJARILLA
CLARILLA
AMARILLA
CAMARILLA
SAMARILLA
TAMARILLA
LAMPARILLA
SARILLA
CITARILLA
SALTARILLA
ALCANTARILLA
VARILLA
BRILLA
CABRILLA
CULEBRILLA
ALAMBRILLA
OLAMBRILLA
HEMBRILLA
MEMBRILLA
ALFOMBRILLA
SOMBRILLA
TALADRILLA
MADRILLA
CUADRILLA
ESCUADRILLA
CATEDRILLA
LANDRILLA
ALMENDRILLA
CERILLA
TERCERILLA
TEMBLADERILLA
ACEDERILLA
CALDERILLA
BANDERILLA
CORDERILLA
TIJERILLA
ESCALERILLA
PLUMERILLA
PERILLA
ASPERILLA
CARRERILLA
SALSERILLA
MANTATERILLA
MONTERILLA
JUNTERILLA
ESTERILLA
TESTERILLA
HIGUERILLA
GRILLA

AGRILLA
NEGRILLA
MIRILLA
TIRILLA
MENTIRILLA
HONRILLA
ORILLA
MORILLA
BARRILLA
MOJARRILLA
ZAMARRILLA
PARRILLA
ZARZAPARRILLA
GUARRILLA
CERRILLA
BECERRILLA
GUERRILLA
CONTRAGUERRILLA
MODORRILLA
GORRILLA
PATAGORRILLA
MORRILLA
PORRILLA
PANTORRILLA
TRILLA
LETRILLA
POTRILLA
RASTRILLA
ARBALESTRILLA
BLANDURILLA
FIGURILLA
CINTURILLA
SILLA
ASILLA
CASILLA
GUARDASILLA
MASILLA
RASILLA
GRASILLA
BOTASILLA
VASILLA
MAESILLA
FRANCESILLA
MESILLA
PRESILLA
ARTESILLA
RISILLA
FALSILLA
BOLSILLA
BABOSILLA
LOSILLA
MELOSILLA
PELOSILLA
GLOSILLA
VELLOSILLA
DONOSILLA
ROSILLA
ACETOSILLA
CURCUSILLA
PELUSILLA
TILLA
BEATILLA
ALPARGATILLA
VOLATILLA
PLATILLA
PATILLA
ZAPATILLA
SERRATILLA
NEVATILLA
EPACTILLA
SAETILLA
GACETILLA
CAJETILLA
PALETILLA
PATALETILLA
COLETILLA
MULETILLA
CORNETILLA
TROMPETILLA
ESCOPETILLA
CARRETILLA
TETILLA
CHAQUETILLA
JAQUETILLA
PIQUETILLA
TRINQUETILLA
CABRITILLA
ESCRITILLA
CHIQUIRRITILLA
ANTILLA
GIGANTILLA
GARGANTILLA
PLANTILLA
MANTILLA
PIMIENTILLA
RENTILLA

TINTILLA
QUINTILLA
MONTILLA
PUNTILLA
BOTILLA
COTILLA
PACOTILLA
ESCOTILLA
PELOTILLA
FLOTILLA
CARTILLA
ESPARTILLA
CUARTILLA
PORTILLA
ESPORTILLA
TORTILLA
MURTILLA
ASTILLA
BASTILLA
CASTILLA
CANASTILLA
PASTILLA
BALLESTILLA
MODISTILLA
COSTILLA
SUELDACOSTILLA
HOSTILLA
POSTILLA
APOSTILLA
FRUTILLA
SEXTILLA
PASCUILLA
GUILLA
DAGUILLA
TALEGUILLA
NEGUILLA
ALBONDIGUILLA
ALMONDIGUILLA
VEJIGUILLA
LIGUILLA
HORMIGUILLA
ESPIGUILLA
NARIGUILLA
JERVIGUILLA
ANGUILLA
MANGUILLA
JERINGUILLA
SOGUILLA
CHAMBERGUILLA
JERGUILLA
LECHUGUILLA
QUILLA
ALBAHAQUILLA
CARAQUILLA
CONTRAQUILLA
CASAQUILLA
TAQUILLA
ESTAQUILLA
VAQUILLA
MUÑEQUILLA
SOBREQUILLA
MANTEQUILLA
CHIQUILLA
PALANQUILLA
BLANQUILLA
TRANQUILLA
ZANQUILLA
FLAMENQUILLA
BOQUILLA
TOQUILLA
BARQUILLA
MARQUILLA
HORQUILLA
BASQUILLA
CASQUILLA
CARRASQUILLA
FRESQUILLA
QUISQUILLA
ROSQUILLA
YUQUILLA
GOZQUILLA
VILLA
GAVILLA
MARAVILLA
OCTAVILLA
AGUAVILLA
ALEVILLA
SEVILLA
SALVILLA
BUGANVILLA
NOVILLA
ERVILLA
JERVILLA
SERVILLA
UVILLA
OLLA

CAGALAOLLA
BOLLA
CEBOLLA
BAMBOLLA
COLLA
MACOLLA
ALCOLLA
CHOLLA
FOLLA
FARFOLLA
PERFOLLA
CHAGOLLA
COGOLLA
ARGOLLA
CRIOLLA
MOLLA
POLLA
CACHIPOLLA
AMPOLLA
ROLLA
AZAROLLA
AMBROLLA
EMBROLLA
ADROLLA
CEROLLA
COROLLA
TROLLA
SOLLA
PAPARRASOLLA
ARSOLLA
TOLLA
CENTOLLA
ARZOLLA
BULLA
BARBULLA
DESBULLA
ACULLÁ
CUCULLA
CHULLA
ZANGANDULLA
FULLA
TAFULLA
BATIFULLA
FARFULLA
MAGULLA
COGULLA
CUGULLA
HULLA
TAHÚLLA
ATAHÚLLA
CHALLULLA
HALLULLA
MULLA
RAMULLA
PULLA
ESCARAPULLA
GARULLA
GRULLA
CORULLA
MARRULLA
CORRULLA
TRULLA
PATRULLA
SULLA
CASULLA
ZULLA
AMA
CAMA
CAMÁ
SOBRECAMA
CUBRECAMA
ANTECAMA
BULÁRCAMA
ESCAMA
MUCAMA
CHAMA
COCHAMA
DAMA
MADAMA
GINDAMA
JINDAMA
GARDAMA
FAMA
ALFAMA
DISFAMA
GAMA
CEGAMA
BÍGAMA
POLÍGAMA
MALGAMA
AMALGAMA
ALMOGAMA
MONÓGAMA
FANERÓGAMA
CRIPTÓGAMA
ADÁRGAMA
ALHÁRGAMA
ALÁRGAMA
ALHAMA
TIMIAMA
SARIAMA
PIJAMA
ALJAMA
MOJAMA
ALMOJAMA
LAMA
ALAMA
ZALAMA
PROCLAMA
FLAMA
ORIFLAMA
SOFLAMA
DOLAMA
CHISLAMA
CHULAMA
LLAMA
MAMA
MAMÁ
CAMAMA
PANAMÁ
CHINAMA
CÁÑAMA
RAMA
CARAMA
GARAMA
CARAMARAMA
SARAMA
CHAGUARAMA
BRAMA
DRAMA
MELODRAMA
GRAMA
DIAGRAMA
ANAGRAMA
TETRAGRAMA
PENTÁGRAMA
CABLEGRAMA
TELEGRAMA
CRUCIGRAMA
MARCONIGRAMA
EPIGRAMA
IDEOGRAMA
RADIOGRAMA
CARDIOGRAMA
ELECTROCARDIOGRAMA
HELIOGRAMA
ELECTROENCEFALOGRAMA
FONOGRAMA
MONOGRAMA
PROGRAMA
ESPECTROGRAMA
FOTOGRAMA
CRIPTOGRAMA
SIETEENRAMA
MILENRAMA
CINCOENRAMA
GEORAMA
NEORAMA
DIORAMA
CICLORAMA
COSMORAMA
PANORAMA
GARRAMA
AGARRAMA
DERRAMA
TRAMA
NUESTRAMA
NOSTRAMA
SAMA
RETAMA
CÁRTAMA
CUTAMA
GUAMÁ
GUAMA
CAGUAMA
CAYAMA
SAYAMA
PIYAMA
DRACMA
TETRADRACMA
DIDRACMA
BIDMA
ECCEMA
APÓCEMA
ALHUCEMA
ADEMA
DIADEMA
EDEMA
MIXEDEMA
BLASFEMA
GEMA
ESTRATAGEMA
BOHEMA
EMPIEMA
LEMA
ALEMA
SALEMA
ZALEMA
EMBLEMA
PROBLEMA
FLEMA
DILEMA
SARCOLEMA
MIOLEMA
ULEMA
ANGULEMA
MEMA
PAMEMA
ENTIMEMA
NEMA
ENEMA
FONEMA
TELEFONEMA
EPIFONEMA
TREPONEMA
POEMA
CREMA
EPIQUEREMA
TEOREMA
CATEGOREMA
SUPREMA
MONOTREMA
POSTREMA
EXTREMA
ENFISEMA
TEMA
ANATEMA
EPÍTEMA
ERITEMA
CRISANTEMA
EXANTEMA
APOTEMA
EROTEMA
BLASTEMA
ESTEMA
SISTEMA
POSTEMA
APOSTEMA
QUEMA
ELÉQUEMA
ESQUEMA
YEMA
UVAYEMA
MAGMA
DIAFRAGMA
FLEGMA
APOTEGMA
PARADIGMA
ENIGMA
SIGMA
ESTIGMA
DOGMA
CEUGMA
ZEUGMA
CHAIMA
TAIMA
CUAIMA
CIMA
RACIMA
GUÁCIMA
DÉCIMA
TREDÉCIMA
QUINDÉCIMA
UNDÉCIMA
DUODÉCIMA
ENCIMA
PÓCIMA
APÓCIMA
CHIMACHIMA
DIDIMA
LEIMA
ÍNFIMA
PRÓJIMA
LIMA
CALIMA
GALIMA
CLIMA
FACÍLIMA
DIFICÍLIMA
PANTOMIMA
ÁNIMA
LONGÁNIMA
PUSILÁNIMA
MAGNÁNIMA
MÍNIMA
SEMÍNIMA
SEUDÓNIMA
HOMÓNIMA
ANÓNIMA
SINÓNIMA
EPÓNIMA
PARÓNIMA
JERÓNIMA
ANTÓNIMA
COIMA
OPIMA
RIMA
PARIMA
TARIMA
LÁCRIMA
GRIMA
LÁGRIMA
ESGRIMA
PRIMA
ALZAPRIMA
EMPRIMA
ARRIMA
CELEBÉRRIMA
LIBÉRRIMA
UBÉRRIMA
SALUBÉRRIMA
INTEGÉRRIMA
ASPÉRRIMA
PAUPÉRRIMA
MISÉRRIMA
PULQUÉRRIMA
MONORRIMA
SIMA
TRECÉSIMA
TRICÉSIMA
VICÉSIMA
NONAGÉSIMA
CUADRAGÉSIMA
QUINCUAGÉSIMA
SEPTUAGÉSIMA
SEXAGÉSIMA
TRIGÉSIMA
VIGÉSIMA
OCTOGÉSIMA
MILÉSIMA
CIENMILÉSIMA
DIEZMILÉSIMA
ENÉSIMA
BILLONÉSIMA
MILLONÉSIMA
MILMILLONÉSIMA
CIENMILMILLONÉSIMA
DIEZMILMILLONÉSIMA
CIENMILLONÉSIMA
DIEZMILLONÉSIMA
PÉSIMA
CENTÉSIMA
TRICENTÉSIMA
DUCENTÉSIMA
SEXCENTÉSIMA
NONINGENTÉSIMA
CUADRINGENTÉSIMA
OCTINGENTÉSIMA
SEPTINGENTÉSIMA
QUINGENTÉSIMA
VEINTÉSIMA
CATOLICÍSIMA
SIMPLICÍSIMA
AMICÍSIMA
INIMICÍSIMA
PARCÍSIMA
ESPURCÍSIMA
FRIGIDÍSIMA
REVERENDÍSIMA
LONGÍSIMA
FRIÍSIMA
FIDELÍSIMA
INFIDELÍSIMA
CRUDELÍSIMA
AGRADABILÍSIMA
AFABILÍSIMA
AMABILÍSIMA
ESTIMABILÍSIMA
CULPABILÍSIMA
CONSIDERABILÍSIMA
VENERABILÍSIMA
MISERABILÍSIMA
ADMIRABILÍSIMA
DELEITABILÍSIMA
NOTABILÍSIMA
ESTABILÍSIMA
APACIBILÍSIMA
TERRIBILÍSIMA
HORRIBILÍSIMA
NOBILÍSIMA
AMPLÍSIMA
SIMPLÍSIMA
ENORMÍSIMA
MISMÍSIMA
CRISTIANÍSIMA
SERENÍSIMA
BONÍSIMA
TERNÍSIMA
SUMARÍSIMA
DESTRÍSIMA
ILUSTRÍSIMA
PURÍSIMA
GROSÍSIMA
ORNATÍSIMA
SACRATÍSIMA
TEMPERATÍSIMA
ODORATÍSIMA
MEMORATÍSIMA
AFECTÍSIMA
MERITÍSIMA
ALTÍSIMA
SANTÍSIMA
RECENTÍSIMA
BENEFICENTÍSIMA
MAGNIFICENTÍSIMA
MUNIFICENTÍSIMA
LUCENTÍSIMA
ARDENTÍSIMA
VALENTÍSIMA
EXCELENTÍSIMA
BENEVOLENTÍSIMA
EMINENTÍSIMA
FLORENTÍSIMA
FERVENTÍSIMA
POTÍSIMA
CERTÍSIMA
INCERTÍSIMA
CIERTÍSIMA
FORTÍSIMA
AMIGUÍSIMA
LONGUÍSIMA
EQUÍSIMA
INIQUÍSIMA
ANTIQUÍSIMA
LEVÍSIMA
NOVÍSIMA
ESCATIMA
VÍCTIMA
SÉTIMA
LEGÍTIMA
ILEGÍTIMA
FINÍTIMA
PÍTIMA
EPÍTIMA
MARÍTIMA
ÚLTIMA
PENÚLTIMA
ANTEPENÚLTIMA
CÉNTIMA
INTIMA
ÍNTIMA
SÉPTIMA
DECIMASÉPTIMA
DECIMOSÉPTIMA
ÓPTIMA
LÁSTIMA
ESTIMA
DESESTIMA
QUIMA
JÁQUIMA
PARÉNQUIMA
PROSÉNQUIMA
MÁXIMA
EXIMA
EXIMA
PRÓXIMA
ENZIMA
ALMA
CALMA
JALMA
SOBREJALMA
ENJALMA
SOBRENJALMA
PALMA
DIAPALMA
AGRIPALMA
SALMA
ENSALMA
TALMA
PELMA
BILMA
TILMA
QUILMA
OLMA
GAMMA
DIGAMMA
COMA
CHACHACOMA
TRACOMA
CARCOMA

SARCOMA
DOMA
REDOMA
BARDOMA
MAYORDOMA
OSTEOMA
GOMA
SÁGOMA
AGUAGOMA
ÁRGOMA
MAHOMA
IDIOMA
ANGIOMA
EPITELIOMA
MIOMA
AXIOMA
LOMA
PALOMA
SALOMA
ZALOMA
ESTAFILOMA
PAPILOMA
DIPLOMA
MOMA
NOMA
ADENOMA
CARCINOMA
HETERÓNOMA
GASTRÓNOMA
AUTÓNOMA
POMA
LIPOMA
ROMA
AROMA
MAROMA
BROMA
ABROMA
FIBROMA
TEOBROMA
POLICROMA
MONOCROMA
CONDROMA
CEROMA
ESTROMA
NEUROMA
SOMA
CROMOSOMA
TOMA
BOCATOMA
HEMATOMA
SÍNTOMA
DICÓTOMA
TRICÓTOMA
ESCOTOMA
ESTOMA
CICLÓSTOMA
ANQUILOSTOMA
COOMA
IGNÍVOMA
ZOMA
RIZOMA
ARMA
ALFARMA
GARMA
HARMA
ALHARMA
ALARMA
BISARMA
BERMA
ENFERMA
HERMA
MERMA
ESPERMA
ANGIOSPERMA
GIMNOSPERMA
MONOSPERMA
ISOTERMA
CONDUERMA
YERMA
FIRMA
CONTRAFIRMA
ANTEFIRMA
HIRMA
CORMA
FORMA
PLATAFORMA
REFORMA
CONTRARREFORMA
HORMA
ATAHORMA
ALHORMA
NORMA
TORMA
AGUATORMA
ASMA
MIASMA

PLASMA
CATAPLASMA
CITOPLASMA
PROTOPLASMA
PROGIMNASMA
PRASMA
FANTASMA
MESMA
RESMA
CUARESMA
SESMA
CINCUESMA
CISMA
CHISMA
SOFISMA
JISMA
ALISMA
UNIVERSALÍSMA
MELISMA
MISMA
NUMISMA
LEPISMA
CARISMA
MARISMA
GUARISMA
CRISMA
ENTERÍSMA
GRISMA
AFORISMA
MORISMA
APORISMA
PRISMA
NEURISMA
ANEURISMA
DIOSMA
ONOSMA
POSMA
CUSMA
CHUSMA
HUSMA
TRAUMA
COCUMA
CÚRCUMA
LÚCUMA
DUMA
NEUMA
REÚMA
EMPIREUMA
ZEUMA
JUMA
ALJUMA
LUMA
BALUMA
CALUMA
GLUMA
PLUMA
VUELAPLUMA
PUMA
ESPUMA
RUMA
TARUMÁ
BRUMA
CERUMA
YAGRUMA
ARRUMA
CERRUMA
YURUMA
SUMA
SEMISUMA
TOTUMA
PÓSTUMA
ZUMA
SEXMA
DIEZMA
BIZMA
CUZMA
NA
ANA
HABANA
MOJÁBANA
ALMOJÁBANA
LLÁBANA
GUANÁBANA
SÁBANA
SABANA
ALJEBANA
TEBANA
ESCRIBANA
ALBANA
GALBANA
TARAMBANA
CAOBANA
CORDOBANA
URBANA
SUBURBANA
CÚRBANA

INURBANA
INTERURBANA
SÚRBANA
CUBANA
CANA
ÁCANA
CHABACANA
BARBACANA
CHACANA
RABIACANA
MACANA
PACANA
MARACANÁ
TACANA
AZACANA
MECANA
GRECANA
ENTRECANA
JAMAICANA
RABICANA
BARBICANA
RUBICANA
MEJICANA
GALICANA
REPUBLICANA
PELICANA
PELÍCANA
ANGLICANA
COLICANA
DOMINICANA
COPERNICANA
PICANA
AMERICANA
SUDAMERICANA
NORTEAMERICANA
PANAMERICANA
ANGLOAMERICANA
HISPANOAMERICANA
IBEROAMERICANA
AFRICANA
SUDAFRICANA
CENTROAMENRICANA
ARMORICANA
SICANA
VATICANA
RUSTICANA
ALCANA
ALCANÁ
CANCANA
CÁNCANA
PALANCANA
CUENCANA
BOCANA
CALAMOCANA
ARCANA
COMARCANA
CERCANA
CONCERCANA
HIRCANA
ASURCANA
FRANCISCANA
TOSCANA
ARAUCANA
TEZCUCANA
CHUCANA
LUCANA
ANTELUCANA
CAMPECHANA
PICHANA
BADANA
CIUDADANA
CONCIUDADANA
BERGADANA
EXTREMADANA
ALMÁDANA
TRASPADANA
CISPADANA
TRANSPADANA
CANDELEDANA
TOLEDANA
OLMEDANA
CARREDANA
LERIDANA
FLORIDANA
REGOLDANA
ROLDANA
ANDANA
JACARANDANA
RONDANA
MUNDANA
TRACAMUNDANA
ULTRAMUNDANA
TRANSMUNDANA
RODANA
BARDANA
DÁRDANA

SARDANA
TARDANA
JAMERDANA
GORDANA
JURDANA
MONTEVIDEANA
ALDEANA
GALEANA
CRANEANA
PEANA
PAMPEANA
COREANA
PASEANA
BAQUEANA
DIÁFANA
ALJAFANA
TARAFANA
ALFANA
CIMOFANA
HIDRÓFANA
PROFANA
TOFANA
HUÉRFANA
UFANA
BÓFANA
TRUFANA
GANA
MALAGANA
ALMÁGANA
PAGANA
HARAGANA
SUFRAGANA
BARRAGANA
AFGANA
PERDIGANA
FIGANA
PALANGANA
SALANGANA
MANGANA
TARÁNGANA
TÁNGANA
ZÁNGANA
MENGANA
PERENGANA
CHINGANA
ÁRGANA
ASTORGANA
DESGANA
TRUHANA
BABIANA
COLOMBIANA
GRANCOLOMBIANA
TOBIANA
BARBIANA
LESBIANA
DANUBIANA
PUBIANA
TUBIANA
PALACIANA
IGNACIANA
HORACIANA
TRACIANA
ALSACIANA
NOVACIANA
MELQUISEDECIANA
VENECIANA
GRECIANA
EGICIANA
GALICIANA
MILICIANA
FENICIANA
SULPICIANA
HOSPICIANA
PATRICIANA
ANCIANA
PALANCIANA
GENCIANA
VALENCIANA
TERENCIANA
PLASENCIANA
PINCIANA
PROVINCIANA
COMPROVINCIANA
ESTRONCIANA
JUNCIANA
NICOCIANA
ESCOCIANA
LANGUEDOCIANA
GOCIANA
PESTALOCIANA
ANTOCIANA
EGIPCIANA
MARCIANA
BERCIANA
TERCIANA
MURCIANA

CONFUCIANA
DIANA
ADIANA
BADIANA
VADIANA
MEDIANA
ENTREMEDIANA
SOGDIANA
CIDIANA
EUCLIDIANA
MERIDIANA
ANTEMERIDIANA
POSTMERIDIANA
OBSIDIANA
COTIDIANA
CUOTIDIANA
OVIDIANA
INDIANA
GERUNDIANA
HERODIANA
SARDIANA
GUARDIANA
JALIFIANA
JARIFIANA
JERIFIANA
SOFIANA
PELAGIANA
SEMIPELAGIANA
ELEGIANA
FALANGIANA
FALANGIANA
GEORGIANA
VESTFALIANA
GALIANA
AUSTRALIANA
TESALIANA
ITALIANA
SABELIANA
MENDELIANA
HEGELIANA
SICILIANA
PRISCILIANA
VIRGILIANA
JULIANA
LULIANA
CAMULIANA
ROTULIANA
TERTULIANA
CONTERTULIANA
BOHEMIANA
JERONIMIANA
ACROMIANA
ERASMIANA
CRANIANA
SOCINIANA
VIRGINIANA
REUCLINIANA
ANTONINIANA
MORATINIANA
RETINIANA
PLANTINIANA
VALENTINIANA
FOTINIANA
MARTINIANA
SANMARTINIANA
AGUSTINIANA
DARVINIANA
BACONIANA
DRACONIANA
ALARCONIANA
SANSIMONIANA
FEBRONIANA
CICERONIANA
CALDERONIANA
NERONIANA
PIRRONIANA
CATONIANA
BRETONIANA
DALTONIANA
ANTONIANA
ESTONIANA
PLUTONIANA
DEVONIANA
CALIFORNIANA
NEPTUNIANA
ETIOPIANA
CARPIANA
MARIANA
CESARIANA
VEGETARIANA
BOLIVARIANA
ZARIANA
CZARIANA
CAMBRIANA
ANDRIANA
SIBERIANA

TRANSIBERIANA
VALERIANA
VAGNERIANA
NEPERIANA
BACTERIANA
PRESBITERIANA
VOLTERIANA
BECQUERIANA
BEQUERIANA
HANNOVERIANA
SIRIANA
ASIRIANA
ELZEVIRIANA
CORIANA
ISIDORIANA
GREGORIANA
SORIANA
ECUATORIANA
PRETORIANA
VITORIANA
NESTORIANA
ARRIANA
ZANGARRIANA
ENTRERRIANA
CHURRIANA
CAMPURRIANA
BACTRIANA
CURIANA
SAJURIANA
SILURIANA
ASTURIANA
ASIANA
CIRCASIANA
CAUCASIANA
PARNASIANA
SALESIANA
SILESIANA
MAGNESIANA
TERESIANA
ARTESIANA
CARTESIANA
GALDOSIANA
TEODOSIANA
AMBROSIANA
PERSIANA
PRUSIANA
MALTUSIANA
HAITIANA
KANTIANA
CRISTIANA
ANTICRISTIANA
CUTIANA
BAQUIANA
EUTIQUIANA
PARROQUIANA
PAVIANA
PRAVIANA
OCTAVIANA
LIVIANA
BOLIVIANA
PELVIANA
CRACOVIANA
SEGOVIANA
VARSOVIANA
DILUVIANA
ANTEDILUVIANA
POSTDILUVIANA
LLUVIANA
PERUVIANA
HERTZIANA
TRAJANA
SOBEJANA
LEJANA
MEJANA
PERPEJANA
OREJANA
TEJANA
ARVEJANA
ECIJANA
LEBRIJANA
RIOJANA
LOJANA
ANTOJANA
ALVERJANA
CARTUJANA
LANA
ALANA
CHALANA
GALANA
CATALANA
POBLANA
PORCELANA
PUCELANA
TUDELANA
ATELANA
HORTELANA

COMPOSTELANA
MINGLANA
ULFILANA
GAVILANA
COLANA
ORIOLANA
FERROLANA
SOLANA
RESOLANA
VENEZOLANA
PUZOLANA
PLANA
HERCULANA
TUSCULANA
FULANA
HULANA
FRIULANA
INSULANA
LLANA
CALLANA
MORELLANA
RIOSELLANA
CASTELLANA
AVELLANA
TRUJILLANA
PERILLANA
ANTILLANA
MONTILLANA
VILLANA
SEVILLANA
CEBOLLANA
MOGOLLANA
MANA
MANÁ
CARCAMANA
TRUJAMANA
ALEMANA
SEMANA
BIMANA
CUARTODECIMANA
TRUCHIMANA
TRUJIMANA
MUSULMANA
MUSICÓMANA
TOXICÓMANA
MARCOMANA
TURCOMANA
GRAFÓMANA
MEGALÓMANA
MELÓMANA
ANGLÓMANA
MORFINÓMANA
ROMANA
GRECORROMANA
RETORROMANA
DIPSÓMANA
OTOMANA
EROTÓMANA
CLEPTÓMANA
GERMANA
COGERMANA
HERMANA
COHERMANA
PERMANÁ
ATÉRMANA
DIATÉRMANA
BIRMANA
CORMANA
NORMANA
CUMANA
TUCUMANA
HUMANA
SOBREHUMANA
DESHUMANA
INNUMANA
RUMANA
CUADRUMANA
NANA
ANANÁ
BANANA
CANANA
GUANANA
ENANA
RENANA
PANGASINANA
MAÑANA
TRASMAÑANA
FIÑANA
CARIÑANA
BASCUÑANA
GUIPUSCOANA
JOLOANA
ROANA
PANA
TRÁPANA
TÁPANA

CAMPANA
PÁMPANA
HISPANA
CELTOHISPANA
CUPANA
RANA
ARANA
COSCARANA
JARANA
BEJARANA
GUARANÁ
CHAMBRANA
MEMBRANA
PALACRANA
MEDRANA
SAMPEDRANA
CELDRANA
RIBERANA
SOBERANA
NAJERANA
BEJERANA
CORDILLERANA
CAMERANA
POMERANA
TRASMERANA
UTRERANA
VETERANA
CULTERANA
LAGARTERANA
LUTERANA
ANTEQUERANA
CERVERANA
GRANA
FILIGRANA
MILGRANA
MINGRANA
CAMPIRANA
TIRANA
CORANA
ALCORANA
FORANA
MAJORANA
MEJORANA
ZAMORANA
MAYORANA
TEMPRANA
ALBARRANA
MAHARRANA
MARRANA
CANTARRANA
SERRANA
SALVATERRANA
SOTERRANA
PIPIRRANA
ANDORRANA
CALAHORRANA
ALMORRANA
ESCURANA
CHURANA
PURANA
ZURANA
SANA
TODASANA
PANTASANA
BESANA
ABESANA
DIOCESANA
MESANA
CONTRAMESANA
SOBREMESANA
PALMESANA
PARMESANA
MANRESANA
TORESANA
MENTESANA
ARTESANA
PARTESANA
CORTESANA
FAISANA
PAISANA
OREJISANA
ELISANA
PISANA
TISANA
MALSANA
ORENSANA
INSANA
TOLOSANA
TARSANA
MORSANA
BAUSANA
SIRACUSANA
EXCUSANA
SUSANA
CARTUSANA
YUSANA

CERBATANA
CATANA
CHIRICATANA
ČHARLATANA
TARLATANA
ALPATANA
CEBRATANA
GAETANA
TIBETANA
LACETANA
EDETANA
TURDETANA
EGETANA
VALISOLETANA
POPULETANA
MAHOMETANA
CARPETANA
TRASFRETANA
TRANSFRETANA
ORETANA
CERRETANA
LAURETANA
COSETANA
AUSETANA
LUSETANA
BASTETANA
LAYETANA
SETABITANA
ALBITANA
UCUBITANA
CITANA
MALACITANA
ACCITANA
OCCITANA
ILICITANA
URCITANA
GADITANA
DEITANA
AMALFITANA
GITANA
ASTIGITANA
VIGITANA
TINGITANA
AURGITANA
ILITURGITANA
CARMELITANA
BILBILITANA
NEAPOLITANA
NAPOLITANA
PENTAPOLITANA
TRIPOLITANA
CONSTANTINOPOLITANA
METROPOLITANA
SOLIMITANA
HIEROSOLIMITANA
JEROSOLIMITANA
PALERMITANA
PANORMITANA
ANCONITANA
SALERNITANA
CAPITANA
SAMARITANA
TAMARITANA
BRITANA
ILIBERITANA
ABDERITANA
EMPORITANA
ILIBERRITANA
CALAGURRITANA
MAURITANA
PURITANA
LUSITANA
BASTITANA
AQUITANA
ALTANA
SALTANA
SULTANA
ANTANA
SARGANTANA
PANTANA
CALENTANA
VENTANA
CONTRAVENTANA
PUERTAVENTANA
ENTREVENTANA
QUINTANA
FONTANA
HONTANA
MONTANA
TRAMONTANA
CITRAMONTANA
ULTRAMONTANA
SOMONTANA
TRASMONTANA
CISMONTANA
TRANSMONTANA

PONTANA
BOTANA
COTANA
ALCOTANA
BOGOTANA
SAMOTANA
SOTANA
ANSOTANA
EGIPTANA
ESPARTANA
TARTANA
CUARTANA
CERTANA
HUERTANA
TASTANA
PESTANA
CONTESTANA
SACRISTANA
COSTANA
INDOSTANA
PELAFUSTANA
CESARAUGUSTANA
CAYUTANA
ZUTANA
CEBUANA
IPECACUANA
SÉCUANA
ADUANA
PADUANA
TRIDUANA
CUATRIDUANA
IGUANA
HIGUANA
LIGUANA
MARIGUANA
DAMAJUANA
CAPUANA
RUANA
PERUANA
LITUANA
ESPIRITUANA
MANTUANA
VANA
TEJAVANA
PAVANA
CARAVANA
DENTIVANA
TONTIVANA
CARTIVANA
ESCARTIVANA
ZANQUIVANA
CASQUIVANA
TRANSILVANA
PENSILVANA
NIRVANA
YANA
BAYANA
CAYANA
JAYANA
RAYANA
PARAGUAYANA
POMPEYANA
CAMAGÜEYANA
SABOYANA
ALCOYANA
MOYANA
TROYANA
CUYANA
ALBAZANA
FOLGAZANA
HOLGAZANA
HAZANA
ALAZANA
MAZANA
TARAZANA
ATARAZANA
SOBRAZANA
BAEZANA
BAÑEZANA
JEREZANA
ALCAÑIZANA
CAPIZANA
TIZANA
MANZANA
LORENZANA
ZARAGOZANA
LOZANA
RIBAGORZANA
EQUIDNA
FAENA
ALJEBENA
ANFESIBENA
ANFISIBENA
VERBENA
ANFISBENA
CENA

ALHACENA
JÁCENA
LACENA
ALACENA
AMACENA
DAMACENA
ALMACENA
SARRACENA
DECENA
TRECENA
SECENA
DECISECENA
NICENA
AVICENA
QUINCENA
ONCENA
OCENA
DOCENA
BARCENA
MÁRCENA
CÉRCENA
TERCENA
CATORCENA
CUATORCENA
DAMASCENA
OBSCENA
ESCENA
AZUCENA
VEINTEOCHENA
DECIOCHENA
DIECIOCHENA
VEINTIOCHENA
ACEBUCHENA
ALBADENA
CADENA
CUBRECADENA
CIBDADENA
ALMÁDENA
CONDENA
CODENA
RODENA
DUODENA
CÁRDENA
SAFENA
BOFENA
COLÁGENA
QUINCUAGENA
EGENA
INDÍGENA
CORALÍGENA
ALIENIGENA
SACARÍGENA
TERRÍGENA
ANTÍGENA
ENDÓGENA
HALÓGENA
CIMÓGENA
LACRIMÓGENA
CROMÓGENA
ELECTRÓGENA
PATÓGENA
AUTÓGENA
ZAHENA
GEHENA
BOHENA
HIENA
SIENA
MASIENA
PARISIENA
AJENA
BERENJENA
LENA
MAGDALENA
FALENA
GALENA
MATUSALENA
HELENA
MELENA
CHILENA
FILENA
MILENA
CANTILENA
TOLENA
PLENA
SEMIPLENA
LLENA
BALLENA
RELLENA
SOBRELLENA
CARILLENA
MENA
AMENA
CAMENA
INAMENA
ISOQUÍMENA
ALMENA

COLMENA
GÚMENA
FILOMENA
ESMENA
CATECÚMENA
GÚMENA
ENERGÚMENA
NENA
NACIANENA
CARIÑENA
PENA
APENA
TÁPENA
ESCORPENA
ARENA
CARENA
MACARENA
AGARENA
NAZARENA
SERENA
CANGRENA
GANGRENA
SIRENA
MORENA
BARBIMORENA
OJIMORENA
MARIMORENA
BARRENA
SOCARRENA
CUCHARRENA
TERRENA
TIRRENA
BORRENA
MORRENA
TRENA
VEINTICUATRENA
ESTRENA
MURENA
SENA
SESENA
SEISENA
VEINTESEISENA
DIECISEISENA
VEINTISEISENA
VEINTEDOSENA
TREINTAIDOSENA
VEINTIDOSENA
DÁRSENA
TENA
PATENA
SAMOSATENA
FLICTENA
SETENA
ANTENA
ENTENA
CENTENA
OCHENTENA
CUARENTENA
TREÑTENA
CINCUENTENA
TREINTENA
VEINTENA
SEPTENA
RUTENA
BUENA
HIERBABUENA
TODABUENA
ENHORABUENA
NORABUENA
NOCHEBUENA
DUENA
ALMÁNGUENA
QUENA
CINQUENA
ANTIOQUENA
ESQUENA
VENA
AVENA
ESLOVENA
NOVENA
DECIMANOVENA
DECIMONOVENA
PROVENA
PIROXENA
HAYENA
MAGNA
DIGNA
FIDEDIGNA
INDIGNA
CONDIGNA
MALIGNA
PELIGNA
BENIGNA
RESIGNA
CONSIGNA
PUGNA

AÍNA
BILBAÍNA
GARAMBAINA
COCAÍNA
VIZCAÍNA
JACARANDAINA
DURINDAINA
CHANFAINA
JOFAINA
AJOFAINA
ALJOFAINA
PIPIRIJAINA
ALCALAINA
COLAINA
POLAINA
GUINDAMAINA
TOMAÍNA
HUMAINA
PAPAÍNA
COPAÍNA
FLORAINA
TRAÍNA
SOSAINA
TAINA
DITAÍNA
TUPITAINA
TITIRITAINA
CHANTAINA
PLANTAINA
CINCUENTAINA
TONTAINA
AZOTAINA
VAINA
ZAINA
OJIZAINA
DULZAINA
CHANZAINA
BINA
GABINA
NABINA
GUANABINA
CARABINA
PORTACARABINA
TRABINA
SABINA
TABINA
GUABINA
REBINA
ESTIBINA
ALBINA
COLOMBINA
PRECOLOMBINA
COLUMBINA
BOBINA
JACOBINA
ESCOBINA
LOBINA
HEMOGLOBINA
SOBINA
SEGORBINA
TURBINA
CONCUBINA
LUBINA
LLUBINA
CINA
BACINA
BECACINA
CHACINA
FACINA
HACINA
CINACINA
FORNACINA
HORNACINA
AMARACINA
CORACINA
SARRACINA
CECINA
SANTAFECINA
MELECINA
ALMECINA
FORNECINA
HORNECINA
TUNECINA
PECINA
ESCOPECINA
MORTECINA
BLANQUECINA
VECINA
CONVECINA
CIRCUNVECINA
MEDICINA
OFICINA
SALICINA
GLICINA
ESTREPTOMICINA
ARUSPICINA

LARICINA
DENTICINA
MASTICINA
CALCINA
CANCINA
ENCINA
BENCINA
NITROBENCINA
ALAVENCINA
CONCINA
INCONCINA
JUNCINA
BOCINA
COCINA
RECOCINA
TRASCOCINA
MENDOCINA
CROCINA
BARCINA
ESCARCINA
ORCINA
FORCINA
PORCINA
PISCINA
LENTISCINA
LUCINA
GLUCINA
CHINA
RODACHINA
TABLACHINA
MACHINA
ESCABECHINA
PECHINA
MICHINA
HABLANCHINA
PARLANCHINA
SANCHINA
COCHINA
FORCHINA
ACEBUCHINA
FUCHINA
CHAMUCHINA
CAPUCHINA
DINA
BADINA
LADINA
ALCALADINA
PALADINA
IGUALADINA
ALMÁDINA
ANADINA
GRANADINA
NEOGRANADINA
ENCARNADINA
PARADINA
ZABALMEDINA
ZALMEDINA
SANIDINA
CELOIDINA
ALDINA
GARIBALDINA
TRUFALDINA
ESMERALDINA
BOLDINA
LEOPOLDINA
ANDINA
ALABANDINA
RESPLANDINA
BERLANDINA
ALMANDINA
FERNANDINA
ARANDINA
JACARANDINA
JARANDINA
INTERANDINA
TRASANDINA
CISANDINA
TRANSANDINA
ENDINA
INDINA
ONDINA
BLONDINA
GIRONDINA
CODINA
MAZMODINA
ANODINA
GABARDINA
ANACARDINA
NARDINA
BERNARDINA
PARDINA
SARDINA
VERDINA
SORDINA
CAUDINA
BERMUDINA

CEÍNA
NARCEÍNA
CODEÍNA
CAFEINA
OLEÍNA
CEROLEÍNA
PEINA
REINA
ALTARREINA
VIRREINA
VISORREINA
CASEÍNA
TEÍNA
PROTEÍNA
ESPARTEÍNA
FINA
ADAFINA
PARAFINA
SERAFINA
ADEFINA
REFINA
ENTREFINA
JOSEFINA
DELFINA
COFINA
ESCOFINA
JIROFINA
SUPERFINA
MORFINA
PLOMBAGINA
PLUMBAGINA
PÁGINA
VAGINA
ANGINA
ALEFANGINA
FALANGINA
ENGINA
ANDRÓGINA
JURGINA
AHÍNA
SAHÍNA
ZAHÍNA
MOHÍNA
FAJINA
CORAJINA
SALVAJINA
SELVAJINA
BEJINA
AGRACEJINA
PELLEJINA
PEJINA
TORONJINA
REBUJINA
CABALINA
JABALINA
BAMBALINA
CALINA
PERCALINA
CHALINA
AMIGDALINA
SANDALINA
CEREALINA
BUFALINA
NOGALINA
HIALINA
TIALINA
MALINA
TURMALINA
ADRENALINA
PEDERNALINA
CORNALINA
PAPALINA
OPALINA
CORALINA
SALINA
MESALINA
CATALINA
METALINA
NAFTALINA
DIGITALINA
CRISTALINA
CENZALINA
NEBLINA
DICLINA
ISABELINA
CIBELINA
GIBELINA
MARCELINA
CARDELINA
FELINA
ARGELINA
MELINA
CAMELINA
CARMELINA
CANELINA
CORNELINA

CAPELINA
PAPELINA
POPELINA
VASELINA
MUSELINA
TELINA
VITELINA
MANUELINA
NIQUELINA
SIBILINA
PENICILINA
LUCILINA
CARIOFILINA
ANILINA
AQUILINA
INQUILINA
COINQUILINA
PIROXILINA
HEMATOXILINA
BOLINA
CONTRABOLINA
COLINA
FRANCOLINA
COSCOLINA
ANDOLINA
BANDOLINA
TREMOLINA
CIPOLINA
TRIPOLINA
CASPOLINA
CAROLINA
PAROLINA
GASOLINA
MOSOLINA
CAPITOLINA
VENTOLINA
BARTOLINA
DICIPLINA
DISCIPLINA
INDISCIPLINA
PAMPLINA
CARLINA
BERLINA
PERLINA
ESTERLINA
FUSLINA
PAULINA
TUBERCULINA
HERCULINA
MERCULINA
MASCULINA
CREPUSCULINA
CASIDULINA
FIGULINA
CAPULINA
CERULINA
INSULINA
URSULINA
CARTULINA
AZULINA
GALLINA
PICAGALLINA
MATAGALLINA
CEBELLINA
CAPELLINA
JERAPELLINA
TELLINA
MANTELLINA
MARTELLINA
CLAVELLINA
CASCARILLINA
DEGOLLINA
MOLLINA
POLLINA
TOLLINA
CAPULLINA
MINA
BOCAMINA
CANCHAMINA
CARDAMINA
LÁMINA
ALAMINA
CALAMINA
RAMINA
CONTRAMINA
BALSAMINA
VITAMINA
GÉMINA
HEMINA
FISOSTIGIMINA
PALOMINA
OLOMINA
COLOMINA
NÓMINA
TEOBROMINA
ANDRÓMINA

CONTÉRMINA
ALBÚMINA
ALÚMINA
GURRUMINA
CANINA
ÑACANINA
HEMOCIANINA
ANTOCIANINA
MELANINA
SOLANINA
ROMANINA
RANINA
GUANINA
SANJUANINA
ESTRICNINA
BENINA
FESCENINA
MENINA
FEMENINA
VENINA
MININA
ASININA
QUININA
BONINA
LEONINA
MONINA
TONINA
ANTONINA
SANTONINA
CARNINA
TAGARNINA
CERNINA
SATURNINA
NOCTURNINA
ASNINA
AÑINA
DAÑINA
PEQUEÑINA
TOÑINA
BOINA
LOINA
HEROÍNA
PINA
SOPAPINA
RAPINA
SAPINA
GAZAPINA
FILIPINA
GOSIPINA
ALPINA
TRASALPINA
CISALPINA
TRANSALPINA
VULPINA
PAMPINA
EMPINA
PIMPINA
COPINA
PROPINA
ATROPINA
TOPINA
PILOCARPINA
TERPINA
ESCORPINA
SUPRASPINA
CARRASPINA
ESPINA
CRESPINA
CACHUPINA
LUPINA
SUPINA
AMBARINA
NACARINA
SACARINA
UCARINA
ZUCARINA
ANDARINA
MANDARINA
CEARINA
ESTEARINA
FARINA
TAGARINA
HONGARINA
HUNGARINA
MARGARINA
HARINA
VAHARINA
BAILARINA
ESCOLARINA
MARINA
ULTRAMARINA
AGUAMARINA
SUBMARINA
TRASMARINA
TRANSMARINA
ROSMARINA

CAPARINA
CETRARINA
ASARINA
CESARINA
ANSARINA
ROSARINA
TARINA
NECTARINA
CETARINA
SALTARINA
CANTARINA
ALCANTARINA
ANGUARINA
CASUARINA
ZARINA
JAZARINA
LAZARINA
CZARINA
ALIZARINA
DANZARINA
CABRINA
CULEBRINA
NEBRINA
ENEBRINA
GINEBRINA
CEREBRINA
FIBRINA
HAMBRINA
SOBRINA
RESOBRINA
ENDOCRINA
EXOCRINA
MADRINA
PADRINA
CEDRINA
ANDRINA
ALEJANDRINA
MALANDRINA
SALAMANDRINA
ENDRINA
CHILINDRINA
LONDRINA
GOLONDRINA
ODRINA
ERINA
TIBERINA
TRASTIBERINA
TRANSTIBERINA
AMBERINA
SUBERINA
CERINA
ACERINA
CACERINA
JACERINA
MACERINA
GLICERINA
NITROGLICERINA
MANCERINA
SANTANDERINA
CORDERINA
FERINA
LUCIFERINA
SOLFERINA
TANGERINA
NAJERINA
PUEBLERINA
COLERINA
MERINA
QUIMERINA
CORNERINA
PIPERINA
VIPERINA
SENSERINA
JUPITERINA
ADULTERINA
INTERINA
COLESTERINA
UTERINA
PAPAVERINA
MONTENEGRINA
PEREGRINA
CAIRINA
ZAFIRINA
SALIPIRINA
ANTIPIRINA
ASPIRINA
VIRINA
ORINA
ANDORINA
GONGORINA
CALORINA
LEPORINA
CENSORINA
CASTORINA
FLUORINA
CAPRINA

CIPRINA
SOCARRINA
CASCARRINA
SERRINA
TERRINA
MIRRINA
BORRINA
GORRINA
BAHORRINA
PORRINA
LEPTORRINA
MÚRRINA
TRINA
LATRINA
VERATRINA
DOCTRINA
CETRINA
LETRINA
CITRINA
VITRINA
CENTRINA
DOTRINA
ALABASTRINA
BARBASTRINA
AUSTRINA
LIGUSTRINA
LUSTRINA
DEXTRINA
LAURINA
TAURINA
CENTAURINA
CARBURINA
DURINA
LIGURINA
PURPURINA
DATURINA
VENTURINA
ASINA
CASINA
DAMASINA
FUCSINA
GAMBESINA
ANDESINA
EFESINA
AVILESINA
TRECEMESINA
CREMESINA
TREMESINA
SIETEMESINA
CINCOMESINA
DUOMESINA
TRESMESINA
DIEZMESINA
CAMPESINA
RESINA
CERESINA
CIPRESINA
CUPRESINA
OLEORRESINA
GOMORRESINA
ASESINA
MONTESINA
MARQUESINA
PAVESINA
CEREVISINA
ANSINA
CANSINA
TENSINA
ALFONSINA
TOBOSINA
LOSINA
GOLOSINA
LEMOSINA
ELEMÓSINA
QUIMOSINA
RAPOSINA
CAMPOSINA
TORTOSINA
PEPSINA
GARSINA
URSINA
GAMBUSINA
ELEUSINA
VENUSINA
PERUSINA
TINA
SABATINA
SILBATINA
CERRACATINA
REATINA
TEATINA
AGATINA
SERRAGATINA
LATINA
PALATINA
GUALATINA

GELATINA
GRECOLATINA
NEOLATINA
CELTOLATINA
PLATINA
ESCARLATINA
PAULATINA
MATINA
CROMATINA
SONATINA
PÁTINA
RATINA
QUERATINA
CAVATINA
LACTINA
PECTINA
BENEDICTINA
CETINA
CACHETINA
ABIETINA
ARIETINA
JALETINA
PLETINA
ESCUPETINA
RETINA
ARETINA
CRETINA
PRETINA
BARRETINA
BIRRETINA
LITINA
ACONITINA
ESCUPITINA
BARITINA
CHIQUIRRITINA
QUITINA
CHIQUITINA
COBALTINA
ESMALTINA
CANTINA
ALICANTINA
ELEFANTINA
INFANTINA
GIGANTINA
BRIGANTINA
ESTUDIANTINA
HABLANTINA
VOLANTINA
LLANTINA
ADAMANTINA
DIAMANTINA
SALMANTINA
NUMANTINA
AMARANTINA
LEVANTINA
CERVANTINA
BIZANTINA
TREBENTINA
PLACENTINA
DENTINA
HEDENTINA
TRIDENTINA
ARGENTINA
PALENTINA
SALENTINA
VALENTINA
SACRAMENTINA
CLEMENTINA
TREMENTINA
SEMENTINA
CARMENTINA
PONENTINA
REPENTINA
SERPENTINA
TARENTINA
FLORENTINA
CORRENTINA
SENTINA
TEREBINTINA
JACINTINA
ONTINA
CONTINA
DRAGONTINA
TRAGONTINA
BIPONTINA
FRONTINA
VISONTINA
TONTINA
MAGUNTINA
SAGUNTINA
SEGUNTINA
BOTINA
NICOTINA
NARCOTINA
CAUCHOTINA
ERGOTINA

CAMELOTINA
ZANGOLOTINA
GUILLOTINA
SAPOTINA
CAROTINA
SERÓTINA
CHICORROTINA
AZOTINA
ARTINA
MARTINA
LIBERTINA
CONCERTINA
VESPERTINA
MIRTINA
CORTINA
MONFORTINA
TIBURTINA
MURTINA
CASTINA
MASTINA
ASBESTINA
CLANDESTINA
TRIESTINA
PALESTINA
CELESTINA
NEGRESTINA
FAURESTINA
INTESTINA
CRISTINA
PRÍSTINA
COSTINA
DEMOSTINA
FRAUSTINA
AGUSTINA
PLAUTINA
CICUTINA
RUTINA
MATUTINA
SEXTINA
CUINA
BEDUINA
FUINA
SANTIAGUINA
MURCIELAGUINA
ESPARRAGUINA
BEGUINA
FUEGUINA
ANGUINA
SANGUINA
COLOGÜINA
JORGUINA
JURGUINA
LECHUGUINA
SAYUGUINA
GENUINA
QUINA
SOBAQUINA
MÁQUINA
QUINAQUINA
EQUINA
ONIQUINA
TRIQUINA
PARTIQUINA
SALAMANQUINA
INQUINA
CINQUINA
PERINQUINA
QUINQUINA
BRONQUINA
BOQUINA
COQUINA
SOFOQUINA
MARROQUINA
TARQUINA
LORQUINA
MALLORQUINA
MENORQUINA
NEOYORQUINA
TURQUINA
DAMASQUINA
ESQUINA
MESQUINA
MOSQUINA
CHAMUSQUINA
MACUQUINA
MEZQUINA
RUINA
PRUÍNA
TUINA
CARCAVINA
GAVINA
ESCLAVINA
PATAVINA
DEVINA
DIVINA
ADIVINA

ADIVINA
ALVINA
TALVINA
ATALVINA
OVINA
BOVINA
CERVINA
NERVINA
CORVINA
TOXINA
ANTITOXINA
ALNA
ALUMNA
COLUMNA
HOSANNA
BONA
RABONA
CEBONA
BRIBONA
ARCHIBRIBONA
CHAMBONA
BEMBONA
BOMBONA
RUMBONA
TUMBONA
ZUMBONA
SOBONA
CORBONA
CHACONA
MACHACONA
MACONA
MAMACONA
YANACONA
EMPACONA
HOCICONA
BOBALICONA
HELICONA
REPLICONA
PICONA
ALTARICONA
PERICONA
PRACTICONA
POLITICONA
CRITICONA
MISTICONA
CANCONA
VEJANCONA
CARLANCONA
POLLANCONA
MAMANCONA
ZANCONA
MOZANCONA
BOCONA
TOCONA
ARCONA
CHARCONA
PIARCONA
CIRCONA
CORCONA
CHASCONA
FASCONA
GASCONA
RASCONA
TARASCONA
VASCONA
COSCONA
MOSCONA
BUSCONA
PELUCONA
BESUCÓNA
BRAVUCONA
AZCONA
HOBACHONA
PORACACHONA
RICACHONA
FRESCACHONA
GACHONA
AGACHONA
HOLGACHONA
BONACHONA
PACHONA
FORTACHONA
ECHONA
ACECHONA
LECHONA
PICHONA
CALCHONA
VILLANCHONA
MARANCHONA
CHINCHONA
BUCHONA
ENTRUCHONA
DONA
BELLADONA
MACEDONA
LEDONA

ALIDONA
PIDONA
BALDONA
ANDONA
MANDONA
MARIMANDONA
FACHENDONA
REMENDONA
MERENDONA
QUERENDONA
REVENDONA
VECINDONA
FONDONA
RESPONDONA
ZAMBORONDONA
COMODONA
CARDONA
TARDONA
LEONA
RALEONA
PELEONA
MEONA
BERREONA
FONA
ÁFONA
POLÍFONA
ANTÍFONA
HOMÓFONA
BUFONA
CAGONA
DECÁGONA
PENTEDECÁGONA
ENDECÁGONA
UNDECÁGONA
DODECÁGONA
ENEÁGONA
TRAFAGONA
NONÁGONA
DRAGONA
TRAGONA
PATAGONA
OCTÁGONA
PENTÁGONA
HEPTÁGONA
MARTAGONA
HEXÁGONA
RENEGONA
REGONA
FREGONA
PEDIGONA
LIGONA
POLÍGONA
NARIGONA
BARRIGONA
AUTRIGONA
NALGONA
HOLGONA
MANGONA
PARANGONA
RESPINGONA
PRINGONA
CONGONA
REZONGONA
MOGONA
ISÓGONA
OCTÓGONA
FISGONA
MADRUGONA
MAHONA
TAHONA
ATAHONA
BORDIONA
RUMIONA
PIONA
MARIONA
FRIONA
CARRIONA
GORRIONA
ZONZORRIONA
PICAJONA
CANDAJONA
MANGAJONA
TOMAJONA
SAJONA
ANGLOSAJONA
ACERTAJONA
GUEDEJONA
BERMEJONA
TERNEJONA
MANSEJONA
VEJONA
ARVEJONA
JIJONA
MOJONA
LONA
ESCALONA

CHALONA
ZAGALONA
REGALONA
TRAPALONA
MATALONA
IGUALONA
VALONA
ZALONA
TEMBLONA
CHOCLONA
REBELONA
BARCELONA
FELONA
PELONA
PAPELONA
GORDIFLONA
CHANFLONA
GORDINFLONA
ZORRONGLONA
REZONGLONA
BARCHILONA
CANJILONA
COMILONA
DORMILONA
CUADRILONA
CURSILONA
MOTILONA
ALQUILONA
SERVILONA
CONGOLONA
REMOLONA
POLONA
RAMPLONA
SIMPLONA
COPLONA
SOPLONA
CHARLONA
PARLONA
MORLONA
BURLONA
CULONA
ADULONA
SANTULONA
AZULONA
PORCALLONA
CHAFALLONA
FARFALLONA
TRAGALLONA
FARGALLONA
FARAMALLONA
BATALLONA
GATALLONA
MOZALLONA
MERDELLONA
REMELLONA
CHILLONA
GRANDILLONA
CHAMARILLONA
MANTILLONA
EMPRESTILLONA
VAQUILLONA
COLLONA
FOLLONA
FRANGOLLONA
EMPOLLONA
ROLLONA
EMBROLLONA
BARBULLONA
GRANDULLONA
FULLONA
ZULLONA
MONA
ESCAMONA
JAMONA
MAMONA
BRAMONA
ANÉMONA
LAGRIMONA
ALMONA
REDOMONA
TOMONA
HORMONA
MORMONA
PASMONA
FANTASMONA
NONA
ANONA
DECIMANONA
MONONA
DECIMONONA
REGAÑONA
ANTAÑONA
QUINTAÑONA
MIÑONA
BORGOÑONA
MOÑONA

REFUNFUÑONA
GRUÑONA
COONA
CAPONA
CHAPONA
JAPONA
LAPONA
CAYAPONA
PEPONA
ABIPONA
NIPONA
TRIPONA
AMPONA
ZAMPONA
CHUPONA
CHOZPONA
CARONA
CHACARONA
PICARONA
CHACHARONA
GARONA
HARONA
MAHARONA
REPARONA
VARONA
PALABRONA
HAMBRONA
GOLIMBRONA
ISÓCRONA
LADRONA
BALADRONA
MADRONA
COMADRONA
TOLONDRONA
JACERONA
PERCHERONA
VERDERONA
MUJERONA
LAMERONA
TEMERONA
TERNERONA
SOLTERONA
CUARTERONA
TALAVERONA
CHIRONA
MIRONA
SUSPIRONA
TIRONA
ENRONA
BORONA
CORONA
BUZCORONA
LLORONA
SEÑORONA
PRONA
BOBARRÓNA
SECARRONA
CHICARRONA
MANCARRONA
SOCARRONA
CASCARRONA
FANFARRONA
VIEJARRONA
VEJARRONA
CIMARRONA
TONTARRONA
TESTARRONA
DULZARRONA
MOZARRONA
VOZARRONA
ERRONA
BEBERRONA
ENCERRONA
PERRONA
GORRONA
PORRONA
COTORRÓNA
MANSURRONA
SUSURRONA
SANTURRONA
ZURRONA
TRONA
MOHATRONA
MATRONA
PATRONA
COMPATRONA
POLTRONA
CAMASTRONA
ZARRAPASTRONA
ZORRASTRONA
NEURONA
HURONA
APURONA
CASONA
MASONA
FRANCMASONA

GUASONA
DULCÍSONA
DÍSONA
GRANDÍSONA
UNDÍSONA
BELÍSONA
UNÍSONA
FRISONA
GRISONA
HORRÍSONA
SISONA
ALTÍSONA
CÓNSONA
PERSONA
ABUSONA
ACUSONA
TUSONA
TONA
ATONA
ÁTONA
RECATONA
SECATONA
ZARAGATONA
REGATONA
ZARGATONA
PATONA
RATONA
BARATONA
GUATONA
LENGUATONA
AUTÓCTONA
ACETONA
MOCETONA
CACHETONA
JETONA
LETONA
CHAPETONA
GUAPETONA
BRETONA
POBRETONA
CRETONA
TETONA
JUGUETONA
COQUETONA
FACILITONA
COMILITONA
VOMITONA
GRITONA
TIRITONA
GUITONA
PAROXÍTONA
PROPAROXÍTONA
FALTONA
SALTONA
TRAGANTONA
GIGANTONA
GARGANTONA
VOLANTONA
MANTONA
MAMANTONA
SANANTONA
SANTONA
INOCENTONA
OCHENTONA
DENTONA
SARGENTONA
VALENTONA
CUARENTONA
FRENTONA
CORRENTÓNA
SESENTONA
SETENTONA
INTENTONA
CUENTONA
CINCUENTONA
NOVENTONA
PINTONA
TONTONA
PREGUNTONA
COTONA
FEOTONA
GOTONA
GLOTONA
MONÓTONA
FAROTONA
TROTONA
PEPTONA
LAMBISTONA
TRISTONA
TEUTONA
ILERCAVONA
OCHAVONA
ESCLAVONA
RESERVONA
BAYONA
TRAMOYONA

ZONA
CALABAZONA
AMAZONA
CABEZONA
TROPEZONA
CUATEZONA
NARIZONA
TIZONA
DULZONA
BRABANZONA
INFANZONA
MAGANZONA
MANGANZONA
PANZONA
OZONA
DESTROZONA
RETOZONA
TERZONA
CHUZONA
CANPNA
ARNA
ENCARNA
SARNA
ESTARNA
TABERNA
CERNA
PINCERNA
LUCERNA
CHERNA
BADERNA
CUADERNA
MODERNA
INFERNA
GOBIERNA
CIERNA
SUBCIERNA
ALADIERNA
PIERNA
LÍGAPIERNA
ATAPIERNA
POSPIERNA
TIERNA
GALERNA
PERNA
GALAMPERNA
SUPERNA
SERNA
CASERNA
TERNA
LIGATERNA
MATERNA
PATERNA
FRATERNA
CUATERNA
ETERNA
COETERNA
SEMPITERNA
EVITERNA
ALTERNA
SUBALTERNA
LANTERNA
INTERNA
LINTERNA
QUINTERNA
POTERNA
BASTERNA
CISTERNA
EXTERNA
CUERNA
CACHICUERNA
MANCUERNA
BIZCUERNA
DUERNA
AVERNA
CAVERNA
CALAVERNA
TIBORNA
DORNA
LIORNA
SORNA
TORNA
URNA
DIURNA
NOCTURNA
TACITURNA
SOTURNA
DIUTURNA
ASNA
BASNA
LESNA
ALESNA
ACAFRESNA
ALOSNA
LIMOSNA
ALIMOSNA
ALMOSNA

UNA
FAUNA
LAUNA
YABUNA
TRIBUNA
LOBUNA
CUNA
VACUNA
CONCUNA
CUNCUNA
PORCUNA
CASCUNA
CADASCUNA
ESCUNA
CHUNA
MACHUNA
DUNA
EUSCALDUNA
BEUNA
LAGUNA
ALAGUNA
DEGUNA
ALGUNA
NENGUNA
NINGUNA
HUNA
BAHÚNA
VEINTIUNA
AJUNA
BAJUNA
PAJUNA
GRAJUNA
ABEJUNA
CONEJUNA
DENTICONEJUNA
BOQUICONEJUNA
OVEJUNA
AHIJUNA
LUNA
JABALUNA
FRAILUNA
COLUNA
CABALLUNA
MUNA
GAMUNA
ALMUNA
COMUNA
ASNUNA
PUNA
RUNA
BRUNA
CABRUNA
CEBRUNA
LEBRUNA
HAMBRUNA
HEMBRUNA
HOMBRUNA
CORDERUNA
CARNERUNA
ENRUNA
MORUNA
PRUNA
CARRUNA
PERRUNA
ZARZAPERRUNA
ZORRUNA
CONSUNA
OSUNA
RAPOSUNA
TUNA
GATUNA
PILATUNA
ABETUNA
ACEITUNA
CABRITUNA
MONTUNA
TONTUNA
CHOTUNA
ROTUNA
FORTUNA
INFORTUNA
IMPORTUNA
OPORTUNA
INOPORTUNA
CERVUNA
AYUNA
LACAYUNA
REYUNA
BUEYUNA
BOYUNA
ANQUIBOYUNA
ZUNA
JUDEZNA
LEZNA
ALEZNA
VIBOREZNA

LECHETREZNA
PITEZNA
LAGARTEZNA
BIZNA
MOLLIZNA
BRIZNA
TIZNA
LLOVIZNA
CHOZNA
BROZNA
ÑA
AÑA
BAÑA
CABAÑA
CAÑA
MEDIACAÑA
TACAÑA
SOBRECAÑA
PICAÑA
CULTIPICAÑA
ESCAÑA
CUCAÑA
ESCUCHAÑA
ESPADAÑA
GUADAÑA
ALEDAÑA
PAREDAÑA
PEAÑA
MADAGAÑA
LAGAÑA
MALAGAÑA
MAGAÑA
DEGAÑA
ADEGAÑA
LEGAÑA
CIRIGAÑA
PIPIRIGAÑA
PIZPIRIGAÑA
ARGAÑA
PITAJAÑA
LAÑA
CALAÑA
MAÑA
GUADRAMAÑA
TAMAÑA
CUAMAÑA
ALIMAÑA
ARTIMAÑA
DESMAÑA
ÑAÑA
CAMPAÑA
CHAMPAÑA
COMPAÑA
ESPAÑA
RAÑA
ARAÑA
CARAÑA
CACARAÑA
TELARAÑA
MARAÑA
MUSARAÑA
CATARAÑA
SANGUARAÑA
BRAÑA
CALAGRAÑA
MIGRAÑA
FORAÑA
CARRAÑA
BERRAÑA
SOTERRAÑA
PATRAÑA
ENTRAÑA
EXTRAÑA
HURAÑA
SAÑA
LASAÑA
TRAVESAÑA
ESCUSAÑA
EXCUSAÑA
BRETAÑA
ERMITAÑA
PITAÑA
PIPITAÑA
SUPITAÑA
PIPIRITAÑA
TIRITAÑA
MONTAÑA
VERDEMONTAÑA
CASTAÑA
BARBICASTAÑA
MARICASTAÑA
PESTAÑA
PUTAÑA
FAZAÑA
HAZAÑA
TAZAÑA

CIZAÑA
ALCALAEÑA
ALGABEÑA
ARRIBEÑA
RIOBAMBEÑA
ARROBEÑA
ACEÑA
ALCACEÑA
PACEÑA
ALCARACEÑA
AGRACEÑA
PECEÑA
CENCEÑA
PONCEÑA
MOCEÑA
ALCARCEÑA
MARCEÑA
ZARCEÑA
MORCEÑA
ALHUCEÑA
CRUCEÑA
SABADEÑA
PRADEÑA
REDEÑA
SEDEÑA
MERIDEÑA
NAVIDEÑA
ARGANDEÑA
RONDEÑA
GODEÑA
CARDEÑA
RIFEÑA
TARIFEÑA
ALFEÑA
BOFEÑA
TINERFEÑA
TAHEÑA
BARBITAHEÑA
ALHEÑA
BOHEÑA
MOHEÑA
ABAJEÑA
GUADIJEÑA
GUIJEÑA
AGUIJEÑA
LOJEÑA
LEÑA
CALEÑA
QUINTALEÑA
PORTALEÑA
ZARZALEÑA
ZORZALEÑA
ALMIZCLEÑA
SANMIGUELEÑA
FRAILEÑA
CABILEÑA
CHILEÑA
MARFILEÑA
HILEÑA
MANILEÑA
ABRILEÑA
MADRILEÑA
BRASILEÑA
GUILEÑA
AGUILEÑA
CARIAGUILEÑA
AQUILEÑA
GUAYAQUILEÑA
CONGOLEÑA
MOLEÑA
MARMOLEÑA
ISLEÑA
PATIMULEÑA
CASQUIMULEÑA
PANAMEÑA
CAÑAMEÑA
JARAMEÑA
ESTAMEÑA
EXTREMEÑA
LIMEÑA
ESQUILMEÑA
CERMEÑA
MARISMEÑA
ISTMEÑA
DEZMEÑA
SANJUANEÑA
PEÑA
SOPEÑA
ESTOPEÑA
CARPEÑA
CARRASPEÑA
SANLUCAREÑA
HOGAREÑA
LUGAREÑA
ZAHAREÑA
GUADALAJAREÑA

ANDUJAREÑA
ALCALAREÑA
GIBRALTAREÑA
JIBRALTAREÑA
ALMODOVAREÑA
ALCAZAREÑA
BREÑA
CIMBREÑA
MIMBREÑA
CUBREÑA
SALUBREÑA
SOBREÑA
SUCREÑA
MADREÑA
ALMADREÑA
MELODREÑA
RIBEREÑA
CEREÑA
CACEREÑA
SANTAFEREÑA
GREÑA
ALMAGREÑA
ALGECIREÑA
ALJECIREÑA
ALCIREÑA
SALVADOREÑA
MONTOREÑA
BARREÑA
CARREÑA
ALCARREÑA
GUIJARREÑA
ALPUJARREÑA
TARREÑA
PIZARREÑA
FERREÑA
TERREÑA
CALAHORREÑA
CUATREÑA
CASTREÑA
IMBABUREÑA
CUREÑA
HONDUREÑA
APUREÑA
SEÑA
CONTRASEÑA
RESEÑA
ENTRESEÑA
ANTESEÑA
ENSEÑA
TOBOSEÑA
TEÑA
CERRATEÑA
ALBACETEÑA
HUETEÑA
MARGARITEÑA
QUITEÑA
SALTEÑA
PINTEÑA
SOTEÑA
ESPARTEÑA
NORTEÑA
PORTEÑA
MESTEÑA
COSTEÑA
AGOSTEÑA
CAMPORRUTEÑA
DUEÑA
RICADUEÑA
CELIDUEÑA
GÜEÑA
SANTIAGUEÑA
FALAGÜEÑA
HALAGÜEÑA
MALAGUEÑA
NICARAGÜEÑA
BOTAGUEÑA
CIGÜEÑA
PEDIGÜEÑA
TRIGUEÑA
GALGUEÑA
BARGUEÑA
VERGÜEÑA
BURGUEÑA
TARAPAQUEÑA
CARAQUEÑA
PEQUEÑA
ENRIQUEÑA
COSTARRIQUEÑA
BORRIQUEÑA
PUERTORRIQUEÑA
PORTORRIQUEÑA
BORINQUEÑA
ANTIOQUEÑA
ALCORNOQUEÑA
ROQUEÑA
SANROQUEÑA

BERROQUEÑA
CATAMARQUEÑA
TABASQUEÑA
CARRASQUEÑA
SANLUQUEÑA
VELAZQUEÑA
ALMIZQUEÑA
CURUEÑA
RISUEÑA
SONRISUEÑA
CALATRAVEÑA
HUELVEÑA
CORVEÑA
TRAÍÑA
SACIÑA
SALCIÑA
GARFIÑA
REBUJIÑA
LIÑA
SACALIÑA
SOCALIÑA
NIÑA
PIÑA
RAPIÑA
GARAPIÑA
CAMPIÑA
LAMPIÑA
CARILAMPIÑA
RIÑA
FARIÑA
MORRIÑA
FANFURRIÑA
TIÑA
REBATIÑA
ARREBATIÑA
CANTIÑA
MONTIÑA
BASQUIÑA
VIÑA
ANCUVIÑA
DOÑA
VERGOÑA
BORGOÑA
CALOÑA
ESCALOÑA
MOÑA
MARIMOÑA
AGRIMOÑA
GAZMOÑA
ÑOÑA
ZAMPOÑA
ROÑA
CARROÑA
MORROÑA
BISOÑA
TOÑA
CARANTOÑA
PONZOÑA
UÑA
CUÑA
VICUÑA
ALCUÑA
CHUÑA
GARDUÑA
CALUÑA
CAMUÑA
ALMUÑA
COMUÑA
CORUÑA
PESUÑA
GATUÑA
ARTUÑA
PEZUÑA
BOA
ANAIBOA
BALBOA
GAMBOA
ZAMBOA
AZAMBOA
COA
BARBACOA
CHILACOA
CARACOA
PICOA
ESCOA
PICHOA
ANCHOA
LOA
ALOA
BARLOA
FILLOA
MOA
ANOA
CANOA
GODEÑOA
POA

ROA
BROA
PROA
TOA
CAPA
CAPÁ
MUSCÍCAPA
CENCAPA
SOCAPA
CHAPA
CACHAPA
CHIAPA
JIPIJAPA
LAPA
JALAPA
CLAPA
SOLAPA
CHULAPA
LLAPA
MAPA
NAPA
TINAPÁ
ÑAPA
PAPA
PAPÁ
ANTIPAPA
RAPA
CARAPA
CHARAPA
GUSARAPA
GUALDRAPA
GRAPA
CHIRAPA
ZURRAPA
TRAPA
SÁTRAPA
CALCITRAPA
SAPA
TAPA
ETAPA
GUAPA
CIGUAPA
SIGUAPA
YAPA
ZAPA
GAZAPA
GUAZAPA
EPA
CEPA
CHEPA
PLEPA
PEPA
AREPA
TREPA
ESTEPA
SOPAIPA
CHIPA
CHIPÁ
TULIPA
NIPA
GENIPA
PIPA
CHIRIPA
CHIRIPÁ
TRIPA
TIPA
ESTEREOTIPA
SALPA
TALPA
CATALPA
GRILLOTALPA
FELPA
MILPA
COLPA
CULPA
DISCULPA
PULPA
CAMPA
CHAMPA
HAMPA
LAMPA
CILAMPA
CALLAMPA
CHINAMPA
PAMPA
RAMPA
GARRAMPA
TRAMPA
SAMPA
ESTAMPA
GUAMPA
ZAMPA
ATEMPA
CIMPA
SIMPA
TIMPA

POMPA
TROMPA
ESPIRITROMPA
ZOMPA
OPA
COPA
SOBRECOPA
SÍNCOPA
APÓCOPA
CHOPA
HOPA
GALOPA
GARLOPA
POPA
ROPA
GUIROPA
GUARDARROPA
CAGARROPA
JARROPA
QUEMARROPA
FUERARROPA
SOBRERROPA
TROPA
EUROPA
SOPA
MARSOPA
TOPA
TOPATOPA
METOPA
ESTOPA
CERRISTOPA
ZOPA
CAPPA
KAPPA
ARPA
CARPA
ESCARPA
CONTRAESCARPA
CHARPA
FARPA
GARPA
HARPA
ZARPA
CERPA
JERPA
SERPA
CORPA
ASPA
CASPA
RASPA
CRESPA
CHISPA
PISPA
RISPA
AVISPA
HOSPA
CUSPA
CHUSPA
UPA
AÚPA
MACUPA
CHUPA
CARACHUPA
DUPA
CHALUPA
PUPA
UPUPA
DRUPA
GRUPA
GURUPA
TUPA
ARA
GUIABARA
SABARA
GUASÁBARA
AZABARA
JÍBARA
CÁMBARA
CAMBARÁ
TÁMBARA
CÍMBARA
ISOBARA
BÁRBARA
SANTABÁRBARA
CARA
BÁCARA
ASARABÁCARA
ALBACARA
CHÁCARA
JÁCARA
NÁCARA
CARACARÁ
SOBRECARA
JÍCARA
PÍCARA
ENCARA

CÁSCARA
MÁSCARA
ESCARA
ÉUSCARA
CHÚCARA
MÚCARA
CHÁCHARA
GUÁCHARA
CUCHARA
ADARA
DESAÑUDADARA
ALGADARA
CÁNDARA
ALCÁNDARA
GÁNDARA
DEODARA
FARA
LIFARA
ALIFARA
ARTIFARA
FÁRFARA
ALGARA
BÚLGARA
CÍNGARA
HÚNGARA
GÁRGARA
ALHIARA
LIARA
ALIARA
NIARA
PIARA
CURIARA
TIARA
JARA
ALMAJARA
PÁJARA
CUAJARÁ
GUÁJARA
ALMIJARA
ATIJARA
CUJARA
ALARA
CAMALARA
CLARA
PRECLARA
ENTRECLARA
JUGLARA
GÁLLARA
AMARA
CÁMARA
RECÁMARA
ANTECÁMARA
DULCAMARA
CHÁMARA
SÁMARA
TÁMARA
DULZAMARA
AIMARÁ
ALIMARA
ALMENARA
SENARA
IGNARA
ATUNARA
PARA
PÁPARA
PARAPARA
TÁPARA
TAPARA
SECUNDÍPARA
DEÍPARA
GEMÍPARA
PRIMÍPARA
OPÍPARA
SUDORÍPARA
MULTÍPARA
ANTIPARA
VIVÍPARA
OVÍPARA
AMPARA
LÁMPARA
MAMPARA
EMPARA
OVOVIVÓPARA
RARA
TARARA
TARARÁ
YARARÁ
APSARA
TARA
ALCATARA
SOLFATARA
ZATARA
CÍTARA
CITARA
ACITARA
MILITARA

ALQUITARA
CÁNTARA
ALICÁNTARA
ALCÁNTARA
TARATÁNTARA
TÁRTARA
TÁSTARA
SACUARA
TACUARA
GUARA
GUARÁ
AGUARÁ
ALFAGUARA
CAPIGUARA
VARA
AVARA
BÁVARA
HAVARA
ALHAVARA
BOTAVARA
ZARA
ALGAZARA
ALMAZARA
GENÍZARA
JENÍZARA
ESGUÍZARA
SUÍZARA
ABRA
CABRA
MACABRA
ALMACABRA
CORNICABRA
RUPICABRA
CERVICABRA
ABRACADABRA
LABRA
PALABRA
RELABRA
GLABRA
CÁNTABRA
ÁRTABRA
ZABRA
GALIZABRA
CEBRA
ILÉCEBRA
ENCEBRA
FEBRA
ÁLGEBRA
HEBRA
QUIEBRA
CULEBRA
GINEBRA
PÁLPEBRA
LATEBRA
VÉRTEBRA
HUEBRA
FIBRA
LIBRA
CAMBRA
SICAMBRA
CHAMBRA
ALFAMBRA
ZAMBRA
FEMBRA
RICAFEMBRA
HEMBRA
RICAHEMBRA
SIEMBRA
RESIEMBRA
SEMBRA
CIMBRA
GOLIMBRA
ESCOMBRA
ALFOMBRA
ALHOMBRA
ALOMBRA
SOLOMBRA
SOMBRA
BELLASOMBRA
UMBRA
ALUMBRA
PENUMBRA
OBRA
ABOBRA
COBRA
MANIOBRA
MANOBRA
POBRA
ROBRA
CORROBRA
SOBRA
ZOZOBRA
RUBRA
CHACRA
LACRA
PALACRA
POLACRA
SACRA
LÚDICRA
MICRA
PULCRA
TEUCRA
ADRA
LADRA
CUADRA
MANCUADRA
ESCUADRA
GUADRA
CEDRA
CÓLCEDRA
CÓCEDRA
HIEDRA
PIEDRA
LEDRA
FARDIALEDRA
MEDRA
EXEDRA
YEDRA
CIDRA
HIDRA
ANHIDRA
SIDRA
ISIDRA
CLEPSIDRA
HOJALDRA
ESCAFANDRA
DIANDRA
BALANDRA
MANDRA
SALAMANDRA
GINANDRA
CENDRA
ALMENDRA
ESCOLOPENDRA
PEINDRA
ONDRA
ALONDRA
MOLONDRA
TOLONDRA
DESONDRA
TUNDRA
COLODRA
ERA
BABERA
CABERA
SACABERA
JABERA
RABERA
CARABERA
ALMADRABERA
GARRABERA
GUAYABERA
CEBERA
SEBERA
ÍBERA
CIBERA
AGUACIBERA
CHIBERA
LÍBERA
RIBERA
CATARRIBERA
ESTRIBERA
CELTÍBERA
ALBERA
CAMBERA
TAMBERA
CHUMBERA
ZURRUMBERA
BOBERA
ADOBERA
AJOBERA
LOBERA
ARROBERA
ALGARROBERA
TOBERA
BARBERA
GARBERA
HERBERA
YERBERA
TURBERA
CUBERA
GARDUBERA
PÚBERA
IMPÚBERA
CERA
ACERA
BACERA
ABACERA
CALABACERA
RIBACERA
CACERA
PICACERA
FACERA
MANIFACERA
BAGACERA
DELGACERA
HACERA
PLACERA
CHUMACERA
TRAPACERA
BRACERA
AGRACERA
CARRACERA
ALCARRACERA
MOSTACERA
NAVACERA
COMENZACERA
JAECERA
CABECERA
PECERA
ENDRECERA
DERECERA
ENDERECERA
NUECERA
VECERA
REVECERA
CERVECERA
CÍCERA
HECHICERA
BENDICERA
AJICERA
CHAMICERA
CARNICERA
CHORICERA
CARRICERA
CICATRICERA
TORTICERA
ÚLCERA
DULCERA
ALABANCERA
GARBANCERA
CHANCERA
LANCERA
MANCERA
ROMANCERA
PANCERA
MATANCERA
LENCERA
SEMENCERA
SINCERA
INSINCERA
RONCERA
ZONCERA
BOCERA
COCERA
DESCONOCERA
ROCERA
ALBOROCERA
PROCERA
ARROCERA
ZABARCERA
MARCERA
APARCERA
ALPARCERA
ZARCERA
BERCERA
CERCERA
TERCERA
DECIMATERCERA
DECIMOTERCERA
VÍSCERA
CAUCERA
SAUCERA
BUCERA
ALCUCERA
SANDUCERA
LUCERA
ALTRAMUCERA
CHAPUCERA
CRUCERA
CACHERA
VIZCACHERA
CAMBALACHERA
POPULACHERA
MACHERA
PENACHERA
DESPACHERA
CUCARACHERA
DICHARACHERA
BORRACHERA
BARBECHERA
ENDECHERA
LECHERA
FLECHERA
MECHERA
PECHERA
DERECHERA
RETRECHERA
COSECHERA
SALCHICHERA
DICHERA
LICHERA
CALICHERA
BOLICHERA
COLCHERA
CANCHERA
CINCHERA
BOCHINCHERA
TRINCHERA
CONTRATRINCHERA
PONCHERA
COCHERA
BIZCOCHERA
CHOCHERA
PINOCHERA
ATOCHERA
SUPERCHERA
CORCHERA
ANTORCHERA
CAUCHERA
CHAUCHERA
BABUCHERA
CHUCHERA
PUCHERA
CARRUCHERA
CARTUCHERA
CEBADERA
CONTRACEBADERA
SOBRECEBADERA
ESCOBADERA
ROBADERA
ARROBADERA
SOBADERA
CADERA
MACHACADERA
SACADERA
ATACADERA
RECADERA
SECADERA
PREDICADERA
PURIFICADERA
APLICADERA
CALCADERA
ARRANCADERA
CONVOCADERA
MERCADERA
RASCADERA
PESCADERA
BRUSCADERA
AGACHADERA
ECHADERA
ACECHADERA
ENDECHADERA
ESCUCHADERA
DADERA
NADADERA
ENREDADERA
SEDADERA
OLVIDADERA
SOLDADERA
ANDADERA
MANDADERA
DEMANDADERA
PODADERA
RODADERA
ESCARDADERA
VERDADERA
SUDADERA
DESEADERA
PAGADERA
PLEGADERA
ALLEGADERA
REGADERA
ESTREGADERA
SEGADERA
ENEMIGADERA
ESPIGADERA
LATIGADERA
CASTIGADERA
SALGADERA
COLGADERA
DESCOMULGADERA
ALONGADERA
AHOGADERA
CARGADERA
ALARGADERA
OTORGADERA
JUGADERA
ROCIADERA
RUCIADERA
LIDIADERA
LIMPIADERA
CRIADERA
ENFRIADERA
CHIRRIADERA
GUIADERA
VIADERA
MAJADERA
TAJADERA
CUAJADERA
DEJADERA
CUBIJADERA
AHIJADERA
DESAOJADERA
DESEMBOJADERA
AGUJADERA
LADERA
RESBALADERA
CALADERA
BACALADERA
OJALADERA
ENSALADERA
ATABLADERA
TEMBLADERA
ROBLADERA
PELADERA
CHIFLADERA
BAILADERA
ENCANDILADERA
AFILADERA
ENCARRILADERA
DESTILADERA
COLADERA
DOLADERA
AMOLADERA
ESMOLADERA
VOLADERA
TEMPLADERA
BURLADERA
MANCELLADERA
ESTRELLADERA
MANCILLADERA
TRILLADERA
HOLLADERA
MADERA
LLAMADERA
MAMADERA
BRAMADERA
AGRAMADERA
QUEMADERA
IMPRIMADERA
ENSALMADERA
ARMADERA
ASMADERA
ESPUMADERA
GANADERA
APLANADERA
MANADERA
PANADERA
GRANADERA
DEVANADERA
REFINADERA
DESHOLLINADERA
SONADERA
ENTONADERA
LIMOSNADERA
DELEZNADERA
DESPEÑADERA
ENSEÑADERA
VIÑADERA
EMPONZOÑADERA
LOADERA
TAPADERA
TREPADERA
ASPADERA
CHUPADERA
PARADERA
VARADERA
LABRADERA
ENJAMBRADERA
SEMBRADERA
COBRADERA
SANGRADERA
TIRADERA
HONRADERA
LLORADERA
PRADERA
COMPRADERA
CERRADERA
ARBITRADERA
CASTRADERA
ARRASTRADERA
DURADERA
JURADERA
ASADERA
CASADERA
MASADERA
AMASADERA
PASADERA
REPASADERA

BALSADERA
FONSADERA
POSADERA
EXCUSADERA
EMPATADERA
APRETADERA
DEJARRETADERA
DESJARRETADERA
DESTETADERA
AFEITADERA
BALITADERA
GAMITADERA
GRITADERA
CANTADERA
ENCANTADERA
PINTADERA
CONTADERA
REBOTADERA
DESMOTADERA
CORTADERA
PORTADERA
APORTADERA
EJECUTADERA
AGUADERA
SANTIGUADERA
ESTRANGUADERA
AMENGUADERA
VADERA
LEVADERA
LLEVADERA
SALIVADERA
SALVADERA
COVADERA
APARVADERA
BAYADERA
ABRAZADERA
REZADERA
DESLIZADERA
ALZADERA
CALZADERA
LANZADERA
TRANZADERA
COMENZADERA
TRENZADERA
DESPINZADERA
RUZADERA
AGUZADERA
RAEDERA
CABEDERA
HABEDERA
BEBEDERA
ACEDERA
FACEDERA
HACEDERA
INHACEDERA
CUMPLACEDERA
PACEDERA
ACAECEDERA
FALLECEDERA
EMPECEDERA
CRECEDERA
PERECEDERA
IMPERECEDERA
ABORRECEDERA
ACONTECEDERA
VENCEDERA
COCEDERA
TORCEDERA
DEFENDEDERA
VENDEDERA
REVENDEDERA
CREEDERA
COGEDERA
BUHEDERA
TEJEDERA
VALEDERA
OLEDERA
MOLEDERA
TEMEDERA
COMEDERA
PONEDERA
CERNEDERA
ATAÑEDERA
ROMPEDERA
TORPEDERA
CESPEDERA
HOSPEDERA
REDERA
HEREDERA
COHEREDERA
BARREDERA
ABARREDERA
CORREDERA
SEDERA
VERTEDERA
ENSOLVEDERA

VOLVEDERA
HABIDERA
RECIBIDERA
SUBIDERA
DECIDERA
ZURCIDERA
DIVIDIDERA
URDIDERA
REIDERA
EXIGIDERA
TANGIDERA
CRUJIDERA
SALIDERA
CUMPLIDERA
FALLIDERA
PREMIDERA
EXPRIMIDERA
DORMIDERA
ADORMIDERA
VENIDERA
AVENIDERA
ADVENIDERA
PLAÑIDERA
ESCUPIDERA
PARIDERA
GUARIDERA
ABRIDERA
SOFRIDERA
SUFRIDERA
INSUFRIDERA
BATIDERA
PERMITIDERA
REPARTIDERA
EMBUTIDERA
DESCUIDERA
HUIDERA
ALGUAQUIDERA
VIVIDERA
SERVIDERA
BALDERA
CALDERA
ROMPECALDERA
FALDERA
HALDERA
ESPALDERA
GUALDERA
RESCOLDERA
BANDERA
PORTABANDERA
COLGANDERA
CRIANDERA
VIANDERA
REVELANDERA
HILANDERA
REHILANDERA
COLANDERA
VOLANDERA
HURGAMANDERA
PANDERA
RANDERA
ZARANDERA
LABRANDERA
PARRANDERA
CURANDERA
GUISANDERA
SATANDERA
LAVANDERA
VIVANDERA
REZANDERA
ALBENDERA
FACENDERA
HACENDERA
MERCENDERA
LENDERA
MOLENDERA
MERENDERA
PRENDERA
BARRENDERA
SENDERA
TENDERA
LINDERA
SEGUNDERA
GALLUNDERA
CODERA
BEODERA
RODERA
ARDERA
GALABARDERA
ALBARDERA
BOMBARDERA
LARDERA
CORDERA
SORDERA
ZURDERA
ESCUDERA
MENUDERA

FIDEERA
OBLEERA
CORREERA
ÉFERA
ADEFERA
BÍFERA
NUBÍFERA
LUCÍFERA
CRUCÍFERA
CONCHÍFERA
GLANDÍFERA
OLEÍFERA
FRUGÍFERA
INFRUGÍFERA
JIFERA
ALÍFERA
CALIFERA
CORALÍFERA
SALÍFERA
METALÍFERA
FLABELÍFERA
UMBELÍFERA
MELIFERA
ESTELÍFERA
FOSILÍFERA
QUILÍFERA
PETROLÍFERA
CAULÍFERA
CUPULÍFERA
PALMÍFERA
POMÍFERA
ARMÍFERA
FUMÍFERA
PLUMÍFERA
LANÍFERA
VENENÍFERA
IGNÍFERA
SIGNÍFERA
ESTAMINÍFERA
SEMINÍFERA
PINÍFERA
RESINÍFERA
PLATINÍFERA
VINÍFERA
SOMNÍFERA
ESTANNÍFERA
CARBONÍFERA
CONÍFERA
SACARÍFERA
AERÍFERA
CERÍFERA
ODORÍFERA
SUDORÍFERA
CALORÍFERA
FLORÍFERA
SAPORÍFERA
SOPORÍFERA
CUPRÍFERA
ASTRÍFERA
OSTRÍFERA
AURÍFERA
LAURÍFERA
TURÍFERA
LACTÍFERA
FRUCTÍFERA
INFRUCTÍFERA
TRIDENTÍFERA
ARGENTIFERA
MORTÍFERA
PESTÍFERA
GUTÍFERA
SALUTÍFERA
FRUTÍFERA
SANGUÍFERA
BRANQUÍFERA
OLIVÍFERA
ALCACHOFERA
GALLOFERA
ESFERA
SEMIESFERA
BARISFERA
CROMOSFERA
ATMÓSFERA
OOSFERA
TROPOSFERA
HIDROSFERA
PIROSFERA
ESTRATOSFERA
LITOSFERA
FOTOSFERA
ALBUFERA
CHUFERA
ADUFERA
CRUCÍGERA
GLANDÍGERA
LIGERA

ALIGERA
BELÍGERA
FLAMÍGERA
ARMÍGERA
PENÍGERA
CORNÍGERA
IMPÍGERA
FLORÍGERA
AURIGERA
SERPENTÍGERA
ALBOHERA
ALBUHERA
RUBIERA
ESPECIERA
NOTICIERA
JUSTICIERA
MAGANCIERA
GANANCIERA
FINANCIERA
PENDENCIERA
SILENCIERA
JUNCIERA
BRIGADIERA
MEDIERA
FIERA
HIERA
ALGALIERA
FILIERA
OLIERA
MIERA
CORMIERA
COMPANIERA
TESTIMONIERA
ARROPIERA
CANARIERA
ROSARIERA
VIDRIERA
CONTRAVIDRIERA
SOBREVIDRIERA
FRIERA
AGUAGRIERA
FURRIERA
CAROSIERA
SITIERA
HOSTIERA
DONDEQUIERA
ADONDEQUIERA
SIQUIERA
CUALQUIERA
QUIENQUIERA
DOQUIERA
ADOQUIERA
COMOQUIERA
CUALESQUIERA
QUIENESQUIERA
NAVIERA
JERA
AJERA
BAJERA
TRABAJERA
CAJERA
ZANCAJERA
ENCAJERA
CASCAJERA
VIAJERA
VINAJERA
PAJERA
ANDRAJERA
GRAJERA
FORRAJERA
PASAJERA
VISAJERA
MENSAJERA
VENTAJERA
POTAJERA
DESTAJERA
ABEJERA
COBEJERA
VENCEJERA
ONCEJERA
CONCEJERA
CALLEJERA
PELLEJERA
CONEJERA
REJERA
CANGREJERA
OREJERA
CONSEJERA
TEJERA
ROPAVEJERA
OVEJERA
ARVEJERA
COBIJERA
UNCIJERA
VEDIJERA
TIJERA

BOCATIJERA
BOTIJERA
LAGARTIJERA
CORTIJERA
QUIJERA
CLAVIJERA
NARANJERA
GRANJERA
EXTRANJERA
AJONJERA
ALJONJERA
ESPONJERA
LISONJERA
OJERA
COJERA
COSCOJERA
ANTEOJERA
PIOJERA
ALOJERA
RELOJERA
FLOJERA
MOJERA
MANOJERA
RASTROJERA
PATOJERA
ANTOJERA
TARJERA
ALFORJERA
CUÁKERA
LERA
ALERA
RABALERA
ARRABALERA
SABALERA
RESBALERA
CALERA
TABACALERA
TRACALERA
ESCALERA
DEDALERA
CANDALERA
ESCANDALERA
TENDALERA
GUINDALERA
REALERA
GALERA
CAGALERA
QUICIALERA
TAMALERA
NACATAMALERA
CANALERA
VIRGINALERA
JORNALERA
PALERA
CHOPALERA
NOPALERA
ESPALERA
CORALERA
FONCARRALERA
CIGARRALERA
CORRALERA
SALERA
CASALERA
ROSALERA
CAFETALERA
HOSPITALERA
QUINTALERA
FRONTALERA
CRISTALERA
SAYALERA
CABEZALERA
SABLERA
TABLERA
SENSIBLERA
ALMIZCLERA
CASCABELERA
CELERA
PINCELERA
CARCELERA
CARAMANCHELERA
PERCHELERA
CANDELERA
CORDELERA
BURDELERA
HELERA
RIELERA
MELERA
TINELERA
TONELERA
PAPELERA
DOSELERA
TELERA
BATELERA
HOTELERA
CARTELERA
CUARTELERA

PASTELERA
CLISTELERA
HOSTELERA
MOSTELERA
SANGUIJUELERA
ZARZUELERA
VELERA
NOVELERA
PITOFLERA
GLERA
RENGLERA
VOCINGLERA
RINGLERA
FRAILERA
CANDILERA
FILERA
HILERA
CONTRAHILERA
PARHILERA
ACEMILERA
PUPILERA
CHAMARILERA
CARRILERA
FERROCARRILERA
ATRILERA
FUSILERA
DATILERA
ANGUILERA
COGUILERA
VILERA
BOLERA
ARREBOLERA
CARAMBOLERA
COLERA
CÓLERA
CARACOLERA
BRECOLERA
COCOLERA
BANDOLERA
ALCOHOLERA
FRIOLERA
PAJOLERA
SANGUIJOLERA
PAÑOLERA
GRIÑOLERA
BUÑOLERA
FAROLERA
PAROLERA
TROLERA
PETROLERA
SOLERA
ATOLERA
CITOLERA
REFITOLERA
VENTOLERA
PISTOLERA
RISTOLERA
COPLERA
GARLERA
PARLERA
PERLERA
FUSLERA
FLUSLERA
FRUSLERA
MAULERA
CULERA
CACHULERA
CAMANDULERA
FARANDULERA
VERDULERA
FULERA
PERULERA
CARATULERA
LLERA
CABALLERA
CALLERA
TRIPICALLERA
QUINCALLERA
CHOCALLERA
FALLERA
GALLERA
ARGALLERA
FARAMALLERA
GRAMALLERA
CREMALLERA
CAZALLERA
CABELLERA
TORMELLERA
ESTRELLERA
VELLERA
HEBILLERA
TOBILLERA
BARBILLERA
CERBILLERA
CANCILLERA
MORCILLERA

CHILLERA
BACHILLERA
TONADILLERA
CODILLERA
RODILLERA
CORDILLERA
PALILLERA
COLILLERA
GOLILLERA
CALAMILLERA
GORGOMILLERA
CANILLERA
ORGANILLERA
GRANILLERA
CAVANILLERA
ESPINILLERA
CAÑILLERA
ARPILLERA
HARPILLERA
ASPILLERA
CASCARILLERA
CHAMARILLERA
LADRILLERA
MADRILLERA
CERILLERA
GRILLERA
NEGRILLERA
BARRILLERA
CARRILLERA
CORRILLERA
PANTORRILLERA
CHURRILLERA
SILLERA
ZAPATILLERA
BARATILLERA
MULETILLERA
PITILLERA
PLANTILLERA
COTILLERA
PACOTILLERA
PELOTILLERA
CARTILLERA
PORTILLERA
CANASTILLERA
CARGUILLERA
TAQUILLERA
MANTEQUILLERA
ESTANQUILLERA
BARQUILLERA
ROSQUILLERA
OLLERA
BOLLERA
CEBOLLERA
BAMBOLLERA
COLLERA
ESCOLLERA
MOLLERA
POLLERA
CHANCHULLERA
FULLERA
FARFULLERA
HULLERA
BARULLERA
GRULLERA
MARRULLERA
CHURRULLERA
PATRULLERA
MERA
CÁMERA
CAMERA
GALAMERA
TALAMERA
ZALAMERA
SOFLAMERA
CAÑAMERA
RAMERA
CARAMERA
PARAMERA
TETRÁMERA
BALSAMERA
RETAMERA
PENTÁMERA
PRESTAMERA
FEMERA
EFÉMERA
LEMERA
REMERA
POSTREMERA
CIMERA
ENCIMERA
EFÍMERA
LIMERA
PRIMERA
POSTRIMERA
LASTÍMERA
QUIMERA

PALMERA
SALMERA
TOLMERA
BARDOMERA
GOMERA
LOMERA
PALOMERA
MOMERA
ROMERA
SOMERA
ISÓMERA
ENFERMERA
TORMERA
CHISMERA
JISMERA
PARAJISMERA
CRISMERA
GULUSMERA
PERFUMERA
HUMERA
JUMERA
INNÚMERA
DEZMERA
DIEZMERA
ABANERA
HABANERA
RABANERA
SABANERA
TABANERA
GALBANERA
UFANERA
VAHANERA
MEDIANERA
TRIANERA
LANERA
CHICLANERA
SOLANERA
LLANERA
AVELLANERA
MANERA
SOBREMANERA
SEMANERA
BANANERA
MAÑANERA
PANERA
ARANERA
JARANERA
ALACRANERA
AZAFRANERA
GRANERA
TEMPRANERA
FAISANERA
GUSANERA
PLATANERA
ALTANERA
VENTANERA
FONTANERA
MONTANERA
TOTANERA
COSTANERA
ADUANERA
GUANERA
SANJUANERA
TOLVANERA
MANZANERA
BAENERA
FAENERA
JAENERA
VERBENERA
CADENERA
CARTAGENERA
COMEJENERA
MELENERA
PLENERA
LLENERA
BALLENERA
COLMENERA
ARENERA
PETENERA
CENTENERA
VENERA
TRAINERA
CARABINERA
BACINERA
CHACINERA
MELECINERA
COCINERA
TOCINERA
ALPECHINERA
COCHINERA
JARDINERA
SARDINERA
TARDINERA
BUDINERA
LINERA
JABALINERA

BOLINERA
MOLINERA
GASOLINERA
PAMPLINERA
GALLINERA
MINERA
CAMINERA
LAMINERA
TOPINERA
ESPINERA
HARINERA
MARINERA
CRINERA
MADRINERA
CHILINDRINERA
GOLONDRINERA
MERINERA
GORRINERA
RESINERA
VOLATINERA
CANTINERA
BOTINERA
POSTINERA
RUTINERA
BORCEGUINERA
COQUINERA
BARQUINERA
RUINERA
CORVINERA
JABONERA
SABONERA
BOMBONERA
CARBONERA
CARBONERA
CHACONERA
PICONERA
HALCONERA
RINCONERA
CORCONERA
CHICHONERA
COLCHONERA
FONDONERA
HONDONERA
ALGODONERA
BORDONERA
CORDONERA
LEONERA
BRAFONERA
ANTIFONERA
BODEGONERA
PREGONERA
PERDIGONERA
FIGONERA
HORMIGONERA
MANGONERA
SANGONERA
BRAHONERA
TAHONERA
ACIONERA
SUPLICACIONERA
ESTACIONERA
TRAICIONERA
MUNICIONERA
PARTICIONERA
INVENCIONERA
PARCIONERA
APARCIONERA
PORCIONERA
GORRIONERA
PASIONERA
MISIONERA
PRISIONERA
ABUSIONERA
CAJONERA
TEJONERA
MOJONERA
COGUJONERA
TALONERA
PANTALONERA
MELONERA
VELONERA
PILONERA
MÓNERA
CAÑAMONERA
LIMONERA
TIMONERA
SALMONERA
CAÑONERA
MUÑONERA
SOBREMUÑONERA
CAPONERA
TAPONERA
CORCHOTAPONERA
CAMARONERA
CAMBRONERA
LADRONERA

COSCORRONERA
TURRONERA
TRONERA
HURONERA
MESONERA
TESONERA
PERSONERA
RATONERA
CANTONERA
MONTONERA
BOTONERA
CARTONERA
BASTONERA
LISTONERA
CARCAVONERA
SALAZONERA
MAZONERA
PEZONERA
TIZONERA
ESCORZONERA
BUZONERA
TABERNERA
CERNERA
PERNERA
TERNERA
VENTERNERA
BORNERA
HORNERA
TORNERA
LIMOSNERA
ALMOSNERA
CUNERA
LAGUNERA
COMUNERA
TUNERA
ATUNERA
ACEITUNERA
TORREZNERA
TIZNERA
AÑERA
BAÑERA
CABAÑERA
CAÑERA
CUCAÑERA
CADAÑERA
MAÑERA
PAÑERA
COMPAÑERA
ARAÑERA
MARAÑERA
PATRAÑERA
EXTRAÑERA
MONTAÑERA
CASTAÑERA
FAZAÑERA
HAZAÑERA
CIZAÑERA
LEÑERA
PEÑERA
VALDEPEÑERA
SEÑERA
SOCALIÑERA
NIÑERA
GARAPIÑERA
VIÑERA
TESTIMOÑERA
GAZMOÑERA
MADROÑERA
SOÑERA
CARANTOÑERA
PUÑERA
CANOERA
GROERA
PERA
CHAPERA
CACHAPERA
PAPERA
TRAPERA
TAPERA
GAZAPERA
CEPERA
LÉPERA
ESTEPERA
NAIPERA
CIPERA
TRIPERA
CAMPERA
CHINAMPERA
PAMPERA
TROMPERA
ÓPERA
COPERA
CHOPERA
ROPERA
ARROPERA
SOPERA

TOPERA
PUÉRPERA
ESCORPERA
ÁSPERA
CASPERA
CARRASPERA
ESPERA
HÉSPERA
NIÉSPERA
VIÉSPERA
NÉSPERA
VÍSPERA
ANTEVÍSPERA
PRÓSPERA
IMPRÓSPERA
GRUPERA
GURUPERA
CARERA
CHACARERA
MASCARERA
AZUCARERA
CHACHARERA
CUCHARERA
ALGARERA
VAHARERA
PAJARERA
CAMARERA
LAMPARERA
ANSARERA
CANTARERA
OLIVARERA
CABRERA
LABRERA
PALABRERA
FEBRERA
LEBRERA
CULEBRERA
PESEBRERA
COCHAMBRERA
FIAMBRERA
ALAMBRERA
PELAMBRERA
FORAMBRERA
HORAMBRERA
MIMBRERA
VIMBRERA
ESCOMBRERA
ALFOMBRERA
HOMBRERA
CUMBRERA
LUMBRERA
ALUMBRERA
OBRERA
MANIOBRERA
SOBRERA
UBRERA
BALADRERA
MADRERA
COMADRERA
PEDRERA
CIDRERA
HOJALDRERA
LANDRERA
LENDRERA
ALMENDRERA
MELINDRERA
GOLONDRERA
MADERERA
ALFILERERA
CAMPERERA
SOMBRERERA
TITERERA
MONTERERA
ESTERERA
AZUFRERA
MILAGRERA
ALMAGRERA
VINAGRERA
NEGRERA
LOGRERA
LABORERA
LICORERA
DERECHORERA
FORERA
FOSFORERA
AGORERA
FLORERA
LLORERA
MORERA
TEMPORERA
TESORERA
VICETESORERA
TORERA
TINTORERA
COMPRERA
BARRERA

GUARDABARRERA
CONTRABARRERA
TABARRERA
ENTREBARRERA
CARRERA
CHICARRERA
CHOCARRERA
CACHARRERA
CHICHARRERA
BUTIFARRERA
CIGARRERA
JARRERA
SOÑARRERA
ALCAPARRERA
CHATARRERA
GUITARRERA
COTARRERA
BERRERA
CERRERA
HERRERA
PERRERA
TERRERA
GUERRERA
ZABORRERA
CHORRERA
CHINCHORRERA
PEDORRERA
ANDORRERA
GORRERA
MANGORRERA
CAMORRERA
COTORRERA
ZORRERA
CHURRERA
MOHATRERA
MATRERA
LETRERA
PETRERA
ARBITRERA
SALITRERA
BUITRERA
FALTRERA
VENTRERA
POTRERA
RASTRERA
CABESTRERA
DESTRERA
OSTRERA
POSTRERA
UTRERA
DERECHURERA
FIGURERA
HURERA
JURERA
PURERA
USURERA
MANUFACTURERA
CONFITURERA
VENTURERA
AVENTURERA
PINTURERA
MESTURERA
MISTURERA
COSTURERA
MIXTURERA
SERA
CASERA
ESCASERA
MASERA
PASERA
RASERA
GRASERA
TRASERA
VASERA
CODESERA
CALESERA
FRESERA
PRESERA
SESERA
TÉSERA
HUESERA
QUESERA
TRAVESERA
YESERA
LISERA
MISERA
MÍSERA
CAMISERA
BRISERA
TISERA
SANLUISERA
VISERA
SALSERA
RABISALSERA
BOLSERA
PULSERA

CANSERA
DESPENSERA
OSERA
COSERA
PORDIOSERA
RAPOSERA
ROSERA
DROSERA
GROSERA
SOSERA
OBUSERA
ALEUSERA
HUSERA
INCLUSERA
SUSERA
YUSERA
BATERA
CORBATERA
CICATERA
HORCHATERA
GATERA
ZARAGATERA
CEGATERA
REGATERA
ALPARGATERA
HATERA
LATERA
FILATERA
CUADRILÁTERA
TRILÁTERA
MULTILÁTERA
QUILATERA
EQUILÁTERA
CHOCOLATERA
MATERA
FEMATERA
TOMATERA
VINATERA
PÁTERA
PATERA
ZAPATERA
RATERA
BARATERA
APARATERA
DISPARATERA
PATARATERA
CRÁTERA
BORATERA
PATATERA
ESTATERA
CIGUATERA
CACAHUATERA
FRUCTERA
SAETERA
GACETERA
CALCETERA
ETCÉTERA
CAFETERA
HETERA
COHETERA
OJETERA
AGUJETERA
CHUFLETERA
CUCHUFLETERA
CANDILETERA
BOLETERA
VIOLETERA
SOLETERA
RAMILLETERA
MOLLETERA
PANETERA
BONETERA
PETERA
ESPETERA
CUCHARETERA
JARETERA
PANDERETERA
CARRETERA
CHARRETERA
JARRETERA
FERRETERA
TRETERA
URÉTERA
PESETERA
CORSETERA
TETERA
POTETERA
JUGUETERA
PAQUETERA
RAQUETERA
ETIQUETERA
ZOQUETERA
GAITERA
DITERA
CHAFALDITERA
BENDITERA

ACEITERA
EMPLEITERA
CONFITERA
AHITERA
LITERA
BILÍTERA
CUADRILÍTERA
TRILÍTERA
DINAMITERA
PALMITERA
HUMITERA
BONITERA
PITERA
CABRITERA
TIRITERA
TITIRITERA
VISITERA
GUITERA
MOSQUITERA
SESQUIÁLTERA
SALTERA
SOLTERA
CULTERA
ADÚLTERA
ANTERA
CANTERA
GARGANTERA
DELANTERA
CARIDELANTERA
LLANTERA
MANTERA
PANTERA
SANTERA
DISANTERA
GUANTERA
ENTERA
PLACENTERA
DENTERA
AGUARDENTERA
LIENTERA
CASAMENTERA
SEMENTERA
CIMENTERA
CUMPLIMENTERA
SARMENTERA
RENTERA
TORRENTERA
CUENTERA
VENTERA
ASPAVENTERA
CINTERA
CARPINTERA
CONTERA
MONTERA
FRONTERA
TORRONTERA
TONTERA
JUNTERA
PUNTERA
COTERA
CHACOTERA
PICOTERA
ESCOTERA
GOTERA
LAGOTERA
BIGOTERA
CHIRIGOTERA
COGOTERA
CANDIOTERA
PATRIOTERA
PIJOTERA
LOTERA
ANDALOTERA
BELLOTERA
MOTERA
CAMOTERA
VINOTERA
CAPOTERA
COMPOTERA
ACROTERA
CAPIROTERA
ABARROTERA
GARROTERA
VILTROTERA
SOTERA
ISÓTERA
MITOTERA
AYOTERA
CHAYOTERA
COYOTERA
ÁPTERA
PERÍPTERA
CALÓPTERA
MONÓPTERA
ARTERA
CARTERA

LAGARTERA
PARTERA
ESPARTERA
TARTERA
CUARTERA
COBERTERA
CERTERA
REFERTERA
INJERTERA
HUERTERA
SUERTERA
HORTERA
MORTERA
PORTERA
REPORTERA
SORTERA
TORTERA
BANASTERA
CANASTERA
FORASTERA
TRASTERA
ESTERA
CESTERA
FESTERA
GESTERA
FIESTERA
BALLESTERA
TESTERA
PUESTERA
CHISTERA
ALPISTERA
REVISTERA
COSTERA
AGOSTERA
PREPÓSTERA
AUSTERA
EMBUSTERA
FUSTERA
FILAUTERA
ZARABUTERA
CAMBUTERA
ZARAGUTERA
FRUTERA
MATUTERA
CUERA
FUERA
AFUERA
TIRAFUERA
DEFUERA
ADEFUERA
AGÜERA
BARDAGUERA
GAGUERA
SANTIAGUERA
FALAGUERA
HALAGUERA
MAGUERA
HORNAGUERA
GALAPAGUERA
PARAGÜERA
ESPARRAGUERA
ZAGUERA
JABEGUERA
CEGUERA
BODEGUERA
PEGUERA
REGUERA
BREGUERA
CONTRARREGUERA
BORREGUERA
MESEGUERA
VEGUERA
ALMACIGUERA
PERDIGUERA
HIGUERA
PEJIGUERA
MIGUERA
HORMIGUERA
CINTRONIGUERA
NARIGUERA
LOMBRIGUERA
MADRIGUERA
LORIGUERA
BARRIGUERA
TRIGUERA
LATIGUERA
SALGUERA
JILGUERA
PULGUERA
EMPULGUERA
FANDANGUERA
GANGUERA
BULLANGUERA
MANGUERA
CHARANGUERA
ENGUERA

DENGUERA
DOMINGUERA
CANDONGUERA
MONDONGUERA
LONGUERA
MILONGUERA
REZONGUERA
SANDUNGUERA
ALBOGUERA
FOGUERA
HOGUERA
TRASHOGUERA
NOGUERA
DROGUERA
CARGUERA
LARGUERA
MARGUERA
AMARGUERA
SARGUERA
ALBERGUERA
GORGUERA
TRASGUERA
LECHUGUERA
PECHUGUERA
LAMPUGUERA
SAMARUGUERA
MADRUGUERA
BESUGUERA
PONTAZGUERA
HUERA
JUERA
MUERA
SALMUERA
NUERA
ESPUERA
QUERA
TABAQUERA
SOBAQUERA
TRIAQUERA
FLAQUERA
ALMANAQUERA
RAQUERA
BARRAQUERA
VARRAQUERA
VERRAQUERA
SAQUERA
TAQUERA
CUÁQUERA
VAQUERA
CHALEQUERA
EMBELEQUERA
MUÑEQUERA
MANTEQUERA
COCHIQUERA
ABANIQUERA
VAINIQUERA
PIQUERA
TOPIQUERA
FALDRIQUERA
FALTRIQUERA
BANQUERA
PALANQUERA
TALANQUERA
MANQUERA
SALAMANQUERA
ARRANQUERA
BARRANQUERA
TRANQUERA
ESTANQUERA
RENQUERA
RONQUERA
JUNQUERA
BOQUERA
EMBOQUERA
COQUERA
BODOQUERA
LOQUERA
CLOQUERA
ROQUERA
CAROQUERA
TOQUERA
BARQUERA
ABARQUERA
ALBERQUERA
MORQUERA
PORQUERA
FRASQUERA
CARRASQUERA
BORRASQUERA
TASQUERA
PESQUERA
FRESQUERA
CISQUERA
MARISQUERA
BUSQUERA
CUQUERA

PELUQUERA
BIZQUERA
ALMIZQUERA
GRUERA
TUERA
VERA
ALCAVERA
CARCAVERA
CADAVERA
CADÁVERA
GAVERA
LINIAVERA
JAVERA
CALAVERA
CLAVERA
LLAVERA
PRIMAVERA
CAÑAVERA
PAVERA
BRAVERA
GRAVERA
NEVERA
BREVERA
SEVERA
HUEVERA
CENCIVERA
SALIVERA
OLIVERA
RIVERA
VIVERA
POLVERA
OVERA
RECOVERA
HOVERA
RENOVERA
MONOVERA
CONSERVERA
UVERA
FILOXERA
GAYERA
PLAYERA
SINAMAYERA
BOYERA
JOYERA
CABUYERA
AFRA
NAFRA
ZAFRA
CIFRA
CONTRACIFRA
ZOFRA
AZOFRA
SUFRA
AGRA
CHAGRA
PODAGRA
PELAGRA
MAGRA
ALMAGRA
TANAGRA
ONAGRA
QUIRAGRA
BISAGRA
LEGRA
ALEGRA
NEGRA
CARANEGRA
BARBINEGRA
FALDINEGRA
HALDINEGRA
VERDINEGRA
OJINEGRA
PELINEGRA
CULINEGRA
RASPINEGRA
CARINEGRA
BOQUINEGRA
ARISNEGRA
ÍNTEGRA
SUEGRA
CONSUEGRA
PIGRA
TIGRA
ANGRA
TUNGRA
IRA
CHAIRA
CARAIRA
HETAIRA
GUAIRA
GUABIRÁ
NAMBIRA
GUAZUBIRÁ
ADIPOCIRA
CHIRA
ACHIRA

CADIRA
HIPERCLORHIDIRA
EIRÁ
CHEIRA
VIEIRA
MUÑEIRA
FREIRA
ZAFIRA
GIRA
HÉGIRA
DEXTRÓGIRA
LEVÓGIRA
JIRA
GUAJIRA
HÉJIRA
LIRA
MIRA
TIRAMIRA
PORTAMIRA
CASIMIRA
LARGOMIRA
BOIRA
PIRA
GAZNÁPIRA
ESPIRA
TARARIRA
SIRA
TIRA
SÁTIRA
ALQUITIRA
MENTIRA
ESTIRA
GÜIRA
CAMAGUIRA
ARAGUIRÁ
HUIRA
BÁQUIRA
CHAQUIRA
COPAQUIRA
VIRA
VIRAVIRA
COCHEVIRA
HONRA
DESHONRA
ORA
TABORA
VÍBORA
TAMBORA
CORA
ALBACORA
ANACORA
BITÁCORA
DECORA
INDECORA
PÉCORA
ALCORA
ÁNCORA
APANCORA
CÓCORA
ESCORA
BIENFECHORA
HECHORA
MALHECHORA
BIENHECHORA
DERECHORA
ACABADORA
MENOSCABADORA
ALABADORA
GRABADORA
CEBADORA
CRIBADORA
ACRIBADORA
ESTRIBADORA
SILBADORA
ARRUMBADORA
ZUMBADORA
ENCOBADORA
ADOBADORA
ROBADORA
PROBADORA
APROBADORA
REPROBADORA
ARROBADORA
ESCARBADORA
DESYERBADORA
ESTORBADORA
TURBADORA
CONTURBADORA
PERTURBADORA
ATISBADORA
INCUBADORA
MACHACADORA
APLACADORA
EMPACADORA
SACADORA
ASACADORA

ENSACADORA
SONSACADORA
SOSACADORA
ATACADORA
DEFECADORA
EMBELECADORA
PECADORA
DESECADORA
AHUECADORA
ACHICADORA
PREDICADORA
INDICADORA
SINDICADORA
VINDICADORA
ADJUDICADORA
PERJUDICADORA
PACIFICADORA
EDIFICADORA
REEDIFICADORA
CODIFICADORA
MODIFICADORA
CALIFICADORA
AMPLIFICADORA
SIMPLIFICADORA
MAGNIFICADORA
SIGNIFICADORA
DAMNIFICADORA
TONIFICADORA
CLARIFICADORA
SACRIFICADORA
VERIFICADORA
GLORIFICADORA
METRIFICADORA
PURIFICADORA
CLASIFICADORA
FALSIFICADORA
PROSIFICADORA
VERSIFICADORA
GRATIFICADORA
RECTIFICADORA
FRUCTIFICADORA
SANTIFICADORA
CERTIFICADORA
FORTIFICADORA
MORTIFICADORA
JUSTIFICADORA
VIVIFICADORA
PUBLICADORA
REPLICADORA
MULTIPLICADORA
EXPLICADORA
FORNICADORA
PREVARICADORA
FABRICADORA
LUBRICADORA
PRACTICADORA
CRITICADORA
PRONOSTICADORA
CALCADORA
DESFALCADORA
REMOLCADORA
CONCULCADORA
CHANCADORA
ARRANCADORA
BRINCADORA
RONCADORA
COCADORA
CHOCADORA
SOFOCADORA
SUFOCADORA
LOCADORA
APOCADORA
TROCADORA
TOCADORA
RETOCADORA
EVOCADORA
REVOCADORA
INVOCADORA
CONVOCADORA
PROVOCADORA
ABARCADORA
MARCADORA
DEMARCADORA
CERCADORA
ACERCADORA
RECERCADORA
ALTERCADORA
AHORCADORA
APORCADORA
SURCADORA
MASCADORA
PESCADORA
REFRESCADORA
MARISCADORA
ARRISCADORA
TRISCADORA

BUSCADORA
REBUSCADORA
OFUSCADORA
APAÑUSCADORA
EMBAUCADORA
TRABUCADORA
MACHUCADORA
EDUCADORA
BESUCADORA
PELLIZCADORA
REMACHADORA
EMPACHADORA
DESPACHADORA
EMBORRACHADORA
TACHADORA
ECHADORA
ACECHADORA
AHECHADORA
COHECHADORA
ASECHADORA
TRASECHADORA
APROVECHADORA
ENGANCHADORA
PLANCHADORA
APLANCHADORA
ENSANCHADORA
RELINCHADORA
TRINCHADORA
TRASNOCHADORA
REPROCHADORA
DERROCHADORA
ENCORCHADORA
ESCUCHADORA
AHUCHADORA
LUCHADORA
DADORA
HADADORA
APIADADORA
TRASLADADORA
NADADORA
AGRADADORA
HORADADORA
REMEDADORA
ARREMEDADORA
HOSPEDADORA
ENREDADORA
AQUEDADORA
DILUCIDADORA
APELLIDADORA
DILAPIDADORA
CUIDADORA
LIQUIDADORA
ENVIDADORA
CONVIDADORA
AMOLDADORA
ANDADORA
ABLANDADORA
MANDADORA
DEMANDADORA
ZARANDADORA
ENMENDADORA
COMENDADORA
ACOMENDADORA
PRENDADORA
DEPRENDADORA
ARRENDADORA
SUBARRENDADORA
COARRENDADORA
BRINDADORA
MONDADORA
FECUNDADORA
FUNDADORA
ACOMODADORA
INCOMODADORA
PODADORA
APODADORA
RODADORA
CARDADORA
ESCARDADORA
ENFARDADORA
TARDADORA
RETARDADORA
GUARDADORA
AGUARDADORA
BORDADORA
ABORDADORA
TRANSBORDADORA
RECORDADORA
CONCORDADORA
ENGORDADORA
FRAUDADORA
DEFRAUDADORA
EMBUDADORA
SALUDADORA
ANUDADORA
DESNUDADORA

AÑUDADORA
ENGRUDADORA
AYUDADORA
COADYUDADORA
BRACEADORA
ALANCEADORA
BALANCEADORA
ROMANCEADORA
COCEADORA
ACOCEADORA
VOCEADORA
MARCEADORA
MOLDEADORA
BLANDEADORA
AMERCENDEADORA
RODEADORA
MERODEADORA
AFEADORA
SOLFEADORA
LISONJEADORA
GORJEADORA
ABALEADORA
JALEADORA
MALEADORA
APALEADORA
SABLEADORA
PELEADORA
EMPLEADORA
CORLEADORA
VAPULEADORA
MOMEADORA
HUSMEADORA
DEVANEADORA
MENEADORA
DELINEADORA
BOLINEADORA
GALARDONEADORA
AGUIJONEADORA
GALONEADORA
SERMONEADORA
PERNEADORA
CORNEADORA
ACORNEADORA
APEADORA
GOLPEADORA
TRAMPEADORA
CACAREADORA
ALGAREADORA
SOMBREADORA
CREADORA
PROCREADORA
APEDREADORA
SABOREADORA
SEÑOREADORA
ENSEÑOREADORA
ACARREADORA
APERREADORA
GUERREADORA
APORREADORA
DELETREADORA
RASTREADORA
PASEADORA
PARAFRASEADORA
FANTASEADORA
DESEADORA
FALSEADORA
HERMOSEADORA
MANOSEADORA
MARIPOSEADORA
ZAPATEADORA
ASAETEADORA
RIBETEADORA
ABOFETEADORA
PLEITEADORA
SALTEADORA
VOLTEADORA
MANTEADORA
OTEADORA
ESCAMOTEADORA
GIMOTEADORA
CUARTEADORA
PORTEADORA
SORTEADORA
TRASTEADORA
RASGUEADORA
SAQUEADORA
BLANQUEADORA
FLANQUEADORA
ZANQUEADORA
BLOQUEADORA
CHASQUEADORA
BESUQUEADORA
BRAVEADORA
AGARRAFADORA
ENGARRAFADORA
ESTAFADORA

TRIUNFADORA
MOFADORA
FILOSOFADORA
ESTOFADORA
TRUFADORA
INDAGADORA
EMBRIAGADORA
FALAGADORA
HALAGADORA
LLAGADORA
PAGADORA
APAGADORA
PROPAGADORA
ESPARRAGADORA
TRAGADORA
ESTRAGADORA
DIVAGADORA
JALBEGADORA
ENJALBEGADORA
CEGADORA
PLEGADORA
ALLEGADORA
NEGADORA
RENEGADORA
DESPEGADORA
REGADORA
FREGADORA
DISGREGADORA
ENTREGADORA
SEGADORA
TRASEGADORA
SOSEGADORA
NAVEGADORA
FUMIGADORA
ESPIGADORA
RESPIGADORA
ABRIGADORA
ATOSIGADORA
FATIGADORA
MITIGADORA
CASTIGADORA
INVESTIGADORA
INSTIGADORA
HOSTIGADORA
FUSTIGADORA
CABALGADORA
ENDILGADORA
PROMULGADORA
ESPULGADORA
DIVULGADORA
ARENGADORA
VENGADORA
JERINGADORA
PROLONGADORA
REZONGADORA
BOGADORA
ABOGADORA
AHOGADORA
ALOGADORA
CATALOGADORA
ROGADORA
DEROGADORA
ARROGADORA
EMBARGADORA
ALARGADORA
ALBERGADORA
OTORGADORA
HURGADORA
PURGADORA
EXPURGADORA
RASGADORA
FISGADORA
DESLECHUGADORA
CENTRIFUGADORA
JUGADORA
ENJUGADORA
MADRUGADORA
SUBYUGADORA
JUZGADORA
SOJUZGADORA
ENLABIADORA
CAMBIADORA
ENRUBIADORA
CONGRACIADORA
PRECIADORA
APRECIADORA
DESPRECIADORA
MENOSPRECIADORA
INDICIADORA
CODICIADORA
BENEFICIADORA
MALICIADORA
BOLLICIADORA
INICIADORA
PROPICIADORA
ACARICIADORA

DESQUICIADORA
ESCANCIADORA
REVERENCIADORA
SENTENCIADORA
ANUNCIADORA
DENUNCIADORA
PRONUNCIADORA
NEGOCIADORA
DISOCIADORA
TERCIADORA
ACUCIADORA
ENSUCIADORA
MEDIADORA
REMEDIADORA
ASEDIADORA
LIDIADORA
INSIDIADORA
ENVIDIADORA
VILIPENDIADORA
COMPENDIADORA
PARODIADORA
ESTUDIADORA
FIADORA
DESAFIADORA
CONFIADORA
PORFIADORA
PRESTIGIADORA
ELOGIADORA
CONCILIADORA
RECONCILIADORA
AUXILIADORA
FOLIADORA
EXFOLIADORA
EXPOLIADORA
AMPLIADORA
MIADORA
PREMIADORA
APREMIADORA
VENDIMIADORA
ENCOMIADORA
RUMIADORA
CALUMNIADORA
ACALUMNIADORA
PIADORA
PRINCIPIADORA
TIPIADORA
LIMPIADORA
ALIMPIADORA
COPIADORA
ACOPIADORA
APROPIADORA
EXPROPIADORA
CONTRARIADORA
CRIADORA
ALBEDRIADORA
ENFRIADORA
RESFRIADORA
ENRIADORA
HISTORIADORA
CHERRIADORA
INJURIADORA
SITIADORA
ANGUSTIADORA
GUIADORA
OBSEQUIADORA
ESQUIADORA
AVIADORA
AGRAVIADORA
ABREVIADORA
ALIVIADORA
DESVIADORA
ANTUVIADORA
TRABAJADORA
REBAJADORA
EMBAJADORA
VIAJADORA
RELAJADORA
MAJADORA
DESPAJADORA
BARAJADORA
ULTRAJADORA
AGASAJADORA
TAJADORA
ATAJADORA
AMORTAJADORA
BANDEJADORA
APAREJADORA
ACONSEJADORA
MUTEJADORA
CORTEJADORA
TRASTEJADORA
AQUEJADORA
VEJADORA
COBIJADORA
REGOCIJADORA
FIJADORA

PROHIJADORA
ALIJADORA
RIJADORA
AGUIJADORA
AOJADORA
ACONGOJADORA
DESHOJADORA
MOJADORA
DESPOJADORA
DESMAROJADORA
ARROJADORA
TARJADORA
FORJADORA
DIBUJADORA
MASCUJADORA
PUJADORA
EMPUJADORA
EMBRUJADORA
ESTRUJADORA
BALADORA
RESBALADORA
CALADORA
ACICALADORA
ENCALADORA
ESCALADORA
ACAUDALADORA
REGALADORA
EXHALADORA
OJALADORA
TRASEÑALADORA
PROPALADORA
SALADORA
TALADORA
ATALADORA
INSTALADORA
IGUALADORA
FABLADORA
HABLADORA
AMBLADORA
TEMBLADORA
POBLADORA
DESPOBLADORA
MESCLADORA
MEZCLADORA
DEBELADORA
CELADORA
ENCARCELADORA
MODELADORA
ENFARDELADORA
FLAGELADORA
HELADORA
CAMELADORA
EMPAPELADORA
VELADORA
REVELADORA
NIVELADORA
NOVELADORA
ARREGLADORA
BAILADORA
ENCANDILADORA
FILADORA
AFILADORA
HILADORA
APILADORA
COMPILADORA
COPILADORA
BURILADORA
TITILADORA
DESTILADORA
MUTILADORA
ANIQUILADORA
ALQUILADORA
ESQUILADORA
COLADORA
MARCOLADORA
ALCOHOLADORA
VIOLADORA
INMOLADORA
INTERPOLADORA
ASOLADORA
DESOLADORA
ACRISOLADORA
CONSOLADORA
DESCONSOLADORA
ENTOLADORA
VOLADORA
TEMPLADORA
CONTEMPLADORA
DESTEMPLADORA
SOPLADORA
CHARLADORA
GARLADORA
PARLADORA
BIRLADORA
CHIRLADORA
ORLADORA

CORLADORA
BURLADORA
AISLADORA
LEGISLADORA
COLEGISLADORA
CONFABULADORA
ESPECULADORA
ARTICULADORA
CALCULADORA
ADULADORA
MODULADORA
COAGULADORA
REGULADORA
ESTRANGULADORA
EMULADORA
SIMULADORA
DISIMULADORA
ESTIMULADORA
CUMULADORA
ACUMULADORA
ANULADORA
MANIPULADORA
DEPOPULADORA
GARRULADORA
ROTULADORA
CALLADORA
ACALLADORA
FALLADORA
HALLADORA
DESMALLADORA
PALLADORA
RALLADORA
AMETRALLADORA
CONTRALLADORA
SALLADORA
AVASALLADORA
BATALLADORA
ATROPELLADORA
QUERELLADORA
SELLADORA
CENTELLADORA
EMBOTELLADORA
GARBILLADORA
CHILLADORA
ACUCHILLADORA
DESCADILLADORA
ACABDILLADORA
ACAUDILLADORA
ESCUDILLADORA
DESPALILLADORA
HUMILLADORA
PILLADORA
BRILLADORA
TRILLADORA
RASTRILLADORA
MARTILLADORA
ENCASTILLADORA
RASTILLADORA
EMPRESTILLADORA
AGAVILLADORA
DEGOLLADORA
AMOLLADORA
BROLLADORA
AMBROLLADORA
EMBROLLADORA
ARROLLADORA
DESOLLADORA
AULLADORA
MAULLADORA
EMBULLADORA
FARFULLADORA
EMBARULLADORA
ARRULLADORA
AMADORA
RECAMADORA
DIFAMADORA
INFAMADORA
DISFAMADORA
AMALGAMADORA
ACLAMADORA
DECLAMADORA
INFLAMADORA
LLAMADORA
MAMADORA
BRAMADORA
AGRAMADORA
DESPARRAMADORA
DERRAMADORA
TRAMADORA
DESAMADORA
EMBALSAMADORA
BLASFEMADORA
REMADORA
QUEMADORA
MIMADORA
ANIMADORA

RIMADORA
TIMADORA
LEGITIMADORA
ULTIMADORA
LASTIMADORA
ESTIMADORA
DESESTIMADORA
ENSALMADORA
DOMADORA
EMBROMADORA
TOMADORA
EPITOMADORA
ARMADORA
ALARMADORA
ERMADORA
MERMADORA
AFIRMADORA
CONFIRMADORA
FORMADORA
DEFORMADORA
REFORMADORA
UNIFORMADORA
INFORMADORA
TRASFORMADORA
TRANSFORMADORA
PLASMADORA
EMBOLISMADORA
FUMADORA
PERFUMADORA
EXHUMADORA
ESPUMADORA
BRUMADORA
ABRUMADORA
SUMADORA
CONSUMADORA
AFANADORA
PROFANADORA
GANADORA
APLANADORA
ALLANADORA
DESPAMPANADORA
DESGRANADORA
SANADORA
DEVANADORA
CENADORA
CERCENADORA
CONDENADORA
ORDENADORA
AJENADORA
ENAJENADORA
EMBALLENADORA
MENADORA
VENENADORA
ENVENENADORA
DESPENADORA
ENFRENADORA
IMPUGNADORA
EXPUGNADORA
ENVAINADORA
HACINADORA
VATICINADORA
CALCINADORA
PATROCINADORA
FASCINADORA
ALUCINADORA
RECHINADORA
COORDINADORA
PEINADORA
REINADORA
AFINADORA
INCLINADORA
DESHOLLINADORA
MINADORA
CAMINADORA
DICTAMINADORA
CONTAMINADORA
EXAMINADORA
DISEMINADORA
ELIMINADORA
ACRIMINADORA
RECRIMINADORA
FULMINADORA
CONMINADORA
DOMINADORA
NOMINADORA
DENOMINADORA
GERMINADORA
TERMINADORA
EXTERMINADORA
LUMINADORA
ILUMINADORA
APADRINADORA
DOCTRINADORA
ENGOLOSINADORA
PATINADORA
SATINADORA

AMOTINADORA
MAQUINADORA
ARRUINADORA
DIVINADORA
ADIVINADORA
ABONADORA
JABONADORA
ESLABONADORA
DONADORA
BALDONADORA
GALARDONADORA
PERDONADORA
CONFECCIONADORA
PERFECCIONADORA
ALECCIONADORA
COLECCIONADORA
ADICIONADORA
SANCIONADORA
CONCIONADORA
OCASIONADORA
LESIONADORA
SUGESTIONADORA
AMUGRONADORA
CORONADORA
EMBORRONADORA
TRONADORA
ATRONADORA
SONADORA
BLASONADORA
RESONADORA
ENTONADORA
AMONTONADORA
PAVONADORA
RAZONADORA
SAZONADORA
GOBERNADORA
ENCUADERNADORA
APERNADORA
SOBORNADORA
ADORNADORA
TRASTORNADORA
EMBADURNADORA
LIMOSNADORA
VACUNADORA
AYUNADORA
GRAZNADORA
REBUZNADORA
BAÑADORA
ABAÑADORA
REBAÑADORA
ARREBAÑADORA
ENCAÑADORA
DAÑADORA
GUADAÑADORA
ENGAÑADORA
DESENGAÑADORA
APAÑADORA
ACOMPAÑADORA
ARAÑADORA
ENMARAÑADORA
CIZAÑADORA
ENCIZAÑADORA
ORDEÑADORA
DESDEÑADORA
LEÑADORA
ENSEÑADORA
ALIÑADORA
RAPIÑADORA
ESCUDRIÑADORA
ESCRUTIÑADORA
SOÑADORA
ENSOÑADORA
EMPONZOÑADORA
ACUÑADORA
REFUNFUÑADORA
EMPUÑADORA
LOADORA
RAPADORA
TAPADORA
INCREPADORA
TREPADORA
ANTICIPADORA
EMANCIPADORA
DESTRIPADORA
DISIPADORA
TOPADORA
EXTIRPADORA
USURPADORA
ASPADORA
ENCRESPADORA
OCUPADORA
CHUPADORA
AGRUPADORA
ARADORA
ACLARADORA
DECLARADORA

PARADORA
APARADORA
ACAPARADORA
DEPARADORA
REPARADORA
PREPARADORA
SEPARADORA
AMPARADORA
DESAMPARADORA
LABRADORA
CELEBRADORA
QUEBRADORA
REQUEBRADORA
LIBRADORA
VIBRADORA
DESMEMBRADORA
SEMBRADORA
ASOMBRADORA
ALUMBRADORA
DESLUMBRADORA
OBRADORA
COBRADORA
EXECRADORA
LADRADORA
TALADRADORA
ENGENDRADORA
REENGENDRADORA
LIBERADORA
DELIBERADORA
ENCERADORA
SINCERADORA
CONSIDERADORA
PONDERADORA
MODERADORA
VOCIFERADORA
EXAGERADORA
REFRIGERADORA
NUMERADORA
GENERADORA
REGENERADORA
VENERADORA
REMUNERADORA
EMPERADORA
IMPERADORA
OPERADORA
COOPERADORA
ESPERADORA
RECUPERADORA
VITUPERADORA
OBLITERADORA
ALTERADORA
ADULTERADORA
AZUFRADORA
DEFLAGRADORA
ALEGRADORA
MIRADORA
ADMIRADORA
ASPIRADORA
ESPIRADORA
RESPIRADORA
INSPIRADORA
CONSPIRADORA
TIRADORA
HONRADORA
DESHONRADORA
ORADORA
ELABORADORA
COLABORADORA
ADORADORA
PERFORADORA
AGORADORA
IMPLORADORA
EXPLORADORA
LLORADORA
MORADORA
ENAMORADORA
DEVORADORA
AVIZORADORA
COMPRADORA
EMBARRADORA
DESPILFARRADORA
AGARRADORA
DESGARRADORA
NARRADORA
CERRADORA
ENCERRADORA
AFERRADORA
HERRADORA
SERRADORA
ASERRADORA
ATERRADORA
DESBORRADORA
AFORRADORA
AHORRADORA
SUSURRADORA
ZURRADORA

PENETRADORA
IMPETRADORA
PERPETRADORA
ARBITRADORA
FILTRADORA
ENTRADORA
CONCENTRADORA
QUILLOTRADORA
AMAESTRADORA
ADESTRADORA
ADIESTRADORA
SECUESTRADORA
REGISTRADORA
MINISTRADORA
SUBMINISTRADORA
ADMINISTRADORA
SUMINISTRADORA
DEMONSTRADORA
MOSTRADORA
DEMOSTRADORA
POSTRADORA
ILUSTRADORA
DESLUSTRADORA
RESTAURADORA
INSTAURADORA
CURADORA
PROCURADORA
DURADORA
MADURADORA
ENDURADORA
ASEGURADORA
AUGURADORA
INAUGURADORA
JURADORA
PERJURADORA
MURADORA
MURMURADORA
APURADORA
DEPURADORA
CENSURADORA
MENSURADORA
ATURADORA
CONJETURADORA
TRITURADORA
ROTURADORA
TORTURADORA
AMASADORA
PASADORA
REPASADORA
TRASPASADORA
ABRASADORA
ENGRASADORA
TASADORA
ENVASADORA
PESADORA
FRESADORA
APRESADORA
DESHUESADORA
ATRAVESADORA
ALISADORA
PISADORA
FRISADORA
SISADORA
GUISADORA
AVISADORA
IMPROVISADORA
FALSADORA
PULSADORA
AMANSADORA
CONDENSADORA
OFENSADORA
PENSADORA
LIBREPENSADORA
COMPENSADORA
DISPENSADORA
PRENSADORA
APRENSADORA
ACOSADORA
GLOSADORA
POSADORA
PROSADORA
FARSADORA
TERGIVERSADORA
MALVERSADORA
CONVERSADORA
USADORA
CAUSADORA
ABUSADORA
ACUSADORA
EXCUSADORA
ATUSADORA
ENGATUSADORA
ATADORA
REBATADORA
ARREBATADORA
DESACATADORA

RESCATADORA
SULFATADORA
RELATADORA
DILATADORA
MATADORA
AMATADORA
DESNATADORA
BARATADORA
MALBARATADORA
DESBARATADORA
DISPARATADORA
TRATADORA
RETRATADORA
DESATADORA
EXTRACTADORA
AFECTADORA
ESPECTADORA
SECTADORA
QUIETADORA
AQUIETADORA
INQUIETADORA
SUJETADORA
RESPETADORA
RETADORA
APRETADORA
INTERPRETADORA
EMPAQUETADORA
ENGAITADORA
AGUAITADORA
HABITADORA
CITADORA
RECITADORA
SOLICITADORA
INCITADORA
CONCITADORA
EJERCITADORA
RESUCITADORA
EXCITADORA
MEDITADORA
AFEITADORA
AGITADORA
PRESTIDIGITADORA
HABILITADORA
TRAMITADORA
IMITADORA
VOMITADORA
GRITADORA
IRRITADORA
VISITADORA
DEPOSITADORA
QUITADORA
INVITADORA
ESMALTADORA
SALTADORA
ASALTADORA
SOLTADORA
DIFICULTADORA
OCULTADORA
SEPULTADORA
INSULTADORA
CANTADORA
ENCANTADORA
ESCANTADORA
ADELANTADORA
PLANTADORA
IMPLANTADORA
DESPLANTADORA
SUPLANTADORA
AMAMANTADORA
ESPANTADORA
QUEBRANTADORA
LEVANTADORA
APACENTADORA
ACRECENTADORA
ENCENTADORA
ARGENTADORA
ORIENTADORA
DESORIENTADORA
ALENTADORA
CALENTADORA
DESALENTADORA
LAMENTADORA
CIMENTADORA
ALIMENTADORA
EXPERIMENTADORA
COMENTADORA
FOMENTADORA
SARMENTADORA
FERMENTADORA
TORMENTADORA
ATORMENTADORA
AUMENTADORA
ARGUMENTADORA
APARENTADORA
AMEDRENTADORA
AFRENTADORA

PRESENTADORA
REPRESENTADORA
POSENTADORA
APOSENTADORA
TENTADORA
OSTENTADORA
SUSTENTADORA
FRECUENTADORA
AVENTADORA
INVENTADORA
AHUYENTADORA
QUINTADORA
REQUINTADORA
CONTADORA
AFRONTADORA
UNTADORA
PREGUNTADORA
JUNTADORA
APUNTADORA
PESPUNTADORA
BARRUNTADORA
AYUNTADORA
BOTADORA
REBOTADORA
EMBOTADORA
DOTADORA
AGOTADORA
FLOTADORA
EXPLOTADORA
DESMOTADORA
ANOTADORA
POTADORA
FROTADORA
MALROTADORA
ALBOROTADORA
TROTADORA
VOTADORA
AZOTADORA
CAPTADORA
ADAPTADORA
ACEPTADORA
RECEPTADORA
EXCEPTADORA
ADOPTADORA
COARTADORA
APARTADORA
LIBERTADORA
ACERTADORA
CONCERTADORA
DESPERTADORA
DISPERTADORA
DISERTADORA
CORTADORA
CONFORTADORA
EXHORTADORA
PORTADORA
IMPORTADORA
SOPORTADORA
TRASPORTADORA
TRANSPORTADORA
EXPORTADORA
HURTADORA
GASTADORA
MALGASTADORA
ENGASTADORA
DESGASTADORA
EMPASTADORA
DEVASTADORA
MANIFESTADORA
MOLESTADORA
COHONESTADORA
AMONESTADORA
PRESTADORA
TESTADORA
RECUESTADORA
AQUISTADORA
CONQUISTADORA
DENOSTADORA
TOSTADORA
AJUSTADORA
ENFLAUTADORA
CONFUTADORA
CONMUTADORA
DEPUTADORA
DIPUTADORA
IMPUTADORA
DISPUTADORA
ESCRUTADORA
AGUADORA
FRAGUADORA
APACIGUADORA
AVERIGUADORA
SANTIGUADORA
AMORTIGUADORA
EVALUADORA
INSINUADORA
CONTINUADORA
EXCAVADORA
LAVADORA
AGRAVADORA
DEPRAVADORA
ELEVADORA
LLEVADORA
CONLLEVADORA
ABREVADORA
ARCHIVADORA
CULTIVADORA
MOTIVADORA
CAUTIVADORA
AVIVADORA
SALVADORA
NOVADORA
RENOVADORA
INNOVADORA
TROVADORA
ENERVADORA
INERVADORA
OBSERVADORA
PRESERVADORA
CONSERVADORA
COADYUVADORA
LAYADORA
ATALAYADORA
MAYADORA
CAZADORA
RECHAZADORA
DESPEDAZADORA
AMORDAZADORA
PROFAZADORA
ADELGAZADORA
ENGAZADORA
ENLAZADORA
AMENAZADORA
EMBARAZADORA
ABRAZADORA
TRAZADORA
TROPEZADORA
REZADORA
ENDEREZADORA
DESCORTEZADORA
BOSTEZADORA
FECUNDIZADORA
VOCALIZADORA
FISCALIZADORA
ESCANDALIZADORA
IDEALIZADORA
SOCIALIZADORA
ANALIZADORA
PARALIZADORA
GENERALIZADORA
MORALIZADORA
DESMORALIZADORA
CENTRALIZADORA
DESCENTRALIZADORA
EVANGELIZADORA
ESTABILIZADORA
ESTERILIZADORA
FERTILIZADORA
SUTILIZADORA
TRANQUILIZADORA
INTRANQUILIZADORA
CIVILIZADORA
MONOPOLIZADORA
ELECTROLIZADORA
ORGANIZADORA
REORGANIZADORA
DESORGANIZADORA
LATINIZADORA
SOLEMNIZADORA
PRECONIZADORA
COLONIZADORA
BARNIZADORA
INMUNIZADORA
VULGARIZADORA
DESPOLARIZADORA
REGULARIZADORA
ABANDERIZADORA
CAUTERIZADORA
MARTIRIZADORA
HERBORIZADORA
VIGORIZADORA
CONTEMPORIZADORA
AUTORIZADORA
ENFERVORIZADORA
ELECTRIZADORA
ATIZADORA
ANATEMATIZADORA
ESTIGMATIZADORA
FANATIZADORA
SIMPATIZADORA
PROFETIZADORA
MAGNETIZADORA
SINTETIZADORA
GARANTIZADORA
NARCOTIZADORA
HIPNOTIZADORA
DESAMORTIZADORA
CATEQUIZADORA
SUAVIZADORA
ENSALZADORA
ALCANZADORA
DANZADORA
AFIANZADORA
LANZADORA
ROMANZADORA
DESPINZADORA
PUNZADORA
HOZADORA
ROZADORA
ALBOROZADORA
DESTROZADORA
RETOZADORA
ENGARZADORA
REFORZADORA
ESFORZADORA
BAUZADORA
CARDUZADORA
AGUZADORA
DESMENUZADORA
CRUZADORA
AZUZADORA
ROBUSTECEDORA
RAEDORA
TRAEDORA
MALTRAEDORA
SABEDORA
BEBEDORA
EMBEBEDORA
SORBEDORA
FACEDORA
DESFACEDORA
HACEDORA
CONTRAHACEDORA
DESHACEDORA
COMPLACEDORA
ANOCHECEDORA
OBEDECEDORA
ENARDECEDORA
ENSORDECEDORA
FORTALECEDORA
ESTABLECEDORA
ENNOBLECEDORA
ENVILECEDORA
FALLECEDORA
ENORGULLECEDORA
MECEDORA
ESTREMECEDORA
ADORMECEDORA
DESVANECEDORA
ESCARNECEDORA
GUARNECEDORA
ENTERNECEDORA
EMPECEDORA
ENTORPECEDORA
ENCARECEDORA
ESCLARECEDORA
EMPOBRECEDORA
MERECEDORA
DESMERECEDORA
OFRECEDORA
FLORECEDORA
FAVORECEDORA
DESFAVORECEDORA
ABORRECEDORA
APETECEDORA
ENALTECEDORA
BASTECEDORA
ABASTECEDORA
ENTRISTECEDORA
EMBRUTECEDORA
ENRIQUECEDORA
ENLOQUECEDORA
VENCEDORA
CONVENCEDORA
CONOCEDORA
RECONOCEDORA
DESCONOCEDORA
TORCEDORA
ENCENDEDORA
DEFENDEDORA
OFENDEDORA
HENDEDORA
DESPENDEDORA
SUSPENDEDORA
EXPENDEDORA
APRENDEDORA
REPRENDEDORA
EMPRENDEDORA
COMPRENDEDORA
TENDEDORA
ATENDEDORA
ENTENDEDORA
VENDEDORA
REVENDEDORA
RESPONDEDORA
PERDEDORA
MORDEDORA
REMORDEDORA
LEEDORA
CREEDORA
ACREEDORA
COACREEDORA
POSEEDORA
VEEDORA
PROVEEDORA
COGEDORA
ACOGEDORA
RECOGEDORA
ESCOGEDORA
TEJEDORA
ENTRETEJEDORA
VALEDORA
OLEDORA
MOLEDORA
DEMOLEDORA
LAMEDORA
TEMEDORA
COMEDORA
DETENEDORA
RETENEDORA
ENTRETENEDORA
MANTENEDORA
CONTENEDORA
SOSTENEDORA
PONEDORA
CONTRAPONEDORA
IMPONEDORA
COMPONEDORA
PROPONEDORA
TRASPONEDORA
DISPONEDORA
SUPONEDORA
CERNEDORA
DISCERNEDORA
TAÑEDORA
ROEDORA
ROMPEDORA
CORROMPEDORA
BARREDORA
CORREDORA
ACORREDORA
SOCORREDORA
METEDORA
ARREMETEDORA
ENTREMETEDORA
COMETEDORA
ACOMETEDORA
PROMETEDORA
VERTEDORA
ABSOLVEDORA
ENSOLVEDORA
VOLVEDORA
REVOLVEDORA
DESENVOLVEDORA
MOVEDORA
CONMOVEDORA
PROMOVEDORA
EMBAIDORA
TRAIDORA
SABIDORA
CONSABIDORA
RECIBIDORA
DECIDORA
CONTRADECIDORA
MALDECIDORA
BENDECIDORA
UNCIDORA
FRUNCIDORA
ESPARCIDORA
ZURCIDORA
INDUCIDORA
CONDUCIDORA
PRODUCIDORA
INTRODUCIDORA
LUCIDORA
FENCHIDORA
HENCHIDORA
PERSUADIDORA
MEDIDORA
PEDIDORA
IMPEDIDORA
EXPEDIDORA
REFUNDIDORA
DIFUNDIDORA
TUNDIDORA
URDIDORA
ATURDIDORA
APLAUDIDORA
SACUDIDORA
REIDORA
FREIDORA
REGIDORA
CORREGIDORA
FINGIDORA
INFINGIDORA
SURGIDORA
MUGIDORA
RUGIDORA
CUMPLIDORA
SUPLIDORA
PULIDORA
BULLIDORA
ZABULLIDORA
ZAMBULLIDORA
ENGULLIDORA
MULLIDORA
GEMIDORA
REDIMIDORA
DORMIDORA
CONSUMIDORA
AVENIDORA
CONTRAVENIDORA
INTERVENIDORA
DEFINIDORA
ESCARNIDORA
DISCERNIDORA
UNIDORA
PUNIDORA
REÑIDORA
RESTRIÑIDORA
BRUÑIDORA
GRUÑIDORA
OIDORA
ESCUPIDORA
PARIDORA
ABRIDORA
ENCUBRIDORA
DESCUBRIDORA
FERIDORA
AFERIDORA
TRASFERIDORA
TRANSFERIDORA
SUGERIDORA
HERIDORA
REQUERIDORA
CONQUERIDORA
PESQUERIDORA
SUFRIDORA
ADQUIRIDORA
INQUIRIDORA
COLORIDORA
ABURRIDORA
ADQUISIDORA
INQUISIDORA
PESQUISIDORA
BATIDORA
REPETIDORA
COMPETIDORA
PERMITIDORA
DESMENTIDORA
SENTIDORA
CONSENTIDORA
DEPARTIDORA
REPARTIDORA
COMPARTIDORA
DESPARTIDORA
PERVERTIDORA
SURTIDORA
EMBESTIDORA
RESISTIDORA
EMBUSTIDORA
DISCUTIDORA
CONTRIBUIDORA
DISTRIBUIDORA
SEGUIDORA
PERSEGUIDORA
ARGÜIDORA
HUIDORA
EXCLUIDORA
DESTRUIDORA
INSTRUIDORA
SUBSTITUIDORA
DESTITUIDORA
RESTITUIDORA
INSTITUIDORA
CONSTITUIDORA
SUSTITUIDORA
VIVIDORA
SERVIDORA
PÍLDORA

ALCANDORA
INODORA
DEUDORA
CODEUDORA
SEORA
ANÁFORA
EPANÁFORA
METÁFORA
CANÉFORA
ALMIFORA
EPIFORA
ÁNFORA
CANFORA
NECRÓFORA
AERÓFORA
SÓFORA
ÁGORA
AGORA
MANDRÁGORA
ANGORA
HORA
AHORA
ZAHORA
SOBREHORA
ASUHORA
DESHORA
SENIORA
SUPERIORA
PRIORA
SUPRIORA
JORA
MEJORA
DESMEJORA
LORA
FLORA
PASTAFLORA
BIFLORA
CALICIFLORA
COROLIFLORA
TALAMIFLORA
TRIFLORA
PASIFLORA
MULTIFLORA
SALVILORA
INCOLORA
DISCOLORA
DOLORA
INDOLORA
CANTIMPLORA
ESLORA
ALLORA
VELLORA
MORA
ZAMORA
ZARZAMORA
DEMORA
RÉMORA
ALMORA
NORA
CANORA
TANORA
VENORA
SONORA
INSONORA
ÑORA
PEÑORA
SEÑORA
PORA
MADRÉPORA
TÉMPORA
EXTRATÉMPORA
ESPORA
ZOOSPORA
PRORA
OTRORA
AURORA
SORA
MASORA
PERSUASORA
EVASORA
INVASORA
DECESORA
PREDECESORA
ANTECESORA
INTERCESORA
SUCESORA
PROFESORA
CUMPROFESORA
AGRESORA
TRASGRESORA
TRANSGRESORA
DEPRESORA
REPRESORA
IMPRESORA
COMPRESORA
OPRESORA

SUPRESORA
ASESORA
POSESORA
COPOSESORA
EMISORA
PERMISORA
TRANSMISORA
REVISORA
PREVISORA
IMPREVISORA
DIVISORA
PROVISORA
IMPULSORA
PROPULSORA
EXPULSORA
INCENSORA
DEFENSORA
OFENSORA
APREHENSORA
COMPREHENSORA
PRENSORA
REPRENSORA
COMPRENSORA
TENSORA
PRETENSORA
EXTENSORA
DISPERSORA
SUBVERSORA
INVERSORA
PRECURSORA
DIFUSORA
TRASFUSORA
TRANSFUSORA
DELUSORA
TORA
ATORA
DELATORA
RELATORA
NOVATORA
ACTORA
REDACTORA
BENEFACTORA
INFRACTORA
DETRACTORA
EXTRACTORA
LECTORA
ELECTORA
REFLECTORA
INSPECTORA
RECTORA
ERECTORA
DIRECTORA
SUBDIRECTORA
VICERRECTORA
CORRECTORA
PROTECTORA
CONTRADICTORA
CONSTRICTORA
DOCTORA
TRADUCTORA
REDUCTORA
SEDUCTORA
INDUCTORA
CONDUCTORA
PRODUCTORA
REPRODUCTORA
INTRODUCTORA
OBSTRUCTORA
DESTRUCTORA
INSTRUCTORA
CONSTRUCTORA
LETORA
PLÉTORA
RETORA
SECRETORA
EXCRETORA
CORRETORA
CÍTORA
EDITORA
DESACREDITORA
PITORA
SUBSCRITORA
ESCRITORA
SUSCRITORA
COMPOSITORA
OPOSITORA
COOPOSITORA
EXPOSITORA
CULTORA
SERICICULTORA
PISCICULTORA
VINICULTORA
VITIVINICULTORA
CUNICULTORA
APICULTORA
SERICULTORA

PUERICULTORA
AGRICULTORA
FLORICULTORA
VITICULTORA
HORTICULTORA
AVICULTORA
OLIVICULTORA
ESCULTORA
CONSULTORA
CANTORA
REDENTORA
CORREDENTORA
VENTORA
CONTRAVENTORA
INVENTORA
INTERVENTORA
EXTINTORA
MOTORA
LOCOMOTORA
PROMOTORA
ELECTROMOTORA
AUTOMOTORA
TOTORA
RAPTORA
RECEPTORA
PRECEPTORA
PERCEPTORA
SUBSCRIPTORA
ESCRIPTORA
PROSCRIPTORA
SUSCRIPTORA
INTERRUPTORA
CORRUPTORA
ASERTORA
CASTORA
PASTORA
ESTORA
GESTORA
IMPOSTORA
AUTORA
FAUTORA
COAUTORA
DISTRIBUTORA
EJECUTORA
SECUTORA
LOCUTORA
COLOCUTORA
INTERLOCUTORA
ADJUTORA
COADJUTORA
TUTORA
INSTITUTORA
HERBÍVORA
PISCÍVORA
FRUGÍVORA
FUMÍVORA
GRANÍVORA
OMNÍVORA
CARNÍVORA
AURÍVORA
INSECTÍVORA
PÓLVORA
FLEXORA
MAYORA
NAZORA
RUPICAPRA
LEPRA
COMPRA
COPRA
SUPRA
ARRA
BARRA
CABARRA
BOCABARRA
GABARRA
TABARRA
CARRA
ALCOCARRA
MOCARRA
SOCARRA
CHISCARRA
CHARRA
CHICHARRA
VIDARRA
FARRA
ATAFARRA
BUTIFARRA
GARRA
CEGARRA
CIGARRA
CHANGARRA
MOHARRA
MUHARRA
DONOSTIARRA
JARRA
MOJARRA

LARRA
MARRA
AMARRA
CHAMARRA
GAMARRA
ZAMARRA
CIMARRA
ALMARRÁ
GOMARRA
NARRA
PANARRA
CINARRA
PEQUEÑARRA
PARRA
CAPARRA
ALCAPARRA
CHAPARRA
TOPARRA
CHATARRA
PATARRA
GUZPATARRA
VIZCAITARRA
CIMITARRA
PITARRA
GUITARRA
COTARRA
CUTARRA
GUARRA
NAVARRA
CHIVARRA
CAZARRA
BIZARRA
PIZARRA
BERRA
GAMBERRA
CERRA
BECERRA
BICERRA
CENCERRA
ADERRA
FERRA
DESFERRA
ENCIERRA
FIERRA
HIERRA
MIERRA
SIERRA
TIERRA
SALVATIERRA
PERRA
GUERRA
POSGUERRA
ESQUERRA
MIRRA
BORRA
ZABORRA
CHIBORRA
CORRA
MOZCORRA
CHORRA
CACHORRA
MACHORRA
PACHORRA
PEDORRA
VIDORRA
ANDORRA
CODORRA
MODORRA
FORRA
AFORRA
PELIFORRA
GANFORRA
GORRA
CHAGORRA
CAPIGORRA
ANGORRA
ENGORRA
HORRA
CALAHORRA
ZAHORRA
MORRA
CAMORRA
CHAMORRA
CALAMORRA
MAZAMORRA
CIMORRA
MAZMORRA
PORRA
CACHIPORRA
SORRA
ATORRA
PITORRA
PANTORRA
COTORRA
ZORRA
BABAZORRA

BURRA
ZANGABURRA
SABURRA
CURRA
ESCURRA
CHURRA
CACHURRA
HURRA
TURRA
BATURRA
CATURRA
PATURRA
ZURRA
CAZURRA
MOHATRA
PEDÍATRA
PODÍATRA
SIQUÍATRA
PSIQUÍATRA
IDÓLATRA
EGÓLATRA
DEMONÓLATRA
ZOÓLATRA
CETRA
ACÓLCETRA
LETRA
METRA
ISOPERÍMETRA
PETIMETRA
ALTÍMETRA
GEÓMETRA
ANTROPÓMETRA
HIDRÓMETRA
PANTÓMETRA
PETRA
IMPETRA
URETRA
TETRA
ÁRBITRA
CITRA
MITRA
BALTRA
PILTRA
ULTRA
MIENTRA
DEMIENTRA
CINTRA
CONTRA
SEMENCONTRA
ESCONTRA
OTRA
QUILLOTRA
POTRA
ESOTRA
ESTOTRA
DESTOTRA
DIOPTRA
CASTRA
PIASTRA
HIJASTRA
LASTRA
ABUELASTRA
PILASTRA
CONTRAPILASTRA
RETROPILASTRA
TRASPILASTRA
POLLASTRA
HERMANASTRA
ZARRAPASTRA
RASTRA
MADRASTRA
SASTRA
NIETASTRA
RECALVASTRA
MAESTRA
DIESTRA
INDIESTRA
FINIESTRA
HINIESTRA
SINIESTRA
RIESTRA
PALESTRA
FENESTRA
MENESTRA
MUESTRA
DEMUESTRA
NUESTRA
ORQUESTRA
VUESTRA
ASPIDISTRA
FISTRA
MINISTRA
SINISTRA
RISTRA
OSTRA
CAOSTRA

COSTRA
RIOSTRA
JOSTRA
CHILOSTRA
FALCIRROSTRA
ATRIRROSTRA
FISIRROSTRA
BALAUSTRA
CLAUSTRA
SOBRECLAUSTRA
NEUTRA
NUTRA
EXTRA
AMBIDEXTRA
URA
AURA
MAURA
CENTAURA
ALBURA
CURA
CALCHACURA
FLACURA
SOTACURA
SINECURA
RECURA
SECURA
CHICURA
PEDICURA
MANICURA
RICURA
BLANCURA
RANCURA
RENCURA
LOCURA
PROCURA
ABSCURA
OBSCURA
ESCURA
DESCURA
VERDESCURA
FRESCURA
OSCURA
ENTREOSCURA
MÚCURA
ACHURA
ECHURA
FECHURA
HECHURA
CONTRAHECHURA
DESHECHURA
DERECHURA
ESTRECHURA
ANCHURA
COCHURA
TOCHURA
DURA
GRABADURA
DERRABADURA
TRABADURA
CEBADURA
ACRIBADURA
ESTRIBADURA
COMBADURA
JOROBADURA
PROBADURA
SOBADURA
ESCARBADURA
ATISBADURA
SACADURA
ENTRESACADURA
ATACADURA
ESTACADURA
EMBECADURA
EMBICADURA
ACHICADURA
DELICADURA
PICADURA
SALPICADURA
ENTRICADURA
RECALCADURA
ARRANCADURA
OBENCADURA
HINCADURA
DESHINCADURA
TRINCADURA
EMBOCADURA
DESEMBOCADURA
ACHOCADURA
FLOCADURA
DISLOCADURA
BROCADURA
TOCADURA
REVOCADURA
ABARCADURA
EMBARCADURA
CERCADURA

MERCADURA
HORCADURA
AHORCADURA
APORCADURA
CASCADURA
MASCADURA
RASCADURA
REFRESCADURA
EMBOSCADURA
ENROSCADURA
MACHUCADURA
ENCAPACHADURA
SACHADURA
TACHADURA
ECHADURA
AHECHADURA
FLECHADURA
ESTRECHADURA
DESTECHADURA
COLCHADURA
CINCHADURA
DESHINCHADURA
PINCHADURA
DESCONCHADURA
DESMOCHADURA
BROCHADURA
ABROCHADURA
NADADURA
ACOBDADURA
BALDADURA
ESCALDADURA
ATILDADURA
SOLDADURA
TOLDADURA
ENTOLDADURA
ANDADURA
ABLANDADURA
EMENDADURA
ENMENDADURA
DESLINDADURA
ABONDADURA
CONDADURA
MONDADURA
ESCAMONDADURA
ORONDADURA
ENFUNDADURA
CODADURA
ACODADURA
ENLODADURA
PODADURA
RODADURA
CARDADURA
ESCARDADURA
BORDADURA
ENCORDADURA
ANUDADURA
DESANUDADURA
AÑUDADURA
BRONCEADURA
COCEADURA
ABALEADURA
COLEADURA
ESPOLEADURA
ESCOPLEADURA
MEADURA
GALONEADURA
HARNEADURA
BORNEADURA
TORNEADURA
GOLPEADURA
TOPEADURA
DESPEADURA
EMBREADURA
ACARREADURA
CHORREADURA
APORREADURA
RABOSEADURA
CALAFATEADURA
PLATEADURA
PATEADURA
VENTEADURA
BARBOTEADURA
BLANQUEADURA
RIFADURA
MOFADURA
ARRUFADURA
AMAGADURA
BRAGADURA
ENJUAGADURA
ENJALBEGADURA
LEGADURA
DOBLEGADURA
PLEGADURA
DESPLEGADURA
PEGADURA
APEGADURA

EMPEGADURA
DESPEGADURA
REGADURA
BREGADURA
FREGADURA
REFREGADURA
ESTREGADURA
RESTREGADURA
ARRAIGADURA
CABRAHIGADURA
LIGADURA
COLIGADURA
DESLIGADURA
CABALGADURA
DESCABALGADURA
SALGADURA
HELGADURA
COLGADURA
EMPULGADURA
DESEMPULGADURA
DERRENGADURA
LONGADURA
DESCARGADURA
ALBERGADURA
ENVERGADURA
RASGADURA
SESGADURA
DESPECHUGADURA
DESARRUGADURA
APRECIADURA
DESPERDICIADURA
ROCIADURA
FIADURA
APREMIADURA
RUMIADURA
LIMPIADURA
ALIMPIADURA
CARIADURA
RESFRIADURA
LISIADURA
SOLIVIADURA
SOBAJADURA
ENCAJADURA
DESENCAJADURA
HORCAJADURA
FAJADURA
DESGAJADURA
MAJADURA
DESPAJADURA
RAJADURA
BARAJADURA
RESQUEBRAJADURA
DESCERRAJADURA
SAJADURA
TAJADURA
RETAJADURA
CUAJADURA
DESPELLEJADURA
EMPAREJADURA
ENREJADURA
TRASTEJADURA
COBIJADURA
AFIJADURA
LIJADURA
AGUIJADURA
ESPONJADURA
AOJADURA
DESHOJADURA
AFLOJADURA
MOJADURA
FORJADURA
ESTRUJADURA
RESBALADURA
CALADURA
ACICALADURA
ENCALADURA
INTERCALADURA
OJALADURA
CANALADURA
ACANALADURA
SALADURA
ENTABLADURA
NEBLADURA
AMBLADURA
ENSAMBLADURA
DOBLADURA
REDOBLADURA
TRASDOBLADURA
ROBLADURA
MEZCLADURA
ENTREMEZCLADURA
CANCELADURA
CINCELADURA
ENFARDELADURA
HELADURA
DESHELADURA

MELADURA
PELADURA
REPELADURA
NIQUELADURA
VELADURA
CHIFLADURA
ASENGLADURA
SINGLADURA
DESPABILADURA
AFILADURA
PERFILADURA
DESHILADURA
DESCARRILADURA
BURILADURA
TRASQUILADURA
ARBOLADURA
COLADURA
ENCOLADURA
DESENCOLADURA
ESTERCOLADURA
DOLADURA
AMOLADURA
SOLADURA
ASOLADURA
VOLADURA
TEMPLADURA
ACOPLADURA
ESCOPLADURA
SOPLADURA
ORLADURA
CORLADURA
BROSLADURA
MAGULADURA
ENCALLADURA
GALLADURA
AGALLADURA
ENGALLADURA
CONTRAMALLADURA
DESMALLADURA
RALLADURA
SALLADURA
TALLADURA
ENTRETALLADURA
ENTALLADURA
CABELLADURA
ENCABELLADURA
DESCABELLADURA
MELLADURA
SELLADURA
DESELLADURA
DESTELLADURA
DESPALDILLADURA
ARRODILLADURA
APOLILLADURA
ACANILLADURA
ENCAPILLADURA
CEPILLADURA
ACEPILLADURA
TROMPILLADURA
ARPILLADURA
BRILLADURA
ENLADRILLADURA
DESCARRILLADURA
TRILLADURA
ENSILLADURA
DESPORTILLADURA
GUILLADURA
BOLLADURA
ABOLLADURA
ACEBOLLADURA
DEGOLLADURA
HOLLADURA
EMPOLLADURA
DESOLLADURA
MAGULLADURA
MADURA
ESCAMADURA
ADAMADURA
ENTALAMADURA
ENCARAMADURA
DERRAMADURA
REMADURA
QUEMADURA
LIMADURA
ARRIMADURA
LASTIMADURA
ENCALMADURA
ENTREPALMADURA
EMPALMADURA
ESPALMADURA
DESPALMADURA
COLMADURA
INMADURA
DOMADURA
ENGOMADURA
PALOMADURA

EMPALOMADURA
EMPLOMADURA
DESLOMADURA
TOMADURA
ARMADURA
CONTRAARMADURA
FALSAARMADURA
DESARMADURA
ERMADURA
FORMADURA
ASMADURA
SAHUMADURA
DESPLUMADURA
ALLANADURA
DESPAMPANADURA
CERCENADURA
ENCADENADURA
CARMENADURA
CARENADURA
DESAINADURA
DESVAINADURA
BINADURA
PEINADURA
AFINADURA
REFINADURA
ENCAMINADURA
EMPINADURA
ESPINADURA
ESQUINADURA
JABONADURA
ENJABONADURA
ENCONADURA
HORCONADURA
FOGONADURA
AFOGONADURA
RENGLONADURA
ENTRERRENGLONADURA
CAMONADURA
ATRONADURA
BOTONADURA
MAZONADURA
CARNADURA
ENCARNADURA
DESCARNADURA
DESGOBERNADURA
CORNADURA
ENCORNADURA
TORNADURA
TRASTORNADURA
TIZNADURA
ABAÑADURA
REBAÑADURA
ARREBAÑADURA
ENCAÑADURA
APAÑADURA
EMPAÑADURA
ESTAÑADURA
RESTAÑADURA
DESPEÑADURA
APIÑADURA
GUIÑADURA
REFUNFUÑADURA
EMPUÑADURA
CAPADURA
RAPADURA
TAPADURA
DESATAPADURA
DESTAPADURA
ENCEPADURA
PALPADURA
HISOPADURA
ARPADURA
ESCARPADURA
DESTORPADURA
RASPADURA
ENCRESPADURA
CRISPADURA
CHUPADURA
ARADURA
APARADURA
VARADURA
LABRADURA
DESCALABRADURA
QUEBRADURA
RESQUEBRADURA
DESMEMBRADURA
SEMBRADURA
COGOMBRADURA
ACOGOMBRADURA
OBRADURA
LADRADURA
CUADRADURA
ALMAGRADURA
LEGRADURA
ALEGRADURA
SANGRADURA

MIRADURA
DORADURA
MORADURA
DESEMPOLVORADURA
EMBARRADURA
DESGARRADURA
AMARRADURA
CERRADURA
ENCERRADURA
FERRADURA
HERRADURA
DESHERRADURA
ASERRADURA
BORRADURA
FORRADURA
AFORRADURA
ENFORRADURA
ENHETRADURA
LETRADURA
CASTRADURA
ARRASTRADURA
AMAESTRADURA
ENCABESTRADURA
ENCOSTRADURA
DURADURA
APURADURA
ASADURA
DESENCASADURA
JASADURA
AMASADURA
PASADURA
RASADURA
ARRASADURA
MESADURA
PESADURA
DESPAVESADURA
ENYESADURA
ALISADURA
PISADURA
FRISADURA
PRENSADURA
APRENSADURA
REBOSADURA
ENCOSADURA
EMBALDOSADURA
FOSADURA
ATADURA
CATADURA
ACATADURA
REATADURA
MATADURA
DESATADURA
DICTADURA
ENCETADURA
APRETADURA
EMPAQUETADURA
BITADURA
ABITADURA
SALTADURA
ENGARGANTADURA
QUEBRANTADURA
LEVANTADURA
RECENTADURA
ENCENTADURA
DENTADURA
AMOLLENTADURA
ASENTADURA
TENTADURA
AVENTADURA
MONTADURA
ENMONTADURA
DESMONTADURA
UNTADURA
JUNTADURA
APUNTADURA
DESPUNTADURA
BOTADURA
REBOTADURA
EMBOTADURA
EMPICOTADURA
ESCOTADURA
FLOTADURA
ENCAPOTADURA
DESENCAPOTADURA
BROTADURA
FROTADURA
DESCONCERTADURA
ABORTADURA
CORTADURA
RECORTADURA
ENTRECORTADURA
DESBASTADURA
ENGASTADURA
EMPLASTADURA
EMPASTADURA
GESTADURA

ENHESTADURA
ASESTADURA
TESTADURA
ATESTADURA
TOSTADURA
GUSTADURA
AGUADURA
ENJAGUADURA
CAVADURA
LAVADURA
CLAVADURA
ENCLAVADURA
DESLAVADURA
LEVADURA
DESEMPOLVADURA
ENCOVADURA
NERVADURA
CORVADURA
ENCORVADURA
GAYADURA
AHOYADURA
APOYADURA
EMBAZADURA
DESPEDAZADURA
ENLAZADURA
EMBRAZADURA
TROPEZADURA
ESTROPEZADURA
DESCORTEZADURA
AVEZADURA
EMBARNIZADURA
ALZADURA
CALZADURA
ENDULZADURA
ALCANZADURA
PUNZADURA
ENTREPUNZADURA
HOZADURA
ROZADURA
RETOZADURA
ENGARZADURA
AGUZADURA
CAEDURA
RAEDURA
TRAEDURA
ACEDURA
PACEDURA
MECEDURA
COCEDURA
ESCOCEDURA
DESCOCEDURA
TORCEDURA
RETORCEDURA
DESTORCEDURA
FENDEDURA
HENDEDURA
PRENDEDURA
TENDEDURA
MORDEDURA
COGEDURA
ENTRECOGEDURA
TEJEDURA
ENTRETEJEDURA
VALEDURA
MOLEDURA
DESMOLEDURA
LAMEDURA
ROEDURA
ROMPEDURA
PODREDURA
BARREDURA
CORREDURA
COSEDURA
DESCOSEDURA
MOVEDURA
DESVAIDURA
CABECIDURA
ZURCIDURA
LUCIDURA
HENCHIDURA
AÑADIDURA
PEDIDURA
HENDIDURA
CONDIDURA
TUNDIDURA
URDIDURA
SACUDIDURA
DESLEIDURA
FREIDURA
COMPLIDURA
REBOLLIDURA
MOLLIDURA
BULLIDURA
ZABULLIDURA
ZAMBULLIDURA
TULLIDURA

ESGRIMIDURA
DIFINIDURA
CERNIDURA
CEÑIDURA
DESCEÑIDURA
REÑIDURA
TEÑIDURA
UÑIDURA
EMPUÑIDURA
BRUÑIDURA
ESCULPIDURA
ESCUPIDURA
ENGERIDURA
INGERIDURA
INJERIDURA
GARRIDURA
COSIDURA
TOSIDURA
ABATIDURA
PARTIDURA
CURTIDURA
EMBESTIDURA
VESTIDURA
ENVESTIDURA
INVESTIDURA
BOQUIDURA
MOLDURA
BLANDURA
GRANDURA
PENDURA
LINDURA
FONDURA
HONDURA
ARDURA
VERDURA
BORDURA
CORDURA
GORDURA
PLEURA
FURA
GURA
FRAGURA
TENEBREGURA
LOBREGURA
NEGREGURA
SEGURA
INSEGURA
FIGURA
CONTRAFIGURA
FOLGURA
HOLGURA
LONGURA
LARGURA
AMARGURA
HURA
TAHÚRA
RECIURA
FRIURA
JURA
BAJURA
LEJURA
BERMEJURA
PAREJURA
QUEJURA
CANJURA
CONJURA
ROJURA
PERJURA
CALURA
DIABLURA
DOBLURA
OLURA
AMARILLURA
MURA
AMURA
CONTRAAMURA
PREMURA
ANURA
GALANURA
PLANURA
LLANURA
RANURA
CUADRANURA
LLENURA
FINURA
TERNURA
PURA
GUAPURA
IMPURA
PÚRPURA
GUARURA
TENEBRURA
MACRURA
ASPERURA
AGRURA
MAGRURA

NEGRURA
HORRURA
SURA
SURÁ
BASURA
RASURA
GRASURA
MACSURA
CESURA
TIESURA
MESURA
DESMESURA
ESPESURA
PRESURA
APRESURA
TESURA
TRAVESURA
CISURA
INCISURA
FISURA
LISURA
COMISURA
BRISURA
VISURA
CENSURA
MENSURA
AGRIMENSURA
TONSURA
FOSURA
INFOSURA
FERMOSURA
HERMOSURA
CINOSURA
DONOSURA
GROSURA
TERSURA
USURA
CLAUSURA
TURA
PROBATURA
VACATURA
SECATURA
SINDICATURA
JUDICATURA
METRIFICATURA
DUPLICATURA
DOMINICATURA
CARICATURA
CLERICATURA
ARCATURA
DATURA
CANDIDATURA
CREATURA
JEFATURA
LIGATURA
LICENCIATURA
NUNCIATURA
COLEGIATURA
FAMILIATURA
FOLIATURA
INGENIATURA
MINIATURA
CRIATURA
ABREVIATURA
NOMENCLATURA
PRELATURA
HILATURA
LEGISLATURA
MACULATURA
MUSCULATURA
PREMATURA
INMATURA
NATURA
SIGNATURA
ASIGNATURA
CRISPATURA
BARATURA
GARATURA
CUADRATURA
TEMPERATURA
INTEMPERATURA
LITERATURA
MAGISTRATURA
DICTATURA
ESTATURA
ANTESTATURA
ESCLAVATURA
CURVATURA
APOYATURA
FACTURA
MANIFACTURA
MANUFACTURA
JACTURA
FRACTURA
YACTURA
PREFECTURA

SUBPREFECTURA
LECTURA
ARQUITECTURA
CONYECTURA
PROYECTURA
CONSTRICTURA
ESTRUCTURA
BEBETURA
CONJETURA
LETURA
PRETURA
APRETURA
MARCHITURA
CONFITURA
GENITURA
SEGUNDOGENITURA
PRIMOGENITURA
PROGENITURA
FORNITURA
ESCRITURA
CONTRAESCRITURA
FRITURA
TESITURA
POSITURA
PREPOSITURA
PARTITURA
ALTURA
MOLTURA
SOLTURA
VOLTURA
ENVOLTURA
DESENVOLTURA
CULTURA
SERICICULTURA
PISCICULTURA
OLEICULTURA
VINICULTURA
VITIVINICULTURA
CUNICULTURA
APICULTURA
SERICULTURA
PUERICULTURA
AGRICULTURA
ARBORICULTURA
FLORICULTURA
OSTRICULTURA
PRATICULTURA
VITICULTURA
HORTICULTURA
FRUTICULTURA
AVICULTURA
OLIVICULTURA
SELVICULTURA
SILVICULTURA
INCULTURA
ESCULTURA
SEPULTURA
LENTURA
CALENTURA
VENTURA
AVENTURA
MALAVENTURA
BUENAVENTURA
CONTRAVENTURA
DESAVENTURA
DESVENTURA
CINTURA
PINTURA
TINTURA
MONTURA
UNTURA
JUNTURA
CONJUNTURA
PUNTURA
ACUPUNTURA
COYUNTURA
ROTURA
ARROTURA
CONTRARROTURA
MANIRROTURA
CAPTURA
ESCRIPTURA
RUPTURA
FARTURA
HARTURA
PARTURA
ABERTURA
OBERTURA
COBERTURA
DESCOBERTURA
CUBERTURA
APERTURA
TORTURA
PASTURA
MESTURA
CUESTURA

MISTURA
CONMISTURA
PISTURA
TRISTURA
COSTURA
ANGOSTURA
POSTURA
APOSTURA
DESAPOSTURA
ENTREPOSTURA
IMPOSTURA
COMPOSTURA
DESCOMPOSTURA
FUTURA
SUTURA
TEXTURA
CONTEXTURA
MIXTURA
PAVURA
BRAVURA
NERVURA
FLEXURA
ZURA
REZURA
DULZURA
BEVRA
ASA
ASÁ
BASA
GABASA
DIABASA
CONTRABASA
SOTABASA
CASA
CARCASA
ESCASA
GASA
BAGASA
JASA
LASA
LITOCLASA
CHICHILASA
MASA
ARGAMASA
NASA
PASA
PASAPASA
RASA
SARASA
TARASA
BRASA
CRASA
GRASA
CRISOPRASA
BALARRASA
GUASASA
TASA
DETASA
RETASA
POTASA
DIASTASA
GUASA
YAGUASA
AYAHUASA
VASA
ESA
MAESA
OBESA
CORDOBESA
INACCESA
ARRICESA
FRANCÉSA
PRINCESA
CONCESA
ESCOCESA
CORCESA
CHESA
ABADESA
GRANADESA
ALCAIDESA
ALCALDESA
CELANDESA
NEOCELANDESA
ZELANDESA
NEOZELANDESA
GROENLANDESA
FINLANDESA
HOLANDESA
NEERLANDESA
IRLANDESA
CURLANDÉSA
CURLANDESA
ISLANDESA
MIRANDESA
CONDESA
VIZCONDESA

BORUNDESA
GUARDESA
DEESA
DEFESA
CONFESA
INCONFESA
PROFESA
BURGESA
DEHESA
CONFIESA
ATENIESA
PRIESA
APRIESA
TIESA
PELITIESA
PALMITIESA
PATITIESA
AVIESA
TRAVIESA
LESA
CALESA
RONCALESA
GALESA
SENEGALESA
CINGALESA
BURGALESA
PORTUGALESA
SALESA
AYALESA
DIABLESA
CONDESTABLESA
BELESA
ROCHELESA
BORDELESA
INGLESA
ILESA
ALGUACILESA
AVILESA
TIROLESA
CONSULESA
MARSELLESA
ESTELLESA
PULLESA
MESA
SIAMESA
PELAMESA
BAYAMESA
REMESA
SOBREMESA
ARQUIMESA
ESCOMESA
PROMESA
JUSMESA
ALBANESA
DANESA
SARDANESA
AMPURDANÉSA
AMPURDANESA
SUDANESA
MANGANESA
GUADIANESA
INDIANESA
MILANESA
ALEMANESA
CUMANESA
ROANESA
ARANESA
ORANESA
INDOSTANESA
AGUANESA
RUANESA
JAVANESA
JAENESA
MODENESA
GUIENESA
VIENESA
MENESA
LORENESA
CESENESA
RAVENESA
MEDINESA
FINESA
UGROFINESA
CARTAGINESA
MOLINESA
BERLINESA
MESINESA
NARBONESA
LISBONESA
GASCONESA
LEONESA
ARANGONESA
MAHONESA
LIONESA
GIJONESA
BADALONESA

BARCELONESA
POLONESA
TOLONESA
PAMPLONESA
ROSELLONESA
CREMONESA
CANONESA
AVIÑONESA
JAPONESA
BARONESA
MATARONESA
VARONESA
PADRONESA
VERONESA
GIRONESA
BAYONESA
MAYONESA
BEARNESA
BERNESA
HIBERNESA
TORNESA
IRUNESA
CALAÑESA
MONTAÑESA
CAMPIÑESA
BOLOÑESA
LOGROÑESA
SANTOÑESA
CORUÑESA
TOESA
PESA
PRINCIPESA
CAMPESA
ESPESA
DESPESA
BARBIESPESA
DOGARESA
YOGLARESA
JUGLARESA
VEIMARESA
PARESA
FERRARESA
CALABRESA
SANABRESA
GINEBRESA
CRESA
MURVIEDRESA
PONTEVEDRESA
GÜELDRESA
LONDRESA
TERESA
SANTATERESA
QUERESA
FRESA
FELIGRESA
PRIORESA
PISTORESA
PRESA
APRESA
REPRESA
SALPRESA
EMPRESA
IMPRESA
REIMPRESA
COMPRESA
OPRESA
INTERPRESA
SORPRESA
SUPRESA
EXPRESA
EIBARRÉSA
SASTRESA
MAESTRESA
OBSESA
DIOSESA
POSESA
TESA
MALTESA
CANTESA
INFANTESA
SARGANTESA
MANTESA
ALMIRANTESA
CARPINTESA
MONTESA
BEAMONTESA
PIAMONTESA
AGRAMONTESA
ARTESA
FUTESA
SABUESA
FRAMBUESA
CUESA
FUESA
SANTIAGUESA
MALAGUESA

SAYAGUESA
VIGUESA
SANGÜESA
YANGÜESA
BURGUESA
HAMBURGUESA
LUCEMBURGUESA
LUXEMBURGUESA
LUGUESA
PORTUGUESA
HUESA
MUESA
CAMUESA
DEMUESA
NUESA
GENUESA
AQUESA
TEPEAQUESA
JAQUESA
SALAMANQUESA
IROQUESA
CARQUESA
MARQUESA
DINAMARQUESA
MALLORQUESA
MENORQUESA
TURQUESA
DUQUESA
ARCHIDUQUESA
LUQUESA
GRUESA
VUESA
ALAVESA
PAVESA
DEVESA
REVESA
JATIVESA
GENOVESA
GINOVESA
PAYESA
OCCISA
INDECISA
PRECISA
IMPRECISA
INCISA
CONCISA
INCIRCUNCISA
INTERCISA
ABSCISA
CHISA
LISA
TAMBALISA
MELISA
BOLISA
COLISA
MISA
CAMISA
ALTAMISA
REMISA
PREMISA
ARTEMISA
OMISA
PERMISA
INTERMISA
MANUMISA
SUMISA
INSUMISA
DIACONISA
HISTRIONISA
CANONISA
FITONISA
PITONISA
CORNISA
FOISA
POISA
HEMORROISA
PISA
PAPISA
CORTAPISA
REPISA
ARREPISA
ZOPISA
RISA
CLARISA
BRISA
GUARDABRISA
FRISA
GRISA
SONRISA
PRISA
APRISA
DEPRISA
TRISA
SISA
RESISA
PROFETISA

POETISA
MANTISA
SACERDOTISA
MANUTISA
GUISA
LUISA
QUISA
REQUISA
CONQUISA
MARQUISA
LEBERQUISA
PESQUISA
CHUQUISA
LUCTUISA
DEVISA
ANTEVISA
DIVISA
INDIVISA
ENVISA
POVISA
IMPROVISA
BALSA
REBALSA
FALSA
SALSA
EXCELSA
PREEXCELSA
MIELSA
MELSA
RELSA
BOLSA
MOLSA
MULSA
REPULSA
COMPULSA
PROPULSA
EXPULSA
INSULSA
CONVULSA
ANSA
CANSA
SECANSA
GANSA
HANSA
MANSA
NANSA
PANSA
SANSA
ACCENSA
DENSA
CONDENSA
DEFENSA
INDEFENSA
OFENSA
INOFENSA
APREHENSA
DEPREHENSA
INMENSA
IMPENSA
RECOMPENSA
PROPENSA
DESPENSA
DISPENSA
SUSPENSA
PRENSA
COMPRENSA
TENSA
SUBTENSA
PRETENSA
INTENSA
EXTENSA
INEXTENSA
INTONSA
OSA
BABOSA
CABOSA
RABOSA
SEBOSA
GIBOSA
SILBOSA
BULBOSA
COMBOSA
RUMBOSA
LOBOSA
GLOBOSA
TOBOSA
GARBOSA
HERBOSA
VERBOSA
YERBOSA
MORBOSA
ESTORBOSA
BUBOSA
NUBOSA
COSA
TABACOSA

ACHACOSA
PECOSA
MANTECOSA
JAQUECOSA
RADICOSA
QUEJICOSA
GALICOSA
BELICOSA
PICOSA
VARICOSA
QUISICOSA
COSICOSA
FRUTICOSA
TALCOSA
BARRANCOSA
CARBUNCOSA
JUNCOSA
COCOSA
JOCOSA
MUCOSA
RUCOSA
ARCOSA
ASCOSA
BASCOSA
PEÑASCOSA
CARRASCOSA
BORRASCOSA
ESCOSA
RISCOSA
VENTISCOSA
VISCOSA
BUSCOSA
HUSCOSA
ARCABUCOSA
GLUCOSA
MUCOSA
SUCOSA
FACHOSA
HILACHOSA
EMPACHOSA
CARACHOSA
TACHOSA
MOSTACHOSA
ENDECHOSA
LECHOSA
MECHOSA
DESPECHOSA
SOSPECHOSA
ASECHOSA
PROVECHOSA
DICHOSA
CAPRICHOSA
GANCHOSA
MANCHOSA
CHINCHOSA
CONCHOSA
CARUNCHOSA
MARCHOSA
CORCHOSA
CUIDADOSA
MALDADOSA
BONDADOSA
ENFADOSA
ENHADOSA
PIADOSA
IMPIADOSA
GRADOSA
VADOSA
MIEDOSA
IMPIEDOSA
SOLEDOSA
GREDOSA
ENREDOSA
SEDOSA
GRAVEDOSA
NOVEDOSA
ARDIDOSA
PERDIDOSA
VELEIDOSA
HABILIDOSA
VANIDOSA
COIDOSA
LAPIDOSA
CARIDOSA
CUIDOSA
RUIDOSA
OLVIDOSA
BALDOSA
CALDOSA
HUMILDOSA
JACARANDOSA
HACENDOSA
FACHENDOSA
MENDOSA
ESTRUENDOSA
ONDOSA

BONDOSA
ABONDOSA
FRONDOSA
TORONDOSA
UNDOSA
ABUNDOSA
LUDOSA
MODOSA
LARDOSA
ALARDOSA
GUARDOSA
JUARDOSA
CERDOSA
MERDOSA
VERDOSA
DUDOSA
DEUDOSA
NUDOSA
ÑUDOSA
SUDOSA
ZACEOSA
CECEOSA
OLEOSA
MAREOSA
CORREOSA
CASEOSA
GASEOSA
DESEOSA
NAUSEOSA
TEOSA
PLEITEOSA
FOSA
GAFOSA
VAFOSA
AGOSA
EMPALAGOSA
PLAGOSA
LLAGOSA
CHAMAGOSA
CENAGOSA
FRAGOSA
CONFRAGOSA
FARRAGOSA
TENEBREGOSA
PEDREGOSA
TERREGOSA
TOSEGOSA
VEGOSA
VEJIGOSA
HORMIGOSA
ESPIGOSA
BRIGOSA
TOSIGOSA
FATIGOSA
HOSTIGOSA
ALGOSA
PULGOSA
FANGOSA
GANGOSA
RANGOSA
DENGOSA
PRINGOSA
CATINGOSA
HONGOSA
FUNGOSA
FOGOSA
EMBARGOSA
CARGOSA
MARGOSA
AMARGOSA
LETARGOSA
MUSGOSA
JUGOSA
RUGOSA
VERRUGOSA
DESAPROVEDHOSA
MOHOSA
ESCABIOSA
RABIOSA
OPROBIOSA
SOBERBIOSA
TURBIOSA
ESPACIOSA
DESPACIOSA
GRACIOSA
FACCIOSA
INFECCIOSA
ESPECIOSA
PRECIOSA
AMBICIOSA
SEDICIOSA
BLANDICIOSA
INDICIOSA
CODICIOSA
JUDICIOSA
BENEFICIOSA

ARTIFICIOSA
INARTIFICIOSA
OFICIOSA
INOFICIOSA
FLAGICIOSA
MALICIOSA
DELICIOSA
BULLICIOSA
PERNICIOSA
CARICIOSA
AVARICIOSA
NOTICIOSA
SUPERSTICIOSA
JUICIOSA
VICIOSA
ALABANCIOSA
GANANCIOSA
RANCIOSA
JACTANCIOSA
SUBSTANCIOSA
SUSTANCIOSA
LICENCIOSA
CADENCIOSA
TENDENCIOSA
AGENCIOSA
SILENCIOSA
PESTILENCIOSA
HEMENCIOSA
QUERENCIOSA
SENTENCIOSA
CONTENCIOSA
PRESUNCIOSA
OCIOSA
NEGOCIOSA
CAPCIOSA
FASCIOSA
CUCIOSA
ACUCIOSA
AGUCIOSA
MINUCIOSA
ASTUCIOSA
DIOSA
RADIOSA
TRAGEDIOSA
TEDIOSA
ACIDIOSA
SEMIDIOSA
DESIDIOSA
INSIDIOSA
FASTIDIOSA
ENVIDIOSA
INVIDIOSA
GRANDIOSA
VILIPENDIOSA
COMPENDIOSA
DISPENDIOSA
INFUNDIOSA
ENJUNDIOSA
ODIOSA
MELODIOSA
MISERICORDIOSA
ESTUDIOSA
PORFIOSA
AMBAGIOSA
PRESAGIOSA
CONTAGIOSA
PRODIGIOSA
RELIGIOSA
IRRELIGIOSA
ANTIRRELIGIOSA
LITIGIOSA
PRESTIGIOSA
ESPONGIOSA
ELOGIOSA
LIOSA
VALIOSA
CONTUMELIOSA
BILIOSA
ATRABILIOSA
DOLIOSA
PREMIOSA
SANIOSA
INGENIOSA
IGNOMINIOSA
CALUMNIOSA
MELANCONIOSA
MALENCONIOSA
AGONIOSA
CEREMONIOSA
PARSIMONIOSA
ARMONIOSA
HARMONIOSA
HERNIOSA
RIPIOSA
COPIOSA
CARIOSA

ESCARIOSA
CLARIOSA
CONTRARIOSA
VOLUNTARIOSA
BRIOSA
EBRIOSA
OPROBRIOSA
VIDRIOSA
LACERIOSA
IMPERIOSA
VITUPERIOSA
ARTERIOSA
MISTERIOSA
LABORIOSA
GLORIOSA
VANAGLORIOSA
DOLORIOSA
MEMORIOSA
VICTORIOSA
VITORIOSA
BARRIOSA
ZARRIOSA
INDUSTRIOSA
CURIOSA
INCURIOSA
FURIOSA
INJURIOSA
LUJURIOSA
FANTASIOSA
ANSIOSA
CUANTIOSA
CONTIOSA
HASTIOSA
ENHASTIOSA
ANGUSTIOSA
OBSEQUIOSA
AGRAVIOSA
ALIVIOSA
LLOVIOSA
NERVIOSA
PLUVIOSA
LLUVIOSA
JOSA
TRABAJOSA
PICAJOSA
ZANCAJOSA
CASCAJOSA
GAJOSA
PEGAJOSA
PINGAJOSA
GARGAJOSA
QUEMAJOSA
ESPUMAJOSA
PAJOSA
TRAPAJOSA
ESTROPAJOSA
QUEBRAJOSA
RESQUEBRAJOSA
ANDRAJOSA
CORAJOSA
ULTRAJOSA
GASAJOSA
AGASAJOSA
VENTAJOSA
DESVENTAJOSA
TARTAJOSA
GUEDEJOSA
SALTANEJOSA
QUEJOSA
AQUEJOSA
ACIJOSA
VEDIJOSA
COJIJOSA
LIJOSA
DORMIJOSA
RIJOSA
GUIJOSA
ESPONJOSA
OJOSA
CORDOJOSA
ANGOJOSA
CONGOJOSA
GORGOJOSA
HOJOSA
PIOJOSA
ENOJOSA
DESENOJOSA
HINOJOSA
LUJOSA
GRANUJOSA
LOSA
ALOSA
RESBALOSA
CALOSA
ESCANDALOSA
CAUDALOSA

TEMBLOSA
NUBLOSA
ÑUBLOSA
CELOSA
RECELOSA
PROCELOSA
ANHELOSA
MELOSA
PELOSA
REPELOSA
CAUTELOSA
GLOSA
HIOGLOSA
CINOGLOSA
HIPOGLOSA
ISOGLOSA
BUGLOSA
HABILOSA
PABILOSA
JUBILOSA
NUBILOSA
FILOSA
SIGILOSA
ARGILOSA
DORMILOSA
PILOSA
QUILOSA
CAVILOSA
DOLOSA
FORMIDOLOSA
GOLOSA
VARIOLOSA
MOLOSA
FRIVOLOSA
FABULOSA
SABULOSA
NEBULOSA
GLOBULOSA
TUBULOSA
MACULOSA
MIRACULOSA
RIDICULOSA
VESICULOSA
METICULOSA
GESTICULOSA
CALCULOSA
TUBERCULOSA
ANTITUBERCULOSA
SURCULOSA
VASCULOSA
MUSCULOSA
MEDULOSA
GLANDULOSA
MODULOSA
ESCROFULOSA
GULOSA
COAGULOSA
ANGULOSA
CELULOSA
NITROCELULOSA
TREMULOSA
ESTREMULOSA
ESTIMULOSA
ANULOSA
GRANULOSA
PAPULOSA
CRAPULOSA
AMPULOSA
POPULOSA
ESCRUPULOSA
FISTULOSA
PUSTULOSA
LLOSA
CALLOSA
ROCALLOSA
FARFALLOSA
BATALLOSA
CABELLOSA
MANCELLOSA
QUERELLOSA
VELLOSA
MANCILLOSA
RENCILLOSA
ARCILLOSA
QUEJILLOSA
PELILLOSA
CARAMILLOSA
HUMILLOSA
GRANILLOSA
TERNILLOSA
LADRILLOSA
PUNTILLOSA
ASTILLOSA
POSTILLOSA
QUISQUILLOSA
COSQUILLOSA

GOZQUILLOSA
MARAVILLOSA
EMBROLLOSA
ARGULLOSA
ORGULLOSA
ESCAMOSA
FAMOSA
INFAMOSA
LEGAMOSA
LAMOSA
CLAMOSA
MAMOSA
RAMOSA
GRAMOSA
GEMOSA
FLEMOSA
CREMOSA
TREMOSA
EXTREMOSA
TEMOSA
APOSTEMOSA
RACIMOSA
LIMOSA
CALIMOSA
ESQUILIMOSA
ESCOLIMOSA
MIMOSA
ANIMOSA
LACRIMOSA
GRIMOSA
LAGRIMOSA
ESCATIMOSA
LASTIMOSA
CALMOSA
GOMOSA
LOMOSA
PLOMOSA
AROMOSA
MARMOSA
FERMOSA
ENFERMOSA
HERMOSA
MUERMOSA
DISFORMOSA
ASMOSA
PASMOSA
CHISMOSA
FUMOSA
HUMOSA
PLUMOSA
ESPUMOSA
BRUMOSA
GRUMOSA
ZUMOSA
GALBANOSA
CANOSA
CANCANOSA
MEDANOSA
AFANOSA
GANOSA
HARAGANOSA
LEGANOSA
LANOSA
REMANOSA
PANOSA
PAMPANOSA
ARANOSA
MEMBRANOSA
GRANOSA
GUSANOSA
PANTANOSA
FONTANOSA
AGUANOSA
CENOSA
ADENOSA
CIENOSA
AMENOSA
VENENOSA
PENOSA
ARENOSA
GANGRENOSA
CENTENOSA
VENOSA
PECINOSA
LACTICINOSA
PINGÜEDINOSA
LIBIDINOSA
TENDINOSA
VERDINOSA
EMPEINOSA
OLEAGINOSA
MUCILAGINOSA
CARTILAGINOSA
VORAGINOSA
CALIGINOSA
FULIGINOSA

SERPIGINOSA
VERTIGINOSA
VORTIGINOSA
ULGINOSA
ANGINOSA
LANUGINOSA
RUGINOSA
ERUGINOSA
FERRUGINOSA
AGUAJINOSA
CALINOSA
CANTALINOSA
NEBLINOSA
PAMPLINOSA
GALLINOSA
PECAMINOSA
LAMINOSA
CRIMINOSA
FULMINOSA
OMINOSA
CARMINOSA
VERMINOSA
ALBUMINOSA
ACUMINOSA
LEGUMINOSA
LUMINOSA
ALUMINOSA
VOLUMINOSA
BETUMINOSA
BITUMINOSA
PINOSA
ESPINOSA
HARINOSA
RESINOSA
GELATINOSA
QUITINOSA
HEDENTINOSA
GLUTINOSA
CONGLUTINOSA
SANGUINOSA
BLANQUINOSA
PERINQUINOSA
RUINOSA
VINOSA
ERUMNOSA
JABONOSA
CARBONOSA
ENCONOSA
DONOSA
ALGODONOSA
GAMONOSA
FLEMONOSA
FLEGMONOSA
CARNOSA
SARNOSA
GOBERNOSA
CAVERNOSA
BOCHORNOSA
LAGUNOSA
FORTUNOSA
BRIZNOSA
AÑOSA
DAÑOSA
FAÑOSA
LAGAÑOSA
MAGAÑOSA
LEGAÑOSA
ENGAÑOSA
MAÑOSA
PAÑOSA
TELARAÑOSA
MARAÑOSA
SAÑOSA
PITAÑOSA
MONTAÑOSA
PESTAÑOSA
FAZAÑOSA
HAZAÑOSA
CEÑOSA
DESDEÑOSA
ENGEÑOSA
LEÑOSA
EMPEÑOSA
BREÑOSA
ALIÑOSA
MIÑOSA
RIÑOSA
CARIÑOSA
MORRIÑOSA
TIÑOSA
VERGOÑOSA
ROÑOSA
CAROÑOSA
PONZOÑOSA
EMPONZOÑOSA
UÑOSA

POSA
GUIÑAPOSA
RAPOSA
HARAPOSA
HALDRAPOSA
ZURRAPOSA
ADIPOSA
HIPOSA
MARIPOSA
FELPOSA
CULPOSA
PULPOSA
TRAMPOSA
POMPOSA
CUPOSA
ESTOPOSA
ZARPOSA
CASPOSA
CARRASPOSA
ESPOSA
CHISPOSA
PUPOSA
ROSA
SACAROSA
GAROSA
VAGAROSA
JAROSA
BATALLAROSA
PESAROSA
AZAROSA
LAZAROSA
ESCABROSA
SABROSA
HEBROSA
TENEBROSA
LATEBROSA
FIBROSA
COCHAMBROSA
MIMBROSA
SOMBROSA
ASOMBROSA
UMBROSA
QUEJUMBROSA
LUMBROSA
ALUMBROSA
RELUMBROSA
PENUMBROSA
HERRUMBROSA
ZOZOBROSA
LUCROSA
MEDROSA
PEDROSA
LENDROSA
MELINDROSA
HABEROSA
SUBEROSA
TUBEROSA
CEROSA
ACEROSA
ULCEROSA
CANCEROSA
PROCEROSA
PRADEROSA
SIDEROSA
PONDEROSA
PODEROSA
TODOPODEROSA
OJEROSA
SALEROSA
VALEROSA
ESCLEROSA
CABALLEROSA
TEMEROSA
NUMEROSA
GENEROSA
FACINEROSA
DINEROSA
ONEROSA
UPEROSA
VITUPEROSA
SEROSA
ALTEROSA
MENESTEROSA
SEQUEROSA
ASQUEROSA
SUEROSA
CADAVEROSA
AZUFROSA
GROSA
PELAGROSA
MILAGROSA
VINAGROSA
ALEGROSA
PELIGROSA
CANGROSA
MUGROSA

AIROSA
DONAIROSA
SUSPIROSA
MENTIROSA
BUTIROSA
HONROSA
DESHONROSA
LABOROSA
SABOROSA
RUBOROSA
DECOROSA
INDECOROSA
ICOROSA
LICOROSA
RENCOROSA
ASCOROSA
MADOROSA
CANDOROSA
ESPLENDOROSA
ARDOROSA
DESDOROSA
PUDOROSA
SUDOROSA
FRAGOROSA
RIGOROSA
VIGOROSA
CALOROSA
TEMBLOROSA
OLOROSA
DOLOROSA
LLOROSA
MOROSA
AMOROSA
CLAMOROSA
DESAMOROSA
DEMOROSA
MEMOROSA
NEMOROSA
PRIMOROSA
MARMOROSA
HUMOROSA
RUMOROSA
TUMOROSA
FACINOROSA
PUNDONOROSA
HONOROSA
SONOROSA
POROSA
VAPOROSA
SOPOROSA
HORROROSA
TOROSA
ESTERTOROSA
PAVOROSA
POLVOROSA
FERVOROSA
HERVOROSA
PROSA
LEPROSA
CUPROSA
BARROSA
GUIJARROSA
POMARROSA
CAPARROSA
ALCAPARROSA
SARROSA
CATARROSA
PATARROSA
PITARROSA
MALVARROSA
PIZARROSA
ZARZARROSA
FERROSA
TERROSA
CIRROSA
ESCIRROSA
BORROSA
ENGORROSA
SABURROSA
PETROSA
SALITROSA
NITROSA
VENTROSA
MINTROSA
POTROSA
ASTROSA
ZARRAPASTROSA
ZAPARRASTROSA
DESASTROSA
COSTROSA
LUSTROSA
DESLUSTROSA
DEXTROSA
RANCUROSA
RENCUROSA
ANCHUROSA

SULFUROSA
RIGUROSA
FULGUROSA
CALUROSA
CAMPUROSA
PRESUROSA
APRESUROSA
CALENTUROSA
VENTUROSA
SOSA
GRASOSA
HUESOSA
YESOSA
PAVISOSA
CANSOSA
PENSOSA
OSOSA
PEPITSOSA
TOSA
GARABATOSA
REBATOSA
ARREBATOSA
CEGATOSA
LATOSA
ERISIPELATOSA
FLATOSA
MATOSA
ECCEMATOSA
EDEMATOSA
PARENQUIMATOSA
COMATOSA
PATOSA
GARRAPATOSA
APARATOSA
LACTOSA
GALACTOSA
PECTOSA
ACETOSA
GRIETOSA
RESPETOSA
CHURRETOSA
AFTOSA
ACEITOSA
DELEITOSA
CALAMITOSA
SELENITOSA
TRONITOSA
COITOSA
CAPITOSA
ESTREPITOSA
PRECIPITOSA
CESPITOSA
PIRITOSA
ESPIRITOSA
APETITOSA
CUITOSA
NIQUITOSA
PITUITOSA
FALTOSA
MALTOSA
VILTOSA
REVOLTOSA
CULTOSA
FACULTOSA
DIFICULTOSA
CANTOSA
TALANTOSA
PLANTOSA
ESPANTOSA
AGUARDENTOSA
ARGENTOSA
ALENTOSA
TALENTOSA
MEDICAMENTOSA
LIGAMENTOSA
LAMENTOSA
FILAMENTOSA
ATRAMENTOSA
CEMENTOSA
EXCREMENTOSA
ALIMENTOSA
TOMENTOSA
SARMENTOSA
TORMENTOSA
ARGUMENTOSA
RENTOSA
AFRENTOSA
CORRENTOSA
PORTENTOSA
OSTENTOSA
VENTOSA
ENFINTOSA
INFINTOSA
MONTOSA
UNTOSA
PEGUNTOSA

PUNTOSA
BOTOSA
GOTOSA
ROTOSA
LACERTOSA
ORTOSA
DEPORTOSA
FASTOSA
GASTOSA
PASTOSA
MAJESTOSA
MOLESTOSA
FUNESTOSA
APESTOSA
TEMPESTOSA
CHISTOSA
AMISTOSA
ARISTOSA
ESQUISTOSA
VISTOSA
COSTOSA
DENOSTOSA
FAUSTOSA
GUSTOSA
DISGUSTOSA
CRUSTOSA
LUTOSA
ACUOSA
AGUOSA
SINUOSA
MENSTRUOSA
MONSTRUOSA
FLATUOSA
ACTUOSA
LACTUOSA
ANFRACTUOSA
AFECTUOSA
DEFECTUOSA
DELICTUOSA
LUCTUOSA
FLUCTUOSA
FRUCTUOSA
INFRUCTUOSA
IMPETUOSA
RESPETUOSA
IRRESPETUOSA
ESPIRITUOSA
TUMULTUOSA
VULTUOSA
CONCENTUOSA
MONTUOSA
UNTUOSA
PUNTUOSA
SUNTUOSA
PRESUNTUOSA
CONCEPTUOSA
VOLUPTUOSA
VIRTUOSA
INVIRTUOSA
TORTUOSA
FASTUOSA
ESTUOSA
INCESTUOSA
MAJESTUOSA
TEMPESTUOSA
CUESTUOSA
FRUTUOSA
FLEXUOSA
VOSA
BRAVOSA
GRAVOSA
LEVOSA
ALEVOSA
NEVOSA
LASCIVOSA
DADIVOSA
SALIVOSA
CLIVOSA
OLIVOSA
NIVOSA
SELVOSA
SILVOSA
UVOSA
NERVOSA
SAXOSA
BAYOSA
RAYOSA
FOYOSA
HOYOSA
JOYOSA
SOLAZOSA
QUEMAZOSA
EMBARAZOSA
AGUAZOSA
ZAZOSA
ACEZOSA

TROPEZOSA
PEREZOSA
CENIZOSA
RIZOSA
BONANZOSA
GRANZOSA
VERGONZOSA
GOZOSA
BROZOSA
CUARZOSA
ZARZOSA
FORZOSA
LAPSA
RELAPSA
ALBARSA
FARSA
MARSA
COMPARSA
INMERSA
PERSA
DISPERSA
TERSA
AVERSA
TRAVERSA
ADVERSA
VICEVERSA
REVERSA
DIVERSA
UNIVERSA
INVERSA
CONVERSA
INTROVERSA
CONTROVERSA
PERVERSA
TRASVERSA
TRANSVERSA
CORSA
MORSA
DEXTRORSA
URSA
INCURSA
RABASSA
CAUSA
CONCAUSA
PAUSA
DECUSA
ANCUSA
INCUSA
INCONCUSA
ESCUSA
EXCUSA
MECHUSA
MEDUSA
FUSA
EFUSA
DIFUSA
PATIDIFUSA
SEMIFUSA
INFUSA
CONFUSA
CIRCUNFUSA
PROFUSA
SOBREHÚSA
LUSA
BLUSA
RECLUSA
SECLUSA
INCLUSA
CONCLUSA
ESCLUSA
EXCLUSA
PELUSA
ILUSA
MUSA
CANCAMUSA
RECANCAMUSA
CORNAMUSA
GATAMUSA
HIPOTENUSA
POPUSA
RUSA
ÑARUSA
TARUSA
DRUSA
CERUSA
BABIRUSA
CHIRUSA
MORUSA
INTRUSA
ABSTRUSA
CUSUSA
TUSA
GARATUSA
GUATUSA
OBTUSA
ETUSA

PITUSA
CONTUSA
CUTUSA
GUAYUSA
TA
ATA
BATA
ANDÁBATA
GABATA
GÁBATA
GARABATÁ
ACRÓBATA
CORBATA
CATA
PACATA
PECCATA
RECATA
MENTECATA
TESTIFICATA
CALICATA
PUBLICATA
CIQUIRICATA
TOCATA
ZOCATA
LEMNISCATA
CHATA
CARICHATA
HORCHATA
DATA
ANTEDATA
CANDIDATA
CALENDATA
REFRENDATA
CORDATA
CONCORDATA
GRATISDATA
POSDATA
POSTDATA
CAUDATA
BEATA
REATA
PASEATA
FATA
AZAFATA
GATA
ÁGATA
MARAGATA
ZARAGATA
FRAGATA
CEGATA
PEGATA
REGATA
FREGATA
RONGIGATA
MOJIGATA
CABALGATA
VULGATA
FOGATA
MOGATA
ALPARGATA
ESPARCIATA
CRUCIATA
RADIATA
MEDIATA
INMEDIATA
MANUCODIATA
COLEGIATA
PERFOLIATA
CROTONIATA
RUMPIATA
OPIATA
ARRIATA
JATA
VIAJATA
LATA
BALATA
CALATA
GÁLATA
HOJALATA
MUJALATA
MALATA
OBLATA
ELATA
RELATA
CORRELATA
VOLATA
PLATA
ESCARLATA
CHIRLATA
TRASLATA
NAGUATLATA
PARAULATA
CULATA
MULATA
TIRULATA
TURULATA

ROTULATA
MATA
CASAMATA
DÁLMATA
AUTÓMATA
SÁRMATA
FERMATA
NATA
ANATA
ADNATA
CENATA
SERENATA
PROGNATA
CHINATA
COCHINATA
ESCALINATA
CAMINATA
COLUMNATA
INNATA
NAUNATA
NONATA
PIÑONATA
MUCRONATA
AERONATA
SONATA
JESNATA
ÑATA
ALPAÑATA
PIÑATA
COATA
CROATA
PATA
GARRAPATA
ZAPATA
ALIPATA
SICÓPATA
PSICÓPATA
HOMEÓPATA
CARDIÓPATA
ALÓPATA
FRENÓPATA
HIDRÓPATA
NEURÓPATA
ESPATA
RURRUPATA
RATA
BARATA
SOBREBARATA
CHARATA
FOGARATA
PARATA
SEPARATA
DISPARATA
CATARATA
PATARATA
ÁCRATA
FISIÓCRATA
DEMÓCRATA
TIMÓCRATA
BURÓCRATA
ARISTÓCRATA
AUTÓCRATA
PLUTÓCRATA
LITERATA
ILITERATA
VERATA
GRATA
INGRATA
PIRATA
TIMORATA
PERORATA
MATARRATA
BETARRATA
ERRATA
PRORRATA
TRATA
CONTRATA
ROSTRATA
REPASATA
SENSATA
INSENSATA
DECUSATA
TATA
BATATA
CATATA
PATATA
MARITATA
CANTATA
APÓSTATA
PRÓSTATA
CUATA
GUATA
CARAGUATÁ
CIGUATA
PAZGUATA
CARUATA

CARRUATA
BRAVATA
CHIVATA
NOVATA
ALCAYATA
ALFAYATA
GAYATA
POYATA
ZATA
CAZATA
ARENZATA
ACTA
AUTODIDACTA
TUMEFACTA
ESTUPEFACTA
RAREFACTA
TORREFACTA
PUTREFACTA
MANSUEFACTA
EPACTA
COMPACTA
REFRACTA
INFRACTA
CONTRACTA
ABSTRACTA
EXTRACTA
INTACTA
EXACTA
INEXACTA
AFECTA
DESAFECTA
INFECTA
PERFECTA
IMPERFECTA
INTERFECTA
ELECTA
REELECTA
SELECTA
DILECTA
PREDILECTA
COLECTA
CIRCUNSPECTA
SUSPECTA
RECTA
ERECTA
DIRECTA
INDIRECTA
SEMIRRECTA
CORRECTA
INCORRECTA
INSURRECTA
CONTRECTA
SECTA
PROVECTA
ABYECTA
OBYECTA
DEYECTA
PROYECTA
ADICTA
BENEDICTA
VINDICTA
FICTA
DERRELICTA
AFLICTA
INFLICTA
PICTA
ASTRICTA
ESTRICTA
RESTRICTA
INVICTA
CONVICTA
SANCTA
RECOCTA
DOCTA
INDOCTA
CONDUCTA
PRODUCTA
INTRODUCTA
FRUCTA
DESTRUCTA
INSTRUCTA
ETA
AETA
SAETA
BETA
ANALFABETA
CAMBETA
GAMBETA
COLUMBETA
ESCOBETA
JOROBETA
PROBETA
ARROBETA
BARBETA
AZARBETA
CORBETA

CUBETA
RUBETA
CETA
ACETA
BACETA
CACETA
FACETA
GACETA
PLACETA
REPLACETA
MACETA
CAPACETA
TACETA
RECETA
CALCETA
LANCETA
DOCETA
AVOCETA
GARCETA
ESPARCETA
ZARCETA
CERCETA
ASCETA
MUCETA
CAPUCETA
CRUCETA
CAPERUCETA
CACHETA
GACHETA
HACHETA
MACHETA
APACHETA
ANCHETA
PLANCHETA
MOCHETA
BROCHETA
CORCHETA
BUCHETA
PARADETA
LENGUADETA
FALDETA
JALDETA
GUIRNALDETA
HOLANDETA
REDONDETA
CORDETA
REGORDETA
CACHIGORDETA
ESTAFETA
ÉFETA
EFETÁ
ESCALFETA
BÓFETA
CHOFETA
MOFETA
PROFETA
PERFETA
IMPERFETA
BUFETA
CHUFETA
RUFETA
GETA
MASAGETA
EXEGETA
FALANGETA
ACOGETA
VERGETA
THETA
RABIETA
DIETA
ESCOFIETA
NIETA
TATARANIETA
CUADRINIETA
TRASNIETA
TRESNIETA
BISNIETA
REBISNIETA
TRASBISNIETA
TRANSBISNIETA
BIZNIETA
CHOZNIETA
ARIETA
GRIETA
GLORIETA
HISTORIETA
PRIETA
OJIPRIETA
ARISPRIETA
SARRIETA
IGLESIETA
QUIETA
IRREQUIETA
INQUIETA
GAVIETA
JETA
CAJETA
RAJETA
MADEJETA
OREJETA
VEJETA
LONJETA
BOJETA
ROJETA
TARJETA
BUJETA
AGUJETA
SUJETA
ALETA
BALETA
CALETA
ESCALETA
GUINDALETA
TRUJALETA
MALETA
FORMALETA
CANALETA
PALETA
CHAPALETA
SALETA
PATALETA
CANTALETA
TABLETA
BICICLETA
MOTOCICLETA
CHANCLETA
ELETA
DELETA
CANDELETA
PAPELETA
TELETA
VOLTELETA
MANTELETA
VELETA
CORNIVELETA
CHUFLETA
CUCHUFLETA
REGLETA
CINGLETA
GUBILETA
REJILETA
PILETA
ESQUILETA
BOLETA
COLETA
CARACOLETA
RECOLETA
CICOLETA
PICOLETA
GOLETA
VIOLETA
ULTRAVIOLETA
MAJOLETA
TEJOLETA
MARJOLETA
MOLETA
PAÑOLETA
ESPAÑOLETA
ESPOLETA
CHISPOLETA
CAFIROLETA
CASPIROLETA
SOLETA
OBSOLETA
CAZOLETA
PLAZOLETA
MARZOLETA
REPLETA
COMPLETA
INCOMPLETA
CARLETA
PARLETA
MERLETA
BURLETA
ISLETA
ATLETA
CHULETA
BARJULETA
MULETA
RULETA
CASCARULETA
LLETA
CABALLETA
TOBALLETA
GALLETA
GUARDAMALLETA
TOALLETA
TRALLETA
TOBELLETA
PELLETA
HEBILLETA
CAPILLETA
GRILLETA
SILLETA
VILLETA
SERVILLETA
OLLETA
CEBOLLETA
COLLETA
FOLLETA
ARGOLLETA
MOLLETA
AMPOLLETA
META
LIMETA
PALMETA
COMETA
LOMETA
PALOMETA
NETA
ORCANETA
ALMADANETA
GANETA
ALMAGANETA
MANGANETA
PLANETA
CAMPANETA
MAZANETA
MANZANETA
CADENETA
ALMADENETA
GUMENETA
VÉNETA
PROXENETA
BACINETA
QUINCINETA
SARDINETA
PEINETA
REINETA
FINETA
GINETA
EGINETA
JINETA
CATALINETA
COLINETA
GALLINETA
ESPINETA
CASINETA
TINETA
BONETA
JABONETA
SABONETA
COLCHONETA
PENDONETA
VAGONETA
CANCIONETA
CAMIONETA
AVIONETA
LONETA
BAYONETA
CHANZONETA
CHARNETA
PERNETA
CORNETA
BIZCORNETA
BIGORNETA
CUNETA
LUNETA
BRUNETA
CAÑETA
GUADAÑETA
MONTAÑETA
CASTAÑETA
NIÑETA
VIÑETA
UÑETA
LISBOETA
ALOETA
POETA
CAPETA
CHAPETA
HEREDÍPETA
PIPETA
CENTRÍPETA
PULPETA
TROMPETA
COPETA
ESCOPETA
ROPETA
CARPETA
CHUPETA
CORNÚPETA
CARETA
MASCARETA
MOSCARETA
CUCHARETA
LAGARETA
JARETA
LLARETA
GALLARETA
MARETA
CAMARETA
VARETA
LIBRETA
POBRETA
CRETA
SECRETA
CONCRETA
DISCRETA
INDISCRETA
EXCRETA
PEDRETA
CALDERETA
BANDERETA
PANDERETA
TIJERETA
PERETA
OPERETA
PIZPERETA
SALSERETA
VOLTERETA
HIGUERETA
NEVERETA
AGRETA
VINAGRETA
ALEGRETA
NEGRETA
PIZPIRETA
TIRETA
ANACORETA
GORGORETA
FLORETA
MENORETA
MASORETA
BARRETA
CARRETA
JUGARRETA
JARRETA
CHAMARRETA
CERRETA
SERRETA
BIRRETA
PEDORRETA
GORRETA
PORRETA
TRETA
CONTRATRETA
METRETA
RETRETA
SOTRETA
BISTRETA
ESCURETA
SETA
CASETA
FESETA
MESETA
PESETA
CAMISETA
GRISETA
FALSETA
DESPENSETA
OSETA
LOSETA
ROSETA
TOSETA
CAUSETA
TETA
PATETA
ZAPATETA
VOLTETA
CINTETA
CARTETA
CUARTETA
POSTETA
ESCUETA
CHUETA
MALAGUETA
MAGÜETA
BRAGUETA
BODEGUETA
SEGUETA
QUEJIGUETA
MANIGUETA
NARIGUETA
VIGUETA
HOLGUETA
MANGUETA
LENGÜETA
SARGUETA
JERGUETA
VERGUETA
VERRUGUETA
YUGUETA
MAYORAZGUETA
ALCAHUETA
SILUETA
AQUETA
BAQUETA
CHAQUETA
JAQUETA
PLAQUETA
MAQUETA
RAQUETA
MARAQUETA
VAQUETA
CEQUETA
PIQUETA
BRIQUETA
ETIQUETA
ANQUETA
BANQUETA
PALANQUETA
BLANQUETA
COQUETA
MOQUETA
ROQUETA
BROQUETA
CROQUETA
ESPIROQUETA
ZOQUETA
ARQUETA
BARQUETA
MARQUETA
FORQUETA
HORQUETA
PORQUETA
RASQUETA
FRASQUETA
MORISQUETA
MOSQUETA
RUQUETA
PIRUETA
ASUETA
MANSUETA
CONSUETA
MAYUETA
VETA
CHAVETA
GAVETA
CLAVETA
NAVETA
CIVETA
CALVETA
CORCOVETA
ANCHOVETA
CORVETA
BAYETA
ZETA
AFTA
NAFTA
COFTA
ITA
SARABAÍTA
GAITA
CHIRIGAITA
CALAÍTA
MAMAÍTA
COAITA
CARAÍTA
TAITA
GUAITA
BITA
ABITA
RECABITA
GABITA
BARNABITA
MOABITA
TARABITA
EXHÍBITA
CHIRIBITA
ALBITA
CHARAMBITA
JACOBITA
CENOBITA
ÓRBITA
CUCÚRBITA
PRÉSBITA
TESBITA
SÚBITA
CITA
MICACITA
MURIACITA
ANTRACITA
TACITA
TÁCITA
HERBECITA
TARDECITA
VEJECITA
AMALECITA
TERNECITA

PRECITA
NIETECITA
PORTECITA
CIEGUECITA
RAICITA
LÍCITA
ILÍCITA
SOLÍCITA
IMPLÍCITA
EXPLÍCITA
MOCITA
CUARCITA
ESCITA
PRESCITA
BRUCITA
CHITA
MARCHITA
DITA
DITÁ
GALAADITA
BRADITA
SUPERÁDITA
SÚBDITA
INÉDITA
EXPEDITA
AGUEDITA
TROGLIDITA
CHAFALDITA
MALDITA
COMANDITA
BENDITA
HACENDITA
MERENDITA
RECÓNDITA
AMODITA
AFRODITA
HERMAFRODITA
ANAFRODITA
SEFARDITA
CORDITA
INAUDITA
VIUDITA
ERUDITA
MALFEITA
PLEITA
EMPLEITA
ESLEITA
CUEITA
FITA
ESPERMAFITA
EPIFITA
MENFITA
OFITA
TERIDOFITA
NEÓFITA
BRIOFITA
TALOFITA
ESPOROFITA
SAPROFITA
ANTROPOMORFITA
AREOPAGITA
SAGITA
AUGITA
HITA
AHÍTA
COHÍTA
MARGAJITA
MONJITA
COSCOJITA
COXCOJITA
LITA
BAALITA
BALITA
VIDALITA
VERSALITA
ÍNCLITA
PERÍNCLITA
HETERÓCLITA
ISMAELITA
ISRAELITA
CARMELITA
CANELITA
AMPELITA
MONOTELITA
ESTILITA
ANFIBOLITA
FONOLITA
COSMOPOLITA
SÓLITA
INSÓLITA
MOTOLITA
TORTOLITA
HOPLITA
CARLITA
PERLITA
GORLITA

CELULITA
NUMULITA
LAZULITA
POLLITA
MITA
CAMITA
ATACAMITA
ADAMITA
PREADAMITA
BENJAMITA
CALAMITA
ELAMITA
ISLAMITA
ANAMITA
DINAMITA
CARBODINAMITA
CHARAMITA
CERAMITA
BALSAMITA
ACEMITA
BETLEHEMITA
BETLEMITA
EREMITA
SEMITA
ESTALAGMITA
EFRAIMITA
POLÍMITA
PALMITA
INDÓMITA
SODOMITA
PALOMITA
DOLOMITA
EPSOMITA
EPSOMITA
MARMITA
ERMITA
TERMITA
HUMITA
PUMITA
VULCANITA
AFANITA
CIANITA
ESTRONCIANITA
MADIANITA
PORCELANITA
MELANITA
MANITA
LEMANITA
NANITA
MAÑANITA
BASANITA
ARTANITA
MANZANITA
BENITA
UNIGÉNITA
INGÉNITA
CONGÉNITA
SEGUNDOGÉNITA
PRIMOGÉNITA
CUARTOGÉNITA
SIENITA
SELENITA
IGNITA
INCÓGNITA
COCINITA
FINITA
MELINITA
CARMINITA
ALUMINITA
CATARINITA
CRINITA
CASINITA
AXINITA
SAMNITA
BELEMNITA
GABAONITA
BONITA
EBONITA
CARBONITA
COLOFONITA
EBIONITA
ASCALONITA
MÓNITA
AMONITA
GAMONITA
MENONITA
MARONITA
ATÓNITA
TAMAÑITA
ACOITA
PITA
CAPITÁ
LAPITA
RÁPITA
GARAPITA
ZAPITA

CEPITA
PEPITA
AREPITA
DECRÉPITA
PIPITA
CÁSPITA
ESPITA
INHÓSPITA
SÚPITA
PEZPITA
PIZPITA
RITA
BARITA
SIBARITA
GARITA
MARGARITA
PAJARITA
SAMARITA
VARITA
NAZARITA
CABRITA
PALABRITA
NACRITA
HIPÓCRITA
INFRASCRITA
TRASCRITA
SUBSCRITA
ADSCRITA
ESCRITA
DESCRITA
RESCRITA
SOBRESCRITA
PRESCRITA
TRANSCRITA
SÁNSCRITA
INSCRITA
CIRCUNSCRITA
PROSCRITA
MANUSCRITA
SUSCRITA
CAMEDRITA
ANHIDRITA
ARCHIMANDRITA
DENDRITA
CERITA
SIDERITA
SALDERITA
GALERITA
MÉRITA
BALSAMERITA
EMÉRITA
BENEMÉRITA
INMÉRITA
NERITA
PERITA
IMPERITA
PRETÉRITA
CASITERITA
FRITA
REFRITA
SOFRITA
GRITA
ESTAGIRITA
PIRITA
CALCOPIRITA
CORITA
ANACORITA
LABRADORITA
FOSFORITA
GORGORITA
AHORITA
DIORITA
CLORITA
VELLORITA
MINORITA
SEÑORITA
FLUORITA
FAVORITA
ZORITA
CEGARRITA
JARRITA
IMPERTÉRRITA
ÍRRITA
ATRITA
CONTRITA
INCONTRITA
ALABASTRITA
PALESTRITA
NEURITA
FULGURITA
CINTURITA
ZURITA
AZURITA
SITA
MARCASITA
MASITA

PARÁSITA
CERASITA
ANDESITA
ANGLESITA
CARMESITA
MAGNESITA
MARQUESITA
MONOFISITA
RISITA
ADQUISITA
REQUISITA
EXQUISITA
VISITA
REVISITA
ÍNSITA
TOJOSITA
COMPÓSITA
OPÓSITA
INTERPÓSITA
EXPÓSITA
ROSITA
PROSITA
CUSITA
HUSITA
PIROLUSITA
CERUSITA
TITA
CATITA
ESTEATITA
PEGMATITA
PATITA
CEISATITA
GALACTITA
ESTALACTITA
CHIQUIRRITITA
CALENTITA
TRIPARTITA
TORTITA
PANCLASTITA
CANASTITA
CUITA
GUITA
MACAGÜITA
SAMPAGUITA
HORMIGUITA
MANGUITA
MUITA
QUITA
CHANCACUITA
MALAQUITA
TRAQUITA
PETAQUITA
AMALEQUITA
CANEQUITA
CHIQUITA
MARIQUITA
TALQUITA
ZANQUITA
MOQUITA
POQUITA
CATOQUITA
CERQUITA
MOSQUITA
TAMARRUSQUITA
MEZQUITA
TAMARRIZQUITA
SUITA
JESUITA
GRATUITA
PITUITA
FORTUITA
LEVITA
NINIVITA
INVITA
MOSCOVITA
SERVITA
ALTA
BALTA
CALTA
FALTA
CALLIALTA
MALTA
PALTA
BISALTA
ESBELTA
CELTA
DELTA
PELTA
ESPELTA
SUELTA
ABSUELTA
RESUELTA
IRRESUELTA
DISUELTA
VUELTA
DEVUELTA

REVUELTA
ENTREVUELTA
ENVUELTA
DESENVUELTA
DESVUELTA
ESCOLTA
ARCHIVOLTA
ARQUIVOLTA
CULTA
INCULTA
OCULTA
ESCULTA
ADULTA
MULTA
TURBAMULTA
INULTA
CATAPULTA
SEPULTA
INSEPULTA
RESULTA
CONSULTA
INCONSULTA
ESTULTA
COMTA
ANTA
CANTA
TRAGACANTA
OXIACANTA
PRACTICANTA
DANTA
COMANDANTA
ELEFANTA
INFANTA
SICOFANTA
HIEROFANTA
GANTA
MAGANTA
CONGREGANTA
MENDIGANTA
GIGANTA
GARGANTA
COMEDIANTA
AMIANTA
PRINCIPIANTA
VOLANTA
PLANTA
VARAPLANTA
POSTULANTA
LLANTA
MANTA
GARAMANTA
SAMANTA
MARIMANTA
ALMANTA
SOMANTA
CHINANTA
TUNANTA
ACOMPAÑANTA
SURIPANTA
CARPANTA
TARANTA
ALMIRANTA
VICEALMIRANTA
FIGURANTA
SANTA
SACROSANTA
FARSANTA
TANTA
RECITANTA
REPRESENTANTA
CUANTA
ALICUANTA
GUANTA
ALGUANTA
YANTA
DANZANTA
ENTA
PLACENTA
CARACHENTA
AGUACHENTA
OCHENTA
IRREDENTA
CONFIDENTA
PRESIDENTA
VICEPRESIDENTA
INTENDENTA
GENTA
REGENTA
SARGENTA
SERGENTA
HERRUGENTA
HECIENTA
PECIENTA
CENICIENTA
HEDIENTA
SEDIENTA

PRETENDIENTA
LODIENTA
FERRUGIENTA
HERRUGIENTA
MOHIENTA
ZANCAJIENTA
GARGAJIENTA
GRANUJIENTA
LIENTA
SOBRESALIENTA
FRIOLIENTA
SOÑOLIENTA
MIENTA
FERRAMIENTA
HERRAMIENTA
PIMIENTA
SALPIMIENTA
CARCOMIENTA
HUMIENTA
ZUMIENTA
PIZMIENTA
ALMORRANIENTA
GUSANIENTA
TENIENTA
HOLLINIENTA
ORINIENTA
GUIÑAPIENTA
HARAPIENTA
GUSARAPIENTA
ZURRAPIENTA
TRAPIENTA
CAMARIENTA
PARIENTA
AVARIENTA
HAMBRIENTA
CALUMBRIENTA
FAMGRIENTA
SANGRIENTA
MUGRIENTA
SUDORIENTA
FRIGORIENTA
CORPORIENTA
POLVORIENTA
CAZCARRIENTA
MALMARRIENTA
ZARRIENTA
CHURRIENTA
CALENTURIENTA
PARTURIENTA
CRASIENTA
GRASIENTA
GROSIENTA
TIENTA
ACHAQUIENTA
ALHARAQUIENTA
ESQUIENTA
BORUQUIENTA
AVIENTA
SOBREVIENTA
SIRVIENTA
PIOJENTA
LENTA
MACILENTA
MILENTA
FRIOLENTA
VIOLENTA
SANGUINOLENTA
VINOLENTA
SOÑOLENTA
POLENTA
VIROLENTA
EMPLENTA
TURBULENTA
FECULENTA
TRUCULENTA
SUCULENTA
FRAUDULENTA
TREMULENTA
TEMULENTA
OPULENTA
CORPULENTA
PULVERULENTA
VIRULENTA
PURULENTA
FLATULENTA
AMARILLENTA
MENTA
RACAMENTA
AGRACIADAMENTA
FALDAMENTA
PAPIAMENTA
PALAMENTA
CORNAMENTA
OSAMENTA
IMPEDIMENTA
VESTIMENTA

PALMENTA
TORMENTA
JUMENTA
ARAÑENTA
EMPENTA
RENTA
CUARENTA
AFRENTA
EMPRENTA
IMPRENTA
SESENTA
ATENTA
INATENTA
DESATENTA
SETENTA
PENITENTA
INTENTA
CONTENTA
RECONTENTA
MALCONTENTA
DESCONTENTA
ASISTENTA
CUENTA
TRABACUENTA
CINCUENTA
TRASCUENTA
MENOSCUENTA
CRUENTA
INCRUENTA
AFRUENTA
VENTA
COMPRAVENTA
CONTRAVENTA
REVENTA
NOVENTA
PROVENTA
RETROVENTA
EXENTA
CINTA
PRECINTA
ENTRECINTA
ENCINTA
DESCINTA
SUCINTA
TREINTA
FINTA
ENFINTA
INFINTA
CALAMINTA
PINTA
TINTA
SACATINTA
TROCATINTA
CAGATINTA
RETINTA
DISTINTA
INDISTINTA
EXTINTA
QUINTA
DECIMAQUINTA
DECIMOQUINTA
VINTA
DEVINTA
CONTA
CHONTA
MELOLONTA
MONTA
REMONTA
CORONTA
PRONTA
IMPRONTA
SONTA
TONTA
BARBITONTA
PAVITONTA
DEFUNTA
DIFUNTA
SEMIDIFUNTA
PEGUNTA
PREGUNTA
REPREGUNTA
JUNTA
ADJUNTA
CEJUNTA
CEJIJUNTA
CONJUNTA
PUNTA
TORNAPUNTA
CONTRAPUNTA
REPUNTA
BARRUNTA
ASUNTA
REASUNTA
RESUNTA
PRESUNTA
BISUNTA

CONSUNTA
YUNTA
CONYUNTA
DESYUNTA
DISYUNTA
CARÃOTA
BOTA
ALCABOTA
SOBREBOTA
ARRIBOTA
GAMBOTA
BOBOTA
COTA
CHACOTA
CLACOTA
TERRACOTA
CHICOTA
PICOTA
BLANCOTA
FRANCOTA
INYUNCOTA
COCOTA
ESCOTA
CONTRAESCOTA
FRESCOTA
CHOTA
MACHOTA
CHICHOTA
FRANCHOTA
HONRADOTA
ANÉCDOTA
GRANDOTA
FEOTA
GALEOTA
ANEOTA
MANEOTA
ENFITÉOTA
GOTA
CUMANAGOTA
CHIRIGOTA
VIGOTA
HIDALGOTA
IOTA
ESPECIOTA
ESTRADIOTA
IDIOTA
CANDIOTA
RODIOTA
BARDIOTA
RUMELIOTA
MANIOTA
CIPRIOTA
CHIPRIOTA
PATRIOTA
COMPATRIOTA
GAVIOTA
PAVIOTA
JOTA
HEREJOTA
VEJOTA
PIJOTA
OJOTA
LOTA
BALOTA
GALOTA
ZAPALOTA
NOBLOTA
CLOTA
ANGELOTA
PELOTA
CAIRELOTA
FLOTA
MANFLOTA
POLÍGLOTA
ILOTA
CHILOTA
MELILOTA
ARLOTA
CARLOTA
MARLOTA
GALLOTA
PARPALLOTA
BELLOTA
ABELLOTA
MOTA
CAMOTA
BERGAMOTA
REMOTA
INMOTA
MARMOTA
NOTA
LLANOTA
MANOTA
CONTRANOTA
SUBNOTA
MORENOTA

IGNOTA
ACTINOTA
INNOTA
HUGONOTA
CAÑOTA
BORGOÑOTA
CAPOTA
GUAPOTA
EPOTA
COMPOTA
DÉSPOTA
ROTA
BARBAROTA
FAROTA
PAJAROTA
PASMAROTA
PAPAROTA
MAZAROTA
BROTA
PALABROTA
NEGROTA
EPIROTA
ALROTA
COROTA
PINGOROTA
ARROTA
BANCARROTA
GARROTA
BIARROTA
DERROTA
INTERROTA
MANIRROTA
BOQUIRROTA
SOTA
MARQUESOTA
CREOSOTA
MIOSOTA
HOTENTOTA
ASÍNTOTA
CUOTA
ALÍCUOTA
GAVOTA
DEVOTA
INDEVOTA
CAYOTA
CIDRAYOTA
CABEZOTA
NARIZOTA
GARZOTA
APTA
MENTECAPTA
RAPTA
DESAPTA
ACEPTA
RECEPTA
CONCEPTA
EXCEPTA
ADEPTA
INEPTA
CRIPTA
INFRASCRIPTA
TRASCRIPTA
SUBSCRIPTA
ADSCRIPTA
ESCRIPTA
DESCRIPTA
RESCRIPTA
SOBRESCRIPTA
PRESCRIPTA
TRANSCRIPTA
INSCRIPTA
CIRCUNSCRIPTA
INCIRCUNSCRIPTA
PROSCRIPTA
SUSCRIPTA
COPTA
EXCERPTA
ABRUPTA
CORRUPTA
INCORRUPTA
ARTA
YUBARTA
CARTA
CONTRACARTA
SOBRECARTA
PANCARTA
FARTA
LAGARTA
HARTA
REHARTA
CARIHARTA
MARTA
PARTA
SARTA
TARTA
CUARTA

DECIMACUARTA
RECUARTA
DECIMOCUARTA
BERTA
LIBERTA
FISBERTA
CERTA
EXCERTA
OFERTA
PROFERTA
ABIERTA
ENTREABIERTA
ALIABIERTA
PERNIABIERTA
CORNIABIERTA
PATIABIERTA
BOQUIABIERTA
CUBIERTA
SOBRECUBIERTA
ENCUBIERTA
DESCUBIERTA
CIERTA
INCIERTA
REFIERTA
DESPIERTA
DISPIERTA
DESIERTA
ENJERTA
INJERTA
ALERTA
PERTA
EXPERTA
INEXPERTA
SERTA
DISERTA
INSERTA
PREINSERTA
HUERTA
MUERTA
PREMUERTA
PUERTA
GUARDAPUERTA
CONTRAPUERTA
CASAPUERTA
SOBREPUERTA
ENTREPUERTA
ANTEPUERTA
COMPUERTA
ESPUERTA
TUERTA
RETUERTA
OJITUERTA
PERNITUERTA
ROSTRITUERTA
PATITUERTA
ZANQUITUERTA
BOQUITUERTA
YERTA
REYERTA
AORTA
CORTA
RABICORTA
ANCHICORTA
FALDICORTA
PELICORTA
CUELLICORTA
MANICORTA
PASICORTA
LENGÜICORTA
ALDORTA
BELORTA
VELORTA
VILORTA
ALMORTA
PORTA
ANTEPORTA
COMPORTA
ABSORTA
TORTA
RETORTA
BISTORTA
CURTA
INFURTA
MURTA
SURTA
ASTA
BASTA
SUBASTA
CASTA
INCASTA
AVUCASTA
CINEASTA
FASTA
NEFASTA
HASTA
PANCRACIASTA

ESCOLIASTA
ENCOMIASTA
ENTUSIASTA
ICONOCLASTA
PLASTA
BANASTA
CANASTA
DINASTA
GIMNASTA
PASTA
LEBRASTA
CERASTA
PEDERASTA
CONTRASTA
CATASTA
VASTA
ESTA
CESTA
CONCHESTA
DESTA
GEODESTA
MODESTA
INMODESTA
FESTA
INFESTA
GESTA
DIGESTA
INDIGESTA
FIESTA
MANIFIESTA
ENFIESTA
INFIESTA
ENHIESTA
LUMIENHIESTA
INHIESTA
LOMINHIESTA
INIESTA
HINIESTA
SIESTA
TIESTA
TRAPATIESTA
CELESTA
MOLESTA
BALLESTA
MESTA
GENESTA
GINESTA
HONESTA
INHONESTA
DESHONESTA
FUNESTA
INTEMPESTA
RESTA
ARESTA
CRESTA
GALLOCRESTA
FLORESTA
PRESTA
EMPRESTA
TESTA
PROTESTA
AMBUESTA
CUESTA
RECUESTA
ENCUESTA
PUESTA
APUESTA
ADAPUESTA
CONTRAPUESTA
DESAPUESTA
DEPUESTA
REPUESTA
SOBREPUESTA
PREPUESTA
ENTREPUESTA
ANTEPUESTA
PERIPUESTA
MAMPUESTA
EMPUESTA
IMPUESTA
COMPUESTA
RECOMPUESTA
INCOMPUESTA
DESCOMPUESTA
OPUESTA
PROPUESTA
INTERPUESTA
TRASPUESTA
DESPUESTA
RESPUESTA
DISPUESTA
MALDISPUESTA
INDISPUESTA
TRANSPUESTA
POSPUESTA
SUPUESTA

PRESUPUESTA
PROSUPUESTA
EXPUESTA
AQUESTA
CONQUESTA
ORQUESTA
VESTA
AVESTA
ZENDAVESTA
SOBREVESTA
ARCAÍSTA
LAÍSTA
LAMAÍSTA
HEBRAÍSTA
ARABISTA
CAMBISTA
LIBRECAMBISTA
COBISTA
PROVERBISTA
CUBISTA
CLUBISTA
TRAPACISTA
TRACISTA
AJEDRECISTA
GALICISTA
VITALICISTA
PUBLICISTA
SIMPLICISTA
ORGANICISTA
ELECTRICISTA
CLASICISTA
CASTICISTA
ALCISTA
ROMANCISTA
ORDENANCISTA
PANCISTA
LIBRANCISTA
CONFERENCISTA
BRONCISTA
EXORCISTA
FASCISTA
MAMARRACHISTA
DERECHISTA
FETICHISTA
BOCHISTA
DIECIOCHISTA
GARROCHISTA
PARCHISTA
ESTUCHISTA
TRATADISTA
ESTADISTA
VELOCIPEDISTA
ENCICLOPEDISTA
ORTOPEDISTA
PARACAIDISTA
HERALDISTA
SALDISTA
ZARABANDISTA
CONTRABANDISTA
PROPAGANDISTA
BOLANDISTA
PARRANDISTA
HACENDISTA
FACHENDISTA
COMPENDISTA
GASENDISTA
FONDISTA
TRAPISONDISTA
LATIFUNDISTA
PERIODISTA
MODISTA
COMODISTA
PARODISTA
BRODISTA
MERODISTA
METODISTA
PETARDISTA
IZQUIERDISTA
BUDISTA
EMBUDISTA
FEUDISTA
TALMUDISTA
LICEÍSTA
DEÍSTA
LEÍSTA
ASAMBLEÍSTA
ATENEÍSTA
MISONEÍSTA
TEÍSTA
ATEÍSTA
DITEÍSTA
POLITEÍSTA
MANTEÍSTA
PANTEÍSTA
MONOTEÍSTA
TELEGRAFISTA

RADIOTELEGRAFISTA
EPIGRAFISTA
MONOGRAFISTA
PACIFISTA
SOLFISTA
CHOFISTA
SOFISTA
GIMNOSOFISTA
SUFISTA
ESTUFISTA
SUFRAGISTA
LEGISTA
ORANGISTA
GENEALOGISTA
MINERALOGISTA
ELOGISTA
ETIMOLOGISTA
CRONOLOGISTA
APOLOGISTA
METEOROLOGISTA
MITOLOGISTA
METALURGISTA
BAJISTA
CAJISTA
LINAJISTA
MASAJISTA
PAISAJISTA
CHANTAJISTA
VENTAJISTA
ESTAJISTA
DESTAJISTA
LONJISTA
LISTA
BALISTA
CABALISTA
CIMBALISTA
VERBALISTA
SINDICALISTA
IDEALISTA
REALISTA
CEREALISTA
LEGALISTA
REGALISTA
ESPECIALISTA
PRESIDENCIALISTA
PROVIDENCIALISTA
SOCIALISTA
IMPERIALISTA
MATERIALISTA
MEMORIALISTA
INDUSTRIALISTA
FORMALISTA
NORMALISTA
ANALISTA
PENALISTA
FINALISTA
CRIMINALISTA
NOMINALISTA
NACIONALISTA
INTERNACIONALISTA
RACIONALISTA
CORRECCIONALISTA
TRADICIONALISTA
REGIONALISTA
CANTONALISTA
FEDERALISTA
MORALISTA
CAPORALISTA
CENTRALISTA
NATURALISTA
CENSALISTA
FATALISTA
CAFETALISTA
VEGETALISTA
METALISTA
BIMETALISTA
MONOMETALISTA
DECRETALISTA
CAPITALISTA
VITALISTA
ORIENTALISTA
DUALISTA
INDIVIDUALISTA
CASUALISTA
CENSUALISTA
SENSUALISTA
RITUALISTA
ESPIRITUALISTA
CONCEPTUALISTA
MUTUALISTA
TEXTUALISTA
AVALISTA
MEDIEVALISTA
PROVENZALISTA
HABLISTA
SABLISTA

MUEBLISTA
CICLISTA
MOTOCICLISTA
PRERRAFAELISTA
LIBELISTA
VIOLONCELISTA
VIOLONCHELISTA
MODELISTA
EVANGELISTA
PAPELISTA
TROPELISTA
ACUARELISTA
FILATELISTA
PASTELISTA
COVACHUELISTA
DUELISTA
VIHUELISTA
ZARZUELISTA
MAQUIAVELISTA
NOVELISTA
BAILISTA
PROBABILISTA
NIHILISTA
ASIMILISTA
MERCANTILISTA
ESTILISTA
CIVILISTA
AUTOMOVILISTA
CARAMBOLISTA
SIMBOLISTA
PIROBOLISTA
ARBOLISTA
FUTBOLISTA
PENDOLISTA
MARMOLISTA
ESPAÑOLISTA
POLISTA
MONOPOLISTA
ESPOLISTA
CHAROLISTA
SOLISTA
TEMPLISTA
SIMPLISTA
COPLISTA
CARLISTA
GALIPARLISTA
CULTIPARLISTA
VOCABULISTA
FABULISTA
ARTICULISTA
CALCULISTA
OCULISTA
CORPUSCULISTA
LULISTA
FORMULISTA
SUMULISTA
POPULISTA
CABALLISTA
CALLISTA
TALLISTA
DETALLISTA
BELLISTA
TRESILLISTA
CURSILLISTA
HARBULLISTA
PULLISTA
MISTA
DINAMISTA
CERAMISTA
ANAGRAMISTA
EPIGRAMISTA
PRESTAMISTA
ACADEMISTA
POLEMISTA
EXTREMISTA
MINIMISTA
ESGRIMISTA
PESIMISTA
LEGITIMISTA
OPTIMISTA
QUIMISTA
ALQUIMISTA
SALMISTA
CONMISTA
GOMISTA
ECONOMISTA
FISONOMISTA
AUTONOMISTA
BROMISTA
TOMISTA
ATOMISTA
ANATOMISTA
ALARMISTA
TAXIDERMISTA
REFORMISTA
CONFORMISTA

TRANSFORMISTA
ERASMISTA
FUMISTA
PERFUMISTA
PLUMISTA
SUMISTA
EBANISTA
URBANISTA
AMERICANISTA
PANAMERICANISTA
AFRICANISTA
VATICANISTA
VULCANISTA
ARAUCANISTA
ORLEANISTA
ORGANISTA
MEDIANISTA
INDIANISTA
MARCELIANISTA
PRISCILIANISTA
PIANISTA
CATALANISTA
CANTOLLANISTA
ROMANISTA
GERMANISTA
PANGERMANISTA
HUMANISTA
HISPANISTA
REFRANISTA
ALCORANISTA
MONTANISTA
BOTANISTA
SANJUANISTA
ALMACENISTA
TERCENISTA
GENISTA
INDIGENISTA
POLIGENISTA
ORIGENISTA
MONOGENISTA
HIGIENISTA
ALIENISTA
GALENISTA
HELENISTA
JANSENISTA
SOMATENISTA
RABINISTA
OFICINISTA
ANDINISTA
BAILINISTA
BANDOLINISTA
VIOLINISTA
MOLINISTA
VEJAMINISTA
FEMINISTA
TERMINISTA
DETERMINISTA
FILIPINISTA
ALPINISTA
MARINISTA
LATINISTA
PLATINISTA
FOLLETINISTA
MAQUINISTA
CALVINISTA
DARVINISTA
HEDONISTA
ABANDONISTA
PENDONISTA
ACORDEONISTA
ORFEONISTA
TELEFONISTA
SINFONISTA
RADIOFONISTA
AGONISTA
ANTAGONISTA
PROTAGONISTA
OBLIGACIONISTA
AISLACIONISTA
RACIONISTA
ACCIONISTA
LECCIONISTA
COLECCIONISTA
PROTECCIONISTA
OBSTRUCCIONISTA
EXHIBICIONISTA
TRADICIONISTA
COALICIONISTA
ABOLICIONISTA
OPOSICIONISTA
CANCIONISTA
ABSTENCIONISTA
INTERVENCIONISTA
ASUNCIONISTA
CONCEPCIONISTA
ADOPCIONISTA

MARCIONISTA
PORCIONISTA
CONFUCIONISTA
EVOLUCIONISTA
UNIONISTA
SIONISTA
PASIONISTA
CESIONISTA
SECESIONISTA
CONFESIONISTA
IMPRESIONISTA
COMISIONISTA
ASCENSIONISTA
PENSIONISTA
CONTORSIONISTA
EXCURSIONISTA
FUSIONISTA
CONFUSIONISTA
ANEXIONISTA
BAJONISTA
CONTRABAJONISTA
GALONISTA
BANDOLONISTA
MONISTA
ARMONISTA
HARMONISTA
CANONISTA
CRONISTA
ESCUADRONISTA
IRONISTA
CORONISTA
MESONISTA
PLUTONISTA
CORAZONISTA
MODERNISTA
HERNISTA
INTERNISTA
ADORNISTA
COMUNISTA
NEPTUNISTA
OPORTUNISTA
BAÑISTA
CAÑISTA
DOCEAÑISTA
CAMPAÑISTA
TAOÍSTA
EGOÍSTA
JINGOÍSTA
LOÍSTA
HEROÍSTA
AVERROÍSTA
PISTA
PAPISTA
ANTIPAPISTA
RAPISTA
LINOTIPISTA
CAMPISTA
TRAMPISTA
COPISTA
AUTOCOPISTA
LOPISTA
SOPISTA
UTOPISTA
AUTOPISTA
ARPISTA
ARISTA
MALABARISTA
JACARISTA
PRECARISTA
CALENDARISTA
DIARISTA
BILLARISTA
MARISTA
CAMARISTA
APOLINARISTA
SEMINARISTA
DICCIONARISTA
LAMPARISTA
CESARISTA
CITARISTA
MILITARISTA
ANTIMILITARISTA
COMENTARISTA
SUARISTA
ZARISTA
LAZARISTA
AURIFABRISTA
PALABRISTA
ALGEBRISTA
EQUILIBRISTA
ALFOMBRISTA
COSTUMBRISTA
MANIOBRISTA
CRISTA
SACRISTA
HOJALDRISTA

BALANDRISTA
ROMANCERISTA
TERCERISTA
MADERISTA
ESFERISTA
FURIERISTA
QUIMERISTA
MINERISTA
PERISTA
OPERISTA
OBRERISTA
CARRERISTA
TITERISTA
CARTERISTA
FUERISTA
CHURRIGUERISTA
INTEGRISTA
PANEGIRISTA
CORISTA
LICORISTA
FORISTA
RIGORISTA
TUCIORISTA
FLORISTA
FOLKLORISTA
COLORISTA
MEMORISTA
HUMORISTA
MENORISTA
MINORISTA
TERRORISTA
ASCENSORISTA
ESCRITORISTA
REDENTORISTA
MOTORISTA
POLVORISTA
MAYORISTA
GUITARRISTA
GORRISTA
CAPIGORRISTA
CAMORRISTA
METRISTA
ARBITRISTA
JURISTA
PURISTA
CENSURISTA
TURISTA
CARICATURISTA
MINIATURISTA
NATURISTA
GASISTA
ENTREMESISTA
ANTICRESISTA
CONGRESISTA
PROGRESISTA
ANESTESISTA
PAISISTA
BOLSISTA
PULSISTA
PRENSISTA
PRECIOSISTA
MOLINOSISTA
ESPINOSISTA
PROSISTA
FARSISTA
VERSISTA
CONTROVERSISTA
DISCURSISTA
KRAUSISTA
BATISTA
ANABATISTA
AMATISTA
ANAGRAMATISTA
EPIGRAMATISTA
PRAGMATISTA
ENIGMATISTA
DOGMATISTA
ANATISTA
DONATISTA
BARATISTA
SEPARATISTA
RETRATISTA
CONTRATISTA
EFECTISTA
PROYECTISTA
GACETISTA
PIETISTA
QUIETISTA
FOLLETISTA
AMETISTA
MAHOMETISTA
SAINETISTA
CLARINETISTA
FONETISTA
SONETISTA
LIBRETISTA

DECRETISTA
SECRETISTA
FLORETISTA
PLEITISTA
SEMITISTA
SANSCRITISTA
ESPIRITISTA
CELTISTA
OCULTISTA
CANTISTA
DANTISTA
PLANTISTA
DIAMANTISTA
EMANANTISTA
ESPERANTISTA
OBSCURANTISTA
OSCURANTISTA
CERVANTISTA
RENACENTISTA
CUATROCENTISTA
DENTISTA
DECADENTISTA
QUINIENTISTA
ALIMENTISTA
ARGUMENTISTA
INSTRUMENTISTA
REPENTISTA
RENTISTA
CUENTACORRENTISTA
ASENTISTA
CUENTISTA
ADVENTISTA
REMONTISTA
CONTRAPUNTISTA
ESCOTISTA
ANECDOTISTA
FAGOTISTA
ERGOTISTA
AGIOTISTA
POTISTA
DERROTISTA
ANABAPTISTA
PRECEPTISTA
CONCEPTISTA
ARTISTA
BONAPARTISTA
CONCERTISTA
AGUAFUERTISTA
DEPORTISTA
REPORTISTA
TRANSPORTISTA
BAUTISTA
FLAUTISTA
ABSOLUTISTA
MINUTISTA
COMPUTISTA
AGÜISTA
SANTIAGUISTA
FARRAGUISTA
IÑIGUISTA
HUELGUISTA
LINGÜISTA
DIALOGUISTA
PROLOGUISTA
DROGUISTA
JUERGUISTA
MURGUISTA
MAYORAZGUISTA
QUISTA
TABAQUISTA
MATRAQUISTA
SENEQUISTA
CATEQUISTA
RUBRIQUISTA
MALQUISTA
BIENQUISTA
CONQUISTA
RECONQUISTA
TRONQUISTA
EQUIVOQUISTA
MARQUISTA
ANARQUISTA
PETRARQUISTA
FRESQUISTA
ESTUQUISTA
CONGRUISTA
ALTRUISTA
CASUISTA
VISTA
CONCLAVISTA
ESCLAVISTA
PANESLAVISTA
REVISTA
SOBREVISTA
PREVISTA
IMPREVISTA

ENTREVISTA
ANTEVISTA
ARCHIVISTA
CUADRIVISTA
EXCLUSIVISTA
COOPERATIVISTA
COLECTIVISTA
POSITIVISTA
VIVISTA
BIENVISTA
PROVISTA
IMPROVISTA
DESPROVISTA
TROVISTA
RESERVISTA
LAXISTA
TAXISTA
MARXISTA
ENSAYISTA
TRAMOYISTA
OSTA
BOSTA
COSTA
CONTRACOSTA
LAGOSTA
MAGOSTA
ANGOSTA
BOQUIANGOSTA
LANGOSTA
MANGOSTA
GEOGNOSTA
POSTA
APOSTA
IMPOSTA
COMPOSTA
ANTOSTA
VERSTA
FAUSTA
INFAUSTA
EXHAUSTA
INEXHAUSTA
BALAUSTA
PIRAUSTA
COMBUSTA
INCOMBUSTA
ROBUSTA
OSACUSTA
OTACUSTA
ADUSTA
FUSTA
AUGUSTA
JUSTA
INJUSTA
VENUSTA
ONUSTA
VETUSTA
UTA
CAUTA
INCAUTA
JAUTA
LAUTA
FLAUTA
AMAUTA
NAUTA
ARGONAUTA
AERONAUTA
PAUTA
RAUTA
CAMBUTA
CUTA
ACUTA
CICUTA
CUSCUTA
CHUCUTA
FRANCHUTA
CONDUTA
CHEUTA
HERMENEUTA
TERAPEUTA
ENFITEUTA
HUTA
JUTA
ENJUTA
OJIENJUTA
CAGALUTA
RECLUTA
POLUTA
IMPOLUTA
ABSOLUTA
RESOLUTA
IRRESOLUTA
DISOLUTA
INSOLUTA
VOLUTA
CONTRAVOLUTA
MUTA

PERMUTA
TENUTA
MINUTA
DIMINUTA
CONMINUTA
ÑUTA
PUTA
JAPUTA
GUALPUTA
DISPUTA
RUTA
LANGARUTA
BRUTA
ARCHIBRUTA
FRUTA
GRUTA
VIRUTA
CAGARRUTA
INSTRUTA
TUTURUTA
VERSUTA
HIRSUTA
USUTA
TUTA
BATUTA
SUBSTITUTA
INSTITUTA
CONSTITUTA
PROSTITUTA
SUSTITUTA
CANTUTA
ASTUTA
SEXTA
DECIMASEXTA
DECIMOSEXTA
PRETEXTA
MIXTA
CONMIXTA
BÚA
BARBACUÁ
VACUA
AYACUÁ
ECUA
REHECUA
RECUA
SECUA
UBICUA
PROFICUA
OBLICUA
SILICUA
INICUA
CAPICÚA
CONSPICUA
PERSPICUA
LONGINCUA
PROPINCUA
GRANDÍLOCUA
VANÍLOCUA
MAGNÍLOCUA
SOMNÍLOCUA
VENTRÍLOCUA
ALTÍLOCUA
INOCUA
INNOCUA
ASCUA
PASCUA
PROMISCUA
CHUCUA
CACHUA
QUECHUA
QUICHUA
DÚA
GUADUA
OCCIDUA
ASIDUA
DIVIDUA
INDIVIDUA
TAMANDUÁ
ARDUA
SAGARDÚA
GUA
AGUA
MACAGUA
CANCAGUA
PICHAGUA
CANGAGUA
JAGUA
MAJAGUA
DAMAJAGUA
TAMAJAGUA
BIBIJAGUA
VIVIJAGUA
CANCHALAGUA
CANCHELAGUA
CACHANLAGUA
CAMAGUA

CHAMAGUA
OMAGUA
NAGUA
ENAGUA
RAGUA
NICARAGUA
FRAGUA
PIRAGUA
CHUQUIRAGUA
CURAGUA
TAGUA
PATAGUA
TATAGUA
HURTAGUA
GUAGUA
YAGUA
PAYAGUA
TAPAYAGUA
ZAGUA
LEGUA
TREGUA
YEGUA
CAIGUA
CAIGUÁ
AMBIGUA
CIGUA
CHIGUA
LIGUA
NIGUA
MANIGUA
SIGUA
CATIGUA
ANTIGUA
ESTANTIGUA
CONTIGUA
EXIGUA
CHOLGUA
JANGUA
RANGUA
LENGUA
MENGUA
MINGUA
PESGUA
CURUGUÁ
CAÑAHUA
CHIHUAHUA
PÍHUA
MANJÚA
LÚA
ALÚA
GAMBALÚA
FALÚA
MATAFALÚA
GALÚA
VALÚA
BELUA
MELIFLUA
SUPERFLUA
ANUA
INGENUA
ESTRENUA
TENUA
CUJINÚA
CONTINUA
INCONTINUA
DESCONTINUA
DISCONTINUA
QUINUA
PÚA
PRECIPUA
RÚA
PICARÚA
GARÚA
CRÚA
GRÚA
CONGRUA
INCONGRUA
CORÚA
CHARRÚA
MENSTRUA
CACATÚA
FATUA
CUATRATUA
ESTATUA
TUATÚA
FETUA
PERPETUA
CANTÚA
COTÚA
MUTUA
AYÚA
BAYÚA
BAUYÚA
ZÚA
AZUA
GANZÚA

AVA
CAVA
ENTRECAVA
CÓNCAVA
BICÓNCAVA
SOCAVA
CÁRCAVA
EXCAVA
CACHAVA
OCHAVA
DIECIOCHAVA
CÁDAVA
MOLDAVA
DIECISIETEAVA
DIECINUEVEAVA
JAVA
LAVA
BLAVA
CLAVA
ESCLAVA
FLAVA
ESLAVA
YUGOSLAVA
NAVA
IGNAVA
ESCANDINAVA
PAVA
COLIPAVA
GALLIPAVA
CARAVA
BRAVA
GRAVA
MORAVA
PRAVA
CALATRAVA
SEISAVA
DIECISEISAVA
TREINTAIDOSAVA
BÁTAVA
OCTAVA
DECIMAOCTAVA
INFRAOCTAVA
REOCTAVA
DECIMOCTAVA
CENTAVA
OCHENTAVA
CUARENTAVA
SESENTAVA
SETENTAVA
CINCUENTAVA
NOVENTAVA
TREINTAVA
VEINTAVA
TREZAVA
QUINZAVA
ONZAVA
DOZAVA
CATORZAVA
LONGEVA
LIEVA
CABLIEVA
MANLIEVA
LEVA
MONTELEVA
LLEVA
PRIMEVA
COEVA
BREVA
ESTEVA
CUEVA
HUEVA
NUEVA
SUEVA
CONNOTATAIVA
LACIVA
ENCIVA
NOCIVA
EXERCIVA
LASCIVA
CHIVA
DIVA
ADIVA
DÁDIVA
RECIDIVA
INGIVA
COMPUNGIVA
ARGIVA
OJIVA
SALIVA
OLIVA
ALGARIVA
DERIVA
MASIVA
PASIVA
COMPASIVA
INCOMPASIVA

ABRASIVA
DISUASIVA
PERSUASIVA
EVASIVA
CONCESIVA
SUCESIVA
EXCESIVA
ADHESIVA
COHESIVA
LESIVA
AGRESIVA
REGRESIVA
PROGRESIVA
DEPRESIVA
REPRESIVA
COMPRESIVA
OPRESIVA
EXPRESIVA
INEXPRESIVA
OBSESIVA
POSESIVA
DECISIVA
INCISIVA
MISIVA
REMISIVA
PERMISIVA
VISIVA
DIVISIVA
EMULSIVA
REPULSIVA
IMPULSIVA
COMPULSIVA
EXPULSIVA
REVULSIVA
CONVULSIVA
EXPANSIVA
INCENSIVA
DEFENSIVA
OFENSIVA
CONTRAOFENSIVA
INOFENSIVA
APREHENSIVA
COMPREHENSIVA
SUSPENSIVA
APRENSIVA
INAPRENSIVA
DESAPRENSIVA
COMPRENSIVA
INTENSIVA
OSTENSIVA
EXTENSIVA
RESPONSIVA
IMPLOSIVA
EXPLOSIVA
EROSIVA
CORROSIVA
DETERSIVA
ABSTERSIVA
SUBVERSIVA
DIVERSIVA
CONVERSIVA
SUVERSIVA
RETORSIVA
CURSIVA
DISCURSIVA
PLAUSIVA
ABUSIVA
REPERCUSIVA
DISCUSIVA
EFUSIVA
DIFUSIVA
ALUSIVA
INCLUSIVA
CONCLUSIVA
OCLUSIVA
EXCLUSIVA
DELUSIVA
ILUSIVA
DILUSIVA
APROBATIVA
DEVERBATIVA
TURBATIVA
CONTURBATIVA
CATIVA
PLACATIVA
DEPRECATIVA
DESECATIVA
ERADICATIVA
ABDICATIVA
DEDICATIVA
PREDICATIVA
INDICATIVA
VINDICATIVA
MORDICATIVA
JUDICATIVA
ESPECIFICATIVA

EDIFICATIVA
MUNDIFICATIVA
MODIFICATIVA
CALIFICATIVA
MOLIFICATIVA
AMPLIFICATIVA
LENIFICATIVA
SIGNIFICATIVA
BONIFICATIVA
CLARIFICATIVA
RARIFICATIVA
VERIFICATIVA
RECTIFICATIVA
SANTIFICATIVA
NOTIFICATIVA
TESTIFICATIVA
JUSTIFICATIVA
VIVIFICATIVA
APLICATIVA
MULTIPLICATIVA
DUPLICATIVA
EXPLICATIVA
COMUNICATIVA
LUBRICATIVA
FRICATIVA
LOCATIVA
PROVOCATIVA
EDUCATIVA
DATIVA
SEDATIVA
CONSOLIDATIVA
ABLANDATIVA
FECUNDATIVA
RETARDATIVA
RECORDATIVA
CONCORDATIVA
LAUDATIVA
CREATIVA
RECREATIVA
NAUSEATIVA
OLFATIVA
PROPAGATIVA
NEGATIVA
ELECTRONEGATIVA
AGREGATIVA
SEGREGATIVA
DISGREGATIVA
OBLIGATIVA
MITIGATIVA
VENGATIVA
ROGATIVA
PRERROGATIVA
INTERROGATIVA
PRORROGATIVA
PURGATIVA
VOMIPURGATIVA
APRECIATIVA
DESPRECIATIVA
MENOSPRECIATIVA
INICIATIVA
ENUNCIATIVA
PRIVILEGIATIVA
PALIATIVA
CONCILIATIVA
CONSILIATIVA
AMPLIATIVA
PREMIATIVA
EXPIATIVA
INEBRIATIVA
DEJATIVA
OBLATIVA
CONGELATIVA
RELATIVA
CORRELATIVA
INFLATIVA
ILATIVA
VIGILATIVA
ASIMILATIVA
HORRIPILATIVA
OPILATIVA
DESOPILATIVA
COLATIVA
CONSOLATIVA
CONTEMPLATIVA
SUPERLATIVA
TRASLATIVA
LEGISLATIVA
TRANSLATIVA
AMBULATIVA
ESPECULATIVA
REGULATIVA
ACUMULATIVA
ANULATIVA
COPULATIVA
AMATIVA
INFAMATIVA

EXCLAMATIVA
LLAMATIVA
ESTIMATIVA
EXISTIMATIVA
APROXIMATIVA
AFIRMATIVA
CONFIRMATIVA
FORMATIVA
REFORMATIVA
INFORMATIVA
TRASFORMATIVA
TRANSFORMATIVA
NORMATIVA
CONSUMATIVA
NATIVA
SANATIVA
DESIGNATIVA
IMPUGNATIVA
ORDINATIVA
COORDINATIVA
IMAGINATIVA
INCLINATIVA
CONMINATIVA
DOMINATIVA
NOMINATIVA
CARMINATIVA
GERMINATIVA
TERMINATIVA
DETERMINATIVA
ILUMINATIVA
CONGLUTINATIVA
DIVINATIVA
ENCARNATIVA
GOBERNATIVA
GUBERNATIVA
ALTERNATIVA
INCOATIVA
CONSTIPATIVA
CHUPATIVA
DECLARATIVA
REPARATIVA
PREPARATIVA
SEPARATIVA
COMPARATIVA
EXECRATIVA
LUCRATIVA
DELIBERATIVA
ULCERATIVA
FEDERATIVA
CONFEDERATIVA
DESIDERATIVA
CONSIDERATIVA
PONDERATIVA
MODERATIVA
EXAGERATIVA
FRIGERATIVA
REFRIGERATIVA
ENUMERATIVA
GENERATIVA
DEGENERATIVA
ENGENERATIVA
REMUNERATIVA
IMPERATIVA
OPERATIVA
COOPERATIVA
RECUPERATIVA
ITERATIVA
REITERATIVA
ALTERATIVA
ASEVERATIVA
SAGRATIVA
DENIGRATIVA
ADMIRATIVA
ESPIRATIVA
INSPIRATIVA
ROBORATIVA
CORROBORATIVA
DECORATIVA
COLORATIVA
MEMORATIVA
REMEMORATIVA
CONMEMORATIVA
MINORATIVA
CORPORATIVA
PEYORATIVA
NARRATIVA
AHORRATIVA
PENETRATIVA
ARBITRATIVA
ADMINISTRATIVA
DEMOSTRATIVA
ILUSTRATIVA
RESTAURATIVA
INSTAURATIVA
CURATIVA
DURATIVA

MADURATIVA
FIGURATIVA
APURATIVA
DEPURATIVA
SUPURATIVA
CONMENSURATIVA
SATIVA
ASATIVA
ESPESATIVA
PULSATIVA
CONDENSATIVA
PENSATIVA
COMPENSATIVA
DISPENSATIVA
ADVERSATIVA
CONVERSATIVA
CAUSATIVA
DILATATIVA
HUMECTATIVA
EXPECTATIVA
VEGETATIVA
APRETATIVA
INTERPRETATIVA
DUBITATIVA
RECITATIVA
INCITATIVA
CONCITATIVA
EJERCITATIVA
EXCITATIVA
MEDITATIVA
ACREDITATIVA
COGITATIVA
CUALITATIVA
IMITATIVA
LIMITATIVA
CARITATIVA
AUTORITATIVA
CANTITATIVA
CUANTITATIVA
ENTITATIVA
EQUITATIVA
FACULTATIVA
AMULLENTATIVA
FERMENTATIVA
AUMENTATIVA
ARGUMENTATIVA
REPRESENTATIVA
TENTATIVA
OSTENTATIVA
DENOTATIVA
ROTATIVA
OPTATIVA
CONFORTATIVA
EXHORTATIVA
MANIFESTATIVA
POTESTATIVA
PROTESTATIVA
GUSTATIVA
ENGLUTATIVA
INMUTATIVA
CONMUTATIVA
TRASMUTATIVA
TRANSMUTATIVA
PUTATIVA
EVACUATIVA
COLICUATIVA
EXTENUATIVA
INSINUATIVA
CONTINUATIVA
LAVATIVA
GRAVATIVA
DERIVATIVA
PRIVATIVA
RESERVATIVA
PRESERVATIVA
CONSERVATIVA
LAXATIVA
TAXATIVA
ESCANDALIZATIVA
CICATRIZATIVA
ACTIVA
REACTIVA
ESTUPEFACTIVA
PUTREFACTIVA
LICUEFACTIVA
RADIACTIVA
INACTIVA
COACTIVA
RETROACTIVA
REFRACTIVA
ATRACTIVA
CONTRACTIVA
ABSTRACTIVA
AFECTIVA
EFECTIVA
DEFECTIVA

INFECTIVA
PERFECTIVA
INTERJECTIVA
LECTIVA
ELECTIVA
SELECTIVA
INTELECTIVA
COLECTIVA
CONECTIVA
DESPECTIVA
RESPECTIVA
RETROSPECTIVA
INTROSPECTIVA
PERSPECTIVA
DIRECTIVA
CORRECTIVA
INVECTIVA
DELICTIVA
AFLICTIVA
ASTRICTIVA
RESTRICTIVA
CONSTRICTIVA
DUCTIVA
DEDUCTIVA
SEDUCTIVA
INDUCTIVA
CONDUCTIVA
PRODUCTIVA
REPRODUCTIVA
IMPRODUCTIVA
DESTRUCTIVA
INSTRUCTIVA
CONSTRUCTIVA
RECONSTRUCTIVA
OBJETIVA
SUBJETIVA
ADJETIVA
COMPLETIVA
EXPLETIVA
RESPETIVA
PROHIBITIVA
COERCITIVA
COGNOSCITIVA
IMPEDITIVA
EXPEDITIVA
AUDITIVA
REGITIVA
PUNGITIVA
FUGITIVA
MOLITIVA
VOLITIVA
PRIMITIVA
COMITIVA
VOMITIVA
DORMITIVA
CONSUMITIVA
GENITIVA
LÈNITIVA
DEFINITIVA
UNITIVA
PUNITIVA
COITIVA
APERITIVA
NUTRITIVA
ADQUISITIVA
INQUISITIVA
TRANSITIVA
INTRANSITIVA
SENSITIVA
POSITIVA
APOSITIVA
DIAPOSITIVA
PREPOSITIVA
COMPOSITIVA
ELECTROPOSITIVA
TRASPOSITIVA
DISPOSITIVA
TRANSPOSITIVA
POSPOSITIVA
SUPOSITIVA
EXPOSITIVA
FACTITIVA
APETITIVA
PARTITIVA
ARGÜITIVA
FRUITIVA
TUITIVA
INTUITIVA
ALTIVA
CONSULTIVA
MERCANTIVA
SUBSTANTIVA
SUSTANTIVA
INCENTIVA
PUNGENTIVA
RETENTIVA

CONTENTIVA
PREVENTIVA
INVENTIVA
DISTINTIVA
INSTINTIVA
EXTINTIVA
SUBJUNTIVA
CONJUNTIVA
PRESUNTIVA
CONSUNTIVA
ADYUNTIVA
DISYUNTIVA
MOTIVA
EMOTIVA
VOTIVA
CAPTIVA
RECEPTIVA
PRECEPTIVA
CONCEPTIVA
PERCEPTIVA
SUSCEPTIVA
EXCEPTIVA
DESCRIPTIVA
ADOPTIVA
ERUPTIVA
CORRUPTIVA
ASERTIVA
ORTIVA
ABORTIVA
DEPORTIVA
FURTIVA
RESURTIVA
ESTIVA
FESTIVA
DIGESTIVA
CONGESTIVA
SUGESTIVA
TEMPESTIVA
INTEMPESTIVA
RESISTIVA
EXHAUSTIVA
ARBUSTIVA
ADUSTIVA
CAUTIVA
ATRIBUTIVA
RETRIBUTIVA
CONTRIBUTIVA
DISTRIBUTIVA
EJECUTIVA
CONSECUTIVA
SOLUTIVA
RESOLUTIVA
DISOLUTIVA
EVOLUTIVA
DEVOLUTIVA
DIMINUTIVA
CONSTITUTIVA
SUSTITUTIVA
AQUIVA
ESQUIVA
VIVA
SIEMPREVIVA
REDIVIVA
SEMIVIVA
REFLEXIVA
IRREFLEXIVA
CONEXIVA
CALVA
MALVA
SALVA
TOCASALVA
CONTRASALVA
MANSALVA
VALVA
BIVALVA
POLIVALVA
CONIVALVA
UNIVALVA
MELVA
SELVA
MADRESELVA
GILVA
SILVA
ALHOLVA
TOLVA
VULVA
OVA
RECOVA
CORCOVA
CHOVA
ANCHOVA
REDOVA
JEHOVÁ
NOVA
VÁNOVA
GÉNOVA

TROVA
TOVA
DENOMINATOVA
LARVA
PARVA
CHERVA
BIERVA
CIERVA
SIERVA
MINERVA
RESERVA
CONSERVA
CATERVA
PROTERVA
CUERVA
QUERVA
CORVA
RECORVA
TRASCORVA
CAZCORVA
TORVA
CURVA
UVA
CHUVA
MATALAHÚVA
LUVA
LAXA
COMPLEXA
INCOMPLEXA
ANEXA
CONEXA
INCONEXA
CONVEXA
BICONVEXA
COXA
HETERODOXA
ORTODOXA
MOXA
NOXA
YA
AYA
BAYA
SABAYA
CAYÁ
ACAYA
LACAYA
ZUMACAYA
PACAYA
MARACAYÁ
AZACAYA
CHIRICAYA
TOCAYA
VIZCAYA
CHAYA
REDAYA
GANDAYA
FAYA
ANAFAYA
ALFAYA
GAYA
PAGAYA
PAPAGAYA
ZAGAYA
AZAGAYA
ARGAYA
HAYA
PITAHAYA
ALMOJAYA
LAYA
MALAYA
TALAYA
ATALAYA
PLAYA
SOSLAYA
MAYA
GUACAMAYA
SAJUMAYA
ZUMAYA
SUSOAYÁ
PAYA
PAPAYA
TUPAYA
RAYA
CARAYÁ
CIGUARAYA
ANDARRAYA
GUARDARRAYA
CONTRARRAYA
TARRAYA
ATARRAYA
SAYA
BISAYA
CALISAYA
GUAYA
PARAGUAYA
URUGUAYA

VAYA
YAYA
CAYAYA
ZAYA
AZAYA
CENZAYA
CINZAYA
ORZAYA
PLEBEYA
DICHEYA
ALEYA
MEYA
OMEYA
MELOPEYA
IDOLOPEYA
EPOPEYA
PROSOPOPEYA
CRISOPEYA
ONOMATOPEYA
ETOPEYA
TEYA
CATEYA
ZARIGÜEYA
EPIQUEYA
SEBIYA
BOYA
BUENABOYA
CLARABOYA
COYA
SECOYA
FOYA
HOYA
REHOYA
JOYA
ALOYA
MOYA
TRAMOYA
CHIRIMOYA
POYA
ROYA
OROYA
CAMARROYA
CAÑARROYA
TROYA
CABUYA
CUYÁ
CUYA
ZUNCUYA
MURUCUYÁ
ALELUYA
PUYA
TAPUYA
SUYA
TUYA
TAYUYÁ
ZA
BAZA
BABAZA
CABAZA
CALABAZA
BARBAZA
HERBAZA
CAZA
PICAZA
BLANCAZA
BOCAZA
BARCAZA
CARCAZA
TORCAZA
ESCAZA
RESCAZA
CHAZA
CACHAZA
LECHAZA
DAZA
ADAZA
BADAZA
CEBADAZA
MORDAZA
GALEAZA
OLEAZA
FAZA
GAZA
ÑAGAZA
AÑAGAZA
VIRIGAZA
TRIGAZA
LONGAZA
HOGAZA
VIRGAZA
HAZA
ALMOHAZA
BIAZA
LIAZA
ERIAZA
PAJAZA

VEJAZA
CHALAZA
MELAZA
PELAZA
HILAZA
PLAZA
OLLAZA
COLLAZA
MAZA
CAMAZA
LIGAMAZA
LIMAZA
ROMAZA
TOMAZA
HORMAZA
HUMAZA
MANAZA
CORTESANAZA
MENAZA
AMENAZA
ARENAZA
TENAZA
CENTENAZA
LINAZA
GALLINAZA
PINAZA
VINAZA
BONAZA
PICARONAZA
MATRONAZA
CARNAZA
PERNAZA
HORNAZA
CAPAZA
RAPAZA
TRAPAZA
RAZA
ARAZÁ
PICARAZA
VIARAZA
TARAZA
MONTARAZA
ZARAZA
BRAZA
CONTRABRAZA
QUEBRAZA
CRAZA
MADRAZA
COBERTERAZA
SANGRAZA
ESQUIRAZA
CORAZA
PRAZA
CARRAZA
ALCARRAZA
ALMARRAZA
TARRAZA
BERRAZA
TERRAZA
TRAZA
ESTRAZA
TAZA
CAPATAZA
UNTAZA
MOSTAZA
AGUAZA
ALGUAZA
SANGUAZA
LENGUAZA
CHIVAZA
CORVAZA
ESFOYAZA
ZAZA
BIZAZA
CABEZA
BATICABEZA
DULCEZA
DERECHEZA
ESTRECHEZA
ANCHEZA
DELICADEZA
DELGADEZA
MORBIDEZA
ARDIDEZA
POLIDEZA
PULIDEZA
GARRIDEZA
BLANDEZA
GRANDEZA
LINDEZA
FUNDEZA
GORDEZA
AUDEZA
AGUDEZA
RUDEZA
CRUDEZA
FEEZA
ALBOHEZA
SABIEZA
TIBIEZA
TURBIEZA
PIEZA
LIMPIEZA
FRIEZA
ENATIEZA
BAJEZA
MAJEZA
FIJEZA
CALEZA
GUINDALEZA
SONDALEZA
REALEZA
FRIALEZA
MALEZA
COMUNALEZA
DESCOMUNALEZA
SEÑALEZA
RALEZA
NATURALEZA
FORTALEZA
HORTALEZA
IGUALEZA
DESIGUALEZA
TERRIBLEZA
COMBLEZA
NOBLEZA
CRUELEZA
GENTILEZA
SOTILEZA
SUTILEZA
VILEZA
AVOLEZA
SIMPLEZA
BELLEZA
MOLLEZA
ORGULLEZA
ALMEZA
FIRMEZA
UFANEZA
MEDIANEZA
LIVIANEZA
LLANEZA
LLENEZA
FINEZA
TERNEZA
EXTRAÑEZA
PEQUEÑEZA
PROEZA
SOEZA
GOCHAPEZA
GUAPEZA
TORPEZA
CAREZA
CLAREZA
RAREZA
POBREZA
CEREZA
ENDEREZA
LIGEREZA
FIEREZA
PEREZA
ASPEREZA
ENTEREZA
FREZA
AFREZA
AGREZA
MAGREZA
ALEGREZA
TREZA
DESTREZA
ILUSTREZA
ESCUREZA
DUREZA
MADUREZA
PUREZA
IMPUREZA
ESCASEZA
CRASEZA
GRASEZA
ESPESEZA
MANSEZA
GROSEZA
ALTEZA
ESBELTEZA
GARGANTEZA
AVILANTEZA
LENTEZA
AVENENTEZA
AVINENTEZA
CONTENTEZA
PRONTEZA
BOTEZA
APTEZA
DESAPTEZA
CERTEZA
INCERTEZA
ESPERTEZA
DESPERTEZA
CORTEZA
ENTRECORTEZA
BASTEZA
PRESTEZA
LISTEZA
TRISTEZA
ROBUSTEZA
BRUTEZA
CUEZA
LONGUEZA
LARGUEZA
NUEZA
FLAQUEZA
RIQUEZA
INTRINSIQUEZA
SALVATIQUEZA
DOMESTIQUEZA
RUSTIQUEZA
TALQUEZA
FRANQUEZA
POQUEZA
TERQUEZA
CRUEZA
VEZA
AVEZA
BRAVEZA
GRAVEZA
REVEZA
BREVEZA
ALTIVEZA
ESQUIVEZA
VIVEZA
CALVEZA
PROVEZA
CERVEZA
IZA
BIZA
NABIZA
RABIZA
CAMBIZA
GORBIZA
MACIZA
CHIZA
HECHIZA
COCHIZA
ARROBADIZA
ACHACADIZA
SACADIZA
AHORCADIZA
AGACHADIZA
ECHADIZA
MANCHADIZA
ENFADADIZA
OLVIDADIZA
ACOMODADIZA
RODADIZA
MUDADIZA
BORNEADIZA
ACARREADIZA
ALAGADIZA
APAGADIZA
DOBLEGADIZA
PLEGADIZA
ALLEGADIZA
ANEGADIZA
PEGADIZA
APEGADIZA
REGADIZA
COLGADIZA
AHOGADIZA
CAMBIADIZA
VACIADIZA
ENVIADIZA
RAJADIZA
RESQUEBRAJADIZA
ENOJADIZA
ARROJADIZA
ANTOJADIZA
RESBALADIZA
HELADIZA
HILADIZA
ALQUILADIZA
COLADIZA
VOLADIZA
ARRIMADIZA
DESMORONADIZA
TORNADIZA
DELEZNADIZA
ENGAÑADIZA
DESPEÑADIZA
TOPADIZA
ATOPADIZA
QUEBRADIZA
ASOMBRADIZA
ALTERADIZA
ENAMORADIZA
COMPRADIZA
ERRADIZA
CERRADIZA
SERRADIZA
ASERRADIZA
CONTRADIZA
ENCONTRADIZA
ARRASTRADIZA
ARREBATADIZA
APRETADIZA
SALTADIZA
SOLTADIZA
ESPANTADIZA
LEVANTADIZA
ALEVANTADIZA
CONTENTADIZA
MALCONTENTADIZA
DESCONTENTADIZA
ESCOTADIZA
ALBOROTADIZA
APARTADIZA
ESTADIZA
PRESTADIZA
ASUSTADIZA
CAVADIZA
CLAVADIZA
LEVADIZA
ALZADIZA
ALCANZADIZA
CAEDIZA
RAEDIZA
TRAEDIZA
BEBEDIZA
CEDIZA
COCEDIZA
COGEDIZA
ACOGEDIZA
SALEDIZA
VENEDIZA
AVENEDIZA
ADVENEDIZA
CORREDIZA
COSEDIZA
LLOVEDIZA
MOVEDIZA
PERDIDIZA
AVENIDIZA
ENCUBRIDIZA
ESCURRIDIZA
FUIDIZA
HUIDIZA
ALDIZA
APRENDIZA
GODIZA
BARDIZA
ALFEIZA
FOCEIFIZA
PAJIZA
BERMEJIZA
ROJIZA
LIZA
BALIZA
ROBALIZA
CALIZA
CANDALIZA
REGALIZA
PALIZA
CORRALIZA
HORTALIZA
ROBLIZA
COLIZA
ESTERCOLIZA
PÓLIZA
MELLIZA
PELLIZA
TELLIZA
ROLLIZA
MIZA
CHAMIZA
CAÑAMIZA
RAMIZA
AGRAMIZA
COMIZA
PLOMIZA
TOMIZA
ENFERMIZA
RABANIZA
LONGANIZA
CENIZA
CONIZA
CARNIZA
HIBERNIZA
INVERNIZA
CAÑIZA
OTOÑIZA
PROÍZA
RIZA
ALBARIZA
CACARIZA
PORCARIZA
BRIZA
COBRIZA
ORIZA
CONTRADRIZA
PEDRIZA
NODRIZA
BANDERIZA
OJERIZA
CABALLERIZA
CILLERIZA
PRIMERIZA
CABRERIZA
ENTERIZA
FRONTERIZA
YEGÜERIZA
VAQUERIZA
PORQUERIZA
CALVERIZA
BOYERIZA
SANGRIZA
CORIZA
PARRIZA
TARRIZA
FERRIZA
TERRIZA
TRIZA
ZURIZA
TIZA
VOLTIZA
COTIZA
CASTIZA
MESTIZA
AGOSTIZA
POSTIZA
APOSTIZA
COCUIZA
CUCUIZA
QUIZÁ
ATAQUIZA
SEQUIZA
BLANQUIZA
SUIZA
ZUIZA
ALZA
CALZA
SOBRECALZA
DESCALZA
COLZA
CONCHABANZA
ALABANZA
DESALABANZA
PROBANZA
APROBANZA
VACANZA
AHINCANZA
ACERCANZA
CHANZA
ACECHANZA
ASECHANZA
DANZA
CONTRADANZA
HEREDANZA
MARIDANZA
OLVIDANZA
HUMILDANZA
ANDANZA
CERCANDANZA
MALANDANZA
DEMANDANZA
BIENANDANZA
BUENANDANZA
BARDANZA
TARDANZA
ACORDANZA
DESACORDANZA
RECORDANZA
CONCORDANZA
DISCORDANZA
RECAUDANZA
DUDANZA
MUDANZA
ALLEGANZA
AMIGANZA
FOLGANZA
HOLGANZA
VENGANZA

ALONGANZA
FIANZA
DESAFIANZA
DEFIANZA
CONFIANZA
DESCONFIANZA
DESFIANZA
LIANZA
ALIANZA
CRIANZA
SEMEJANZA
DESEMEJANZA
ANTOJANZA
PUJANZA
SOBREPUJANZA
LANZA
BALANZA
CONTRABALANZA
IGUALANZA
SEMBLANZA
DESEMBLANZA
POBLANZA
HILANZA
MESCOLANZA
MEZCOLANZA
TEMPLANZA
DESTEMPLANZA
TRIBULANZA
ROMANZA
ARMANZA
AFIRMANZA
LONTANANZA
ORDENANZA
DESORDENANZA
FINANZA
DOCTRINANZA
DIVINANZA
ADIVINANZA
BONANZA
ABONANZA
PERDONANZA
GOBERNANZA
ENGAÑANZA
DESDEÑANZA
ENSEÑANZA
LOANZA
PANZA
PARANZA
MALPARANZA
AMPARANZA
COMPARANZA
BRANZA
LABRANZA
LIBRANZA
DELIBRANZA
MEMBRANZA
REMEMBRANZA
COBRANZA
MEDRANZA
CONFEDERANZA
ESPERANZA
DESPERANZA
DESESPERANZA
PERSEVERANZA
GRANZA
ALEGRANZA
MORANZA
DEMORANZA
AÑORANZA
CARRANZA
ERRANZA
TRANZA
ULTRANZA
QUILLOTRANZA
MAESTRANZA
ADESTRANZA
MOSTRANZA
DEMOSTRANZA
DURANZA
SEGURANZA
ASEGURANZA
PRESURANZA
VENTURANZA
MALAVENTURANZA
BIENAVENTURANZA
PASANZA
ACUSANZA
TANZA
MATANZA
TRATANZA
HABITANZA
PITANZA
QUITANZA
LEALTANZA
VILTANZA
AVILTANZA

AJUNTANZA
AYUNTANZA
COTANZA
ABASTANZA
ESTANZA
MALAESTANZA
AMISTANZA
ENEMISTANZA
MUTANZA
GAVANZA
AGAVANZA
LLEVANZA
PRIVANZA
DESPRIVANZA
ENZA
BIENZA
LIENZA
SIMIENZA
VALENZA
ORENZA
TRENZA
POTENZA
VERGÜENZA
SINVERGÜENZA
DESVERGÜENZA
BINZA
PINZA
ONZA
PEONZA
JERIGONZA
RONZA
TRONZA
ZONZA
JUNZA
BOZA
EMBOZA
CHOZA
TARAGOZA
LOZA
HALOZA
TABLOZA
ALLOZA
MOZA
PRINGAMOZA
POZA
ROZA
ALAROZA
BROZA
CROZA
COROZA
CARROZA
TROZA
TOZA
ALBATOZA
BARZA
ESCARZA
GARZA
MAGARZA
OJIGARZA
LIGARZA
GAMARZA
ZARZA
BERZA
FUERZA
ALMUERZA
NUERZA
MIRZA
ORZA
CORZA
ALCORZA
FORZA
ALFORZA
ALGORZA
COGORZA
ALHORZA
LORZA
ANORZA
BAUZA
CAUZA
CUZA
ALCUZA
CHUZA
LECHUZA
CARDUZA
MARFUZA
DESFIUZA
ANDALUZA
MERLUZA
MUZA
CAMUZA
GAMUZA
ESCARAMUZA
MENUZA
CARNUZA
CHAPUZA
GALLARUZA

BRUZA
ABRUZA
CRUZA
CAPERUZA
TALTUZA
GENTUZA
COTUZA
CAZUZA
GAZUZA

B

AB
ABAB
NABAB
BAOBAB
SALAB
MIHRAB
DENEB
ALUNEB
JATIB
COULOMB
JOB
ROB
ALCHUB
CLUB
QUERUB
SUB

C

CALAMBAC
FONDAC
CIFAC
CLAC
LILAC
ALMANAC
CORNAC
COÑAC
FRAC
BAURAC
TAC
TICTAC
VIVAC
YAC
ALMÁSTEC
BISTEC
CRIC
CARRIC
SIC
TIC
CINC
ZINC
OC
BAMBUC
DUC
RUC

CH

CRÓNLECH
HUICH
CAPARAROCH

D

AD
ABAD

EDAD
BOBEDAD
ORBEDAD
NECEDAD
MOCEDAD
NOCEDAD
NESCEDAD
TOCHEDAD
SORDEDAD
VIUDEDAD
GAFEDAD
BEFEDAD
TREFEDAD
TURBIEDAD
DUBIEDAD
SACIEDAD
VACIEDAD
RANCIEDAD
SOCIEDAD
ALUCIEDAD
SUCIEDAD
ZAFIEDAD
NIMIEDAD
PIEDAD
IMPIEDAD
LIMPIEDAD
PROPIEDAD
IMPROPIEDAD
ARBITRARIEDAD
CONTRARIEDAD
VOLTARIEDAD
VOLUNTARIEDAD
INVOLUNTARIEDAD
VARIEDAD
EBRIEDAD
SOBRIEDAD
SERIEDAD
OBLIGATORIEDAD
TRANSITORIEDAD
PERENTORIEDAD
NOTORIEDAD
PROPRIEDAD
IMPROPRIEDAD
PATRIEDAD
ANSIEDAD
BESTIEDAD
BAJEDAD
VEJEDAD
COJEDAD
FLOJEDAD
FEBLEDAD
SOLEDAD
ENFERMEDAD
ENORMEDAD
MESMEDAD
HUMEDAD
CERTANEDAD
BROZNEDAD
TORPEDAD
HOMBREDAD
POBREDAD
FEREDAD
HEREDAD
LASEDAD
CRASEDAD
FALSEDAD
MANSEDAD
GROSEDAD
VENTOSEDAD
CHATEDAD
CULTEDAD
TONTEDAD
BOTEDAD
CORTEDAD
TORTEDAD
BASTEDAD
VASTEDAD
JUSTEDAD
BRUTEDAD
VAGUEDAD
CEGUEDAD
AMBIGÜEDAD
ANTIGÜEDAD
SEQUEDAD
MANQUEDAD
RONQUEDAD
BRONQUEDAD
OQUEDAD
POQUEDAD
PARQUEDAD
TERQUEDAD
HOSQUEDAD
TOSQUEDAD
BRUSQUEDAD
GRAVEDAD
PRAVEDAD

LEVEDAD
BREVEDAD
ALTIVEDAD
SALVEDAD
NOVEDAD
PARVEDAD
CORVEDAD
PROBIDAD
IMPROBIDAD
ACERBIDAD
DICACIDAD
EFICACIDAD
PERSPICACIDAD
PROCACIDAD
MENDACIDAD
MORDACIDAD
SAGACIDAD
FUGACIDAD
SALACIDAD
TENACIDAD
PUGNACIDAD
CAPACIDAD
INCAPACIDAD
RAPACIDAD
COMPACIDAD
OPACIDAD
FERACIDAD
VERACIDAD
VORACIDAD
LOCUACIDAD
VIVACIDAD
JURIDICIDAD
MENDICIDAD
PERIODICIDAD
MODICIDAD
PUBLICIDAD
FELICIDAD
INFELICIDAD
CATOLICIDAD
TRIPLICIDAD
MULTIPLICIDAD
SIMPLICIDAD
COMPLICIDAD
DUPLICIDAD
EPIDEMICIDAD
COMICIDAD
CONICIDAD
CRONICIDAD
TONICIDAD
UNICIDAD
HEROICIDAD
HIDROSCOPICIDAD
LUBRICIDAD
ESFERICIDAD
CALORICIDAD
HISTORICIDAD
ELECTRICIDAD
RADIOELECTRICIDAD
TERMOELECTRICIDAD
PIEZOELECTRICIDAD
EXCENTRICIDAD
AROMATICIDAD
HERMETICIDAD
AUTENTICIDAD
EXOTICIDAD
ESTIPTICIDAD
VERTICIDAD
CASTICIDAD
ELASTICIDAD
PLASTICIDAD
DOMESTICIDAD
CAUSTICIDAD
ROBUSTICIDAD
RUSTICIDAD
TOXICIDAD
PRECOCIDAD
VELOCIDAD
FEROCIDAD
RECIPROCIDAD
ATROCIDAD
PARCIDAD
CADUCIDAD
MORBIDIDAD
FECUNDIDAD
INFECUNDIDAD
JOCUNDIDAD
PROFUNDIDAD
ROTUNDIDAD
COMODIDAD
INCOMODIDAD
DESCOMODIDAD
ABSURDIDAD
DEIDAD
VELEIDAD
CONTEMPORANEIDAD
SIMULTANEIDAD

ESPONTANEIDAD
HOMOGENEIDAD
HETEROGENEIDAD
FEMINEIDAD
IDONEIDAD
CORPOREIDAD
INCORPOREIDAD
ASEIDAD
COMPLEJIDAD
PERPLEJIDAD
PROLIJIDAD
CALIDAD
MUSICALIDAD
VERTICALIDAD
TRONCALIDAD
LOCALIDAD
MODALIDAD
FEUDALIDAD
IDEALIDAD
REALIDAD
IRREALIDAD
LEGALIDAD
ILEGALIDAD
PRODIGALIDAD
FRUGALIDAD
ESPECIALIDAD
OFICIALIDAD
SUPERFICIALIDAD
INSUBSTANCIALIDAD
CONSUBSTANCIALIDAD
INSUSTANCIALIDAD
CONSUSTANCIALIDAD
ESENCIALIDAD
POTENCIALIDAD
NUPCIALIDAD
MARCIALIDAD
PARCIALIDAD
IMPARCIALIDAD
DISPARCIALIDAD
CORDIALIDAD
GENIALIDAD
VENIALIDAD
PATRIMONIALIDAD
MATERIALIDAD
INMATERIALIDAD
TERRITORIALIDAD
EXTRATERRITORIALIDAD
CURIALIDAD
BESTIALIDAD
PARROQUIALIDAD
VIALIDAD
TRIVIALIDAD
JOVIALIDAD
ANIMALIDAD
ANOMALIDAD
FORMALIDAD
INFORMALIDAD
NORMALIDAD
ANORMALIDAD
MUNDANALIDAD
PENALIDAD
VENALIDAD
FINALIDAD
ORIGINALIDAD
CRIMINALIDAD
NACIONALIDAD
INTERNACIONALIDAD
RACIONALIDAD
IRRACIONALIDAD
PROPORCIONALIDAD
CONSTITUCIONALIDAD
INCONSTITUCIONALIDAD
CONFESIONALIDAD
PERSONALIDAD
TONALIDAD
ATONALIDAD
CARNALIDAD
MUNICIPALIDAD
PRINCIPALIDAD
CATEDRALIDAD
CONCATEDRALIDAD
LIBERALIDAD
GENERALIDAD
LITERALIDAD
MORALIDAD
AMORALIDAD
INMORALIDAD
TEMPORALIDAD
CORPORALIDAD
TEATRALIDAD
CONTRALIDAD
NEUTRALIDAD
PLURALIDAD
NATURALIDAD
NASALIDAD
UNIVERSALIDAD

CAUSALIDAD
FATALIDAD
NATALIDAD
CAPITALIDAD
HOSPITALIDAD
INHOSPITALIDAD
VITALIDAD
ACCIDENTALIDAD
MENTALIDAD
HORIZONTALIDAD
TOTALIDAD
MORTALIDAD
INMORTALIDAD
BRUTALIDAD
CUALIDAD
DUALIDAD
INDIVIDUALIDAD
ANUALIDAD
CASUALIDAD
VISUALIDAD
MENSUALIDAD
SENSUALIDAD
ACTUALIDAD
INTELECTUALIDAD
PERPETUALIDAD
RITUALIDAD
ESPIRITUALIDAD
EVENTUALIDAD
CONVENTUALIDAD
PUNTUALIDAD
VIRTUALIDAD
MUTUALIDAD
SEXUALIDAD
HOMOSEXUALIDAD
VALIDAD
MEDIEVALIDAD
RIVALIDAD
INVALIDAD
CONVALIDAD
FIDELIDAD
INFIDELIDAD
PROBABILIDAD
IMPROBABILIDAD
IMPERTURBABILIDAD
PLACABILIDAD
IMPECABILIDAD
COMUNICABILIDAD
INCOMUNICABILIDAD
IMPRACTICABILIDAD
FINCABILIDAD
REVOCABILIDAD
IRREVOCABILIDAD
IRREPROCHABILIDAD
MALEABILIDAD
PERMEABILIDAD
IMPERMEABILIDAD
AFABILIDAD
INEFABILIDAD
AMIGABILIDAD
HABILIDAD
INHABILIDAD
INSACIABILIDAD
APRECIABILIDAD
SOCIABILIDAD
INSOCIABILIDAD
VARIABILIDAD
INVARIABILIDAD
FRIABILIDAD
VIABILIDAD
LABILIDAD
INVIOLABILIDAD
AMABILIDAD
ESTIMABILIDAD
INESTIMABILIDAD
INDOMABILIDAD
INALIENABILIDAD
RACIONABILIDAD
IRRACIONABILIDAD
IMPRESIONABILIDAD
CULPABILIDAD
INCULPABILIDAD
INSEPARABILIDAD
INTOLERABILIDAD
INNUMERABILIDAD
VULNERABILIDAD
INVULNERABILIDAD
ALTERABILIDAD
INALTERABILIDAD
HONORABILIDAD
INEXORABILIDAD
PENETRABILIDAD
IMPENETRABILIDAD
CONCENTRABILIDAD
DURABILIDAD
PERDURABILIDAD
MENSURABILIDAD

CONMENSURABILIDAD
INCONMENSURABILIDAD
CONDENSABILIDAD
INDISPENSABILIDAD
RESPONSABILIDAD
IRRESPONSABILIDAD
DILATABILIDAD
INTRATABILIDAD
VEGETABILIDAD
RESPETABILIDAD
HABITABILIDAD
EXCITABILIDAD
IRRITABILIDAD
CONTABILIDAD
FLOTABILIDAD
NOTABILIDAD
POTABILIDAD
ADAPTABILIDAD
INADAPTABILIDAD
ACEPTABILIDAD
ESTABILIDAD
INESTABILIDAD
INCONTESTABILIDAD
INSTABILIDAD
MUTABILIDAD
INMUTABILIDAD
CONMUTABILIDAD
INCONMUTABILIDAD
PERMUTABILIDAD
IMPERMUTABILIDAD
INTRANSMUTABILIDAD
IMPUTABILIDAD
DEBILIDAD
PLACIBILIDAD
APACIBILIDAD
DESAPACIBILIDAD
IRASCIBILIDAD
TRADUCIBILIDAD
INTRADUCIBILIDAD
PRODUCIBILIDAD
CREDIBILIDAD
INCREDIBILIDAD
ELEGIBILIDAD
CORREGIBILIDAD
INCORREGIBILIDAD
INTELIGIBILIDAD
REFRANGIBILIDAD
INTANGIBILIDAD
FALIBILIDAD
INFALIBILIDAD
TERRIBILIDAD
HORRIBILIDAD
PASIBILIDAD
IMPASIBILIDAD
ACCESIBILIDAD
INACCESIBILIDAD
COMPRESIBILIDAD
INCOMPRESIBILIDAD
ADMISIBILIDAD
RISIBILIDAD
VISIBILIDAD
DIVISIBILIDAD
INDIVISIBILIDAD
INVISIBILIDAD
EXPANSIBILIDAD
INCOMPREHENSIBILIDAD
COMPRENSIBILIDAD
INCOMPRENSIBILIDAD
SENSIBILIDAD
INSENSIBILIDAD
POSIBILIDAD
IMPOSIBILIDAD
INCOMPOSIBILIDAD
REVERSIBILIDAD
IRREVERSIBILIDAD
PLAUSIBILIDAD
FUSIBILIDAD
INFUSIBILIDAD
COMPATIBILIDAD
INCOMPATIBILIDAD
COMPACTIBILIDAD
CONTRACTIBILIDAD
DEFECTIBILIDAD
INDEFECTIBILIDAD
PERFECTIBILIDAD
IRREDUCTIBILIDAD
CONDUCTIBILIDAD
DESTRUCTIBILIDAD
INDESTRUCTIBILIDAD
PERCEPTIBILIDAD
SUSCEPTIBILIDAD
IMPRESCRIPTIBILIDAD
CORRUPTIBILIDAD
INCORRUPTIBILIDAD
VERTIBILIDAD
CONVERTIBILIDAD

DIGESTIBILIDAD
COMBUSTIBILIDAD
INCOMBUSTIBILIDAD
FLEXIBILIDAD
INFLEXIBILIDAD
FLUXIBILIDAD
IGNOBILIDAD
MORBILIDAD
SOLUBILIDAD
DISOLUBILIDAD
INDISOLUBILIDAD
INSOLUBILIDAD
VOLUBILIDAD
NUBILIDAD
FACILIDAD
GRACILIDAD
IMBECILIDAD
DIFICILIDAD
DOCILIDAD
INDOCILIDAD
EDILIDAD
AGILIDAD
FRAGILIDAD
ESTERILIDAD
PUERILIDAD
VIRILIDAD
ESCURRILIDAD
VOLATILIDAD
VERSATILIDAD
RETRACTILIDAD
CONTRACTILIDAD
ERECTILIDAD
DUCTILIDAD
GENTILIDAD
SOTILIDAD
FERTILIDAD
HOSTILIDAD
UTILIDAD
FUTILIDAD
INUTILIDAD
SUTILIDAD
TRANQUILIDAD
INTRANQUILIDAD
CIVILIDAD
INCIVILIDAD
MOVILIDAD
AMOVILIDAD
INAMOVILIDAD
INMOVILIDAD
FRIVOLIDAD
CREDULIDAD
INCREDULIDAD
NULIDAD
GARRULIDAD
INFAMIDAD
CALAMIDAD
SUPREMIDAD
EXTREMIDAD
SUBLIMIDAD
LONGANIMIDAD
PUSILANIMIDAD
MAGNANIMIDAD
UNANIMIDAD
ECUANIMIDAD
LEGITIMIDAD
ILEGITIMIDAD
ULTIMIDAD
INTIMIDAD
PROXIMIDAD
DEFORMIDAD
UNIFORMIDAD
INFORMIDAD
CONFORMIDAD
DESCONFORMIDAD
DISCONFORMIDAD
DISFORMIDAD
ENORMIDAD
HUMIDAD
INCOLUMIDAD
SUMIDAD
URBANIDAD
INURBANIDAD
ARCANIDAD
CERCANIDAD
DIAFANIDAD
PROFANIDAD
HUERFANIDAD
ORFANIDAD
UFANIDAD
ANCIANIDAD
MEDIANIDAD
CATALANIDAD
GERMANIDAD
HUMANIDAD
INHUMANIDAD
INANIDAD

HISPANIDAD
SOBERANIDAD
SANIDAD
VANIDAD
OBSCENIDAD
LENIDAD
AMENIDAD
SERENIDAD
TERRENIDAD
DIGNIDAD
INDIGNIDAD
MALIGNIDAD
BENIGNIDAD
CONCINIDAD
AFINIDAD
INFINIDAD
CONFINIDAD
CALIGINIDAD
VIRGINIDAD
ALCALINIDAD
SALINIDAD
MASCULINIDAD
FEMINIDAD
INTERINIDAD
PEREGRINIDAD
TRINIDAD
CETRINIDAD
LATINIDAD
CERTINIDAD
INCERTINIDAD
CLANDESTINIDAD
CONSANGUINIDAD
DIVINIDAD
INDEMNIDAD
SOLEMNIDAD
PERENNIDAD
MODERNIDAD
MATERNIDAD
PATERNIDAD
COMPATERNIDAD
FRATERNIDAD
CONFRATERNIDAD
CUATERNIDAD
ETERNIDAD
COETERNIDAD
CAVERNIDAD
NOCTURNIDAD
TACITURNIDAD
DIUTURNIDAD
UNIDAD
INMUNIDAD
COMUNIDAD
MANCOMUNIDAD
EMPUNIDAD
IMPUNIDAD
IMPORTUNIDAD
OPORTUNIDAD
INOPORTUNIDAD
BARBARIDAD
CARIDAD
SOLIDARIDAD
VULGARIDAD
FAMILIARIDAD
PECULIARIDAD
CLARIDAD
HILARIDAD
CAPILARIDAD
ESCOLARIDAD
POLARIDAD
EJEMPLARIDAD
PERPENDICULARIDAD
PARTICULARIDAD
REGULARIDAD
IRREGULARIDAD
SINGULARIDAD
POPULARIDAD
IMPOPULARIDAD
PARIDAD
DISPARIDAD
RARIDAD
CONTRARIDAD
CELEBRIDAD
FUNEBRIDAD
SALOBRIDAD
SALUBRIDAD
INSALUBRIDAD
ALACRIDAD
MEDIOCRIDAD
SINCERIDAD
INSINCERIDAD
PROCERIDAD
FERIDAD
CELERIDAD
TEMERIDAD
PRIMERIDAD
INNUMERIDAD

ASPERIDAD
PROSPERIDAD
DESTERIDAD
POSTERIDAD
AUSTERIDAD
SEVERIDAD
INTEGRIDAD
INFERIORIDAD
SUPERIORIDAD
ANTERIORIDAD
INTERIORIDAD
POSTERIORIDAD
EXTERIORIDAD
PRIORIDAD
MENORIDAD
MINORIDAD
SONORIDAD
PORIDAD
AUCTORIDAD
AUTORIDAD
DESAUTORIDAD
MAYORIDAD
OBSCURIDAD
ESCURIDAD
OSCURIDAD
SEGURIDAD
INSEGURIDAD
RIGURIDAD
PURIDAD
IMPURIDAD
OBESIDAD
NECESIDAD
DENSIDAD
INMENSIDAD
INTENSIDAD
ESTRABOSIDAD
GIBOSIDAD
VERBOSIDAD
MORBOSIDAD
NUBOSIDAD
BELICOSIDAD
JOCOSIDAD
ASCOSIDAD
BASCOSIDAD
VISCOSIDAD
MUCOSIDAD
BANDOSIDAD
FRONDOSIDAD
MODOSIDAD
NUDOSIDAD
OLEOSIDAD
FRAGOSIDAD
GANGOSIDAD
FUNGOSIDAD
FOGOSIDAD
JUGOSIDAD
RUGOSIDAD
ESPACIOSIDAD
GRACIOSIDAD
ESPECIOSIDAD
PRECIOSIDAD
OFICIOSIDAD
OCIOSIDAD
CAPCIOSIDAD
ACUCIOSIDAD
MINUCIOSIDAD
GRANDIOSIDAD
ODIOSIDAD
ESTUDIOSIDAD
CONTAGIOSIDAD
PRODIGIOSIDAD
RELIGIOSIDAD
IRRELIGIOSIDAD
ESPONGIOSIDAD
PREMIOSIDAD
INGENIOSIDAD
COPIOSIDAD
VIDRIOSIDAD
LABORIOSIDAD
CURIOSIDAD
ANSIOSIDAD
OBSEQUIOSIDAD
NERVIOSIDAD
PEGAJOSIDAD
ESPONJOSIDAD
MELOSIDAD
CAVILOSIDAD
FABULOSIDAD
NEBULOSIDAD
METICULOSIDAD
GULOSIDAD
AMPULOSIDAD
ESCRUPULOSIDAD
CALLOSIDAD
VELLOSIDAD
CLAMOSIDAD

LIMOSIDAD
ANIMOSIDAD
GOMOSIDAD
FUMOSIDAD
HUMOSIDAD
LANOSIDAD
AGUANOSIDAD
VENENOSIDAD
OLEAGINOSIDAD
FULIGINOSIDAD
VERTIGINOSIDAD
LUMINOSIDAD
GLUTINOSIDAD
VINOSIDAD
DONOSIDAD
CARNOSIDAD
CAVERNOSIDAD
ADIPOSIDAD
POMPOSIDAD
VAGAROSIDAD
ESCABROSIDAD
TENEBROSIDAD
TUBEROSIDAD
PONDEROSIDAD
VALEROSIDAD
CABALLEROSIDAD
NUMEROSIDAD
GENEROSIDAD
SEROSIDAD
ASQUEROSIDAD
AIROSIDAD
VIGOROSIDAD
MOROSIDAD
HUMOROSIDAD
POROSIDAD
TERROSIDAD
BORROSIDAD
NITROSIDAD
RIGUROSIDAD
ACETOSIDAD
VENTOSIDAD
UNTOSIDAD
PASTOSIDAD
VISTOSIDAD
ACUOSIDAD
AGUOSIDAD
PINGUOSIDAD
SINUOSIDAD
MONSTRUOSIDAD
ACTUOSIDAD
ANFRACTUOSIDAD
AFECTUOSIDAD
INFRUCTUOSIDAD
IMPETUOSIDAD
MONTUOSIDAD
UNTUOSIDAD
SUNTUOSIDAD
PRESUNTUOSIDAD
CONCEPTUOSIDAD
VOLUPTUOSIDAD
TORTUOSIDAD
ESTUOSIDAD
MAJESTUOSIDAD
BRAVOSIDAD
DADIVOSIDAD
NERVOSIDAD
TERSIDAD
ADVERSIDAD
DIVERSIDAD
UNIVERSIDAD
PERVERSIDAD
CANTIDAD
SANTIDAD
CUANTIDAD
ENTIDAD
IDENTIDAD
CRUENTIDAD
CASTIDAD
HONESTIDAD
INHONESTIDAD
DESHONESTIDAD
ROBUSTIDAD
VENUSTIDAD
ACUIDAD
VACUIDAD
UBICUIDAD
OBLICUIDAD
PERSPICUIDAD
PROPINCUIDAD
INOCUIDAD
PROMISCUIDAD
ASIDUIDAD
INDIVIDUIDAD
ARDUIDAD
CONTIGÜIDAD
EXIGÜIDAD

MELIFLUIDAD
SUPERFLUIDAD
INGENUIDAD
ESTRENUIDAD
TENUIDAD
CONTINUIDAD
DISCONTINUIDAD
EQUIDAD
UBIQUIDAD
INIQUIDAD
ESTANQUIDAD
CONGRUIDAD
INCONGRUIDAD
FATUIDAD
GRATUIDAD
PERPETUIDAD
CAVIDAD
CONCAVIDAD
NAVIDAD
SUAVIDAD
INSUAVIDAD
LONGEVIDAD
LEVIDAD
NOCIVIDAD
DECLIVIDAD
PROCLIVIDAD
PASIVIDAD
ADHESIVIDAD
AGRESIVIDAD
IMPULSIVIDAD
COMBATIVIDAD
RELATIVIDAD
NATIVIDAD
ACTIVIDAD
RADIACTIVIDAD
INACTIVIDAD
RETROACTIVIDAD
IRRETROACTIVIDAD
AFECTIVIDAD
EFECTIVIDAD
SUBJECTIVIDAD
SELECTIVIDAD
COLECTIVIDAD
CONDUCTIVIDAD
OBJETIVIDAD
ACOMETIVIDAD
ALTIVIDAD
SUBSTANTIVIDAD
SUSTANTIVIDAD
EMOTIVIDAD
CAPTIVIDAD
RECEPTIVIDAD
FESTIVIDAD
TEMPESTIVIDAD
CAUTIVIDAD
ESQUIVIDAD
PARVIDAD
PROTERVIDAD
CURVIDAD
LAXIDAD
COMPLEXIDAD
ANEXIDAD
CONEXIDAD
CONVEXIDAD
FEALDAD
LEALDAD
REALDAD
FRIALDAD
MALDAD
MORTALDAD
IGUALDAD
INIGUALDAD
DESIGUALDAD
BELDAD
FIELDAD
CRUELDAD
HUMILDAD
VILDAD
ORFANDAD
CRISTIANDAD
LIVIANDAD
HERMANDAD
MORTANDAD
VECINDAD
MOHINDAD
MERINDAD
MALSINDAD
MEZQUINDAD
RUINDAD
BONDAD
VERDAD
CIUDAD
NILAD
FARAD
MEATAD
METAD

MAYETAD
MEITAD
MITAD
LEALTAD
DESLEALTAD
FACULTAD
DIFICULTAD
NOLUNTAD
VOLUNTAD
LIBERTAD
PUBERTAD
PREBESTAD
EGESTAD
MAJESTAD
HONESTAD
TEMPESTAD
POTESTAD
MALVESTAD
AMISTAD
DESAMISTAD
ENEMISTAD
EVAD
VUESARCED
USARCED
MERCED
UCED
TALED
CÉSPED
RÉSPED
HUÉSPED
RED
PARED
SED
USTED
VUSTED
CAÍD
CID
ARDID
LID
ADALID
ÁSPID
QUID
VID
DAVID
PÓRTLAND
GRAND
DESEND
DALIND
DOND
ALGUND
EFOD
LORD
MILORD
LAÚD
ARCHILAÚD
ATAÚD
CALICUD
ALUD
CAMBALUD
SALUD
TALUD
ALAMUD
ALMUD
TALMUD
APUD
SUD
SENECTUD
QUIETUD
INQUIETUD
MANSUETUD
CONSUETUD
HABITUD
LICITUD
ILICITUD
SOLICITUD
LONGITUD
SIMILITUD
DISIMILITUD
VERISIMILITUD
INVERISIMILITUD
VEROSIMILITUD
INVEROSIMILITUD
SOLITUD
AMPLITUD
PLENITUD
MAGNITUD
INFINITUD
DECREPITUD
TURPITUD
AMARITUD
ACRITUD
PULCRITUD
LASITUD
CRASITUD
VICISITUD
CELSITUD

EXCELSITUD
BEATITUD
LATITUD
GRATITUD
INGRATITUD
ACTITUD
EXACTITUD
INEXACTITUD
RECTITUD
DOCTITUD
ALTITUD
MULTITUD
LENTITUD
PRONTITUD
APTITUD
INEPTITUD
CERTITUD
INCERTITUD
FORTITUD
ESCLAVITUD
SERVITUD
LAXITUD
JUVENTUD
VIRTUD
INVIRTUD
AZUD

E

E
HAE
LATAE
BE
CABE
ARROCABE
LABE
ÁLABE
JENABE
AJENABE
ÁRABE
CÁRABE
MOCÁRABE
ALMOCÁRABE
JARABE
ALÁRABE
MOZÁRABE
ALMOZÁRABE
MUZÁRABE
TRABE
ALQUITRABE
ARQUITRABE
CASABE
BIENMESABE
ATABE
CAZABE
ALMANCEBE
PERCEBE
DEBE
JEBE
AJEBE
ENJEBE
PLEBE
ALMOCREBE
SEBE
ALJABIBE
ACEBIBE
ALJIBE
CÁLIBE
CÉLIBE
CARIBE
ORIBE
NAYURIBE
TIBE
INCORREGILBE
CALEMBÉ
BOMBÉ
RIMBOMBE
CANDOMBE
HECATOMBE
CUMBÉ
CHUMBE
DERRUMBE
CUSUMBE
ADOBE
ALMOCARBE
EJARBE
ALARBE
AZARBE
IMBERBE

ORBE
CORBE
MUERDISORBE
URBE
UBE
NUBE
QUERUBE
CUSUBÉ
CE
AGACÉ
ENGACE
ENLACE
DESENLACE
CONTUMACE
PÁNACE
TENACE
PERTINACE
OPOPÓNACE
VOACÉ
VORACE
TRACE
DESGUACE
ALIZACE
OREBCE
ABECÉ
EMPIECE
ALECE
PECE
TRECE
SECE
CALLACUECE
ÍBICE
ÓBICE
ESPÁDICE
APÉNDICE
ÍNDICE
SUBÍNDICE
CÓDICE
CONYÚDICE
FICE
AFICE
CARNÍFICE
ORÍFICE
PONTÍFICE
ARTÍFICE
CÁLICE
FELICE
INFELICE
HÉLICE
SÍLICE
PÓLICE
TRÍPLICE
MULTÍPLICE
CÓMPLICE
DÚPLICE
FENICE
BERENICE
ÓNICE
SARDÓNICE
ÁPICE
RÉSPICE
ARÚSPICE
AURÚSPICE
LÁRICE
VARICE
MÚRICE
VÉRTICE
VÓRTICE
FRÚTICE
VICE
ALCE
CALCE
RECALCE
DESCALCE
REALCE
FALCE
GALCE
SALCE
DULCE
AGUADULCE
AGRIDULCE
BANCE
ALCANCE
PERCANCE
DANCE
LANCE
BALANCE
RELANCE
ROMANCE
NANCE
CAMANANCE
CHIMPANCÉ
GRANCÉ
TRANCE
AVANCE
VASCUENCE

LINCE
ESGUINCE
DESGUINCE
QUINCE
CAMASQUINCE
ONCE
ESCONCE
GONCE
IZGONCE
RUIPONCE
RONCE
BRONCE
ESBRONCE
DESONCE
ENTONCE
ESTONCE
FRUNCE
COCE
DOCE
CADOCE
GOCE
HOCE
VELOCE
ROCE
DESBROCE
FEROCE
ARCE
ADARCE
ENGARCE
PARCE
USARCÉ
ALFERCE
ALERCE
TUERCE
CIRCE
ALCORCE
SORCE
TORCE
CATORCE
URCE
PESCE
UCÉ
CAUCE
TRIFAUCE
SAUCE
CRUCE
CHE
BACHE
AZABACHE
CALDIBACHE
HUACHACHE
GACHÉ
MALGACHE
HACHE
PIACHE
TRIACHE
ALACHE
CAMBALACHE
GUIRLACHE
REMACHE
APACHE
MAPACHE
TEPACHE
CARACHE
GUARACHE
HUARACHE
MANDRACHE
VENDERACHE
CAGARRACHE
MOHARRACHE
HOMARRACHE
PATACHE
ESTACHE
PISTACHE
TLACUACHE
MACUACHE
TACUACHE
GUACHE
CACHIVACHE
AZACHE
ESCABECHE
LEBECHE
ACECHE
LEGECHE
LECHE
ALECHE
HALECHE
CUAJALECHE
PECHE
CAMPECHE
ZAFARECHE
TARECHE
QUECHE
CEBICHE
ACICHE
TAPACHICHE

PECHICHE
ZONCHICHE
CALICHE
TILICHE
BOLICHE
COLICHE
COCOLICHE
REMICHE
ENTREMICHE
PALMICHE
CUMICHE
SONICHE
PICHE
TRAPICHE
ESPICHE
ZAFARICHE
ARCIDRICHE
TIMBIRICHE
FIFIRICHE
MORICHE
ALMATRICHE
CURICHE
FETICHE
HUICHE
QUICHÉ
TEQUICHE
SEVICHE
DERVICHE
ELCHE
PUELCHE
PILCHE
MACANCHE
ENGANCHE
REENGANCHE
DIANCHE
COMANCHE
ROMANCHE
ENSANCHE
GUANCHE
CRENCHE
PEHUENCHE
CHINCHE
BOCHINCHE
BUCHINCHE
CARDINCHE
POLINCHE
PINCHE
COMPINCHE
BERRINCHE
TRINCHE
CALONCHE
COLONCHE
DEMONCHE
PONCHE
IMBUNCHE
FUNCHE
BOCHE
CALBOCHE
BAMBOCHE
COCHE
CUICACOCHE
CARRICOCHE
GUANGOCHE
OJOCHE
LOCHE
BIRLOCHE
MOCHE
ESCAMOCHE
TROCHEMOCHE
ALIMOCHE
CHICHIRIMOCHE
DESMOCHE
SACRISMOCHE
NOCHE
ANOCHE
ANTEANOCHE
ANTEANTEANOCHE
TRASANTEANOCHE
MEDIANOCHE
SOBRENOCHE
ANTENOCHE
ANTEANTENOCHE
TRASNOCHE
BROCHE
PEDROCHE
SOROCHE
REPROCHE
DERROCHE
TOCHE
CATOCHE
PITOCHE
FANTOCHE
AZOCHE
PCHE
ESCARCHE
PARCHE

CORCHE
ESCORCHE
DESCORCHE
PORCHE
SORCHE
BURCHE
CHAUCHE
BUCHE
SACABUCHE
ESCABUCHE
ACEBUCHE
CUCHÉ
CHUCHE
LUCHE
NUCHE
MAPUCHE
RUCHE
PICHIRUCHE
SUCHE
ESTUCHE
AZUCHE
DE
ÁRCADE
ORÉADE
ALMOHADE
OLIMPIADE
DRÍADE
HAMADRÍADE
JADE
NÓMADE
ÁNADE
MÉNADE
LÁPADE
FRADE
CONFRADE
COFRADE
ARCHICOFRADE
CONCOFRADE
PARÁSTADE
VADE
NÁYADE
PLÉYADE
ZADE
TRÉBEDE
BÍPEDE
ALÍPEDE
UNÍPEDE
CAPRÍPEDE
CÉSPEDE
RÉSPEDE
CUADRÚPEDE
ADREDE
SEDE
DIOSTEDÉ
ALCAIDE
SUBALCAIDE
BIDÉ
PROBÓSCIDE
SÍLFIDE
EFÉLIDE
SIFÍLIDE
TEAMIDE
CLÁMIDE
PIRÁMIDE
POTÁMIDE
HÉNIDE
PEPÓNIDE
CORÓNIDE
ROMBOIDE
HELICOIDE
CONCOIDE
TROCOIDE
GEOIDE
ESCORPIOIDE
ALCALOIDE
METALOIDE
CRISTALOIDE
CICLOIDE
EPICICLOIDE
HIPOCICLOIDE
PARABOLOIDE
HIPERBOLOIDE
COLOIDE
MONGOLOIDE
VARIOLOIDE
CELULOIDE
PEGAMOIDE
SOLENOIDE
ALBUMINOIDE
PLATINOIDE
CONOIDE
ANTROPOIDE
CANCROIDE
ANDROIDE
DENDROIDE
ESFEROIDE

ANEROIDE
ASTEROIDE
NEGROIDE
HEMORROIDE
ELIPSOIDE
OVOIDE
TRAPEZOIDE
RIZOIDE
ESPERMATOZOIDE
ÁSPIDE
CÚSPIDE
BICÚSPIDE
TRICÚSPIDE
ASCÁRIDE
BASÁRIDE
CÉDRIDE
HESPÉRIDE
ÍRIDE
JÍRIDE
ÁBSIDE
DÉSIDE
ÁPSIDE
CARIÓPSIDE
HIDÁTIDE
CARIÁTIDE
CLEMÁTIDE
REUMÁTIDE
CERÁSTIDE
VIDE
ALMORÁVIDE
PÍXIDE
BALDE
ARRABALDE
PARLAEMBALDE
ALCALDE
JALDE
HOJALDE
GRINALDE
ALBAYALDE
REBELDE
PELDE
APELDE
ARRELDE
HUMILDE
TILDE
GOLDE
MOLDE
ROLDE
CANDE
LANDE
GLANDE
LLANDE
GRANDE
ENDE
DENDE
DESDENDE
ALIENDE
ALLENDE
ALPENDE
ARPENDE
DESENDE
CUENDE
DUENDE
AQUENDE
AÍNDE
ALFINDE
ALHINDE
LINDE
ALINDE
DESLINDE
ONDE
CONDE
VIZCONDE
DONDE
ADONDE
DESFONDE
AHONDE
FRONDE
CACHUNDE
BODE
TRÍPODE
MERODE
COBARDE
ALARDE
SARDE
TARDE
SOBRETARDE
ESGUARDE
GANAPIERDE
CONCUERDE
VERDE
PISAVERDE
AGUAVERDE
BORDE
REBORDE
ACORDE

DESACORDE
CONCORDE
DESCONCORDE
DISCORDE
ENGORDE
PAVORDE
DESDE
LAUDE
ALAUDE
FRAUDE
LEUDE
PALUDE
FE
AFÉ
CAFÉ
ALCADAFE
ALIFAFE
ALMOTALAFE
ANAFE
ALNAFE
RAFE
AJARAFE
ALJARAFE
TARAFE
EPÍGRAFE
RIFIRRAFE
VAFE
ARREZAFE
EFE
JEFE
SUBJEFE
AZARNEFE
TREFE
MEQUETREFE
TEFE
NAIFE
ARRECIFE
CÍNIFE
JARIFE
ALMOJARIFE
ALARIFE
MATARIFE
JERIFE
ALJERIFE
ALMOJERIFE
BELLERIFE
CALCATRIFE
ALCATIFE
ARTIFE
MARQUIARTIFE
ARREQUIFE
ESQUIFE
ALFALFE
GELFE
ESQUILFE
BOFE
CHOFE
LIMÍTROFE
COTROFE
ANÁSTROFE
EPANÁSTROFE
CATÁSTROFE
EPÍSTROFE
MONÓSTROFE
APÓSTROFE
ALJARFE
ATARFE
JORFE
REBUFE
ENCHUFE
ADUFE
GE
ENÁLAGE
COMPANAGE
COMPAGE
MEGE
GREGE
APÓFIGE
RÉMIGE
FRIGE
ESTRIGE
FALANGE
PANGE
FRANGE
LOSANGE
MENGE
ALFINGE
ESFINGE
MENINGE
FARINGE
LARINGE
ERINGE
SIRINGE
TINGE
CALONGE
ANAGOGE

PARAGOGE
ISAGOGE
METAGOGE
ROGE
ALÓBROGE
LITARGE
ALBERGE
VERGÉ
JORGE
AUGE
GREUGE
CÓNYUGE
HE
AHÉ
EVOHÉ
ESPECIE
SUPERFICIE
MOLICIE
CANICIE
PLANICIE
ALTIPLANICIE
PERNICIE
CRASICIE
GROSICIE
CALVICIE
NADIE
EFIGIE
SANIE
PROGENIE
PIE
HINCAPIÉ
BUSCAPIÉ
MARCHAPIÉ
RODAPIÉ
VUELAPIÉ
VOLAPIÉ
TIRAPIÉ
PUNTAPIÉ
AGUAPIÉ
ALZAPIÉ
SOBREPIÉ
ORIPIÉ
PITIPIÉ
TENTEMPIÉ
PASPIÉ
TRASPIÉ
BARBARIE
CONGERIE
TEMPERIE
INTEMPERIE
SERIE
KIRIE
QUIRIE
HEMATÍE
CANUTIÉ
COLUVIE
AJE
BREBAJE
CIBAJE
ARRIBAJE
JAMBAJE
HERBAJE
PRACTICAJE
BOTICAJE
ENCAJE
DESENCAJE
BARCAJE
BOSCAJE
GUACHAJE
LANCHAJE
GAUCHAJE
MONEDAJE
PEDAJE
HOSPEDAJE
HEREDAJE
BANDIDAJE
MARIDAJE
BARANDAJE
RENDAJE
VENDAJE
BLINDAJE
RODAJE
BARDAJE
FARDAJE
ABORDAJE
CORDAJE
BRACEAJE
OLEAJE
ANEAJE
PEAJE
MAREAJE
VAREAJE
SEÑOREAJE
CORREAJE
ARQUEAJE
ALCALIFAJE

GAJE
BAGAJE
BODEGAJE
ALHONDIGAJE
FOGAJE
DESGAJE
VAHAJE
BAILIAJE
ANDAMIAJE
COLONIAJE
ESTIAJE
BESTIAJE
GUIAJE
CEQUIAJE
ACEQUIAJE
VIAJE
TORNAVIAJE
ESVIAJE
BALAJE
REBALAJE
EMBALAJE
DESEMBALAJE
CALAJE
BOALAJE
PARALAJE
TALAJE
ATALAJE
ETALAJE
HOSTALAJE
TABLAJE
FEBLAJE
MUEBLAJE
SAMBLAJE
ENSAMBLAJE
MOBLAJE
ANCLAJE
CELAJE
CARCELAJE
TONELAJE
PELAJE
ATELAJE
HOSTELAJE
DUELAJE
VELAJE
DOVELAJE
PUPILAJE
BARRILAJE
ENSILAJE
OLAJE
DOLAJE
PENDOLAJE
REGOLAJE
CEDULAJE
CONSULAJE
CABALLAJE
VASALLAJE
MUELLAJE
HEBILLAJE
PANDILLAJE
CAUDILLAJE
PILLAJE
VARILLAJE
RASTRILLAJE
CASTILLAJE
COSTILLAJE
VILLAJE
FOLLAJE
BULLAJE
RAMAJE
ALMAJE
FORMAJE
CHUSMAJE
PLUMAJE
ESPUMAJE
ARRUMAJE
VILLANAJE
LEMANAJE
PAMPANAJE
ENGRANAJE
PAISANAJE
VENTANAJE
ALMACENAJE
MENAJE
ALMENAJE
HOMENAJE
VENAJE
LINAJE
MOLINAJE
MARINAJE
PEREGRINAJE
LIBERTINAJE
CORTINAJE
BOMBONAJE
BALCONAJE
PEONAJE
CAMIONAJE

ESPIONAJE
GUIONAJE
TABLONAJE
MESONAJE
PERSONAJE
CARRETONAJE
CARTONAJE
CARNAJE
HORNAJE
CUREÑAJE
PAJE
EQUIPAJE
ROPAJE
BARAJE
ANDARAJE
GARAJE
AMARAJE
CAMARAJE
PARAJE
TARAJE
HEMBRAJE
SOMBRAJE
OBRAJE
COMPADRAJE
ERAJE
CARCERAJE
MADERAJE
CORDERAJE
ESCUDERAJE
ROMERAJE
MINERAJE
CARNERAJE
SERAJE
ALMIRAJE
VIRAJE
ORAJE
CORAJE
MALCORAJE
ANCORAJE
SEÑORAJE
FATORAJE
FACTORAJE
AMARRAJE
CERRAJE
ABENCERRAJE
FERRAJE
HERRAJE
TERRAJE
ATERRAJE
FORRAJE
TRAJE
ARBITRAJE
ULTRAJE
MAESTRAJE
CABESTRAJE
FENESTRAJE
PISTRAJE
PASTURAJE
MASAJE
PASAJE
PAISAJE
VISAJE
MENSAJE
USAJE
PATAJE
BILLETAJE
CARRETAJE
CORRETAJE
PERITAJE
VOLTAJE
CHANTAJE
PLANTAJE
PORCENTAJE
VENTAJE
MONTAJE
DESMONTAJE
PONTAJE
CABOTAJE
SABOTAJE
AGIOTAJE
MATALOTAJE
PILOTAJE
POTAJE
PORTAJE
BASTAJE
HOSTAJE
FRUTAJE
RECUAJE
YAICUAJE
DESCUAJE
GUAJE
AGUAJE
LENGUAJE
CARRUAJE
TATUAJE
LAVAJE

SALVAJE
SELVAJE
BOVAJE
BRAZAJE
CABEZAJE
APRENDIZAJE
ATERRIZAJE
CALABOZAJE
EJE
CEJE
CHEJE
FEJE
SEMIEJE
RELEJE
FLEJE
TEJEMANEJE
PEJE
HEREJE
SEJE
ATEJE
ESQUEJE
DESQUEJE
EMBIJE
ACIJE
DIJE
PIJIJE
PIJE
ARIJE
LARIJE
ALARIJE
CANJE
ALFANJE
ALQUEQUENJE
FONJE
AJONJE
ALJONJE
MONJE
CANONJE
MEJUNJE
MENUNJE
BOJE
DESHOJE
DESPIOJE
MOJE
AJILIMOJE
ARROJE
TROJE
ALFARJE
CONSERJE
MENJURJE
CAUJE
BUJE
ABUJE
CUJE
OCUJE
AMUJE
EMPUJE
LE
CALE
CALÉ
CHICALÉ
CHALÉ
SAUALE
VALE
MASVALE
BLE
BABLE
ACABABLE
INACABABLE
ALABABLE
PROBABLE
REPROBABLE
IMPROBABLE
COMPROBABLE
PERTURBABLE
IMPERTURBABLE
CABLE
PLACABLE
APLACABLE
IMPLACABLE
ATACABLE
INATACABLE
PECABLE
IMPECABLE
DISECABLE
INSECABLE
HIPOTECABLE
MEDICABLE
INMEDICABLE
PREDICABLE
SINDICABLE
REIVINDICABLE
IRREIVINDICABLE
INDIYUDICABLE
MODIFICABLE
CALIFICABLE

INCALIFICABLE
SALIFICABLE
MOLIFICABLE
SIMPLIFICABLE
PANIFICABLE
DIGNIFICABLE
SAPONIFICABLE
GLORIFICABLE
VITRIFICABLE
INCLASIFICABLE
INFALSIFICABLE
DOSIFICABLE
RECTIFICABLE
FRUCTIFICABLE
SANTIFICABLE
IDENTIFICABLE
CERTIFICABLE
INFORTIFICABLE
JUSTIFICABLE
INJUSTIFICABLE
APLICABLE
INAPLICABLE
MULTIPLICABLE
EXPLICABLE
INEXPLICABLE
COMUNICABLE
INCOMUNICABLE
INTRICABLE
INEXTRICABLE
PLATICABLE
IMPLATICABLE
PRACTICABLE
IMPRACTICABLE
CRITICABLE
DOMESTICABLE
INDOMESTICABLE
INESTANCABLE
FINCABLE
AFINCABLE
INTRINCABLE
TROCABLE
TOCABLE
INTOCABLE
EVOCABLE
REVOCABLE
IRREVOCABLE
INABARCABLE
AHORCABLE
CONFISCABLE
EDUCABLE
TACHABLE
INTACHABLE
SOSPECHABLE
INSOSPECHABLE
APROVECHABLE
REPROCHABLE
IRREPROCHABLE
DABLE
TRASLADABLE
AGRADABLE
DESAGRADABLE
HORADABLE
REMEDABLE
HOSPEDABLE
INHOSPEDABLE
FORMIDABLE
MARIDABLE
LIQUIDABLE
INOLVIDABLE
OXIDABLE
INOXIDABLE
DESOXIDABLE
AMOLDABLE
INSOLDABLE
DEMANDABLE
EMENDABLE
ENMENDABLE
COMENDABLE
RECOMENDABLE
ENCOMENDABLE
ARRENDABLE
FUNDABLE
AFUNDABLE
HONDABLE
SONDABLE
INSONDABLE
FECUNDABLE
COMODABLE
ACOMODABLE
GUARDABLE
ABORDABLE
INABORDABLE
RECORDABLE
IRRECORDABLE
CONCORDABLE
LAUDABLE

DUDABLE
INDUDABLE
SALUDABLE
MUDABLE
INMUDABLE
VADEABLE
INVADEABLE
CANJEABLE
GRANJEABLE
MALEABLE
PERMEABLE
IMPERMEABLE
INAPEABLE
CREABLE
RECREABLE
DESEABLE
INDESEABLE
SORTEABLE
FRANQUEABLE
INFRANQUEABLE
AFABLE
INEFABLE
PAGABLE
APAGABLE
INAPAGABLE
IMPAGABLE
IRREFRAGABLE
TRAGABLE
DOBLEGABLE
SUBDELEGABLE
PLEGABLE
NEGABLE
ANEGABLE
INNEGABLE
DESPEGABLE
SEGABLE
NAVEGABLE
INNAVEGABLE
AMIGABLE
ENEMIGABLE
INFATIGABLE
INVESTIGABLE
DIVULGABLE
VENGABLE
PROLONGABLE
PRORROGABLE
IMPRORROGABLE
EMBARGABLE
INEMBARGABLE
PURGABLE
CONJUGABLE
SUBYUGABLE
CAMBIABLE
INTERCAMBIABLE
GRACIABLE
SACIABLE
INSACIABLE
APRECIABLE
INAPRECIABLE
DESPRECIABLE
MENOSPRECIABLE
CODICIABLE
PERJUDICIABLE
MALICIABLE
JUSTICIABLE
ENJUICIABLE
REVERENCIABLE
DENUNCIABLE
RENUNCIABLE
IRRENUNCIABLE
PRONUNCIABLE
IMPRONUNCIABLE
NEGOCIABLE
SOCIABLE
ASOCIABLE
DESASOCIABLE
DISOCIABLE
INSOCIABLE
COMERCIABLE
INCOMERCIABLE
REMEDIABLE
IRREMEDIABLE
PRESIDIABLE
ENVIDIABLE
FIABLE
CONFIABLE
ELOGIABLE
CONCILIABLE
INCONCILIABLE
AMPLIABLE
IRRECONCILLIABLE
INCALUMNIABLE
APROPIABLE
INEXPIABLE
VARIABLE
INVARIABLE

DESVARIABLE
FRIABLE
VIABLE
JABLE
RAJABLE
AGASAJABLE
SEMEJABLE
DESEMEJABLE
MANEJABLE
INMANEJABLE
CONSEJABLE
ACONSEJABLE
COTEJABLE
ELIJABLE
ESCALABLE
FABLABLE
MESCLABLE
CONGELABLE
HELABLE
APELABLE
INAPELABLE
REVELABLE
BAILABLE
ASIMILABLE
DESTILABLE
ANIQUILABLE
ALQUILABLE
INVIOLABLE
CONSOLABLE
INCONSOLABLE
LEGISLABLE
ILEGISLABLE
CALCULABLE
INCALCULABLE
VINCULABLE
COAGULABLE
DISIMULABLE
ACUMULABLE
ANULABLE
ENTALLABLE
ENCASILLABLE
INASTILLABLE
ARROLLABLE
DESARROLLABLE
AMABLE
INFLAMABLE
DESAMABLE
BLASFEMABLE
LACRIMABLE
LAGRIMABLE
ESTIMABLE
INESTIMABLE
INCALMABLE
DOMABLE
INDOMABLE
FORMABLE
REFORMABLE
IRREFORMABLE
TRANSFORMABLE
FUMABLE
INFUMABLE
INSUMABLE
DEZMABLE
IMPROFANABLE
GANABLE
HERMANABLE
SANABLE
SUBSANABLE
INSANABLE
CONDENABLE
ALIENABLE
INALIENABLE
JENABLE
AJENABLE
ENAJENABLE
INAJENABLE
PENABLE
REFRENABLE
IRREFRENABLE
VENABLE
IMPREGNABLE
ASIGNABLE
INDESIGNABLE
IMPUGNABLE
EXPUGNABLE
COMBINABLE
INCOMBINABLE
MEDICINABLE
CALCINABLE
FINABLE
IMAGINABLE
INIMAGINABLE
DECLINABLE
INDECLINABLE
DISCIPLINABLE
INDISCIPLINABLE

ABOMINABLE
INNOMINABLE
TERMINABLE
DETERMINABLE
INDETERMINABLE
INTERMINABLE
EXTERMINABLE
OPINABLE
INOPINABLE
DOCTRINABLE
DAMNABLE
ABONABLE
PERDONABLE
IMPERDONABLE
RACIONABLE
IRRACIONABLE
FRACCIONABLE
SANCIONABLE
PROPORCIONABLE
IMPRESIONABLE
SUGESTIONABLE
CUESTIONABLE
INCUESTIONABLE
SONABLE
RAZONABLE
IRRAZONABLE
DESRAZONABLE
GOBERNABLE
INGOBERNABLE
ENCUADERNABLE
SOBORNABLE
INSOBORNABLE
TRASTORNABLE
INCUNABLE
DELEZNABLE
DAÑABLE
ENTRAÑABLE
IRRESTAÑABLE
DESDEÑABLE
DOMEÑABLE
INDOMEÑABLE
ENSEÑABLE
ESCUDRIÑABLE
INESCUDRIÑABLE
LOABLE
PAPABLE
DISIPABLE
PALPABLE
IMPALPABLE
CULPABLE
INCULPABLE
DISCULPABLE
INDISCULPABLE
EXTIRPABLE
AGRUPABLE
ARABLE
DECLARABLE
INDECLARABLE
REPARABLE
IRREPARABLE
SEPARABLE
INSEPARABLE
EQUIPARABLE
COMPARABLE
INCOMPARABLE
COBRABLE
INCOBRABLE
EXECRABLE
ENGENDRABLE
MADERABLE
DESIDERABLE
CONSIDERABLE
PONDERABLE
IMPONDERABLE
TOLERABLE
INTOLERABLE
NUMERABLE
INNUMERABLE
GENERABLE
INGENERABLE
VENERABLE
INCINERABLE
VULNERABLE
INVULNERABLE
OPERABLE
ESPERABLE
INESPERABLE
RECUPERABLE
IRRECUPERABLE
SUPERABLE
INSUPERABLE
VITUPERABLE
MISERABLE
ITERABLE
ALTERABLE
INALTERABLE

DESCIFRABLE
INDESCIFRABLE
CONSAGRABLE
INTEGRABLE
REINTEGRABLE
MIRABLE
ADMIRABLE
TRASPIRABLE
RESPIRABLE
IRRESPIRABLE
TRANSPIRABLE
HONRABLE
LABORABLE
ELABORABLE
ADORABLE
ODORABLE
MEJORABLE
INMEJORABLE
DEPLORABLE
EXPLORABLE
INDEMORABLE
MEMORABLE
INMEMORABLE
CONMEMORABLE
HONORABLE
VAPORABLE
EVAPORABLE
INCORPORABLE
FAVORABLE
DESFAVORABLE
EXORABLE
INEXORABLE
COMPRABLE
NARRABLE
INENARRABLE
INERRABLE
IMBORRABLE
DESENHETRABLE
PENETRABLE
IMPENETRABLE
ARBITRABLE
CONCENTRABLE
MINISTRABLE
SUMINISTRABLE
DEMONSTRABLE
MOSTRABLE
DEMOSTRABLE
INDEMOSTRABLE
CURABLE
INCURABLE
DURABLE
PERDURABLE
FIGURABLE
INFIGURABLE
TRASFIGURABLE
TRANSFIGURABLE
ADJURABLE
INSUPURABLE
CENSURABLE
INCENSURABLE
MENSURABLE
INMENSURABLE
CONMENSURABLE
INCONMENSURABLE
TURABLE
SATURABLE
CONJETURABLE
TRITURABLE
SABLE
INCASABLE
TRASPASABLE
INCESABLE
CONFESABLE
INCONFESABLE
INTERESABLE
INEXPRESABLE
REVISABLE
REEMBOLSABLE
INCANSABLE
CONDENSABLE
DEFENSABLE
INDEFENSABLE
COMPENSABLE
RECOMPENSABLE
INCOMPENSABLE
DISPENSABLE
INDISPENSABLE
RESPONSABLE
IRRESPONSABLE
ENDOSABLE
INGLOSABLE
ECLIPSABLE
TERGIVERSABLE
CONVERSABLE
INCONVERSABLE
DESCONVERSABLE

ACUSABLE
RECUSABLE
IRRECUSABLE
EXCUSABLE
INEXCUSABLE
ACATABLE
DELATABLE
DILATABLE
TRATABLE
RETRATABLE
INTRATABLE
INCONTRATABLE
RETRACTABLE
IRRETRACTABLE
DELECTABLE
ESPECTABLE
EXPECTABLE
INYECTABLE
ELUCTABLE
INELUCTABLE
GACETABLE
VEGETABLE
RESPETABLE
HABITABLE
INHABITABLE
DUBITABLE
INDUBITABLE
EXCITABLE
MARCHITABLE
ENMARCHITABLE
INMARCHITABLE
HEREDITABLE
DELEITABLE
AGITABLE
EXCOGITABLE
INEXCOGITABLE
IMITABLE
LIMITABLE
ILIMITABLE
INIMITABLE
INHOSPITABLE
IRRITABLE
TRANSITABLE
INTRANSITABLE
EVITABLE
INEVITABLE
SALTABLE
INOCULTABLE
CONSULTABLE
CANTABLE
INCANTABLE
TRASPLANTABLE
SUPLANTABLE
ESPANTABLE
QUEBRANTABLE
INQUEBRANTABLE
AGUANTABLE
INAGUANTABLE
ENTABLE
LAMENTABLE
IRREGLAMENTABLE
FERMENTABLE
AUMENTABLE
PRESENTABLE
REPRESENTABLE
IRREPRESENTABLE
IMPRESENTABLE
SUSTENTABLE
CONTABLE
INCONTABLE
DESMONTABLE
AYUNTABLE
AGOTABLE
INAGOTABLE
FLOTABLE
EXPLOTABLE
NOTABLE
POTABLE
IMPOTABLE
AZOTABLE
ADAPTABLE
INADAPTABLE
ACEPTABLE
INACEPTABLE
ADOPTABLE
INADOPTABLE
CONFORTABLE
IMPORTABLE
COMPORTABLE
INCOMPORTABLE
SOPORTABLE
INSOPORTABLE
EXPORTABLE
GASTABLE
CONTRASTABLE
INCONTRASTABLE

ESTABLE
CONDESTABLE
INESTABLE
INHONESTABLE
IMPRESTABLE
DETESTABLE
CONTESTABLE
INCONTESTABLE
CONQUISTABLE
INCONQUISTABLE
INSTABLE
CONSTABLE
DENOSTABLE
GUSTABLE
INGUSTABLE
TRIBUTABLE
EJECUTABLE
REDUTABLE
REFUTABLE
IRREFUTABLE
MUTABLE
INMUTABLE
CONMUTABLE
INCONMUTABLE
PERMUTABLE
IMPERMUTABLE
TRASMUTABLE
TRANSMUTABLE
INTRANSMUTABLE
IMPUTABLE
COMPUTABLE
DISPUTABLE
INDISPUTABLE
INESCRUTABLE
INSCRUTABLE
IMPERSCRUTABLE
ECUABLE
LICUABLE
GRADUABLE
AVERIGUABLE
INAVERIGUABLE
MANUABLE
REDITUABLE
INLLEVABLE
CULTIVABLE
INCULTIVABLE
SALVABLE
RENOVABLE
OBSERVABLE
INOBSERVABLE
RESERVABLE
SUBRAYABLE
ENLAZABLE
APLAZABLE
INAPLAZABLE
REEMPLAZABLE
IRREEMPLAZABLE
TRAZABLE
ESGUAZABLE
FISCALIZABLE
REALIZABLE
IRREALIZABLE
ANALIZABLE
CANALIZABLE
INANALIZABLE
GENERALIZABLE
CAPITALIZABLE
CRISTALIZABLE
INCRISTALIZABLE
VOLATILIZABLE
FERTILIZABLE
UTILIZABLE
SIMBOLIZABLE
DESLIZABLE
ARMONIZABLE
HARMONIZABLE
CANONIZABLE
ETERNIZABLE
PULVERIZABLE
AUTORIZABLE
POLVORIZABLE
ELECTRIZABLE
DRAMATIZABLE
SINTETIZABLE
COTIZABLE
AMORTIZABLE
DESAMORTIZABLE
INALCANZABLE
ROZABLE
DESMENUZABLE
DEBLE
ENDEBLE
FEBLE
DELEBLE
INDELEBLE
REBLE

MUEBLE
INMUEBLE
PUEBLE
DESPUEBLE
CAÍBLE
DECAÍBLE
RAÍBLE
ATRAÍBLE
INSABIBLE
BEBIBLE
CONCEBIBLE
INCONCEBIBLE
INSCRIBIBLE
SORBIBLE
ABSORBIBLE
PLACIBLE
APLACIBLE
DESAPLACIBLE
DESPLACIBLE
INNACIBLE
APACIBLE
DESAPACIBLE
DECIBLE
OBEDECIBLE
INDECIBLE
EMPECIBLE
ABORRECIBLE
APETECIBLE
BONANCIBLE
VENCIBLE
INVENCIBLE
INCONVENCIBLE
DOCIBLE
NOCIBLE
CONOCIBLE
RECONOCIBLE
RESARCIBLE
COERCIBLE
INCOERCIBLE
IRASCIBLE
ESCIBLE
PUTRESCIBLE
MISCIBLE
CONCUPISCIBLE
COGNOSCIBLE
INCOGNOSCIBLE
TRADUCIBLE
INTRADUCIBLE
REDUCIBLE
IRREDUCIBLE
PRODUCIBLE
LUCIBLE
DEFENDIBLE
INDEFENDIBLE
HENDIBLE
ATENDIBLE
ENTENDIBLE
VENDIBLE
INVENDIBLE
RESCINDIBLE
PRESCINDIBLE
IMPRESCINDIBLE
IRRESCINDIBLE
FUNDIBLE
CONFUNDIBLE
INCONFUNDIBLE
HUNDIBLE
GODIBLE
IMPERDIBLE
AUDIBLE
EXAUDIBLE
ELUDIBLE
INELUDIBLE
LEÍBLE
ESLEÍBLE
REÍBLE
CREÍBLE
INCREÍBLE
ESEÍBLE
AGIBLE
LEGIBLE
ELEGIBLE
REELEGIBLE
ILEGIBLE
CORREGIBLE
ELIGIBLE
INTELIGIBLE
ININTELIGIBLE
AFLIGIBLE
DIRIGIBLE
EXIGIBLE
FRANGIBLE
REFRANGIBLE
INFRANGIBLE
TANGIBLE
INTANGIBLE

RESTRINGIBLE
TINGIBLE
CONTINGIBLE
FUNGIBLE
SUMERGIBLE
INSUMERGIBLE
FUGIBLE
RUGIBLE
VEJIBLE
CANONJIBLE
ALIBLE
FALIBLE
INFALIBLE
TEMIBLE
REDIMIBLE
IRREDIMIBLE
DIRIMIBLE
IRREPRIMIBLE
COMPRIMIBLE
COMIBLE
INCOMIBLE
PRESUMIBLE
CONSUMIBLE
OBTENIBLE
INCONTENIBLE
INSOSTENIBLE
AVENIBLE
INVENIBLE
CONVENIBLE
INCONVENIBLE
DESCONVENIBLE
JUVENIBLE
FINIBLE
DEFINIBLE
INDEFINIBLE
INFINIBLE
HINNIBLE
IMPONIBLE
COMPONIBLE
INCOMPONIBLE
OPONIBLE
DISPONIBLE
ESPERNIBLE
UNIBLE
PUNIBLE
TEÑIBLE
OÍBLE
ROMPIBLE
IRROMPIBLE
CORROMPIBLE
REFERIBLE
PREFERIBLE
TRASFERIBLE
TRANSFERIBLE
INTRANSFERIBLE
DIGERIBLE
DISGERIBLE
SUFRIBLE
INSUFRIBLE
ADQUIRIBLE
DESHONRIBLE
TERRIBLE
ABORRIBLE
HORRIBLE
RECURRIBLE
IMPUTRIBLE
INASIBLE
PASIBLE
IMPASIBLE
COMPASIBLE
INCOMPASIBLE
SUASIBLE
PERSUASIBLE
IMPERSUASIBLE
CESIBLE
ACCESIBLE
INACCESIBLE
CONCESIBLE
INMARCESIBLE
SUCESIBLE
COMPRESIBLE
INCOMPRESIBLE
INAMISIBLE
ADMISIBLE
INADMISIBLE
REMISIBLE
IRREMISIBLE
PERMISIBLE
TRASMISIBLE
INTRASMISIBLE
TRANSMISIBLE
INTRANSMISIBLE
RISIBLE
IRRISIBLE
VISIBLE
PREVISIBLE

IMPREVISIBLE
DIVISIBLE
INDIVISIBLE
INVISIBLE
EXPANSIBLE
DEFENSIBLE
INDEFENSIBLE
REPREHENSIBLE
IRREPREHENSIBLE
COMPREHENSIBLE
INCOMPREHENSIBLE
INAPRENSIBLE
REPRENSIBLE
IRREPRENSIBLE
COMPRENSIBLE
INCOMPRENSIBLE
SENSIBLE
INSENSIBLE
DISTENSIBLE
OSTENSIBLE
EXTENSIBLE
INEXTENSIBLE
COSIBLE
POSIBLE
IMPOSIBLE
COMPOSIBLE
INCOMPOSIBLE
CORROSIBLE
REVERSIBLE
IRREVERSIBLE
DISCURSIBLE
PLAUSIBLE
FUSIBLE
INFUSIBLE
TRANSFUSIBLE
REBATIBLE
IRREBATIBLE
COMBATIBLE
COMPATIBLE
INCOMPATIBLE
FACTIBLE
LICUEFACTIBLE
DEFECTIBLE
INDEFECTIBLE
PERFECTIBLE
REDUCTIBLE
IRREDUCTIBLE
CONDUCTIBLE
DESTRUCTIBLE
INDESTRUCTIBLE
APETIBLE
SENTIBLE
CONTENTIBLE
CONCEPTIBLE
PERCEPTIBLE
IMPERCEPTIBLE
SUSCEPTIBLE
DESCRIPTIBLE
INDESCRIPTIBLE
PRESCRIPTIBLE
IMPRESCRIPTIBLE
CONTEMPTIBLE
CORRUPTIBLE
INCORRUPTIBLE
PARTIBLE
REPARTIBLE
IMPARTIBLE
INCOMPARTIBLE
VERTIBLE
CONVERTIBLE
INCONVERTIBLE
CONTROVERTIBLE
INCONTROVERTIBLE
BEBESTIBLE
DIGESTIBLE
INDIGESTIBLE
COMESTIBLE
INCOMESTIBLE
RESISTIBLE
IRRESISTIBLE
USTIBLE
COMBUSTIBLE
INCOMBUSTIBLE
ADUSTIBLE
DISCUTIBLE
INDISCUTIBLE
PROSEGUIBLE
DISTINGUIBLE
INDISTINGUIBLE
EXTINGUIBLE
INEXTINGUIBLE
EXCLUIBLE
ASEQUIBLE
INASEQUIBLE
EXEQUIBLE
VOQUIBLE

DESTRUIBLE
INCONSTRUIBLE
SUBSTITUIBLE
DESTITUIBLE
RESTITUIBLE
SUSTITUIBLE
INSUSTITUIBLE
VOLVIBLE
MOVIBLE
AMOVIBLE
INAMOVIBLE
INMOVIBLE
INCONMOVIBLE
LOCOMOVIBLE
SERVIBLE
INSERVIBLE
FLEXIBLE
REFLEXIBLE
INFLEXIBLE
FLUXIBLE
ENSAMBLE
SEMBLE
ENSEMBLE
INEXPUGANBLE
DOBLE
REDOBLE
ENTREDOBLE
SEMIDOBLE
MANDOBLE
ENDOBLE
TRESDOBLE
MOBLE
INMOBLE
NOBLE
IGNOBLE
SINOBLE
INNOBLE
ROBLE
SOLUBLE
RESOLUBLE
IRRESOLUBLE
DISOLUBLE
INDISOLUBLE
INSOLUBLE
VOLUBLE
ACLE
CACLE
CLACOPACLE
RÉCLE
TECLE
CHICLE
ROJICLE
NICLE
CENANCLE
VINCLE
SONCLE
OCLE
RASCLE
BUCLE
ALMIZCLE
PORTAALMIZCLE
ELE
IMBELE
CELE
VARICOCELE
SARCOCELE
HIDROCELE
DELE
PELELE
TELELE
ZALAMELÉ
DULCÉMELE
GRINGUELE
AQUELE
CHIFLE
MERCACHIFLE
RIFLE
ATIFLE
GIROFLÉ
JIROFLÉ
CUTOFLE
FIGLE
CHANGLE
MANGLE
FRANGLE
RENGLE
INGLE
RINGLE
SINGLE
TINGLE
RETINGLE
BUGLE
BAILE
CIQUIRIBAILE
PERAILE
FRAILE
DEFÂCILE
CHILE
TORNACHILE
CORREVEDILE
CORREVEIDILE
FREILE
DESFILE
FACSÎMILE
CHIPILE
ATOPILE
TRILE
NARGUILE
ALQUILÉ
OLE
OLÉ
HIPÉRBOLE
COLE
ÎNDOLE
CABRIOLÉ
MOLE
AMOLE
PINOLE
SANCIROLE
SANSIROLÉ
PROLE
TROLE
TOLE
ATOLE
CHILATOLE
SOTOLE
DIÂSTOLE
PARADIÂSTOLE
PERÍSTOLE
SÎSTOLE
EXTRASÍSTOLE
POZOLE
PLE
CHAPLE
CUÁDRIPLE
TRIPLE
TIPLE
MÚLTIPLE
TEMPLE
ESTEMPLE
DESTEMPLE
SIMPLE
TURCOPLE
SINOPLE
CUÁDRUPLE
ÓCTUPLE
CHIRLE
AGUACHIRLE
SIRLE
NAGUATLE
NAHUATLE
CHAHUISTLE
CACAXTLE
CACOMIZTLE
ACAULE
UNICAULE
MULTICAULE
CHULÉ
QUEULE
HULE
JOULE
RULÉ
VIRULÉ
TULE
LLE
CALLE
BOCACALLE
PASACALLE
CALLECALLE
ENTRECALLE
DALLE
ENGALLE
ENMALLE
GOBERNALLE
CERRALLE
CURALLE
TALLE
DETALLE
ENTALLE
VENTALLE
VALLE
ORVALLE
ELLE
FUELLE
MUELLE
CONTRAMUELLE
CARDIMUELLE
BOQUIMUELLE
ARMUELLE
RETUELLE
MOLLE
CHINCHEMOLLE
BULLEBULLE
CULLE
ME
POLEAME
REAME
TEAME
FAME
INFAME
DAGAME
BESTIAME
PUJAME
RECLAME
DOLAME
GUILLAME
PÉNAME
ÑAME
LEÑAME
ADÂRAME
ENRAME
DERRAME
PÉSAME
LETAME
ACMÉ
EME
PLÂCEME
ADEME
JEME
ALFAJEME
ALHAJEME
LEME
FLEME
TAMEME
NEME
ALFAREME
CARGAREME
ALHAREME
BIRREME
TRIRREME
GUALIQUEME
SUBLIME
MUSLIME
ANIME
CANIME
GRANDÂNIME
PUSILÂNIME
INÂNIME
UNÂNIME
ECUÂNIME
EXÂNIME
COIME
SACOIME
ARRIME
MÂXIME
REALME
EMPALME
DESPALME
OXALME
PILME
NISCOME
HOME
RICOHOME
DESPLOME
NOME
SÎNDROME
TOME
EPÎTOME
CARME
ADARME
GENDARME
REARME
DESARME
INERME
VERME
FIRME
DEFORME
BIFORME
CALICIFORME
ESPICIFORME
FALCIFORME
UNCIFORME
PISCIFORME
CRUCIFORME
CORDIFORME
DEIFORME
CUNEIFORME
GASEIFORME
FLABELIFORME
ESTELIFORME
FILIFORME
CAULIFORME
INFUNDIBULIFORME
CALAMIFORME
SEMIFORME
VERMIFORME
CAMPANIFORME
PECTINIFORME
CONIFORME
CARNIFORME
CORNIFORME
UNIFORME
CUADRIFORME
DENDRIFORME
AERIFORME
CANCERIFORME
COLERIFORME
PERIFORME
CRATERIFORME
PIRIFORME
ARBORIFORME
CAPRIFORME
TRIFORME
PISIFORME
ENSIFORME
DIVERSIFORME
FUSIFORME
DIGITIFORME
MULTIFORME
LOTIFORME
ESCUTIFORME
CONQUIFORME
INFORME
CONFORME
DESCONFORME
DISCONFORME
DISFORME
ENORME
INORME
CHISME
CARDUME
PERFUME
BALUME
INCÓLUME
IMPLUME
DESPLUME
INSUME
BETUME
BITUME
AYMÉ
AÑAZME
NE
CANÉ
INANE
PANE
DESGRANE
YAGUANÉ
ACNÉ
ENE
CÉRCENE
HIGIENE
LENE
PARASELENE
NENE
PENE
RENE
PERENE
SENE
RODODAFNE
INSIGNE
PROGNE
AMAINE
CINE
CHINÉ
LIBÎDINE
PEINE
SOBREPEINE
EMPEINE
SOBREEMPEINE
AFINE
CARTILÂGINE
VORÂGINE
CALÎGINE
NÉMINE
DÓMINE
VOLÚMINE
SINE
ÂLSINE
INDEMNE
SOLEMNE
INSOMNE
COSTUMNE
ARAPENNE
BREVIPENNE
PERENNE
ARGEMONE
ANEMONE
EPÎMONE
CICERONE
PERONÉ
CÓNSONE
CARNE
ENCARNE
PARNÉ
GUARNE
CERNE
CIERNE
TERNE
BORNE
ESCALABORNE
BICORNE
TRICORNE
CISNE
RUBEFACIETNE
ENATÎAMETNE
PIUNE
INMUNE
IMPUNE
LEZNE
TIZNE
GOZNE
EÑE
DIHUEÑE
LUEÑE
ALUEÑE
BISOÑÉ
BOE
OBOE
ÂLOE
LIGNÂLOE
LINÂLOE
NOÉ
ACROE
HÉROE
ÂZOE
PE
ESCAPE
CHAPE
CHIPICHAPE
ÂGAPE
CALAPÉ
SOLAPE
CANAPÉ
RAPE
RAPÉ
CARAPE
CHARAPE
SARAPE
TRAPE
URAPE
ZAPE
ZIPIZAPE
ENCEPE
LEPE
JULEPE
PEPE
TREPE
SEPE
TEPE
NAIPE
SAGUAIPE
CIPE
RÉCIPE
MUNÎCIPE
PARTÍCIPE
COPARTÎCIPE
PRÍNCIPE
CHIPÉ
ÑIPE
CHUMPIPE
MARCHARIPÉ
PARIPÉ
GRIPE
TRIPE
ESTIPE
CHILPE
COLPE
GOLPE
CONTRAGOLPE
SURUMPE
COPE
COPÉ
SÂCOPE
SÎNCOPE
APÓCOPE
CHOPE
MIOPE
ETÎOPE
GALOPE
NICTÂLOPE
CÍCLOPE
EGÎLOPE
ANTÎLOPE
DÓLOPE
INTÉRLOPE
CANOPE
INOPE
POPE
ROMPOPE
JAROPE

TAROPÉ
DROPE
ARROPE
HIPERMÉTROPE
EPÍTROPE
TOPE
TUPATUPATOPE
CARPE
ESCARPE
HERPE
SIERPE
ESTIRPE
TORPE
TURPE
JASPE
ARIMASPE
RESPE
URESPE
SESPE
COSPE
CUPÉ
CHUPE
HUPE
TUPÉ
RE
GUATACARE
YACARÉ
BUCARE
BÚCARE
BUDARE
PAGARÉ
MANARE
MAPANARE
ABONARÉ
MOARÉ
CURARE
TATARÉ
CHIRIGUARE
MUARÉ
YARE
CALABRE
SABRE
CATABRE
PELDEFEBRE
ORFEBRE
FIEBRE
HIEBRE
LIEBRE
CÉLEBRE
CUÉLEBRE
FÚNEBRE
PEBRE
PESEBRE
JENGIBRE
AJENGIBRE
LIBRE
CALIBRE
FELIBRE
EQUILIBRE
CHAMBRE
COCHAMBRE
FAMBRE
VEDEGAMBRE
RAIGAMBRE
HAMBRE
MATAHAMBRE
FIAMBRE
ENJAMBRE
ALAMBRE
CALAMBRE
CELAMBRE
PELAMBRE
VELAMBRE
OLAMBRE
COLAMBRE
ARAMBRE
CORAMBRE
FORAMBRE
HORAMBRE
OSAMBRE
TAMBRE
MATAMBRE
ESTAMBRE
CARDAESTAMBRE
DECIEMBRE
DICIEMBRE
URDIEMBRE
SETIEMBRE
SEPTIEMBRE
NOVIEMBRE
BIMEMBRE
TRIMEMBRE
BIMBRE
CIMBRE
URDIMBRE
MIMBRE

SALZMIMBRE
TIMBRE
VIMBRE
MAYORDOMBRE
HOMBRE
SEMIHOMBRE
GENTILHOMBRE
RICOHOMBRE
PROHOMBRE
SUPERHOMBRE
NOMBRE
RENOMBRE
SOBRENOMBRE
PRENOMBRE
ANTENOMBRE
AGNOMBRE
COGNOMBRE
CONNOMBRE
PRONOMBRE
CUMBRE
TECHUMBRE
PESADUMBRE
DULCEDUMBRE
SUCEDUMBRE
MUCHEDUMBRE
RECIEDUMBRE
LIMPIEDUMBRE
SOLEDUMBRE
FIRMEDUMBRE
LIBREDUMBRE
PODREDUMBRE
PUDREDUMBRE
ASPEREDUMBRE
ESPESEDUMBRE
SALSEDUMBRE
MANSEDUMBRE
POQUEDUMBRE
GRAVEDUMBRE
CERTIDUMBRE
INCERTIDUMBRE
SERVIDUMBRE
CERTUDUMBRE
LEGUMBRE
QUEJUMBRE
LUMBRE
ALUMBRE
SALUMBRE
RELUMBRE
DESLUMBRE
VISLUMBRE
HERRUMBRE
COSTUMBRE
DESCOSTUMBRE
FUSTUMBRE
AZUMBRE
CAZUMBRE
COBRE
PARDIOBRE
SALOBRE
DOLOBRE
MANOBRE
POBRE
ROBRE
SOBRE
UBRE
LÚGUBRE
SALUBRE
INSALUBRE
OCTUBRE
OTUBRE
ACRE
LACRE
NACRE
SACRE
OXIZACRE
RECRE
OCRE
MEDIOCRE
SUCRE
BALADRE
CALADRE
MADRE
PIAMADRE
DURAMADRE
COMADRE
PADRE
COMPADRE
PONCIDRE
JALDRE
HOJALDRE
GELDRE
GOLDRE
LANDRE
ALGUANDRE
LIENDRE
ALPENDRE

MENLINDRE
ODRE
PODRE
ERE
BEREBERE
ÁCERE
SÁCERE
CÉLERE
MERE
CONGÉNERE
AMPÉRE
MISERERE
TERERE
FRERE
TÍTERE
TUCÚQUERE
CAFRE
ALMOCAFRE
ANAFRE
ZAFRE
BEFRE
DESCIFRE
COFRE
CATRICOFRE
ALMOFRE
COTOFRE
ORFRE
ADUFRE
AZUFRE
AGRE
BAGRE
BALAGRE
ALMAGRE
VINAGRE
USAGRE
ALEGRE
OJIALEGRE
CARIALEGRE
CHIGRE
PIGRE
TIGRE
CANGRE
PALANGRE
SANGRE
RESTAÑASANGRE
INGRE
DOGRE
UGRE
LUGRE
MUGRE
AIRE
ALBAIRE
CAIRE
ENGIBACAIRE
DANCAIRE
SOCAIRE
TRABUCAIRE
DESGAIRE
TENTENELAIRE
PELAIRE
COLAIRE
NAIRE
DONAIRE
ALBOAIRE
FRAIRE
RABASAIRE
DESAIRE
TAIRE
ATAIRE
FREIRE
ÑIRE
CATIRE
DELASOLRÉ
FOLKLORE
PRE
SIEMPRE
ARRE
ENCARRE
HARRE
ATAHARRE
AQUELARRE
AMARRE
ERRE
BEDERRE
FERRE
CIERRE
HIERRE
ATIERRE
DESATIERRE
DESTIERRE
PARTERRE
FINIBUSTERRE
ALAMIRRÉ
PITIRRE
ALFORRE
HORRE

ALHORRE
TORRE
TOCATORRE
CHURRE
CATRE
CHATRE
ALMOHATRE
ALMOJATRE
CETRE
ACETRE
CALETRE
CALLETRE
PETIMETRE
BUETRE
REITRE
BUEITRE
LITRE
SALITRE
BELITRE
PELITRE
CÓMITRE
PUPITRE
BUITRE
VITRE
CELTRE
PELTRE
EMPELTRE
GUELTRE
CHANTRE
SOCHANTRE
DIANTRE
ENTRE
MIENTRE
DEMIENTRE
MAYORMIENTRE
VIENTRE
CATRINTRE
DEMONTRE
OTRE
JASTRE
LASTRE
FULASTRE
PILLASTRE
POLLASTRE
SOLLASTRE
ARRASTRE
SASTRE
DESASTRE
MAESTRE
CONTRAMAESTRE
VAGUEMAESTRE
UVAGUEMAESTRE
JILMAESTRE
BURGOMAESTRE
DESTRE
PEDESTRE
CELESTRE
SEMESTRE
BIMESTRE
CUADRIMESTRE
TRIMESTRE
CUATRIMESTRE
ALPESTRE
CAMPESTRE
RUPESTRE
TERRESTRE
ECUESTRE
SILVESTRE
RISTRE
ENRISTRE
POSTRE
APOSTRE
BALAUSTRE
LACUSTRE
LIGUSTRE
ALIGUSTRE
LUSTRE
PALUSTRE
ILUSTRE
FILUSTRE
PERILUSTRE
DESLUSTRE
CUTRE
FUTRE
MAURE
CABURÉ
ACURE
MARACURE
MICURÉ
YAGURÉ
PIURE
PURÉ
APURE
YURÉ
AZRE
SE

BASE
FRICASÉ
UCASE
FASE
CLASE
SUBCLASE
GLASÉ
CÓMPLASE
PASE
FRASE
ENGRASE
DESENGRASE
DESGRASE
ENRASE
ENVASE
TRASVASE
ESE
MAESE
CESE
DESE
JESÉ
MESE
INTERESE
ALGUESE
AQUESE
SEISE
CLISÉ
REBALSE
EMBALSE
SETABENSE
SALDUBENSE
CORDUBENSE
ONUBENSE
CLUNIACENSE
PACENSE
CARACENSE
LAODICENSE
SARDICENSE
ITALICENSE
CENICENSE
TESALONICENSE
TALABRICENSE
CONIMBRICENSE
COIMBRICENSE
ARCOBRICENSE
SEGOBRICENSE
RODERICENSE
COSTARRICENSE
ASTURICENSE
SALMANTICENSE
UTICENSE
VICENSE
ERCAVICENSE
FOCENSE
BRIOCENSE
BADAJOCENSE
BROCENSE
ARCENSE
CIRCENSE
OSCENSE
CAUCENSE
LUCENSE
RIBADENSE
ESTADOUNIDENSE
VALDENSE
ALBELDENSE
MELDENSE
BLANDENSE
ARUNDENSE
GERUNDENSE
ILERDENSE
TUDENSE
BASILEENSE
ALBIGENSE
SEGOBRIGENSE
MIROBRIGENSE
NUBIENSE
BEACIENSE
CONSTANCIENSE
CISTERCIENSE
GORCIENSE
JALISCIENSE
CANADIENSE
CANSTADIENSE
NICOMEDIENSE
TUGIENSE
TESALIENSE
ILIENSE
BASILIENSE
MASILIENSE
SIRMIENSE
LOVANIENSE
ATENIENSE
CARTAGINIENSE
MINDONIENSE
BONONIENSE

LUCRONIENSE
OXONIENSE
CLUNIENSE
ANTUERPIENSE
ANTICARIENSE
BALAGARIENSE
CANARIENSE
CESARIENSE
CANTUARIENSE
VIVARIENSE
CERVARIENSE
SANTANDERIENSE
VALERIENSE
ALMERIENSE
CISNERIENSE
IRIENSE
PRETORIENSE
AURIENSE
CAURIENSE
PARISIENSE
LILIPUTIENSE
SEGOVIENSE
ESCURIALENSE
PALENSE
HISPALENSE
BRUSELENSE
MANILENSE
EPILENSE
BASILENSE
TUROLENSE
ABULENSE
CAMALDULENSE
CAMANDULENSE
ILIPULENSE
SABADELLENSE
MELILLENSE
ROTERODAMENSE
REMENSE
DIANENSE
AURELIANENSE
SORIANENSE
HISPANENSE
LATERANENSE
VIENENSE
TICINENSE
LONDINENSE
CARTAGINENSE
FLUMINENSE
GIENNENSE
JIENNENSE
URSAONENSE
URGABONENSE
NARBONENSE
LISBONENSE
TARRACONENSE
CALCEDONENSE
ASIDONENSE
LEGIONENSE
GEJIONENSE
GIJONENSE
CASTELLONENSE
AVIÑONENSE
JAPONENSE
PELOPONENSE
VERONENSE
TURONENSE
EASONENSE
SOLSONENSE
AUSONENSE
BAYONENSE
LUGDUNENSE
TRAPENSE
FILIPENSE
SINOPENSE
BRACARENSE
ALFARENSE
EGARENSE
MEGARENSE
HARENSE
EGABRENSE
LOCRENSE
BONAERENSE
CENICERENSE
LERENSE
GRANOLLERENSE
FIGUERENSE
FORENSE
BARBASTRENSE
CASTRENSE
BEGASTRENSE
CONSABURENSE
SUBURENSE
TARRASENSE
NEBRISENSE
COLOSENSE
REUSENSE

CALCEATENSE
PLATENSE
RIOPLATENSE
PRATENSE
PREMONSTRATENSE
PREMOSTRATENSE
SAMOSATENSE
UBETENSE
ALBACETENSE
CRETENSE
OVETENSE
DOMBENITENSE
BERITENSE
EMERITENSE
MATRITENSE
HORTENSE
MOSTENSE
COMPLUTENSE
NICARAGÜENSE
AMANUENSE
CONQUENSE
PORTUENSE
ALAVENSE
ORGIVENSE
ARVENSE
ACABÓSE
ENDOSE
GLOSE
DESGLOSE
TOSE
ECLIPSE
ELIPSE
ABARSE
ACONCHABARSE
GABARSE
TRASTRABARSE
AMANCEBARSE
CALUMBARSE
AGARBARSE
ENGARBARSE
ENYERBARSE
MASTURBARSE
ENTABACARSE
DESAJACARSE
EMPACARSE
DESEMPACARSE
INTERSECARSE
ENTECARSE
AJAQUECARSE
RAMIFICARSE
CARNIFICARSE
FERRIFICARSE
OSIFICARSE
ALFEÑICARSE
EMPICARSE
DESPICARSE
ENAMORICARSE
EMBORRICARSE
ESTRICARSE
PARALITICARSE
ENVOLCARSE
EMBANCARSE
ENANCARSE
ESPERNANCARSE
DESPERNANCARSE
ESPARRANCARSE
DESPARRANCARSE
DESARRANCARSE
ACOCARSE
DESCOCARSE
BILOCARSE
ENROCARSE
UNIVOCARSE
ENTERCARSE
CORCARSE
ENTORCARSE
BIFURCARSE
TRIFURCARSE
EMBARBASCARSE
ACHUBASCARSE
ENFRASCARSE
ABORRASCARSE
ENYESCARSE
ARISCARSE
HARISCARSE
ENAMORISCARSE
DESEMBOSCARSE
COSCARSE
AFOSCARSE
ENFROSCARSE
TRASROSCARSE
ENFURRUSCARSE
ZURRUSCARSE
ACORRUCARSE
ACURRUCARSE
ACACHARSE

ENCACHARSE
AFRECHARSE
DESCALICHARSE
ENCAPRICHARSE
ARRANCHARSE
ESCARRANCHARSE
DESRANCHARSE
EMBERRINCHARSE
ENCONCHARSE
ENENCONCHARSE
CARONCHARSE
ACOCHARSE
ACHOCHARSE
ASOROCHARSE
ACORCHARSE
ENCADARSE
ACUIDADARSE
COMPIADARSE
SUICIDARSE
ARRUFALDARSE
DESBANDARSE
HERMANDARSE
DESAVECINDARSE
AMEZQUINDARSE
INFECUNDARSE
DENODARSE
SONRODARSE
DESLARDARSE
DESABORDARSE
TRASCORDARSE
ENDEUDARSE
BROCEARSE
AMERCEARSE
CERCHEARSE
ALMADEARSE
AMERCENDEARSE
BERRENDEARSE
CACHONDEARSE
FONDEARSE
REGODEARSE
CHUNGEARSE
SALEARSE
PRIMEARSE
ESCOMEARSE
ESPONTANEARSE
BUFONEARSE
ESCAMONEARSE
POMPONEARSE
CANTONEARSE
CONTONEARSE
RUNRUNEARSE
ASPEARSE
DESPEARSE
ESCAREARSE
LAGAREARSE
AZAREARSE
MADREARSE
ALANDREARSE
AGREARSE
RUMOREARSE
ENSEÑOREARSE
BARREARSE
PITORREARSE
AJETREARSE
GUASEARSE
ALFONSEARSE
ESCABROSEARSE
ZOCATEARSE
GRIETEARSE
SOTAVENTEARSE
CHONGUEARSE
VOLQUEARSE
REMOSQUEARSE
DESGAÑIFARSE
GRIFARSE
DESATUFARSE
ENCENAGARSE
AHORNAGARSE
APARRAGARSE
ABOTAGARSE
EMBREGARSE
ABORREGARSE
ENVEGARSE
REPANCHIGARSE
ARREPANCHIGARSE
COLIGARSE
REPANTIGARSE
REMILGARSE
ENDOMINGARSE
ENGRINGARSE
ALINDONGARSE
ENDROGARSE
ABOTARGARSE
EMPELAZGARSE
ALACIARSE
ANECIARSE

ENNECIARSE
ACUDICIARSE
DELICIARSE
HOMICIARSE
ATERICIARSE
ATIRICIARSE
ARRANCIARSE
AQUERENCIARSE
ESENCIARSE
ESMUCIARSE
HIPERTROFIARSE
COLEGIARSE
DESAPROPIARSE
REPROPIARSE
ENTRECRIARSE
DESCRIARSE
ASERIARSE
ENSERIARSE
AVERIARSE
CALOFRIARSE
CALOSFRIARSE
VANAGLORIARSE
DESMEMORIARSE
EXPATRIARSE
ENFURIARSE
DEMASIARSE
EXTASIARSE
MUSTIARSE
AHORCAJARSE
ARRODAJARSE
ENCELAJARSE
ABORRAJARSE
TRASCONEJARSE
ABRACIJARSE
ENVEDIJARSE
ESTENDIJARSE
GORGOJARSE
AGORGOJARSE
APIOJARSE
ANTOJARSE
REGORJARSE
DESDIBUJARSE
ENGRANUJARSE
TAPUJARSE
TAPERUJARSE
TAPIRUJARSE
ENCARRUJARSE
ALARSE
AQUINTRALARSE
ACOCLARSE
REBELARSE
ESFACELARSE
TRASPAPELARSE
ASELARSE
ACAUTELARSE
BROQUELARSE
EMBROQUELARSE
ENCOBILARSE
ADORMILARSE
REPAPILARSE
AMOSQUILARSE
AMAPOLARSE
ENFISTOLARSE
DESATEMPLARSE
MIRLARSE
DESAISLARSE
APAULARSE
ACHULARSE
ENCARATULARSE
ENGALLARSE
AMALLARSE
ENMALLARSE
QUERELLARSE
ARGUELLARSE
DESAQUELLARSE
ABABILLARSE
ENCODILLARSE
ACUCLILLARSE
APAULILLARSE
DESTERNILLARSE
DESCUADRILLARSE
GRILLARSE
AGRILLARSE
ENGRILLARSE
APORRILLARSE
APOSTILLARSE
GUILLARSE
APOLVILLARSE
AOVILLARSE
ARREBOLLARSE
ENCOGOLLARSE
ACRIOLLARSE
APIMPOLLARSE
ACAPULLARSE
EMBORRULLARSE
ZULLARSE

ADAMARSE
AGARDAMARSE
EMPARAMARSE
TAIMARSE
ENRACIMARSE
ARRACIMARSE
ENCALMARSE
ENLOMARSE
ENGARMARSE
DESPASMARSE
ENSIMISMARSE
APORISMARSE
JUMARSE
ABRUMARSE
DESCERRUMARSE
TRAZUMARSE
AZACANARSE
ENCANARSE
UFANARSE
ABARRAGANARSE
ALEGANARSE
ARRELLANARSE
AGERMANARSE
ENANARSE
AGUSANARSE
ACHAJUANARSE
ENLOZANARSE
CANGRENARSE
GANGRENARSE
AGANGRENARSE
ENTREVENARSE
TRASVENARSE
DIGNARSE
ENZAINARSE
ENROBINARSE
ASOBINARSE
ENSOBINARSE
EMPECINARSE
AHOCINARSE
AMACHINARSE
EMBERRENCHINARSE
ENCORAJINARSE
ARREMOLINARSE
INDISCIPLINARSE
APERGAMINARSE
ENLAMINARSE
REPINARSE
DESAMOTINARSE
OBSTINARSE
APIRGÜINARSE
ENJORGUINARSE
TRASVINARSE
DESABONARSE
ABRIBONARSE
ADONARSE
ESPALDONARSE
PRECAUCIONARSE
EXPANSIONARSE
ILUSIONARSE
CONEXIONARSE
AJAMONARSE
CALAMONARSE
ALIMONARSE
ENMONARSE
ALEBRONARSE
ENGORRONARSE
AZURRONARSE
ENZURRONARSE
APOLTRONARSE
ARREQUESONARSE
PERSONARSE
APERSONARSE
ENRATONARSE
ACARTONARSE
ATOROZONARSE
PROSTERNARSE
SAHORNARSE
ALUNARSE
ACOMUNARSE
APUNARSE
DESAYUNARSE
DELEZNARSE
ESCAÑARSE
AFAÑARSE
DESCABEÑARSE
PEÑARSE
EMBREÑARSE
ADUEÑARSE
MIÑARSE
ANIÑARSE
DESCARIÑARSE
AMURRIÑARSE
ENFURRUÑARSE
ENTUÑARSE
DESPEZUÑARSE
AGACHAPARSE

ACHULAPARSE
TREPARSE
RETREPARSE
ENGOLLIPARSE
APIPARSE
EMPAMPARSE
JOPARSE
SOLLISPARSE
DESPREOCUPARSE
APICARARSE
DESCARARSE
APELGARARSE
APULGARARSE
ASEGLARARSE
ENMARARSE
AZARARSE
AFIEBRARSE
ALEBRARSE
ATENEBRARSE
ACALAMBRARSE
ENCALAMBRARSE
ALEMBRARSE
ENSALOBRARSE
DEMACRARSE
ENMADRARSE
EMPADRARSE
ENCANCERARSE
ENCAJERARSE
ENTABLERARSE
AMANERARSE
ACASERARSE
INVETERARSE
SALMUERARSE
AQUERARSE
REALEGRARSE
IRARSE
DESEMPEDRARSE
DESACALORARSE
AHERVORARSE
ACARRARSE
DEMARRARSE
ACAPARRARSE
ACHAPARRARSE
ESPATARRARSE
ENGUITARRARSE
EMPERRARSE
PIRRARSE
AMODORRARSE
DESGORRARSE
APORRARSE
AZORRARSE
ABURRARSE
EMPURRARSE
ZURRARSE
COMPENETRARSE
ADENTRARSE
ENCALOSTRARSE
DERROSTRARSE
RENCURARSE
ACALENTURARSE
LASARSE
ARREPASARSE
DESCOMPASARSE
RASARSE
AGUASARSE
EXTRAVASARSE
DESEMBELESARSE
DESINTERESARSE
ABURGUESARSE
ABOLSARSE
REMANSARSE
AFOSARSE
ENVICIOSARSE
ANQUILOSARSE
ANASTOMOSARSE
ROSARSE
INTRUSARSE
ARREBATARSE
ENMATARSE
DESGAZNATARSE
APARATARSE
AMORATARSE
CIGUATARSE
ACIGUATARSE
GRIETARSE
ENGOLLETARSE
DESBONETARSE
PARAPETARSE
ENDITARSE
DESAHITARSE
EXTRALIMITARSE
ADORMITARSE
DESGAÑITARSE
DESPEPITARSE
ENCABRITARSE
ENCUITARSE

ACHANTARSE
DESGARGANTARSE
DESEMBLANTARSE
AVILANTARSE
DESENGUANTARSE
ACIMENTARSE
TRASPARENTARSE
TRANSPARENTARSE
ABSENTARSE
SOTAVENTARSE
SUCINTARSE
SOBREPINTARSE
TRASPINTARSE
ENMONTARSE
DESATONTARSE
CONTRAPUNTARSE
EMBOTARSE
ENFOTARSE
EMPELOTARSE
ENGUILLOTARSE
ENCAMOTARSE
ENSOTARSE
REVOTARSE
AOPTARSE
TRASCARTARSE
ALAGARTARSE
ENERTARSE
REHURTARSE
ALEBRASTARSE
AGESTARSE
INDIGESTARSE
ENFIESTARSE
EMBALLESTARSE
ALEBRESTARSE
ENCRESTARSE
DESAMISTARSE
QUISTARSE
ENQUISTARSE
ENTREVISTARSE
ENCOSTARSE
DESCOSTARSE
REGOSTARSE
ARREGOSTARSE
DESMOSTARSE
INCAUTARSE
APROPINCUARSE
ACHIGUARSE
ENMANIGUARSE
ENCAVARSE
DESBREVARSE
CHIVARSE
ENCHIVARSE
OLIVARSE
AGLAYARSE
ARROYARSE
EMPUYARSE
DESCALABAZARSE
EMBAZARSE
AQUEBRAZARSE
DESBRAZARSE
ACARRAZARSE
ENMALEZARSE
ESPEREZARSE
DESPEREZARSE
DISFREZARSE
ROMADIZARSE
BESTIALIZARSE
CONNATURALIZARSE
BRUTALIZARSE
FOSILIZARSE
ANASTOMIZARSE
TIMPANIZARSE
ADONIZARSE
POLTRONIZARSE
ACAPIZARSE
MARIZARSE
AMARIZARSE
HERVORIZARSE
AGATIZARSE
DESBAUTIZARSE
ALIANZARSE
DESVERGONZARSE
ESCOZARSE
APOZARSE
AFORZARSE
DESFORZARSE
ABUZARSE
DESEMBEBECERSE
ESCALFECERSE
CALECERSE
ENMALECERSE
COMALECERSE
AFEBLECERSE
CONDOLECERSE
ENCABELLECERSE
ENMARILLECERSE

ENGRUMECERSE
ATUMECERSE
VANECERSE
AVANECERSE
EMPOLTRONECERSE
ENTREPARECERSE
CALUMBRECERSE
ENFIERECERSE
ENTIGRECERSE
EFLORECERSE
DESMORECERSE
REMOSTECERSE
AFLAQUECERSE
EMBELLAQUECERSE
ALOQUECERSE
ENSILVECERSE
CONTORCERSE
DESENTENDERSE
COEXTENDERSE
VENDERSE
CONVELERSE
RECOMERSE
CONCOMERSE
RECONCOMERSE
ESCOMERSE
DECORRERSE
DESTOSERSE
INTROMETERSE
JUSMETERSE
SOBREVERTERSE
TRASLUCIRSE
ACOMEDIRSE
DESCOMEDIRSE
DESMEDIRSE
ESPEDIRSE
CANDIRSE
FONDIRSE
ARRIGIRSE
SONRUGIRSE
DESCABULLIRSE
ENTUMIRSE
DESGAÑIRSE
HÉSPIRSE
DESNUTRIRSE
MUSIRSE
EMBATIRSE
REPENTIRSE
ARREPENTIRSE
RESENTIRSE
DESVIVIRSE
CORSÉ
CUBRECORSÉ
ACUSE
BETELGEUSE
CHARTREUSE
TE
TÉ
ABATE
DEBATE
REBATE
EMBATE
COMBATE
ALMARBATE
ESBATE
CATE
CHACATE
MALACATE
NANACATE
PINACATE
CERACATE
AGUACATE
PAYACATE
ZACATE
MECATE
ACICATE
ATEPOCATE
CHIRCATE
FORCATE
HORCATE
RESCATE
BRUSCATE
ALMIZCATE
AFLECHATE
SALTATERANDATE
CALAFATE
GALAFATE
AZAFATE
GAGATE
ZARAGATE
REGATE
HIGATE
MOGATE
ALPARGATE
HORDIATE
ZANAHORIATE
AZANAHORIATE

AZANORIATE
ARRIATE
COJATE
BALATE
CHALATE
DELATE
CHILATE
QUILATE
ALQUILATE
CHOCOLATE
PINOLATE
TOTOLATE
DESPLATE
DESLATE
DISLATE
CORDELLATE
MEMBRILLATE
MATE
AMATE
REMATE
CIMATE
CICIMATE
PRIMATE
OPTIMATE
TECOMATE
TOCOMATE
COSCOMATE
AJOMATE
TOMATE
COSTOMATE
AVELLANATE
GRANATE
TANATE
ZANATE
AVENATE
MAGNATE
CALABACINATE
PIÑONATE
ALFARNATE
GAZNATE
CODOÑATE
UÑATE
COATE
PATE
PATÉ
TAPATE
NAGUAPATE
CIGUAPATE
TELEPATE
EMPATE
TEMPATE
DESBARATE
CARATE
ESCAPARATE
DISPARATE
BOTARATE
ALMENDRATE
CELINDRATE
CERATE
ACIRATE
QUIRATE
ORATE
ARRATE
SIMILIRRATE
DESATE
TATE
CATATÉ
METATE
PETATE
CUATE
CANACUATE
CENCUATE
GUATE
SARAGUATE
CAZAGUATE
AHUATE
CACAHUATE
CAÑAHUATE
VATE
UVATE
YATE
AYATE
ALFAYATE
CALABAZATE
CICARAZATE
ALMIZATE
PIZATE
ESTACTE
INDIRECTE
TOCTE
ABETE
CABETE
PINABETE
MANCEBETE
PEBETE
RIBETE

CRIBETE
MOZALBETE
ESGAMBETE
MARBETE
SORBETE
JUBETE
TRAGACETE
PALACETE
CAPACETE
TRAPACETE
TAPACETE
BRACETE
ARRICETE
RUFIANCETE
GALANCETE
VILLANCETE
GALEONCETE
MELONCETE
ESCUADRONCETE
GOCETE
HOCETE
MOCETE
ESPALDARCETE
ARCABUCETE
CAPUCETE
CACHETE
MACHETE
CUBICHETE
GANCHETE
BLANCHETE
PLANCHETE
TRANCHETE
SANCHETE
TRINCHETE
MOCHETE
CORCHETE
BUCHETE
CADETE
CHAFALDETE
GIRALDETE
REDONDETE
RODETE
BRODETE
TABARDETE
GALLARDETE
VERDETE
REGORDETE
CACHIGORDETE
ESCUDETE
GAFETE
BUFETE
SUFETE
INDIGETE
ILERGETE
COHETE
ABIETE
ARIETE
ALMARIETE
MATASIETE
DIECISIETE
VEINTISIETE
QUIETE
GAVIETE
AJETE
BAJETE
CONTRABAJETE
CAJETE
MOLCAJETE
GUAJETE
VEJETE
ALFANJETE
OJETE
MOJETE
ROJETE
ALMARJETE
ATABALETE
CHIBALETE
BIMBALETE
GUIMBALETE
FRANCALETE
REALETE
FORMALETE
CANALETE
FRONTALETE
ARTALETE
SAYALETE
BRAZALETE
GABLETE
DOBLETE
BOCELETE
TERCELETE
CAMELETE
TONELETE
PELETE
CAPELETE
CHAPELETE

COSELETE
DOSELETE
MANTELETE
GUANTELETE
MIGUELETE
MIQUELETE
BROQUELETE
VELETE
FLETE
CHIFLETE
MOFLETE
INGLETE
BAILETE
CUBILETE
GUBILETE
MANDILETE
FILETE
TAFILETE
HILETE
REHILETE
TAMBORILETE
BARRILETE
CARRILETE
BRASILETE
ESTILETE
REGUILETE
JIGUILETE
JIQUILETE
ARBOLETE
PICOLETE
TOLETE
PISTOLETE
TEMPLETE
SOPLETE
BURLETE
ANULETE
ESCRUPULETE
FIRULETE
AZULETE
CABALLETE
MALLETE
PALLETE
SALLETE
BILLETE
RAMILLETE
ANILLETE
PILLETE
GRILLETE
SILLETE
CASTILLETE
GOLLETE
MOLLETE
ROLLETE
JÀMETE
TALAMETE
ALMETE
GRUMETE
RABANETE
SACANETE
BARRAGANETE
ZARZAGANETE
COPANETE
ZAGUANETE
JUANETE
SOBREJUANETE
CENETE
LANSQUENETE
JOVENETE
SAINETE
GABINETE
TABINETE
BACINETE
MACHINETE
JINETE
COJINETE
MOJINETE
MOLINETE
CHAPINETE
CLARINETE
CASINETE
MARTINETE
QUINETE
BONETE
JABONETE
FALCONETE
SULFONETE
GONETE
DRAGONETE
SALMONETE
SONSONETE
CAZONETE
PERNETE
CORNETE
BRUNETE
ESCOZNETE
CAÑETE
PAÑETE
CASTAÑETE
ESTAMEÑETE
RAMPIÑETE
COÑETE
CUÑETE
PUÑETE
ROETE
TAPETE
GOLPETE
RAMPETE
COPETE
HERPETE
CHUPETE
RECHUPETE
RETE
ARETE
GARETE
LUGARETE
PAJARETE
MANJARETE
CLARETE
ESCANDELARETE
FILARETE
BOTARETE
CAZARETE
BRETE
LIBRETE
MEMBRETE
COLUMBRETE
POBRETE
CUADRETE
PUCHERETE
PANDERETE
TENDERETE
ESCUDERETE
CABALLERETE
ASPERETE
SOMBRERETE
SERETE
TERETE
MORTERETE
FRETE
AGRETE
ALEGRETE
NEGRETE
SABORETE
TAMBORETE
CORETE
FLORETE
COLORETE
MENORETE
TORETE
INTÉRPRETE
BARRETE
CARRETE
CHARRETE
JARRETE
DESJARRETE
CHAPARRETE
TATARRETE
FERRETE
HERRETE
BIRRETE
GORRETE
CHURRETE
RETRETE
MENESTRETE
TABURETE
MURETE
SETE
RASETE
PÉSETE
ANISETE
BALSETE
FALSETE
MARMOSETE
POSETE
VERSETE
ACUSETE
CATETE
NACATETE
ALFITETE
MOTETE
CUARTETE
DESTETE
FUSTETE
CUTETE
CUETE
SARAGÜETE
PLEGUETE
CIGÜETE
LINGUETE
DROGUETE
HURGUETE
CHISGUETE
JUGUETE
MUGUETE
BESUGUETE
MAYORAZGUETE
CACAHUETE
ALCAHUETE
AHUEHUETE
MINUETE
CHAQUETE
PAQUETE
BRAQUETE
SAQUETE
REQUETÉ
CREQUETÉ
SEQUETE
MANIQUETE
SONIQUETE
TORNIQUETE
PIQUETE
REPIQUETE
PERIQUETE
BORRIQUETE
TRIQUETE
VOLQUETE
BANQUETE
CHANQUETE
BLANQUETE
TRINQUETE
BOQUETE
BICOQUETE
MOQUETE
REMOQUETE
ROQUETE
PERROQUETE
ZOQUETE
BARQUETE
CASQUETE
FRASQUETE
BOSQUETE
MOSQUETE
ROSQUETE
TRABUQUETE
LUQUETE
ALUQUETE
CLAVETE
BREVETE
CANIVETE
CAÑIVETE
GAÑIVETE
CALVETE
BERVETE
SAYETE
POYETE
CAITE
ALHAITE
TRAITE
REBITE
ACREBITE
ALCREBITE
ALCRIBITE
BENEDÍCITE
CHITE
COCHITE
ESCONDITE
ARDITE
ACEITE
CAGAACEITE
AJIACEITE
AFEITE
DELEITE
CONFITE
LITE
SATÉLITE
VÉLITE
MÍLITE
COJOLITE
CALAMITE
TALAMITE
TRÁMITE
ACEMITE
LÍMITE
CÓMITE
COMITÉ
CACOMITE
FÓMITE
SAMNITE
PRECÍPITE
BICÍPITE
TRICÍPITE
ESTÍPITE
CARITE
QUIRITE
MAPURITE
CATITE
ACETITE
APETITE
SUPÉRSTITE
GUITE
CHIQUIGUITE
CHALCHIHUITE
QUITE
ÉQUITE
CASQUITE
ESQUITE
DESQUITE
MEZQUITE
ENVITE
CONTRAENVITE
REENVITE
CONVITE
HERVITE
FALTE
GARIFALTE
GERIFALTE
GIRIFALTE
ESMALTE
PERALTE
RESALTE
GUELTE
HUILTE
ANTE
BRABANTE
CORIBANTE
DERRIBANTE
SILBANTE
RIMBOMBANTE
RETUMBANTE
APROBANTE
COMPROBANTE
TURBANTE
TITUBANTE
CANTE
BACANTE
MACHACANTE
ATACANTE
VACANTE
PECANTE
DEPRECANTE
SECANTE
DESECANTE
COSECANTE
ALBICANTE
DEDICANTE
PREDICANTE
MENDICANTE
INDICANTE
CONTRAINDICANTE
MORDICANTE
CLAUDICANTE
JUDICANTE
PERJUDICANTE
FICANTE
TRAFICANTE
DULCIFICANTE
EDIFICANTE
MUNDIFICANTE
MODIFICANTE
MOLIFICANTE
AMPLIFICANTE
DIGNIFICANTE
SIGNIFICANTE
INSIGNIFICANTE
TONIFICANTE
LUBRIFICANTE
SACRIFICANTE
GLORIFICANTE
PETRIFICANTE
PURIFICANTE
VERSIFICANTE
BEATIFICANTE
LETIFICANTE
SANTIFICANTE
NOTIFICANTE
FORTIFICANTE
MORTIFICANTE
TESTIFICANTE
JUSTIFICANTE
VIVIFICANTE
ALICANTE
REPLICANTE
IMPLICANTE
SUPLICANTE
FORMICANTE
COMUNICANTE
PICANTE
FABRICANTE
LUBRICANTE
RUBRICANTE
VESICANTE
PRACTICANTE
URTICANTE
ENCANTE
CONTRINCANTE
CHOCANTE
SOFOCANTE
SUFOCANTE
MOCANTE
CROCANTE
TROCANTE
TOCANTE
REVOCANTE
PROVOCANTE
COMARCANTE
MERCANTE
ALTERCANTE
CASCANTE
PESCANTE
REFRESCANTE
DISCANTE
MARISCANTE
CORUSCANTE
CHURRUSCANTE
TRABUCANTE
CADUCANTE
APROVECHANTE
RELINCHANTE
TRINCHANTE
MARCHANTE
MERCHANTE
ESCUCHANTE
DANTE
MERCADANTE
TRASLADANTE
NADANTE
DEGRADANTE
CUENTADANTE
PEDANTE
HOSPEDANTE
CUADRUPEDANTE
SEDANTE
QUEDANTE
CIRCUNCIDANTE
APELLIDANTE
TREPIDANTE
ENRIDANTE
CUIDANTE
CONVIDANTE
OXIDANTE
DESOXIDANTE
CABILDANTE
ANDANTE
VIANDANTE
MALANDANTE
ABLANDANTE
MANDANTE
DEMANDANTE
COMANDANTE
BIENANDANTE
ACOMENDANTE
RECOMENDANTE
ARRENDANTE
LINDANTE
COLINDANTE
UNDANTE
ABUNDANTE
SOBREABUNDANTE
SUPERABUNDANTE
FECUNDANTE
CIRCUNDANTE
REDUNDANTE
INUNDANTE
COMODANTE
RODANTE
PODERDANTE
DESBORDANTE
ACORDANTE
DESACORDANTE
RECORDANTE
CONCORDANTE
DISCORDANTE
MORDANTE
ASORDANTE
SUDANTE
AYUDANTE
TITUBEANTE
CECEANTE
BALANCEANTE
JADEANTE
AMERCENDEANTE
ONDEANTE
VERDEANTE
LISONJEANTE
ROJEANTE
BURBUJEANTE
TAMBALEANTE
MALEANTE
PELEANTE
CENTELLEANTE

LLAMEANTE
HUMEANTE
VERANEANTE
DELINEANTE
TORNEANTE
CHISPEANTE
MAREANTE
CIMBREANTE
PROCREANTE
OREANTE
SEÑOREANTE
GUERREANTE
APORREANTE
PASEANTE
DESEANTE
NAUSEANTE
PLEITEANTE
TRASTEANTE
FESTEANTE
RELAMPAGUEANTE
VAGUEANTE
FLANQUEANTE
ELEFANTE
INFANTE
GUARDAINFANTE
TRIUNFANTE
SICOFANTE
MOFANTE
HIEROFANTE
FARFANTE
GANTE
LOBAGANTE
TRAFAGANTE
EMBRIAGANTE
ESTOMAGANTE
PROPAGANTE
DRAGANTE
ADRAGANTE
FRAGANTE
NAUFRAGANTE
TRAGANTE
LITAGANTE
VAGANTE
EXTRAVAGANTE
REZAGANTE
ROZAGANTE
ELEGANTE
DELEGANTE
SUBDELEGANTE
INELEGANTE
NEGANTE
PEGANTE
REGANTE
CONGREGANTE
DISGREGANTE
NAVEGANTE
CIRCUNNAVEGANTE
ARRAIGANTE
LUBIGANTE
MENDIGANTE
GIGANTE
OBLIGANTE
HORMIGANTE
INTRIGANTE
LITIGANTE
COLITIGANTE
MITIGANTE
FUSTIGANTE
CABALGANTE
ENCABALGANTE
COLGANTE
COMULGANTE
BOGANTE
AHOGANTE
ROGANTE
ARROGANTE
INTERROGANTE
EMBARGANTE
CARGANTE
ENGARGANTE
BERGANTE
OTORGANTE
PURGANTE
VOMIPURGANTE
JUGANTE
SUBJUGANTE
JUZGANTE
ATIBIANTE
CAMBIANTE
AGOBIANTE
TURBIANTE
VACIANTE
MENOSPRECIANTE
CODICIANTE
OFICIANTE
ACARICIANTE

CONFERENCIANTE
ANUNCIANTE
DENUNCIANTE
RENUNCIANTE
NEGOCIANTE
COMERCIANTE
RADIANTE
MEDIANTE
COMEDIANTE
ATEDIANTE
LIDIANTE
TRIPUDIANTE
ESTUDIANTE
CONFIANTE
DESCONFIANTE
PRESTIGIANTE
HIANTE
AUXILIANTE
TERTULIANTE
APREMIANTE
RUMIANTE
PIANTE
PRINCIPIANTE
LIMPIANTE
COPIANTE
VARIANTE
CRIANTE
FERIANTE
REFRIANTE
RESFRIANTE
INJURIANTE
LUJURIANTE
OBSEQUIANTE
AGRAVIANTE
ASFIXIANTE
TRABAJANTE
VIAJANTE
RELAJANTE
RAJANTE
ULTRAJANTE
TAJANTE
ATAJANTE
SEMEJANTE
DESEMEJANTE
ENSEMEJANTE
CORTEJANTE
FESTEJANTE
FIJANTE
AGUIJANTE
PINJANTE
ACONGOJANTE
ENOJANTE
DIBUJANTE
PUJANTE
SOBREPUJANTE
BALANTE
RESBALANTE
ESCALANTE
GALANTE
TALANTE
IGUALANTE
FABLANTE
HABLANTE
HISPANOHABLANTE
SEMBLANTE
DESEMBLANTE
TEMBLANTE
REDOBLANTE
CELANTE
DELANTE
ADELANTE
CABADELANTE
CALADELANTE
CARADELANTE
FLAGELANTE
CONGELANTE
HELANTE
ANHELANTE
APELANTE
INTERPELANTE
VELANTE
REVELANTE
RUNFLANTE
BAILANTE
SIBILANTE
JUBILANTE
VACILANTE
OSCILANTE
VIGILANTE
HORRIPILANTE
TITILANTE
DISTILANTE
RUTILANTE
ALQUILANTE
COLANTE
TREMOLANTE

CONSOLANTE
DESCONSOLANTE
VOLANTE
PASAVOLANTE
REVOLANTE
PLANTE
TRASPLANTE
DESPLANTE
CHARLANTE
GARLANTE
PARLANTE
GALIPARLANTE
ATLANTE
TRIBULANTE
AMBULANTE
CIRCULANTE
ADULANTE
ONDULANTE
UNDULANTE
MODULANTE
DESCOAGULANTE
PULULANTE
MULANTE
TREMULANTE
ESTIMULANTE
MANIPULANTE
TRIPULANTE
ESTIPULANTE
PETULANTE
CAPITULANTE
POSTULANTE
CALLANTE
TALLANTE
BATALLANTE
ESTALLANTE
QUERELLANTE
RESELLANTE
CENTELLANTE
HUMILLANTE
BRILLANTE
DEGOLLANTE
AMOLLANTE
AULLANTE
AMANTE
ADAMANTE
DIFAMANTE
INFAMANTE
DIAMANTE
RECLAMANTE
FLAMANTE
LLAMANTE
MAMANTE
COAMANTE
GARAMANTE
BRAMANTE
AGRAMANTE
BLASFEMANTE
REMANTE
TREMANTE
QUEMANTE
REQUEMANTE
ANIMANTE
CALMANTE
DESPALMANTE
NIGROMANTE
ASOMANTE
TOMANTE
ALARMANTE
ENFERMANTE
FIRMANTE
AFIRMANTE
CONTRAFIRMANTE
CONFIRMANTE
FORMANTE
INFORMANTE
TRANSFORMANTE
PLASMANTE
FUMANTE
HUMANTE
TRASHUMANTE
ESPUMANTE
MANANTE
EMANANTE
DIMANANTE
DESPAMPANANTE
ENANTE
DENANTE
ORDENANTE
DESOXIGENANTE
ENAJENANTE
PENANTE
TENANTE
CONREGNANTE
INDIGNANTE
MALIGNANTE
RESIGNANTE

PUGNANTE
REPUGNANTE
IMPUGNANTE
MEDICINANTE
VATICINANTE
LANCINANTE
ROCINANTE
LATROCINANTE
FASCINANTE
ALUCINANTE
RECHINANTE
COORDINANTE
REINANTE
CORREINANTE
CONFINANTE
IMAGINANTE
TRAJINANTE
DECLINANTE
INCLINANTE
REMOLINANTE
DICIPLINANTE
DISCIPLINANTE
CAMINANTE
EXAMINANTE
CULMINANTE
FULMINANTE
DOMINANTE
SUBDOMINANTE
PREDOMINANTE
SUPERDOMINANTE
CARMINANTE
GERMINANTE
TERMINANTE
DETERMINANTE
TRASTERMINANTE
TRANSTERMINANTE
ILUMINANTE
EMPINANTE
OPINANTE
PREOPINANTE
MARINANTE
PEREGRINANTE
DOCTRINANTE
MAITINANTE
PREDESTINANTE
AGLUTINANTE
CONGLUTINANTE
MAQUINANTE
ESQUINANTE
ADIVINANTE
DONANTE
CONDONANTE
PERDONANTE
CONCIONANTE
EMOCIONANTE
APASIONANTE
IMPRESIONANTE
CONVULSIONANTE
TRONANTE
ATRONANTE
SONANTE
ASONANTE
BLASONANTE
RESONANTE
DISONANTE
ONDISONANTE
TIPLISONANTE
ARMISONANTE
HORRISONANTE
ALTISONANTE
MALSONANTE
CONSONANTE
SEMICONSONANTE
TONANTE
DETONANTE
ALTITONANTE
RAZONANTE
GOBERNANTE
ALTERNANTE
SUBALTERNANTE
ADORNANTE
RETORNANTE
TUNANTE
AYUNANTE
DELEZNANTE
ESPELUZNANTE
DESPELUZNANTE
ENGAÑANTE
ACOMPAÑANTE
ENSEÑANTE
SOÑANTE
RAPANTE
INCREPANTE
DISCREPANTE
TREPANTE
ANTICIPANTE

PARTICIPANTE
PRINCIPANTE
DISIPANTE
CULPANTE
CAMPANTE
LAMPANTE
RAMPANTE
GALOPANTE
RASPANTE
ESPANTE
OCUPANTE
GARANTE
DECLARANTE
HILARANTE
SEPARANTE
LABRANTE
CELEBRANTE
TEREBRANTE
QUEBRANTE
LIBRANTE
VIBRANTE
ALUMBRANTE
RELUMBRANTE
DESLUMBRANTE
OBRANTE
RECOBRANTE
SOBRANTE
ZOZOBRANTE
CONSECRANTE
LADRANTE
TALADRANTE
CUADRANTE
ENGENDRANTE
ODORANTE
DELIBERANTE
REVERBERANTE
EXUBERANTE
LACERANTE
ULCERANTE
CONSIDERANTE
PREPONDERANTE
EQUIPONDERANTE
MODERANTE
ESCUDERANTE
VOCIFERANTE
PROLIFERANTE
EXAGERANTE
BELIGERANTE
REFRIGERANTE
TOLERANTE
INTOLERANTE
GENERANTE
DEGENERANTE
VENERANTE
TEMPERANTE
ATEMPERANTE
INTEMPERANTE
CONTEMPERANTE
IMPERANTE
OPERANTE
COOPERANTE
EXASPERANTE
ESPERANTE
DESESPERANTE
SUPERANTE
VITUPERANTE
ALTERANTE
ADULTERANTE
PERSEVERANTE
FLAGRANTE
FRAGRANTE
CONSAGRANTE
ALEGRANTE
INTEGRANTE
EMIGRANTE
INMIGRANTE
DENIGRANTE
GIRANTE
DELIRANTE
MIRANTE
ADMIRANTE
ALMIRANTE
CONTRAALMIRANTE
VICEALMIRANTE
CONTRALMIRANTE
ASPIRANTE
ESPIRANTE
RESPIRANTE
INSPIRANTE
EXPIRANTE
TIRANTE
ORANTE
LABORANTE
ROBORANTE
CORROBORANTE
ADORANTE

ODORANTE
DESODORANTE
COLORANTE
DESCOLORANTE
LLORANTE
ENAMORANTE
IGNORANTE
RORANTE
EXPECTORANTE
DEVORANTE
AZORANTE
AVIZORANTE
COMPRANTE
ACHICHARRANTE
AGARRANTE
ERRANTE
INERRANTE
DESTERRANTE
AMODORRANTE
ATORRANTE
SUSURRANTE
MOHATRANTE
IDOLATRANTE
PENETRANTE
IMPETRANTE
ARBITRANTE
RECALCITRANTE
FILTRANTE
ENTRANTE
SUBINTRANTE
RASTRANTE
ARRASTRANTE
MAESTRANTE
CABESTRANTE
MINISTRANTE
ILUSTRANTE
RESTAURANTE
CARBURANTE
PROCURANTE
DURANTE
MADURANTE
FIGURANTE
FULGURANTE
JURANTE
CONJURANTE
MURMURANTE
PURPURANTE
SUPURANTE
MESURANTE
CENSURANTE
PASANTE
RASANTE
ABRASANTE
INCRASANTE
BESANTE
CESANTE
INCESANTE
CONFESANTE
PROFESANTE
PESANTE
INTERESANTE
PISANTE
GUISANTE
PESQUISANTE
VISANTE
PULSANTE
CONDENSANTE
REBOSANTE
ENDOSANTE
POSANTE
DEPOSANTE
FARSANTE
CONVERSANTE
CURSANTE
DISCURSANTE
USANTE
CAUSANTE
ABUSANTE
ACUSANTE
RECUSANTE
CATANTE
ACATANTE
DELATANTE
RELATANTE
MATANTE
REMATANTE
DESBARATANTE
TRATANTE
CONTRATANTE
JACTANTE
LACTANTE
DESINFECTANTE
REFLECTANTE
HUMECTANTE
EXPECTANTE
PROYECTANTE

DICTANTE
OCTANTE
RELUCTANTE
RECETANTE
PROFETANTE
VEGETANTE
AQUIETANTE
INQUIETANTE
OBJETANTE
FLETANTE
APRETANTE
INTERPRETANTE
HABITANTE
EXORBITANTE
RECITANTE
LICITANTE
SOLICITANTE
FEBRICITANTE
INCITANTE
EJERCITANTE
EXCITANTE
DELEITANTE
AGITANTE
DEBILITANTE
MILITANTE
IMITANTE
CONCOMITANTE
CREPITANTE
DECREPITANTE
PRECIPITANTE
PALPITANTE
IRRITANTE
VISITANTE
DEPOSITANTE
LATITANTE
NICTITANTE
QUITANTE
INVITANTE
FALTANTE
SALTANTE
ASALTANTE
RESALTANTE
RESULTANTE
INSULTANTE
CONSULTANTE
CANTANTE
QUEBRANTANTE
ACRECENTANTE
LAMENTANTE
ALIMENTANTE
ESBATIMENTANTE
FERMENTANTE
ATORMENTANTE
AUMENTANTE
ARGUMENTANTE
AMEDRENTANTE
PRESENTANTE
REPRESENTANTE
SUSTENTANTE
QUINTANTE
CONTANTE
MONTANTE
CONFRONTANTE
PREGUNTANTE
CONTRAPUNTANTE
AYUNTANTE
ARBOTANTE
DOTANTE
FLOTANTE
CONNOTANTE
ROTANTE
BROTANTE
FROTANTE
VOTANTE
ADAPTANTE
ACEPTANTE
REPTANTE
OPTANTE
ADOPTANTE
CONCERTANTE
DESCONCERTANTE
DESPERTANTE
DISERTANTE
CORTANTE
CONFORTANTE
RECONFORTANTE
PORTANTE
IMPORTANTE
COMPORTANTE
SOPORTANTE
BASTANTE
ABASTANTE
APLASTANTE
CONTRASTANTE
GUASTANTE
OBSTANTE

ESTANTE
MANIFESTANTE
AMONESTANTE
RESTANTE
CABRESTANTE
SOBRESTANTE
PRESTANTE
TESTANTE
PROTESTANTE
DISTANTE
EQUIDISTANTE
INSTANTE
CONSTANTE
INCONSTANTE
CIRCUNSTANTE
APOSTANTE
INCRUSTANTE
DESINCRUSTANTE
TRIBUTANTE
EJECUTANTE
REPUTANTE
DISPUTANTE
SEXTANTE
EVACUANTE
ECUANTE
LICUANTE
COLICUANTE
GUANTE
AGUANTE
FRAGUANTE
MENGUANTE
AMENGUANTE
ATENUANTE
INSINUANTE
RUANTE
MENSTRUANTE
ACTUANTE
FLUCTUANTE
TUMULTUANTE
ESTUANTE
MUTUANTE
AVANTE
BOGAVANTE
PUJAVANTE
GRAVANTE
AGRAVANTE
PASAVANTE
BOTAVANTE
LEVANTE
RELEVANTE
PERSEVANTE
CAPTIVANTE
SALVANTE
OVANTE
RENOVANTE
ENERVANTE
OBSERVANTE
INOBSERVANTE
CONSERVANTE
ADYUVANTE
COADYUVANTE
LAXANTE
BOYANTE
JOYANTE
CONVOYANTE
REEMPLAZANTE
AMENAZANTE
ABRAZANTE
BEZANTE
BOSTEZANTE
ARCAIZANTE
JUDAIZANTE
HEBRAIZANTE
GRECIZANTE
EXORCIZANTE
FECUNDIZANTE
ETIMOLOGIZANTE
FERTILIZANTE
DESLIZANTE
HELENIZANTE
LATINIZANTE
AGONIZANTE
BARBARIZANTE
CAUTERIZANTE
SATIRIZANTE
TEORIZANTE
AUTORIZANTE
CICATRIZANTE
ELECTRIZANTE
DOGMATIZANTE
AROMATIZANTE
SIMPATIZANTE
PROFETIZANTE
ERGOTIZANTE
BAPTIZANTE
BAUTIZANTE

REBAUTIZANTE
CATEQUIZANTE
ANARQUIZANTE
ALCANZANTE
DANZANTE
COMENZANTE
ENVERGONZANTE
PUNZANTE
GOZANTE
SOLLOZANTE
MARZANTE
FORZANTE
ENTE
EXTRAENTE
PROHIBENTE
DECUMBENTE
ABSORBENTE
YACENTE
SUBYACENTE
ADYACENTE
CIRCUNYACENTE
INTERYACENTE
DECENTE
INDECENTE
CONDECENTE
ADOLECENTE
DICENTE
CONTRADICENTE
MAGNIFICENTE
DISPLICENTE
RETICENTE
VICENTE
DEMULCENTE
CONVINCENTE
DOCENTE
NOCENTE
INOCENTE
INNOCENTE
PUBESCENTE
RUBESCENTE
ERUBESCENTE
ACESCENTE
MARCESCENTE
INCANDESCENTE
RECRUDESCENTE
AQUIESCENTE
OPALESCENTE
ADOLESCENTE
CAULESCENTE
INTUMESCENTE
EVANESCENTE
SENESCENTE
ACRESCENTE
ARBORESCENTE
FOSFORESCENTE
EFLORESCENTE
FLUORESCENTE
LACTESCENTE
DELICUESCENTE
EFERVESCENTE
IRIDISCENTE
DEHISCENTE
INDEHISCENTE
CONCUPISCENTE
CONDUCENTE
INCONDUCENTE
PRODUCENTE
CONTRAPRODUCENTE
CADENTE
DECADENTE
INTERCADENTE
CEDENTE
ACCEDENTE
PRECEDENTE
ANTECEDENTE
CONCEDENTE
PROCEDENTE
IMPROCEDENTE
EXCEDENTE
SOBREXCEDENTE
SEDENTE
BIDENTE
ACCIDENTE
OCCIDENTE
INCIDENTE
REINCIDENTE
COINCIDENTE
DIFIDENTE
INFIDENTE
CONFIDENTE
INCONFIDENTE
TRIDENTE
ESTRIDENTE
INSTRIDENTE
RESIDENTE
PRESIDENTE

VICEPRESIDENTE
DISIDENTE
VIDENTE
EVIDENTE
CLARIVIDENTE
PROVIDENTE
CANDENTE
ASCENDENTE
TRASCENDENTE
DESCENDENTE
TRANSCENDENTE
ESPLENDENTE
RESPLENDENTE
DEPENDENTE
INDEPENDENTE
SORPRENDENTE
TENDENTE
INTENDENTE
SUBINTENDENTE
SUPERINTENDENTE
FUNDENTE
TUNDENTE
CONTUNDENTE
CAPELARDENTE
MORDENTE
IMPUDENTE
PRUDENTE
IMPRUDENTE
JURISPRUDENTE
GENTE
AGENTE
COAGENTE
REGENTE
CORREGENTE
INDIGENTE
INTELIGENTE
AFLIGENTE
NEGLIGENTE
DILIGENTE
RIGENTE
FRIGENTE
DIRIGENTE
TRANSIGENTE
INTRANSIGENTE
VIGENTE
EXIGENTE
ALGENTE
INDULGENTE
FULGENTE
REFULGENTE
PREFULGENTE
EMULGENTE
FRANGENTE
DIFRANGENTE
TANGENTE
COTANGENTE
INGENTE
REFRINGENTE
ASTRINGENTE
ADSTRINGENTE
RESTRINGENTE
CONSTRINGENTE
CONTINGENTE
PUNGENTE
ARGENTE
SARGENTE
EMERGENTE
DETERGENTE
ABSTERGENTE
DIVERGENTE
CONVERGENTE
URGENTE
SURGENTE
INSURGENTE
TURGENTE
BARBIPUGENTE
HABIENTE
CAUSAHABIENTE
PODERHABIENTE
SABIENTE
BEBIENTE
DEBIENTE
RECIBIENTE
ESCRIBIENTE
AMBIENTE
SUCUMBIENTE
SUBIENTE
CIENTE
FACIENTE
FEFACIENTE
ESTUPEFACIENTE
MALFACIENTE
SATISFACIENTE
HACIENTE
FEHACIENTE
BIENHACIENTE

PLACIENTE
APLACIENTE
COMPLACIENTE
BIENPLACIENTE
DESPLACIENTE
NACIENTE
RENACIENTE
INNACIENTE
PACIENTE
IMPACIENTE
COMPACIENTE
YACIENTE
DECIENTE
PADECIENTE
OBEDECIENTE
RESPLANDECIENTE
REVERDECIENTE
PREVALECIENTE
CONVALECIENTE
ESTABLECIENTE
FALLECIENTE
DESFALLECIENTE
CANECIENTE
AMANECIENTE
REMANECIENTE
PERMANECIENTE
PERTENECIENTE
EMPECIENTE
RECIENTE
CARECIENTE
PARECIENTE
COMPARECIENTE
CRECIENTE
DECRECIENTE
SOBRECRECIENTE
MERECIENTE
BIENMERECIENTE
PERECIENTE
OFRECIENTE
FLORECIENTE
FAVORECIENTE
DICIENTE
MALDICIENTE
BENDICIENTE
EFICIENTE
DEFICIENTE
INDEFICIENTE
COEFICIENTE
INFICIENTE
CONFICIENTE
PROFICIENTE
PERFICIENTE
SUFICIENTE
INSUFICIENTE
ALICIENTE
DEMULCIENTE
CONSENCIENTE
INCIENTE
COCIENTE
CONOCIENTE
RECONOCIENTE
CUOCIENTE
EJERCIENTE
ESCIENTE
MULLESCIENTE
NESCIENTE
BUENAMERESCIENTE
OMNISCIENTE
CONSCIENTE
SUBCONSCIENTE
INCONSCIENTE
BALBUCIENTE
PERCUCIENTE
DEDUCIENTE
CONDUCIENTE
PRODUCIENTE
LUCIENTE
RELUCIENTE
TRASLUCIENTE
TRANSLUCIENTE
NUCIENTE
DIENTE
GRADIENTE
INVADIENTE
OBEDIENTE
INOBEDIENTE
DESOBEDIENTE
PROCEDIENTE
SUCEDIENTE
FEDIENTE
HEDIENTE
PEDIENTE
IMPEDIENTE
DESPEDIENTE
EXPEDIENTE
SOBREDIENTE

INGREDIENTE
SEDIENTE
DESPIDIENTE
BLANDIENTE
DECENDIENTE
ENCENDIENTE
ASCENDIENTE
DESCENDIENTE
CONDESCENDIENTE
FENDIENTE
DEFENDIENTE
OFENDIENTE
HENDIENTE
APREHENDIENTE
PENDIENTE
DEPENDIENTE
INDEPENDIENTE
APRENDIENTE
REPRENDIENTE
COMPRENDIENTE
TENDIENTE
PRETENDIENTE
ENTENDIENTE
CONTENDIENTE
VENDIENTE
RESPONDIENTE
CORRESPONDIENTE
CUNDIENTE
CONFUNDIENTE
PODIENTE
ARDIENTE
AGUARDIENTE
MORDIENTE
REMORDIENTE
PUDIENTE
ELIGIENTE
ESCOGIENTE
SURGIENTE
MUGIENTE
RUGIENTE
CRUJIENTE
CALIENTE
SALIENTE
SOBRESALIENTE
VALIENTE
CLIENTE
OLIENTE
DOLIENTE
REDOLIENTE
CARIDOLIENTE
MALOLIENTE
MOLIENTE
EMOLIENTE
BIENOLIENTE
MIENTE
LAMIENTE
EMIENTE
ENTREMIENTE
TEMIENTE
SIMIENTE
ENMIENTE
COMIENTE
DORMIENTE
DURMIENTE
CONTRADURMIENTE
CONSUMIENTE
LENIENTE
TENIENTE
TERRATENIENTE
CASATENIENTE
SUBTENIENTE
MANTENIENTE
CONTENIENTE
LUGARTENIENTE
SOSTENIENTE
VENIENTE
AVENIENTE
CONTRAVENIENTE
PREVENIENTE
CONVENIENTE
INCONVENIENTE
DESCONVENIENTE
DISCONVENIENTE
PROVENIENTE
SUPERVENIENTE
MANTINIENTE
VINIENTE
PONIENTE
BARBIPONIENTE
DISPONIENTE
CONCERNIENTE
DISCERNIENTE
COSTRIÑIENTE
SAPIENTE
OMNISAPIENTE
RECIPIENTE

INCIPIENTE
EXCIPIENTE
DESIPIENTE
INSIPIENTE
ROMPIENTE
CORROMPIENTE
SERPIENTE
RIENTE
PARIENTE
CUBRIENTE
QUERIENTE
REQUERIENTE
MALQUERIENTE
BIENQUERIENTE
SUFRIENTE
HIRIENTE
ADQUIRIENTE
BIENQUIRIENTE
SONRIENTE
ORIENTE
PREMORIENTE
CORRIENTE
CONTRACORRIENTE
CORTACORRIENTE
CONCURRIENTE
DISCURRIENTE
TRIENTE
FURIENTE
PARTURIENTE
RUSIENTE
BATIENTE
COMBATIENTE
LATIENTE
COMETIENTE
ACOMETIENTE
PROMETIENTE
COMPROMETIENTE
REPITIENTE
CONSINTIENTE
VERTIENTE
CONVERTIENTE
CURTIENTE
SIGUIENTE
SUBSIGUIENTE
CONSIGUIENTE
INCONSIGUIENTE
ATREVIENTE
VIVIENTE
SOBREVIVIENTE
MALVIVIENTE
BIENVIVIENTE
CONVIVIENTE
SUPERVIVIENTE
ABSOLVIENTE
RESOLVIENTE
MOVIENTE
SEMOVIENTE
FERVIENTE
HERVIENTE
HIRVIENTE
SIRVIENTE
LENTE
PALENTE
TALENTE
AMBIVALENTE
POLIVALENTE
EQUIVALENTE
PRECELENTE
EXCELENTE
REPELENTE
IMPELENTE
EXPELENTE
RELENTE
SILENTE
PESTILENTE
REDOLENTE
INDOLENTE
EQUIPOLENTE
INSOLENTE
SUPLENTE
BULLENTE
MENTE
AMENTE
DENIGRATIBAMENTE
BOBAMENTE
ACERBAMENTE
SUPERBAMENTE
SIMONIACAMENTE
FLACAMENTE
BELLACAMENTE
OPACAMENTE
SECAMENTE
INTRÍNSECAMENTE
EXTRÍNSECAMENTE
FARISAICAMENTE
PROSAICAMENTE

JURÍDICAMENTE
FATÍDICAMENTE
PERIÓDICAMENTE
MÓDICAMENTE
EPISÓDICAMENTE
METÓDICAMENTE
IMPÚDICAMENTE
SERÁFICAMENTE
GRÁFICAMENTE
TELEGRÁFICAMENTE
TAQUIGRÁFICAMENTE
GEOGRÁFICAMENTE
ESCENOGRÁFICAMENTE
ESTENOGRÁFICAMENTE
TOPOGRÁFICAMENTE
COROGRÁFICAMENTE
FOTOLITOGRÁFICAMENTE
FOTOGRÁFICAMENTE
LITOFOTOGRÁFICAMENTE
PACÍFICAMENTE
MAGNÍFICAMENTE
HONORÍFICAMENTE
BEATÍFICAMENTE
CIENTIFICAMENTE
FILOSÓFICAMENTE
TRÁGICAMENTE
ESTRATÉGICAMENTE
PEDAGÓGICAMENTE
ANAGÓGICAMENTE
LÓGICAMENTE
ANALÓGICAMENTE
ANFIBOLÓGICAMENTE
TEOLÓGICAMENTE
FISIOLÓGICAMENTE
FILOLÓGICAMENTE
ETIMOLÓGICAMENTE
CRONOLÓGICAMENTE
ENÉRGICAMENTE
PÚBLICAMENTE
EVANGÉLICAMENTE
DIABÓLICAMENTE
SIMBÓLICAMENTE
HIPERBÓLICAMENTE
MELANCÓLICAMENTE
CATÓLICAMENTE
APOSTÓLICAMENTE
ACADÉMICAMENTE
QUÍMICAMENTE
ALQUÍMICAMENTE
CÓMICAMENTE
ECONÓMICAMENTE
ASTRONÓMICAMENTE
AUTONÓMICAMENTE
ANATÓMICAMENTE
MECÁNICAMENTE
TIRÁNICAMENTE
TÉCNICAMENTE
CÍNICAMENTE
BONICAMENTE
LACÓNICAMENTE
TELEFÓNICAMENTE
ARMÓNICAMENTE
HARMÓNICAMENTE
CANÓNICAMENTE
CRÓNICAMENTE
ANACRÓNICAMENTE
IRÓNICAMENTE
MACARRÓNICAMENTE
DIATÓNICAMENTE
PLATÓNICAMENTE
ÚNICAMENTE
HEROICAMENTE
ESTOICAMENTE
ÉPICAMENTE
RICAMENTE
BARBÁRICAMENTE
LÚBRICAMENTE
NUMÉRICAMENTE
GENÉRICAMENTE
EMPÍRICAMENTE
SATÍRICAMENTE
TEÓRICAMENTE
METAFÓRICAMENTE
ALEGÓRICAMENTE
CATEGÓRICAMENTE
RETÓRICAMENTE
HISTÓRICAMENTE
MÉTRICAMENTE
SIMÉTRICAMENTE
GEOMÉTRICAMENTE
EXCÉNTRICAMENTE
CLÁSICAMENTE
FÍSICAMENTE
METAFÍSICAMENTE
BOBÁTICAMENTE
ENFÁTICAMENTE

CEREMONIÁTICAMENTE
DRAMÁTICAMENTE
MELODRAMÁTICAMENTE
EPIGRAMÁTICAMENTE
EMBLEMÁTICAMENTE
PROBLEMÁTICAMENTE
MATEMÁTICAMENTE
SISTEMÁTICAMENTE
ESQUEMÁTICAMENTE
ENIGMÁTICAMENTE
DOGMÁTICAMENTE
DIPLOMÁTICAMENTE
AUTOMÁTICAMENTE
CISMÁTICAMENTE
FANÁTICAMENTE
SIMPÁTICAMENTE
HOMEOPÁTICAMENTE
DEMOCRÁTICAMENTE
ARISTOCRÁTICAMENTE
HIPOSTÁTICAMENTE
HIDROSTÁTICAMENTE
DIDÁCTICAMENTE
PRÁCTICAMENTE
ALFABÉTICAMENTE
PROFÉTICAMENTE
HERMÉTICAMENTE
ARITMÉTICAMENTE
FRENÉTICAMENTE
POÉTICAMENTE
PATÉTICAMENTE
SINTÉTICAMENTE
HIPOTÉTICAMENTE
ESTÉTICAMENTE
ANALÍTICAMENTE
POLÍTICAMENTE
IMPOLÍTICAMENTE
CRÍTICAMENTE
GIGÁNTICAMENTE
IDÉNTICAMENTE
AUTÉNTICAMENTE
ESTRAMBOTICAMENTE
DESPÓTICAMENTE
ELÍPTICAMENTE
SARCÁSTICAMENTE
ECLESIÁSTICAMENTE
ESCOLÁSTICAMENTE
PARONOMÁSTICAMENTE
ANTONOMÁSTICAMENTE
PLEONÁSTICAMENTE
MONÁSTICAMENTE
PARAFRÁSTICAMENTE
FANTÁSTICAMENTE
DOMÉSTICAMENTE
SOFÍSTICAMENTE
MÍSTICAMENTE
CARACTERÍSTICAMENTE
HUMORÍSTICAMENTE
ARTÍSTICAMENTE
CÁUSTICAMENTE
RÚSTICAMENTE
ANÁRQUICAMENTE
MONÁRQUICAMENTE
JERÁRQUICAMENTE
FRANCAMENTE
RONCAMENTE
BRONCAMENTE
LOCAMENTE
RECÍPROCAMENTE
UNÍVOCAMENTE
EQUÍVOCAMENTE
INEQUÍVOCAMENTE
PARCAMENTE
TERCAMENTE
PUERCAMENTE
BURLESCAMENTE
PICARESCAMENTE
CABALLERESCAMENTE
FRESCAMENTE
PEDANTESCAMENTE
QUIJOTESCAMENTE
GROTESCAMENTE
TOSCAMENTE
CHUSCAMENTE
BRUSCAMENTE
CADUCAMENTE
DERECHAMENTE
CORRECHAMENTE
ESTRECHAMENTE
ANCHAMENTE
ACABADAMENTE
REPROBADAMENTE
BARBADAMENTE
TURBADAMENTE
PERTURBADAMENTE
OBCECADAMENTE
ALAMBICADAMENTE

ESPECIFICADAMENTE
CALIFICADAMENTE
HONORIFICADAMENTE
CERTIFICADAMENTE
JUSTIFICADAMENTE
INJUSTIFICADAMENTE
DELICADAMENTE
DESAPLICADAMENTE
DUPLICADAMENTE
FABRICADAMENTE
RETORICADAMENTE
ENTRICADAMENTE
INTRICADAMENTE
RECALCADAMENTE
DERRANCADAMENTE
AFINCADAMENTE
AHINCADAMENTE
INTRINCADAMENTE
TRUNCADAMENTE
DESBOCADAMENTE
DESCOCADAMENTE
ALOCADAMENTE
APOCADAMENTE
TROCADAMENTE
EQUIVOCADAMENTE
MARCADAMENTE
ARRISCADAMENTE
ENRUSCADAMENTE
EMPACHADAMENTE
DESPACHADAMENTE
DESPECHADAMENTE
DESECHADAMENTE
APROVECHADAMENTE
DESAPROVECHADAMENTE
DESDICHADAMENTE
DERRANCHADAMENTE
HINCHADAMENTE
DESENFADADAMENTE
DESAPIADADAMENTE
DESPIADADAMENTE
DESCUIDADAMENTE
DESCABILDADAMENTE
ALINDADAMENTE
ABONDADAMENTE
ABUNDADAMENTE
FUNDADAMENTE
ACOMODADAMENTE
DESACOMODADAMENTE
DENODADAMENTE
REGUARDADAMENTE
ACORDADAMENTE
DESACORDADAMENTE
TRASUDADAMENTE
ASEADAMENTE
DESASEADAMENTE
ATUFADAMENTE
ESTRAGADAMENTE
PLEGADAMENTE
DESPLEGADAMENTE
ABNEGADAMENTE
APEGADAMENTE
DESPEGADAMENTE
ENTREGADAMENTE
SOSEGADAMENTE
DESASOSEGADAMENTE
ARRAIGADAMENTE
DESABRIGADAMENTE
FATIGADAMENTE
MITIGADAMENTE
CASTIGADAMENTE
AHIDALGADAMENTE
DELGADAMENTE
REMILGADAMENTE
HOLGADAMENTE
PROLONGADAMENTE
DESAHOGADAMENTE
AZOGADAMENTE
DESEMBARGADAMENTE
ENCARGADAMENTE
ALARGADAMENTE
ARRIESGADAMENTE
SESGADAMENTE
ARRABIADAMENTE
DESGRACIADAMENTE
APRECIADAMENTE
DESPERDICIADAMENTE
CIRCUNSTANCIADAMENTE
ACUCIADAMENTE
DESAHUCIADAMENTE
CONFIADAMENTE
DESCONFIADAMENTE
PORFIADAMENTE
PRIVILEGIADAMENTE
COLEGIADAMENTE
PALIADAMENTE
APREMIADAMENTE
APROPIADAMENTE
INVARIADAMENTE
DESVARIADAMENTE
DEMASIADAMENTE
ANSIADAMENTE
ANSIAANSIADAMENTE
ANGUSTIADAMENTE
AGRAVIADAMENTE
ABREVIADAMENTE
TRABAJADAMENTE
RELAJADAMENTE
ATAJADAMENTE
AVENTAJADAMENTE
DESAVENTAJADAMENTE
DESPEJADAMENTE
APAREJADAMENTE
DESACONSEJADAMENTE
AQUEJADAMENTE
DESCOBIJADAMENTE
REGOCIJADAMENTE
ACONGOJADAMENTE
ARROJADAMENTE
ARREBUJADAMENTE
REGALADAMENTE
SEÑALADAMENTE
SALADAMENTE
DESALADAMENTE
ENDIABLADAMENTE
DOBLADAMENTE
MEZCLADAMENTE
CELADAMENTE
AMARTELADAMENTE
DESVELADAMENTE
REGLADAMENTE
ARREGLADAMENTE
DESARREGLADAMENTE
DESREGLADAMENTE
ABEMOLADAMENTE
INTERPOLADAMENTE
ACRISOLADAMENTE
DESCONSOLADAMENTE
TEMPLADAMENTE
DESTEMPLADAMENTE
AISLADAMENTE
ATRIBULADAMENTE
INMACULADAMENTE
ARTICULADAMENTE
CALCULADAMENTE
SIMULADAMENTE
DISIMULADAMENTE
CALLADAMENTE
DETALLADAMENTE
DESCABELLADAMENTE
ATROPELLADAMENTE
ACABDILLADAMENTE
DESCAUDILLADAMENTE
HUMILLADAMENTE
DESCOLLADAMENTE
EMBROLLADAMENTE
DESOLLADAMENTE
FARFULLADAMENTE
ADAMADAMENTE
INFAMADAMENTE
DERRAMADAMENTE
EXTREMADAMENTE
ANIMADAMENTE
DESANIMADAMENTE
ULTIMADAMENTE
APROXIMADAMENTE
DESALMADAMENTE
COLMADAMENTE
EPITOMADAMENTE
AFIRMADAMENTE
CONFIRMADAMENTE
ASMADAMENTE
ASUMADAMENTE
CONSUMADAMENTE
AFANADAMENTE
CERCENADAMENTE
ORDENADAMENTE
INORDENADAMENTE
DESORDENADAMENTE
PENADAMENTE
DESENFRENADAMENTE
DESFRENADAMENTE
RESIGNADAMENTE
AZAINADAMENTE
ALUCINADAMENTE
SUBORDINADAMENTE
PREORDINADAMENTE
AFINADAMENTE
DESAFINADAMENTE
ARREMOLINADAMENTE
DISCIPLINADAMENTE
DESCAMINADAMENTE
AFEMINADAMENTE
EFEMINADAMENTE
DENOMINADAMENTE
DETERMINADAMENTE
INDETERMINADAMENTE
INOPINADAMENTE
ATINADAMENTE
ALATINADAMENTE
DESATINADAMENTE
OBSTINADAMENTE
BALDONADAMENTE
ABALDONADAMENTE
DESDONADAMENTE
AFICIONADAMENTE
INTENCIONADAMENTE
BIENINTENCIONADAMENTE
PROPORCIONADAMENTE
DESPROPORCIONADAMENTE
OCASIONADAMENTE
APASIONADAMENTE
DESAPASIONADAMENTE
APRISIONADAMENTE
ATRONADAMENTE
DESENTONADAMENTE
AMONTONADAMENTE
RAZONADAMENTE
DESCORAZONADAMENTE
SAZONADAMENTE
DESCARNADAMENTE
ALTERNADAMENTE
ORNADAMENTE
MANCOMUNADAMENTE
AFORTUNADAMENTE
INFORTUNADAMENTE
IMPORTUNADAMENTE
DESCORAZNADAMENTE
DESENGAÑADAMENTE
DESMAÑADAMENTE
DESDEÑADAMENTE
EMPEÑADAMENTE
DESPEÑADAMENTE
ENSEÑADAMENTE
DESALIÑADAMENTE
ANIÑADAMENTE
DESVERGOÑADAMENTE
CHAPADAMENTE
SOLAPADAMENTE
ANTICIPADAMENTE
DISIPADAMENTE
CULPADAMENTE
INCULPADAMENTE
DISCULPADAMENTE
SINCOPADAMENTE
PREOCUPADAMENTE
DESOCUPADAMENTE
DESENMASCARADAMENTE
DESCARADAMENTE
DECLARADAMENTE
SEPARADAMENTE
DESAMPARADAMENTE
DISPARADAMENTE
APESARADAMENTE
NOMBRADAMENTE
ENCUMBRADAMENTE
DESALUMBRADAMENTE
ACOSTUMBRADAMENTE
DESACOSTUMBRADAMENTE
SOBRADAMENTE
CUADRADAMENTE
ATOLONDRADAMENTE
DELIBERADAMENTE
INDELIBERADAMENTE
CONSIDERADAMENTE
INCONSIDERADAMENTE
DESCONSIDERADAMENTE
PONDERADAMENTE
MODERADAMENTE
INMODERADAMENTE
DESMODERADAMENTE
APODERADAMENTE
DESAPODERADAMENTE
EXAGERADAMENTE
ACELERADAMENTE
ESMERADAMENTE
AMANERADAMENTE
TEMPERADAMENTE
INTEMPERADAMENTE
ESPERADAMENTE
INESPERADAMENTE
DESESPERADAMENTE
INVETERADAMENTE
REITERADAMENTE
ASEVERADAMENTE
CIFRADAMENTE
AVINAGRADAMENTE
SAGRADAMENTE
AIRADAMENTE
DESAIRADAMENTE
INSPIRADAMENTE
RETIRADAMENTE
ESTIRADAMENTE
HONRADAMENTE
DESHONRADAMENTE
ATRAIDORADAMENTE
DESAFORADAMENTE
ACALORADAMENTE
COLORADAMENTE
ENAMORADAMENTE
DESAMORADAMENTE
ATORADAMENTE
AHERVORADAMENTE
DESPILFARRADAMENTE
ABIGARRADAMENTE
DESGARRADAMENTE
ERRADAMENTE
CERRADAMENTE
AFERRADAMENTE
AHORRADAMENTE
ENCONTRADAMENTE
ARRASTRADAMENTE
DESASTRADAMENTE
MAESTRADAMENTE
AMAESTRADAMENTE
ACURADAMENTE
ASEGURADAMENTE
FIGURADAMENTE
APURADAMENTE
MESURADAMENTE
DESMESURADAMENTE
APRESURADAMENTE
ATURADAMENTE
BIENAVENTURADAMENTE
DESAVENTURADAMENTE
DESVENTURADAMENTE
LAZRADAMENTE
COMPASADAMENTE
ACOMPASADAMENTE
DESCOMPASADAMENTE
ABRASADAMENTE
TASADAMENTE
PESADAMENTE
INTERESADAMENTE
DESINTERESADAMENTE
ENTESADAMENTE
GUISADAMENTE
DESAGUISADAMENTE
AVISADAMENTE
IMPROVISADAMENTE
CANSADAMENTE
DESCANSADAMENTE
IMPENSADAMENTE
OSADAMENTE
ACOSADAMENTE
REPOSADAMENTE
USADAMENTE
PAUSADAMENTE
EXCUSADAMENTE
DESUSADAMENTE
REBATADAMENTE
ARREBATADAMENTE
ACATADAMENTE
DESACATADAMENTE
RECATADAMENTE
DESFACHATADAMENTE
DILATADAMENTE
REMATADAMENTE
DESBARATADAMENTE
DISPARATADAMENTE
DESATADAMENTE
AFECTADAMENTE
APRETADAMENTE
INDUBITADAMENTE
PREMEDITADAMENTE
AFEITADAMENTE
DEBILITADAMENTE
LIMITADAMENTE
ILIMITADAMENTE
PRECIPITADAMENTE
INUSITADAMENTE
CUITADAMENTE
ACUITADAMENTE
AVILTADAMENTE
ADELANTADAMENTE
LEVANTADAMENTE
ACCIDENTADAMENTE
ALENTADAMENTE
DESALENTADAMENTE
ATORMENTADAMENTE
AFRENTADAMENTE
ASENTADAMENTE
ATENTADAMENTE
DESATENTADAMENTE
DESTENTADAMENTE
AFRONTADAMENTE
ATONTADAMENTE
AJUNTADAMENTE
APUNTADAMENTE
AYUNTADAMENTE
ALBOROTADAMENTE
ADAPTADAMENTE
ACEPTADAMENTE
APARTADAMENTE
LIBERTADAMENTE
ACERTADAMENTE
DESACERTADAMENTE
CONCERTADAMENTE
DESCONCERTADAMENTE
FURTADAMENTE
HURTADAMENTE
BASTADAMENTE
ABASTADAMENTE
DENOSTADAMENTE
APOSTADAMENTE
DISGUSTADAMENTE
AJUSTADAMENTE
ADECUADAMENTE
ATREGUADAMENTE
AVERIGUADAMENTE
MENGUADAMENTE
AMENGUADAMENTE
CONTINUADAMENTE
ACENTUADAMENTE
DEPRAVADAMENTE
ELEVADAMENTE
PRIVADAMENTE
ADJETIVADAMENTE
INMOTIVADAMENTE
AVIVADAMENTE
MALVADAMENTE
RESERVADAMENTE
DESMAYADAMENTE
APELMAZADAMENTE
EMBARAZADAMENTE
DESEMBARAZADAMENTE
DESCABEZADAMENTE
ENDEREZADAMENTE
DESORGANIZADAMENTE
TIRANIZADAMENTE
ENCARNIZADAMENTE
AUTORIZADAMENTE
DESAUTORIZADAMENTE
ALZADAMENTE
AVERGONZADAMENTE
DESENVERGONZADAMENTE
DESVERGONZADAMENTE
DESARREBOZADAMENTE
EMBOZADAMENTE
ALBOROZADAMENTE
FORZADAMENTE
ESFORZADAMENTE
ACEDAMENTE
LEDAMENTE
QUEDAMENTE
LAIDAMENTE
DISTRAÍDAMENTE
DESAPERCEBIDAMENTE
DEBIDAMENTE
INDEBIDAMENTE
DESAPERCIBIDAMENTE
SUBIDAMENTE
PLÁCIDAMENTE
EMBEBECIDAMENTE
AGRADECIDAMENTE
DESAGRADECIDAMENTE
DESVANECIDAMENTE
ESCARNECIDAMENTE
ENTERNECIDAMENTE
ENCARECIDAMENTE
ESCLARECIDAMENTE
CRECIDAMENTE
MERECIDAMENTE
INMERECIDAMENTE
ABORRECIDAMENTE
ENDURECIDAMENTE
CONOCIDAMENTE
RECONOCIDAMENTE
DESCONOCIDAMENTE
ESPARCIDAMENTE
TORCIDAMENTE
LUCIDAMENTE
DESLUCIDAMENTE
MEDIDAMENTE
COMEDIDAMENTE
DESCOMEDIDAMENTE
DESMEDIDAMENTE
EXPEDIDAMENTE
DECIDIDAMENTE
CÁNDIDAMENTE
ENCENDIDAMENTE

ESPLÉNDIDAMENTE
RENDIDAMENTE
TENDIDAMENTE
ENTENDIDAMENTE
EXTENDIDAMENTE
ASCUNDIDAMENTE
ABSCONDIDAMENTE
ESCONDIDAMENTE
RESPONDIDAMENTE
ARDIDAMENTE
PERDIDAMENTE
SÓRDIDAMENTE
ATURDIDAMENTE
SACUDIDAMENTE
DESCREÍDAMENTE
DESPROVEÍDAMENTE
PÉRFIDAMENTE
AFLIGIDAMENTE
RÍGIDAMENTE
FINGIDAMENTE
RECOGIDAMENTE
ENCOGIDAMENTE
ESCOGIDAMENTE
FALIDAMENTE
VÁLIDAMENTE
INVÁLIDAMENTE
POLIDAMENTE
SÓLIDAMENTE
CUMPLIDAMENTE
PULIDAMENTE
TÍMIDAMENTE
RESUMIDAMENTE
DETENIDAMENTE
RETENIDAMENTE
PREVENIDAMENTE
DESPREVENIDAMENTE
INDEFINIDAMENTE
ESCARNIDAMENTE
UNIDAMENTE
DESUNIDAMENTE
REÑIDAMENTE
CONSTREÑIDAMENTE
RÁPIDAMENTE
INTRÉPIDAMENTE
INSÍPIDAMENTE
CORRUMPIDAMENTE
INTERRUMPIDAMENTE
ESTÚPIDAMENTE
DESABRIDAMENTE
FLORIDAMENTE
DESPAVORIDAMENTE
GARRIDAMENTE
CURRIDAMENTE
ABURRIDAMENTE
DESCOSIDAMENTE
ABATIDAMENTE
REPETIDAMENTE
FEMENTIDAMENTE
SENTIDAMENTE
PARTIDAMENTE
DEPARTIDAMENTE
REPARTIDAMENTE
ADVERTIDAMENTE
INADVERTIDAMENTE
DESADVERTIDAMENTE
SEGUIDAMENTE
LÁNGUIDAMENTE
LÍQUIDAMENTE
ÁVIDAMENTE
PRECAVIDAMENTE
IMPÁVIDAMENTE
ATREVIDAMENTE
PRÓVIDAMENTE
IMPRÓVIDAMENTE
NEFANDAMENTE
BLANDAMENTE
ESTUPENDAMENTE
HORRENDAMENTE
LINDAMENTE
REDONDAMENTE
HONDAMENTE
HEDIONDAMENTE
FECUNDAMENTE
PROFUNDAMENTE
SEGUNDAMENTE
ROTUNDAMENTE
OMNÍMODAMENTE
CÓMODAMENTE
INCÓMODAMENTE
GALLARDAMENTE
LERDAMENTE
CUERDAMENTE
SORDAMENTE
BURDAMENTE
RAUDAMENTE
AGUDAMENTE

MUDAMENTE
NUDAMENTE
MENUDAMENTE
DESNUDAMENTE
SAÑUDAMENTE
RUDAMENTE
MEMBRUDAMENTE
CRUDAMENTE
SESUDAMENTE
CABEZUDAMENTE
CONCIENZUDAMENTE
FORZUDAMENTE
FEAMENTE
EXTEMPORÁNEAMENTE
SUBTERRÁNEAMENTE
SUBITÁNEAMENTE
SIMULTÁNEAMENTE
INSTANTÁNEAMENTE
MOMENTÁNEAMENTE
PRESENTÁNEAMENTE
ESPONTÁNEAMENTE
HOMOGÉNEAMENTE
ERRÓNEAMENTE
APÓCRIFAMENTE
VAGAMENTE
CIEGAMENTE
LEGAMENTE
SACRÍLEGAMENTE
PRÓDIGAMENTE
ENEMIGAMENTE
HIDALGAMENTE
LUENGAMENTE
LONGAMENTE
ANÁLOGAMENTE
LARGAMENTE
AMARGAMENTE
SESGAMENTE
SABIAMENTE
TIBIAMENTE
SOBERBIAMENTE
TURBIAMENTE
NECIAMENTE
RECIAMENTE
PROPICIAMENTE
TRASLATICIAMENTE
TRANSLATICIAMENTE
OBREPTICIAMENTE
SUBREPTICIAMENTE
SUCIAMENTE
BALDÍAMENTE
TARDÍAMENTE
ZAFIAMENTE
REGIAMENTE
EGREGIAMENTE
AMPLIAMENTE
NIMIAMENTE
PÍAMENTE
IMPÍAMENTE
LIMPIAMENTE
PRÓPIAMENTE
IMPROPIAMENTE
PRECARIAMENTE
HEBDOMADARIAMENTE
SOLIDARIAMENTE
SECUNDARIAMENTE
SEGUNDARIAMENTE
NEFARIAMENTE
DIARIAMENTE
SUBSIDIARIAMENTE
COMPENDIARIAMENTE
PECUNIARIAMENTE
ESTRAFALARIAMENTE
HOSPITALARIAMENTE
PRIMARIAMENTE
PALMARIAMENTE
SUMARIAMENTE
PLENARIAMENTE
ORDINARIAMENTE
EXTRAORDINARIAMENTE
COORDINARIAMENTE
TRASORDINARIAMENTE
IMAGINARIAMENTE
ORIGINARIAMENTE
SANGUINARIAMENTE
TEMERARIAMENTE
LITERARIAMENTE
ARBITRARIAMENTE
CONTRARIAMENTE
USURARIAMENTE
NECESARIAMENTE
INNECESARIAMENTE
CORSARIAMENTE
PROPIETARIAMENTE
SOLITARIAMENTE
AUTORITARIAMENTE
ACCIDENTARIAMENTE

REGLAMENTARIAMENTE
PARLAMENTARIAMENTE
VOLUNTARIAMENTE
INVOLUNTARIAMENTE
TUMULTUARIAMENTE
VARIAMENTE
SOBRIAMENTE
SERIAMENTE
FRÍAMENTE
AGRIAMENTE
ACCESORIAMENTE
INTERCESORIAMENTE
IRRISORIAMENTE
DELUSORIAMENTE
APROBATORIAMENTE
PREPARATORIAMENTE
ORATORIAMENTE
SATISFACTORIAMENTE
CONTRADICTORIAMENTE
PERFUNCTORIAMENTE
MERITORIAMENTE
TRANSITORIAMENTE
PERENTORIAMENTE
NOTORIAMENTE
INTERLOCUTORIAMENTE
RESOLUTORIAMENTE
IMPROPRIAMENTE
MUSTIAMENTE
PREVIAMENTE
BAJAMENTE
PERPLEJAMENTE
FIJAMENTE
PROLIJAMENTE
FLOJAMENTE
MALAMENTE
PARALELAMENTE
TRANQUILAMENTE
SOLAMENTE
BENÉVOLAMENTE
FRÍVOLAMENTE
AMPLAMENTE
RIDÍCULAMENTE
CRÉDULAMENTE
INCRÉDULAMENTE
TRÉMULAMENTE
NULAMENTE
BELLAMENTE
SENCILLAMENTE
BLASFEMAMENTE
SUPREMAMENTE
EXTREMAMENTE
MAGNÁNIMAMENTE
ANÓNIMAMENTE
PRIMAMENTE
ACÉRRIMAMENTE
PÉSIMAMENTE
ACERBÍSIMAMENTE
NOBILÍSIMAMENTE
LATÍSIMAMENTE
ABUNDANTÍSIMAMENTE
ARDENTÍSIMAMENTE
LEGÍTIMAMENTE
ILEGÍTIMAMENTE
ÚLTIMAMENTE
ÍNTIMAMENTE
ÓPTIMAMENTE
MÁXIMAMENTE
PRÓXIMAMENTE
ENFERMAMENTE
MISMAMENTE
SUMAMENTE
URBANAMENTE
INURBANAMENTE
CHABACANAMENTE
ARCANAMENTE
CERCANAMENTE
CAMPECHANAMENTE
MUNDANAMENTE
ALDEANAMENTE
PROFANAMENTE
UFANAMENTE
HARAGANAMENTE
TRUHANAMENTE
ANCIANAMENTE
MEDIANAMENTE
COTIDIANAMENTE
CRISTIANAMENTE
LIVIANAMENTE
GALANAMENTE
LLANAMENTE
CASTELLANAMENTE
VILLANAMENTE
HUMANAMENTE
INHUMANAMENTE
SOBERANAMENTE
TIRANAMENTE

TEMPRANAMENTE
SANAMENTE
CORTESANAMENTE
GITANAMENTE
VANAMENTE
LOZANAMENTE
OBSCENAMENTE
PLENAMENTE
SEMIPLENAMENTE
LLENAMENTE
AMENAMENTE
BUENAMENTE
DIGNAMENTE
INDIGNAMENTE
CONDIGNAMENTE
MALIGNAMENTE
BENIGNAMENTE
VECINAMENTE
COCHINAMENTE
LADINAMENTE
PALADINAMENTE
FINAMENTE
CANINAMENTE
ADULTERINAMENTE
INTERINAMENTE
PEREGRINAMENTE
LATINAMENTE
PAULATINAMENTE
REPENTINAMENTE
SERPENTINAMENTE
CONTINAMENTE
CLANDESTINAMENTE
MEZQUINAMENTE
DIVINAMENTE
BURLONAMENTE
LADRONAMENTE
SOCARRONAMENTE
GLOTONAMENTE
MONÓTONAMENTE
MODERNAMENTE
TIERNAMENTE
ETERNAMENTE
SEMPITERNAMENTE
INTERNAMENTE
EXTERNAMENTE
ALGUNAMENTE
COMUNAMENTE
IMPORTUNAMENTE
OPORTUNAMENTE
INOPORTUNAMENTE
BROZNAMENTE
TACAÑAMENTE
TAMAÑAMENTE
EXTRAÑAMENTE
HURAÑAMENTE
FALAGÜEÑAMENTE
HALAGÜEÑAMENTE
PEQUEÑAMENTE
GUAPAMENTE
BÁRBARAMENTE
CARAMENTE
PÍCARAMENTE
CLARAMENTE
PRECLARAMENTE
OPÍPARAMENTE
RARAMENTE
AVARAMENTE
SACRAMENTE
LÍBERAMENTE
PLACERAMENTE
TORTICERAMENTE
SINCERAMENTE
TERCERAMENTE
CHAPUCERAMENTE
VERDADERAMENTE
DURADERAMENTE
PASADERAMENTE
FRUCTÍFERAMENTE
PESTÍFERAMENTE
SALUTÍFERAMENTE
LIGERAMENTE
FIERAMENTE
CONCEJERAMENTE
CONSEJERAMENTE
LISONJERAMENTE
MERAMENTE
PRIMERAMENTE
POSTRIMERAMENTE
LASTIMERAMENTE
SOMERAMENTE
ALTANERAMENTE
PLENERAMENTE
LLENERAMENTE
SEÑERAMENTE
ASPERAMENTE
PRÓSPERAMENTE

GUERRERAMENTE
MATRERAMENTE
RASTRERAMENTE
POSTRERAMENTE
DERECHURERAMENTE
AVENTURERAMENTE
CASERAMENTE
MÍSERAMENTE
GROSERAMENTE
RATERAMENTE
ENTERAMENTE
PLACENTERAMENTE
ARTERAMENTE
CERTERAMENTE
PÓSTERAMENTE
PREPÓSTERAMENTE
AUSTERAMENTE
VERAMENTE
SEVERAMENTE
AGRAMENTE
ÍNTEGRAMENTE
ABRUMADORAMENTE
AQUIETADORAMENTE
AMENAZADORAMENTE
TRAIDORAMENTE
SABIDORAMENTE
SONORAMENTE
CHARRAMENTE
BIZARRAMENTE
PERRAMENTE
OTRAMENTE
MAESTRAMENTE
DIESTRAMENTE
SINIESTRAMENTE
OBSCURAMENTE
OSCURAMENTE
DURAMENTE
MADURAMENTE
SEGURAMENTE
INSEGURAMENTE
PURAMENTE
IMPURAMENTE
PREMATURAMENTE
ESCASAMENTE
RASAMENTE
CRASAMENTE
TIESAMENTE
AVIESAMENTE
ESPESAMENTE
COMPRESAMENTE
EXPRESAMENTE
GRUESAMENTE
PRECISAMENTE
CONCISAMENTE
LISAMENTE
REMISAMENTE
SUMISAMENTE
LUCTUISAMENTE
INVIRTUISAMENTE
INDIVISAMENTE
IMPROVISAMENTE
FALSAMENTE
EXCELSAMENTE
INSULSAMENTE
MANSAMENTE
DENSAMENTE
INMENSAMENTE
PROPENSAMENTE
INTENSAMENTE
EXTENSAMENTE
RUMBOSAMENTE
GARBOSAMENTE
ACHACOSAMENTE
JOCOSAMENTE
SOSPECHOSAMENTE
PROVECHOSAMENTE
DICHOSAMENTE
CAPRICHOSAMENTE
CUIDADOSAMENTE
MALDADOSAMENTE
BONDADOSAMENTE
ENFADOSAMENTE
PIADOSAMENTE
ARDIDOSAMENTE
CUIDOSAMENTE
RUIDOSAMENTE
HUMILDOSAMENTE
MENDOSAMENTE
ESTRUENDOSAMENTE
ABONDOSAMENTE
ABUNDOSAMENTE
DUDOSAMENTE
FATIGOSAMENTE
AMARGOSAMENTE
RABIOSAMENTE
OPROBIOSAMENTE

SOBERBIOSAMENTE
ESPACIOSAMENTE
DESPACIOSAMENTE
GRACIOSAMENTE
PRECIOSAMENTE
AMBICIOSAMENTE
SEDICIOSAMENTE
CODICIOSAMENTE
JUDICIOSAMENTE
ARTIFICIOSAMENTE
OFICIOSAMENTE
MALICIOSAMENTE
DELICIOSAMENTE
BULLICIOSAMENTE
PERNICIOSAMENTE
CARICIOSAMENTE
AVARICIOSAMENTE
SUPERSTICIOSAMENTE
JUICIOSAMENTE
VICIOSAMENTE
JACTANCIOSAMENTE
LICENCIOSAMENTE
CADENCIOSAMENTE
SILENCIOSAMENTE
SENTENCIOSAMENTE
OCIOSAMENTE
CAPCIOSAMENTE
ACUCIOSAMENTE
AGUCIOSAMENTE
MINUCIOSAMENTE
DESIDIOSAMENTE
INSIDIOSAMENTE
FASTIDIOSAMENTE
GRANDIOSAMENTE
COMPENDIOSAMENTE
DISPENDIOSAMENTE
ODIOSAMENTE
MELODIOSAMENTE
MISERICORDIOSAMENTE
ESTUDIOSAMENTE
PORFIOSAMENTE
PRODIGIOSAMENTE
RELIGIOSAMENTE
IRRELIGIOSAMENTE
DOLIOSAMENTE
PREMIOSAMENTE
INGENIOSAMENTE
IGNOMINIOSAMENTE
CALUMNIOSAMENTE
CEREMONIOSAMENTE
ARMONIOSAMENTE
HARMONIOSAMENTE
COPIOSAMENTE
VOLUNTARIOSAMENTE
BRIOSAMENTE
IMPERIOSAMENTE
VITUPERIOSAMENTE
MISTERIOSAMENTE
LABORIOSAMENTE
GLORIOSAMENTE
VANAGLORIOSAMENTE
VICTORIOSAMENTE
INDUSTRIOSAMENTE
CURIOSAMENTE
FURIOSAMENTE
INJURIOSAMENTE
LUJURIOSAMENTE
ANSIOSAMENTE
CUANTIOSAMENTE
HASTIOSAMENTE
ANGUSTIOSAMENTE
OBSEQUIOSAMENTE
NERVIOSAMENTE
TRABAJOSAMENTE
ESTROPAJOSAMENTE
ANDRAJOSAMENTE
CORAJOSAMENTE
VENTAJOSAMENTE
DESVENTAJOSAMENTE
QUEJOSAMENTE
AQUEJOSAMENTE
LIJOSAMENTE
CONGOJOSAMENTE
ENOJOSAMENTE
LUJOSAMENTE
ESCANDALOSAMENTE
CAUDALOSAMENTE
CELOSAMENTE
ANHELOSAMENTE
CAUTELOSAMENTE
JUBILOSAMENTE
SIGILOSAMENTE
CAVILOSAMENTE
DOLOSAMENTE
GOLOSAMENTE
FABULOSAMENTE

NEBULOSAMENTE
MIRACULOSAMENTE
METICULOSAMENTE
FRAUDULOSAMENTE
GULOSAMENTE
AMPULOSAMENTE
ESCRUPULOSAMENTE
QUERELLOSAMENTE
MARAVILLOSAMENTE
ORGULLOSAMENTE
FAMOSAMENTE
MIMOSAMENTE
ANIMOSAMENTE
LACRIMOSAMENTE
ESCATIMOSAMENTE
LASTIMOSAMENTE
FERMOSAMENTE
HERMOSAMENTE
PASMOSAMENTE
AFANOSAMENTE
GANOSAMENTE
PENOSAMENTE
LIBIDINOSAMENTE
CRIMINOSAMENTE
LUMINOSAMENTE
DONOSAMENTE
DAÑOSAMENTE
ENGAÑOSAMENTE
MAÑOSAMENTE
SAÑOSAMENTE
HAZAÑOSAMENTE
DESDEÑOSAMENTE
CARIÑOSAMENTE
CALOÑOSAMENTE
PONZOÑOSAMENTE
POMPOSAMENTE
VAGAROSAMENTE
AZAROSAMENTE
ESCABROSAMENTE
SABROSAMENTE
TENEBROSAMENTE
ASOMBROSAMENTE
MEDROSAMENTE
MELINDROSAMENTE
PONDEROSAMENTE
PODEROSAMENTE
VALEROSAMENTE
CABALLEROSAMENTE
TEMEROSAMENTE
NUMEROSAMENTE
GENEROSAMENTE
VITUPEROSAMENTE
ASQUEROSAMENTE
GROSAMENTE
MILAGROSAMENTE
PELIGROSAMENTE
AIROSAMENTE
DONAIROSAMENTE
MENTIROSAMENTE
HONROSAMENTE
DESHONROSAMENTE
RUBOROSAMENTE
DECOROSAMENTE
INDECOROSAMENTE
RENCOROSAMENTE
CANDOROSAMENTE
ESPLENDOROSAMENTE
ARDOROSAMENTE
RIGOROSAMENTE
VIGOROSAMENTE
CALOROSAMENTE
DOLOROSAMENTE
LLOROSAMENTE
MOROSAMENTE
AMOROSAMENTE
ENAMOROSAMENTE
PRIMOROSAMENTE
PUNDONOROSAMENTE
HORROROSAMENTE
PAVOROSAMENTE
FERVOROSAMENTE
ASTROSAMENTE
ZARRAPASTROSAMENTE
DESASTROSAMENTE
LUSTROSAMENTE
RIGUROSAMENTE
CALUROSAMENTE
PRESUROSAMENTE
VENTUROSAMENTE
SOSAMENTE
REBATOSAMENTE
RESPETOSAMENTE
DELEITOSAMENTE
CALAMITOSAMENTE
ESTREPITOSAMENTE
PRECIPITOSAMENTE

ESPIRITOSAMENTE
DIFICULTOSAMENTE
ESPANTOSAMENTE
AFRENTOSAMENTE
PORTENTOSAMENTE
OSTENTOSAMENTE
INFINTOSAMENTE
FASTOSAMENTE
CHISTOSAMENTE
AMISTOSAMENTE
VISTOSAMENTE
COSTOSAMENTE
DENOSTOSAMENTE
GUSTOSAMENTE
MONSTRUOSAMENTE
AFECTUOSAMENTE
EFECTUOSAMENTE
DEFECTUOSAMENTE
FRUCTUOSAMENTE
INFRUCTUOSAMENTE
IMPETUOSAMENTE
RESPETUOSAMENTE
TUMULTUOSAMENTE
INFINTUOSAMENTE
SUNTUOSAMENTE
PRESUNTUOSAMENTE
CONCEPTUOSAMENTE
VOLUPTUOSAMENTE
VIRTUOSAMENTE
TORTUOSAMENTE
FASTUOSAMENTE
INCESTUOSAMENTE
MAJESTUOSAMENTE
TEMPESTUOSAMENTE
BRAVOSAMENTE
ALEVOSAMENTE
DADIVOSAMENTE
NERVOSAMENTE
EMBARAZOSAMENTE
PEREZOSAMENTE
VERGONZOSAMENTE
GOZOSAMENTE
FORZOSAMENTE
ADVERSAMENTE
DIVERSAMENTE
INVERSAMENTE
PERVERSAMENTE
INCONCUSAMENTE
DIFUSAMENTE
CONFUSAMENTE
PROFUSAMENTE
ILUSAMENTE
INTRUSAMENTE
MEDIATAMENTE
INMEDIATAMENTE
LATAMENTE
BARATAMENTE
GRATAMENTE
INGRATAMENTE
SENSATAMENTE
EXACTAMENTE
INEXACTAMENTE
PERFECTAMENTE
IMPERFECTAMENTE
RECTAMENTE
DIRECTAMENTE
INDIRECTAMENTE
CORRECTAMENTE
INCORRECTAMENTE
ESTRICTAMENTE
INVICTAMENTE
DOCTAMENTE
INDOCTAMENTE
PRIETAMENTE
QUIETAMENTE
INQUIETAMENTE
COMPLETAMENTE
INCOMPLETAMENTE
NETAMENTE
SECRETAMENTE
CONCRETAMENTE
DISCRETAMENTE
INDISCRETAMENTE
ESCUETAMENTE
SÚBITAMENTE
TÁCITAMENTE
LÍCITAMENTE
ILÍCITAMENTE
SOLÍCITAMENTE
IMPLÍCITAMENTE
EXPLÍCITAMENTE
EXPEDITAMENTE
MALDITAMENTE
ERUDITAMENTE
HITAMENTE
INFINITAMENTE

BONITAMENTE
RITAMENTE
HIPÓCRITAMENTE
MÉRITAMENTE
INMÉRITAMENTE
IMPERITAMENTE
ÍRRITAMENTE
PASITAMENTE
EXQUISITAMENTE
QUITAMENTE
GRATUITAMENTE
FORTUITAMENTE
ALTAMENTE
SUELTAMENTE
RESUELTAMENTE
REVUELTAMENTE
DESENVUELTAMENTE
CULTAMENTE
INCULTAMENTE
OCULTAMENTE
INCONSULTAMENTE
ESTULTAMENTE
SANTAMENTE
SACROSANTAMENTE
SOÑOLIENTAMENTE
AVARIENTAMENTE
SANGRIENTAMENTE
LENTAMENTE
VIOLENTAMENTE
TURBULENTAMENTE
SUCULENTAMENTE
FRAUDULENTAMENTE
OPULENTAMENTE
ATENTAMENTE
DESATENTAMENTE
CRUENTAMENTE
INCRUENTAMENTE
EXENTAMENTE
SUCINTAMENTE
DISTINTAMENTE
INDISTINTAMENTE
PRONTAMENTE
TONTAMENTE
JUNTAMENTE
CONJUNTAMENTE
PRESUNTAMENTE
REMOTAMENTE
ROTAMENTE
DEVOTAMENTE
APTAMENTE
INEPTAMENTE
ABRUPTAMENTE
CORRUPTAMENTE
INCORRUPTAMENTE
CUARTAMENTE
ABIERTAMENTE
CUBIERTAMENTE
ENCUBIERTAMENTE
DESCUBIERTAMENTE
CIERTAMENTE
INCIERTAMENTE
DESPIERTAMENTE
ALERTAMENTE
EXPERTAMENTE
TUERTAMENTE
CORTAMENTE
BASTAMENTE
CASTAMENTE
MODESTAMENTE
INMODESTAMENTE
MANIFIESTAMENTE
MOLESTAMENTE
HONESTAMENTE
INHONESTAMENTE
DESHONESTAMENTE
FUNESTAMENTE
PRESTAMENTE
APUESTAMENTE
COMPUESTAMENTE
INCOMPUESTAMENTE
DESCOMPUESTAMENTE
OPUESTAMENTE
MISTAMENTE
ANGOSTAMENTE
INFAUSTAMENTE
ROBUSTAMENTE
AUGUSTAMENTE
JUSTAMENTE
INJUSTAMENTE
CAUTAMENTE
INCAUTAMENTE
LAUTAMENTE
ABSOLUTAMENTE
RESOLUTAMENTE
DISOLUTAMENTE
DIMINUTAMENTE

ASTUTAMENTE
MIXTAMENTE
ECUAMENTE
OBLICUAMENTE
INICUAMENTE
PROMISCUAMENTE
ASIDUAMENTE
INDIVIDUAMENTE
ARDUAMENTE
AMBIGUAMENTE
ANTIGUAMENTE
CONTIGUAMENTE
MELIFLUAMENTE
SUPERFLUAMENTE
INGENUAMENTE
CONTINUAMENTE
PRECIPUAMENTE
CRÚAMENTE
CONGRUAMENTE
INCONGRUAMENTE
PERPETUAMENTE
MUTUAMENTE
BRAVAMENTE
NUEVAMENTE
LASCIVAMENTE
PASIVAMENTE
COMPASIVAMENTE
SUCESIVAMENTE
EXCESIVAMENTE
AGRESIVAMENTE
PROGRESIVAMENTE
APRESIVAMENTE
OPRESIVAMENTE
EXPRESIVAMENTE
DECISIVAMENTE
REMISIVAMENTE
PERMISIVAMENTE
OFENSIVAMENTE
INTENSIVAMENTE
EXTENSIVAMENTE
ABUSIVAMENTE
INCLUSIVAMENTE
EXCLUSIVAMENTE
ABDICATIVAMENTE
SIGNIFICATIVAMENTE
LAUDATIVAMENTE
NEGATIVAMENTE
INTERROGATIVAMENTE
DESPRECIATIVAMENTE
RELATIVAMENTE
CORRELATIVAMENTE
CONTEMPLATIVAMENTE
SUPERLATIVAMENTE
ESPECULATIVAMENTE
CUMULATIVAMENTE
ACUMULATIVAMENTE
COPULATIVAMENTE
AFIRMATIVAMENTE
GUBERNATIVAMENTE
ALTERNATIVAMENTE
ANTICIPATIVAMENTE
COMPARATIVAMENTE
EXAGERATIVAMENTE
IMPERATIVAMENTE
SAGRATIVAMENTE
ADMIRATIVAMENTE
CORPORATIVAMENTE
ADMINISTRATIVAMENTE
DEMOSTRATIVAMENTE
FIGURATIVAMENTE
INTERPRETATIVAMENTE
CARITATIVAMENTE
EQUITATIVAMENTE
FACULTATIVAMENTE
DISPUTATIVAMENTE
PRIVATIVAMENTE
PRESERVATIVAMENTE
TAXATIVAMENTE
ACTIVAMENTE
ABSTRACTIVAMENTE
EFECTIVAMENTE
COLECTIVAMENTE
DESPECTIVAMENTE
RESPECTIVAMENTE
RESTRICTIVAMENTE
DESTRUCTIVAMENTE
INSTRUCTIVAMENTE
OBJETIVAMENTE
COMPLETIVAMENTE
PRIMITIVAMENTE
DEFINITIVAMENTE
POSITIVAMENTE
DISPOSITIVAMENTE
INTUITIVAMENTE
ALTIVAMENTE
SUBSTANTIVAMENTE

PREVENTIVAMENTE
INSTINTIVAMENTE
TRASUNTIVAMENTE
PRESUNTIVAMENTE
DISYUNTIVAMENTE
PRECEPTIVAMENTE
ASERTIVAMENTE
FURTIVAMENTE
FESTIVAMENTE
TEMPESTIVAMENTE
INTEMPESTIVAMENTE
EJECUTIVAMENTE
CONSECUTIVAMENTE
RESOLUTIVAMENTE
DIMINUTIVAMENTE
VIVAMENTE
REFLEXIVAMENTE
IRREFLEXIVAMENTE
SALVAMENTE
PROTERVAMENTE
MACIZAMENTE
ANTOJADIZAMENTE
BANDERIZAMENTE
CASTIZAMENTE
ZONZAMENTE
INFUNDADMENTE
FELICEMENTE
INFELICEMENTE
DULCEMENTE
AGRIDULCEMENTE
DEMENTE
ADREDEMENTE
HUMILDEMENTE
GRANDEMENTE
COBARDEMENTE
ACORDEMENTE
CONCORDEMENTE
VEHEMENTE
PROBABLEMENTE
IMPROBABLEMENTE
IMPERTURBABLEMENTE
IMPLACABLEMENTE
EXPLICABLEMENTE
INEXPLICABLEMENTE
REVOCABLEMENTE
IRREVOCABLEMENTE
AGRADABLEMENTE
DESAGRADABLEMENTE
HOSPEDABLEMENTE
MARIDABLEMENTE
RECOMENDABLEMENTE
ACORDABLEMENTE
CONCORDABLEMENTE
LAUDABLEMENTE
INDUDABLEMENTE
SALUDABLEMENTE
DESEABLEMENTE
AFABLEMENTE
INEFABLEMENTE
IRREFRAGABLEMENTE
AMIGABLEMENTE
ENEMIGABLEMENTE
INFATIGABLEMENTE
INSACIABLEMENTE
MENOSPRECIABLEMENTE
IRREMEDIABLEMENTE
VARIABLEMENTE
INVARIABLEMENTE
SEMEJABLEMENTE
DESEMEJABLEMENTE
INVIOLABLEMENTE
CONSOLABLEMENTE
INCONSOLABLEMENTE
AMABLEMENTE
HERMANABLEMENTE
ABOMINABLEMENTE
IMPERDONABLEMENTE
IRRACIONABLEMENTE
PROPORCIONABLEMENTE
RAZONABLEMENTE
ENTRAÑABLEMENTE
LOABLEMENTE
PALPABLEMENTE
CULPABLEMENTE
INCULPABLEMENTE
DISCULPABLEMENTE
IRREPARABLEMENTE
INSEPARABLEMENTE
INCOMPARABLEMENTE
CONSIDERABLEMENTE
IMPONDERABLEMENTE
TOLERABLEMENTE
INNUMERABLEMENTE
VENERABLEMENTE
MISERABLEMENTE
INALTERABLEMENTE

ADMIRABLEMENTE
INMEJORABLEMENTE
DEPLORABLEMENTE
INMEMORABLEMENTE
HONORABLEMENTE
FAVORABLEMENTE
DESFAVORABLEMENTE
INEXORABLEMENTE
DEMOSTRABLEMENTE
PERDURABLEMENTE
INCESABLEMENTE
INCANSABLEMENTE
INDISPENSABLEMENTE
INEXCUSABLEMENTE
DELECTABLEMENTE
INDUBITABLEMENTE
DELEITABLEMENTE
ESPANTABLEMENTE
LAMENTABLEMENTE
AYUNTABLEMENTE
NOTABLEMENTE
ACEPTABLEMENTE
CONFORTABLEMENTE
INCONTRASTABLEMENTE
ESTABLEMENTE
DETESTABLEMENTE
INDISPUTABLEMENTE
FEBLEMENTE
INDELEBLEMENTE
PLACIBLEMENTE
APACIBLEMENTE
DESAPACIBLEMENTE
INDECIBLEMENTE
ABORRECIBLEMENTE
INVENCIBLEMENTE
INELUDIBLEMENTE
CREÍBLEMENTE
INCREÍBLEMENTE
INCORREGIBLEMENTE
INCORREGIBLEMENTE
INTELIGIBLEMENTE
CONTINGIBLEMENTE
INFALIBLEMENTE
INCONVENIBLEMENTE
DESCONVENIBLEMENTE
PREFERIBLEMENTE
INSUFRIBLEMENTE
TERRIBLEMENTE
HORRIBLEMENTE
IMPASIBLEMENTE
INACCESIBLEMENTE
IRREMISIBLEMENTE
RISIBLEMENTE
VISIBLEMENTE
INDIVISIBLEMENTE
INVISIBLEMENTE
IRREPRENSIBLEMENTE
INCOMPRENSIBLEMENTE
SENSIBLEMENTE
INSENSIBLEMENTE
OSTENSIBLEMENTE
IMPOSIBLEMENTE
PLAUSIBLEMENTE
INDEFECTIBLEMENTE
IRREDUCTIBLEMENTE
PERCEPTIBLEMENTE
IMPERCEPTIBLEMENTE
FURTIBLEMENTE
HURTIBLEMENTE
IRRESISTIBLEMENTE
INFLEXIBLEMENTE
DOBLEMENTE
NOBLEMENTE
INDISOLUBLEMENTE
CLEMENTE
INCLEMENTE
SIMPLEMENTE
MUELLEMENTE
INFAMEMENTE
SUBLIMEMENTE
UNÁNIMEMENTE
FIRMEMENTE
DEFORMEMENTE
UNIFORMEMENTE
CONFORMEMENTE
ENORMEMENTE
INSIGNEMENTE
SOLEMNEMENTE
PERENNEMENTE
IMPUNEMENTE
TORPEMENTE
CÉLEBREMENTE
FÚNEBREMENTE
LIBREMENTE
POBREMENTE
LÚGUBREMENTE

ACREMENTE
MEDIOCREMENTE
AGREMENTE
ALEGREMENTE
TREMENTE
ILUSTREMENTE
PICANTEMENTE
ABUNDANTEMENTE
SOBREABUNDANTEMENTE
SUPERABUNDANTEMENTE
REDUNDANTEMENTE
ACORDANTEMENTE
TRIUNFANTEMENTE
ELEGANTEMENTE
ARROGANTEMENTE
APREMIANTEMENTE
SEMEJANTEMENTE
DESEMEJANTEMENTE
PUJANTEMENTE
GALANTEMENTE
VIGILANTEMENTE
PETULANTEMENTE
BRILLANTEMENTE
REPUGNANTEMENTE
TERMINANTEMENTE
ALTISONANTEMENTE
CONSONANTEMENTE
PERSEVERANTEMENTE
IGNORANTEMENTE
INCESANTEMENTE
EXORBITANTEMENTE
IMPORTANTEMENTE
BASTANTEMENTE
DISTANTEMENTE
INSTANTEMENTE
CONSTANTEMENTE
INCONSTANTEMENTE
AGRAVANTEMENTE
DECENTEMENTE
INDECENTEMENTE
CONVINCENTEMENTE
INOCENTEMENTE
INTERCADENTEMENTE
ANTECEDENTEMENTE
INCIDENTEMENTE
CONFIDENTEMENTE
RESIDENTEMENTE
EVIDENTEMENTE
INDEPENDENTEMENTE
PRUDENTEMENTE
IMPRUDENTEMENTE
NEGLIGENTEMENTE
DILIGENTEMENTE
INDULGENTEMENTE
CONTINGENTEMENTE
URGENTEMENTE
CIENTEMENTE
PACIENTEMENTE
IMPACIENTEMENTE
RECIENTEMENTE
MALDICIENTEMENTE
EFICIENTEMENTE
SUFICIENTEMENTE
ESCIENTEMENTE
NESCIENTEMENTE
CONSCIENTEMENTE
INCONSCIENTEMENTE
OBEDIENTEMENTE
INDEPENDIENTEMENTE
CORRESPONDIENTEMENTE
ARDIENTEMENTE
VALIENTEMENTE
CONVENIENTEMENTE
CORRIENTEMENTE
CONSIGUIENTEMENTE
FERVIENTEMENTE
EQUIVALENTEMENTE
EXDELENTEMENTE
INDOLENTEMENTE
INSOLENTEMENTE
VEHEMENTEMENTE
CLEMENTEMENTE
PERMANENTEMENTE
EMINENTEMENTE
CONTINENTEMENTE
INCONTINENTEMENTE
PERTINENTEMENTE
IMPERTINENTEMENTE
ABSTINENTEMENTE
APARENTEMENTE
PREFERENTEMENTE
DIFERENTEMENTE
INDIFERENTEMENTE
INCOHRERENTEMENTE
IRREVERENTEMENTE
PRESENTEMENTE

PATENTEMENTE
COMPETENTEMENTE
POTENTEMENTE
OMNIPOTENTEMENTE
INSISTENTEMENTE
FRECUENTEMENTE
CONSECUENTEMENTE
ELOCUENTEMENTE
AFLUENTEMENTE
CONGRUENTEMENTE
INCONGRUENTEMENTE
CONCLUYENTEMENTE
FUERTEMENTE
TRISTEMENTE
TENUEMENTE
GRAVEMENTE
SUAVEMENTE
LEVEMENTE
ALEVEMENTE
BREVEMENTE
OROPIMENTE
CLARIMENTE
DIRIMENTE
DEPRIMENTE
COMPRIMENTE
EXIMENTE
CABALMENTE
VERBALMENTE
RADICALMENTE
PONTIFICALMENTE
ANGELICALMENTE
CLERICALMENTE
BORRICALMENTE
MUSICALMENTE
GRAMATICALMENTE
VERTICALMENTE
VOCALMENTE
PIRAMIDALMENTE
IDEALMENTE
LEALMENTE
DESLEALMENTE
REALMENTE
TRIUNFALMENTE
FILOSOFALMENTE
LEGALMENTE
ILEGALMENTE
CONJUGALMENTE
FRUGALMENTE
CONYUGALMENTE
ADVERBIALMENTE
PROVERBIALMENTE
FACIALMENTE
GLACIALMENTE
ESPECIALMENTE
JUDICIALMENTE
EXTRAJUDICIALMENTE
PERJUDICIALMENTE
ARTIFICIALMENTE
OFICIALMENTE
EXTRAOFICIALMENTE
SUPERFICIALMENTE
PERICIALMENTE
SERVICIALMENTE
SUBSTANCIALMENTE
INSUBSTANCIALMENTE
SUSTANCIALMENTE
INSUSTANCIALMENTE
CONFIDENCIALMENTE
PROVIDENCIALMENTE
PRUDENCIALMENTE
PESTILENCIALMENTE
EMINENCIALMENTE
DIFERENCIALMENTE
CIRCUNFERENCIALMENTE
ESENCIALMENTE
PRESENCIALMENTE
POTENCIALMENTE
PARCIALMENTE
IMPARCIALMENTE
CORDIALMENTE
COLEGIALMENTE
FILIALMENTE
GENIALMENTE
VENIALMENTE
CONVENIALMENTE
CEREMONIALMENTE
MATRIMONIALMENTE
MATERIALMENTE
MISTERIALMENTE
MINISTERIALMENTE
DICTATORIALMENTE
HISTORIALMENTE
CONSISTORIALMENTE
BESTIALMENTE
CELESTIALMENTE
TRIVIALMENTE

JOVIALMENTE
FORMALMENTE
INFORMALMENTE
NORMALMENTE
ANORMALMENTE
SEMANALMENTE
BIENALMENTE
MEDICINALMENTE
LONGITUDINALMENTE
FINALMENTE
ORIGINALMENTE
CRIMINALMENTE
NOMINALMENTE
MAQUINALMENTE
DIVINALMENTE
PERENNALMENTE
DIAGONALMENTE
NACIONALMENTE
RACIONALMENTE
IRRACIONALMENTE
CORRECCIONALMENTE
DISCRECIONALMENTE
TRADICIONALMENTE
CONDICIONALMENTE
INCONDICIONALMENTE
INTENCIONALMENTE
CONVENCIONALMENTE
PROPORCIONALMENTE
CONSTITUCIONALMENTE
OCASIONALMENTE
PROCESIONALMENTE
PROVISIONALMENTE
PERSONALMENTE
IMPERSONALMENTE
CARNALMENTE
MATERNALMENTE
PATERNALMENTE
FRATERNALMENTE
ETERNALMENTE
ASNALMENTE
COMUNALMENTE
ENCOMUNALMENTE
DESCOMUNALMENTE
CUMUNALMENTE
ENTRAÑALMENTE
PAPALMENTE
PRINCIPALMENTE
LIBERALMENTE
GENERALMENTE
LATERALMENTE
LITERALMENTE
INTEGRALMENTE
ORALMENTE
FORALMENTE
MORALMENTE
TEMPORALMENTE
CORPORALMENTE
INCORPORALMENTE
PASTORALMENTE
MAZORRALMENTE
TEATRALMENTE
DIAMETRALMENTE
SEMESTRALMENTE
TRIMESTRALMENTE
MAGISTRALMENTE
RURALMENTE
NATURALMENTE
SOBRENATURALMENTE
CONNATURALMENTE
PRETERNATURALMENTE
CONJETURALMENTE
GUTURALMENTE
UNIVERSALMENTE
TALMENTE
FATALMENTE
CAPITALMENTE
HOSPITALMENTE
ACCIDENTALMENTE
INCIDENTALMENTE
MENTALMENTE
FUNDAMENTALMENTE
SACRAMENTALMENTE
ELEMENTALMENTE
EXPERIMENTALMENTE
SENTIMENTALMENTE
DOCUMENTALMENTE
INSTRUMENTALMENTE
HORIZONTALMENTE
TOTALMENTE
MORTALMENTE
INMORTALMENTE
BRUTALMENTE
GRADUALMENTE
INDIVIDUALMENTE
IGUALMENTE
DESIGUALMENTE

ANUALMENTE
MANUALMENTE
MENSTRUALMENTE
CASUALMENTE
MENSUALMENTE
SENSUALMENTE
USUALMENTE
ACTUALMENTE
EFECTUALMENTE
INTELECTUALMENTE
PERPETUALMENTE
HABITUALMENTE
ESPIRITUALMENTE
EVENTUALMENTE
CONVENTUALMENTE
PUNTUALMENTE
VIRTUALMENTE
TEXTUALMENTE
FIELMENTE
INFIELMENTE
CRUELMENTE
HÁBILMENTE
DÉBILMENTE
FÁCILMENTE
IMBÉCILMENTE
DIFÍCILMENTE
DÓCILMENTE
ÁGILMENTE
FRÁGILMENTE
VERISÍMILMENTE
VEROSÍMILMENTE
INVEROSIMILMENTE
HÚMILMENTE
FEMENILMENTE
VARONILMENTE
FABRILMENTE
FEBRILMENTE
ESCUDERILMENTE
MUJERILMENTE
CABALLERILMENTE
PUERILMENTE
VIRILMENTE
SEÑORILMENTE
PASTORILMENTE
CERRILMENTE
MERCANTILMENTE
GENTILMENTE
HOSTILMENTE
ÚTILMENTE
INÚTILMENTE
SUTILMENTE
VILMENTE
CIVILMENTE
INCIVILMENTE
SERVILMENTE
RUINMENTE
COMÚNMENTE
VULGARMENTE
FAMILIARMENTE
PECULIARMENTE
SEGLARMENTE
EJEMPLARMENTE
ORBICULARMENTE
PERPENDICULARMENTE
PARTICULARMENTE
OCULARMENTE
CIRCULARMENTE
REGULARMENTE
IRREGULARMENTE
ANGULARMENTE
TRIANGULARMENTE
SINGULARMENTE
POPULARMENTE
CAPITULARMENTE
POLLINARMENTE
PRELIMINARMENTE
MILITARMENTE
SUPERIORMENTE
ULTERIORMENTE
ANTERIORMENTE
INTERIORMENTE
POSTERIORMENTE
EXTERIORMENTE
MAYORMENTE
CONTRADURMENTE
CORTÉSMENTE
DESCORTÉSMENTE
PUMENTE
EFICAZMENTE
INEFICAZMENTE
SUSPICAZMENTE
MORDAZMENTE
AUDAZMENTE
SAGAZMENTE
FUGAZMENTE
FALAZMENTE
CONTUMAZMENTE
TENAZMENTE
PERTINAZMENTE
CAPAZMENTE
VORAZMENTE
RAFEZMENTE
RAHEZMENTE
FELIZMENTE
INFELIZMENTE
VELOZMENTE
FEROZMENTE
ATROZMENTE
REMANENTE
INMANENTE
PERMANENTE
CONTENENTE
EMINENTE
PREEMINENTE
SUPEREMINENTE
INMINENTE
PROMINENTE
ATINENTE
CONTINENTE
ENCONTINENTE
INCONTINENTE
PERTINENTE
IMPERTINENTE
ABSTINENTE
PONENTE
DEPONENTE
IMPONENTE
COMPONENTE
PROPONENTE
DISPONENTE
EXPONENTE
TAÑENTE
GRUÑENTE
DIAPENTE
NEPENTE
REPENTE
CORRUMPENTE
CARENTE
APARENTE
BIENAPARENTE
TRASPARENTE
TRANSPARENTE
SEMITRANSPARENTE
AFERENTE
EFERENTE
DEFERENTE
REFERENTE
PREFERENTE
DIFERENTE
INDIFERENTE
CIRCUNFERENTE
OFERENTE
PROFERENTE
GERENTE
VICEGERENTE
SUGERENTE
ADHERENTE
INHERENTE
COHERENTE
INCOHERENTE
REVERENTE
IRREVERENTE
FRENTE
ENFRENTE
ADQUIRENTE
REQUIRENTE
TORRENTE
DECURRENTE
RECURRENTE
CONCURRENTE
OCURRENTE
PROCURRENTE
INTERCURRENTE
TRENTE
URENTE
LAURENTE
ALBURENTE
COMBURENTE
FURENTE
ABSENTE
INTERESENTE
PRESENTE
OMNIPRESENTE
AUSENTE
JUSENTE
YUSENTE
LATENTE
PATENTE
DETENTE
INAPETENTE
COMPETENTE
INCOMPETENTE
CONFITENTE
REMITENTE
DIMITENTE
COMITENTE
FIDEICOMITENTE
PERMITENTE
INTERMITENTE
PENITENTE
IMPENITENTE
RENITENTE
POTENTE
PREPOTENTE
ARMIPOTENTE
IGNIPOTENTE
OMNIPOTENTE
VIRIPOTENTE
IMPOTENTE
ASISTENTE
SUBSISTENTE
INSUBSISTENTE
RESISTENTE
ACIDORRESISTENTE
INSISTENTE
CONSISTENTE
INCONSISTENTE
PERSISTENTE
EXISTENTE
PREEXISTENTE
INEXISTENTE
COEXISTENTE
TRIBUENTE
RETRIBUENTE
FRECUENTE
INFRECUENTE
OBSECUENTE
SUBSECUENTE
CONSECUENTE
INCONSECUENTE
DELINCUENTE
CODELINCUENTE
ELOCUENTE
GRANDILOCUENTE
VANILOCUENTE
ALTILOCUENTE
FUENTE
FLUENTE
AFLUENTE
SUBAFLUENTE
REFLUENTE
DIFLUENTE
INFLUENTE
CONFLUENTE
DILUENTE
ANUENTE
RENUENTE
PUENTE
GALLIPUENTE
DESPUENTE
FRUENTE
CONGRUENTE
INCONGRUENTE
INSTITUENTE
LEVENTE
CONNIVENTE
SOLVENTE
ABSOLVENTE
RESOLVENTE
DISOLVENTE
INSOLVENTE
ENVOLVENTE
MOVENTE
YENTE
CAYENTE
TRAYENTE
ATRAYENTE
RETRAYENTE
CONTRAYENTE
LEYENTE
REYENTE
CREYENTE
ENCREYENTE
SUBSEYENTE
ESEYENTE
POSEYENTE
VEYENTE
OYENTE
RADIOYENTE
CORROYENTE
RETRIBUYENTE
CONTRIBUYENTE
DISTRIBUYENTE
FUYENTE
ARGUYENTE
HUYENTE
INCLUYENTE
CONCLUYENTE
INFLUYENTE
DILUYENTE
DESTRUYENTE
INSTITUYENTE
CONSTITUYENTE
RECONSTITUYENTE
TEOCINTE
TUCINTE
VEINTE
REPINTE
DESPINTE
TINTE
TROCATINTE
RETINTE
TEPEIZCUINTE
ARCONTE
AUTOMEDONTE
IGUANODONTE
PRIONODONTE
ANISODONTE
CATODONTE
MASTODONTE
FONTE
SIMBIONTE
MONTE
GUARDAMONTE
REMONTE
PARDOMONTE
SOMONTE
DESMONTE
TRANSMONTE
SUMONTE
RINOCERONTE
MONOCERONTE
ESPERONTE
FRONTE
BIFRONTE
BISONTE
SINSONTE
POLIZONTE
CLERIZONTE
HORIZONTE
CENZONTE
TRANSEÚNTE
PEGUNTE
APUNTE
REPUNTE
PERPUNTE
TRASPUNTE
DESPUNTE
PESPUNTE
BARRUNTE
BOTE
GABOTE
PAILEBOTE
REBOTE
PAQUEBOTE
FILIBOTE
ESTRIBOTE
CALBOTE
ESTRAMBOTE
BOBOTE
BARBOTE
CAVACOTE
MAZACOTE
CHICOTE
JICOTE
CUAJICOTE
PERNICOTE
PICOTE
RICOTE
PERICOTE
JERRICOTE
BORRICOTE
ESTRICOTE
SICOTE
MASICOTE
BLANCOTE
FRANCOTE
OCOTE
COCOTE
ACOCOTE
TALCHOCOTE
ESCAJOCOTE
TEJOCOTE
ROCOTE
AYOCOTE
BARCOTE
CERCOTE
CASCOTE
ANASCOTE
ESCOTE
DESCOTE
FRESCOTE
CHOTE
ACHOTE
HACHOTE
MACHOTE
CHIRRICHOTE
CHILCHOTE
FRANCHOTE
POCHOTE
DOTE
SOLDADOTE
HONRADOTE
GRANDOTE
SACERDOTE
FEOTE
GALEOTE
AGOTE
PAGOTE
JABEGOTE
PEGOTE
SEGOTE
BIGOTE
GIGOTE
JIGOTE
AMIGOTE
MONIGOTE
HIDALGOTE
MANGOTE
FRANGOTE
REDINGOTE
LINGOTE
PRINGOTE
COGOTE
MOGOTE
GURBIOTE
NIVICIOTE
NOVICIOTE
ACHIOTE
ESTRADIOTE
CANDIOTE
CUAJIOTE
ESPIOTE
CHIPRIOTE
CHARRIOTE
CERASIOTE
JOTE
AJOTE
ABAJOTE
PAJOTE
EJOTE
HEREJOTE
VEJOTE
ARVEJOTE
PIJOTE
QUIJOTE
BOJOTE
LOTE
CACALOTE
GUACALOTE
CHICALOTE
CASCALOTE
CHALOTE
CACHALOTE
CAMALOTE
GRAMALOTE
PALOTE
PAPALOTE
MATALOTE
NOBLOTE
ANCLOTE
ELOTE
PINCELOTE
OCELOTE
ANGELOTE
MELOTE
CAMELOTE
CHAMELOTE
PELOTE
PAPELOTE
FLOTE
FRAILOTE
CUBILOTE
CHILOTE
JILOTE
CUAJILOTE
PILOTE
ZOPILOTE
CHICHICUILOTE
TIGÜILOTE
VILOTE
CUANLOTE
COLOTE
TECOLOTE
AJOLOTE
GUAJOLOTE
ARLOTE
BURLOTE
ISLOTE
CAULOTE

CULOTE
BRULOTE
GALLOTE
BELLOTE
PELLOTE
PAPILLOTE
GUILLOTE
MOTE
CAMOTE
GUACAMOTE
BERGAMOTE
CALIMOTE
CHILMOTE
DESMOTE
ESTEFANOTE
LLANOTE
VILLANOTE
CENOTE
CARENOTE
MORENOTE
TERMINOTE
ABETINOTE
VINOTE
GAVINOTE
BONOTE
HUGONOTE
MONOTE
ZONOTE
GAÑOTE
GUIÑOTE
POTE
CAPOTE
CHAPOTE
CHAPAPOTE
JARAPOTE
SAPOTE
GUAPOTE
ZAPOTE
CHICOZAPOTE
CEPOTE
NEPOTE
CIPOTE
PRINCIPOTE
CHIPOTE
GALIPOTE
PIPOTE
LAMPOTE
POPOTE
CHAPOPOTE
BARBAROTE
PICAROTE
CHAFAROTE
ESCALFAROTE
TAGAROTE
LUGAROTE
PAJAROTE
CAMAROTE
PASMAROTE
PAPAROTE
TAPAROTE
AZAROTE
BROTE
CALABROTE
REBROTE
LIBROTE
ALMODROTE
CEROTE
MONOCEROTE
CABALLEROTE
PEROTE
HIGUEROTE
FROTE
CHIROTE
CAPIROTE
CHAPIROTE
PAPIROTE
VIROTE
ALBOROTE
CHAMBOROTE
CHOROTE
PINGOROTE
BARROTE
ABARROTE
GARROTE
BINGARROTE
DERROTE
IGORROTE
TROTE
PASITROTE
SOTE
PASOTE
APASOTE
MARQUESOTE
CAMISOTE
BRISOTE
GUISOTE

CITOTE
LÍTOTE
MITOTE
CHILTOTE
HOTENTOTE
BRAVOTE
AYOTE
CAYOTE
CHILACAYOTE
CHAYOTE
NEJAYOTE
TALAYOTE
COYOTE
ZOTE
AZOTE
PAZOTE
EPAZOTE
BEZOTE
IZOTE
PIZOTE
AHUIZOTE
PINZOTE
ARTE
TALABARTE
PLACARTE
ECARTÉ
ENCARTE
BOCARTE
DESCARTE
ESPADARTE
ESTANDARTE
PORTAESTANDARTE
FARTE
VELARTE
BALLARTE
MARTE
BRACAMARTE
PARTE
APARTE
ESQUIPARTE
COMPARTE
PETARTE
ENCUARTE
GUARTE
BALUARTE
BAYARTE
SOLERTE
INERTE
FUERTE
CONTRAFUERTE
AGUAFUERTE
MUERTE
SUERTE
SIRTE
TIRTE
CORTE
RECORTE
MALCORTE
FORTE
CONFORTE
PIANOFORTE
CONTRAHORTE
CONHORTE
DESCONHORTE
COHORTE
NORTE
PORTE
APORTE
PICAPORTE
PASAPORTE
DEPORTE
REPORTE
BATIPORTE
IMPORTE
COMPORTE
SOPORTE
TRASPORTE
TRANSPORTE
RESORTE
CONSORTE
LITISCONSORTE
MAVORTE
LURTE
BASTE
EMBASTE
DESBASTE
GUANACASTE
CHICHICASTE
FLECHASTE
GUINDASTE
CODASTE
CONTRACODASTE
ENGASTE
DESGASTE
PLASTE
MASTE

ALMASTE
PASTE
APASTE
EMPASTE
CARASTE
CERASTE
PARAFRASTE
TRASTE
CONTRASTE
TAGASASTE
ESTE
DESTE
NORDESTE
ESTENORDESTE
NORNORDESTE
LESNORDESTE
SUDESTE
SUDSUDESTE
ESTESUDESTE
AGESTE
LESTE
CELESTE
OESTE
SUDOESTE
SUDSUDOESTE
SURSUDOESTE
OESSUDOESTE
NOROESTE
NORNOROESTE
OESNOROESTE
SUROESTE
PESTE
CONTRAPESTE
AGRESTE
PRESTE
ARCIPRESTE
SURESTE
TESTE
CONTESTE
UESTE
SUDUESTE
OESSUDUESTE
UESSUDUESTE
HUESTE
AQUESTE
NORUESTE
NORNORUESTE
OESNORUESTE
UESNORUESTE
SUESTE
LESSUESTE
TUESTE
VESTE
SOBREVESTE
CHISTE
GISTE
COCOLISTE
LIMISTE
ALPISTE
RISTE
PRISTE
TRISTE
TISTE
AMATISTE
QUISTE
OSTE
PREBOSTE
COSTE
HOSTE
PRIOSTE
MOSTE
POSTE
PICAPOSTE
REPOSTE
TOTOPOSTE
DESPOSTE
PICATOSTE
PEGATOSTE
ARMATOSTE
PAPATOSTE
USTE
ENCAUSTE
BARAUSTE
MIRRAUSTE
EMBUSTE
FUSTE
AFUSTE
CABALFUSTE
DESBARAHUSTE
CABALHUSTE
AJUSTE
DESBARAJUSTE
DESAJUSTE
MUSTE
AYUSTE
HAUTE

ARNAÚTE
FARAUTE
HARAUTE
HERAUTE
CAMBUTE
FRANCHUTE
ENCHUTE
SALUTE
CANUTE
DESFRUTE
DISFRUTE
SUTE
TUTE
MATUTE
YUTE
OXTE
MOXTE
BUÉ
BÚE
OBUÉ
CASCUÉ
SIFUÉ
CRISTOFUÉ
ENJAGÜE
EMBRAGUE
DESEMBRAGUE
DESAGÜE
ENJUAGUE
JALBEGUE
PLIEGUE
REPLIEGUE
DESPLIEGUE
DESPEGUE
TEGUE
COLIGÜE
ALFANIGUE
RIGÜE
ARIGUE
NACARIGÜE
TRARIGÜE
CHIRIGÜE
SALGUE
ÑANGUÉ
PANGUE
EXANGÜE
DENGUE
CAPIDENGUE
BLANDENGUE
PELENDENGUE
PERENDENGUE
MENGUE
BULLARENGUE
MERENGUE
TENGUERENGUE
PERRENGUE
BURENGUE
TENGUE
CHINGUE
PENDINGUE
LINGUE
PECHELINGUE
PICHELINGUE
QUINQUELINGÜE
BILINGÜE
TRILINGÜE
PLURILINGÜE
FUÑINGUE
PINGUE
PINGÜE
PRINGUE
POTINGUÉ
CURIQUINGUE
RUNGUE
ALBOGUE
DESFOGUE
DESMOGUE
AZOGUE
ARGÜE
CARGUE
DESCARGUE
ALBERGUE
EMPERGUE
ENVERGUE
CACAHUÉ
TRICAHUE
QUELTEHUE
AHUEHUÉ
YAICHIHUE
QUINCHIHUE
COIHUE
COIHUÉ
COPIHUE
PITIHUÉ
LÚE
MUÉ
PAMUE

TENUE
MINUÉ
QUE
BAQUE
TABAQUE
ALTABAQUE
ESCAQUE
CHAQUÉ
ACHAQUE
CHIQUICHAQUE
ACIDAQUE
CIFAQUE
ALFAQUE
JAQUE
AGUAJAQUE
ARREJAQUE
LAQUE
CLAQUE
PLAQUÉ
BADULAQUE
ZULAQUE
AZULAQUE
MAQUE
ZUMAQUE
NAQUE
ALMANAQUE
ÑAQUE
MEDRIÑAQUE
MERIÑAQUE
MIRIÑAQUE
ÑIQUIÑAQUE
EMPAQUE
DESEMPAQUE
RAQUE
DRAQUE
JADRAQUE
ALMADRAQUE
ACEDERAQUE
FRAQUE
ESTORAQUE
BARRAQUE
TRAQUE
TRIQUITRAQUE
PISTRAQUE
FUTRAQUE
SAQUE
SONSAQUE
TAQUE
TAQUÉ
ATAQUE
CONTRAATAQUE
ABITAQUE
ADUTAQUE
VIVAQUE
ZAQUE
AZAQUE
ALFAZAQUE
ALMAZAQUE
BUZAQUE
BEQUE
JABEQUE
HORNABEQUE
TIRABEQUE
TAIBEQUE
JERIBEQUE
ZARAMBEQUE
CHEQUE
DEQUE
JEQUE
TEMBLEQUE
CELEQUE
MULEQUE
TURULEQUE
ALFANEQUE
ALMAJANEQUE
CENEQUE
NENEQUE
PENEQUE
ÑEQUE
ESPEQUE
ALBAREQUE
BAJAREQUE
BREQUE
TEREQUE
MANSEQUE
PENSEQUE
GUATEQUE
ALFAQUEQUE
ALHAQUEQUE
ALAQUEQUE
TRUEQUE
TRASTRUEQUE
DESTRUEQUE
CLAVEQUE
CAIQUE
FAIQUE

JAIQUE
TABIQUE
CEBIQUE
ALAMBIQUE
CACIQUE
ACHIQUE
CLACHIQUE
ROCHIQUE
DIQUE
CONTRADIQUE
FIQUE
PALIQUE
ESPOLIQUE
ESPLIQUE
TRILLIQUE
PANIQUE
MENIQUE
PENIQUE
ÓNIQUE
SARDÓNIQUE
SUNIQUE
ALFEÑIQUE
MEÑIQUE
FUÑIQUE
PIQUE
PIQUÉ
REPIQUE
SALPIQUE
CARRASPIQUE
DESPIQUE
ARIQUE
JARIQUE
ENRIQUE
CARRIQUE
TRIQUE
PELITRIQUE
DESPOTRIQUE
ATAURIQUE
FOSIQUE
FUSIQUE
TIQUE
MÁSTIQUE
ESTIQUE
QUIQUE
BOLCHEVIQUE
TALQUE
CUALQUE
REMOLQUE
PULQUE
TABANQUE
PANQUE
BRANQUE
CONTRABRANQUE
ENFRANQUE
ARRANQUE
ATRANQUE
TANQUE
PETANQUE
ANTITANQUE
ESTANQUE
FUSTANQUE
REBENQUE
TEBENQUE
OBENQUE
PALENQUE
ENCLENQUE
CRAQUELENQUE
ARENQUE
TRENQUE
ESTRENQUE
ACHICHINQUE
HINQUE
CAÑINQUE
ORINQUE
ESTRINQUE
BALLESTRINQUE
QUINQUÉ
CONQUE
PONQUÉ
ENTRONQUE
DESTRONQUE
AUNQUE
ENJUNQUE
YUNQUE
AYUNQUE
OQUE
BOQUE
EMBOQUE
DESEMBOQUE
COQUE
ALBARICOQUE
ALBARCOQUE
ALBERCOQUE
USCOQUE
CHOQUE
SINÉCDOQUE

SINÉCDOQUE
ALFANDOQUE
BODOQUE
FOQUE
CONTRAFOQUE
PETIFOQUE
ENFOQUE
DESENFOQUE
HOQUE
SARDIOQUE
ALOQUE
HALOQUE
JALOQUE
BLOQUE
CLOQUE
CHOLOQUE
TOTOLOQUE
BIRLIBIRLOQUE
DISLOQUE
REMOQUE
NOQUE
ALCORNOQUE
ROQUE
ALADROQUE
ENROQUE
ALBOROQUE
TROQUE
ALMATROQUE
PALITROQUE
CIQUITROQUE
TOQUE
ATOQUE
PALETOQUE
RETOQUE
BITOQUE
PALITOQUE
PANTOQUE
ESTOQUE
REVOQUE
BAYOQUE
ZABAZOQUE
EMBARQUE
REEMBARQUE
DESEMBARQUE
CHARQUE
PARQUE
PITARQUE
ALBERQUE
PERQUÉ
ALQUERQUE
ALCORQUE
ANCORQUE
PORQUE
PORQUÉ
DESCASQUE
DESQUE
VESQUE
CHABISQUE
CHISQUE
TEMPISQUE
QUISQUE
BOSQUE
GUARDABOSQUE
COSQUE
CHUSQUE
CAUQUE
BUQUE
DUQUE
POLVORADUQUE
ARCHIDUQUE
BALDUQUE
BELDUQUE
TUNDUQUE
TIUQUE
TRUQUE
RETRUQUE
ESTUQUE
CALPIXQUE
DIZQUE
ALMIZQUE
GUIZQUE
TIQUIZQUE
GOZQUE
TRUÉ
JOSÚE
VE
AVE
AGAVE
LAVE
CLAVE
CONTRACLAVE
CONCLAVE
AUTOCLAVE
RELAVE
DESLAVE
LLAVE

SOBRELLAVE
NAVE
AERONAVE
MOTONAVE
GRAVE
LANDGRAVE
MARGRAVE
BURGRAVE
ESTRAVE
SUAVE
INSUAVE
PARASCEVE
LIEVE
RELIEVE
MANLIEVE
NIEVE
AGUANIEVE
DESNIEVE
LEVE
ALEVE
BREVE
CABREVE
SEMIBREVE
CONGREVE
NUEVE
DIECINUEVE
VEINTINUEVE
ADIVE
JEDIVE
DECLIVE
PROCLIVE
ORIVE
INCLUSIVE
EXCLUSIVE
RESPECTIVE
ARRAQUIVE
REQUIVE
ARREQUIVE
ENCALVE
SALVE
AZOLVE
HOVE
DESOVE
ADARVE
ENERVE
UVE
AXE
OXE
YE
PEJIBAYE
AYEAYE
ENSAYE
REENSAYE

F

PAF
ALMUTAZAF
ALMUTAZAF
ROSBIF
GOLF
UF
HUF
PUF

G

ZIGZAG
GONG
ERG

H

AH
BAH
EH
OH

I

CAI
CHAI
ADONAÍ
PAIPAI
SAMURAI
BI
JABÍ
NABÍ
ANABÍ
RABÍ
TABÍ
NEBÍ
CIBI
TOCHIBÍ
BERBÍ
VERBI
MORBÍ
URBI
UBÍ
OBIUBI
RUBÍ
SURUBÍ
TURUBÍ
ZURUBÍ
ALCACÍ
BOCACÍ
GUADAMACÍ
CECÍ
GUADAMECÍ
GUADALMECÍ
FENECÍ
TUNECÍ
PONCÍ
ZARAGOCÍ
ALCORCÍ
ALCAUCÍ
CACHI
GACHÍ
MACHI
PICHI
HUICHÍ
COCHI
GARLOCHÍ
ARCHÍ
ARCHI
CUCHÍ
DI
DÍ
ABADÍ
CADI
CADÍ
LADI
BALADÍ
MULADÍ
NADI
GRANADÍ
ARNADÍ
MARAVEDÍ
MORAVEDÍ
CANDI
ORGANDÍ
MANDÍ
SARANDÍ
JABORANDI
FENDI
EFENDI
VENDÍ
MAPAMUNDI
TOTILIMUNDI
TUTILIMUNDI
TITIRIMUNDI
ALMODÍ
SEFARDÍ
ESPICANARDI
HAMUDÍ
ALMUDÍ
AGNUSDÉI
FI
SALSIFÍ
ANFI
MONFÍ
SOFÍ
BUFÍ
SUFÍ

CENHEGÍ
FONTEGÍ
HI
HÍ
AHÍ
ESPAHÍ
PHI
JI
AJÍ
CAJÍ
AGUAJÍ
ALMEJÍ
PANJÍ
MOJÍ
PAUJÍ
CUJÍ
CUYUJÍ
ALI
JABALÍ
CARABALÍ
CARBALÍ
CALI
TECALI
ÁLCALI
TEOCALI
TEUCALI
JACHALÍ
ZARANDALÍ
CENDALÍ
BENGALÍ
RAHALÍ
TAHALÍ
REHALÍ
QUINCHAMALÍ
CANALÍ
PALI
TARRALÍ
ESCUSALÍ
EXCUSALÍ
VALÍ
NEBLÍ
ISRAELÍ
TAHELÍ
ALHELÍ
ALELÍ
FILELÍ
ONFACOMELI
GUACHAPELÍ
ACOCILI
ACATÉCHILI
GILÍ
AJILIMÓJILI
KILI
LELILÍ
FILILÍ
LILILÍ
MILI
TRÍPILI
QUILI
OSMANLÍ
CARAMBOLÍ
GÁRBOLI
CHACOLÍ
CARACOLÍ
COLICOLI
FODOLÍ
ALFOLÍ
ALHOLÍ
ALIOLI
JONJOLÍ
AJONJOLÍ
ALJONJOLÍ
NOLI
PANOLI
GENOLÍ
POLI
TRÍPOLI
METRÓPOLI
PÁROLI
RESOLI
ROSOLI
BIRLÍ
RAULÍ
BULÍ
CULI
BRÓCULI
CUCULÍ
PACHULÍ
GENULÍ
CAPULÍ
CHIRULÍ
LAPISÁZULI
ALLÍ
MI
MÍ
AMI

ALHAMÍ
ELAMÍ
ZAQUIZAMÍ
DEFABEMÍ
ELEMÍ
CELEMÍ
SEMI
QUEMÍ
FATIMÍ
RUMÍ
RUMÍ
NI
ALBANÍ
CIANÍ
CUAJANÍ
MANÍ
TEJAMANÍ
GUARANÍ
HASANÍ
SOLTANÍ
ZOLTANÍ
SOTANÍ
TETUANÍ
LEBENÍ
CENÍ
SERENÍ
CAMINÍ
PITIMINÍ
GUATINI
BORNÍ
SETUNÍ
ACEITUNÍ
ALBAÑI
ALBAÑÍ
CAÑÍ
PAÑÍ
UÑI
PI
CAPI
EPI
CHIPICHIPI
PIPÍ
PALPI
SURUPÍ
TUPI
BARÍ
CUMBARÍ
CARI
VACARÍ
PÉCARI
CARICARI
ÁSCARI
AZUCARÍ
ZAFARÍ
DEVANAGARI
BAHARÍ
JAHARÍ
ZAHARÍ
ZAJARÍ
CAÑARÍ
CACHARPARI
PELOTARI
TARTARÍ
BAGUARÍ
VARÍ
CHAVARÍ
CAYARÍ
ESCAZARÍ
MAZARÍ
NAZARÍ
COLIBRÍ
ALMOCRÍ
CUADRI
BERIBERI
BERBERÍ
PERI
YUQUERÍ
CEGRÍ
SEGRÍ
AMIRÍ
SIRIMIRI
APIRI
CASIOPIRI
GUIRI
INRI
URI
MAURÍ
NABORÍ
CORI
CORÍ
BEORÍ
MISTIFORI
MIXTIFORI
GURIGORI
ZAHORÍ
ALHORÍ

VELLORÍ
ALMORÍ
ARANGORRI
CHURRIBURRI
ZURRIBURRI
POPURRÍ
TRI
NATRI
GLORIAPATRI
CUATRI
OTRI
VOTRI
CAURI
BURÍ
TÍLBURI
CURÍ
HURÍ
SURI
CAPASURÍ
BISTURÍ
SI
SÍ
ASÍ
ABASÍ
DARDABASÍ
BOMBASÍ
CASI
PONASÍ
TARASÍ
PERÍFRASI
CORASÍ
GARRASÍ
TASI
ÉXTASI
CUASI
GUAGUASÍ
DIÓCESI
DIESI
CARMESÍ
ORMESÍ
FRENESÍ
SESÍ
HIPÓTESI
TIBISÍ
EDRISÍ
ANSÍ
CANSÍ
ALFONSÍ
METAMORFOSI
OTROSÍ
POTOSÍ
PSI
ECLIPSI
PARSI
CURSI
GALICURSI
CURCUSÍ
JUSI
TI
ABATÍ
CAPICATÍ
ALMOCATÍ
SAGATÍ
CAPIATÍ
MANATÍ
COATÍ
CAMOATÍ
CUATI
CAMUATÍ
CEBTÍ
SAETÍ
GAFETÍ
CONFETI
TATETÍ
MUFTÍ
YAITÍ
TITÍ
MULTI
ANTI
QUIANTI
CENTI
INCONTINENTI
COTÍ
TOTÍ
DARAPTÍ
CEPTÍ
TRIMURTI
PALMACRISTI
CUTÍ
ACUTÍ
ÑANDUTÍ
CEUTÍ
AGUTÍ
CAYEPUTI
CIBUI
CAMBUÍ

COCUI
CHAGÜÍ
BORCEGUÍ
HIGUÍ
GUIGUÍ
CHANGÜÍ
BINGUÍ
MORDIHUÍ
BENJUÍ
MENJUÍ
QUI
AQUÍ
CAQUI
CALCHAQUÍ
DAQUÍ
FAQUÍ
ALFAQUÍ
MAQUI
CEQUÍ
CANEQUÍ
ASEQUI
MUSEQUÍ
BERBIQUÍ
ALMIQUÍ
CANIQUÍ
MANIQUÍ
GUANIQUÍ
QUIQUIRIQUÍ
CARRIQUÍ
PALQUÍ
SALTIMBANQUI
GUANQUÍ
YANQUI
CLONQUI
BOQUI
COQUÍ
MARROQUÍ
TOQUI
CHARQUI
PARQUI
TURQUÍ
CHASQUI
ESQUÍ
SESQUI
CHIBUQUÍ
TUI
CURETUÍ
CAVÍ
COCAVÍ
YARAVÍ
ALELEVÍ
PONLEVÍ
POLEVÍ
DIVIDIVI
CATIVÍ
PELVI
MUNDINOVI
CARVI
XI
PARALAXI
TAXI

J

AJ
GAMBAJ
CARCAJ
BALAJ
REBALAJ
MANIBLAJ
ALMIRAJ
ERRAJ
HERRAJ
BORRAJ
RELEJ
ALMOFREJ
DIJ
BOJ
PEDICOJ
ALIOJ
RELOJ
TROJ
CAMBUJ
GAMBUJ
ALMORADUJ

K

ACAMPAK
YAK
COK
VOLAPUK

L

AL
ÁL
CABAL
DESCABAL
NABAL
RABAL
ARRABAL
TRABAL
TABAL
ATABAL
GUAYABAL
ACEBAL
CIBAL
CEIBAL
CANÍBAL
CARÍBAL
TRIBAL
TIMBAL
ROMBAL
TUMBAL
GLOBAL
ARROBAL
GARROBAL
ALGARROBAL
HERBAL
HIERBAL
SERBAL
VERBAL
DEVERBAL
POSTVERBAL
TURBAL
CAL
ACAL
TABACAL
SOBACAL
CHACAL
ZODIACAL
AMONIACAL
TERIACAL
TRIACAL
JACAL
ESTOMACAL
ZUMACAL
MONACAL
AÑACAL
CARACAL
GUACAL
AGUACAL
HUACAL
YACAL
CECAL
ILEOCECAL
FECAL
CHARNECAL
CRECAL
LAICAL
BICAL
RADICAL
SINDICAL
PONTIFICAL
TESTIFICAL
LOGICAL
ANGELICAL
UMBILICAL
BASILICAL
APOSTOLICAL
ARSENICAL
DOMINICAL
CANONICAL
PICAL
APICAL
TROPICAL

INTERTROPICAL
LUMBRICAL
CLERICAL
ANTICLERICAL
COMERICAL
BORRICAL
CENTRICAL
VESICAL
MUSICAL
GRAMATICAL
ANTIGRAMATICAL
ESTOMATICAL
METICAL
HERETICAL
VERTICAL
CORTICAL
RUSTICAL
CERVICAL
BANCAL
BLANCAL
BRANCAL
BARRANCAL
RONCAL
TRONCAL
CARBUNCAL
JUNCAL
OCAL
BOCAL
COCAL
BODOCAL
FOCAL
BIFOCAL
LOCAL
SINOCAL
ALCORNOCAL
CAÑOCAL
BROCAL
BERROCAL
VOCAL
SEMIVOCAL
BARCAL
CHARCAL
PATRIARCAL
COMARCAL
MERCAL
PERCAL
CHIRCAL
PORCAL
TORCAL
FASCAL
CLASCAL
PEÑASCAL
CARRASCAL
PINCARRASCAL
SENESCAL
FRESCAL
FISCAL
HISCAL
RISCAL
MARISCAL
PEDRISCAL
PRISCAL
LENTISCAL
TORVISCAL
FAUCAL
BUCAL
SABUCAL
DUCAL
ARCHIDUCAL
BEJUCAL
YUCAL
HAYUCAL
MEZCAL
MIZCAL
CHAL
CHACHAL
LECHAL
HELECHAL
ICHAL
MORICHAL
CHALCHAL
CANCHAL
CARDENCHAL
CONCHAL
BROCHAL
ATOCHAL
CAUCHAL
ACEBUCHAL
BADAL
CEBADAL
SECADAL
FOFADAL
CARGADAL
MAJADAL
TEMBLADAL
ATOLLADAL

TREMADAL
NADAL
GRANADAL
RADAL
PRADAL
MURADAL
ESTADAL
GUADAL
CABDAL
NOCEDAL
SAUCEDAL
DEDAL
MOHEDAL
BUHEDAL
BUJEDAL
BUJEDAL
ROBLEDAL
TREMEDAL
DRUMEDAL
HUMEDAL
PEDAL
SEMIPEDAL
SESQUIPEDAL
CARPEDAL
CUADRUPEDAL
ROBREDAL
GREDAL
LAUREDAL
SEDAL
SEQUEDAL
UQUEDAL
ROQUEDAL
FRESQUEDAL
PIRAMIDAL
NIDAL
ROMBOIDAL
HELICOIDAL
DISCOIDAL
CICLOIDAL
COLOIDAL
ETMOIDAL
ESFENOIDAL
CONOIDAL
ESFEROIDAL
HEMORROIDAL
ELIPSOIDAL
TRAPEZOIDAL
MARIDAL
ABSIDAL
VIDAL
ALHANDAL
BARANDAL
BRANDAL
CENDAL
TENDAL
VENDAL
GUINDAL
CONDAL
CODAL
MODAL
NODAL
SINODAL
PROSINODAL
RODAL
CAPDAL
BARDAL
CARDAL
MARDAL
PARDAL
VERDAL
CORDAL
GORDAL
ZURDAL
CAUDAL
RAUDAL
FEUDAL
VIUDAL
DEAL
IDEAL
CANDEAL
LEAL
DESLEAL
RAMEAL
CRANEAL
ENEAL
LINEAL
YUXTALINEAL
INTERLINEAL
PINEAL
PERITONEAL
PEAL
REAL
CEREAL
BOREAL
FLOREAL
BARREAL

ERREAL
FERREAL
CORREAL
BOTEAL
TRAQUEAL
RAFAL
GARRAFAL
CALIFAL
ALFALFAL
ADELFAL
TRIUNFAL
ALCACHOFAL
GARROFAL
FILOSOFAL
PLAGAL
TORMAGAL
CENAGAL
BIZNAGAL
ESPARRAGAL
ESTRAGAL
ZAGAL
VERDEGAL
LEGAL
ILEGAL
BERNEGAL
DOÑEGAL
PEDREGAL
GREGAL
RAIGAL
ALBERCHIGAL
CABRAHIGAL
CAJIGAL
QUEJIGAL
APOSTOLIGAL
DOÑIGAL
TAMARIGAL
MADRIGAL
TRIGAL
PERTIGAL
ORTIGAL
FANGAL
PANGAL
SABOGAL
DOGAL
DIALOGAL
EPILOGAL
TEOLOGAL
PROLOGAL
ASTROLOGAL
NOGAL
GARGAL
MARGAL
SARGAL
JERGAL
PERGAL
SABUGAL
VERDUGAL
CONJUGAL
TAMARUGAL
FRUGAL
CONYUGAL
LABIAL
BILABIAL
CENOBIAL
ADVERBIAL
PROVERBIAL
CONNUBIAL
RUBIAL
MARRUBIAL
ACIAL
ABACIAL
FACIAL
GLACIAL
PRIMACIAL
ESPACIAL
RACIAL
EQUINOCCIAL
CECIAL
FECIAL
TRAPECIAL
ESPECIAL
RECIAL
CICIAL
JURIDICIAL
JUDICIAL
EXTRAJUDICIAL
PREJUDICIAL
PERJUDICIAL
BENEFICIAL
ARTIFICIAL
OFICIAL
EXTRAOFICIAL
SUBOFICIAL
SUPERFICIAL
POLICIAL
PRIMICIAL

COMICIAL
INICIAL
RICIAL
PERICIAL
SOLSTICIAL
INTERSTICIAL
QUICIAL
SERVICIAL
EXICIAL
ABUNDANCIAL
GANANCIAL
SUBSTANCIAL
TRANSUBSTANCIAL
INSUBSTANCIAL
CONSUBSTANCIAL
SUPERSUBSTANCIAL
CIRCUNSTANCIAL
SUSTANCIAL
INSUSTANCIAL
CONSUSTANCIAL
CREDENCIAL
CONFIDENCIAL
RESIDENCIAL
PRESIDENCIAL
PROVIDENCIAL
PRUDENCIAL
TANGENCIAL
OBEDIENCIAL
SAPIENCIAL
PESTILENCIAL
DEMENCIAL
EMINENCIAL
DESINENCIAL
EXPONENCIAL
CARENCIAL
APARENCIAL
DIFERENCIAL
CIRCUNFERENCIAL
REVERENCIAL
TORRENCIAL
ESENCIAL
PRESENCIAL
PENITENCIAL
POTENCIAL
EXISTENCIAL
PROVINCIAL
VICEPROVINCIAL
COMPROVINCIAL
UNCIAL
JUNCIAL
SOCIAL
ANTISOCIAL
INSOCIAL
NUPCIAL
ANTENUPCIAL
MARCIAL
PARCIAL
IMPARCIAL
BERCIAL
CRUCIAL
DIAL
PALADIAL
RADIAL
PRADIAL
MEDIAL
PREDIAL
CUATRIDIAL
CANDIAL
ALCANDIAL
SANDIAL
ESTIPENDIAL
NOVENDIAL
MUNDIAL
ALODIAL
CUATRODIAL
CARDIAL
VERDIAL
CORDIAL
PRECORDIAL
PRIMORDIAL
ADAGIAL
COLEGIAL
BAJIAL
EPITELIAL
FILIAL
RAMIAL
EPIDEMIAL
PROEMIAL
GREMIAL
ACROMIAL
NIAL
DEMANIAL
QUINDENIAL
GENIAL
CONGENIAL
CATAMENIAL

VENIAL
COLONIAL
DEMONIAL
CEREMONIAL
MATRIMONIAL
PATRIMONIAL
ANTIMONIAL
TESTIMONIAL
CORNIAL
PECUNIAL
TAPIAL
PARTICIPIAL
CONOPIAL
CHIRPIAL
TURPIAL
TRUPIAL
TURUPIAL
MARSUPIAL
MARIAL
SUMARIAL
NOTARIAL
ACTUARIAL
BRIAL
CABRIAL
MANDRIAL
ERIAL
FERIAL
IMPERIAL
MATERIAL
INMATERIAL
CEMENTERIAL
ARTERIAL
MONASTERIAL
MONESTERIAL
MAGISTERIAL
MISTERIAL
MINISTERIAL
ANTIMINISTERIAL
INTERMINISTERIAL
GRIAL
CIRIAL
MARTIRIAL
ESCORIAL
MEMORIAL
INMEMORIAL
NORIAL
SEÑORIAL
SENSORIAL
SENATORIAL
DICTATORIAL
ECUATORIAL
FACTORIAL
DIRECTORIAL
PRETORIAL
EDITORIAL
TERRITORIAL
EXTRATERRITORIAL
INQUISITORIAL
HISTORIAL
CONSISTORIAL
EJECUTORIAL
ARRIAL
BARRIAL
HERRIAL
ANDURRIAL
INDUSTRIAL
CURIAL
MERCURIAL
OCOSIAL
SITIAL
MANANTIAL
FASTIAL
HASTIAL
BESTIAL
CELESTIAL
SOBRECELESTIAL
BRAQUIAL
PETEQUIAL
EXEQUIAL
BRANQUIAL
TETRABRANQUIAL
DIBRANQUIAL
SUBRANQUIAL
BRONQUIAL
COLOQUIAL
PARROQUIAL
VIAL
CAVIAL
GAVIAL
TRIVIAL
JOVIAL
SINOVIAL
ALUVIAL
FLUVIAL
DILUVIAL
PLUVIAL

LLUVIAL
AXIAL
CASCAJAL
CHAJAL
REGAJAL
MAJAL
ALMAJAL
ARMAJAL
LAVAJAL
CARVAJAL
CONCEJAL
BERMEJAL
SARTENEJAL
CONEJAL
TERNEJAL
CORNEJAL
REJAL
CANGREJAL
ARVEJAL
CORNIJAL
QUIJAL
NARANJAL
OJAL
COJAL
COSCOJAL
MALOJAL
TAMOJAL
HINOJAL
AÑOJAL
ROJAL
MAROJAL
ABROJAL
RASTROJAL
TOJAL
MARJAL
ALMARJAL
GORJAL
REBUJAL
AGUJAL
PEGUJAL
TAMUJAL
TRUJAL
CASCARILLAL
MAL
CAMAL
CARCAMAL
CHAMAL
RAMAL
GRAMAL
TAMAL
NACATAMAL
RETAMAL
CAPULTAMAL
HIEMAL
JEMAL
RACIMAL
DECIMAL
DUODECIMAL
ANIMAL
LACRIMAL
LAGRIMAL
PRIMAL
CUADRAGESIMAL
SEXAGESIMAL
CEGESIMAL
VIGESIMAL
INFINITESIMAL
CENTESIMAL
ESQUIMAL
PROXIMAL
COMAL
ARGOMAL
TERMAL
FIRMAL
FORMAL
INFORMAL
NORMAL
ANORMAL
FANTASMAL
CUARESMAL
ABISMAL
EMBOLISMAL
BAPTISMAL
BAUTISMAL
PAROXISMAL
BRUMAL
DIEZMAL
ANAL
RABANAL
CANAL
BACANAL
CONTRACANAL
ENTRECANAL
MUNDANAL
FANAL
LEGANAL

CARANGANAL
VARGANAL
AVELLANAL
AMANAL
REMANAL
SEMANAL
BISEMANAL
TRISEMANAL
HERMANAL
HUMANAL
BANANAL
PANAL
RANAL
AZAFRANAL
TEMPRANAL
PLATANAL
PANTANAL
CIENTANAL
VENTANAL
FONTANAL
HONTANAL
CUARTANAL
AGUANAL
ARRAYANAL
TARAZANAL
ATARAZANAL
MANZANAL
CENAL
DECENAL
CUADRICENAL
TRICENAL
VICENAL
QUINCENAL
DOCENAL
TERCENAL
RODENAL
DUODENAL
CARDENAL
FENAL
HENAL
BIENAL
CUADRIENAL
TRIENAL
CUATRIENAL
BERENJENAL
CAMENAL
FENOMENAL
PENAL
RENAL
ARENAL
PERENAL
SUPRARRENAL
HERRENAL
TERRENAL
ARSENAL
CENTENAL
CUARENTENAL
QUINQUENAL
VENAL
DECEMNOVENAL
JUVENAL
PECINAL
VECINAL
MEDICINAL
MINEROMEDICINAL
OFICINAL
ENCINAL
SERMOCINAL
ROCINAL
FACHINAL
MECHINAL
CARDINAL
SARDINAL
VERDINAL
ORDINAL
HABITUDINAL
LONGITUDINAL
LATITUDINAL
REINAL
VIRREINAL
FINAL
SEMIFINAL
VAGINAL
ORIGINAL
MARGINAL
VIRGINAL
DISCIPLINAL
MINAL
FEMINAL
SEMINAL
CRIMINAL
ABDOMINAL
HOMINAL
NOMINAL
PRONOMINAL
GERMINAL

TERMINAL
ESPINAL
CEREBROESPINAL
ENDRINAL
QUIRINAL
ORINAL
DOCTRINAL
URINAL
MATINAL
CORTINAL
INTESTINAL
GASTROINTESTINAL
MATUTINAL
INGUINAL
QUINAL
MAQUINAL
ALQUINAL
ESQUINAL
VINAL
DIVINAL
AUTUMNAL
PERENNAL
DIACONAL
SUBDIACONAL
TOCONAL
HONDONAL
BODONAL
ALGODONAL
CARDONAL
SARDONAL
ANTIFONAL
SULFONAL
AGONAL
DIAGONAL
NONAGONAL
OCTAGONAL
PENTAGONAL
HEPTAGONAL
HEXAGONAL
SEXAGONAL
POLIGONAL
COGONAL
OCTOGONAL
ORTOGONAL
FUNDACIONAL
NACIONAL
INTERNACIONAL
RACIONAL
ORACIONAL
IRRACIONAL
ESTACIONAL
TRANSACCIONAL
CORRECCIONAL
INSURRECCIONAL
JURISDICCIONAL
DISCRECIONAL
ADICIONAL
TRADICIONAL
CONDICIONAL
INCONDICIONAL
PREPOSICIONAL
INTENCIONAL
OBVENCIONAL
CONVENCIONAL
FUNCIONAL
EMOCIONAL
NOCIONAL
EXCEPCIONAL
PROPORCIONAL
INSTITUCIONAL
CONSTITUCIONAL
ANTICONSTITUCIONAL
INCONSTITUCIONAL
MERIDIONAL
OBSIDIONAL
REGIONAL
SEPTENTRIONAL
OCASIONAL
PASIONAL
ACCESIONAL
PROCESIONAL
CONFESIONAL
PROFESIONAL
POSESIONAL
MISIONAL
DIVISIONAL
PROVISIONAL
ASCENSIONAL
DIMENSIONAL
FLEXIONAL
COMPLEXIONAL
PAJONAL
CICLONAL
AQUILONAL
GAMONAL
HORMONAL

CAMBRONAL
ESCAMBRONAL
COIRONAL
CORONAL
GORRONAL
MATRONAL
PATRONAL
PERSONAL
UNIPERSONAL
IMPERSONAL
TONAL
ATONAL
CANTONAL
CAZONAL
RAZONAL
HIPNAL
CARNAL
HIBERNAL
CONTUBERNAL
CUADERNAL
PEDERNAL
INFERNAL
HIBIERNAL
MAMPERNAL
MATERNAL
PATERNAL
FRATERNAL
ETERNAL
VERNAL
IVERNAL
INVERNAL
EMBORNAL
IMBORNAL
SOBORNAL
CORNAL
PIORNAL
JORNAL
DIURNAL
SATURNAL
NOCTURNAL
ASNAL
FRESNAL
TRESNAL
TRIBUNAL
COMUNAL
PROCOMUNAL
DESCOMUNAL
TUNAL
FORTUNAL
TREZNAL
AÑAL
CABAÑAL
ALBAÑAL
CAÑAL
CALCAÑAL
CARCAÑAL
CADAÑAL
ESPADAÑAL
SOBREAÑAL
CINCOAÑAL
PAÑAL
MARAÑAL
CUATRAÑAL
ENTRAÑAL
TRESAÑAL
DOSAÑAL
OCHENTAÑAL
CINCUENTAÑAL
TREINTAÑAL
CASTAÑAL
DOCEÑAL
ALCARCEÑAL
TRIEÑAL
CERMEÑAL
BREÑAL
PEDREÑAL
HERREÑAL
SEÑAL
SOBRESEÑAL
SIETEÑAL
CIENTEÑAL
VEINTEÑAL
CIGÜEÑAL
VERDIÑAL
PIÑAL
CIGOÑAL
ROÑAL
MADROÑAL
OTOÑAL
CUÑAL
PUÑAL
CEMPOAL
PROAL
OCOZOAL
PAL
MECAPAL

PAPAL
MUNICIPAL
PRINCIPAL
GRIPAL
EQUIPAL
CAMPAL
TRAMPAL
COPAL
SINCOPAL
EPISCOPAL
ARQUIEPISCOPAL
CHOPAL
NOPAL
POPAL
OBISPAL
ARZOBISPAL
CRUPAL
SECARAL
BUCARAL
CHARAL
CUCHARAL
TAHARAL
JARAL
TAMARAL
PARAL
CANTARAL
TACUARAL
VARAL
NEBRAL
ENEBRAL
PALPEBRAL
CEREBRAL
VERTEBRAL
BIMBRAL
MIMBRAL
COHOMBRAL
UMBRAL
LUMBRAL
SALOBRAL
SEPULCRAL
ADRAL
LADRAL
CUADRAL
PEDRAL
CATEDRAL
CIDRAL
ALMENDRAL
ERAL
LIBERAL
ILIBERAL
BRACERAL
VISCERAL
FEDERAL
SIDERAL
PONDERAL
FERAL
LUCIFERAL
ESFERAL
TIJERAL
EFIMERAL
PALMERAL
ROMERAL
HUMERAL
SUPERHUMERAL
NUMERAL
GENERAL
DINERAL
MINERAL
FUNERAL
PERAL
PUERPERAL
VESPERAL
MIMBRERAL
PEDRERAL
MORERAL
LATERAL
BILATERAL
UNILATERAL
COLATERAL
PRESBITERAL
LITERAL
CUADRILITERAL
ESTERAL
FIGUERAL
HIGUERAL
NOGUERAL
SEQUERAL
JUNQUERAL
PRIMAVERAL
CAÑAVERAL
VIVERAL
UVERAL
YERAL
BOYERAL
ALMAGRAL
NEGRAL

INTEGRAL
ALMIRAL
PIRAL
ESPIRAL
DECENVIRAL
TRIUNVIRAL
CENTUNVIRAL
DUUNVIRAL
ORAL
CABORAL
LABORAL
CORAL
MASECORAL
MASICORAL
DORAL
ANTIDORAL
FORAL
PRIORAL
CLORAL
FLORAL
MORAL
AMORAL
FEMORAL
ANTIMORAL
INMORAL
HUMORAL
CAPORAL
TEMPORAL
INTEMPORAL
EXTEMPORAL
CORPORAL
INCORPORAL
AURORAL
PROFESORAL
TORAL
LECTORAL
ELECTORAL
PECTORAL
RECTORAL
DOCTORAL
LITORAL
CANTORAL
SANTORAL
BOTORAL
TOTORAL
PASTORAL
MAYORAL
BARRAL
CARRAL
CIGARRAL
JAHARRAL
GUIJARRAL
PARRAL
ALCAPARRAL
CHAPARRAL
CATARRAL
PIZARRAL
TERRAL
CORRAL
APACORRAL
TRASCORRAL
MORRAL
PORRAL
MATORRAL
CANTORRAL
MAZORRAL
BURRAL
SABURRAL
TEATRAL
NATRAL
ESPECTRAL
DIAMETRAL
GEOMETRAL
PENETRAL
PETRAL
URETRAL
ARBITRAL
TEITRAL
SALITRAL
MITRAL
NITRAL
CENTRAL
VENTRAL
QUINTRAL
COTRAL
ASTRAL
CATASTRAL
MAESTRAL
DESTRAL
SEMESTRAL
BIMESTRAL
TRIMESTRAL
CUATRIMESTRAL
MENESTRAL
MAGISTRAL
MISTRAL

MINSTRAL
OSTRAL
ROSTRAL
AUSTRAL
BALAUSTRAL
CLAUSTRAL
LUSTRAL
CUTRAL
NEUTRAL
PLEURAL
FIGURAL
AUGURAL
INAUGURAL
PLURAL
MURAL
ANTEMURAL
RURAL
CRURAL
SURAL
BASURAL
MENSURAL
NATURAL
CONTRANATURAL
SOBRENATURAL
PRENATURAL
ANTINATURAL
BOQUINATURAL
INNATURAL
CONNATURAL
DESNATURAL
ARQUITECTURAL
ESTRUCTURAL
CONJETURAL
CULTURAL
ESCULTURAL
GUTURAL
SAL
CASAL
NASAL
PAPASAL
JIRASAL
AGUASAL
DIOCESAL
PROCESAL
INTERESAL
DESINTERESAL
FRESAL
CIPRESAL
YESAL
ABISAL
CUJISAL
ALISAL
MISAL
ANISAL
VISAL
CENSAL
CONMENSAL
COMENSAL
CORRESPONSAL
FOSAL
COLOSAL
ROSAL
CORROSAL
SOSAL
VERSAL
UNIVERSAL
TRASVERSAL
TRANSVERSAL
DORSAL
PREDORSAL
POSTDORSAL
SUCURSAL
CAUSAL
TAL
ATAL
AGUACATAL
ZACATAL
FATAL
BONIATAL
PALATAL
PREPALATAL
POSPALATAL
POSTPALATAL
PLATAL
TOMATAL
NATAL
CHAPATAL
PATATAL
ESTATAL
CAÑAHUATAL
DIALECTAL
RECTAL
ABETAL
QUODLIBETAL
FETAL
CAFETAL
PROFETAL
VEGETAL
PARIETAL
LETAL
ROLLETAL
METAL
RETAL
DECRETAL
PRETAL
CARRETAL
SETAL
CHARQUETAL
CHIRIBITAL
ORBITAL
CUBITAL
RECITAL
SAGITAL
DIGITAL
INTERDIGITAL
CAIMITAL
COMITAL
CENITAL
GENITAL
GAMONITAL
CAPITAL
OCCIPITAL
HOSPITAL
INHOSPITAL
MARITAL
ESPIRITAL
MEZQUITAL
VITAL
CHIVITAL
CANTAL
DELANTAL
CUADRANTAL
GUISANTAL
ESTANTAL
AVANTAL
DEVANTAL
ABENTAL
RECENTAL
OCHENTAL
DENTAL
ACCIDENTAL
OCCIDENTAL
INCIDENTAL
TRASCENDENTAL
TRANSCENDENTAL
LABIODENTAL
INTERDENTAL
AMBIENTAL
ORIENTAL
MENTAL
PREDICAMENTAL
FUNDAMENTAL
GUBERNAMENTAL
ORNAMENTAL
SACRAMENTAL
TEMPERAMENTAL
HERRAMENTAL
ESTAMENTAL
ELEMENTAL
SUPLEMENTAL
EXCREMENTAL
SEMENTAL
CIMENTAL
RUDIMENTAL
ALIMENTAL
PIMENTAL
EXPERIMENTAL
NUTRIMENTAL
SENTIMENTAL
OMENTAL
DOCUMENTAL
JUMENTAL
MONUMENTAL
INSTRUMENTAL
CONTINENTAL
INTERCONTINENTAL
PARENTAL
FRENTAL
QUINTAL
CONTAL
CHONTAL
FONTAL
FRONTAL
HORIZONTAL
PUNTAL
CACAOTAL
TACOTAL
OCOTAL
COCOTAL
DOTAL
SACERDOTAL
CAMALOTAL
CAMOTAL
ZAPOTAL
POPOTAL
ROTAL
GARROTAL
TOTAL
CATOTAL
ARTAL
FARTAL
ESPARTAL
SARTAL
CUARTAL
ABERTAL
ENJERTAL
BORTAL
CHORTAL
HORTAL
MORTAL
INMORTAL
PORTAL
SOPORTAL
MURTAL
PEDESTAL
NORDESTAL
MESTAL
FORESTAL
ARCIPRESTAL
ORQUESTAL
VESTAL
DISTAL
CRISTAL
PREBOSTAL
COSTAL
SUBCOSTAL
INTERCOSTAL
HOSTAL
POSTAL
APOSTAL
AEROPOSTAL
FUSTAL
AUGUSTAL
CONDUTAL
ACIMUTAL
AZIMUTAL
BRUTAL
FRUTAL
TRIBUAL
CUAL
CHINCUAL
ARCUAL
RORCUAL
PASCUAL
DUAL
GRADUAL
GUADUAL
RESIDUAL
VIDUAL
INDIVIDUAL
BAGUAL
CHAGUAL
MAJAGUAL
NAGUAL
YAGUAL
ZAGUAL
PEGUAL
TEGUAL
IGUAL
TACHIGUAL
INIGUAL
PARIGUAL
DESIGUAL
MANGUAL
LINGUAL
SUBLINGUAL
ACAHUAL
CACAHUAL
ANUAL
MANUAL
MESTRUAL
MENSTRUAL
CASUAL
VISUAL
CENSUAL
MENSUAL
BIMENSUAL
SENSUAL
CONSENSUAL
USUAL
ACTUAL
CONTRACTUAL
EFECTUAL
INTELECTUAL
FRUCTUAL
PERPETUAL
HABITUAL
REDITUAL
RITUAL
ESPIRITUAL
CULTUAL
ACENTUAL
EVENTUAL
CONVENTUAL
PUNTUAL
CONCEPTUAL
VIRTUAL
MUTUAL
NUTUAL
TEXTUAL
SEXUAL
ASEXUAL
BISEXUAL
UNISEXUAL
HOMOSEXUAL
VAL
AVAL
CHAVAL
CADAVAL
VENDAVAL
CLAVAL
NAVAL
CARNAVAL
MEDIEVAL
MEDIOEVAL
BREVAL
CHIVAL
GINGIVAL
OJIVAL
SALIVAL
RIVAL
ADJETIVAL
CONJUNTIVAL
ESTIVAL
FESTIVAL
CONVIVAL
OVAL
NOVAL
RENOVAL
LARVAL
NARVAL
ROBERVAL
CERVAL
CORVAL
UVAL
COXAL
YAL
BAYAL
HAYAL
MAYAL
TARAYAL
SAYAL
BOYAL
POYAL
ROYAL
HERBAZAL
LODAZAL
BAGAZAL
BRAZAL
MOSTAZAL
AGUAZAL
CABEZAL
BREZAL
CEREZAL
MAIZAL
ALMAIZAL
CARBIZAL
CARDIZAL
AJIZAL
PANIZAL
CENIZAL
BONIZAL
CAÑIZAL
CAMPIZAL
RIZAL
BARRIZAL
CARRIZAL
CICATRIZAL
CANTIZAL
ESPARTIZAL
PASTIZAL
BLANQUIZAL
GARBANZAL
RANZAL
LENZAL
PROVENZAL
QUINZAL
RONZAL
BOZAL
POZAL
ARROZAL
TOZAL
BARZAL
MARZAL
ZARZAL
BERZAL
ALERZAL
FORZAL
TORZAL
CATORZAL
ZORZAL
QUETZAL
SAUZAL
ARCABUZAL
CAÑADUZAL
CARDUZAL
CARAMUZAL
EL
ÉL
TAEL
BEL
BABEL
CASCABEL
ESCABEL
RABEL
MIRABEL
NEBEL
DECIBEL
LAMBEL
ARAMBEL
CIMBEL
CHURUMBEL
ZUMBEL
LUZBEL
ALCACEL
GACEL
PLACEL
RACEL
RECEL
ALQUICEL
CANCEL
ALANCEL
ARANCEL
CINCEL
PINCEL
DONCEL
BOCEL
CÁRCEL
CORCEL
PORCEL
CAUCEL
BARRACHEL
TRECHEL
PICHEL
CARAMANCHEL
CHINCHEL
CLOCHEL
CROCHEL
PERCHEL
NAUCHEL
SÓCHEL
DEL
DÉL
BEDEL
LAMEDEL
REDEL
INFIDEL
ANDEL
ARGAMANDEL
LENDEL
TENDEL
LINDEL
REDONDEL
RONDEL
CORONDEL
RUNDEL
FARDEL
VERDEL
CORDEL
BURDEL
DESDEL
ALUDEL
ALLUDEL
TUDEL
PAGEL
RIGEL
ÁNGEL
ARCÁNGEL
GUARDAMANGEL
ARGEL
VERGEL
RUBIEL
CANDIEL
FIEL
INFIEL
HIEL
MIEL
CAÑAMIEL
AGUAMIEL
REMIEL

DAIMIEL
UJIMIEL
OXIMIEL
RODOMIEL
CEROMIEL
NIEL
GARNIEL
GUARNIEL
DORNIEL
PIEL
RIEL
CARRIEL
JURRIEL
FURRIEL
BURIEL
CURIEL
BAJEL
CAJEL
PAJEL
CORREJEL
ZÉJEL
FLOJEL
MOJEL
TROJEL
TAUJEL
PELEL
ALFILEL
ÁMEL
ESCAMEL
ALHAMEL
ALJAMEL
CARAMEL
CUYAMEL
OJIMEL
OXIMEL
GOMEL
CALOMEL
HIDROMEL
CARMEL
CÚMEL
ZUMEL
MAGANEL
ARGANEL
PANEL
CARPANEL
ZARPANEL
GRANEL
MAINEL
PAINEL
TRAINEL
SARDINEL
ESPINEL
TIMONEL
CORONEL
TONEL
BRAVONEL
CHARNEL
FORNEL
LUNEL
TÚNEL
ROEL
PROEL
PEL
CAPEL
INCAPEL
CHAPEL
PAPEL
CARTAPEL
POPEL
OROPEL
TROPEL
CUSPEL
ARGENTPEL
AREL
CAREL
VENTIFAREL
PAJAREL
SALTAREL
BOTAREL
LEBREL
CAIREL
JIREL
PINREL
ANCOREL
MOREL
PARREL
CHORREL
PETREL
CINTREL
RASTREL
RISTREL
MACAUREL
LAUREL
BUREL
JUREL
SEL

RASEL
BISEL
PENSEL
DOSEL
RUSEL
BATEL
BABATEL
BOBATEL
BROCATEL
MOSCATEL
PLATEL
ZARAPATEL
BETEL
RETEL
CARRETEL
VOMITEL
CAPITEL
CHAPITEL
CUPITEL
BARITEL
CANTEL
PLANTEL
MANTEL
DINTEL
LINTEL
PUNTEL
HOTEL
CARTEL
MARTEL
CUARTEL
FRANCOCUARTEL
TERTEL
CASTEL
MÁSTEL
PASTEL
RASTEL
CISTEL
LISTEL
CLISTEL
CANISTEL
CRISTEL
RUTEL
AQUEL
JAQUEL
ANAQUEL
NÍQUEL
CUPRONÍQUEL
BROQUEL
TROQUEL
CHUSQUEL
CRUEL
CLAVEL
ESPARAVEL
BAIVEL
NIVEL
DESNIVEL
ANDARIVEL
NOVEL
ESPARVEL
JOYEL
RAÍL
HÁBIL
INHÁBIL
LÁBIL
RABIL
CEBIL
DÉBIL
FLÉBIL
SIBIL
CAMBIL
PAMBIL
COBIL
IGNÓBIL
CUBIL
NÓBIL
CALABACIL
ALCACIL
ARCACIL
FÁCIL
BRACIL
GRÁCIL
AGUACIL
ALGUACIL
IMBÉCIL
GUADAMECIL
DIFÍCIL
MANCIL
PONCIL
DÓCIL
INDÓCIL
MOCIL
ALCARCIL
ALCAUCIL
DÚCIL
MUCHACHIL
CAMACHIL

PECHIL
CONCHIL
MOCHIL
CAUCHIL
SÚCHIL
MACAZUCHIL
BADIL
ABOGADIL
EDIL
DEDIL
REDIL
MORBIDIL
CANDIL
MATACANDIL
ZASCANDIL
MANDIL
ESPÓNDIL
RODIL
FIL
AÑAFIL
ALFIL
ARFIL
MARFIL
PERFIL
GIL
ÁGIL
FRÁGIL
ESTRÍGIL
MÚGIL
PÚGIL
PAJIL
CONCEJIL
PEREJIL
MONJIL
TORONJIL
MOJIL
CENOJIL
HENOJIL
SENOJIL
PAUJIL
DONCELLIL
MIL
DAMIL
GRAMIL
GUAMIL
ONCEMIL
SÍMIL
FACSÍMIL
DISÍMIL
VERISÍMIL
INVERISÍMIL
VEROSÍMIL
INVEROSÍMIL
CALMIL
CECESMIL
HÚMIL
ESCRIBANIL
CANIL
TRANCANIL
MEDIANIL
TEJAMANIL
AGUAMANIL
CAMPANIL
TEMPANIL
SERRANIL
MANZANIL
HENIL
FEMENIL
RENIL
SENIL
JUVENIL
FONIL
FREGONIL
VARONIL
MESONIL
RATONIL
PERNIL
CORNIL
ACEITUNIL
AÑIL
BAÑIL
CABAÑIL
ALBAÑIL
ESCAÑIL
GUADAÑIL
GAÑIL
LEGAÑIL
PAÑIL
ARAÑIL
GUAÑIL
TOÑIL
ÑISÑIL
OÍL
BOÍL
IPIL
PILPIL

TOPIL
HERPIL
ESCAUPIL
BARIL
CHAMBARIL
CURBARIL
PICARIL
FOGARIL
HOGARIL
PAJARIL
CAVARIL
ABRIL
FABRIL
FEBRIL
SUBFEBRIL
INFEBRIL
DRIL
CUADRIL
MANDRIL
ERIL
BARBERIL
MOCERIL
COCHERIL
MERCADERIL
CALDERIL
CURANDERIL
ESCUDERIL
HERIL
MUJERIL
CABALLERIL
ESMERIL
CANCIONERIL
CARNERIL
LIBRERIL
CARRETERIL
MOSQUETERIL
VENTERIL
CARPINTERIL
PORTERIL
REPORTERIL
ESTÉRIL
PUERIL
VERIL
VIRIL
TAMBORIL
LABRADORIL
SEÑORIL
TEMPORIL
TORIL
PRECEPTORIL
PASTORIL
BARRIL
CARRIL
CONTRACARRIL
FERROCARRIL
TRACTOCARRIL
CERRIL
BECERRIL
CENCERRIL
ATRIL
RETRIL
COCHITRIL
CUCHITRIL
VENTRIL
MOTRIL
POTRIL
MAESTRIL
MENESTRIL
MINISTRIL
BURIL
SIL
BRASIL
MAESIL
CONDESIL
ENTREMESIL
SÉSIL
MENSIL
PENSIL
PRENSIL
FÓSIL
FÓSIL
FUSIL
PORTAFUSIL
DÁTIL
HERMODÁTIL
NODÁTIL
CONFLÁTIL
VOLÁTIL
TORNÁTIL
VIBRÁTIL
UMBRÁTIL
GRÁTIL
GRATIL
ERRÁTIL
SERRÁTIL
PULSÁTIL

VERSÁTIL
BURSÁTIL
NATÁTIL
PORTÁTIL
ACUÁTIL
SAXÁTIL
RETRÁCTIL
CONTRÁCTIL
PROTRÁCTIL
TÁCTIL
ERÉCTIL
INSECTIL
PROYECTIL
DÚCTIL
CETIL
ESTAFETIL
PRETIL
CARRETIL
CHIRIBITIL
CHIVITIL
CANTIL
MERCANTIL
INFANTIL
GARGANTIL
ESTUDIANTIL
GENTIL
JUMENTIL
QUINTIL
ESPONTIL
FRONTIL
QUIJOTIL
MOTIL
SOTIL
REPTIL
PARTIL
FÉRTIL
TERTIL
CORTIL
ASTIL
MÁSTIL
ESTIL
ARESTIL
SESTIL
COSTIL
HOSTIL
ÚTIL
FÚTIL
INÚTIL
SUTIL
INCONSÚTIL
SEXTIL
BISEXTIL
BISSEXTIL
TEXTIL
DOÑAGUIL
DOÑEGUIL
BORREGUIL
CHIGÜIL
CANGUIL
GÁNGUIL
MONDONGUIL
CÓGUIL
BORGUIL
CAJUIL
TIJUIL
CHILAQUIL
YÁQUIL
GUAYAQUIL
CUATEQUIL
CACIQUIL
QUILQUIL
TRANQUIL
PÓQUIL
BRÓQUIL
TASQUIL
MOSQUIL
BROSQUIL
VIL
HUÉVIL
CIVIL
INCIVIL
OVIL
MÓVIL
INMÓVIL
LOCOMÓVIL
AEROMÓVIL
AUTOMÓVIL
SERVIL
AXIL
LACAYIL
BOL
ABABOL
FONÉBOL
CRÉBOL
ARREBOL
TRÉBOL

ANFÍBOL
APAMBOL
SIMBOL
ÁRBOL
CARBOL
FÚTBOL
COL
CARACOL
TARACOL
TIRACOL
GUAYACOL
BRÉCOL
TECOL
NABICOL
CARNICOL
PÍCOL
CHINCOL
COCOL
CHOCHOCOL
ESTIÉRCOL
CASCOL
TRASCOL
CAPISCOL
SOCAPISCOL
QUECHOL
PENDOL
ALQUIFOL
ALCOFOL
GOL
ESTRAGOL
ALGOL
MONGOL
MOGOL
GÁRGOL
ALBOHOL
COHOL
ALCOHOL
ARÍOL
MARIOL
BRIOL
CABRIOL
ORIOL
FAJOL
FRÉJOL
FRIJOL
JINJOL
GUÍNJOL
MÚJOL
SALOL
MOL
AMOL
GUACAMOL
BEMOL
TREMOL
TIMOL
POMOL
MÁRMOL
CHIRMOL
FORMOL
GAZMOL
PANOL
FENOL
GENOL
PENOL
APAGAPENOL
CARBINOL
CUMINOL
PINOL
CUPINOL
TERPINOL
CHERINOL
PAÑOL
CAMPAÑOL
ESPAÑOL
PEÑOL
REJIÑOL
CARQUIÑOL
TRÍPOL
SERPOL
ROL
CHAROL
ESTANDAROL
FAROL
GUIÑAROL
BABEROL
BARBEROL
TERCEROL
VERDEROL
ARMEROL
PEROL
CAPEROL
ESTOPEROL
ESTANTEROL
PUNTEROL
CARQUEROL
ESQUIROL
VIROL
SOL
GUARDASOL
FÁSOL
TORNASOL
CARASOL
BUJARASOL
PARASOL
GIRASOL
MIRASOL
QUITASOL
PÉSOL
RESOL
LISOL
CRISOL
FRÍSOL
COROSOL
ATOL
CAPÍTOL
SANTOL
MENTOL
SOTOL
ESTOL
FACISTOL
FISTOL
APÓSTOL
COAPÓSTOL
AVOL
MERCANTIVOL
YOL
COYOL
ZAPOYOL
CLAZOL
TLAZOL
BENZOL
OCOZOL
POZOL
PUZOL
BAÚL
CHAÚL
PAÚL
GUABUL
SECÁCUL
PÁCUL
BRÓCUL
ADUL
ABEDUL
GANDUL
FUL
ESTRANGUL
HUEMUL
PANUL
CHAPUL
CALPUL
CURUL
CÓNSUL
VICECÓNSUL
PROCÓNSUL
TUL
AZUL
ALGAZUL
AGUAZUL
GARZUL
ALCALL
NOMPARELL

M

MACADAM
QUÍDAM
ISLAM
CENTIGRAM
NEQUÁQUAM
ÍDEM
IBÍDEM
TÁNDEM
DIRHEM
RÉQUIEM
HAREM
ÍTEM
TÓTEM
TUÁUTEM
OHM
ALIM
PÁSSIM
NOMINÁTIM
COM
DOM
ÁLBUM
VADEMÉCUM
VENIMÉCUM
MEMORÁNDUM
REFERÉNDUM
TEDÉUM
TARGUM
HUM
MÉDIUM
PANDEMÓNIUM
ALUM
CATAPLUM
MÍNIMUM
MÁXIMUM
SÚMMUM
LÍGNUM
PUM
SANCTÓRUM
SANCTASANCTÓRUM
QUÓRUM
SINISTRÓRSUM
DEXTRÓRSUM
ULTIMÁTUM
DESIDERÁTUM
TÁNTUM
TÓTUM
FACTÓTUM

N

AN
GABÁN
PILLABÁN
CHARABÁN
PATABÁN
GUABÁN
LIBÁN
ESCRIBÁN
CORDOBÁN
GUBÁN
CAN
ALGAFACÁN
HACÁN
ALIACÁN
CAIMACÁN
MECHOACÁN
CORACÁN
ASTRACÁN
HURACÁN
MATACÁN
FORTACÁN
GUAYACÁN
AZACÁN
EDECÁN
GUAICÁN
RABICÁN
RUBICÁN
CACHICÁN
PULICÁN
LUBRICÁN
ENTRELUBRICÁN
TOMATICÁN
CHARQUICÁN
VOLCÁN
CANCÁN
LANCÁN
COCÁN
CAMOCÁN
CHERCÁN
SEBUCÁN
CIBUCÁN
CHUCÁN
TUCÁN
CHAN
MERCHÁN
ADÁN
BADÁN
RABADÁN
MACADÁN
BERGADÁN
RAMADÁN
SOLDÁN
ALBARDÁN
JORDÁN
DEÁN
AFÁN
ALGAZAFÁN
GOLFÁN
CELOFÁN
FARFÁN
TRUFÁN
HARAGÁN
BARRAGÁN
YATAGÁN
MOSTAGÁN
ZARZAGÁN
TANGÁN
HUINGÁN
ARGÁN
ABRAHÁN
ZARZAHÁN
TRUHÁN
BARBIÁN
BADIÁN
GUARDIÁN
RUFIÁN
PIAN
PEPIÁN
PIPIÁN
ADRIÁN
SIAN
BARBAJÁN
ELIJAN
BRIJÁN
SARRUJÁN
KAN
ALÁN
CHALÁN
RODALÁN
GALÁN
TALÁN
CATALÁN
PANTALÁN
CLAN
ARRACLÁN
CICLÁN
CHICLÁN
CHAMBELÁN
CELÁN
CAPELÁN
FLAN
CHAFLÁN
RAGLÁN
RANGLÁN
LAILÁN
CEILÁN
MILÁN
CAMPILÁN
GAVILÁN
BOLÁN
ESCOLÁN
ANGOLÁN
HOLÁN
MADAPOLÁN
PLAN
RATAPLÁN
SOBREPLÁN
CARLÁN
MAMPERLÁN
MAMPIRLÁN
ISLÁN
FULÁN
CAPELLÁN
PROCAPELLÁN
COPELLÁN
CASTELLÁN
PERILLÁN
MAN
AMÁN
CARCAMÁN
TRUJAMÁN
ESCARRAMÁN
SAMÁN
BRACMÁN
ADEMÁN
LEMÁN
ALEMÁN
AGREMÁN
DROGMÁN
BRAHMÁN
IMÁN
CAIMÁN
AGUAITACAIMÁN
TRUCHIMÁN
TRUJIMÁN
SOLIMÁN
DULIMÁN
ELECTROIMÁN
GUARIMÁN
BATIMÁN
BOSQUIMÁN
MUSULMÁN
DRAGOMÁN
ROMÁN
OTOMÁN
GERMÁN
FIRMÁN
DORMÁN
DESMÁN
TALISMÁN
GUZMÁN
PANGASINÁN
GAÑÁN
CEOÁN
LOÁN
PAN
GANAPÁN
SAPAN
PASAPÁN
MAZAPÁN
MARZAPÁN
CUBREPÁN
EGIPÁN
TULIPÁN
SALISIPAN
CHAMPÁN
CORUPÁN
ARÁN
ALDEBARÁN
ALBARÁN
BUCARÁN
SARÁN
TANTARÁN
GUARÁN
JAZARÁN
CRAN
ALACRÁN
ALDRÁN
BALANDRÁN
GORGUERÁN
AZAFRÁN
REFRÁN
GRAN
RINRÁN
VIBORÁN
CORÁN
ALCORÁN
ARBELCORÁN
GORGORÁN
ARJORÁN
CORMORÁN
ALBARRÁN
CHARRÁN
ALQUITRÁN
BELTRÁN
ARDURÁN
SAN
PALASAN
FAISÁN
FISÁN
BAUSÁN
TAN
ATÁN
BATÁN
ASTABATÁN
CATÁN
LEVIATÁN
CHARLATÁN
PATÁN
APATÁN
LAMPATÁN
ZARATÁN
SATÁN
CATATÁN
PARAGUATÁN
TAFETÁN
BOFETÁN
CAFTÁN
MITÁN
CAPITÁN
CARITÁN
TITÁN
SULTÁN
TANTARANTÁN
TANTÁN
ALCOTÁN
TARTÁN
CUARTÁN
FABLISTÁN
HABLISTÁN
SACRISTÁN
MANGOSTÁN
FUSTÁN
PELAFUSTÁN
AUTÁN
ORANGUTÁN
PAMANDABUÁN
CUAN
DUÁN
TAGUÁN
ZAGUÁN
AZAGUÁN

JUAN
CHAJUÁN
SANJUÁN
DONJUÁN
RUÁN
PERPETUÁN
TETUÁN
CAVÁN
ALCARAVÁN
ESPARAVÁN
DEVÁN
DIVÁN
GALVÁN
FILVÁN
HILVÁN
DESVÁN
CAYÁN
SACAYÁN
BARANGAYÁN
JAYÁN
ARRAYÁN
COYÁN
HOLGAZÁN
ALAZÁN
TEPOZÁN
EN
JAÉN
BEN
HEBÉN
ESCOBÉN
GOBÉN
BERBÉN
MAGACÉN
ALMAGACÉN
ALMACÉN
GUARDALMACÉN
ALMOACÉN
MUTACÉN
ALMUTACÉN
ALMUTACÉN
TRECÉN
SECÉN
DOCÉN
ARCÉN
CERCEN
CERCÉN
CATORCÉN
BADEN
ALMOCADÉN
ALMADÉN
EDÉN
ALMOEDÉN
LEIDEN
PIDÉN
CALDÉN
ANDÉN
ORDEN
CONTRAORDEN
SUBORDEN
DESORDEN
DESDÉN
GEN
IMAGEN
ORIGEN
ABORIGEN
ARGÉN
MARGEN
VIRGEN
ZAHÉN
REHÉN
COHEN
BIEN
PARABIÉN
REQUETEBIÉN
TAMBIÉN
CIEN
RECIÉN
SIEN
ALGUIEN
QUIEN
JEJÉN
COMEJÉN
OJÉN
LEN
ALÉN
JERUSALÉN
MATUSALÉN
BELÉN
QUELENQUELEN
PILPILÉN
CORCOLÉN
POLEN
SOLÉN
TERRAPLÉN
TUTIPLÉN
TEMPLÉN
CULÉN
ALLÉN
DALLÉN
PALPALLÉN
BOLLÉN
AMÉN
LIBAMEN
CERDAMEN
LIGAMEN
SANTIAMÉN
VEJAMEN
PUJAMEN
PELAMEN
VELAMEN
FLAMEN
BARRILAMEN
LINAMEN
MADERAMEN
FORAMEN
DURAMEN
DICTAMEN
BOTAMEN
CERTAMEN
GRAVAMEN
EXAMEN
SEMEN
ESPÉCIMEN
CHINCHIMÉN
RÉGIMEN
HIMEN
PEROJIMÉN
LIMEN
CRIMEN
DISCRIMEN
DOLMEN
OLMÉN
VELICOMEN
ABDOMEN
CARMEN
GERMEN
ALBUMEN
ACUMEN
CACUMEN
CARDUMEN
VOLUMEN
NUMEN
CERUMEN
CHIRUMEN
CHURUMEN
RESUMEN
LACTUMEN
BITUMEN
NEN
CHIPÉN
REN
HARÉN
SALTARÉN
GUARÉN
BREN
HERÉN
PALAFRÉN
LAIRÉN
CEPRÉN
SOCARRÉN
HERRÉN
BORRÉN
TREN
AVANTRÉN
SEN
DIASEN
SESÉN
SEISÉN
OCHOSÉN
MOSÉN
TEN
SOMATÉN
SATÉN
RETÉN
MAITÉN
LLANTÉN
CENTÉN
CUARENTÉN
SESENTÉN
CINCUENTÉN
VEINTÉN
ROTEN
SARTÉN
VEINTICUARTÉN
SEBESTÉN
MOSTÉN
SOSTÉN
BUTEN
GLUTEN
BUEN
ERGUÉN
SANDIALAHUÉN
PEHUÉN
PICHIHUÉN
PALHUÉN
TRALHUÉN
ALUÉN
AQUÉN
DAQUÉN
CHEQUÉN
HENEQUÉN
PEQUÉN
LIQUEN
JENIQUÉN
CANQUÉN
PERENQUÉN
CINQUÉN
MERQUÉN
UÑOPERQUÉN
PIRQUÉN
CAUQUÉN
PIUQUÉN
VAIVÉN
PILVÉN
JOVEN
NOVÉN
YEN
MAJZÉN
IN
CAÍN
RAIN
SAÍN
TERENIABÍN
ALBÍN
CAMBÍN
BALIMBÍN
BILIMBÍN
BOMBÍN
ROBÍN
GARBÍN
RUBÍN
QUERUBÍN
BACÍN
CALABACÍN
BOCACÍN
SARRACÍN
TACUACÍN
MUECÍN
ALMUECÍN
CANCÍN
BALANCÍN
BOCÍN
ROCÍN
CARROCÍN
ESPADACHÍN
CAGACHÍN
MACHÍN
CORACHÍN
BORRACHÍN
CATACHÍN
MATACHÍN
LECHÍN
TEPEMECHÍN
ALPECHÍN
FILIPICHÍN
CALCHÍN
HABLANCHÍN
PARLANCHÍN
BERRENCHÍN
CHINCHÍN
BOCHÍN
MOCHÍN
BUCHÍN
DIN
PALADÍN
ESPADÍN
MAHOZMEDÍN
TRUFALDÍN
BANDÍN
CANDÍN
CHAFANDÍN
MANDILANDÍN
RONDÍN
CODÍN
COMODÍN
ALBARDÍN
JARDÍN
GUARDÍN
VERDÍN
BUDÍN
TALUDÍN
ALMUDÍN
FIN
AFÍN
SERAFÍN
DELFÍN
GOLFÍN
CANFÍN
SINFÍN
CONFÍN
COFÍN
CATARRUFÍN
MAGÍN
HIN
MOHÍN
CAJÍN
FAJÍN
TRAJÍN
BEJÍN
PEJÍN
COJÍN
ABROJÍN
BALÍN
JABALÍN
CHACALÍN
SALÍN
TALÍN
CLIN
INCLÍN
TRANCELÍN
CHELÍN
ANGELÍN
PANGELÍN
MANJELÍN
ZUMBILÍN
TILÍN
CAOLÍN
BOLÍN
DIABOLÍN
COLÍN
FRANCOLÍN
BANDOLÍN
PANGOLÍN
JORGOLÍN
VIOLÍN
AJOLÍN
MIRAMAMOLÍN
TREMOLÍN
POLÍN
TRAMPOLÍN
ESPOLÍN
CAMISOLÍN
CINZOLÍN
ZARRAMPLÍN
ESPLÍN
CARLÍN
FERLÍN
MERLÍN
ESTERLÍN
CAPULÍN
CHAPULÍN
TRENCELLÍN
FALDELLÍN
PELLÍN
REVELLÍN
PILLÍN
SILLÍN
GÜILLÍN
HUILLÍN
PIQUILLÍN
HOLLÍN
JOLLÍN
AMÍN
BENJAMÍN
LAMÍN
ALAMÍN
CELEMÍN
BRAHMÍN
COLOMÍN
ROMÍN
TOMÍN
CARMÍN
SAGARMÍN
JAZMÍN
NIN
GUANÍN
BERENJENÍN
ALIONÍN
MONÍN
GAÑÍN
PEQUEÑÍN
CAPÍN
CHAPÍN
CORCHAPÍN
ESCORCHAPÍN
PAPÍN
TAPÍN
ALEPÍN
ZARRAMPÍN
PIMPÍN
COPÍN
CACHOPÍN
GALOPÍN
ESTOPÍN
ESCARPÍN
ESPÍN
CRESPÍN
CHUPÍN
CACHUPÍN
GACHUPÍN
TUPÍN
CAMBARÍN
ANDARÍN
MANDARÍN
FUGARÍN
CLARÍN
BAILARÍN
GALLARÍN
TALLARÍN
COLLARÍN
CAMARÍN
CACHAMARÍN
CACHEMARÍN
QUECHEMARÍN
CAMPARÍN
LAMPARÍN
TARÍN
SALTARÍN
CANTARÍN
GUARÍN
ALGUARÍN
DANZARÍN
BRIN
CRIN
ALECRÍN
SANEDRÍN
MALANDRÍN
CONDRÍN
BANDERÍN
GALERÍN
TELERÍN
CHIRLERÍN
TURLERÍN
BENIMERÍN
ÍNTERIN
CHIQUIRÍN
ESTIQUIRÍN
ORÍN
TAMBORÍN
ALFORÍN
ALGORÍN
ALHORÍN
FLORÍN
COLORÍN
VELLORÍN
VILLORÍN
POLVORÍN
FERVORÍN
PIZARRÍN
BERRÍN
HERRÍN
SERRÍN
ASERRÍN
GORRÍN
CATRÍN
CUATRÍN
HUITRÍN
QUITRÍN
PELANTRÍN
CONTRÍN
FIGURÍN
VULTURÍN
SIN
ASÍN
CALESÍN
CREMESÍN
CARMESÍN
MALSÍN
BOLSÍN
BALDOSÍN
LEMOSÍN
LIMOSÍN
BATÍN
CORBATÍN
CATÍN
ZARRACATÍN
CERRACATÍN
ZACATÍN
CALAFATÍN
LATÍN
VOLATÍN
ESCARLATÍN
GRANATÍN
PATÍN
CUADRATÍN
SATÍN
BATATÍN
PATATÍN
SAETÍN
ACETÍN

CALCETÍN
CAFETÍN
CAJETÍN
MALETÍN
BOLETÍN
SILLETÍN
FOLLETÍN
CORNETÍN
CHUPETÍN
GURUPETÍN
RETÍN
LIBRETÍN
ARRETÍN
MITIN
CHIQUIRRITÍN
CHIQUITÍN
ESMALTÍN
BERGANTÍN
HABLANTÍN
VOLANTÍN
TARANTÍN
LABRANTÍN
PLACENTÍN
RECENTÍN
TORMENTÍN
SERPENTÍN
FLORENTÍN
CINCUENTÍN
TINTIRINTÍN
TINTÍN
BATINTÍN
RETINTÍN
QUINTÍN
PUNTÍN
TRASPUNTÍN
TRASPUNTÍN
BOTÍN
REBOTÍN
ALBOTÍN
COTÍN
PICOTÍN
TOCOTÍN
ESCOTÍN
CONTRAESCOTÍN
PILOTÍN
MOTÍN
GARROTÍN
CHICURROTÍN
MARTÍN
ABORTÍN
FORTÍN
TRASPORTÍN
MASTÍN
DESTÍN
FESTÍN
ARESTÍN
LISTÍN
ARISTÍN
LAGOSTÍN
LANGOSTÍN
POSTÍN
AGUSTÍN
CAUTÍN
FLAUTÍN
CUIN
GÜIN
AGUÍN
FRAGÜÍN
BELLEGUÍN
TUMEGUÍN
FOLGUÍN
PIRGÜÍN
JORGUÍN
ESGUÍN
PIRHUÍN
BALDAQUIN
FAQUÍN
ALFAQUÍN
ALHAQUÍN
PLAQUÍN
CASAQUÍN
TAQUÍN
ARBEQUÍN
ARLEQUÍN
ANEQUÍN
ARNEQUÍN
PEQUÍN
LAMBREQUÍN
BOTEQUÍN
CHILTIPIQUÍN
PERIQUÍN
TIQUÍN
BOTIQUÍN
CALQUÍN
PALANQUÍN
CONTRAPALANQUÍN
NANQUÍN
BOQUÍN
BECOQUÍN
RECOQUÍN
BICOQUÍN
ADOQUÍN
RIBADOQUÍN
ALOQUÍN
MARROQUÍN
BARQUÍN
VILLABARQUÍN
TARQUÍN
MALLORQUÍN
MENORQUÍN
PASQUÍN
MAESTREPASQUÍN
SOSQUÍN
PELUQUÍN
RUIN
LLAVÍN
OCTAVÍN
CHIRIVÍN
GARVÍN
GAÓN
FLAÓN
FARAÓN
CARRAÓN
BON
ALDABÓN
HABÓN
JABÓN
ESLABÓN
RABÓN
TRABÓN
ESTRABÓN
TABÓN
CARTABÓN
ESTABÓN
CEBÓN
GREBÓN
IBÓN
CEIBÓN
LIBÓN
BRIBÓN
ARCHIBRIBÓN
CERIBÓN
SILBÓN
ESTILBÓN
AMBÓN
CAMBÓN
CHAMBÓN
JAMBÓN
BEMBÓN
BOMBÓN
TROMBÓN
COLUMBÓN
RUMBÓN
TURUMBÓN
TUMBÓN
ZUMBÓN
TAMBOBÓN
ESCOBÓN
SOBÓN
BARBÓN
CARBÓN
GARBÓN
TURBÓN
BUBÓN
JUBÓN
CON
TABACÓN
CHACÓN
MACHACÓN
FACÓN
GUAJACÓN
LACÓN
MACÓN
YANACÓN
PACÓN
EMPACÓN
BARRACÓN
CARRACÓN
ATRACÓN
CASACÓN
TACÓN
PATACÓN
ESTACÓN
MALECÓN
SECÓN
MANTECÓN
TABICÓN
IMBIBICÓN
CIBICÓN
RUBICÓN
HOCICÓN
MOJICÓN
BOBALICÓN
CATALICÓN
HELICÓN
BASILICÓN
CATOLICÓN
DIACATOLICÓN
REPLICÓN
CRONICÓN
PICÓN
SALPICÓN
TROMPICÓN
MARICÓN
ALTARICÓN
PERICÓN
BORRICÓN
INCOMPOSICÓN
ESTOMATICÓN
PRACTICÓN
POLITICÓN
CRITICÓN
MISTICÓN
LEXICÓN
BALCÓN
JABALCÓN
FALCÓN
HALCÓN
REVOLCÓN
ANCÓN
CANCÓN
VEJANCÓN
CARLANCÓN
POLLANCÓN
ZANCÓN
MOZANCÓN
ARENCÓN
HINCÓN
RINCÓN
CONCÓN
RONCÓN
TRONCÓN
BOCÓN
SOFOCÓN
ESCROCÓN
TOCÓN
PONTOCÓN
ARCÓN
BARCÓN
ABARCÓN
JABARCÓN
CARCÓN
CHARCÓN
PIARCÓN
AZARCÓN
CIRCÓN
HORCÓN
MORCÓN
CHASCÓN
GASCÓN
RASCÓN
TARASCÓN
CARRASCÓN
VASCÓN
CISCÓN
CHISCÓN
TORNISCÓN
COSCÓN
MOSCÓN
ROSCÓN
BUSCÓN
DIUCÓN
ALUCÓN
PELUCÓN
BESUCÓN
BRAVUCÓN
AZCÓN
HOBACHÓN
CACHÓN
PORACACHÓN
RICACHÓN
FRESCACHÓN
GACHÓN
HOLGACHÓN
HACHÓN
MACHÓN
BONACHÓN
PACHÓN
CORPACHÓN
TACHÓN
FORTACHÓN
MOSTACHÓN
ACECHÓN
LECHÓN
MECHÓN
ESTRECHÓN
CHICHÓN
SALCHICHÓN
PRIMICHÓN
PICHÓN
ESPICHÓN
CALCHÓN
COLCHÓN
GARGANCHÓN
LANCHÓN
PLANCHÓN
VILLANCHÓN
MANCHÓN
CARAMANCHÓN
PANCHÓN
CORPANCHÓN
MARANCHÓN
CAMARANCHÓN
CINCHÓN
CHINCHÓN
PINCHÓN
GUINCHÓN
DESCONCHÓN
RONCHÓN
BROCHÓN
GARROCHÓN
ATOCHÓN
CERCHÓN
PERCHÓN
ALPORCHÓN
BUCHÓN
ACHUCHÓN
CAPUCHÓN
ENTRUCHÓN
DON
AGADÓN
ALMOHADÓN
LADÓN
ANADÓN
ESPADÓN
AZADÓN
MACEDÓN
ALCEDÓN
BUSTRÓFEDON
CARIEDÓN
CELEDÓN
VERDECELEDÓN
COTILEDÓN
ACOTILEDÓN
DICOTILEDÓN
MONOCOTILEDÓN
COMEDÓN
SEPEDÓN
SIPEDÓN
PAREDÓN
EDREDÓN
VEREDÓN
ALMIDÓN
PIDÓN
BRIDÓN
BALDÓN
FALDÓN
GALDÓN
ESPALDÓN
RESPALDÓN
TILDÓN
ROLDÓN
ANDÓN
MACANDÓN
BLANDÓN
FILANDÓN
MANDÓN
PIRANDÓN
FACHENDÓN
REMENDÓN
PENDÓN
RENDÓN
QUERENDÓN
TENDÓN
SOBRETENDÓN
REVENDÓN
LINDÓN
REDONDÓN
FONDÓN
HONDÓN
MONDÓN
RESPONDÓN
RONDÓN
ZAMBORONDÓN
DORONDÓN
TORONDÓN
SEGUNDÓN
BODÓN
CODÓN
RIGODÓN
ALGODÓN
ALMODÓN
COMODÓN
PODÓN
ALBARDÓN
BOMBARDÓN
CARDÓN
BECARDÓN
MOSCARDÓN
ALFARDÓN
LARDÓN
GALARDÓN
GUALARDÓN
SARDÓN
TARDÓN
LERDÓN
PERDÓN
VERDÓN
BORDÓN
FABORDÓN
CORDÓN
CHORDÓN
MAXMORDÓN
SORDÓN
CHURDÓN
DESDÓN
CAUDÓN
ALCAUDÓN
GAUDÓN
EÓN
ALDEÓN
ODEÓN
RODEÓN
ACORDEÓN
ORFEÓN
LEÓN
MAGDALEÓN
GALEÓN
CAMALEÓN
RALEÓN
PELEÓN
CEDRELEÓN
ÍLEON
MILEÓN
NAPOLEÓN
PLEON
POPULEÓN
MEÓN
NEÓN
PEÓN
CAPEÓN
TORNAPEÓN
CAMPEÓN
LAMPEÓN
BERREÓN
CORREÓN
TORREÓN
ANTEÓN
PANTEÓN
ESCALAFÓN
PLAFÓN
GARRAFÓN
TAFÓN
ZAFÓN
GRIFÓN
SIFÓN
TERMOSIFÓN
TIFÓN
COLOFÓN
SAXOFÓN
ALFORFÓN
BUFÓN
AFUFÓN
RUFÓN
TUMBAGÓN
CAGÓN
DAGÓN
TRAFAGÓN
SALAGÓN
CAMAGÓN
APAGÓN
RAPAGÓN
ARAGÓN
PARAGÓN
DRAGÓN
SEMIDRAGÓN
PIRAGÓN
MARRAGÓN
PARRAGÓN
ESPARRAGÓN
TRAGÓN
ESTRAGÓN
PATAGÓN
MARTAGÓN
VAGÓN
BODEGÓN
LEGÓN
RENEGÓN
OBREGÓN
REFREGÓN

PREGÓN
ESTREGÓN
RESTREGÓN
RAIGÓN
PEDIGÓN
PERDIGÓN
VERDIGÓN
FIGÓN
VEJIGÓN
LIGÓN
HORMIGÓN
GUARNIGÓN
PERNIGÓN
ESPIGÓN
RESPIGÓN
NARIGÓN
LOMBRIGÓN
RODRIGÓN
LORIGÓN
BARRIGÓN
TRÍGON
LESTRIGÓN
AUTRIGÓN
ROSIGÓN
ALMARTIGÓN
CERVIGÓN
NALGÓN
HOLGÓN
PULGÓN
MANGÓN
PARANGÓN
TANGÓN
ZANGÓN
PRINGÓN
DONGÓN
REZONGÓN
ALBOGÓN
CUGÓN
FOGÓN
MOGÓN
ARGÓN
AMARGÓN
JERGÓN
PARERGON
GORGÓN
FURGÓN
HURGÓN
MURGÓN
RASGÓN
ARRIESGÓN
FISGÓN
PECHUGÓN
VERDUGÓN
MADRUGÓN
PELLUZGÓN
MAHÓN
BRAHÓN
ZAHÓN
ION
RABIÓN
JIBIÓN
ESPIBIÓN
BRIBIÓN
GORBIÓN
GURBIÓN
TURBIÓN
RUBIÓN
ACIÓN
LIBACIÓN
ESTRIBACIÓN
CUSTRIBACIÓN
ENTIBACIÓN
ARRUMBACIÓN
COHOBACIÓN
CONGLOBACIÓN
PROBACIÓN
APROBACIÓN
DESAPROBACIÓN
REPROBACIÓN
COMPROBACIÓN
EXACERBACIÓN
TURBACIÓN
CONTURBACIÓN
PERTURBACIÓN
MASTURBACIÓN
INCUBACIÓN
ENTUBACIÓN
INTUBACIÓN
PLACACIÓN
APLACACIÓN
VACACIÓN
OBCECACIÓN
DEFECACIÓN
PRECACIÓN
DEPRECACIÓN
IMPRECACIÓN

DESECACIÓN
RESECACIÓN
DISECACIÓN
UBICACIÓN
CUBICACIÓN
RADICACIÓN
ERRADICACIÓN
ABDICACIÓN
DEDICACIÓN
MEDICACIÓN
PREDICACIÓN
MENDICACIÓN
INDICACIÓN
CONTRAINDICACIÓN
SINDICACIÓN
VINDICACIÓN
REIVINDICACIÓN
MORDICACIÓN
CLAUDICACIÓN
JUDICACIÓN
ADJUDICACIÓN
TRAFICACIÓN
TURBIFICACIÓN
PACIFICACIÓN
ESPECIFICACIÓN
CALCIFICACIÓN
DESCALCIFICACIÓN
DULCIFICACIÓN
EDIFICACIÓN
REEDIFICACIÓN
DESEDIFICACIÓN
SOLIDIFICACIÓN
LAPIDIFICACIÓN
MUNDIFICACIÓN
CODIFICACIÓN
MODIFICACIÓN
DEIFICACIÓN
CASEIFICACIÓN
CALIFICACIÓN
SALIFICACIÓN
QUILIFICACIÓN
MOLIFICACIÓN
AMPLIFICACIÓN
EJEMPLIFICACIÓN
SIMPLIFICACIÓN
RAMIFICACIÓN
QUIMIFICACIÓN
MOMIFICACIÓN
LANIFICACIÓN
PANIFICACIÓN
ESCENIFICACIÓN
LENIFICACIÓN
DIGNIFICACIÓN
SIGNIFICACIÓN
VINIFICACIÓN
BONIFICACIÓN
SAPONIFICACIÓN
PERSONIFICACIÓN
TONIFICACIÓN
CARNIFICACIÓN
UNIFICACIÓN
SACARIFICACIÓN
ESCARIFICACIÓN
CLARIFICACIÓN
PARIFICACIÓN
LUBRIFICACIÓN
VERIFICACIÓN
ORIFICACIÓN
CALORIFICACIÓN
GLORIFICACIÓN
HONORIFICACIÓN
ELECTRIFICACIÓN
METRIFICACIÓN
PETRIFICACIÓN
VITRIFICACIÓN
PURIFICACIÓN
IMPURIFICACIÓN
GASIFICACIÓN
CLASIFICACIÓN
FALSIFICACIÓN
INTENSIFICACIÓN
OSIFICACIÓN
DOSIFICACIÓN
PROSIFICACIÓN
VERSIFICACIÓN
DIVERSIFICACIÓN
BEATIFICACIÓN
RATIFICACIÓN
GRATIFICACIÓN
ESTRATIFICACIÓN
RECTIFICACIÓN
FRUCTIFICACIÓN
ACETIFICACIÓN
PLANTIFICACIÓN
SANTIFICACIÓN
IDENTIFICACIÓN

NOTIFICACIÓN
CERTIFICACIÓN
FORTIFICACIÓN
MORTIFICACIÓN
INMORTIFICACIÓN
TESTIFICACIÓN
JUSTIFICACIÓN
SANGUIFICACIÓN
VIVIFICACIÓN
REVIVIFICACIÓN
PUBLICACIÓN
VELICACIÓN
APLICACIÓN
INAPLICACIÓN
DESAPLICACIÓN
REPLICACIÓN
TRIPLICACIÓN
MULTIPLICACIÓN
IMPLICACIÓN
COMPLICACIÓN
DUPLICACIÓN
REDUPLICACIÓN
CUADRUPLICACIÓN
SUPLICACIÓN
QUINTUPLICACIÓN
SEPTUPLICACIÓN
SEXTUPLICACIÓN
EXPLICACIÓN
FORNICACIÓN
COMUNICACIÓN
TELECOMUNICACIÓN
INCOMUNICACIÓN
EXCOMUNICACIÓN
PREVARICACIÓN
FABRICACIÓN
LUBRICACIÓN
FRICACIÓN
CONFRICACIÓN
ENTRICACIÓN
INTRICACIÓN
AUTENTICACIÓN
MASTICACIÓN
DOMESTICACIÓN
SOFISTICACIÓN
PRONOSTICACIÓN
RUSTICACIÓN
INTOXICACIÓN
AUTOINTOXICACIÓN
DESFALCACIÓN
INCULCACIÓN
CONCULCACIÓN
ESTANCACIÓN
INTRINCACIÓN
SOFOCACIÓN
SUFOCACIÓN
LOCACIÓN
COLOCACIÓN
DISLOCACIÓN
EMBROCACIÓN
RECIPROCACIÓN
VOCACIÓN
AVOCACIÓN
ADVOCACIÓN
EVOCACIÓN
REVOCACIÓN
UNIVOCACIÓN
EQUIVOCACIÓN
INVOCACIÓN
CONVOCACIÓN
PROVOCACIÓN
EMBARCACIÓN
DESEMBARCACIÓN
MARCACIÓN
DEMARCACIÓN
ALTERCACIÓN
BIFURCACIÓN
TRIFURCACIÓN
CONFISCACIÓN
OFUSCACIÓN
TRABUCACIÓN
EDUCACIÓN
REEDUCACIÓN
INEDUCACIÓN
COEDUCACIÓN
MANDUCACIÓN
DESUCACIÓN
DACIÓN
TRASLADACIÓN
ANONADACIÓN
GRADACIÓN
DEGRADACIÓN
RETROGRADACIÓN
HORADACIÓN
RECABDACIÓN
DEFEDACIÓN
AMONEDACIÓN

DESHEREDACIÓN
EXHEREDACIÓN
DEPREDACIÓN
SEDACIÓN
ELUCIDACIÓN
DILUCIDACIÓN
CANDIDACIÓN
DIFIDACIÓN
INFRIGIDACIÓN
VALIDACIÓN
REVALIDACIÓN
INVALIDACIÓN
CONVALIDACIÓN
CONSOLIDACIÓN
INTIMIDACIÓN
LAPIDACIÓN
DILAPIDACIÓN
TREPIDACIÓN
HIBRIDACIÓN
LIQUIDACIÓN
OXIDACIÓN
DESOXIDACIÓN
MANDACIÓN
EMENDACIÓN
ENMENDACIÓN
COMENDACIÓN
RECOMENDACIÓN
REFRENDACIÓN
ARRENDACIÓN
FECUNDACIÓN
FUNDACIÓN
EMUNDACIÓN
INUNDACIÓN
ACOMODACIÓN
NODACIÓN
RETARDACIÓN
ACORDACIÓN
RECORDACIÓN
CONCORDACIÓN
SATISDACIÓN
RECAUDACIÓN
DEFRAUDACIÓN
ENFEUDACIÓN
INFEUDACIÓN
SALUDACIÓN
DEMUDACIÓN
TRASMUDACIÓN
TRANSMUDACIÓN
DENUDACIÓN
TRASUDACIÓN
DESUDACIÓN
RESUDACIÓN
EXUDACIÓN
FABEACIÓN
IDEACIÓN
ALEACIÓN
PALEACIÓN
ENUCLEACIÓN
ALINEACIÓN
DESALINEACIÓN
DELINEACIÓN
INTERLINEACIÓN
CREACIÓN
RECREACIÓN
PROCREACIÓN
DIFARREACIÓN
CONFARREACIÓN
CASEACIÓN
VAGUEACIÓN
FOGUEACIÓN
BLANQUEACIÓN
FACIÓN
PREFACIÓN
INDAGACIÓN
PROPAGACIÓN
EVAGACIÓN
DIVAGACIÓN
LEGACIÓN
ALEGACIÓN
DELEGACIÓN
SUBDELEGACIÓN
RELEGACIÓN
NEGACIÓN
ANEGACIÓN
ABNEGACIÓN
DENEGACIÓN
FREGACIÓN
AGREGACIÓN
DESAGREGACIÓN
SEGREGACIÓN
CONGREGACIÓN
DISGREGACIÓN
NAVEGACIÓN
CIRCUNNAVEGACIÓN
LIGACIÓN
ALIGACIÓN

OBLIGACIÓN
RELIGACIÓN
COLIGACIÓN
FUMIGACIÓN
SUFUMIGACIÓN
IRRIGACIÓN
FATIGACIÓN
LITIGACIÓN
MITIGACIÓN
CASTIGACIÓN
INVESTIGACIÓN
INSTIGACIÓN
FUSTIGACIÓN
NAVIGACIÓN
LEVIGACIÓN
DESCOMULGACIÓN
EXCOMULGACIÓN
PROMULGACIÓN
DIVULGACIÓN
JERINGACIÓN
ELONGACIÓN
PROLONGACIÓN
DIPTONGACIÓN
CATALOGACIÓN
EPILOGACIÓN
HOMOLOGACIÓN
ROGACIÓN
ABROGACIÓN
SUBROGACIÓN
EROGACIÓN
DEROGACIÓN
SUPEREROGACIÓN
ARROGACIÓN
INTERROGACIÓN
IRROGACIÓN
PRORROGACIÓN
POSTERGACIÓN
PURGACIÓN
COMPURGACIÓN
EXPURGACIÓN
CONJUGACIÓN
ARRUGACIÓN
CORRUGACIÓN
SUBYUGACIÓN
GLACIACIÓN
EMACIACIÓN
APRECIACIÓN
DEPRECIACIÓN
JUSTIPRECIACIÓN
BENEFICIACIÓN
INICIACIÓN
PROPICIACIÓN
SUBSTANCIACIÓN
TRANSUBSTANCIACIÓN
CONSUBSTANCIACIÓN
SUSTANCIACIÓN
DIFERENCIACIÓN
ANUNCIACIÓN
ENUNCIACIÓN
DENUNCIACIÓN
RENUNCIACIÓN
PRONUNCIACIÓN
NEGOCIACIÓN
ASOCIACIÓN
DISOCIACIÓN
RADIACIÓN
IRRADIACIÓN
MEDIACIÓN
INMEDIACIÓN
REPUDIACIÓN
DESAFIACIÓN
COLEGIACIÓN
PALIACIÓN
CONCILIACIÓN
RECONCILIACIÓN
FILIACIÓN
AFILIACIÓN
HUMILIACIÓN
FOLIACIÓN
DEFOLIACIÓN
PREFOLIACIÓN
EXFOLIACIÓN
EXPOLIACIÓN
AMPLIACIÓN
AGREMIACIÓN
APROPIACIÓN
DESAPROPIACIÓN
EXPROPIACIÓN
EXPIACIÓN
VARIACIÓN
INVARIACIÓN
CRIACIÓN
ENCORIACIÓN
ESCORIACIÓN
EXCORIACIÓN
REPATRIACIÓN

EXPATRIACIÓN
ESTRIACIÓN
AVIACIÓN
DEVIACIÓN
ABREVIACIÓN
LIXIVIACIÓN
DESVIACIÓN
RELAJACIÓN
DEJACIÓN
VEJACIÓN
FIJACIÓN
AFIJACIÓN
DESAFIJACIÓN
PREFIJACIÓN
PROHIJACIÓN
ELIJACIÓN
LUJACIÓN
INTERCALACIÓN
INHALACIÓN
EXHALACIÓN
ESTALACIÓN
INSTALACIÓN
REINSTALACIÓN
IGUALACIÓN
CONTRAVALACIÓN
CIRCUNVALACIÓN
ABLACIÓN
ENTABLACIÓN
OBLACIÓN
POBLACIÓN
REPOBLACIÓN
DESPOBLACIÓN
ELACIÓN
DEBELACIÓN
CANCELACIÓN
ENCARCELACIÓN
EXCARCELACIÓN
PARCELACIÓN
DELACIÓN
PUDELACIÓN
FLAGELACIÓN
CONGELACIÓN
ANHELACIÓN
APELACIÓN
COPELACIÓN
INTERPELACIÓN
RELACIÓN
PRELACIÓN
CORRELACIÓN
ANTELACIÓN
CONSTELACIÓN
COSTELACIÓN
HIJUELACIÓN
VELACIÓN
REVELACIÓN
NIVELACIÓN
DESNIVELACIÓN
DEFLACIÓN
INFLACIÓN
CONFLACIÓN
SUFLACIÓN
INSUFLACIÓN
ILACIÓN
ASIBILACIÓN
JUBILACIÓN
OBNUBILACIÓN
VACILACIÓN
REFOCILACIÓN
OSCILACIÓN
DILACIÓN
SIGILACIÓN
ANIHILACIÓN
ASIMILACIÓN
DESASIMILACIÓN
DISIMILACIÓN
DEPILACIÓN
HORRIPILACIÓN
COMPILACIÓN
OPILACIÓN
COPILACIÓN
RECOPILACIÓN
DESOPILACIÓN
TITILACIÓN
CENTILACIÓN
VENTILACIÓN
DESTILACIÓN
DISTILACIÓN
INSTILACIÓN
POSTILACIÓN
MUTILACIÓN
ANIQUILACIÓN
CAVILACIÓN
COLACIÓN
DECOLACIÓN
VIOLACIÓN
INMOLACIÓN

INTERPOLACIÓN
PROLACIÓN
ASOLACIÓN
DESOLACIÓN
INSOLACIÓN
CONSOLACIÓN
DESCONSOLACIÓN
TEMPLACIÓN
CONTEMPLACIÓN
SUPERLACIÓN
TRASLACIÓN
LEGISLACIÓN
TRANSLACIÓN
FABULACIÓN
AFABULACIÓN
CONFABULACIÓN
ESTABULACIÓN
TRIBULACIÓN
ATRIBULACIÓN
AMBULACIÓN
INSACULACIÓN
DESINSACULACIÓN
EYACULACIÓN
ESPECULACIÓN
PANDICULACIÓN
DENTICULACIÓN
ARTICULACIÓN
DESARTICULACIÓN
GESTICULACIÓN
CALCULACIÓN
VINCULACIÓN
DESVINCULACIÓN
INOCULACIÓN
CIRCULACIÓN
EMASCULACIÓN
ADULACIÓN
ONDULACIÓN
UNDULACIÓN
MODULACIÓN
COAGULACIÓN
REGULACIÓN
TRIANGULACIÓN
ESTRANGULACIÓN
EMULACIÓN
SIMULACIÓN
DISIMULACIÓN
ESTIMULACIÓN
COMULACIÓN
CUMULACIÓN
ACUMULACIÓN
ANULACIÓN
GRANULACIÓN
VAPULACIÓN
MANIPULACIÓN
TRIPULACIÓN
ESTIPULACIÓN
POPULACIÓN
DEPOPULACIÓN
GRATULACIÓN
CONGRATULACIÓN
CAPITULACIÓN
RECAPITULACIÓN
OPITULACIÓN
INTITULACIÓN
ROTULACIÓN
POSTULACIÓN
OVULACIÓN
BALLACIÓN
CONTRALLACIÓN
HUMILLACIÓN
COLLACIÓN
DEGOLLACIÓN
AMACIÓN
ENCAMACIÓN
DESCAMACIÓN
DESAFAMACIÓN
DIFAMACIÓN
INFAMACIÓN
DISFAMACIÓN
AMALGAMACIÓN
ACLAMACIÓN
DECLAMACIÓN
RECLAMACIÓN
PROCLAMACIÓN
EXCLAMACIÓN
INFLAMACIÓN
GEMACIÓN
CREMACIÓN
POSTEMACIÓN
APOSTEMACIÓN
SUBLIMACIÓN
COLIMACIÓN
ANIMACIÓN
EXANIMACIÓN
LACRIMACIÓN
EMPRIMACIÓN

IMPRIMACIÓN
LEGITIMACIÓN
ULTIMACIÓN
INTIMACIÓN
ESTIMACIÓN
DESESTIMACIÓN
EXISTIMACIÓN
APROXIMACIÓN
CARMACIÓN
AFIRMACIÓN
CONFIRMACIÓN
FORMACIÓN
DEFORMACIÓN
REFORMACIÓN
MALFORMACIÓN
INFORMACIÓN
CONFORMACIÓN
TRASFORMACIÓN
TRANSFORMACIÓN
ESFUMACIÓN
INHUMACIÓN
TRASHUMACIÓN
EXHUMACIÓN
DESPUMACIÓN
CONSUMACIÓN
NACIÓN
PROFANACIÓN
EXPLANACIÓN
EMANACIÓN
IMANACIÓN
DIMANACIÓN
DESIMANACIÓN
TREPANACIÓN
SUBSANACIÓN
ENCADENACIÓN
CONDENACIÓN
ORDENACIÓN
DESORDENACIÓN
DESOXIGENACIÓN
ALIENACIÓN
AJENACIÓN
ENAJENACIÓN
ARENACIÓN
ENARENACIÓN
DESENFRENACIÓN
CONCATENACIÓN
VENACIÓN
AGNACIÓN
IMPREGNACIÓN
DIGNACIÓN
INDIGNACIÓN
ASIGNACIÓN
DESIGNACIÓN
RESIGNACIÓN
CONSIGNACIÓN
CONTIGNACIÓN
COGNACIÓN
IMPUGNACIÓN
OPUGNACIÓN
PROPUGNACIÓN
EXPUGNACIÓN
BINACIÓN
COMBINACIÓN
HACINACIÓN
CALCINACIÓN
RACIOCINACIÓN
FASCINACIÓN
ALUCINACIÓN
INCARDINACIÓN
ORDINACIÓN
SUBORDINACIÓN
INSUBORDINACIÓN
PREORDINACIÓN
COORDINACIÓN
AFINACIÓN
DESAFINACIÓN
REFINACIÓN
CONFINACIÓN
IMAGINACIÓN
PAGINACIÓN
COMPAGINACIÓN
INVAGINACIÓN
DECLINACIÓN
RECLINACIÓN
INCLINACIÓN
CONTAMINACIÓN
EXAMINACIÓN
REEXAMINACIÓN
AFEMINACIÓN
EFEMINACIÓN
GEMINACIÓN
DISEMINACIÓN
ELIMINACIÓN
CRIMINACIÓN
ACRIMINACIÓN
RECRIMINACIÓN

INCRIMINACIÓN
DISCRIMINACIÓN
CULMINACIÓN
FULMINACIÓN
CONMINACIÓN
ABOMINACIÓN
DOMINACIÓN
PREDOMINACIÓN
NOMINACIÓN
DENOMINACIÓN
AGNOMINACIÓN
TRASNOMINACIÓN
GERMINACIÓN
TERMINACIÓN
DETERMINACIÓN
PREDETERMINACIÓN
INDETERMINACIÓN
INTERMINACIÓN
EXTERMINACIÓN
LUMINACIÓN
ILUMINACIÓN
PROPINACIÓN
SUPINACIÓN
DESFIBRINACIÓN
PEREGRINACIÓN
RESINACIÓN
OBSTINACIÓN
DESTINACIÓN
PREDESTINACIÓN
FESTINACIÓN
AGLUTINACIÓN
CONGLUTINACIÓN
MAQUINACIÓN
DIVINACIÓN
ADIVINACIÓN
DAMNACIÓN
DONACIÓN
CONDONACIÓN
FONACIÓN
MOJONACIÓN
CORONACIÓN
PRONACIÓN
RESONACIÓN
DETONACIÓN
ENTONACIÓN
DESENTONACIÓN
CARNACIÓN
ENCARNACIÓN
REENCARNACIÓN
GOBERNACIÓN
GUBERNACIÓN
ENCUADERNACIÓN
REENCUADERNACIÓN
ALTERNACIÓN
INTERNACIÓN
CONSTERNACIÓN
PROSTERNACIÓN
SOBORNACIÓN
ADORNACIÓN
EXORNACIÓN
EBURNACIÓN
VACUNACIÓN
REVACUNACIÓN
ADUNACIÓN
COADUNACIÓN
LUNACIÓN
IMPORTUNACIÓN
DAÑACIÓN
EXTRAÑACIÓN
EMPREÑACIÓN
SOÑACIÓN
ACUÑACIÓN
REACUÑACIÓN
INCOACIÓN
PACIÓN
INCREPACIÓN
ANTICIPACIÓN
PARTICIPACIÓN
COPARTICIPACIÓN
MANCIPACIÓN
EMANCIPACIÓN
DISIPACIÓN
CONSTIPACIÓN
PALPACIÓN
CULPACIÓN
INCULPACIÓN
DISCULPACIÓN
EXCULPACIÓN
ESTAMPACIÓN
EXTIRPACIÓN
USURPACIÓN
OCUPACIÓN
PREOCUPACIÓN
DESPREOCUPACIÓN
DESOCUPACIÓN
AGRUPACIÓN

RACIÓN
ACLARACIÓN
DECLARACIÓN
REPARACIÓN
PREPARACIÓN
SEPARACIÓN
EQUIPARACIÓN
COMPARACIÓN
DESENCANTARACIÓN
CELEBRACIÓN
LIBRACIÓN
CALIBRACIÓN
DELIBRACIÓN
VIBRACIÓN
REMEMBRACIÓN
DESMEMBRACIÓN
DISMEMBRACIÓN
ADUMBRACIÓN
RECOBRACIÓN
LUCUBRACIÓN
DEMACRACIÓN
OBSECRACIÓN
CONSECRACIÓN
EXECRACIÓN
ENGENDRACIÓN
AERACIÓN
LIBERACIÓN
DELIBERACIÓN
INDELIBERACIÓN
VERBERACIÓN
REVERBERACIÓN
TRASVERBERACIÓN
TRANSVERBERACIÓN
CERACIÓN
ACERACIÓN
LACERACIÓN
DILACERACIÓN
MACERACIÓN
ULCERACIÓN
EXULCERACIÓN
EXCARCERACIÓN
MADERACIÓN
ENMADERACIÓN
FEDERACIÓN
CONFEDERACIÓN
CONSIDERACIÓN
INCONSIDERACIÓN
DESCONSIDERACIÓN
PONDERACIÓN
MODERACIÓN
INMODERACIÓN
VOCIFERACIÓN
PROLIFERACIÓN
EXAGERACIÓN
REFRIGERACIÓN
MORIGERACIÓN
ACELERACIÓN
TOLERACIÓN
AGLOMERACIÓN
CONGLOMERACIÓN
NUMERACIÓN
ANUMERACIÓN
ENUMERACIÓN
GENERACIÓN
DEGENERACIÓN
REGENERACIÓN
VENERACIÓN
CINERACIÓN
INCINERACIÓN
VULNERACIÓN
EXONERACIÓN
REMUNERACIÓN
TEMPERACIÓN
ATEMPERACIÓN
OPERACIÓN
COOPERACIÓN
EXASPERACIÓN
ESPERACIÓN
DESPERACIÓN
DESESPERACIÓN
DEPAUPERACIÓN
RECUPERACIÓN
SUPERACIÓN
VITUPERACIÓN
MISERACIÓN
CONMISERACIÓN
ITERACIÓN
REITERACIÓN
ALITERACIÓN
OBLITERACIÓN
TRANSLITERACIÓN
ALTERACIÓN
ADULTERACIÓN
PREPOSTERACIÓN
ADVERACIÓN
ASEVERACIÓN

DEFLAGRACIÓN
CONFLAGRACIÓN
CONSAGRACIÓN
LEGRACIÓN
INTEGRACIÓN
REINTEGRACIÓN
DESINTEGRACIÓN
MIGRACIÓN
EMIGRACIÓN
INMIGRACIÓN
TRASMIGRACIÓN
TRANSMIGRACIÓN
DENIGRACIÓN
ADMIRACIÓN
ASPIRACIÓN
TRASPIRACIÓN
ESPIRACIÓN
RESPIRACIÓN
TRANSPIRACIÓN
INSPIRACIÓN
CONSPIRACIÓN
EXPIRACIÓN
RETIRACIÓN
ORACIÓN
ELABORACIÓN
COLABORACIÓN
ROBORACIÓN
CORROBORACIÓN
DECORACIÓN
CONDECORACIÓN
EDULCORACIÓN
ADORACIÓN
PERFORACIÓN
IMPERFORACIÓN
DETERIORACIÓN
VALORACIÓN
FLORACIÓN
PREFLORACIÓN
DESFLORACIÓN
COLORACIÓN
DECOLORACIÓN
IMPLORACIÓN
EXPLORACIÓN
REMEMORACIÓN
CONMEMORACIÓN
CONMORACIÓN
MARMORACIÓN
MENORACIÓN
IGNORACIÓN
PIGNORACIÓN
MINORACIÓN
AMINORACIÓN
HONORACIÓN
VAPORACIÓN
EVAPORACIÓN
CORPORACIÓN
INCORPORACIÓN
REINCORPORACIÓN
PERORACIÓN
EXPECTORACIÓN
CONFARRACIÓN
NARRACIÓN
ENARRACIÓN
ABERRACIÓN
SUSURRACIÓN
PENETRACIÓN
COMPENETRACIÓN
IMPETRACIÓN
PERPETRACIÓN
ARBITRACIÓN
FILTRACIÓN
INFILTRACIÓN
CONCENTRACIÓN
RECONCENTRACIÓN
SUBINTRACIÓN
CASTRACIÓN
SECUESTRACIÓN
MINISTRACIÓN
SUBMINISTRACIÓN
ADMINISTRACIÓN
SUMINISTRACIÓN
DEMONSTRACIÓN
MOSTRACIÓN
DEMOSTRACIÓN
POSTRACIÓN
INCLAUSTRACIÓN
EXCLAUSTRACIÓN
LUSTRACIÓN
ILUSTRACIÓN
FRUSTRACIÓN
RESTAURACIÓN
INSTAURACIÓN
CARBURACIÓN
DESCARBURACIÓN
CURACIÓN
PROCURACIÓN

OBSCURACIÓN
DURACIÓN
MADURACIÓN
OBDURACIÓN
INDURACIÓN
PERDURACIÓN
ASEGURACIÓN
FIGURACIÓN
PREFIGURACIÓN
CONFIGURACIÓN
TRASFIGURACIÓN
DESFIGURACIÓN
TRANSFIGURACIÓN
FULGURACIÓN
AUGURACIÓN
INAUGURACIÓN
ABJURACIÓN
ADJURACIÓN
CONJURACIÓN
MURMURACIÓN
APURACIÓN
DEPURACIÓN
SUPURACIÓN
RASURACIÓN
APRESURACIÓN
CONMENSURACIÓN
TURACIÓN
DESNATURACIÓN
SATURACIÓN
OBTURACIÓN
FACTURACIÓN
ESTRUCTURACIÓN
TRITURACIÓN
MOLTURACIÓN
ROTURACIÓN
ASACIÓN
CASACIÓN
TRASPASACIÓN
ENGRASACIÓN
TASACIÓN
RETASACIÓN
EXTRAVASACIÓN
CESACIÓN
IRISACIÓN
AVISACIÓN
IMPROVISACIÓN
PULSACIÓN
COMPULSACIÓN
INCENSACIÓN
CONDENSACIÓN
COMPENSACIÓN
RECOMPENSACIÓN
DISPENSACIÓN
SENSACIÓN
DESPOSACIÓN
TERGIVERSACIÓN
MALVERSACIÓN
CONVERSACIÓN
IMBURSACIÓN
USACIÓN
ACUSACIÓN
RECUSACIÓN
INCUSACIÓN
EXCUSACIÓN
SULFATACIÓN
DILATACIÓN
DESPLATACIÓN
MATACIÓN
ACLIMATACIÓN
NATACIÓN
HIDRATACIÓN
DESHIDRATACIÓN
RETRATACIÓN
CONTRATACIÓN
LACTACIÓN
RETRACTACIÓN
CONTRACTACIÓN
AFECTACIÓN
DELECTACIÓN
COLECTACIÓN
HUMECTACIÓN
EXPECTACIÓN
DESINSECTACIÓN
VECTACIÓN
ERUCTACIÓN
FETACIÓN
SUPERFETACIÓN
VEGETACIÓN
QUIETACIÓN
INQUIETACIÓN
CASTRAMETACIÓN
DECRETACIÓN
INTERPRETACIÓN
HABITACIÓN
COHABITACIÓN
DUBITACIÓN

CITACIÓN
RECITACIÓN
LICITACIÓN
FELICITACIÓN
POLICITACIÓN
SOLICITACIÓN
INCITACIÓN
CONCITACIÓN
EJERCITACIÓN
SUSCITACIÓN
RESUCITACIÓN
EXCITACIÓN
SOBREEXCITACIÓN
SOBREXCITACIÓN
MEDITACIÓN
PREMEDITACIÓN
IMPREMEDITACIÓN
SUPEDITACIÓN
DELEITACIÓN
AGITACIÓN
PRESTIDIGITACIÓN
COGITACIÓN
REGURGITACIÓN
INGURGITACIÓN
HITACIÓN
LITACIÓN
HABILITACIÓN
REHABILITACIÓN
INHABILITACIÓN
DEBILITACIÓN
FACILITACIÓN
TRAMITACIÓN
IMITACIÓN
LIMITACIÓN
EXTRALIMITACIÓN
TRANSLIMITACIÓN
CAPITACIÓN
DECAPITACIÓN
CREPITACIÓN
DECREPITACIÓN
PRECIPITACIÓN
PALPITACIÓN
PERITACIÓN
IRRITACIÓN
HESITACIÓN
VISITACIÓN
QUITACIÓN
EQUITACIÓN
GRAVITACIÓN
EVITACIÓN
INVITACIÓN
SALTACIÓN
AVILTACIÓN
OCULTACIÓN
AUSCULTACIÓN
CONSULTACIÓN
EXULTACIÓN
DECANTACIÓN
RECANTACIÓN
ENCANTACIÓN
INCANTACIÓN
PLANTACIÓN
REPLANTACIÓN
IMPLANTACIÓN
DESPLANTACIÓN
SUPLANTACIÓN
IMANTACIÓN
DESIMANTACIÓN
PLACENTACIÓN
ORIENTACIÓN
DESORIENTACIÓN
LAMENTACIÓN
REGLAMENTACIÓN
ORNAMENTACIÓN
SACRAMENTACIÓN
CEMENTACIÓN
FRAGMENTACIÓN
SEGMENTACIÓN
AUGMENTACIÓN
CIMENTACIÓN
SEDIMENTACIÓN
CONDIMENTACIÓN
ALIMENTACIÓN
SOBREALIMENTACIÓN
EXPERIMENTACIÓN
PAVIMENTACIÓN
COMENTACIÓN
FOMENTACIÓN
FERMENTACIÓN
AUMENTACIÓN
DOCUMENTACIÓN
ARGUMENTACIÓN
INSTRUMENTACIÓN
PARENTACIÓN
AFRENTACIÓN
ASENTACIÓN

PRESENTACIÓN
REPRESENTACIÓN
TENTACIÓN
ATENTACIÓN
DETENTACIÓN
CONTENTACIÓN
OSTENTACIÓN
SUSTENTACIÓN
FRECUENTACIÓN
CRUENTACIÓN
INVENTACIÓN
AFRONTACIÓN
CONFRONTACIÓN
PUNTACIÓN
APUNTACIÓN
AYUNTACIÓN
REBOTACIÓN
ACOTACIÓN
DOTACIÓN
INDOTACIÓN
FLOTACIÓN
EXPLOTACIÓN
NOTACIÓN
ANOTACIÓN
DENOTACIÓN
CONNOTACIÓN
POTACIÓN
ROTACIÓN
FROTACIÓN
VOTACIÓN
CAPTACIÓN
ADAPTACIÓN
INADAPTACIÓN
COAPTACIÓN
ACEPTACIÓN
INTERCEPTACIÓN
DISCEPTACIÓN
EXCEPTACIÓN
OPTACIÓN
ADOPTACIÓN
ENCARTACIÓN
COARTACIÓN
APARTACIÓN
CONCERTACIÓN
ENJERTACIÓN
DISERTACIÓN
CONFORTACIÓN
EXHORTACIÓN
APORTACIÓN
DEPORTACIÓN
REPORTACIÓN
IMPORTACIÓN
REIMPORTACIÓN
TRASPORTACIÓN
TRANSPORTACIÓN
SUPORTACIÓN
EXPORTACIÓN
CURTACIÓN
SUBASTACIÓN
VASTACIÓN
DEVASTACIÓN
ESTACIÓN
MANIFESTACIÓN
INFESTACIÓN
GESTACIÓN
AMONESTACIÓN
SECRESTACIÓN
FORESTACIÓN
PRESTACIÓN
TESTACIÓN
ATESTACIÓN
OBTESTACIÓN
DETESTACIÓN
CONTESTACIÓN
LITISCONTESTACIÓN
PROTESTACIÓN
CUESTACIÓN
ORQUESTACIÓN
AEROSTACIÓN
GUSTACIÓN
DEGUSTACIÓN
PREGUSTACIÓN
INCRUSTACIÓN
INCAUTACIÓN
TRIBUTACIÓN
REFUTACIÓN
CONFUTACIÓN
SALUTACIÓN
RESALUTACIÓN
MUTACIÓN
INMUTACIÓN
CONMUTACIÓN
PERMUTACIÓN
TRASMUTACIÓN
TRANSMUTACIÓN
NUTACIÓN

REPUTACIÓN
DESREPUTACIÓN
DIPUTACIÓN
AMPUTACIÓN
IMPUTACIÓN
COMPUTACIÓN
DISPUTACIÓN
SUPUTACIÓN
ERUTACIÓN
EVACUACIÓN
ECUACIÓN
ADECUACIÓN
INADECUACIÓN
LICUACIÓN
COLICUACIÓN
APROPINCUACIÓN
ARCUACIÓN
PROMISCUACIÓN
GRADUACIÓN
INDIVIDUACIÓN
AVERIGUACIÓN
AMORTIGUACIÓN
ATESTIGUACIÓN
VALUACIÓN
AVALUACIÓN
EVALUACIÓN
ATENUACIÓN
EXTENUACIÓN
INSINUACIÓN
CONTINUACIÓN
DESCONTINUACIÓN
DISCONTINUACIÓN
MENSTRUACIÓN
INFATUACIÓN
ACTUACIÓN
EFECTUACIÓN
FLUCTUACIÓN
PERPETUACIÓN
HABITUACIÓN
DESHABITUACIÓN
SITUACIÓN
TUMULTUACIÓN
ACENTUACIÓN
PUNTUACIÓN
EXCEPTUACIÓN
ESTUACIÓN
SOCAVACIÓN
EXCAVACIÓN
LAVACIÓN
ENCLAVACIÓN
AGRAVACIÓN
REAGRAVACIÓN
DESGRAVACIÓN
DEPRAVACIÓN
SUBLEVACIÓN
ELEVACIÓN
RELEVACIÓN
SOLEVACIÓN
CABREVACIÓN
SALIVACIÓN
INSALIVACIÓN
DERIVACIÓN
PRIVACIÓN
CORRIVACIÓN
ADJETIVACIÓN
CULTIVACIÓN
MOTIVACIÓN
DECALVACIÓN
SALVACIÓN
OVACIÓN
NOVACIÓN
RENOVACIÓN
INNOVACIÓN
COACERVACIÓN
ENERVACIÓN
INERVACIÓN
OBSERVACIÓN
RESERVACIÓN
PRESERVACIÓN
CONSERVACIÓN
LAXACIÓN
LUXACIÓN
JUDAIZACIÓN
ARABIZACIÓN
LAICIZACIÓN
FECUNDIZACIÓN
ALCALIZACIÓN
LOCALIZACIÓN
VOCALIZACIÓN
FISCALIZACIÓN
IDEALIZACIÓN
REALIZACIÓN
LEGALIZACIÓN
ESPECIALIZACIÓN
SOCIALIZACIÓN
INDUSTRIALIZACIÓN

ANIMALIZACIÓN
NORMALIZACIÓN
CANALIZACIÓN
NACIONALIZACIÓN
MUNICIPALIZACIÓN
PARALIZACIÓN
GENERALIZACIÓN
MINERALIZACIÓN
DESMINERALIZACIÓN
MURALIZACIÓN
DESMURALIZACIÓN
CENTRALIZACIÓN
DESCENTRALIZACIÓN
NEUTRALIZACIÓN
NATURALIZACIÓN
CONNATURALIZACIÓN
DESNATURALIZACIÓN
NASALIZACIÓN
METALIZACIÓN
CAPITALIZACIÓN
CRISTALIZACIÓN
ESPIRITUALIZACIÓN
EVANGELIZACIÓN
IMPERMEABILIZACIÓN
ESTABILIZACIÓN
ESTERILIZACIÓN
FOSILIZACIÓN
VOLATILIZACIÓN
ESTILIZACIÓN
UTILIZACIÓN
CIVILIZACIÓN
MOVILIZACIÓN
INMOVILIZACIÓN
DESMOVILIZACIÓN
SIMBOLIZACIÓN
PROTOCOLIZACIÓN
ALCOHOLIZACIÓN
ESPAÑOLIZACIÓN
ELECTROLIZACIÓN
DESCATOLIZACIÓN
TUBERCULIZACIÓN
ATOMIZACIÓN
CLOROFORMIZACIÓN
URBANIZACIÓN
VULCANIZACIÓN
ORGANIZACIÓN
REORGANIZACIÓN
DESORGANIZACIÓN
CRISTIANIZACIÓN
ROMANIZACIÓN
GERMANIZACIÓN
TIMPANIZACIÓN
TIRANIZACIÓN
GALVANIZACIÓN
POLINIZACIÓN
LATINIZACIÓN
DIVINIZACIÓN
INDEMNIZACIÓN
CARBONIZACIÓN
PRECONIZACIÓN
COLONIZACIÓN
ARMONIZACIÓN
HARMONIZACIÓN
CANONIZACIÓN
ENTRONIZACIÓN
SINTONIZACIÓN
INMUNIZACIÓN
VULGARIZACIÓN
POLARIZACIÓN
DESPOLARIZACIÓN
SECULARIZACIÓN
POPULARIZACIÓN
DESPOPULARIZACIÓN
MILITARIZACIÓN
ETERIZACIÓN
PASTERIZACIÓN
CAUTERIZACIÓN
PULVERIZACIÓN
HERBORIZACIÓN
METEORIZACIÓN
EXTERIORIZACIÓN
VALORIZACIÓN
DESVALORIZACIÓN
SONORIZACIÓN
VAPORIZACIÓN
CONTEMPORIZACIÓN
AUTORIZACIÓN
DESAUTORIZACIÓN
PULVORIZACIÓN
CICATRIZACIÓN
ELECTRIZACIÓN
DESELECTRIZACIÓN
MEDIATIZACIÓN
DRAMATIZACIÓN
SISTEMATIZACIÓN
AROMATIZACIÓN

HEPATIZACIÓN
DEMOCRATIZACIÓN
DESRATIZACIÓN
MAGNETIZACIÓN
MONETIZACIÓN
DESMONETIZACIÓN
POETIZACIÓN
COTIZACIÓN
NARCOTIZACIÓN
HIPNOTIZACIÓN
AMORTIZACIÓN
DESAMORTIZACIÓN
CABCIÓN
ACCIÓN
REDACCIÓN
REACCIÓN
FACCIÓN
CONTRAFACCIÓN
RUBEFACCIÓN
MADEFACCIÓN
CALEFACCIÓN
TUMEFACCIÓN
ESTUPEFACCIÓN
REFACCIÓN
AREFACCIÓN
RAREFACCIÓN
TORREFACCIÓN
PUTREFACCIÓN
LICUEFACCIÓN
TESTAMENTIFACCIÓN
OLFACCIÓN
CONFACCIÓN
DESFACCIÓN
SATISFACCIÓN
INACCIÓN
COACCIÓN
RETROACCIÓN
PACCIÓN
FRACCIÓN
REFRACCIÓN
DIFRACCIÓN
INFRACCIÓN
CONFRACCIÓN
TRACCIÓN
ATRACCIÓN
DETRACCIÓN
RETRACCIÓN
CONTRACCIÓN
RETROTRACCIÓN
ABSTRACCIÓN
SUBSTRACCIÓN
DISTRACCIÓN
SUSTRACCIÓN
EXTRACCIÓN
TRANSACCIÓN
EXACCIÓN
AFECCIÓN
DESAFECCIÓN
DEFECCIÓN
REFECCIÓN
INFECCIÓN
DESINFECCIÓN
CONFECCIÓN
PERFECCIÓN
IMPERFECCIÓN
INTERJECCIÓN
LECCIÓN
ELECCIÓN
SABELECCIÓN
REELECCIÓN
SELECCIÓN
INTELECCIÓN
DILECCIÓN
PREDILECCIÓN
COLECCIÓN
RECOLECCIÓN
INSPECCIÓN
SUBINSPECCIÓN
CIRCUNSPECCIÓN
INTROSPECCIÓN
SUSPECCIÓN
ERECCIÓN
DIRECCIÓN
SUBDIRECCIÓN
CORRECCIÓN
INCORRECCIÓN
RESURRECCIÓN
INSURRECCIÓN
SECCIÓN
RESECCIÓN
BISECCIÓN
DISECCIÓN
TRISECCIÓN
VIVISECCIÓN
INTERSECCIÓN
PROTECCIÓN

EVECCIÓN
ABYECCIÓN
DEYECCIÓN
INYECCIÓN
PROYECCIÓN
DICCIÓN
ADICCIÓN
CONTRADICCIÓN
PREDICCIÓN
INDICCIÓN
INTERDICCIÓN
JURISDICCIÓN
FICCIÓN
AFLICCIÓN
MICCIÓN
FRICCIÓN
ANTIFRICCIÓN
ASTRICCIÓN
ADSTRICCIÓN
RESTRICCIÓN
CONSTRICCIÓN
EVICCIÓN
CONVICCIÓN
COCCIÓN
DECOCCIÓN
AUCCIÓN
ADUCCIÓN
TRADUCCIÓN
ABDUCCIÓN
EDUCCIÓN
DEDUCCIÓN
REDUCCIÓN
SEDUCCIÓN
INDUCCIÓN
CONDUCCIÓN
RECONDUCCIÓN
PRODUCCIÓN
REPRODUCCIÓN
SOBREPRODUCCIÓN
INTRODUCCIÓN
OBSTRUCCIÓN
DESOBSTRUCCIÓN
DESTRUCCIÓN
INSTRUCCIÓN
CONSTRUCCIÓN
RECONSTRUCCIÓN
SUCCIÓN
CECIÓN
OBJECIÓN
SUJECIÓN
LECIÓN
REPLECIÓN
SUPLECIÓN
ESLECIÓN
SECRECIÓN
CONCRECIÓN
DISCRECIÓN
INDISCRECIÓN
EXCRECIÓN
EMBAICIÓN
TRAICIÓN
REDHIBICIÓN
RATIHIBICIÓN
INHIBICIÓN
COHIBICIÓN
PROHIBICIÓN
EXHIBICIÓN
AMBICIÓN
SORBICIÓN
CICIÓN
ADICIÓN
TRADICIÓN
EXTRADICIÓN
EDICIÓN
DEDICIÓN
MEDICIÓN
REMEDICIÓN
COMEDICIÓN
EXPEDICIÓN
REEXPEDICIÓN
REDICIÓN
SEDICIÓN
MALDICIÓN
BENDICIÓN
EXPENDICIÓN
RENDICIÓN
VENDICIÓN
RETROVENDICIÓN
CONDICIÓN
FUNDICIÓN
REFUNDICIÓN
TRASFUNDICIÓN
TRANSFUNDICIÓN
HUNDICIÓN
TUNDICIÓN
PRODICIÓN

PERDICIÓN
AUDICIÓN
ERUDICIÓN
AFICIÓN
DESAFICIÓN
INFICIÓN
CONFICIÓN
LARGICIÓN
LICIÓN
COALICIÓN
ABOLICIÓN
DEMOLICIÓN
NOLICIÓN
EXPOLICIÓN
VOLICIÓN
EBULICIÓN
BOLLICIÓN
BULLICIÓN
EBULLICIÓN
EXIMICIÓN
DORMICIÓN
CONSUMICION
INANICIÓN
EXINANICIÓN
AGNICIÓN
IGNICIÓN
COGNICIÓN
PRECOGNICIÓN
DEFINICIÓN
PREDEFINICIÓN
PREFINICIÓN
DIFINICIÓN
MONICIÓN
ADMONICIÓN
GARNICIÓN
FORNICIÓN
URNICIÓN
MUNICIÓN
PUNICIÓN
COICIÓN
SUSPICIÓN
PARICIÓN
APARICIÓN
REAPARICIÓN
DESAPARICIÓN
COMPARICIÓN
CUBRICIÓN
DESCUBRICIÓN
PODRICIÓN
PUDRICIÓN
PRETERICIÓN
DEPRETERICIÓN
ABURRICIÓN
ATRICIÓN
CONTRICIÓN
NUTRICIÓN
DESNUTRICIÓN
ADQUISICIÓN
COADQUISICIÓN
REQUISICIÓN
INQUISICIÓN
DISQUISICIÓN
TRANSICIÓN
POSICIÓN
APOSICIÓN
CONTRAPOSICIÓN
YUXTAPOSICIÓN
DEPOSICIÓN
REPOSICIÓN
PREPOSICIÓN
ANTEPOSICIÓN
IMPOSICIÓN
COMPOSICIÓN
DESCOMPOSICIÓN
OPOSICIÓN
PROPOSICIÓN
CONTRAPROPOSICIÓN
SUPERPOSICIÓN
INTERPOSICIÓN
TRASPOSICIÓN
DISPOSICIÓN
PREDISPOSICIÓN
TRANSPOSICIÓN
POSPOSICIÓN
SUPOSICIÓN
PRESUPOSICIÓN
EXPOSICIÓN
PETICIÓN
REPETICIÓN
COMPETICIÓN
PLUSPETICIÓN
DENTICIÓN
NOTICIÓN
PARTICIÓN
REPARTICIÓN
BIPARTICIÓN

TRIPARTICIÓN
SUPERSTICIÓN
CIRCUICIÓN
LUICIÓN
BLANQUICIÓN
EMBLANQUICIÓN
MUQUICIÓN
FRUICIÓN
DESTRUICIÓN
TUICIÓN
INTUICIÓN
MOVICIÓN
ALCIÓN
CANCIÓN
SANCIÓN
REDENCIÓN
MENCIÓN
PERENCIÓN
TENCIÓN
ATENCIÓN
INATENCIÓN
DESATENCIÓN
OBTENCIÓN
DETENCIÓN
RETENCIÓN
ENTRETENCIÓN
MANTENCIÓN
SENTENCIÓN
INTENCIÓN
CONTENCIÓN
ABSTENCIÓN
MANUTENCIÓN
CONTRAVENCIÓN
OBVENCIÓN
SUBVENCIÓN
PREVENCIÓN
DESPREVENCIÓN
INVENCIÓN
CONVENCIÓN
RECONVENCIÓN
SUPERVENCIÓN
INTERVENCIÓN
EXENCIÓN
MINCIÓN
TINCIÓN
DISTINCIÓN
SUBDISTINCIÓN
INDISTINCIÓN
EXTINCIÓN
CONCIÓN
UNCIÓN
EXTREMAUNCIÓN
FUNCIÓN
DEFUNCIÓN
ADJUNCIÓN
CONJUNCIÓN
EMUNCIÓN
PUNCIÓN
COMPUNCIÓN
SUNCIÓN
ASUNCIÓN
REASUNCIÓN
PRESUNCIÓN
CONSUNCIÓN
DISYUNCIÓN
LOCIÓN
MOCIÓN
EMOCIÓN
REMOCIÓN
PREMOCIÓN
CONMOCIÓN
LOCOMOCIÓN
PROMOCIÓN
NOCIÓN
PRENOCIÓN
POCIÓN
ROCIÓN
PROCIÓN
DEVOCIÓN
INDEVOCIÓN
CAPCIÓN
ACEPCIÓN
DECEPCIÓN
RECEPCIÓN
PRECEPCIÓN
CONCEPCIÓN
PERCEPCIÓN
SUSCEPCIÓN
INTUSUSCEPCIÓN
EXCEPCIÓN
OBREPCIÓN
SUBREPCIÓN
TRASCRIPCIÓN
SUBSCRIPCIÓN
ADSCRIPCIÓN
DESCRIPCIÓN

PRESCRIPCIÓN
TRANSCRIPCIÓN
INSCRIPCIÓN
CIRCUNSCRIPCIÓN
PROSCRIPCIÓN
SUSCRIPCIÓN
OPCIÓN
ADOPCIÓN
ERUPCIÓN
INTERRUPCIÓN
IRRUPCIÓN
CORRUPCIÓN
INCORRUPCIÓN
ARCIÓN
COERCIÓN
APERCIÓN
ASERCIÓN
DESERCIÓN
INSERCIÓN
PORCIÓN
PROPORCIÓN
IMPROPORCIÓN
DESPROPORCIÓN
ABSORCIÓN
ADSORCIÓN
RESORCIÓN
CONTORCIÓN
FURCIÓN
ENFURCIÓN
INFURCIÓN
INDISPOSCIÓN
CAUCIÓN
PRECAUCIÓN
ATRIBUCIÓN
RETRIBUCIÓN
CONTRIBUCIÓN
DISTRIBUCIÓN
EJECUCIÓN
ASECUCIÓN
CONSECUCIÓN
PROSECUCIÓN
PERSECUCIÓN
LOCUCIÓN
ALOCUCIÓN
ELOCUCIÓN
CIRCUNLOCUCIÓN
INTERLOCUCIÓN
ELECTROCUCIÓN
REDARGUCIÓN
LUCIÓN
ABLUCIÓN
DEGLUCIÓN
DILUCIÓN
POLUCIÓN
SOLUCIÓN
ABSOLUCIÓN
RESOLUCIÓN
IRRESOLUCIÓN
DISOLUCIÓN
EVOLUCIÓN
DEVOLUCIÓN
REVOLUCIÓN
CONTRARREVOLUCIÓN
INVOLUCIÓN
CIRCUNVOLUCIÓN
DIMINUCIÓN
DISMINUCIÓN
SUBSTITUCIÓN
DESTITUCIÓN
RESTITUCIÓN
INSTITUCIÓN
CONSTITUCIÓN
RECONSTITUCIÓN
PROSTITUCIÓN
SUSTITUCIÓN
CONDUPLICADIÓN
PALADIÓN
PATADIÓN
REMEDIÓN
COMEDIÓN
MERIDIÓN
ENQUIRIDIÓN
DIACODIÓN
COLODIÓN
TURDIÓN
BUDIÓN
SACUDIÓN
JUDIÓN
LUDIÓN
PEREION
ANFIÓN
ESCOFIÓN
SOFIÓN
CONTAGIÓN
LEGIÓN
REGIÓN

RELIGIÓN
IRRELIGIÓN
EJIÓN
TALIÓN
TABELIÓN
REBELIÓN
MELIÓN
ESTELIÓN
ILION
FAMILIÓN
DACTILIÓN
FOLIÓN
CAMIÓN
AUTOCAMIÓN
ACROMION
PLUMIÓN
RUMIÓN
ANIÓN
OPINIÓN
UNIÓN
REUNIÓN
COMUNIÓN
DESCOMUNIÓN
POSCOMUNIÓN
EXCOMUNIÓN
DESUNIÓN
PIÓN
USUCAPIÓN
PAPIÓN
PEPIÓN
CIPIÓN
PIPIÓN
CAMPIÓN
LAMPIÓN
SARAMPIÓN
LIMPIÓN
COPIÓN
ESCARPIÓN
ESCORPIÓN
ESPIÓN
RISPIÓN
CLARIÓN
MARIÓN
CEBRIÓN
VIBRIÓN
EMBRIÓN
FRIÓN
AGRIÓN
SATIRIÓN
ORIÓN
CORION
MEMORIÓN
BAMBARRIÓN
CERRIÓN
CENCERRIÓN
CHERRIÓN
CHIRRIÓN
GORRIÓN
MORRIÓN
ZONZORRIÓN
ANFITRIÓN
SEPTENTRIÓN
HISTRIÓN
DECURIÓN
TURIÓN
CENTURIÓN
ASTURIÓN
ESTURIÓN
OCASIÓN
PASIÓN
COMPASIÓN
RASIÓN
ABRASIÓN
DISUASIÓN
PERSUASIÓN
EVASIÓN
INVASIÓN
CESIÓN
ACCESIÓN
DECESIÓN
PRECESIÓN
SECESIÓN
CONCESIÓN
PROCESIÓN
RETROCESIÓN
INTERCESIÓN
SUCESIÓN
CONFESIÓN
PROFESIÓN
ADHESIÓN
INHESIÓN
COHESIÓN
LESIÓN
AGRESIÓN
EGRESIÓN
REGRESIÓN

DIGRESIÓN
PROGRESIÓN
TRASGRESIÓN
TRANSGRESIÓN
PRESIÓN
DEPRESIÓN
REPRESIÓN
IMPRESIÓN
REIMPRESIÓN
COMPRESIÓN
OPRESIÓN
DESOPRESIÓN
SUPRESIÓN
EXPRESIÓN
SESIÓN
OBSESIÓN
POSESIÓN
COPOSESIÓN
CISIÓN
OCCISIÓN
DECISIÓN
INDECISIÓN
RECISIÓN
PRECISIÓN
IMPRECISIÓN
INCISIÓN
CONCISIÓN
CIRCUNCISIÓN
ABSCISIÓN
ESCISIÓN
RESCISIÓN
FISIÓN
LISIÓN
ELISIÓN
COLISIÓN
MISIÓN
AMISIÓN
ADMISIÓN
READMISIÓN
EMISIÓN
DEMISIÓN
REMISIÓN
DIMISIÓN
INMISIÓN
OMISIÓN
COMISIÓN
SUBCOMISIÓN
PROMISIÓN
REPROMISIÓN
COMPROMISIÓN
INTROMISIÓN
PERMISIÓN
PRETERMISIÓN
INTERMISIÓN
TRASMISIÓN
TRANSMISIÓN
RETRANSMISIÓN
MANUMISIÓN
SUMISIÓN
INSUMISIÓN
DERISIÓN
PRISIÓN
DERRISIÓN
IRRISIÓN
VISIÓN
TELEVISIÓN
REVISIÓN
PREVISIÓN
IMPREVISIÓN
DIVISIÓN
SUBDIVISIÓN
INDIVISIÓN
PROINDIVISIÓN
PROVISIÓN
EMULSIÓN
REPULSIÓN
IMPULSIÓN
COMPULSIÓN
PROPULSIÓN
RETROPULSIÓN
EXPULSIÓN
AVULSIÓN
REVULSIÓN
CONVULSIÓN
ANSIÓN
ESCANSIÓN
MANSIÓN
PERMANSIÓN
EXPANSIÓN
RECENSIÓN
ASCENSIÓN
DESCENSIÓN
DEFENSIÓN
INDEFENSIÓN
OFENSIÓN
APREHENSIÓN

REPREHENSIÓN
COMPREHENSIÓN
DIMENSIÓN
PENSIÓN
PROPENSIÓN
SUSPENSIÓN
PRENSIÓN
APRENSIÓN
DESAPRENSIÓN
REPRENSIÓN
COMPRENSIÓN
INCOMPRENSIÓN
DISENSIÓN
TENSIÓN
PRETENSIÓN
INTENSIÓN
HIPOTENSIÓN
HIPERTENSIÓN
DISTENSIÓN
OSTENSIÓN
EXTENSIÓN
RESPONSIÓN
CORRESPONSIÓN
IMPLOSIÓN
EXPLOSIÓN
EROSIÓN
CORROSIÓN
ESPARSIÓN
EMERSIÓN
INMERSIÓN
SUMERSIÓN
ASPERSIÓN
DISPERSIÓN
ABSTERSIÓN
VERSIÓN
AVERSIÓN
EXTRAVERSIÓN
SUBVERSIÓN
ADVERSIÓN
ANIMADVERSIÓN
EVERSIÓN
REVERSIÓN
DIVERSIÓN
INVERSIÓN
CONVERSIÓN
RETROVERSIÓN
INTROVERSIÓN
PERVERSIÓN
SUVERSIÓN
TORSIÓN
DETORSIÓN
RETORSIÓN
CONTORSIÓN
DISTORSIÓN
EXTORSIÓN
INCURSIÓN
EXCURSIÓN
ABUSIÓN
CONCUSIÓN
PERCUSIÓN
REPERCUSIÓN
DISCUSIÓN
EXCUSIÓN
FUSIÓN
AFUSIÓN
EFUSIÓN
SOBREFUSIÓN
DIFUSIÓN
RADIODIFUSIÓN
INFUSIÓN
CONFUSIÓN
PROFUSIÓN
PERFUSIÓN
PERFUSIÓN
TRASFUSIÓN
TRANSFUSIÓN
SUFUSIÓN
ALUSIÓN
RECLUSIÓN
INCLUSIÓN
CONCLUSIÓN
OCLUSIÓN
INTERCLUSIÓN
EXCLUSIÓN
PRELUSIÓN
ILUSIÓN
DESILUSIÓN
COLUSIÓN
PROLUSIÓN
INTRUSIÓN
CONTUSIÓN
YUSIÓN
CATIÓN
ANFICTIÓN
BASTIÓN
BESTIÓN

GESTIÓN
AGESTIÓN
EGESTIÓN
DIGESTIÓN
INDIGESTIÓN
INGESTIÓN
CONGESTIÓN
DESCONGESTIÓN
SUGESTIÓN
AUTOSUGESTIÓN
CUESTIÓN
MISTIÓN
CONMISTIÓN
COMISTIÓN
PERMISTIÓN
QUISTIÓN
OSTIÓN
USTIÓN
COMBUSTIÓN
ADUSTIÓN
MIXTIÓN
ADMIXTIÓN
CONMIXTIÓN
GUIÓN
PORTAGUIÓN
CEQUIÓN
ISQUION
AVIÓN
GAVIÓN
HIDROAVIÓN
SOLIVIÓN
ENVIÓN
ALUVIÓN
ANTUVIÓN
MANTUVIÓN
FLEXIÓN
REFLEXIÓN
IRREFLEXIÓN
INFLEXIÓN
GENUFLEXIÓN
COMPLEXIÓN
ANEXIÓN
CONEXIÓN
INCONEXIÓN
CRUCIFIXIÓN
TRASFIXIÓN
TRANSFIXIÓN
COMPLIXIÓN
FLUXIÓN
EFLUXIÓN
BAJÓN
CONTRABAJÓN
CAJÓN
PICAJÓN
CANDAJÓN
FAJÓN
CAGAJÓN
MIGAJÓN
MANGAJÓN
TOMAJÓN
TINAJÓN
PAJÓN
BARAJÓN
ESTIRAJÓN
SARRAJÓN
CERRAJÓN
SAJÓN
ANGLOSAJÓN
TAJÓN
ACERTAJÓN
NAVAJÓN
ABEJÓN
MOCEJÓN
VOCEJÓN
FORCEJÓN
PRADEJÓN
REDEJÓN
GUEDEJÓN
TENDEJÓN
CANDELEJÓN
FRAILEJÓN
MOLEJÓN
CALLEJÓN
MOLLEJÓN
GARMEJÓN
BERMEJÓN
TERNEJÓN
ASNEJÓN
CEPEJÓN
REJÓN
VAREJÓN
PADREJÓN
PEDREJÓN
ESMEREJÓN
OREJÓN
PESTOREJÓN

CERREJÓN
TORREJÓN
MANSEJÓN
TEJÓN
DENTEJÓN
VEJÓN
ARVEJÓN
CORVEJÓN
GABIJÓN
HEBIJÓN
COBIJÓN
TORCIJÓN
RETORCIJÓN
ESTORCIJÓN
CERREVEDIJÓN
VALIJÓN
CORNIJÓN
FRIJÓN
SERRIJÓN
SORTIJÓN
RETORTIJÓN
GUIJÓN
AGUIJÓN
NEGUIJÓN
FRANJÓN
ZANJÓN
MOJÓN
REMOJÓN
TARJÓN
ALVERJÓN
ALFORJÓN
CABUJÓN
CUJÓN
CODUJÓN
AGUJÓN
PEGUJÓN
COGUJÓN
SOMORGUJÓN
CUGUJÓN
EMPUJÓN
REMPUJÓN
BORUJÓN
ESTRUJÓN
BURUJÓN
REBURUJÓN
APRETUJÓN
ALÓN
BALÓN
JABALÓN
RESBALÓN
CALÓN
ESCALÓN
CHALÓN
CONFALÓN
GONFALÓN
GALÓN
ZAGALÓN
REGALÓN
HALÓN
JALÓN
MALÓN
CANALÓN
CORNALÓN
PAÑALÓN
PALÓN
PALÓN
TRAPALÓN
SALÓN
TALÓN
MATALÓN
PANTALÓN
BOTALÓN
PORTALÓN
CHAGUALÓN
IGUALÓN
VALÓN
SABLÓN
TABLÓN
TEMBLÓN
DOBLÓN
REDOBLÓN
ROBLÓN
CICLÓN
ANTICICLÓN
CHOCLÓN
CARABELÓN
REBELÓN
BOCELÓN
ESCARCELÓN
CANDELÓN
FELÓN
ANGELÓN
MELÓN
MAMELÓN
CANELÓN
CHINELÓN

PELÓN
PAPELÓN
REPELÓN
TELÓN
CARTELÓN
PASTELÓN
ESTELÓN
VELÓN
CLAVELÓN
NOVELÓN
PAFLÓN
CHIFLÓN
GORDIFLÓN
CHANFLÓN
GORDINFLÓN
REGLÓN
RENGLÓN
SINGLÓN
ZORRONGLÓN
REZONGLÓN
BAILÓN
PAILÓN
PABILÓN
BARCHILÓN
CANDILÓN
MANDILÓN
FILÓN
AFILÓN
REFILÓN
CANGILÓN
CANJILÓN
COMILÓN
DORMILÓN
PILÓN
CUADRILÓN
ÉPSILON
ÍPSILON
CURSILÓN
MOTILÓN
AGUILÓN
AQUILÓN
MAQUILÓN
ALQUILÓN
TRASQUILÓN
ESQUILÓN
TRESQUILÓN
SERVILÓN
BOLÓN
COLON
COLÓN
BANDOLÓN
PENDOLÓN
VIOLÓN
MOLÓN
REMOLÓN
PAÑOLÓN
ESPOLÓN
FAROLÓN
ALMENDROLÓN
TOLÓN
ATOLÓN
ESTOLÓN
CAZOLÓN
TOZOLÓN
EPIPLÓN
RAMPLÓN
CARRAMPLÓN
PIMPLON
SIMPLÓN
COPLÓN
SOPLÓN
CARLÓN
CHARLÓN
GARLÓN
PARLÓN
MERLÓN
BIRLÓN
CHIRLÓN
BORLÓN
FORLÓN
MORLÓN
BURLÓN
FURLÓN
JAULÓN
MAULÓN
NEBULÓN
CULÓN
ADULÓN
CEDULÓN
EPULÓN
SANTULÓN
CABALLÓN
CALLÓN
PORCALLÓN
MEDALLÓN
CHAFALLÓN

FARFALLÓN
GALLÓN
AGALLÓN
TRAGALLÓN
FARGALLÓN
MARGALLÓN
FARAMALLÓN
TENALLÓN
PALLÓN
RALLÓN
FARALLÓN
MURALLÓN
TALLÓN
BATALLÓN
GATALLÓN
MOZALLÓN
PABELLÓN
ALBELLÓN
ROBELLÓN
ARBELLÓN
MERDELLÓN
MELLÓN
CAMELLÓN
GAMELLÓN
REMELLÓN
BERMELLÓN
PELLÓN
CEPELLÓN
EMPELLÓN
FARELLÓN
ESTRELLÓN
CENTELLÓN
DENTELLÓN
BOTELLÓN
VELLÓN
BILLÓN
TRASTABILLÓN
HEBILLÓN
ESCOBILLÓN
MORCILLÓN
CHILLÓN
CUCHILLÓN
GRANDILLÓN
FONDILLÓN
MODILLÓN
GUARDILLÓN
MEJILLÓN
MILLÓN
GAMILLÓN
GARGAMILLÓN
ESPUMILLÓN
TROMPILLÓN
CARILLÓN
FARILLÓN
CHAMARILLÓN
CAMBRILLÓN
TRILLÓN
CUATRILLÓN
SILLÓN
ESCANTILLÓN
DESCANTILLÓN
CHANTILLÓN
MANTILLÓN
PUNTILLÓN
COTILLÓN
ESCOTILLÓN
ASTILLÓN
EMPRESTILLÓN
POSTILLÓN
NEGUILLÓN
DIAQUILLÓN
TRANQUILLÓN
MOSQUILLÓN
ROZAVILLÓN
BOLLÓN
ABOLLÓN
CEBOLLÓN
REBOLLÓN
ALBOLLÓN
ARBOLLÓN
BORBOLLÓN
COLLÓN
FOLLÓN
FRANGOLLÓN
MOGOLLÓN
ARGOLLÓN
EMPOLLÓN
ROLLÓN
EMBROLLÓN
DESOLLÓN
TOLLÓN
BULLÓN
CAMBULLÓN
BARBULLÓN
ESCULLÓN
GRANDULLÓN

ZARAMAGULLÓN
PEGULLÓN
ZANGARULLÓN
GORULLÓN
ZULLÓN
AMÓN
CAMÓN
ESCAMÓN
GAMÓN
JAMÓN
CALAMÓN
TELAMÓN
MAMÓN
CAÑAMÓN
RAMÓN
BRAMÓN
DRAMÓN
RETAMÓN
LACEDEMÓN
FLEMÓN
NEMON
FLEGMÓN
MAIMÓN
LIMÓN
ALIMÓN
ALALIMÓN
TARIMÓN
LAGRIMÓN
ARRIMÓN
SIMÓN
TIMÓN
GUARDATIMÓN
ARTIMÓN
QUIMÓN
RECALMÓN
SALMÓN
PULMÓN
REDOMÓN
SALOMÓN
NOMON
GNOMON
TOMÓN
ARMÓN
SERMÓN
FIRMÓN
FORMÓN
HORMÓN
MORMÓN
PASMÓN
FANTASMÓN
CRISMÓN
MUSMÓN
ICNEUMÓN
PLUMÓN
NON
ANÓN
CANON
PETICANON
LENÓN
LINÓN
BAMBALINÓN
CHAFARRINÓN
CORTINÓN
LANTERNÓN
LINTERNÓN
ESTERNÓN
FORTUNÓN
TIZNÓN
BAÑÓN
SABAÑÓN
CAÑÓN
GAÑÓN
REGAÑÓN
COMPAÑÓN
ARAÑÓN
GARAÑÓN
MARAÑÓN
GRAÑÓN
CARRAÑÓN
ANTAÑÓN
QUINTAÑÓN
AGUAÑÓN
PEÑÓN
MIÑÓN
PIÑÓN
RIÑÓN
BRIÑÓN
GRIÑÓN
GUIÑÓN
QUIÑÓN
CASQUIÑÓN
BORGOÑÓN
MOÑÓN
REFUNFUÑÓN
MUÑÓN
GRUÑÓN

CAPÓN
CHAPÓN
JAPÓN
LAPÓN
PAPÓN
GUARAPÓN
ZARAPÓN
TAPÓN
SACATAPÓN
QUITAPÓN
GAZAPÓN
ALZAPÓN
CEPÓN
PEPÓN
CREPÓN
QUITAIPÓN
ABIPÓN
NIPÓN
TRIPÓN
GALPÓN
AMPÓN
HAMPÓN
PAMPÓN
ZAMPÓN
COMPÓN
POMPÓN
TROMPÓN
COPÓN
ROPÓN
SOPÓN
ESTOPÓN
ARPÓN
JASPÓN
RASPÓN
CRESPÓN
BISPÓN
AVISPÓN
CUPÓN
CHUPÓN
CHOZPÓN
RON
ARON
BARÓN
NACARÓN
JICARÓN
PICARÓN
CASCARÓN
MASCARÓN
CHACHARÓN
CUCHARÓN
ESPALDARÓN
FARÓN
HARÓN
MAHARÓN
CUAJARÓN
GALLARÓN
MARÓN
CAMARÓN
CHAMARÓN
MAMARÓN
REPARÓN
LAMPARÓN
CASARÓN
ANSARÓN
GANSARÓN
DIATERSARÓN
CITARÓN
VARÓN
ESVARÓN
CABRÓN
SEMICABRÓN
PALABRÓN
CRABRÓN
LEBRÓN
CULEBRÓN
PESEBRÓN
CAMBRÓN
ESCAMBRÓN
HAMBRÓN
CIMBRÓN
GOLIMBRÓN
MIMBRÓN
RELUMBRÓN
COLUMBRÓN
CAZUMBRÓN
MICRÓN
ÓMICRON
LADRÓN
BALADRÓN
COMADRÓN
PADRÓN
ESCUADRÓN
CEDRÓN
COLCEDRÓN
COCEDRÓN
MANDRÓN

ALMENDRÕN
CHILINDRÕN
MOLONDRÕN
TOLONDRÕN
RABERÕN
BIBERÕN
ESTRIBERÕN
CERÕN
CICERÕN
LECHERÕN
TRINCHERÕN
COCHERÕN
PERCHERÕN
ACEDERÕN
CALDERÕN
PANDERÕN
RODERÕN
VERDERÕN
ESCUDERÕN
ESCALERÕN
GALERÕN
SALERÕN
TELERÕN
COLLERÕN
MOLLERÕN
REMOLLERÕN
POLLERÕN
LAMERÕN
TEMERÕN
SALMERÕN
NERÕN
TERNERÕN
CHAPERÕN
ASPERÕN
ESPERÕN
HERRERÕN
SERÕN
CASERÕN
SALSERÕN
NATERÕN
SOLTERÕN
MONTERÕN
GOTERÕN
CUARTERÕN
HIGUERÕN
NOGUERÕN
BOQUERÕN
ALBOQUERÕN
PORQUERÕN
CALAVERÕN
DONFRÕN
AZUFRÕN
MILAGRÕN
VINAGRÕN
LEGRÕN
ALEGRÕN
MUGRÕN
AIRÕN
COAIRÕN
CUAIRÕN
ACIRÕN
JIRÕN
LIRÕN
ALIRÕN
MIRÕN
ALMIRÕN
COIRÕN
PIRÕN
CAPIRÕN
CHAPIRÕN
CHIPIRÕN
SUSPIRÕN
TIRÕN
MENTIRÕN
ESTIRÕN
VIRÕN
TORNAVIRÕN
RONRÕN
ORÕN
TAMBORÕN
ALBACORÕN
FLORÕN
LLORÕN
MORÕN
SEÑORÕN
ESPORÕN
PULVORÕN
BARRÕN
GABARRÕN
BOBARRÕN
NUBARRÕN
CARRÕN
MACARRÕN
SECARRÕN
CHICARRÕN
MANCARRÕN

ZANCARRÕN
SOCARRÕN
CASCARRÕN
COSCARRÕN
MOSCARRÕN
CHICHARRÕN
GAFARRÕN
FANFARRÕN
GARRÕN
AGARRÕN
CIGARRÕN
ZANGARRÕN
DESGARRÕN
ZAHARRÕN
JARRÕN
ABEJARRÕN
VIEJARRÕN
VEJARRÕN
BUJARRÕN
MARRÕN
ZAMARRÕN
CIMARRÕN
GOMARRÕN
PARRÕN
CAPARRÕN
ALCAPARRÕN
CHAPARRÕN
HUESARRÕN
GUITARRÕN
VENTARRÕN
TONTARRÕN
TESTARRÕN
MAZARRÕN
ALMAZARRÕN
BIZARRÕN
DULZARRÕN
MOZARRÕN
VOZARRÕN
BEBERRÕN
CERRÕN
CENCERRÕN
FERRÕN
HERRÕN
SERRÕN
TERRÕN
VERRÕN
BORRÕN
COSCORRÕN
CHORRÕN
GORRÕN
CAPIGORRÕN
MORRÕN
ALMORRÕN
PORRÕN
COTORRÕN
ZORRÕN
MANSURRÕN
SUSURRÕN
TURRÕN
SANTURRÕN
ZURRÕN
MOHATRÕN
ALATRÕN
NATRÕN
PATRÕN
COMPATRÕN
ELECTRÕN
LETRÕN
CITRÕN
ACITRÕN
DIACITRÕN
BUITRÕN
POLTRÕN
VENTRÕN
ONTRÕN
ENCONTRÕN
CICLOTRÕN
CASTRÕN
LASTRÕN
PILASTRÕN
PILLASTRÕN
CAMASTRÕN
ZARRAPASTRÕN
ZORRASTRÕN
DESTRÕN
OSTRÕN
BUTRÕN
NEUTRÕN
TIBURÕN
CHEURÕN
GURÕN
SEGURÕN
FIGURÕN
HURÕN
APURÕN
TURÕN

CALENTURÕN
VENTURÕN
CINTURÕN
COSTURÕN
SÕN
CASÕN
GASÕN
BLASÕN
MASÕN
ARGAMASÕN
FRANCMASÕN
NASÕN
DIAPASÕN
GUASÕN
ABESÕN
GAMBESÕN
MESÕN
REMESÕN
FRESÕN
TESÕN
ARTESÕN
TRASTESÕN
REQUESÕN
YESÕN
DISÕN
KIRIELEISÕN
POLISÕN
CAMISÕN
CORNISÕN
UNISÕN
TOISÕN
PISÕN
FRISÕN
GRISÕN
SISÕN
VISÕN
AVISÕN
TELSON
BOLSÕN
SANSÕN
TENSÕN
BALDOSÕN
POSÕN
ROSÕN
CAUSÕN
ABUSÕN
ACUSÕN
ESCUSÕN
BLUSÕN
TUSÕN
TON
LOBATÕN
HIPÉRBATON
CATÕN
ZACATÕN
RECATÕN
SECATÕN
CHATÕN
PEATÕN
GAZAFATÕN
REGATÕN
LIATÕN
LATÕN
ALATÕN
CICLATÕN
PLATÕN
MATÕN
CAMATÕN
TETRAGRÁMATON
LIMATÕN
GAZNATÕN
PATÕN
GARRAPATÕN
GAZAPATÕN
RATÕN
BARATÕN
LIEBRATÕN
LEBRATÕN
VIRATÕN
DURATÕN
GUATÕN
LENGUATÕN
CURVATÕN
PLANCTON
FAETÕN
SAETÕN
SORBETÕN
MACETÕN
CALCETÕN
MOCETÕN
CACHETÕN
ASÍNDETON
POLISÍNDETON
GALLARDETÕN
BOFETÕN
JETÕN

TARJETÕN
LETÕN
MALETÕN
PALETÕN
TELETÕN
FILETÕN
COLETÕN
MULETÕN
LAMETÕN
BONETÕN
CHAPETÕN
GUAPETÕN
PULPETÕN
COPETÕN
ESCOPETÕN
SOPETÕN
TOPETÕN
ESPETÕN
CHUPETÕN
JARETÕN
VARETÕN
BRETÕN
HOMBRETÕN
POBRETÕN
MORETÕN
APRETÕN
CARRETÕN
CASETÕN
ROSETÕN
TETÕN
JUGUETÕN
BAQUETÕN
CHAQUETÕN
JAQUETÕN
COQUETÕN
ARQUETÕN
MOSQUETÕN
BAYETÕN
RÉMINGTON
ABITÕN
CHITON
CHITÕN
ACEITÕN
HITÕN
FACILITÕN
CONMILITÕN
COMILITÕN
MITÕN
VOMITÕN
MARMITÕN
PITÕN
CAPITÕN
GARITÕN
GRITÕN
TIRITÕN
TRITÕN
VISITÕN
GUITÕN
QUITÕN
LEVITÕN
FALTÕN
SALTÕN
REVOLTÕN
ANTÕN
CANTÕN
GUARDACANTÕN
RECANTÕN
TRASCANTÕN
FARFANTÕN
TRAGANTÕN
GIGANTÕN
GARGANTÕN
ESTUDIANTÕN
VOLANTÕN
PLANTÕN
IMPLANTÕN
MANTÕN
BROCAMANTÕN
MAMANTÕN
PERANTÕN
SANTÕN
CENTÕN
INOCENTÕN
OCHENTÕN
DENTÕN
CALENTÕN
VALENTÕN
MENTÕN
PIMENTÕN
REPENTÕN
EMPENTÕN
SERPENTÕN
CUARENTÕN
FRENTÕN
CORRENTÕN
SESENTÕN

TENTÕN
SETENTÕN
CUENTÕN
CINCUENTÕN
REVENTÕN
NOVENTÕN
PINTÕN
MONTÕN
PONTÕN
ESPONTÕN
FRONTÕN
TONTÕN
PREGUNTÕN
BOTÕN
BORBOTÕN
COTÕN
FULMICOTÕN
ALCOTÕN
MELOCOTÕN
FEOTÕN
GOTÕN
CAMELOTÕN
CHAMELOTÕN
PELOTÕN
GLOTÕN
MOTÕN
MANOTÕN
FAROTÕN
BROTÕN
CROTÕN
PROTÕN
TROTÕN
PISOTÕN
POLIPTOTON
CRIPTÕN
CARTÕN
TRASCARTÕN
HARTÕN
CUARTÕN
ABORTÕN
CORTÕN
PORTÕN
ESPORTÕN
MURTÕN
BASTÕN
LASTÕN
PASTÕN
LIEBRASTÕN
LEBRASTÕN
CESTÕN
FESTÕN
BALLESTÕN
CRESTÕN
TESTÕN
LAMBISTÕN
LISTÕN
PISTÕN
TRISTÕN
COSTÕN
LANGOSTÕN
TOSTÕN
TEUTÕN
PLUTÕN
SOCAVÕN
CARCAVÕN
ILERCAVÕN
OCHAVÕN
ESCLAVÕN
PAVÕN
ESTEVÕN
ESTIVÕN
RESERVÕN
AXÕN
BAYÕN
GAYÕN
PLAYÕN
CAMBRAYÕN
SAYÕN
JOYÕN
TRAMOYÕN
ABAZÕN
CALABAZÕN
GRABAZÕN
TRABAZÕN
DESTRABAZÕN
RIBAZÕN
ARRIBAZÕN
CAZÕN
PICAZÕN
ARCAZÕN
RASCAZÕN
ECHAZÕN
COHECHAZÕN
FINCHAZÕN
HINCHAZÕN
PODAZÕN

ESQUIFAZÓN
TRAGAZÓN
SEGAZÓN
LIGAZÓN
RODRIGAZÓN
CABALGAZÓN
CARGAZÓN
AMARGAZÓN
TERCIAZÓN
CRIAZÓN
PALAZÓN
SALAZÓN
TABLAZÓN
POBLAZÓN
TRILLAZÓN
POLLAZÓN
RAMAZÓN
QUEMAZÓN
REQUEMAZÓN
RESQUEMAZÓN
PLOMAZÓN
ARMAZÓN
PLUMAZÓN
RUMAZÓN
BRUMAZÓN
ARRUMAZÓN
GRANAZÓN
TENAZÓN
BINAZÓN
CARNAZÓN
ESQUIPAZÓN
RAZÓN
CAPARAZÓN
TARAZÓN
ENJAMBRAZÓN
AGRAZÓN
VIRAZÓN
SINRAZÓN
CORAZÓN
CARRAZÓN
AMARRAZÓN
CERRAZÓN
CASTRAZÓN
MADURAZÓN
SAZÓN
DESAZÓN
TAZÓN
MATAZÓN
REVENTAZÓN
HARTAZÓN
CAVAZÓN
CLAVAZÓN
ENCLAVAZÓN
NEVAZÓN
BEZÓN
CABEZÓN
ALJEZÓN
REMEZÓN
ESTREMEZÓN
COMEZÓN
PEZÓN
TROMPEZÓN
TROPEZÓN
ESTROPEZÓN
REZÓN
CUATEZÓN
CORTEZÓN
FIZÓN
POLIZÓN
ESLIZÓN
RIZÓN
NARIZÓN
ERIZÓN
CLERIZÓN
TIZÓN
PUNTIZÓN
SUIZÓN
ZUIZÓN
GAMJZÓN
CALZÓN
CALZACALZÓN
RECALZÓN
DULZÓN
BRABANZÓN
GARBANZÓN
DANZÓN
INFANZÓN
MAGANZÓN
MANGANZÓN
LANZÓN
BALANZÓN
PANZÓN
RANZÓN
GRANZÓN
TRANZÓN
TENZÓN

ENTENZÓN
PINZÓN
MONZÓN
PUNZÓN
CONTRAPUNZÓN
BOZÓN
PESCOZÓN
ROZÓN
TOROZÓN
DESTROZÓN
RETOZÓN
TORTOZÓN
ARZÓN
BARZÓN
GARZÓN
TERZÓN
ESCORZÓN
TORZÓN
BAUZÓN
BUZÓN
TIRABUZÓN
CHUZÓN
CAMUZÓN
GAMUZÓN
CAPUZÓN
CHAPUZÓN
CAPERUZÓN
SUZÓN
ZUZÓN
UN
AUN
CIRCUN
PIRCÚN
CASCÚN
RUNDÚN
SEGÚN
ALGÚN
NENGÚN
NINGÚN
VEINTIÚN
SIMÚN
COMÚN
MANCOMÚN
PROCOMÚN
CAMBRÚN
RUNRÚN
TRUN
LASÚN
ATÚN
GUILLATÚN
BETÚN
TUNTÚN
LLEIVÚN
ZUNZÚN

O

O
BAO
CARABAO
GIBAO
BIRIMBAO
CATIMBAO
CAO
CACAO
BLOCAO
SIBUCAO
CHUCAO
ALJEMIFAO
GAO
HAO
GUARIAO
DAJAO
CÁLAO
BACALAO
BLAO
BILAO
LILAO
CALLAO
BACALLAO
OLLAO
CAMAO
MARRAMAO
YAMAO
TRUMAO
NAO
LINAO
QUINAO
PIPIRIPAO

PROPAO
CARAO
TAMARAO
PARAO
SARAO
FRAO
GRAO
PRAO
CARRAO
URAO
SAO
CURASAO
TAO
PATAO
PITAO
CORTAO
GUAO
GUARAGUAO
CURAZAO
NABABO
CABO
ACABO
YAACABÓ
SANSEACABÓ
CONDECABO
TRASCABO
MESCABO
MENOSCABO
CONCHABO
FABO
CAYAJABO
SÍLABO
DECASÍLABO
ENDECASÍLABO
DODECASÍLABO
ENEASÍLABO
TETRASÍLABO
PENTASÍLABO
HEPTASÍLABO
HEXASÍLABO
BISÍLABO
DISÍLABO
POLISÍLABO
PARISÍLABO
IMPARISÍLABO
CUADRISÍLABO
TRISÍLABO
CUATRISÍLABO
SEPTISÍLABO
MONOSÍLABO
OCTOSÍLABO
NABO
SACANABO
AJENABO
COLINABO
RABO
ARABO
CÁRABO
GARABO
GUAIRABO
TAPARRABO
TABO
GUABO
LAVABO
GUAYABO
CEBO
ACEBO
RECEBO
MANCEBO
DEBÓ
FEBO
EFEBO
EREBO
TREBO
SEBO
SACASEBO
YEBO
CIBO
RECIBO
PERCIBO
APERCIBO
DESAPERCIBO
CEIBO
CALIBO
CÁLIBO
GÁLIBO
AMIBO
CRIBO
ARRIBO
DERRIBO
ESTRIBO
COSTRIBO
CATIBO
ENTIBO
ALBO
CASCALBO

MANIALBO
PATIALBO
UNALBO
CUATRALBO
TRESALBO
DOSALBO
TOZALBO
SILBO
BULBO
AMBO
CAMBO
CHAMBO
PARIAMBO
PERIAMBO
CORIAMBO
JAMBO
TUPINAMBO
DITIRAMBO
TAMBO
YAMBO
DIYAMBO
ZAMBO
PATIZAMBO
BEMBO
CEMBO
LEMBO
CHIMBO
CACHIMBO
TOCHIMBO
LIMBO
CALIMBO
COLIMBO
NIMBO
CARIMBO
CORIMBO
TIMBÓ
BOMBO
ZAMBOMBO
RIMBOMBO
QUIMBOMBÓ
AUTOBOMBO
COMBO
DOMBO
QUINGOMBÓ
BIOMBO
LOMBO
QUILOMBO
COLOMBO
ROMBO
CUMBO
CHUMBO
CACHUMBO
GACHUMBO
LUMBO
BALUMBO
CALUMBO
RUMBO
DERRUMBO
CUSUMBO
TUMBO
RETUMBO
YUMBO
CAYUMBO
ZUMBO
CAOBO
BOBO
COBO
ESCOBO
ADOBO
XENÓFOBO
HIDRÓFOBO
CLERÓFOBO
FOTÓFOBO
HOBO
COHOBO
JOBO
AJOBO
COJOBO
LOBO
GUARDALOBO
TACLOBO
GLOBO
COLOBO
GORDOLOBO
POBO
ROBO
PROBO
RÉPROBO
IMPROBO
ARROBO
GARROBO
ALGARROBO
ESTROBO
SOBO
RETOBO
BARBO

RUIBARBO
SOBARBO
ESCARBO
GARBO
DESGARBO
ZARBO
ACERBO
GERBO
JERBO
SUPERBO
SERBO
VERBO
MORBO
ÑORBO
SORBO
ESTORBO
ATISBO
ABUBO
CUBO
CÉCUBO
ÍNCUBO
SÚCUBO
JUBO
BÍNUBO
RUBO
CURUBO
TUBO
YUBO
CO
ÁBACO
TABACO
SOBACO
CACO
MACACO
TACACO
CUENTACACO
ICACO
HICACO
HOMINICACO
MONICACO
CHACÓ
CHACO
CACHACO
BOLCHACO
MINGACO
POLICIACO
ELEFANCIACO
EGIPCIACO
ZODIACO
CARDIACO
CORDIACO
ELEGIACO
AJIACO
CELIACO
HELIACO
ILIACO
GENETLIACO
LUMIACO
RUMIACO
MANIACO
LIPEMANIACO
MONOMANIACO
DIPSOMANIACO
CLEPTOMANIACO
AMONIACO
DEMONIACO
SIMONIACO
PULMONIACO
ARMONIACO
BOSNIACO
OLIMPIACO
CARIACO
HIPOCONDRIACO
SIRIACO
AUSTRIACO
GENESIACO
ISIACO
PARADISIACO
AFRODISIACO
ANAFRODISIACO
ANTIAFORODISIACO
DIONISIACO
HELESPONTIACO
JACO
ARREJACO
SANJACO
CHALACO
VALACO
CLACO
FLACO
POLACO
MARLACO
TLACO
PALLACO
BELLACO
MACO

CHÁMACO
CALAMACO
LIMACO
CALIMACO
OFIÓMACO
ICONÓMACO
TAURÓMACO
FÁRMACO
ALEXIFÁRMACO
ARRUMACO
NACO
ANACO
CANACO
TAMANACO
GUANACO
TINACO
OPOPÓNACO
GUIPUZCOACO
PACO
CHIPACO
OPACO
AMÁRACO
TARARACO
BRACO
ANFÍBRACO
LIBRACO
HORACO
CARRACO
BICHARRACO
PAJARRACO
AMARRACO
VARRACO
VERRACO
HURRACO
ATRACO
MATRACO
BURACO
HURACO
SACO
CASAISACO
COSACO
TACO
PATACO
RETACO
PITACO
ÁSTACO
MUSTACO
CURRUTACO
CUACO
CHACUACO
GUACO
HUACO
VACO
ARÉVACO
ESLOVACO
CHECOSLOVACO
GUAYACO
ECO
REBECO
ROBECO
CHECO
PERIECO
ENJECO
CHALECO
JALECO
EMBELECO
FLECO
JILECO
LLECO
MECO
GUADAMECO
CHICHIMECO
CHUCHUMECO
CANECO
MUÑECO
TARECO
GRECO
FENOGRECO
AMARRECO
SECO
RESECO
VERDISECO
CARNISECO
PUNTISECO
ANQUISECO
BUQUISECO
CALSECO
FORÍNSECO
INTRÍNSECO
EXTRÍNSECO
ZACATECO
YUCATECO
METECO
CERCOPITECO
GUATEMALTECO
ANTECO
ENTECO
ZUNTECO
CHUECO
HUECO
CAÑIHUECO
CLUECO
FLUECO
ARREMUECO
ARRUMUECO
MORUECO
BARRUECO
MARRUECO
BERRUECO
TRUECO
TRASTRUECO
DESTRUECO
MURUECO
SUECO
TUECO
BATUECO
ZUECO
RECOVECO
YECO
TEBAICO
CAICO
ALCAICO
INCAICO
TROCAICO
ARCAICO
CALDAICO
ESPONDAICO
JUDAICO
LAICO
GALAICO
TOLEMAICO
ROMAICO
CIRENAICO
PIRENAICO
TRASPIRENAICO
TRANSPIRENAICO
PAICO
ALGEBRAICO
HEBRAICO
MESERAICO
MISERAICO
FARISAICO
MOSAICO
PROSAICO
MUSAICO
URALALTAICO
VOLTAICO
HUAICO
SILÁBICO
ENDECASILÁBICO
HEPTASILÁBICO
BISILÁBICO
PARISILÁBICO
MONOSILÁBICO
OCTOSILÁBICO
RÁBICO
ARÁBICO
ANTIRRÁBICO
GUABICO
LÍBICO
CHIRIBICO
CORIÁMBICO
JAMBICO
DITIRÁMBICO
YÁMBICO
DIYÁMBICO
PLÚMBICO
CÚBICO
QUERÚBICO
ESPÁCICO
TORÁCICO
CALECICO
TERNECICO
CORNECICO
CAMPECICO
CORPECICO
CORECICO
OSECICO
VENTECICO
CIEGUECICO
OVECICO
SILÍCICO
CÁLCICO
VILLANCICO
GONOCÓCICO
ESTREPTOCÓCICO
HOCICO
DISTÓCICO
ZORCICO
CHICO
ARCÁDICO
ESPORÁDICO
SÁDICO
TRAGÉDICO
MÉDICO
COMÉDICO
PROTOMÉDICO
VELOCIPÉDICO
CALIPÉDICO
ENCICLOPÉDICO
ORTOPÉDICO
CALCÍDICO
PORFÍDICO
NUMÍDICO
VERÍDICO
JURÍDICO
ANTIJURÍDICO
CAUSÍDICO
HIDATÍDICO
FATÍDICO
VATÍDICO
DRUÍDICO
DAVÍDICO
HERÁLDICO
ISLÁNDICO
CALLANDICO
ÍNDICO
SÍNDICO
PERIÓDICO
MELÓDICO
MÓDICO
INMÓDICO
ESPASMÓDICO
ANTIESPASMÓDICO
SINÓDICO
MONÓDICO
PARÓDICO
SÓDICO
EPISÓDICO
PROSÓDICO
CATÓDICO
METÓDICO
LOMBÁRDICO
BROCÁRDICO
BEZOÁRDICO
NÓRDICO
BÚDICO
PALÚDICO
ANTIPALÚDICO
TALMÚDICO
PÚDICO
IMPÚDICO
DISNEICO
DIARREICO
SEICO
CASEICO
PROTEICO
SERÁFICO
GRÁFICO
CABLEGRÁFICO
TELEGRÁFICO
RADIOTELEGRÁFICO
CALIGRÁFICO
POLIGRÁFICO
EPIGRÁFICO
ANEPIGRÁFICO
ESTRATIGRÁFICO
TAQUIGRÁFICO
CALCOGRÁFICO
IDEOGRÁFICO
GEOGRÁFICO
PALEOGRÁFICO
ESTEREOGRÁFICO
COREOGRÁFICO
BIOGRÁFICO
AUTOBIOGRÁFICO
RADIOGRÁFICO
HAGIOGRÁFICO
BIBLIOGRÁFICO
HELIOGRÁFICO
HISTORIOGRÁFICO
CRISTALOGRÁFICO
AMPELOGRÁFICO
SIFILOGRÁFICO
DACTILOGRÁFICO
ESTILOGRÁFICO
XILOGRÁFICO
DEMOGRÁFICO
ANEMOGRÁFICO
COSMOGRÁFICO
MECANOGRÁFICO
OCEANOGRÁFICO
ORGANOGRÁFICO
ICNOGRÁFICO
ESCENOGRÁFICO
ESTENOGRÁFICO
ICONOGRÁFICO
FONOGRÁFICO
MONOGRÁFICO
PORNOGRÁFICO
ETNOGRÁFICO
ZOOGRÁFICO
TIPOGRÁFICO
CROMOTIPOGRÁFICO
FOTOTIPOGRÁFICO
ANTROPOGRÁFICO
TOPOGRÁFICO
MICROGRÁFICO
HIDROGRÁFICO
DENDROGRÁFICO
CONDROGRÁFICO
OROGRÁFICO
COROGRÁFICO
ASTROGRÁFICO
CINEMATOGRÁFICO
PICTOGRÁFICO
FITOGRÁFICO
LITOGRÁFICO
CROMOLITOGRÁFICO
FOTOLITOGRÁFICO
PALEONTOGRÁFICO
FOTOGRÁFICO
CRIPTOGRÁFICO
CARTOGRÁFICO
ORTOGRÁFICO
AUTOGRÁFICO
TRÁFICO
SÁFICO
MALÉFICO
BENÉFICO
VENÉFICO
TABÍFICO
MORBÍFICO
PACÍFICO
TRANSPACÍFICO
ESPECÍFICO
LAPIDÍFICO
DEÍFICO
ANAGLÍFICO
HIEROGLÍFICO
JEROGLÍFICO
PROLÍFICO
MAGNÍFICO
MUNÍFICO
CLARÍFICO
LOGOGRÍFICO
MIRÍFICO
ODORÍFICO
SUDORÍFICO
FRIGORÍFICO
CALORÍFICO
HONORÍFICO
TERRORÍFICO
TERRÍFICO
HORRÍFICO
PETRÍFICO
TÍFICO
BEATÍFICO
PARATÍFICO
LETÍFICO
CIENTÍFICO
ESCIENTÍFICO
ARTÍFICO
VIVÍFICO
PARVÍFICO
DÉLFICO
ADÉLFICO
PARANÍNFICO
TRÓFICO
ATRÓFICO
HIPERTRÓFICO
ESTRÓFICO
MONOSTRÓFICO
TEOSÓFICO
FILOSÓFICO
ÓRFICO
METAMÓRFICO
ANTROPOMÓRFICO
CÚFICO
ESOFÁGICO
PELÁGICO
MÁGICO
LEXICOGRÁGICO
BLENORRÁGICO
TRÁGICO
ESTRATÉGICO
CARDIÁLGICO
CEFALÁLGICO
GASTRÁLGICO
NEURÁLGICO
ODONTÁLGICO
NOSTÁLGICO
COXÁLGICO
BÉLGICO
PEDAGÓGICO
ANTIPEDAGÓGICO
DEMAGÓGICO
ANAGÓGICO
PARAGÓGICO
ISAGOGICO
MISTAGÓGICO
LÓGICO
GENEALÓGICO
ANALÓGICO
MINERALÓGICO
ILÓGICO
ANTILÓGICO
ANFIBOLÓGICO
MALACOLÓGICO
FARMACOLÓGICO
ECOLÓGICO
GINECOLÓGICO
SICOLÓGICO
PSICOLÓGICO
LEXICOLÓGICO
TOXICOLÓGICO
PAIDOLÓGICO
IDEOLÓGICO
GEOLÓGICO
NEOLÓGICO
FRASEOLÓGICO
TEOLÓGICO
OSTEOLÓGICO
ARQUEOLÓGICO
GRAFOLÓGICO
MORFOLÓGICO
BIOLÓGICO
MICROBIOLÓGICO
SOCIOLÓGICO
PAREMIOLÓGICO
EMBRIOLÓGICO
BACTERIOLÓGICO
SEMASIOLÓGICO
FISIOLÓGICO
ICTIOLÓGICO
ETIOLÓGICO
FILOLÓGICO
ERIMOLÓGICO
OFTALMOLÓGICO
ENTOMOLÓGICO
SISMOLÓGICO
COSMOLÓGICO
ARACNOLÓGICO
TECNOLÓGICO
ENOLÓGICO
FRENOLÓGICO
CARCINOLÓGICO
CRIMINOLÓGICO
ICONOLÓGICO
FONOLÓGICO
CRONOLÓGICO
ETNOLÓGICO
ZOOLÓGICO
APOLÓGICO
TROPOLÓGICO
ANTROPOLÓGICO
NECROLÓGICO
HIDROLÓGICO
AGROLÓGICO
METEOROLÓGICO
ASTROLÓGICO
NOSOLÓGICO
ESCATOLÓGICO
CLIMATOLÓGICO
DERMATOLÓGICO
PATOLÓGICO
TERATOLÓGICO
LITOLÓGICO
MITOLÓGICO
ORNITOLÓGICO
HELMINTOLÓGICO
ONTOLÓGICO
ODONTOLÓGICO
PALEONTOLÓGICO
OTOLÓGICO
EGIPTOLÓGICO
ORTOLÓGICO
HISTOLÓGICO
TAUTOLÓGICO
ALOBRÓGICO
LETÁRGICO
ENÉRGICO
TEÚRGICO
METALÚRGICO
SIDERÚRGICO
QUIRÚRGICO
TAUMATÚRGICO
LITÚRGICO
PELÁSGICO
PARAPLÉJICO

HEMIPLÉJICO
MÉJICO
PARADÓJICO
CALICÓ
VOCÁLICO
INTERVOCÁLICO
DIDASCÁLICO
VANDÁLICO
FÁLICO
CEFÁLICO
ENCEFÁLICO
BRAQUIOCEFÁLICO
GÁLICO
ROPÁLICO
SÁLICO
TESÁLICO
FARSÁLICO
METÁLICO
ITÁLICO
CARNAVÁLICO
OXÁLICO
BÍBLICO
PÚBLICO
REPÚBLICO
CÍCLICO
EPICÍCLICO
GAÉLICO
BÉLICO
BABÉLICO
SABÉLICO
CÉLICO
BADELICO
MEFISTOFÉLICO
ANGÉLICO
ARCANGÉLICO
EVANGÉLICO
HÉLICO
MÉLICO
FAMÉLICO
EUTRAPÉLICO
EUTROPÉLICO
FILATÉLICO
PENTÉLICO
ARISTOTÉLICO
PANTAGRUÉLICO
MAQUIAVÉLICO
SALICÍLICO
IDÍLICO
CACODÍLICO
CLOROFÍLICO
AMÍLICO
MASÍLICO
DACTÍLICO
ETÍLICO
METÍLICO
GENTÍLICO
VÍLICO
DIABÓLICO
ANABÓLICO
PARABÓLICO
CATABÓLICO
METABÓLICO
SIMBÓLICO
CARBÓLICO
HIPERBÓLICO
CÓLICO
MELANCÓLICO
MALENCÓLICO
BUCÓLICO
EÓLICO
MONGÓLICO
MOGÓLICO
ARGÓLICO
ALCOHÓLICO
ANTIALCOHÓLICO
VITRIÓLICO
FARMACOPÓLICO
CATÓLICO
ANTICATÓLICO
NEOCATÓLICO
DIASTÓLICO
EPISTÓLICO
SISTÓLICO
ASISTÓLICO
APOSTÓLICO
MULTIPLICO
ÁULICO
HIDRÁULICO
ABÚLICO
FARANDÚLICO
BALLICO
CABALLICO
GALLICO
VALLICO
PELLICO
SILLICO

MICO
CHAMICO
EPITALÁMICO
ISLÁMICO
ANTEISLÁMICO
CINÁMICO
DINÁMICO
ADINÁMICO
HIDRODINÁMICO
AERODINÁMICO
ELECTRODINÁMICO
CERÁMICO
LLORAMICO
PANORÁMICO
BALSÁMICO
SEPTICÉMICO
ACADÉMICO
EPIDÉMICO
ENDÉMICO
BOHÉMICO
POLÉMICO
ANÉMICO
URÉMICO
ÓHMICO
MUSLÍMICO
MÍMICO
PANTOMÍMICO
ANÍMICO
ANTROPONÍMICO
TOPONÍMICO
PATRONÍMICO
METONÍMICO
SÍMICO
CICLOTÍMICO
QUÍMICO
ALQUÍMICO
CACOQUÍMICO
FISICOQUÍMICO
BIOQUÍMICO
ELECTROQUÍMICO
OFTÁLMICO
EXOFTÁLMICO
CÓMICO
TRAGICÓMICO
NÓMICO
GNÓMICO
ANTINÓMICO
ECONÓMICO
GEONÓMICO
AGRONÓMICO
ASTRONÓMICO
GASTRONÓMICO
DASONÓMICO
FISONÓMICO
AUTONÓMICO
TAXONÓMICO
PRODRÓMICO
ORTODRÓMICO
LOXODRÓMICO
ATÓMICO
ANATÓMICO
DICOTÓMICO
TRICOTÓMICO
ANOTÓMICO
VÓMICO
DÉRMICO
EPIDÉRMICO
ENDODÉRMICO
HIPODÉRMICO
MESODÉRMICO
ECTODÉRMICO
PÉRMICO
TÉRMICO
FÓRMICO
CLOROFÓRMICO
SÍSMICO
CÓSMICO
RÍTMICO
LOGARÍTMICO
ALGORÍTMICO
ARRÍTMICO
MONORRÍTMICO
EURÍTMICO
ÍSTMICO
ABANICO
MECÁNICO
BALCÁNICO
VOLCÁNICO
TUSCÁNICO
DÁNICO
OCEÁNICO
INTEROCEÁNICO
ARISTOFÁNICO
ORGÁNICO
INORGÁNICO
CIÁNICO

VALERIÁNICO
MESIÁNICO
OSIÁNICO
MAGALLÁNICO
ALEMÁNICO
ROMÁNICO
OTOMÁNICO
GERMÁNICO
INDOGERMÁNICO
PÁNICO
TIMPÁNICO
HISPÁNICO
CELTOHISPÁNICO
TIRÁNICO
CORÁNICO
ALCORÁNICO
VESÁNICO
TÁNICO
SATÁNICO
BRETÁNICO
TETÁNICO
OCCITÁNICO
BRITÁNICO
LUSITÁNICO
TITÁNICO
AQUITÁNICO
SULTÁNICO
VENTANICO
BOTÁNICO
INDOSTÁNICO
GALVÁNICO
TÉCNICO
POLITÉCNICO
NEMOTÉCNICO
MNEMOTÉCNICO
ENOTÉCNICO
ZOOTÉCNICO
AEROTÉCNICO
PIROTÉCNICO
ELECTROTÉCNICO
SARRACÉNICO
MICÉNICO
ESCÉNICO
EDÉNICO
FÉNICO
GEOGÉNICO
EMBRIOGÉNICO
HIPOGÉNICO
OROGÉNICO
PATOGÉNICO
ONTOGÉNICO
FOTOGÉNICO
HIGIÉNICO
ANTIHIGIÉNICO
GALÉNICO
HELÉNICO
PREHELÉNICO
ESPLÉNICO
DOLMÉNICO
FENOMÉNICO
ARMÉNICO
ECUMÉNICO
GANGRÉNICO
ARSÉNICO
ASTÉNICO
NEURASTÉNICO
RABÍNICO
CINICO
PROTEÍNICO
CLÍNICO
VITAMÍNICO
FULMÍNICO
DOMINICO
DOMÍNICO
CUMÍNICO
LUMÍNICO
SÍNICO
ACTÍNICO
BITÍNICO
MARTINICO
VÍNICO
GÍMNICO
FARAÓNICO
BONICO
CARBÓNICO
BORBÓNICO
BUBÓNICO
CÓNICO
LACÓNICO
TICÓNICO
MALENCÓNICO
VASCÓNICO
ADÓNICO
MACEDÓNICO
CELIDÓNICO
SARDÓNICO

CAMALEÓNICO
NAPOLEÓNICO
FÓNICO
AFÓNICO
TELEFÓNICO
RADIOTELEFÓNICO
POLIFÓNICO
SINFÓNICO
CACOFÓNICO
RADIOFÓNICO
EUFÓNICO
AGÓNICO
PATAGÓNICO
ANTAGÓNICO
GEOGÓNICO
TEOGÓNICO
COSMOGÓNICO
HISTRIÓNICO
ANFICTIÓNICO
JÓNICO
TESALÓNICO
CICLÓNICO
BABILÓNICO
AMÓNICO
HEGEMÓNICO
SALOMÓNICO
NOMÓNICO
GNOMÓNICO
PATOGNOMÓNICO
ARMÓNICO
HARMÓNICO
FILARMÓNICO
ENARMÓNICO
INARMÓNICO
MORMÓNICO
NEUMÓNICO
PERINEUMÓNICO
CANÓNICO
ANTICANÓNICO
GEOPÓNICO
AARÓNICO
CRÓNICO
ACRÓNICO
ANACRÓNICO
SINCRÓNICO
IRÓNICO
MACARRÓNICO
PIRRÓNICO
ELECTRÓNICO
MASÓNICO
SUPERSÓNICO
TÓNICO
ATÓNICO
DIATÓNICO
PLATÓNICO
NEOPLATÓNICO
TECTÓNICO
ARQUITECTÓNICO
GEOTECTÓNICO
PRETÓNICO
SANTÓNICO
BENTÓNICO
SINTÓNICO
HIPOTÓNICO
PROTÓNICO
ISOTÓNICO
HIPERTÓNICO
POSTÓNICO
TEUTÓNICO
PLUTÓNICO
DEVÓNICO
AMAZÓNICO
HIBÉRNICO
HÉRNICO
CALIFÓRNICO
ASNICO
ÉTNICO
ÓNICO
CATALÁUNICO
TRIBÚNICO
PÚNICO
RÚNICO
TÚNICO
NEPTÚNICO
FOÑICO
EUBOICO
ECOICO
DIOICO
PARANOICO
MONOICO
DICROICO
HEROICO
ESTOICO
AZOICO
BENZOICO
PALEOZOICO

PICO
CHAPICO
ZAPAPICO
CARAPICO
SARAPICO
OPOTERÁPICO
HIDROTERÁPICO
ELECTROTERÁPICO
ÉPICO
HÍPICO
CALÍPICO
TÍPICO
ARQUETÍPICO
ESTEREOTÍPICO
FENOTÍPICO
GENOTÍPICO
ELECTROTÍPICO
FOTOTÍPICO
OLÍMPICO
TELESCÓPICO
PERISCÓPICO
CALIDOSCÓPICO
ESTEREOSCÓPICO
RADIOSCÓPICO
DACTILOSCÓPICO
MACROSCÓPICO
NECROSCÓPICO
MICROSCÓPICO
ULTRAMICROSCÓPICO
HIGROSCÓPICO
GIROSCÓPICO
ESPECTROSCÓPICO
ETIÓPICO
CICLÓPICO
SINÓPICO
HIDRÓPICO
ANTIHIDRÓPICO
TRÓPICO
FILANTRÓPICO
MISANTRÓPICO
ALOTRÓPICO
ESÓPICO
TÓPICO
UTÓPICO
RICO
MALABÁRICO
ALBARÍCO
CENTROBÁRICO
ISOBÁRICO
BARBÁRICO
DARICO
PINDÁRICO
BALEÁRICO
ESTEÁRICO
AGÁRICO
SAHÁRICO
JARICO
PAJARICO
CAMARICO
MARMÁRICO
BEZOÁRICO
TARTÁRICO
OVÁRICO
EXÁRICO
CANTÁBRICO
ALGÉBRICO
CÁMBRICO
INALÁMBRICO
CÍMBRICO
LÚBRICO
PÍCRICO
OCTAÉDRICO
POLIÉDRICO
SULFHÍDRICO
CIANHÍDRICO
CLORHÍDRICO
ACLORHÍDRICO
HIPOCLORHÍDRICO
HIPERCLORHÍDRICO
FLUORHÍDRICO
CILÍNDRICO
SEMICILÍNDRICO
HIPOCÓNDRICO
IBÉRICO
CELTIBÉRICO
ACERICO
MAJADERICO
PERIFÉRICO
ESFÉRICO
SEMIESFÉRICO
HEMISFÉRICO
ATMOSFÉRICO
JERICÓ
BELÉRICO
COLÉRICO
AMÉRICO

QUIMÉRICO
HOMÉRICO
NUMÉRICO
GENÉRICO
PÉRICO
SALTAPERICO
HIPÉRICO
HESPÉRICO
SÉRICO
HOLOSÉRICO
CLIMATÉRICO
ICTÉRICO
DIFTÉRICO
ENTÉRICO
LIENTÉRICO
MESENTÉRICO
DISENTÉRICO
NEOTÉRICO
ESOTÉRICO
EXOTÉRICO
HOROPTÉRICO
HISTÉRICO
ANTIHISTÉRICO
HOLOSTÉRICO
CADAVÉRICO
FILOXÉRICO
ÁFRICO
DENTÍFRICO
ESPAGÍRICO
PANEGÍRICO
LÍRICO
ILÍRICO
ONÍRICO
PÍRICO
EMPÍRICO
SATÍRICO
BÓRICO
DÓRICO
TEÓRICO
METEÓRICO
SEMAFÓRICO
ANAFÓRICO
METAFÓRICO
PIROFÓRICO
FOSFÓRICO
EUFÓRICO
FANTASMAGÓRICO
PITAGÓRICO
ALEGÓRICO
CATEGÓRICO
CALÓRICO
CLÓRICO
HIDROCLÓRICO
PILÓRICO
FOLKLÓRICO
MADREPÓRICO
PICTÓRICO
PLETÓRICO
RETÓRICO
ESCULTÓRICO
HISTÓRICO
PREHISTÓRICO
ANTEHISTÓRICO
PROTOHISTÓRICO
CRUÓRICO
CÚPRICO
DIÁRRICO
ZAMARRICO
TARRICO
FÉRRICO
PÍRRICO
BORRICO
TEÁTRICO
IDOLÁTRICO
EGOLÁTRICO
ELÉCTRICO
DIELÉCTRICO
RADIOELÉCTRICO
DINAMOELÉCTRICO
TERMOELÉCTRICO
HIDROELÉCTRICO
FOTOELÉCTRICO
PIEZOELÉCTRICO
MÉTRICO
DIAMÉTRICO
TELEMÉTRICO
POLIMÉTRICO
PERIMÉTRICO
CALORIMÉTRICO
SIMÉTRICO
ASIMÉTRICO
DISIMÉTRICO
DOSIMÉTRICO
BATIMÉTRICO
TAQUIMÉTRICO
GEOMÉTRICO

ESTEREOMÉTRICO
PLUVIOMÉTRICO
KILOMÉTRICO
QUILOMÉTRICO
DINAMOMÉTRICO
ANEMOMÉTRICO
TERMOMÉTRICO
MANOMÉTRICO
ACTINOMÉTRICO
TRIGONOMÉTRICO
CRONOMÉTRICO
ANTROPOMÉTRICO
BAROMÉTRICO
MICROMÉTRICO
HIDROMÉTRICO
HIGROMÉTRICO
ELECTROMÉTRICO
HIPSOMÉTRICO
FOTOMÉTRICO
CARTOMÉTRICO
VOLUMÉTRICO
ERÉTRICO
TÉTRICO
CÍTRICO
NÍTRICO
ENTRICO
CÉNTRICO
METACÉNTRICO
CONCÉNTRICO
GEOCÉNTRICO
HELIOCÉNTRICO
ANTROPOCÉNTRICO
EXCÉNTRICO
DIÓPTRICO
CATADIÓPTRICO
CATÓPTRICO
TÁRTRICO
GÁSTRICO
EPIGÁSTRICO
NEUMOGÁSTRICO
HIPOGÁSTRICO
EMPLÁSTRICO
ZOROÁSTRICO
PALÉSTRICO
LÚSTRICO
ÚRICO
ÁURICO
MERCÚRICO
SULFÚRICO
HIPOSULFÚRICO
TELÚRICO
SILÚRICO
DISÚRICO
BARBITÚRICO
BÁSICO
CAUCÁSICO
AFÁSICO
BIFÁSICO
TRIFÁSICO
MONOFÁSICO
LIÁSICO
TRIÁSICO
ELEFANTIÁSICO
CLÁSICO
PRECLÁSICO
ANTECLÁSICO
NEOCLÁSICO
MÁSICO
IDIOSINCRÁSICO
JURÁSICO
POTÁSICO
BESICO
GEODÉSICO
ANALGÉSICO
GENÉSICO
PALINGENÉSICO
EUGENÉSICO
MAGNÉSICO
DIATÉSICO
ANESTÉSICO
CENESTÉSICO
HIPERESTÉSICO
GNÉISICO
FÍSICO
METAFÍSICO
HELIOFÍSICO
ASTROFÍSICO
TÍSICO
HEMOPTÍSICO
BOLSICO
CÓSICO
APOTEÓSICO
ESCLERÓSICO
MÁRSICO
PÉRSICO
ALPÉRSICO

MÚSICO
PRÚSICO
ÁTICO
SABÁTICO
RUMBÁTICO
ZURUMBÁTICO
BOBÁTICO
ACROBÁTICO
HIPERBÁTICO
BUBÁTICO
SINODÁTICO
IDEÁTICO
ELEÁTICO
GENEÁTICO
PANCREÁTICO
ANSEÁTICO
HANSEÁTICO
ENFÁTICO
LINFÁTICO
FOSFÁTICO
BRIBIÁTICO
CIATICO
CIÁTICO
ASTRONOMIÁTICO
MANIÁTICO
MONOMANIÁTICO
CEREMONIÁTICO
SIMONIÁTICO
ADRIÁTICO
FRIÁTICO
MURIÁTICO
ASIÁTICO
EURASIÁTICO
ISQUIÁTICO
VIÁTICO
LIBELÁTICO
PERLÁTICO
MATICO
ACROAMÁTICO
DRAMÁTICO
MELODRAMÁTICO
GRAMÁTICO
ANAGRAMÁTICO
EPIGRAMÁTICO
PROGRAMÁTICO
EMBLEMÁTICO
PROBLEMÁTICO
FLEMÁTICO
DILEMÁTICO
POEMÁTICO
TEMÁTICO
MATEMÁTICO
EXANTEMÁTICO
SISTEMÁTICO
ESQUEMÁTICO
SINALAGMÁTICO
DIAFRAGMÁTICO
PRAGMÁTICO
FLEGMÁTICO
ENIGMÁTICO
ANASTIGMÁTICO
DOGMÁTICO
CLIMÁTICO
DALMÁTICO
CIGOMÁTICO
IDIOMÁTICO
AXIOMÁTICO
DIPLOMÁTICO
AROMÁTICO
CROMÁTICO
ACROMÁTICO
DICROMÁTICO
SEMICROMÁTICO
PANCROMÁTICO
APOCROMÁTICO
CEROMÁTICO
SOMÁTICO
SINTOMÁTICO
ESTOMÁTICO
AUTOMÁTICO
SARMÁTICO
ESPERMÁTICO
ASMÁTICO
MIASMÁTICO
PLASMÁTICO
PROTOPLASMÁTICO
ABISMÁTICO
CISMÁTICO
ESCISMÁTICO
EMBOLISMÁTICO
NUMISMÁTICO
CARISMÁTICO
PRISMÁTICO
PROCELEUSMÁTICO
TRAUMÁTICO
NEUMÁTICO

REUMÁTICO
EMPIREUMÁTICO
ANTIRREUMÁTICO
FANÁTICO
MORGANÁTICO
VENÁTICO
VINÁTICO
LUNÁTICO
APÁTICO
HEPÁTICO
TELEPÁTICO
ANTIPÁTICO
SIMPÁTICO
POMPÁTICO
HOMEOPÁTICO
ALOPÁTICO
HIDROPÁTICO
ESPÁTICO
FELDESPÁTICO
FEBRÁTICO
LIEBRATICO
UMBRÁTICO
ACRÁTICO
PANCRÁTICO
TEOCRÁTICO
DEMOCRÁTICO
TIMOCRÁTICO
HIPOCRÁTICO
BUROCRÁTICO
SOCRÁTICO
DASOCRÁTICO
MESOCRÁTICO
ARISTOCRÁTICO
AUTOCRÁTICO
PLUTOCRÁTICO
EUCRÁTICO
CATEDRÁTICO
HIERÁTICO
ENTIMERÁTICO
PIRÁTICO
ERRÁTICO
ENTRÁTICO
PROTÁTICO
ASTÁTICO
ESTÁTICO
MAYESTÁTICO
ANTIPERISTÁTICO
HEMOSTÁTICO
HIPOSTÁTICO
HIDROSTÁTICO
AEROSTÁTICO
PROSTÁTICO
ELECTROSTÁTICO
EXTÁTICO
ACUÁTICO
SALVÁTICO
SELVÁTICO
SILVÁTICO
BOVÁTICO
ZATICO
DIDÁCTICO
LÁCTICO
GALÁCTICO
PARALÁCTICO
PROFILÁCTICO
PRÁCTICO
TÁCTICO
SINTÁCTICO
HÉCTICO
DIALÉCTICO
CATALÉCTICO
ACATALÉCTICO
ECLÉCTICO
ESMÉCTICO
CAQUÉCTICO
APODÍCTICO
ASFÍCTICO
ÁRCTICO
ANTÁRCTICO
ÉTICO
BÉTICO
ALFABÉTICO
DIABÉTICO
CUODLIBÉTICO
PENIBÉTICO
CÉTICO
ACÉTICO
FARMACÉTICO
DOCÉTICO
ASCÉTICO
JAFÉTICO
PROFÉTICO
GÉTICO
CINEGÉTICO
EXEGÉTICO
TRANSGANGÉTICO

APOLOGÉTICO
ENERGÉTICO
HÉTICO
SOVIÉTICO
ESQUELÉTICO
APOPLÉTICO
ATLÉTICO
EMÉTICO
ANTIEMÉTICO
MIMÉTICO
MAHOMÉTICO
SOMÉTICO
HERMÉTICO
ARISMÉTICO
COSMÉTICO
ARITMÉTICO
APLANÉTICO
GENÉTICO
PARTENOGENÉTICO
ESPLENÉTICO
PARENÉTICO
FRENÉTICO
PROXENÉTICO
MAGNÉTICO
ELECTROMAGNÉTICO
CINÉTICO
CARIOCINÉTICO
FONÉTICO
SONÉTICO
ALOÉTICO
POÉTICO
ANTIPOÉTICO
HERPÉTICO
RÉTICO
CRÉTICO
ANTICRÉTICO
SINCRÉTICO
HERÉTICO
CATERÉTICO
APIRÉTICO
ANTIPIRÉTICO
ANACORÉTICO
DIAFORÉTICO
MASORÉTICO
URÉTICO
DIURÉTICO
ANTISÉTICO
PATÉTICO
PERIPATÉTICO
DIETÉTICO
ANTITÉTICO
EPENTÉTICO
PARENTÉTICO
SINTÉTICO
PARASINTÉTICO
POLISINTÉTICO
HIPOTÉTICO
PROTÉTICO
ARTÉTICO
ESTÉTICO
ANTIESTÉTICO
PROSTÉTICO
HELVÉTICO
CENOBÍTICO
ASCÍTICO
ESCÍTICO
TROGLODÍTICO
CARDITICO
MEFÍTICO
MENFÍTICO
CONFITICO
LÍTICO
MEGALÍTICO
DIALÍTICO
ANALÍTICO
PARALÍTICO
CATALÍTICO
ENCLÍTICO
PROCLÍTICO
ISRAELÍTICO
MIELÍTICO
SIBILÍTICO
SIFILÍTICO
ANTISIFILÍTICO
PALEOLÍTICO
NEOLÍTICO
ARQUEOLÍTICO
MONOLÍTICO
OOLÍTICO
POLÍTICO
APOLÍTICO
IMPOLÍTICO
AEROLÍTICO
SUPERFEROLÍTICO
ELECTROLÍTICO
GENETLÍTICO

MÍTICO
CAMÍTICO
PREADAMÍTICO
BETLEHEMÍTICO
BETLEMÍTICO
EREMÍTICO
SEMÍTICO
SODOMÍTICO
DOLOMÍTICO
TIMPANÍTICO
GRANÍTICO
SAMNÍTICO
PÍTICO
SIBARÍTICO
CRÍTICO
DIACRÍTICO
ANTICRÍTICO
HIPERCRÍTICO
DENDRÍTICO
NEFRÍTICO
CLORÍTICO
CHIQUIRRITICO
DETRÍTICO
ARTRÍTICO
PLEURÍTICO
PARASÍTICO
ESTÍTICO
RAQUÍTICO
JESUÍTICO
LEVÍTICO
MOSCOVÍTICO
BÁLTICO
COBÁLTICO
ASFÁLTICO
BASÁLTICO
PERISTÁLTICO
ANTIPERISTÁLTICO
CÉLTICO
BRABÁNTICO
CÁNTICO
GIGÁNTICO
ATLÁNTICO
TRANSATLÁNTICO
TRASATLÁNTICO
SEMÁNTICO
GEOMÁNTICO
ROMÁNTICO
HIDROMÁNTICO
AEROMÁNTICO
NIGROMÁNTICO
PIROMÁNTICO
QUIROMÁNTICO
PRERROMÁNTICO
CARTOMÁNTICO
ASONÁNTICO
CONSONÁNTICO
TANTICO
CUÁNTICO
CERVÁNTICO
IDÉNTICO
EPILÉNTICO
AUCTÉNTICO
AUTÉNTICO
CONVENTICO
HELMÍNTICO
ANTIHELMÍNTICO
LABERÍNTICO
CORÍNTICO
ANACREÓNTICO
PÓNTICO
RAPÓNTICO
RUIPÓNTICO
HELESPÓNTICO
CAÓTICO
ESTRAMBÓTICO
NICÓTICO
NARCÓTICO
SARCÓTICO
ANECDÓTICO
GEÓTICO
APOTEÓTICO
GÓTICO
VISIGÓTICO
ANTIBIÓTICO
SIMBIÓTICO
AMNIÓTICO
PATRIÓTICO
ANTIPATRIÓTICO
GLÓTICO
TELEOLÓTICO
DEMÓTICO
OSMÓTICO
CIANÓTICO
HIPNÓTICO
EPIZOÓTICO
DESPÓTICO
ESCARÓTICO
ERÓTICO
CEROTICO
EPIRÓTICO
CLORÓTICO
CIRRÓTICO
CHICORROTICO
NEURÓTICO
APONEURÓTICO
MITÓTICO
AMITÓTICO
EXÓTICO
ESCÉPTICO
ANALÉPTICO
CATALÉPTICO
EPILÉPTICO
DISPÉPTICO
EUPÉPTICO
SÉPTICO
ASÉPTICO
DÍPTICO
APOCALÍPTICO
ECLÍPTICO
ELÍPTICO
TRIPTICO
ESTÍPTICO
ÓPTICO
CÓPTICO
PANÓPTICO
SINÓPTICO
ÁRTICO
BEZAÁRTICO
CATÁRTICO
ANTÁRTICO
DESÉRTICO
AÓRTICO
NÓRTICO
PÓRTICO
SOPÓRTICO
BOMBÁSTICO
ICÁSTICO
SARCÁSTICO
ORGIÁSTICO
ENCOMIÁSTICO
ECLESIÁSTICO
ENTUSIÁSTICO
ELÁSTICO
ESCOLÁSTICO
PLÁSTICO
EMPLÁSTICO
GALVANOPLÁSTICO
DOCIMÁSTICO
ONOMÁSTICO
PARONOMÁSTICO
ANTONOMÁSTICO
DINÁSTICO
ANTIDINÁSTICO
GIMNÁSTICO
PLEONÁSTICO
MONÁSTICO
EPISPÁSTICO
DRÁSTICO
PARAFRÁSTICO
PERIFRÁSTICO
TETRÁSTICO
FANTÁSTICO
DOMÉSTICO
INDOMÉSTICO
ANAPÉSTICO
CÍSTICO
AJEDRECÍSTICO
DÍSTICO
ESTADÍSTICO
HACENDÍSTICO
PERIODÍSTICO
PANTEÍSTICO
SOFÍSTICO
DIALOGÍSTICO
FLOGÍSTICO
ANTIFLOGÍSTICO
SILOGÍSTICO
PAISAJÍSTICO
BALÍSTICO
CABALÍSTICO
ANOMALÍSTICO
ANALÍSTICO
DUALÍSTICO
ACUARELÍSTICO
NOVELÍSTICO
ESTILÍSTICO
AUTOMOVILÍSTICO
FUTBOLÍSTICO
SUMULÍSTICO
GALLÍSTICO
MÍSTICO
EUFEMÍSTICO
ATOMÍSTICO
HUMANÍSTICO
HELENÍSTICO
AGONÍSTICO
CRONÍSTICO
EUCARÍSTICO
ERÍSTICO
OPERÍSTICO
CARACTERÍSTICO
HIPOCORÍSTICO
AFORÍSTICO
APRIORÍSTICO
HUMORÍSTICO
PATRÍSTICO
HEURÍSTICO
TURÍSTICO
PROSÍSTICO
CREMATÍSTICO
RENTÍSTICO
ARTÍSTICO
HUELGUÍSTICO
LINGÜÍSTICO
CATEQUÍSTICO
CASUÍSTICO
ARCHIVÍSTICO
PAROXÍSTICO
NÓSTICO
GNÓSTICO
AGNÓSTICO
DIAGNÓSTICO
GEOGNÓSTICO
PRONÓSTICO
ACRÓSTICO
FERÓSTICO
CÁUSTICO
ENCÁUSTICO
ACÚSTICO
OTACÚSTICO
LIGÚSTICO
FINÚSTICO
RÚSTICO
NÁUTICO
AERONÁUTICO
ESCORBÚTICO
ANTIESCORBÚTICO
PROPEDÉUTICO
HERMENÉUTICO
TERAPÉUTICO
LATRÉUTICO
ENFITÉUTICO
SIÚTICO
CUICO
PERJUICO
BÁQUICO
TAUROMÁQUICO
SÍQUICO
PSÍQUICO
CÓLQUICO
OLIGÁRQUICO
POLIÁRQUICO
ANÁRQUICO
MONÁRQUICO
JERÁRQUICO
AUTÁRQUICO
VICO
ARAVICO
ATÁVICO
SUÉVICO
CÍVICO
ATÁXICO
LÉXICO
ASFÍXICO
TÓXICO
ONOMATOPÉYICO
CALCO
ORICALCO
CATAFALCO
GERIFALCO
DESFALCO
PALCO
ANTEPALCO
TALCO
VUELCO
REVUELCO
CHILCO
HOLCO
SULCO
BISULCO
TRISULCO
BANCO
TRABANCO
ATRABANCO
TABANCO
SALTABANCO
SOTABANCO
REBANCO
ARQUIBANCO
MONTAMBANCO
SALTAEMBANCO
SALTIMBANCO
CANCO
CHANCO
OJANCO
BLANCO
BARBIBLANCO
PECHIBLANCO
PELIBLANCO
MANIBLANCO
CARIBLANCO
PATIBLANCO
ARISBLANCO
FLANCO
CILANCO
CHILANCO
PLANCO
CARLANCO
MANCO
CALOMANCO
LUNANCO
PANCO
TAPANCO
FRANCO
BARRANCO
TRANCO
ATRANCO
COJITRANCO
SANCO
ATANCO
PATANCO
ESTANCO
DESESTANCO
LAVANCO
ALAVANCO
CAYANCO
ZANCO
POZANCO
CENCO
SALACENCO
IBICENCO
TERCENCO
MITADENCO
PODENCO
FRAJENCO
BERMEJENCO
ELENCO
AZULENCO
CELLENCO
ZULLENCO
FLAMENCO
MARTINENCO
PENCO
SAPENCO
ZOPENCO
RENCO
MOSTRENCO
PASTENCO
MESTENCO
CUENCO
JUVENCO
CINCO
VEINTICINCO
ESCINCO
AFINCO
HINCO
AHÍNCO
BLINCO
BRINCO
CERORRINCO
ORNITORRINCO
TINCO
ESTINCO
ESQUINCO
VINCO
RONCO
BRONCO
TRONCO
CARBUNCO
ADUNCO
JUNCO
TRUNCO
TUNCO
COCO
COCÓ
MENINGOCOCO
ESTAFILOCOCO
DIPLOCOCO
NEUMOCOCO
EQUINOCOCO
GONOCOCO
ROCOCÓ
MICROCOCO
ESTREPTOCOCO
DESCOCO
CHOCO
BICHOCO
VICHOCO
DIADOCO
COLÉDOCO
DIPLODOCO
FOCO
SOFOCO
CENOZIOCO
JOCÓ
LOCO
AGÁLOCO
ZORROCLOCO
TONTILOCO
MELLOCO
MOCO
CALAMOCO
ZORROMOCO
SÍNOCO
MAÑOCO
POCO
PARAPOCO
TAMPOCO
CROCO
ALCROCO
SIROCO
PROCO
RECÍPROCO
BARROCO
PÁRROCO
TROCO
TOCO
TOCOTOCO
POTOCO
FARMACÉUTOCO
REVOCO
UNÍVOCO
EQUÍVOCO
INEQUÍVOCO
BAYOCO
ZOCO
ARCO
BARCO
ZAMBARCO
EMBARCO
DESEMBARCO
CHARCO
SOBREARCO
MARCO
CONTRAMARCO
PARCO
CENTRARCO
SARCO
TARCO
ARISTARCO
EXARCO
ZARCO
OJIZARCO
CERCO
SOBRECERCO
CISTICERCO
ENCERCO
DESCERCO
TERCO
HUERCO
CAHUERCO
PUERCO
PICAPUERCO
CIRCO
HIRCO
PIRCO
ORCO
HORCO
JORCO
PORCO
TORCO
ZUCURCO
CHURCO
AMURCO
SURCO
ENTRESURCO
BISURCO
TURCO
ASCO
BASCO
TABASCO
VARBASCO
VERBASCO
CHUBASCO
CASCO
ENTRECASCO
CHASCO
FIASCO
DAMASCO
ADAMASCO

BERGAMASCO
HENASCO
TERNASCO
AÑASCO
PEÑASCO
PASCO
RASCO
FRASCO
IRASCO
CARRASCO
PINCARRASCO
CHARRASCO
CHURRASCO
TASCO
ATASCO
VASCO
ARABESCO
TAMBESCO
ROMANCESCO
SANCHOPANCESCO
DIECIOCHESCO
GAUCHESCO
SOLDADESCO
ABOGADESCO
QUEVEDESCO
IRLANDESCO
GODESCO
GOLIARDESCO
SARDESCO
TUDESCO
SIMIESCO
GRIESCO
BRUJESCO
MADRIGALESCO
MEMORIALESCO
CURIALESCO
LIBERALESCO
CARNAVALESCO
SAYALESCO
DIABLESCO
NOVELESCO
FRAILESCO
ALGUACILESCO
BIRLESCO
BURLESCO
FABULESCO
CHULESCO
CANALLESCO
VERSALLESCO
CAMARILLESCO
PEROGRULLESCO
TRUHANESCO
LUCIANESCO
RUFIANESCO
CRISTIANESCO
CHALANESCO
VILLANESCO
ALEMANESCO
ROMANESCO
GERMANESCO
REFRANESCO
GITANESCO
SACRISTANESCO
DONJUANESCO
OFICINESCO
CHINESCO
BURROMINESCO
MARINESCO
PUSINESCO
FOLLETINESCO
CELESTINESCO
ARLEQUINESCO
BRIBONESCO
BUFONESCO
TALONESCO
MONESCO
MATRIMONESCO
LADRONESCO
RATONESCO
DUEÑESCO
TAPESCO
NAIPESCO
PRINCIPESCO
HAMPESCO
BARBARESCO
PICARESCO
JUGLARESCO
LIBRESCO
HECHICERESCO
ALFILERESCO
CABALLERESCO
CANCILLERESCO
FULLERESCO
PLATERESCO
CHURRIGUERESCO
FRESCO

REFRESCO
BOQUIFRESCO
LABRADORESCO
TROVADORESCO
PINTORESCO
CHOCARRESCO
GUITARRESCO
TAHURESCO
CARICATURESCO
TOBOSESCO
GATESCO
SAINETESCO
MERCANTESCO
DANTESCO
MERCADANTESCO
PEDANTESCO
ANDANTESCO
GIGANTESCO
CERVANTESCO
PARENTESCO
MONTESCO
QUIJOTESCO
MANFLOTESCO
GROTESCO
PUTESCO
BRUTESCO
GRUTESCO
CUESCO
HORMIGUESCO
GALGUESCO
ARREMUESCO
LOQUESCO
PETRARQUESCO
TURQUESCO
GOYESCO
CISCO
BACISCO
GRECISCO
FRANCISCO
TROCISCO
DISCO
PARDISCO
MORDISCO
NÉISCO
FISCO
FALISCO
OBELISCO
BASILISCO
LLANISCO
ALEMANISCO
ALIMANISCO
MENISCO
ARENISCO
LEMNISCO
PISCO
RISCO
ARISCO
·MARISCO
TAMARISCO
PEDRISCO
BERBERISCO
ASTERISCO
MORISCO
PRISCO
APRISCO
ARRISCO
BARRISCO
ABARRISCO
NAVARRISCO
CENTRISCO
LANTISCO
LEVANTISCO
LENTISCO
PONENTISCO
VENTISCO
GREGUISCO
QUISCO
VISCO
MALVAVISCO
CHIRIVISCO
GENOVISCO
TORVISCO
VOLSCO
OSCO
ANDOSCO
TRASANDOSCO
HOSCO
KIOSCO
QUIOSCO
MOSCO
ABELMOSCO
CONNOSCO
ROSCO
TOSCO
VOSCO
BUSCO

REBUSCO
CUSCO
CHUSCO
PARDUSCO
VERDUSCO
FUSCO
LUSCO
MOLUSCO
MUSCO
AMUSCO
CHAMUSCO
CONNUSCO
CONUSCO
SOCONUSCO
RUSCO
BRUSCO
PEDRUSCO
QUERUSCO
CORUSCO
CORRUSCO
CHURRUSCO
ZURRUSCO
ETRUSCO
TUSCO
APATUSCO
VUSCO
CONVUSCO
EMBAUCO
DAUCO
GLAUCO
RAUCO
SAÚCO
BUCO
ARCABUCO
FABUCO
TRABUCO
SABUCO
TABUCO
BAMBUCO
CALAMBUCO
FERNAMBUCO
PERNAMBUCO
ZAMBUCO
CUCO
MACUCO
ZAMACUCO
CHANCUCO
CUCHUCO
CADUCO
FEÚCO
FALEUCO
PEUCO
PENTATEUCO
HEPTATEUCO
FUCO
OFIUCO
BEJUCO
HIJUCO
LUCO
MALUCO
MAMELUCO
REPELUCO
FRAILUCO
CHAMERLUCO
OLLUCO
ULLUCO
CALMUCO
NUCO
HERMANUCO
TABONUCO
CONUCO
EUNUCO
RUCO
PAJARUCO
ABEJARUCO
ALMENDRUCO
CARRUCO
FARRUCO
CORRUCO
FURRUCO
TRUCO
RETRUCO
SUCO
SAMPSUCO
TUCO
BEATUCO
ESTUCO
TUCUTUCO
CAYUCO
HAYUCO
GUAYUCO
BIZCO
PELLIZCO
PIZCO
REPIZCO
NEGRIZCO

BLANQUIZCO
CUZCO
BLANCUZCO
NEGRUZCO
CHO
GABACHO
BOMBACHO
HOBACHO
CORBACHO
CACHO
BARBICACHO
PICACHO
RICACHO
COCACHO
MORCACHO
COSCACHO
CHACHO
PACHACHO
MOCHACHO
MUCHACHO
FARDACHO
GARDACHO
VERDACHO
GACHÓ
GACHO
CORNIGACHO
MELGACHO
VULGACHO
LLAPINGACHO
HACHO
RIACHO
GALACHO
TALACHO
TABLACHO
POBLACHO
VELACHO
HILACHO
POPULACHO
MACHO
MARIMACHO
NACHO
CENACHO
PENACHO
DINACHO
TERMINACHO
CONACHO
ARNACHO
HORNACHO
ASNACHO
AZNACHO
CAPACHO
LAPACHO
PAPACHO
CARAPACHO
GARAPACHO
EMPACHO
DESEMPACHO
DESPACHO
ANTEDESPACHO
GAZPACHO
CARACHO
DICHARACHO
VIVARACHO
QUEBRACHO
LIBRACHO
HOMBRACHO
MANDRACHO
MORACHO
HUMORACHO
MOHARRACHO
MAMARRACHO
BORRACHO
URACHO
SACHO
TACHO
PISTACHO
MOSTACHO
GUACHO
COLIGUACHO
BARBECHO
ACECHO
RECECHO
FECHO
AFECHO
CONTRAFECHO
REFECHO
GRANDIFECHO
MALFECHO
BIENFECHO
DESFECHO
SATISFECHO
INSATISFECHO
COGECHO
HECHO
AHECHO
CONTRAHECHO

REHECHO
BARBIHECHO
MALHECHO
COHECHO
DESHECHO
LECHO
CADALECHO
TORNALECHO
CONTRALECHO
CANDELECHO
HELECHO
SOBRELECHO
DESLECHO
PECHO
REPECHO
ANTEPECHO
TRASPECHO
DESPECHO
BERBERECHO
DERECHO
AFRECHO
ARRECHO
CORRECHO
AFORRECHO
TRECHO
MALTRECHO
CONTRECHO
PORTRECHO
ESTRECHO
ASECHO
DESECHO
TECHO
ENTRETECHO
DUECHO
PROVECHO
ICHO
BICHO
BIBICHO
CHICHO
DICHO
CONTRADICHO
REDICHO
SOBREDICHO
PREDICHO
ENTREDICHO
ANTEDICHO
MALDICHO
AVANDICHO
DEVANDICHO
BENDICHO
SUSODICHO
DESDICHO
MICHO
NICHO
PERNICHO
BRICHO
CAPRICHO
BELCHO
ANCHO
CANCHO
CHANCHO
RODANCHO
CARDANCHO
ENTREANCHO
GANCHO
CABECIANCHO
CARIANCHO
BOQUIANCHO
LANCHO
DESMANCHO
PANCHO
CARPANCHO
RANCHO
CARANCHO
MARANCHO
ZAFARRANCHO
GARRANCHO
TRANCHO
SANCHO
CINCHO
RECINCHO
SOBRECINCHO
RELINCHO
PICARRELINCHO
CARLINCHO
PINCHO
CAPINCHO
CARPINCHO
CARINCHO
BRINCHO
CORRINCHO
GUINCHO
QUIRQUINCHO
CONCHO
RECHONCHO
QUINCHONCHO

PONCHO
CARONCHO
MORONCHO
CORRONCHO
MORRONCHO
TRONCHO
ZONCHO
CHUNCHO
MUNCHO
RUNCHO
SUNCHO
ZUNCHO
OCHO
CAMBOCHO
GAMBOCHO
COCHO
RECOCHO
SALCOCHO
SANCOCHO
DESCOCHO
BIZCOCHO
CHOCHO
GOCHO
GANGOCHO
GUANGOCHO
DIECIOCHO
VEINTIOCHO
GALOCHO
ESPILOCHO
COLOCHO
ZOLOCHO
BIRLOCHO
MOCHO
ESCAMOCHO
REMOCHO
TRASQUILIMOCHO
DESMOCHO
SACRISMOCHO
PANOCHO
PINOCHO
TRASNOCHO
POCHO
POPOCHO
TOPOCHO
ROCHO
JAROCHO
CONGOROCHO
MOROCHO
BARROCHO
ALFORROCHO
TOCHO
AGUATOCHO
COYOCHO
COBARCHO
ESCARCHO
COARCHO
GUERCHO
CORCHO
TORCHO
CAUCHO
GAUCHO
GUAUCHO
CAMBUCHO
CUCHO
FLACUCHO
MARACUCHO
MEDICUCHO
PERIODICUCHO
SOCUCHO
ESCUCHO
SUCUCHO
COZCUCHO
CHUCHO
CACHUCHO
MACHUCHO
PACHUCHO
ARRECHUCHO
AVECHUCHO
SALCHUCHO
DUCHO
ADUCHO
DELICADUCHO
DELGADUCHO
AGUADUCHO
PALIDUCHO
CALDUCHO
CANDUCHO
BLANDUCHO
TENDUCHO
CONDUCHO
FEÚCHO
COGUCHO
HUCHO
CARIUCHO
FALUCHO
MALUCHO

ANIMALUCHO
ENDEBLUCHO
PAPELUCHO
CAMILUCHO
AGUILUCHO
MUCHO
ENFERMUCHO
PANUCHO
PUCHO
CAPUCHO
DESPAPUCHO
CARAPUCHO
RUCHO
CLARUCHO
MARUCHO
CAPIRUCHO
LARGUIRUCHO
MORUCHO
GARRUCHO
SERRUCHO
CUCURUCHO
CASUCHO
CAFETUCHO
SANTUCHO
CARTUCHO
CUARTUCHO
DO
ADÓ
ACABADO
MASCABADO
MOSCABADO
HABADO
ALABADO
GRABADO
HUECOGRABADO
CINCOGRABADO
HELIOGRABADO
PIROGRABADO
FOTOGRABADO
TRABADO
TRASTRABADO
SÁBADO
CEBADO
GIBADO
CRIBADO
DERRIBADO
ANQUIDERRIBADO
CAMBADO
CHAMBADO
CIMBADO
PLUMBADO
TUMBADO
ABOBADO
ESCOBADO
ADOBADO
LOBADO
ALOBADO
ROBADO
JOROBADO
PROBADO
APROBADO
REPROBADO
ARROBADO
SOBADO
RESOBADO
RETOBADO
BARBADO
DESBARBADO
AGARBADO
ENGARBADO
DESENGARBADO
CONTURBADO
ACUBADO
NUBADO
ANUBADO
ADRUBADO
FADRUBADO
CADO
ATABACADO
ESCACADO
MACHACADO
AHACADO
SANJACADO
ABELLACADO
FUSTANACADO
PACADO
AJARACADO
PECHISACADO
ATACADO
ESTACADO
VACADO
AVACADO
AMUÑECADO
PECADO
RECADO
MANTECADO

ENTECADO
ALAMBICADO
ACHICADO
PREDICADO
SINDICADO
PERJUDICADO
CRUCIFICADO
CALIFICADO
MELIFICADO
SIGNIFICADO
ESCARIFICADO
PONTIFICADO
ANTIPONTIFICADO
NOTIFICADO
CERTIFICADO
INMORTIFICADO
JUSTIFICADO
INJUSTIFICADO
GALICADO
DELICADO
INDELICADO
UMBILICADO
APLICADO
INAPLICADO
DESAPLICADO
CUADRIPLICADO
CENTIPLICADO
COMPLICADO
DUPLICADO
INEXPLICADO
MICADO
CHAMICADO
FENICADO
COMUNICADO
INCOMUNICADO
TUNICADO
PICADO
ARICADO
AMARICADO
IMBRICADO
RUBRICADO
AFRICADO
BORICADO
PARALITICADO
DOMESTICADO
INDOMESTICADO
CALCADO
FALCADO
ENFALCADO
REVOLCADO
ANCADO
DESPERNANCADO
EBRANCADO
ARRANCADO
ESPARRANCADO
DESPARRANCADO
ESTANCADO
ZANCADO
APODENCADO
AFINCADO
AHINCADO
INTRINCADO
TRUNCADO
BOCADO
ABOCADO
SACABOCADO
EMBOCADO
DESBOCADO
DESCOCADO
ALOCADO
SONLOCADO
DESCOLOCADO
APOCADO
BROCADO
ARROCADO
TROCADO
TOCADO
ADVOCADO
ABARCADO
MATRIARCADO
PATRIARCADO
EXARCADO
CERCADO
DESCERCADO
MERCADO
ALTERCADO
HORCADO
AHORCADO
RABIHORCADO
BIFURCADO
TRIFURCADO
ASURCADO
CASCADO
DAMASCADO
ADAMASCADO
ACARRASCADO

ATASCADO
PESCADO
CONFISCADO
BRISCADO
ENRISCADO
AMORISCADO
ARRISCADO
ENFOSCADO
ROSCADO
CHAMUSCADO
DUCADO
INEDUCADO
ARCHIDUCADO
ESTUCADO
AGOZCADO
AZABACHADO
ENCACHADO
AMUCHACHADO
FACHADO
MACHADO
REMACHADO
EMPENACHADO
EMPACHADO
DESPACHADO
ABORRACHADO
AMOSTACHADO
ECHADO
ESCABECHADO
DECHADO
AFLECHADO
ENFLECHADO
ENECHADO
ANTEPECHADO
INSOSPECHADO
TECHADO
SOTECHADO
APROVECHADO
INAPROVECHADO
DESAPROVECHADO
DESDICHADO
DESGALICHADO
ENGUICHADO
COLCHADO
ACOLCHADO
DANCHADO
PLANCHADO
APLANCHADO
MANCHADO
DERRANCHADO
FINCHADO
HINCHADO
GUINCHADO
CONCHADO
DESCONCHADO
EMPONCHADO
CARONCHADO
TRONCHADO
BOCHADO
ENCOCHADO
ABIZCOCHADO
TRASNOCHADO
BROCHADO
EMBROCHADO
ATOCHADO
ESCARCHADO
PERCHADO
EMPERCHADO
ACORCHADO
ESCORCHADO
ENTORCHADO
ENCAUCHADO
EMBUCHADO
ATRUCHADO
ENTRUCHADO
ESTUCHADO
DADO
ALOBADADO
MALFADADO
DESENFADADO
AHIGADADO
HADADO
MALHADADO
BIENHADADO
ALMOHADADO
DESAPIADADO
DESPIADADO
BRIADADO
ESPADADO
GRADADO
DEGRADADO
HORADADO
MONEDADO
AMONEDADO
DESHOSPEDADO
EMPAREDADO
HEREDADO

VEDADO
ABOVEDADO
CANDIDADO
CONSOLIDADO
CUIDADO
DESCUIDADO
OLVIDADO
CONVIDADO
BALDADO
CALDADO
ESCALDADO
SENESCALDADO
ENFALDADO
ARRUFALDADO
JALDADO
GUALDADO
ALBAYALDADO
ATILDADO
ENMOLDADO
SOLDADO
ENTOLDADO
ANDADO
BANDADO
CONTRABANDADO
CANDADO
ENGLANDADO
MANDADO
DEMANDADO
MALMANDADO
BIENMANDADO
DESMANDADO
RANDADO
BARANDADO
PREBENDADO
HACENDADO
REMENDADO
RECOMENDADO
ENCOMENDADO
ARRENDADO
ADUENDADO
VECINDADO
DESAVECINDADO
ALINDADO
GUINDADO
ABONDADO
CONDADO
VIZCONDADO
FONDADO
AFONDADO
ORONDADO
ABUNDADO
INFUNDADO
COYUNDADO
ACODADO
ACOMODADO
DESACOMODADO
DENODADO
RODADO
YODADO
BARDADO
ALABARDADO
ALBARDADO
ABOCARDADO
RETARDADO
AVUTARDADO
GUARDADO
ASUARDADO
ACUERDADO
BORDADO
CORDADO
ACORDADO
DESACORDADO
PROCORDADO
CAUDADO
ATAUDADO
ESCUDADO
EXUDADO
AYUDADO
ALABEADO
CABECEADO
LANCEADO
BRONCEADO
LADEADO
MOLDEADO
BANDEADO
VANDEADO
ONDEADO
REDONDEADO
FONDEADO
FAJEADO
TRAJEADO
OREJEADO
TABLEADO
TECLEADO
OLEADO
EMPLEADO

RAMEADO
PALMEADO
PLUMEADO
CANCANEADO
GRANEADO
SANEADO
ESCAMONEADO
FESTONEADO
CORNEADO
BIZCORNEADO
CHAPEADO
GOLPEADO
ZAMPEADO
GALOPEADO
HERROPEADO
CUATROPEADO
JASPEADO
CAREADO
PAREADO
EMBREADO
INCREADO
CONCREADO
APEDREADO
ASENDEREADO
FLOREADO
DIAPREADO
LAMPREADO
APERREADO
CHORREADO
APORREADO
DELETREADO
RASTREADO
LAUREADO
ASEADO
GLASEADO
DESASEADO
CALAFATEADO
GATEADO
PLATEADO
CHINATEADO
ZAPATEADO
LACTEADO
RIBETEADO
VERGETEADO
OJETEADO
TABLETEADO
AJUANETEADO
CASTAÑETEADO
VERGUETEADO
BAQUETEADO
VETEADO
ANTEADO
CANTEADO
SERPENTEADO
CINTEADO
PUNTEADO
PICOTEADO
REPICOTEADO
ENTREGOTEADO
PALOTEADO
MANOTEADO
CARTEADO
TRASTEADO
LISTEADO
FLAUTEADO
LARGUEADO
RASGUEADO
ESCAQUEADO
LAQUEADO
EMBLANQUEADO
FLANQUEADO
FRANQUEADO
FLOQUEADO
TOQUEADO
MOSQUEADO
ROSQUEADO
FADO
ZAFADO
HALIFADO
GRIFADO
ESCALFADO
ENFADO
DESENFADO
ALCACHOFADO
ALCARCHOFADO
AFILOSOFADO
ESTOFADO
BUFADO
TIUFADO
ARRUFADO
ATUFADO
CAGADO
PLAGADO
ENCENAGADO
APAGADO
DESPAGADO

BRAGADO
DESBRAGADO
DRAGADO
ESPARRAGADO
AURRAGADO
AHURRAGADO
ENJALBEGADO
LEGADO
ENTALEGADO
ABLEGADO
DELEGADO
SUBDELEGADO
PLEGADO
LLEGADO
ALLEGADO
AGALLEGADO
NEGADO
ABNEGADO
RENEGADO
PEGADO
EMPEGADO
DESPEGADO
FREGADO
AGREGADO
ENTREGADO
SOSEGADO
PORTEGADO
NUÉGADO
ARRAIGADO
AMACIGADO
LECHIGADO
HÍGADO
LIGADO
OBLIGADO
COLIGADO
DESCOLIGADO
DESAMIGADO
CANONIGADO
ESPIGADO
DESNARIGADO
ABRIGADO
DESABRIGADO
MADRIGADO
LORIGADO
DESBARRIGADO
ALMASTIGADO
ENVIGADO
DESENCABALGADO
AHIDALGADO
DELGADO
HELGADO
AHELGADO
ENHELGADO
AMELGADO
REMILGADO
COLGADO
FOLGADO
HOLGADO
DESCOMULGADO
EXCOMULGADO
REPULGADO
VULGADO
MANGADO
ARREMANGADO
AMERENGADO
ENDOMINGADO
PRINGADO
VASCONGADO
AMONDONGADO
ALONGADO
PROLONGADO
ABOGADO
AHOGADO
DESAHOGADO
ROGADO
TOGADO
ARGADO
EMBARGADO
CARGADO
ENCARGADO
SARGADO
ASARGADO
ACHAMBERGADO
ENJERGADO
TORGADO
BURGADO
RASGADO
BOQUIRRASGADO
AMIÉSGADO
ARRIESGADO
NESGADO
SESGADO
VETISESGADO
LECHUGADO
ALECHUGADO
CONJUGADO

ENTARUGADO
AVERRUGADO
CONYUGADO
JUZGADO
HADO
AVAHADO
DESAVAHADO
ENHADO
ABUHADO
LABIADO
ALABIADO
ALGARABIADO
AGOBIADO
ENACIADO
GRACIADO
AGRACIADO
DESAGRACIADO
DESGRACIADO
VACIADO
PRECIADO
INDICIADO
DESPERDICIADO
BENEFICIADO
COMBENEFICIADO
ARTIFICIADO
ICTERICIADO
PATRICIADO
AJUSTICIADO
AJUICIADO
DESJUICIADO
NOVICIADO
CIRCUNSTANCIADO
LICENCIADO
INTELIGENCIADO
AQUERENCIADO
PENITENCIADO
ENUNCIADO
NEGOCIADO
ANEGOCIADO
ROCIADO
ASOCIADO
TERCIADO
INFORCIADO
AFUCIADO
DESFIUCIADO
ENLUCIADO
DIADO
ADIADO
ABADIADO
RADIADO
MEDIADO
INTERMEDIADO
ALCAIDIADO
AINDIADO
AJUDIADO
FIADO
BIOGRAFIADO
ESGRAFIADO
CONFIADO
DESCONFIADO
ESCOFIADO
PORFIADO
PRIVILEGIADO
COLEGIADO
EFIGIADO
REFUGIADO
ATAUJIADO
ALIADO
CILIADO
UNIFOLIADO
TRIFOLIADO
PERFOLIADO
ALJAMIADO
LACINIADO
DEMONIADO
ENDEMONIADO
HERNIADO
DESTAPIADO
OPIADO
ALOPIADO
APROPIADO
ESPIADO
CARIADO
SALARIADO
ASALARIADO
PROLETARIADO
VOLUNTARIADO
NOTARIADO
VARIADO
INVARIADO
DESVARIADO
CRIADO
MALCRIADO
VIDRIADO
FERIADO
ESCALOFRIADO

RESFRIADO
ENRIADO
GLORIADO
DESMEMORIADO
HISTORIADO
PRIADO
CHERRIADO
CHIRRIADO
ESMIRRIADO
DESMIRRIADO
ENGURRIADO
REPATRIADO
BALAUSTRIADO
DEMASIADO
MESIADO
LISIADO
ESCLISIADO
SITIADO
ACONTIADO
ABESTIADO
ANGUSTIADO
GUIADO
APARROQUIADO
SARAVIADO
AGRAVIADO
EXTRAVIADO
ABREVIADO
ENVIADO
ANTUVIADO
AJADO
TRABAJADO
ATRABAJADO
REBAJADO
RANCAJADO
ENCARCAJADO
FAJADO
CONTRAFAJADO
AMIGAJADO
AVIAJADO
ENVIAJADO
ACELAJADO
MAJADO
PAJADO
DESPARPAJADO
DESANDRAJADO
DESCERRAJADO
SAJADO
GASAJADO
ATASAJADO
TAJADO
AVENTAJADO
DESAVENTAJADO
CUAJADO
ANAVAJADO
DEJADO
DESMADEJADO
GUEDEJADO
ENGUEDEJADO
SEMEJADO
DESEMEJADO
MANEJADO
ENCRISNEJADO
ESPEJADO
DESPEJADO
REJADO
APAREJADO
EMPAREJADO
ENREJADO
DESOREJADO
ACONSEJADO
MALACONSEJADO
DESACONSEJADO
TEJADO
EMBIJADO
ACIJADO
REGOCIJADO
INDIJADO
FIJADO
AFIJADO
AHIJADO
DESHIJADO
TRASIJADO
DESORTIJADO
DESENSORTIJADO
ALFANJADO
NARANJADO
ANARANJADO
AFRANJADO
PINJADO
ESPONJADO
ALOJADO
MOJADO
AMANOJADO
APANOJADO
ARROJADO
TROJADO

TRASOJADO
ANTOJADO
ENVERJADO
FORJADO
REBUJADO
DESDIBUJADO
GANDUJADO
GRANUJADO
AGRANUJADO
PAPUJADO
REPUJADO
CARRUJADO
ENCARRUJADO
ENCARTUJADO
LADO
ALADO
ABALADO
CALADO
ACICALADO
BROCALADO
ESCALADO
CHALADO
GUARDALADO
ACAUDALADO
DESCAUDALADO
REGALADO
OJALADO
CANALADO
ACANALADO
APANALADO
APEDERNALADO
SEÑALADO
APUÑALADO
PALADO
CONTRAPALADO
UMBRALADO
SALADO
DESALADO
RESALADO
METALADO
AMETALADO
DESTARTALADO
IGUALADO
INIGUALADO
DESIGUALADO
OVALADO
DESMAZALADO
FABLADO
HABLADO
MALHABLADO
BIENHABLADO
DIABLADO
ENDIABLADO
TABLADO
ENTABLADO
ENSAMBLADO
DOBLADO
REDOBLADO
ENDOBLADO
POBLADO
DESPOBLADO
NUBLADO
ANUBLADO
ÑUBLADO
AÑUBLADO
TECLADO
MEZCLADO
ENCELADO
CINCELADO
OCELADO
ABOCELADO
DELADO
MODELADO
ENRODELADO
CORDELADO
FLAGELADO
HELADO
NIELADO
BURIELADO
MELADO
AGUAMELADO
CANELADO
ACANELADO
APAINELADO
ACHINELADO
PELADO
APELADO
EMPAPELADO
ENTREPELADO
CARIPELADO
RABOPELADO
TERCIOPELADO
ATERCIOPELADO
ANGRELADO
ATIRELADO
PRELADO

BURELADO
ABURELADO
TESELADO
FUSELADO
AVITELADO
MANTELADO
DESMANTELADO
ADINTELADO
AMARTELADO
CUARTELADO
ACUARTELADO
CONTRACUARTELADO
ESTELADO
ABUÑUELADO
JAQUELADO
NIQUELADO
ABROQUELADO
VELADO
ACLAVELADO
REVELADO
ADOVELADO
ANOVELADO
ENJOYELADO
CHIFLADO
APANTUFLADO
REGLADO
ARREGLADO
DESARREGLADO
DESREGLADO
CINGLADO
TINGLADO
AFRAILADO
DESPABILADO
DESGARBILADO
JUBILADO
EMBRACILADO
VERTICILADO
ENCHILADO
ACANDILADO
ENCANDILADO
FILADO
ENFILADO
PERFILADO
HILADO
AHILADO
SOBREHILADO
DESHILADO
ACEMILADO
RECOPILADO
ASILADO
BRASILADO
ABRASILADO
DATILADO
DACTILADO
ACANTILADO
MUTILADO
TRASQUILADO
AMOSQUILADO
BOLADO
EMBOLADO
ARBOLADO
ENARBOLADO
COLADO
ACARACOLADO
RECOLADO
ENCOLADO
ACHOLADO
CAPICHOLADO
DOLADO
LANCEOLADO
ENGOLADO
ENGARGOLADO
ALCOHOLADO
PECIOLADO
VIOLADO
ULTRAVIOLADO
INVIOLADO
BEMOLADO
DESMOLADO
ESPAÑOLADO
CAPOLADO
EQUIPOLADO
ESCAROLADO
CHAROLADO
ACHAROLADO
AFAROLADO
EMPAMPIROLADO
SOLADO
TORNASOLADO
APARASOLADO
DESCONSOLADO
APOSTOLADO
VOLADO
AMAZOLADO
ATIPLADO
TEMPLADO

DESTEMPLADO
ASIMPLADO
ACOPLADO
SOPLADO
DUPLADO
DESMIRLADO
TRASLADO
AISLADO
EMBAULADO
CONTRIBULADO
LOBULADO
BILOBULADO
TRILOBULADO
ACULADO
INMACULADO
PECULADO
FASCICULADO
CALICULADO
PANICULADO
MATRICULADO
DENTICULADO
ARTICULADO
INARTICULADO
UNGUICULADO
CLAVICULADO
PEDUNCULADO
CARUNCULADO
TORCULADO
SURCULADO
ACHULADO
ONDULADO
REGULADO
ANGULADO
TRIANGULADO
CUADRANGULADO
UNGULADO
AHULADO
CELULADO
DISIMULADO
GRANULADO
DISCIPULADO
CONSULADO
VICECONSULADO
PROCONSULADO
CLAUSULADO
CARATULADO
CAPITULADO
TITULADO
DESTITULADO
TARANTULADO
ROTULADO
POSTULADO
AZULADO
ACABALLADO
ENCABALLADO
CALLADO
AGALLADO
ENGALLADO
HALLADO
ACANALLADO
AMURALLADO
TALLADO
DETALLADO
VALLADO
CABELLADO
ACABELLADO
DESCABELLADO
MELLADO
ACAMELLADO
MAMELLADO
REMELLADO
DIENTIMELLADO
MARMELLADO
ATROPELLADO
ESTRELLADO
SELLADO
DANTELLADO
DENTELLADO
EMBOTELLADO
APORTELLADO
HABILLADO
ESCOBILLADO
EMBARBILLADO
MANCILLADO
CHILLADO
ACUCHILLADO
CARIACUCHILLADO
ALMOHADILLADO
ESPADILLADO
ATABARDILLADO
ABUHARDILLADO
AGUARDILLADO
DESPALILLADO
ENGOLILLADO
ACOLMILLADO
ANILLADO

CANILLADO
ACANILLADO
DESTORNILLADO
ENCAPILLADO
ESTAMPILLADO
DESCASCARILLADO
ALCANTARILLADO
AMEMBRILLADO
LADRILLADO
ENLADRILLADO
DESENLADRILLADO
DESCUADRILLADO
GRILLADO
EMPARRILLADO
TRILLADO
ENTRILLADO
RASTRILLADO
ENCASILLADO
ENSILLADO
TILLADO
ENGATILLADO
DESPATILLADO
AMONTILLADO
PUNTILLADO
ARTILLADO
MARTILLADO
APORTILLADO
CASTILLADO
ACASTILLADO
ENCASTILLADO
RASTILLADO
ENCOSTILLADO
ENLECHUGUILLADO
AQUILLADO
ACHIQUILLADO
ABOQUILLADO
ABARQUILLADO
HORQUILLADO
AHORQUILLADO
DESGAVILLADO
OLLADO
ABOLLADO
ACEBOLLADO
ENCEBOLLADO
COLLADO
DESCOLLADO
FOLLADO
AFOLLADO
TRASFOLLADO
DEGOLLADO
CUELLIDEGOLLADO
ACRIOLLADO
CARIAMPOLLADO
ENROLLADO
ARROLLADO
SOLLADO
DESOLLADO
EXCULLADO
ACOGULLADO
ENCAPULLADO
AMADO
RECAMADO
ENCAMADO
ESCAMADO
ADAMADO
FAMADO
AFAMADO
BIENFAMADO
LLAMADO
MAMADO
AGRAMADO
ENRAMADO
DESPARRAMADO
DERRAMADO
CASQUIDERRAMADO
ENTRAMADO
DIADEMADO
EXTREMADO
QUEMADO
REQUEMADO
TAIMADO
RACIMADO
ARRACIMADO
SUBLIMADO
ESCOLIMADO
INANIMADO
ENTARIMADO
PRIMADO
SOBREPRIMADO
EMPRIMADO
SIMADO
ULTIMADO
ESTIMADO
INESTIMADO
APROXIMADO
CALMADO

PALMADO
DESALMADO
COLMADO
REDOMADO
ARREDOMADO
INDOMADO
ENGOMADO
ALOMADO
EMPALOMADO
PLOMADO
APLOMADO
EMPLOMADO
ABROMADO
ACROMADO
TOMADO
ARMADO
DESARMADO
AFIRMADO
REFORMADO
AMORMADO
PASMADO
ABISMADO
AFUMADO
AHUMADO
SAHUMADO
DESAHUMADO
PLUMADO
CONSUMADO
COSTUMADO
NADO
ENGABANADO
ENSABANADO
ATABANADO
ALBANADO
GALBANADO
AGALBANADO
CARAMBANADO
ACARAMBANADO
CANADO
ALIACANADO
HURACANADO
AVOLCANADO
BADANADO
AFANADO
GANADO
ATRUHANADO
ATERCIANADO
ARRUFIANADO
ACRISTIANADO
LANADO
ENLANADO
AVILLANADO
ESCARRAMANADO
HERMANADO
PANADO
ACAMPANADO
ENCAMPANADO
ACHAMPANADO
EMPANADO
ALACRANADO
AZAFRANADO
GRANADO
AFILIGRANADO
DESGRANADO
ALQUITRANADO
APATANADO
ATAFETANADO
AGITANADO
ASACRISTANADO
DEVANADO
DESHILVANADO
ADNADO
ENFAENADO
CENADO
ALMACENADO
ADOCENADO
CADENADO
ENCADENADO
CONDENADO
ORDENADO
INORDENADO
COORDENADO
DESORDENADO
OXIGENADO
NITROGENADO
ALIENADO
ENAJENADO
BERENJENADO
ABERENJENADO
DESMELENADO
EMBALLENADO
ALMENADO
DESALMENADO
CATECUMENADO
PENADO
TRENADO

SENADO
ENSENADO
SETENADO
ANTENADO
ENTENADO
VENADO
AVENADO
TRAGAVENADO
JOVENADO
AGNADO
ASIGNADO
COGNADO
COMBINADO
EMPECINADO
CALCINADO
ABOCINADO
EMBOCINADO
MALCOCINADO
ARROCINADO
ATOCINADO
ASARDINADO
SUBORDINADO
INSUBORDINADO
INORDINADO
COORDINADO
PEINADO
REPEINADO
REINADO
CORREINADO
VISORREINADO
FINADO
REFINADO
SEMIRREFINADO
CONFINADO
MARGINADO
INCLINADO
DISCIPLINADO
INDISCIPLINADO
DESCAMINADO
APERGAMINADO
LAMINADO
INCONTAMINADO
AFEMINADO
EFEMINADO
DEFEMINADO
ENFEMINADO
GEMINADO
DENOMINADO
INNOMINADO
PRONOMINADO
DETERMINADO
INDETERMINADO
ALBUMINADO
ACUMINADO
ALUMINADO
ILUMINADO
BITUMINADO
ENCHAPINADO
EMPINADO
INOPINADO
DESOPINADO
HARINADO
CLARINADO
ACULEBRINADO
CRINADO
ENCRINADO
TRINADO
INDOCTRINADO
TINADO
ALATINADO
PALATINADO
PLATINADO
DESATINADO
ASAETINADO
ABOTINADO
AMOTINADO
CORTINADO
DESTINADO
PREDESTINADO
ARESTINADO
QUINADO
ADOQUINADO
DAMASQUINADO
ESQUINADO
ALNADO
CALNADO
DAMNADO
ANNADO
ABONADO
JABONADO
ENJABONADO
ABRIBONADO
CARBONADO
ATURBONADO
DIACONADO
SUBDIACONADO

HALCONADO
ENCONADO
ARRINCONADO
AHOBACHONADO
TACHONADO
ATACHONADO
DONADO
ADONADO
ALMIDONADO
BALDONADO
ABANDONADO
ACORDONADO
ENCORDONADO
DESDONADO
LEONADO
ALEONADO
ZAHONADO
GURBIONADO
FACIONADO
ACCIONADO
AFACCIONADO
AFAICIONADO
CONDICIONADO
ACONDICIONADO
AFICIONADO
INTENCIONADO
MALINTENCIONADO
BIENINTENCIONADO
PROPORCIONADO
IMPROPORCIONADO
DESPROPORCIONADO
AMORRIONADO
OCASIONADO
DESOCASIONADO
APASIONADO
DESAPASIONADO
COMPASIONADO
APOSESIONADO
COMISIONADO
PENSIONADO
ANFICTIONADO
COMPLEXIONADO
ACOMPLEXIONADO
BAJONADO
ENCAJONADO
ARREJONADO
AMELONADO
MAMELONADO
PAPELONADO
ABORLONADO
AGALLONADO
AFARALLONADO
AMILLONADO
BOLLONADO
ENCAMONADO
CAÑAMONADO
LIMONADO
SALMONADO
ASALMONADO
PULMONADO
ASERMONADO
ENCAÑONADO
APIÑONADO
EMPIÑONADO
ARRIÑONADO
ACAPONADO
ENCAPONADO
CRAMPONADO
COMPONADO
ARPONADO
ACABRONADO
CHAPERONADO
JIRONADO
CORONADO
ASOCARRONADO
TRONADO
ATRONADO
PATRONADO
SONADO
BLASONADO
ARTESONADO
AFRISONADO
PERSONADO
APERSONADO
CHATONADO
ARRATONADO
APITONADO
ABARITONADO
CANTONADO
AVALENTONADO
AMELOCOTONADO
AFESTONADO
LISTONADO
ENLISTONADO
PAVONADO
MAZONADO
RAZONADO
DESENRAZONADO
ACORAZONADO
SAZONADO
DESAZONADO
APEZONADO
INFANZONADO
TORZONADO
ENCARNADO
ATABERNADO
DESGOBERNADO
DESENCUADERNADO
DESPERNADO
ALTERNADO
INTERNADO
EXTERNADO
SOBORNADO
CORNADO
ACORNADO
ENCORNADO
ABOCHORNADO
TORNADO
CONTORNADO
ASNADO
ALESNADO
TRIBUNADO
ALOBUNADO
LUNADO
ALUNADO
MANCOMUNADO
ABETUNADO
ACEITUNADO
FORTUNADO
AFORTUNADO
DESAFORTUNADO
BIENFORTUNADO
INFORTUNADO
ALEZNADO
TIZNADO
BAÑADO
DESBAÑADO
CAÑADO
ENCAÑADO
DAÑADO
FAÑADO
REGAÑADO
DESENGAÑADO
DESMAÑADO
APAÑADO
ENTREPAÑADO
ACHAMPAÑADO
EMPAÑADO
ACOMPAÑADO
CACARAÑADO
ENSAÑADO
ACASTAÑADO
ENDEÑADO
DESDEÑADO
PEÑADO
EMPEÑADO
ENGREÑADO
DESGREÑADO
PREÑADO
ENSEÑADO
ALIÑADO
DESALIÑADO
ARMIÑADO
ANIÑADO
APIÑADO
DESBLANQUIÑADO
AMADROÑADO
CUÑADO
CONCUÑADO
PUÑADO
LAMIENTO
AZOADO
ENCAPADO
CHAPADO
ENCHAPADO
SOLAPADO
PAPADO
ANTIPAPADO
DESHARRAPADO
DESARRAPADO
BARPIRRAPADO
TAPADO
TREPADO
RETREPADO
ACIPADO
PRINCIPADO
ENTRIPADO
DISIPADO
CONSTIPADO
AFELPADO
CULPADO
INCULPADO
DESPULPADO
ESCAMPADO
DESCAMPADO
ESTAMPADO
OPADO
COPADO
ACOPADO
CASQUIACOPADO
SEMICOPADO
SINCOPADO
EPISCOPADO
ATROPADO
ARPADO
ESCARPADO
FARPADO
HARPADO
PÁRPADO
ASPADO
RASPADO
DERRASPADO
DESRASPADO
ENCRESPADO
OBISPADO
ARZOBISPADO
AVISPADO
DESPREOCUPADO
DESOCUPADO
CHUPADO
ARADO
ALMIBARADO
CARADO
NACARADO
ANACARADO
MALCARADO
ENCARADO
ENMASCARADO
DESCARADO
AZUCARADO
ACUCHARADO
ACLARADO
DECLARADO
AJUGLARADO
ACOLLARADO
ALUNARADO
PARADO
REPARADO
PREPARADO
PINTIPARADO
MALPARADO
DESAMPARADO
COMPARADO
INCOMPARADO
DESPARADO
ACASARADO
VARADO
LABRADO
DESCALABRADO
CEBRADO
ACEBRADO
AHEBRADO
VERTEBRADO
INVERTEBRADO
QUEBRADO
ALIQUEBRADO
DESFIBRADO
LIBRADO
EQUILIBRADO
DESEQUILIBRADO
ALAMBRADO
ESTAMBRADO
AHEMBRADO
MEMBRADO
SEMBRADO
CIMBRADO
AHOMBRADO
NOMBRADO
RENOMBRADO
ENCUMBRADO
DESCUMBRADO
ALUMBRADO
DESALUMBRADO
MALACOSTUMBRADO
DESACOSTUMBRADO
AZUMBRADO
COBRADO
ACOBRADO
ENCOBRADO
SOBRADO
ENSOBRADO
DEMACRADO
ADRADO
DESMADRADO
COMPADRADO
CUADRADO
BECUADRADO
DESMEDRADO
EMPEDRADO
HOJALDRADO
ANDRADO
CALANDRADO
CENDRADO
ACENDRADO
ALMENDRADO
ANQUIALMENDRADO
CILINDRADO
ATOLONDRADO
HABERADO
LIBERADO
DELIBERADO
INDELIBERADO
SOBERADO
ACERADO
LACERADO
APLACERADO
CANCERADO
ENCERADO
ENMADERADO
CONFEDERADO
CONSIDERADO
MALCONSIDERADO
INCONSIDERADO
DESCONSIDERADO
BANDERADO
ABANDERADO
PONDERADO
MODERADO
INMODERADO
APODERADO
DESAPODERADO
DESPODERADO
EXAGERADO
MORIGERADO
AMUJERADO
CELERADO
ACELERADO
ESCELERADO
ACABALLERADO
AGLOMERADO
CONGLOMERADO
ESMERADO
AMANERADO
DEGENERADO
ADINERADO
MARINERADO
ACARNERADO
IRREMUNERADO
APERADO
TEMPERADO
INTEMPERADO
DESTEMPERADO
INESPERADO
DESESPERADO
PROSPERADO
ENSOMBRERADO
SERADO
INVETERADO
PRESBITERADO
ALITERADO
ALTERADO
INALTERADO
ENTERADO
NOGUERADO
CONTRAVERADO
ADVERADO
ENTREVERADO
CEFRADO
CIFRADO
ALJIMIFRADO
ENCOFRADO
AZUFRADO
GRADO
AGRADO
ENALMAGRADO
AVINAGRADO
SAGRADO
DESAGRADO
TARDÍGRADO
EMIGRADO
ATIGRADO
DIGITÍGRADO
SALTÍGRADO
PLANTÍGRADO
CENTÍGRADO
RETRÓGRADO
DESGRADO
IRADO
AIRADO
DESAIRADO
LIRADO
MIRADO
REMIRADO
MALMIRADO
ASPIRADO
CONSPIRADO
SUSPIRADO
TIRADO
RETIRADO
ESTIRADO
REVIRADO
TRIUNVIRADO
HONRADO
ASABORADO
DESABORADO
ALAMBORADO
ESLAMBORADO
ARBORADO
DECORADO
DORADO
ATRAIDORADO
FORADO
AFORADO
DESAFORADO
FOSFORADO
HORADO
AFLORADO
CONTRAFLORADO
COLORADO
PECHICOLORADO
ADOLORADO
INEXPLORADO
MORADO
ENAMORADO
DESAMORADO
DESMEMORADO
HUMORADO
MALHUMORADO
ATENORADO
ASEÑORADO
PROFESORADO
LECTORADO
ELECTORADO
RECTORADO
PROTECTORADO
DOCTORADO
ACASTORADO
PRADO
COMPRADO
BARRADO
ABARRADO
EMBARRADO
NUBARRADO
ANUBARRADO
DESPILFARRADO
AGARRADO
BIGARRADO
ABIGARRADO
DESGARRADO
HARRADO
ENGUIJARRADO
AMARRADO
ENZAMARRADO
PARRADO
APARRADO
ALCAPARRADO
ACHAPARRADO
EMPARRADO
ENCATARRADO
APIZARRADO
EMPIZARRADO
ERRADO
CERRADO
SOBRECERRADO
ENCERRADO
CENCERRADO
ENCENCERRADO
FERRADO
HERRADO
SERRADO
ASERRADO
DESERRADO
TERRADO
DESOTERRADO
DESTERRADO
MIRRADO
BORRADO
AMODORRADO
AFORRADO
AHORRADO
TORRADO
DESPITORRADO
ABURRADO
DESPACHURRADO
CHAPURRADO
ZURRADO
LETRADO
ILETRADO
SALITRADO
MITRADO

ENTRADO
CENTRADO
CONCENTRADO
DESCENTRADO
CINTRADO
ENCONTRADO
ALABASTRADO
CASTRADO
ARRASTRADO
DESASTRADO
ESTRADO
MAESTRADO
AMAESTRADO
ADESTRADO
ADIESTRADO
ASILVESTRADO
MAGISTRADO
ADMINISTRADO
JUSTRADO
DESCALUSTRADO
MUSTRADO
RUSTRADO
ARROSTRADO
BALAUSTRADO
ABALAUSTRADO
EXCLAUSTRADO
ILUSTRADO
ALUTRADO
CURADO
ACURADO
ASEGURADO
FIGURADO
JURADO
CONJURADO
VERJURADO
APURADO
PURPURADO
EMPURPURADO
MESURADO
DESMESURADO
APRESURADO
TONSURADO
VENTURADO
AVENTURADO
MALAVENTURADO
BIENAVENTURADO
DESAVENTURADO
DESVENTURADO
ESTURADO
ASADO
CASADO
FRACASADO
MALCASADO
DESAMASADO
PASADO
PREPASADO
ANTEPASADO
COMPASADO
ACOMPASADO
DESCOMPASADO
ENRASADO
ARRASADO
ATRASADO
DESASADO
AFRANCESADO
PROCESADO
CONDESADO
CONFESADO
PESADO
INTERESADO
COINTERESADO
DESINTERESADO
FRESADO
PRESADO
DESATESADO
ENTESADO
TRASTESADO
AHUESADO
MARQUESADO
TURQUESADO
ATURQUESADO
EMPAVESADO
ATRAVESADO
REVESADO
ENREVESADO
ARREVESADO
ENVESADO
ENYESADO
APAISADO
CLISADO
FLORDELISADO
DESCAMISADO
ANISADO
FRISADO
AGRISADO
GUISADO
AGUISADO
DESAGUISADO
DESGUISADO
VISADO
AVISADO
DESAVISADO
REFALSADO
CANSADO
DESCANSADO
AMANSADO
PENSADO
IMPENSADO
PRENSADO
FONSADO
OSADO
ADOSADO
EMBALDOSADO
FOSADO
ENFOSADO
LOSADO
ENLOSADO
POSADO
REPOSADO
MARIPOSADO
AMARIPOSADO
PAMPOSADO
ESPOSADO
DESPOSADO
ROSADO
PROSADO
ACAPARROSADO
VERSADO
ENVERSADO
CURSADO
CONCURSADO
USADO
PAUSADO
ACUSADO
COACUSADO
DECUSADO
ESCUSADO
EXCUSADO
FUSADO
AFUSADO
AHUSADO
ABLUSADO
INUSADO
ATADO
AGARABATADO
ARREBATADO
EMPECATADO
RECATADO
ALICATADO
DESFACHATADO
SULFATADO
FOSFATADO
ENGATADO
ALPARGATADO
ESQUELATADO
DILATADO
ACHOCOLATADO
AMULATADO
ACASAMATADO
REMATADO
ANATADO
CARBONATADO
DESBARATADO
DISPARATADO
AMORATADO
TRATADO
ACIGUATADO
AFECTADO
INAFECTADO
DICTADO
ARCTADO
ENCAPACETADO
ABOCETADO
RECRUCETADO
ABOHETADO
GRIETADO
EMPALLETADO
BILLETADO
ENGOLLETADO
AMOLLETADO
AJUANETADO
ASAINETADO
TAPETADO
ENTAPETADO
ATROMPETADO
ACOPETADO
ENCOPETADO
ENJARETADO
AFRETADO
APRETADO
CORNIAPRETADO
ENTREPRETADO
APORRETADO
AGRISETADO
ATETADO
DESBRAGUETADO
VETADO
AVETADO
DESCHAVETADO
INHABITADO
DESHABITADO
INDUBITADO
INCAPACITADO
RECITADO
PRECITADO
RESUCITADO
DITADO
IMPREMEDITADO
ACREDITADO
DESACREDITADO
DESACEITADO
AFEITADO
CONFITADO
EXAGITADO
DIGITADO
INCOGITADO
HABILITADO
IMPOSIBILITADO
ACOLITADO
IMITADO
LIMITADO
ILIMITADO
VOMITADO
DESPEPITADO
PRECIPITADO
ESPIRITADO
DESPIRITADO
NECESITADO
DESPROPOSITADO
USITADO
INUSITADO
CUITADO
DESCUITADO
EVITADO
INVITADO
ASFALTADO
SALTADO
EXALTADO
SOBRELTADO
ABULTADO
REBULTADO
INSEPULTADO
RESULTADO
ENCANTADO
DISCANTADO
CHANTADO
INFANTADO
AGIGANTADO
SOLIVIANTADO
DESEMBLANTADO
ADELANTADO
ENGLANTADO
PLANTADO
DIAMANTADO
ADIAMANTADO
ATARANTADO
QUEBRANTADO
LEVANTADO
SOLEVANTADO
ENTADO
DENTADO
ACCIDENTADO
ENDENTADO
DESDENTADO
ARGENTADO
ALENTADO
DESATALENTADO
AVALENTADO
MENTADO
DESORNAMENTADO
ELEMENTADO
SEGMENTADO
CIMENTADO
EXPERIMENTADO
ESCARMENTADO
FERMENTADO
DOCUMENTADO
INDOCUMENTADO
RENTADO
PARENTADO
DESEMPARENTADO
ARRENTADO
SENTADO
ASENTADO
PRESENTADO
AUSENTADO
TENTADO
ATENTADO
DESATENTADO
POTENTADO
AVENTADO
ENCINTADO
PINTADO
CONTADO
ARCONTADO
MONTADO
REMONTADO
DESMONTADO
AFRONTADO
APUNTADO
DESACOTADO
AMAZACOTADO
ECOTADO
ESCOTADO
INDOTADO
ABIGOTADO
DESCOGOTADO
AMOGOTADO
AHOTADO
ENHOTADO
CAMELOTADO
ABELLOTADO
VELLOTADO
DESMANOTADO
CONNOTADO
POTADO
CAPIROTADO
ENVIROTADO
ALBOROTADO
EMPINGOROTADO
ARROTADO
DERROTADO
CREOSOTADO
ENDEVOTADO
AZOTADO
INADAPTADO
ARTADO
ENCARTADO
LAGARTADO
ALAGARTADO
COARTADO
APARTADO
LIBERTADO
ENCOBERTADO
ACERTADO
DESACERTADO
CONCERTADO
DESCONCERTADO
CORTADO
RECORTADO
ENTRECORTADO
PORTADO
HURTADO
ASTADO
DESCASTADO
GASTADO
ENASTADO
ESTADO
AGESTADO
ENGESTADO
EMBALLESTADO
RESTADO
CRESTADO
ENCRESTADO
PRESTADO
ARCIPRESTADO
EMPRESTADO
ARRESTADO
TESTADO
ATESTADO
ENTESTADO
INTESTADO
EXORCISTADO
LISTADO
ALISTADO
ENTRELISTADO
ARISTADO
ENQUISTADO
COSTADO
ACOSTADO
AGOSTADO
TOSTADO
RETOSTADO
BARAUSTADO
FUSTADO
DISGUSTADO
AJUSTADO
FLAUTADO
AFLAUTADO
ENFLAUTADO
PAUTADO
LUTADO
ENLUTADO
ACAÑUTADO
DIPUTADO
ABRUTADO
CUADO
ADECUADO
INADECUADO
ANTICUADO
ARCUADO
GRADUADO
GUADO
AGUADO
PANIAGUADO
APANIAGUADO
FRAGUADO
ATREGUADO
IGUADO
PANIGUADO
APANIGUADO
INAVERIGUADO
LENGUADO
DESLENGUADO
MENGUADO
MINGUADO
APAZGUADO
CONTINUADO
PUADO
ATISUADO
ACENSUADO
ACTUADO
SITUADO
INACENTUADO
SEXUADO
VADO
CAVADO
CONCAVADO
OCHAVADO
LAVADO
CLAVADO
ENCLAVADO
CAÑILAVADO
DESLAVADO
DEPRAVADO
SEXTAVADO
DOZAVADO
ELEVADO
AGUALLEVADO
NEVADO
DESNEVADO
ESTEVADO
PATIESTEVADO
DADIVADO
DERIVADO
PRIVADO
INCULTIVADO
INMOTIVADO
MALVADO
SALVADO
ENSELVADO
OVADO
AOVADO
ENCOVADO
CONCOVADO
CORCOVADO
TRASOVADO
LARVADO
RESERVADO
CORVADO
CONCORVADO
CURVADO
ABAYADO
CAYADO
FAYADO
APAPAGAYADO
PLAYADO
DESMAYADO
RAYADO
CAMBRAYADO
ACAMBRAYADO
SUBRAYADO
ENRAYADO
ENSAYADO
GUAYADO
ABOYADO
ENJOYADO
DESFAZADO
ARREGAZADO
DESMALAZADO
APELMAZADO
ATENAZADO
RAZADO
ALBARAZADO
EMBARAZADO
DESEMBARAZADO
BRAZADO
ABRAZADO
ACORAZADO
ENCORAZADO

ALBARRAZADO
TRAZADO
ENTRAZADO
ENJAEZADO
DESCABEZADO
COMBLEZADO
ENTROPEZADO
REZADO
AJEDREZADO
ADEREZADO
ENDEREZADO
ALFEREZADO
TEZADO
ATEZADO
ESTEZADO
IZADO
ABESTIALIZADO
DESNATURALIZADO
ALCOHOLIZADO
TITULIZADO
ESCUCHIMIZADO
ANGLICANIZADO
ORGANIZADO
GRANIZADO
DESTIRANIZADO
ENCARNIZADO
TABERNIZADO
RIZADO
SECULARIZADO
ERIZADO
CARACTERIZADO
ENRIZADO
RUBORIZADO
AUTORIZADO
DESAUTORIZADO
COTIZADO
ARTIZADO
AMESTIZADO
BAUTIZADO
ESQUIZADO
ALZADO
CALZADO
CAPIALZADO
CARIALZADO
AGARBANZADO
ALCANZADO
DESCHANZADO
DANZADO
ACRIANZADO
ESPERANZADO
TRANZADO
AVANZADO
TRENZADO
POTENZADO
CONTRAPOTENZADO
DESPINZADO
ESCONZADO
AVERGONZADO
ENVERGONZADO
DESVERGONZADO
ALCORZADO
ESCORZADO
FORZADO
REFORZADO
ESFORZADO
ALMORZADO
BAUZADO
AGUZADO
ACAMUZADO
GAMUZADO
AGAMUZADO
CRUZADO
ENCRUZADO
CAPERUZADO
AFERRUZADO
RECABDO
BEBDO
DEBDO
AEDO
HAEDO
BÉBEDO
ACEBEDO
ALBEDO
ERBEDO
CEDO
ACEDO
CARIACEDO
ALCEDO
SALCEDO
ARCEDO
DEDO
HEDO
BUHEDO
MIEDO
ESPIEDO
DEVIEDO
BUJEDO
LEDO
BLEDO
ROBLEDO
ARBOLEDO
TOLEDO
CARVALLEDO
REBOLLEDO
MOLLEDO
MEDO
REMEDO
OLMEDO
COMEDO
HÚMEDO
ARANDANEDO
MEDIANEDO
ABLANEDO
AVELLANEDO
PENEDO
PINEDO
ALNEDO
CAÑEDO
CASTAÑEDO
PEÑEDO
VIÑEDO
PEDO
BÍPEDO
VELOCÍPEDO
ALÍPEDO
SOLÍPEDO
PALMÍPEDO
PINNÍPEDO
PARALELEPÍPEDO
CAPRÍPEDO
CIRRÍPEDO
ATRÍPEDO
CISÍPEDO
FISÍPEDO
TORPEDO
ESPEDO
CUADRÚPEDO
CITAREDO
ROBREDO
CREDO
DEGREDO
SANGREDO
ENREDO
DESENREDO
ELLOREDO
IGÜEDO
DENUEDO
QUEDO
ROQUEDO
MOSQUEDO
RUEDO
MUÉVEDO
HAYEDO
SAMOYEDO
CAÍDO
DECAÍDO
ALICAÍDO
CABEZCAÍDO
CABIZCAÍDO
ALGAIDO
LAIDO
MAÍDO
RAÍDO
ENTRERRAÍDO
CARIRRAÍDO
TRAÍDO
RETRAÍDO
DISTRAÍDO
DESVAÍDO
CABIDO
DESHABIDO
RÁBIDO
CARÁBIDO
SABIDO
DESABIDO
RESABIDO
SOBRESABIDO
CONSABIDO
TÁBIDO
BEBIDO
EMBEBIDO
DESAPERCEBIDO
DEBIDO
INDEBIDO
DESAPERCIBIDO
LIBIDO
ESCRIBIDO
SILBIDO
ZUMBIDO
MÓRBIDO
TÓRBIDO
SUBIDO
ÁCIDO
ANTIÁCIDO
PLÁCIDO
NACIDO
ANTENACIDO
HIDRÁCIDO
FLÁCCIDO
CÓCCIDO
ACECIDO
ANOCHECIDO
AGRADECIDO
MALAGRADECIDO
DESAGRADECIDO
DESGRADECIDO
MALDECIDO
ESTORDECIDO
ENVEJECIDO
FALLECIDO
DEFALLECIDO
ENORFANECIDO
DESVANECIDO
PERTENECIDO
GUARNECIDO
ESCLARECIDO
PARECIDO
APARECIDO
CRECIDO
MERECIDO
INMERECIDO
ESMORECIDO
ESPAVORECIDO
ABORRECIDO
ACONTECIDO
CARIACONTECIDO
DESBASTECIDO
PLASTECIDO
DESBLANQUECIDO
DEFALICIDO
CULÍCIDO
DEFALLICIDO
CENCIDO
SENCIDO
VENCIDO
ESCÍNCIDO
CARIFRUNCIDO
BOQUIFRUNCIDO
COCIDO
RECOCIDO
CONOCIDO
RECONOCIDO
DESCONOCIDO
ESPARCIDO
ESTARCIDO
EJERCIDO
TORCIDO
RETORCIDO
ROSTRITORCIDO
BOQUITORCIDO
ZURCIDO
ENROBRESCIDO
REDUCIDO
INDUCIDO
LÚCIDO
LUCIDO
ENLUCIDO
TRASLÚCIDO
DESLUCIDO
TRANSLÚCIDO
REHENCHIDO
RELINCHIDO
CICÁDIDO
AÑADIDO
PROCEDIDO
SUCEDIDO
COMEDIDO
ACOMEDIDO
DESCOMEDIDO
DESMEDIDO
PEDIDO
IMPEDIDO
EXPEDIDO
AGREDIDO
EMÍDIDO
ACRÍDIDO
GALDIDO
BANDIDO
CÁNDIDO
GANDIDO
ENCENDIDO
TRASCENDIDO
DEFENDIDO
OFENDIDO
LABIHENDIDO
PATIHENDIDO
BOQUIHENDIDO
ESPLÉNDIDO
RENDIDO
PRENDIDO
INCOMPRENDIDO
DESPRENDIDO
TENDIDO
ESPALDITENDIDO
PIERNITENDIDO
ENTENDIDO
DESENTENDIDO
CONDIDO
ASCONDIDO
ESCONDIDO
CUNDIDO
FUNDIDO
REHUNDIDO
BOQUIHUNDIDO
ARDIDO
FARDIDO
PERDIDO
REGORDIDO
MORDIDO
CABIZMORDIDO
SÓRDIDO
ESTORDIDO
ATURDIDO
SACUDIDO
LEÍDO
ACLEIDO
RECREÍDO
DESCREÍDO
POSEÍDO
PROVEÍDO
FIDO
MELÁFIDO
BÍFIDO
TRÍFIDO
PINATÍFIDO
INFIDO
PÉRFIDO
PÓRFIDO
BUFIDO
ESTUFIDO
VAGIDO
ELEGIDO
DESCORREGIDO
PROTEGIDO
RÍGIDO
FRÍGIDO
ÁLGIDO
FÚLGIDO
FINGIDO
ESFÍNGIDO
UNGIDO
COMPUNGIDO
COGIDO
ACOGIDO
RECOGIDO
ENCOGIDO
ESCOGIDO
DEMERGIDO
TÚRGIDO
FÚGIDO
MUGIDO
RUGIDO
VAHÍDO
ALDEHÍDO
FORMALDEHÍDO
ACETALDEHIDO
FORAJIDO
EJIDO
MEJIDO
TEJIDO
CONTEJIDO
QUEJIDO
REVEJIDO
CRUJIDO
BALIDO
CÁLIDO
FALIDO
COMALIDO
PÁLIDO
HAPÁLIDO
SALIDO
ESCUÁLIDO
VÁLIDO
VALIDO
INVÁLIDO
DESVALIDO
BELIDO
CICINDÉLIDO
FÉLIDO
GÉLIDO
CAMÉLIDO
CRISOMÉLIDO
ANÉLIDO
COCCINÉLIDO
CHIFLIDO
CHUFLIDO
FRINGÍLIDO
BÓLIDO
DOLIDO
MOLIDO
REMOLIDO
POLIDO
SÓLIDO
ESTÓLIDO
COMPLIDO
CUMPLIDO
SOPLIDO
RESOPLIDO
SUPLIDO
GARLIDO
CHIRLIDO
PIULIDO
PULIDO
CAPÚLIDO
REPULIDO
FALLIDO
ESTALLIDO
BELLIDO
APELLIDO
VELLIDO
CHILLIDO
ACOLLIDO
AULLIDO
MAULLIDO
BARBULLIDO
MULLIDO
SALPULLIDO
SARPULLIDO
TULLIDO
LAMIDO
RELAMIDO
BRAMIDO
GEMIDO
COMPRIMIDO
TÍMIDO
COMIDO
MALCOMIDO
DORMIDO
SEMIDORMIDO
DESDORMIDO
HÚMIDO
PRESUMIDO
BOQUISUMIDO
CONSUMIDO
TÚMIDO
NIDO
BANIDO
CÁNIDO
MANIDO
EXINANIDO
GRANIDO
IGUÁNIDO
ARÁCNIDO
BALÉNIDO
DETENIDO
ENTRETENIDO
CONTENIDO
SOSTENIDO
SUSTENIDO
AVENIDO
MALAVENIDO
DESAVENIDO
PREVENIDO
DESPREVENIDO
BIENVENIDO
CONVENIDO
INSIGNIDO
RECHINIDO
DEFINIDO
INDEFINIDO
INFINIDO
GECÓNIDO
FALCÓNIDO
SALMÓNIDO
TRONIDO
SONIDO
CERNIDO
EMPEDERNIDO
BORNIDO
FORNIDO
IMPUNIDO
GAZNIDO
GRAZNIDO
ROZNIDO
GAÑIDO
PLAÑIDO
TAÑIDO
CEÑIDO
REÑIDO
ESTREÑIDO

TEÑIDO
BARBITEÑIDO
BRUÑIDO
GRUÑIDO
ENGURRUÑIDO
OÍDO
CUIDO
ROÍDO
RÁPIDO
SÁPIDO
TAPIDO
GÉPIDO
TRÉPIDO
INTRÉPIDO
HIPIDO
INSÍPIDO
ESTAMPIDO
LIMPIDO
PIMPIDO
ROMPIDO
ARROMPIDO
ININTERRUMPIDO
ESTRUMPIDO
TÓRPIDO
DESPIDO
HÍSPIDO
RÍSPIDO
CUPIDO
ESCUPIDO
TUPIDO
ESTÚPIDO
ÁRIDO
ALARIDO
MARIDO
FABRIDO
SABRIDO
DESABRIDO
FEBRIDO
HÍBRIDO
DESHAMBRIDO
EMPOBRIDO
COLÚBRIDO
LADRIDO
ANHÍDRIDO
ESCALDRIDO
PODRIDO
CÉRIDO
RECERÍDO
FERIDO
DEFERIDO
INDIGERIDO
HERIDO
SOBREHERIDO
ENTELERIDO
ESPERIDO
HESPÉRIDO
QUERIDO
FRIDO
SUFRIDO
MALSUFRIDO
GRIDO
DENEGRIDO
RENEGRIDO
DESABORIDO
FLORIDO
COLORIDO
DESCOLORIDO
DOLORIDO
ADOLORIDO
FAVORIDO
PAVORIDO
ESPAVORIDO
DESPAVORIDO
BARRIDO
GARRIDO
MARRIDO
AMARRIDO
DESMARRIDO
BERRIDO
CHERRIDO
AGUERRIDO
CHIRRIDO
CORRIDO
RECORRIDO
SOCORRIDO
AMODORRIDO
HÓRRIDO
TÓRRIDO
ABURRIDO
RECURRIDO
ESCURRIDO
SUSURRIDO
ZURRIDO
NUTRIDO
PÚTRIDO
ANTIPÚTRIDO

MÓRIDO
HOLOTÚRIDO
PANSIDO
TRANSIDO
CENSIDO
COSIDO
RECOSIDO
DESCOSIDO
GLUCÓSIDO
HETERÓPSIDO
AUTÓPSIDO
CULCUSIDO
CORCUSIDO
BATIDO
ABATIDO
LATIDO
FÉTIDO
METIDO
ENTREMETIDO
COMETIDO
PROMETIDO
ENTROMETIDO
DERRETIDO
GAMITIDO
REMITIDO
NÍTIDO
PITIDO
MENTIDO
FEMENTIDO
SENTIDO
CONTRASENTIDO
DESENTIDO
RESENTIDO
CONSENTIDO
PUNTIDO
PARTIDO
BIPARTIDO
ADVERTIDO
INADVERTIDO
DESADVERTIDO
DIVERTIDO
INVERTIDO
CURTIDO
ENCURTIDO
ENFURTIDO
SURTIDO
RESURTIDO
PRÉSTIDO
EMPRÉSTIDO
VESTIDO
TRAVESTIDO
REVESTIDO
ENSANGOSTIDO
EMBUTIDO
BUIDO
CUIDO
DESCUIDO
GUIDO
VÁGUIDO
VAGUIDO
SEGUIDO
LÁNGUIDO
DESLÁNGUIDO
DISTINGUIDO
CUELLIERGUIDO
FLUIDO
DISMINUIDO
SOBAQUIDO
TRAQUIDO
ÉQUIDO
DESEQUIDO
RESEQUIDO
LÍQUIDO
ILÍQUIDO
RONQUIDO
CHASQUIDO
RUIDO
ANTRUIDO
INSTRUIDO
SUIDO
ÁVIDO
PRECAVIDO
PÁVIDO
IMPÁVIDO
GRÁVIDO
INGRÁVIDO
ATREVIDO
LÍVIDO
VIVIDO
VÍVIDO
OLVIDO
ENVIDO
ÍNVIDO
ACONVIDO
ÓVIDO
BÓVIDO

LLOVIDO
MOVIDO
PRÓVIDO
IMPRÓVIDO
TOVIDO
CÉRVIDO
FÉRVIDO
HERVIDO
CÓRVIDO
ÓXIDO
BIÓXIDO
TRIÓXIDO
SESQUIÓXIDO
PERÓXIDO
TRITÓXIDO
PROTÓXIDO
DEUTÓXIDO
MAYIDO
RÁYIDO
BALDO
CALDIBALDO
RIBALDO
CALDO
SOPICALDO
ESCALDO
RESCALDO
ENFALDO
SOFALDO
DESHALDO
JALDO
REPINALDO
AGUINALDO
RESPALDO
HERALDO
SALDO
CATALDO
GUALDO
LIBELDO
BIELDO
NELDO
ANELDO
ENELDO
GÜELDO
REGÜELDO
SUELDO
SOBRESUELDO
CAPSUELDO
CABILDO
CODECILDO
BOLDO
ESCOLDO
RESCOLDO
REGOLDO
TOLDO
BANDO
ZARABANDO
CONTRABANDO
MULTIPLICANDO
FRICANDÓ
EDUCANDO
LAUREANDO
NEFANDO
INFANDO
LANDÓ
BLANDO
PELIBLANDO
BOQUIBLANDO
CASQUIBLANDO
AGUILANDO
CALLANDO
CHITICALLANDO
MANDO
COMANDO
CONFIRMANDO
NORMANDO
SUMANDO
ORDENANDO
EXAMINANDO
PANDO
SOPITIPANDO
JACARANDO
TARANDO
EXECRANDO
CONSIDERANDO
VENERANDO
MISERANDO
QUERANDO
ADMIRANDO
MEMORANDO
DOCTORANDO
DURANDO
TONSURANDO
DESPOSANDO
VITANDO
RESULTANDO
CUANDO

GRADUANDO
GUANDO
SUBSTRAENDO
SUSTRAENDO
DECRESCENDO
DIVIDENDO
RETROVENDENDO
PUDENDO
CORRIGENDO
PERECIENDO
REMIENDO
ARRIENDO
SUBARRIENDO
TELENDO
COLENDO
TREMENDO
ESTUPENDO
COMPARENDO
REVERENDO
REFRENDO
BERRENDO
HORRENDO
DUENDO
MINUENDO
SERUENDO
GORRUENDO
ATRUENDO
ESTRUENDO
ATUENDO
VENDO
ZENDO
INDO
LINDO
GALINDO
RELINDO
BARBILINDO
CARILINDO
TAMARINDO
GUINDO
DONGUINDO
ABONDO
CACHONDO
REDONDO
CARIRREDONDO
ANQUIRREDONDO
FONDO
TIRAFONDO
HONDO
SABIHONDO
SABIONDO
FEDIONDO
HEDIONDO
HIDIONDO
ARDIONDO
CERIONDO
MORIONDO
TORIONDO
VERRIONDO
BOTIONDO
HUTIONDO
BLONDO
MONDO
ESCAMONDO
PONDO
RONDÓ
SERONDO
LIRONDO
ORONDO
MORONDO
TORONDO
TONDO
ABUNDO
NAUSEABUNDO
VAGABUNDO
ERRABUNDO
MEDITABUNDO
COGITABUNDO
GEMEBUNDO
TREMEBUNDO
PUDIBUNDO
MORIBUNDO
FURIBUNDO
SITIBUNDO
FACUNDO
INFACUNDO
IRACUNDO
FECUNDO
INFECUNDO
VERECUNDO
INVERECUNDO
RUBICUNDO
JOCUNDO
DUNDO
FUNDO
PROFUNDO
NEGUNDO

SEGUNDO
ORIUNDO
MUNDO
VAGAMUNDO
ENGAÑAMUNDO
INMUNDO
MEDIOMUNDO
CARBORUNDO
CORUNDO
ROTUNDO
CODO
ACODO
RECODO
BEODO
GODO
VISIGODO
OSTROGODO
VISOGODO
PERÍODO
SEMIPERÍODO
LODO
MODO
SOBREMODO
OMNÍMODO
CASIMODO
CUASIMODO
CÓMODO
ACOMODO
DESACOMODO
INCÓMODO
DESCÓMODO
NODO
ÁNODO
SÍNODO
PODO
APODO
ÁPODO
DECÁPODO
CHAPODO
MIRIÁPODO
EPODO
ANFÍPODO
SEUDÓPODO
MIRIÓPODO
BRAQUIÓPODO
CEFALÓPODO
GASTERÓPODO
CIRRÓPODO
ISÓPODO
ESTOMATÓPODO
OCTÓPODO
RIZÓPODO
ARTŔPODO
RODO
FERODO
ELECTRODO
TODO
CÁTODO
NEMATODO
TREMATODO
MÉTODO
SOBRETODO
METOMENTODO
SANALOTODO
SABELOTODO
CESTODO
ÉXODO
YODO
BARDO
JABARDO
SALABARDO
TABARDO
LOMBARDO
LONGOBARDO
ESBARDO
CARDO
ANACARDO
PICARDO
ABOCARDO
BUCARDO
DARDO
FARDO
LUNFARDO
GARDO
BEGARDO
BIGARDO
GOLIARDO
FAJARDO
LARDO
ALARDO
BOLARDO
GALLARDO
NARDO
ESPICANARDO
BERNARDO
PARDO

CAPIPARDO
LEOPARDO
CAMALEOPARDO
SARDO
NASARDO
SISARDO
BALBUSARDO
TARDO
PETARDO
RETARDO
BASTARDO
AGUARDO
REGUARDO
RESGUARDO
GALAVARDO
BOYARDO
NIZARDO
CERDO
IZQUIERDO
LERDO
CUERDO
ACUERDO
DESACUERDO
RECUERDO
MUERDO
BORDO
ABORDO
ZABORDO
SOBORDO
TRASBORDO
TRANSBORDO
HEPTACORDO
HEXACORDO
BOFORDO
GORDO
CACHIGORDO
MANIGORDO
CARIGORDO
BOHORDO
FIORDO
VILORDO
SORDO
TORDO
BURDO
CURDO
GURDO
KURDO
PALURDO
ABSURDO
ZURDO
RECAUDO
JAUDO
LAUDO
RAUDO
RABUDO
EMBUDO
BARBUDO
HOCICUDO
PICUDO
ANCUDO
ZANCUDO
PENCUDO
BOCUDO
BOTOCUDO
CASCUDO
ESCUDO
DOBLESCUDO
CACHUDO
FACHUDO
PENACHUDO
CAPRICHUDO
CALCHUDO
GANCHUDO
GRENCHUDO
PINCHUDO
CONCHUDO
TRONCHUDO
CALDUDO
FALDUDO
GALDUDO
HALDUDO
ESPALDUDO
CERDUDO
BEUDO
ADEUDO
TATARADEUDO
FEUDO
LEUDO
TREUDO
SEUDO
PSEUDO
AGUDO
REAGUDO
SOBREAGUDO
PELIAGUDO
PUNTIAGUDO

NARIGUDO
BARRIGUDO
CERVIGUDO
NALGUDO
LENGUDO
CATINGUDO
LIUDO
VIUDO
LINAJUDO
CORAJUDO
NAVAJUDO
CEJUDO
FORCEJUDO
GUEDEJUDO
PELLEJUDO
HOLLEJUDO
CERNEJUDO
OREJUDO
REVEJUDO
VEDIJUDO
COJUDO
HOJUDO
ALUDO
SALUDO
PELUDO
VUELUDO
VELUDO
FILUDO
COLUDO
GALLUDO
AGALLUDO
TALLUDO
CABELLUDO
VELLUDO
RODILLUDO
COLMILLUDO
CAPILLUDO
CARRILLUDO
PANTORRILLUDO
PATILLUDO
CUARTILLUDO
COSTILLUDO
CEBOLLUDO
REBOLLUDO
MEOLLUDO
REPOLLUDO
PIMPOLLUDO
MUDO
ESCAMUDO
TARTAMUDO
FLEMUDO
RACIMUDO
CALMUDO
SORDOMUDO
LOMUDO
NUDO
CANUDO
MACANUDO
LANUDO
PLANUDO
PANUDO
CAMPANUDO
MELENUDO
MENUDO
ENTRENUDO
ESPINUDO
PERSONUDO
CARNUDO
CORNUDO
ESTORNUDO
DESNUDO
ÑUDO
SAÑUDO
CEÑUDO
GREÑUDO
MOÑUDO
PAPUDO
TRIPUDO
FELPUDO
CHAMPUDO
COPUDO
CORPUDO
RASPUDO
RUDO
CASCARUDO
QUIJARUDO
TESTARUDO
HEBRUDO
MEMBRUDO
CRUDO
OJERUDO
ENGRUDO
GARRUDO
CHAPARRUDO
PACHORRUDO
MORRUDO

PORRUDO
LETRUDO
VENTRUDO
NASUDO
PASUDO
SESUDO
HUESUDO
OSUDO
BATUDO
PATUDO
ZAPATUDO
CACHETUDO
JETUDO
MOFLETUDO
MOLLETUDO
JUANETUDO
COPETUDO
TOPETUDO
ZOQUETUDO
MANTUDO
DENTUDO
TREDENTUDO
DIENTUDO
TALENTUDO
FRONTUDO
COTUDO
MORROCOTUDO
BIGOTUDO
COGOTUDO
CAPOTUDO
ZAMBOROTUDO
PINGOROTUDO
ZAMBORROTUDO
GESTUDO
CRESTUDO
TESTUDO
NERVUDO
CAZUDO
CACHAZUDO
BEZUDO
CABEZUDO
CORTEZUDO
NARIZUDO
CONFIANZUDO
PANZUDO
PACIENZUDO
CONCIENZUDO
PESCOZUDO
TOZUDO
FORZUDO
BABEO
MACABEO
ALDABEO
LABEO
ALABEO
DESALABEO
SILABEO
RABEO
SABEO
FEBEO
PLEBEO
AMEBEO
TEBEO
LAMBEO
BOMBEO
PLÚMBEO
JACOBEO
SOBEO
CHICHISBEO
EUBEO
RÚBEO
SUBEO
TITUBEO
CEO
CANNABÁCEO
SEBÁCEO
BOMBÁCEO
HERBÁCEO
SIMARUBÁCEO
CACEO
BOMBACÁCEO
FITOLACÁCEO
PORTULACÁCEO
ESTIRACÁCEO
DIPSACÁCEO
SALICÁCEO
MICÁCEO
PUNICÁCEO
CARICÁCEO
TAMARICÁCEO
ERICÁCEO
URTICÁCEO
MIRISTICÁCEO
COLQUICÁCEO
OROBANCÁCEO
JUNCÁCEO

ASCLEPIADÁCEO
RESEDÁCEO
OXALIDÁCEO
HAMAMELIDÁCEO
AMARILIDÁCEO
CAPARIDÁCEO
BERBERIDÁCEO
IRIDÁCEO
ORQUIDÁCEO
YUGLANDÁCEO
SAPINDÁCEO
NINFEÁCEO
TIMELEÁCEO
OLEÁCEO
DIOSCOREÁCEO
TEÁCEO
PROTEÁCEO
TIFÁCEO
FAGÁCEO
SAXIFRAGÁCEO
MORINGÁCEO
EUFORBIÁCEO
RUBIÁCEO
AURANCIÁCEO
POLIPODIÁCEO
QUENOPODIÁCEO
CARDIÁCEO
ANACARDIÁCEO
MALPIGIÁCEO
ALANGIÁCEO
ALIÁCEO
PEDALIÁCEO
ARALIÁCEO
LOBELIÁCEO
MELIÁCEO
BROMELIÁCEO
LILIÁCEO
TILIÁCEO
FOLIÁCEO
CAPRIFOLIÁCEO
AQUIFOLIÁCEO
MAGNOLIÁCEO
ESTERCULIÁCEO
MONIMIÁCEO
LOGANIÁCEO
GERANIÁCEO
DILENIÁCEO
FRANQUENIÁCEO
BEGONIÁCEO
POLEMONIÁCEO
BIGNONIÁCEO
OPIÁCEO
CARIOCARIÁCEO
GLOBULARIÁCEO
ESCROFULARIÁCEO
PONTEDERIÁCEO
GESNERIÁCEO
BITNERIÁCEO
CORIÁCEO
CHICORIÁCEO
ARISTOLOQUIÁCEO
AMIGDALÁCEO
POLIGALÁCEO
SANTALÁCEO
CANELÁCEO
BASELÁCEO
CIGOFILÁCEO
ZIGOFILÁCEO
CARIOFILÁCEO
AMILÁCEO
ESMILÁCEO
CORILÁCEO
ERITROSILÁCEO
TROPEOLÁCEO
VIOLÁCEO
SALSOLÁCEO
AZOLÁCEO
RANUNCULÁCEO
PRIMULÁCEO
CAMPANULÁCEO
FERULÁCEO
CRASULÁCEO
BETULÁCEO
CONVOLVULÁCEO
MACEO
ULMÁCEO
POMÁCEO
BUTOMÁCEO
MENISPERMÁCEO
ALISMÁCEO
CANÁCEO
PANDANÁCEO
GENCIANÁCEO
VALERIANÁCEO
CRISOBALANÁCEO
SOLANÁCEO

MEMBRANÁCEO
PLATANÁCEO
HIPOCASTANÁCEO
EBENÁCEO
VERBENÁCEO
ARENÁCEO
ELEAGNÁCEO
APOCINÁCEO
PLUMBAGINÁCEO
BORRAGINÁCEO
NICTAGINÁCEO
PLANTAGINÁCEO
LINÁCEO
GALINÁCEO
COMMELINÁCEO
GALLINÁCEO
BALSAMINÁCEO
FARINÁCEO
CASUARINÁCEO
MIRSINÁCEO
RAMNÁCEO
LEMNÁCEO
CANNÁCEO
POLIGONÁCEO
PAPILIONÁCEO
ANONÁCEO
SAPONÁCEO
CORNÁCEO
CORNÁCEO
FORNÁCEO
AIZOÁCEO
DIPTEROCARPÁCEO
ARTOCARPÁCEO
DRUPÁCEO
ARÁCEO
BRACEO
EFEDRÁCEO
CINGIBERÁCEO
ZINGIBERÁCEO
ACERÁCEO
GUNNERÁCEO
CIPERÁCEO
PIPERÁCEO
DROSERÁCEO
BURSERÁCEO
OENOTERÁCEO
PAPAVERÁCEO
CORÁCEO
NEORÁCEO
CNEORÁCEO
RIZOFORÁCEO
PASIFLORÁCEO
MORÁCEO
PORRÁCEO
LITRÁCEO
CELASTRÁCEO
LAURÁCEO
FURFURÁCEO
CUPRESÁCEO
GRISÁCEO
MIMOSÁCEO
ROSÁCEO
DIPSÁCEO
MUSÁCEO
MELASTOMATÁCEO
ALISMATÁCEO
CACTÁCEO
CETÁCEO
ABIETÁCEO
NETÁCEO
GNETÁCEO
COMBRETÁCEO
CRETÁCEO
EQUISETÁCEO
CUCURBITÁCEO
VITÁCEO
PULTÁCEO
ACANTÁCEO
MARANTÁCEO
AMARANTÁCEO
LORANTÁCEO
AMENTÁCEO
NEPENTÁCEO
TEREBINTÁCEO
SAPOTÁCEO
MIRTÁCEO
TESTÁCEO
CISTÁCEO
CRUSTÁCEO
RUTÁCEO
MALVÁCEO
TAXÁCEO
BIXÁCEO
BUXÁCEO
PAPAYÁCEO
ZACEO

VACCEO
CABECEO
CECEO
GINECEO
CERVECEO
LICEO
SILÍCEO
AVENÍCEO
PÍCEO
CINERÍCEO
TRITÍCEO
CÁLCEO
BALANCEO
LINCEO
JÚNCEO
BROCEO
ANDROCEO
TROCEO
BARCEO
ESCARCEO
MARCEO
BERCEO
DIRCEO
MURCEO
BUCEO
BALBUCEO
CADUCEO
SADUCEO
BACHEO
CACHEO
TRECHEO
CHICHEO
CUCHICHEO
TRAPICHEO
CANCHEO
TRINCHEO
ABUCHEO
DEO
CICÁDEO
ASCLEPIADEO
JADEO
LADEO
PALADEO
PANADEO
PARPADEO
GRADEO
DEDEO
TORPEDEO
IDEO
GANOIDIDEO
FIDEO
OXALÍDEO
AMPELÍDEO
AMARILÍDEO
SOLIDEO
MONOCLAMÍDEO
SEMIDEO
FICOIDEO
CONCOIDEO
TIFOIDEO
XIFOIDEO
HIOIDEO
ALCALOIDEO
HALOIDEO
CRISTALOIDEO
CICLOIDEO
COLOIDEO
SESAMOIDEO
SIGMOIDEO
ADENOIDEO
ALBUMINOIDEO
CONOIDEO
LIPOIDEO
ANTROPOIDEO
AROIDEO
SACAROIDEO
CANCROIDEO
DENDROIDEO
TIROIDEO
COROIDEO
OVOIDEO
AXOIDEO
LAPÍDEO
CAPARÍDEO
BERBERÍDEO
IRÍDEO
CELTÍDEO
RAQUÍDEO
CEFALORRAQUÍDEO
ORQUÍDEO
BALDEO
CALDEO
FALDEO
CABILDEO
JUGLANDEO
PANDEO
ZARANDEO
PARRANDEO
TANDEO
ONDEO
CACHONDEO
FONDEO
ESPONDEO
DISPONDEO
SONDEO
VAGABUNDEO
CODEO
REGODEO
RODEO
MERODEO
ARRODEO
BOMBARDEO
TARTAMUDEO
MENUDEO
FEO
CAMAFEO
PARRAFEO
CEFEO
CORIFEO
SOLFEO
PICOFEO
LEUCOFEO
TROFEO
MORFEO
TEGEO
ABIGEO
COCCÍGEO
PERIGEO
MENÍNGEO
FARÍNGEO
NASOFARÍNGEO
LARÍNGEO
APOGEO
HIPOGEO
ALANGIEO
CAMELIEO
VACCINIEO
GROSULARIEO
ONAGRARIEO
LITRARIEO
PARONIQUIEO
AJEO
ESCARABAJEO
SOBAJEO
GARGAJEO
ESTROPAJEO
TARTAJEO
FORCEJEO
CALLEJEO
ESPEJEO
JIJEO
ANJEO
GRANJEO
OJEO
BOJEO
GORJEO
BURBUJEO
JUJEO
LEO
BALEO
ABALEO
TABALEO
CAMBALEO
TAMBALEO
GÁLEO
POLIGÁLEO
JALEO
APALEO
CHAPALEO
TRASPALEO
PATALEO
ZALEO
TABLEO
HIBLEO
AMBLEO
TECLEO
SOFOCLEO
NÚCLEO
CASCABELEO
CIBELEO
REHELEO
PAPELEO
MASTELEO
PASTELEO
FLEO
ÍLEO
JUBILEO
ZASCANDILEO
CIGOFÍLEO
CARIOFILEO
GALILEO
PÍLEO
PROPILEO
CHAMARILEO
TAMBORILEO
TITILEO
ESQUILEO
ERITROXÍLEO
ÓLEO
BOLEO
BAMBOLEO
COLEO
CARACOLEO
CHICOLEO
TROPEOLEO
LINÓLEO
POLEO
ROLEO
FAROLEO
CEDRÓLEO
PETRÓLEO
SÓLEO
SOLEO
ASOLEO
MAUSOLEO
VOLEO
PASAVOLEO
REVOLEO
BOTIVOLEO
COYOLEO
AZOLEO
EMPLEO
PIMPLEO
ISLEO
ACÚLEO
ECÚLEO
HERCÚLEO
BRUJULEO
MÚLEO
VAPULEO
MANIPULEO
CERÚLEO
BARTULEO
GALLEO
CENTELLEO
ESCOBILLEO
CAMPANILLEO
AMARILLEO
CABRILLEO
MARTILLEO
COSQUILLEO
BORBOLLEO
FLÁMEO
RÁMEO
ARAMEO
SESÁMEO
NEMEO
PIGMEO
DIDÍMEO
LAGRIMEO
PALMEO
ROMEO
BUTOMEO
HUSMEO
IDUMEO
PLÚMEO
ESPÚMEO
NEO
SUPERVACÁNEO
AZACANEO
CALCÁNEO
CANCANEO
SUCEDÁNEO
PEDÁNEO
SUPEDÁNEO
PANDANEO
SUFRAGÁNEO
MANGANEO
ARGANEO
GENCIANEO
JUSTINIANEO
CHALANEO
MISCELÁNEO
PLANEO
HERCULÁNEO
ROMANEO
CANANEO
CAMPANEO
CRÁNEO
PERICRÁNEO
VERANEO
FORÁNEO
TEMPORÁNEO
CONTEMPORÁNEO
EXTEMPORÁNEO
ALBARRÁNEO
ERRÁNEO
SUBTERRÁNEO
MEDITERRÁNEO
CONTERRÁNEO
COTERRÁNEO
SOTERRÁNEO
INTRÁNEO
FRUSTRÁNEO
PLATÁNEO
COLACTÁNEO
COETÁNEO
SUBITÁNEO
LIMITÁNEO
SIMULTÁNEO
INSTANTÁNEO
MOMENTÁNEO
PRESENTÁNEO
VENTANEO
ESPONTÁNEO
HIPOCASTÁNEO
CUTÁNEO
SUBCUTÁNEO
INTERCUTÁNEO
DEVANEO
ÉNEO
HOMOGÉNEO
HETEROGÉNEO
MENEO
REMENEO
HIMENEO
CIRENEO
ATENEO
ÍGNEO
CANABÍNEO
COCCÍNEO
SALICÍNEO
ILICÍNEO
FILICÍNEO
HIPERICÍNEO
LACTICÍNEO
BRONCÍNEO
TAMARISCÍNEO
ARUNDÍNEO
LICOPODÍNEO
TESTUDÍNEO
PLUMBAGÍNEO
CARTILAGÍNEO
BORRAGÍNEO
NICTAGÍNEO
ORIGÍNEO
VIRGÍNEO
ALBUGÍNEO
FERRUGÍNEO
LÍNEO
RECTILÍNEO
MISTILÍNEO
MIXTILÍNEO
CURVILÍNEO
CARBOLÍNEO
APOLÍNEO
GRAMÍNEO
ESTAMÍNEO
FEMÍNEO
FULMÍNEO
CARMÍNEO
JAZMÍNEO
ESPÍNEO
ACERÍNEO
PERINEO
HIDROPTERÍNEO
CIRINEO
PIRINEO
TRINEO
CELASTRÍNEO
LAURÍNEO
PECTÍNEO
ICTÍNEO
ABIETÍNEO
EQUISETÍNEO
TINTINEO
CISTÍNEO
GUINEO
SANGUÍNEO
CONSANGUÍNEO
BIXÍNEO
RÁMNEO
BAMBONEO
CARBONEO
TACONEO
MOSCONEO
DONEO
COTILEDÓNEO
ACOTILEDÓNEO
DICOTILEDÓNEO
MONOCOTILEDÓNEO
IDÓNEO
BORDONEO
MANGONEO
GORGÓNEO
FISGONEO
TIONEO
REJONEO
RAMONEO
SERMONEO
CAÑONEO
PIÑONEO
RONRONEO
ERRÓNEO
PERITONEO
CANTONEO
CONTONEO
PAVONEO
DIPNEO
CÁRNEO
LERNEO
PERNEO
BORNEO
CÓRNEO
TORNEO
CONTORNEO
EBÚRNEO
ETNEO
CÚNEO
CUNEO
NEPTÚNEO
PESTAÑEO
APEO
CAPEO
CHAPEO
NAPEO
GUALDRAPEO
CLÍPEO
AGANIPEO
MENIPEO
GOLPEO
CULPEO
CAMPEO
COPEO
HOPEO
GALOPEO
PARTENOPEO
CONOPEO
JAROPEO
CUATROPEO
ESTROPEO
EUROPEO
INDOEUROPEO
ARPEO
DIPTEROCÁRPEO
ARTOCÁRPEO
CARRASPEO
DESPEO
REO
CAREO
CACAREO
MACAREO
NACÁREO
ICÁREO
CALCÁREO
CLAREO
ACLAREO
MAREO
PAREO
TARAREO
CESÁREO
NECTÁREO
TARTÁREO
VAREO
NAZAREO
CABREO
PALABREO
HEBREO
CULEBREO
CIMBREO
TIMBREO
RECREO
ASCREO
COMADREO
ESCUADREO
APEDREO
AÉREO
ANTIAÉREO
CEREO
CÉREO
SIDÉREO
VENÉREO
ANTIVENÉREO
CINÉREO
FUNÉREO
VIPÉREO
ETÉREO
DELETÉREO
CITEREO
CELENTÉREO

ESTÉREO
FREO
ZAFÍREO
EMPÍREO
IMPÍREO
VÍREO
CONREO
OREO
BÓREO
LABOREO
SABOREO
TAMBOREO
ARBÓREO
HIPERBÓREO
COREO
DICOREO
ESTERCÓREO
DIOSCÓREO
RIZOFÓREO
FLOREO
PASIFLÓREO
MÓREO
CLAMOREO
MARMÓREO
CORPÓREO
INCORPÓREO
CONCORPÓREO
TOREO
HECTÓREO
ESTENTÓREO
TINTÓREO
CASTÓREO
PASTOREO
NESTÓREO
ECUÓREO
DESPOLVOREO
ARREO
ACARREO
ZAMARREO
GUITARREO
CENCERREO
FÉRREO
APERREO
TÉRREO
CORREO
CALCORREO
CHORREO
HÓRREO
ABEJORREO
MORREO
AMORREO
CHISMORREO
APORREO
PITORREO
COTORREO
CANTURREO
TREO
AJETREO
DELETREO
PÉTREO
PITREO
ERITREO
VÍTREO
RASTREO
ÁUREO
LÁUREO
BUREO
EPICÚREO
SULFÚREO
MURMUREO
PURPÚREO
ZUREO
SEO
SEÓ
ASEO
CÁSEO
CAUCÁSEO
PEGASEO
PASEO
DESASEO
DESEO
SESEO
BISBISEO
ELÍSEO
COLISEO
FARISEO
GRÍSEO
SISEO
FALSEO
RESPONSEO
ÓSEO
BABOSEO
PORDIOSEO
HERMOSEO
MANOSEO
RAPOSEO
RÓSEO
SONROSEO
VOSEO
PERSEO
CAUSEO
JEBUSEO
MEDUSEO
RAGUSEO
MUSEO
ATEO
BATEO
NABATEO
GARABATEO
CATEO
CALAFATEO
OLFATEO
REGATEO
JATEO
VOLATEO
PATEO
ZAPATEO
RATEO
EFRATEO
PRORRATEO
CÁCTEO
LÁCTEO
HETEO
TARJETEO
LETEO
ALETEO
PALETEO
CHAPALETEO
TABLETEO
CHANCLETEO
CUBILETEO
CASTAÑETEO
GOLPETEO
TROMPETEO
ESCOPETEO
SOPETEO
CHUPETEO
SECRETEO
DISCRETEO
PANDERETEO
TIJERETEO
FLORETEO
CORRETEO
JUGUETEO
BAQUETEO
TRAQUETEO
REPIQUETEO
COQUETEO
POPLÍTEO
VISITEO
BÁLTEO
SALTEO
ESPÉLTEO
VOLTEO
GIGANTEO
GARGÁNTEO
GALANTEO
REPLANTEO
MANTEO
PORTAMANTEO
TANTEO
BASTANTEO
ENTEO
ARGÉNTEO
EXPEDIENTEO
SERPENTEO
PERCONTEO
PREGUNTEO
PUNTEO
RABOTEO
BARBOTEO
BORBOTEO
CHACOTEO
CHOTEO
GOTEO
FREGOTEO
ZANGOTEO
GORGOTEO
PALOTEO
BAILOTEO
CHACOLOTEO
ZANGOLOTEO
REVOLOTEO
CHARLOTEO
PARLOTEO
ESCAMOTEO
GIMOTEO
PALMOTEO
CHISMOTEO
MANOTEO
CAPOTEO
CHAPOTEO
TIROTEO
PROTEO
CHISPORROTEO
PISOTEO
LAVOTEO
CARTEO
LAGARTEO
CUARTEO
PORTEO
SORTEO
TRASTEO
FESTEO
SESTEO
FILISTEO
TELEÓSTEO
TAUTEO
LÚTEO
GLÚTEO
PLÚTEO
TUTEO
ÁCUEO
HORNAGUEO
RELAMPAGUEO
HORMIGUEO
ESPIGUEO
LATIGUEO
GANGUEO
CANDONGUEO
FOGUEO
RASGUEO
AQUEO
MACHAQUEO
PAQUEO
TERRÁQUEO
TRÁQUEO
MATRAQUEO
SAQUEO
CHIQUEO
GEMIQUEO
ABANIQUEO
MANIQUEO
LLORIQUEO
POLITIQUEO
BLANQUEO
FLANQUEO
FRANQUEO
RETRANQUEO
BLOQUEO
CONTRABLOQUEO
DESBLOQUEO
CLOQUEO
MOQUEO
TROQUEO
ESTOQUEO
ARQUEO
BARQUEO
MOSQUEO
ZABUQUEO
BESUQUEO
BAZUQUEO
BIENTEVEO
NÍVEO
ÁLVEO
SUBÁLVEO
NÉRVEO
SÁXEO
BOXEO
FO
PIRÓSCAFO
GAFO
DIÁGRAFO
PARÁGRAFO
TELÉGRAFO
CALÍGRAFO
POLÍGRAFO
TAQUÍGRAFO
CECÓGRAFO
MUSICÓGRAFO
LEXICÓGRAFO
CALCÓGRAFO
GEÓGRAFO
PALEÓGRAFO
MAREÓGRAFO
COREÓGRAFO
BIÓGRAFO
AUTOBIÓGRAFO
COMEDIÓGRAFO
CARDIÓGRAFO
ELECTROCARDIÓGRAFO
HAGIÓGRAFO
BIBLIÓGRAFO
HELIÓGRAFO
ESPECTROHELIÓGRAFO
ESTERIÓGRAFO
HISTORIÓGRAFO
ELECTROENCEFALÓGRAFO
AMPELOGRÁFO
AMPELÓGRAFO
OSCILÓGRAFO
SIFILÓGRAFO
DACTILÓGRAFO
OLÓGRAFO
HOLÓGRAFO
EPISTOLÓGRAFO
ANEMÓGRAFO
ESFIGMÓGRAFO
MIMÓGRAFO
HOMÓGRAFO
SISMÓGRAFO
COSMÓGRAFO
MECANÓGRAFO
URANÓGRAFO
ESCENÓGRAFO
SELENÓGRAFO
ESTENÓGRAFO
ACTINÓGRAFO
FONÓGRAFO
CRONÓGRAFO
PORNÓGRAFO
ETNÓGRAFO
APÓGRAFO
TIPÓGRAFO
TOPÓGRAFO
BARÓGRAFO
MICRÓGRAFO
HIDRÓGRAFO
CERÓGRAFO
QUIRÓGRAFO
CORÓGRAFO
ESPECTRÓGRAFO
ASTRÓGRAFO
ELIPSÓGRAFO
CINEMATÓGRAFO
HECTÓGRAFO
FITÓGRAFO
LITÓGRAFO
CROMOLITÓGRAFO
MITÓGRAFO
PANTÓGRAFO
FOTÓGRAFO
CARTÓGRAFO
ORTÓGRAFO
AUTÓGRAFO
PÁRRAFO
TAFO
VAFO
ZAFO
BEFO
CEFO
ACALEFO
AZOFAIFO
AZUFAIFO
AZOFEIFO
AZUFEIFO
ANÁGLIFO
TRIGLIFO
PIFO
GARIFO
JARIFO
APÓCRIFO
GRIFO
LOGOGRIFO
HIPOGRIFO
TIFO
ELFO
BELFO
CELFO
FILADELFO
DIDELFO
ORNITODELFO
GÜELFO
SILFO
GOLFO
REGOLFO
CARINENFO
NINFO
PARANINFO
CARININFO
TRIUNFO
BOFO
FOFO
GOFO
GALLOFO
TETRÁSTROFO
APÓSTROFO
TEÓSOFO
FILÓSOFO
TOFO
ESTOFO
ORFO
AMORFO
DIMORFO
POLIMORFO
ANTROPOMORFO
ISOMORFO
UFO
BUFO
REBUFO
FUFO
PUFO
RUFO
ARRUFO
TUFO
ATUFO
BAGO
LUMBAGO
FUNDAGO
MUÉRDAGO
ALMUÉRDAGO
ÓRDAGO
TRÁFAGO
ADEFAGO
POLÍFAGO
HUÉLFAGO
SARCÓFAGO
GEÓFAGO
ICTIÓFAGO
FILÓFAGO
XILÓFAGO
ZOÓFAGO
ANTROPÓFAGO
CARPÓFAGO
NECRÓFAGO
COPRÓFAGO
ESÓFAGO
ESCATÓFAGO
HEMATÓFAGO
GALACTÓFAGO
FITÓFAGO
LITÓFAGO
ANTÓFAGO
LOTÓFAGO
RIZÓFAGO
HUÉRFAGO
GAGO
ACIAGO
EMBRIAGO
ENDRIAGO
ZURRIAGO
SANTIAGO
LAGO
BÁLAGO
FALAGO
AFALAGO
HALAGO
EMPALAGO
BLAGO
MURCIÉLAGO
PIÉLAGO
ARCHIPIÉLAGO
MUCÍLAGO
FRINGILAGO
PUTRÍLAGO
TUSILAGO
CARTÍLAGO
FIBROCARTÍLAGO
MAGO
AMAGO
ÁMAGO
HÁMAGO
JARAMAGO
SÁMAGO
RATIMAGO
ESTÓMAGO
CIÉNAGO
MONAGO
LABIÉRNAGO
LUCIÉRNAGO
CUÉRNAGO
PAGO
GALÁPAGO
CAMPAGO
RELÁMPAGO
IMPAGO
AREÓPAGO
ECTÓPAGO
CARAGO
DRAGO
OSÍFRAGO
NÁUFRAGO
VIRAGO
MORAGO
FARRAGO
FÁRRAGO
ESPÁRRAGO
TARRAGO
CUÉRRAGO
TRAGO

ANTITRAGO
ASTRAGO
ESTRAGO
SAGO
PRÉSAGO
BUÉTAGO
TÁRTAGO
CUARTAGO
VÁSTAGO
VAGO
UNDÍVAGO
NOCTÍVAGO
GIRÓVAGO
RÁZAGO
REZAGO
HERBADGO
PATRIARCADGO
CUÑADADGO
ALMOJARIFADGO
ALARIFADGO
CARDENALADGO
ALGUACILADGO
PRIMADGO
MAYORDOMADGO
ARCEDIANADGO
ALMOTACENADGO
ALAMINADGO
PAPADGO
CEPADGO
PRINCIPADGO
COMPADRADGO
BACHILLERADGO
PRIORADGO
MAYORADGO
MAESTRADGO
CURADGO
ALMIRANTADGO
MONTADGO
PONTADGO
PORTADGO
PREBESTADGO
YEDGO
MANCHEGO
BODEGO
ENJALBIEGO
CIEGO
PALACIEGO
BURRICIEGO
DIEGO
SABADIEGO
VILLADIEGO
SANDIEGO
DONDIEGO
JUDIEGO
LIEGO
PLIEGO
ESPLIEGO
NIEGO
ANIEGO
LEBANIEGO
MERCHANIEGO
ALDEANIEGO
CRISTIANIEGO
MANIEGO
PANIEGO
ARANIEGO
VERANIEGO
ALBARRANIEGO
SERRANIEGO
RENIEGO
DERRENIEGO
INFURCIONIEGO
NOCHARNIEGO
NOCHERNIEGO
ENVERNIEGO
RAPIEGO
RIEGO
ANDARIEGO
PIARIEGO
ALIJARIEGO
ESCOLARIEGO
SOLARIEGO
PINARIEGO
VINARIEGO
CAÑARIEGO
CASARIEGO
LABRIEGO
RIBERIEGO
MUJERIEGO
ROMERIEGO
ASPERIEGO
ESPERIEGO
GRIEGO
MORIEGO
PRIEGO
CARRIEGO
SORRIEGO
ENTRIEGO
PASIEGO
TRASIEGO
SOSIEGO
DESASOSIEGO
MATIEGO
LEGO
TALEGO
ÉLEGO
FRAILEGO
SACRÍLEGO
SORTÍLEGO
DESPLEGO
GALLEGO
FRIOLLEGO
MEGO
CRISTIANEGO
REBAÑEGO
CADAÑEGO
BOLAÑEGO
PEGO
APEGO
DESAPEGO
EMPEGO
DESPEGO
ÁBREGO
LÓBREGO
MODREGO
COREGO
BORREGO
ENTREGO
ESTRATEGO
FUEGO
GUARDAFUEGO
MATAFUEGO
BOTAFUEGO
CORTAFUEGO
LANZAFUEGO
TRASFUEGO
HUEGO
JUEGO
PASAJUEGO
LUEGO
RUEGO
NORUEGO
ZAMBAIGO
ARRAIGO
DESARRAIGO
ARÁBIGO
ZÁMBIGO
ALMÁCIGO
ALFÓNCIGO
ALFÓCIGO
ALHÓCIGO
RAPÓNCHIGO
ALBÉRCHIGO
MENDIGO
ÍNDIGO
BODIGO
CÓDIGO
PRÓDIGO
MEIGO
FIGO
BECAFIGO
PICAFIGO
PAPAFIGO
CABRAFIGO
PÉNFIGO
HIGO
PAPAHÍGO
CABRAHIGO
QUEJIGO
OMBLIGO
APOSTÓLIGO
AMIGO
GUARDAMIGO
DESAMIGO
ENEMIGO
CONMIGO
COMIGO
HORMIGO
CANÓNIGO
CONCANÓNIGO
ÑÁÑIGO
BOÑIGO
SERPIGO
ESPIGO
RESPIGO
ALBARIGO
ABRIGO
ÁBRIGO
DESABRIGO
LÓBRIGO
CLÉRIGO
TRIGO
TRASTRIGO
PRURIGO
CONSIGO
ALFÓNSIGO
ROSIGO
TÓSIGO
VENCETÓSIGO
PÉRSIGO
LÁTIGO
RÁTIGO
ANTIGO
LENTIGO
CONTIGO
PÉRTIGO
VÉRTIGO
CASTIGO
TESTIGO
ALFÓSTIGO
HOSTIGO
POSTIGO
ALGO
DALGO
FIJADALGO
HIJADALGO
FIDALGO
HIDALGO
FIJODALGO
HIJODALGO
ALMOJARIFALGO
ALARIFALGO
GALGO
ALMOTACENALGO
BIELGO
MIELGO
PIELGO
MELGO
JAMELGO
FUELGO
HUELGO
PINTACILGO
PECILGO
REMILGO
FOLGO
REPULGO
ESPULGO
VULGO
CHUCHANGO
DANGO
FANDANGO
MINDANGO
DINGOLONDANGO
FANGO
TABOLANGO
QUILLANGO
MANGO
TAMANGO
REMANGO
ARREMANGO
CHIMANGO
NANGO
GUACHINANGO
CHIMINANGO
ÑAPANGO
PAMPANGO
COMPANGO
RANGO
CHARANGO
NARANGO
CUARANGO
GUARANGO
RINGORRANGO
MATURRANGO
CONDURANGO
SANGO
TANGO
BITANGO
GUANGO
ZANGUANGO
HUANGO
ABADENGO
REALENGO
RELENGO
FRAILENGO
ABOLENGO
FRIOLENGO
CAMARLENGO
RENGO
MARENGO
DERRENGO
LUENGO
BARBILUENGO
PECILUENGO
BARCOLUENGO
DEVENGO
CHINGO
GARDINGO
SILINGO
TILINGO
OLINGO
MINGO
DOMINGO
PINGO
CAPINGO
PINGOPINGO
RESPINGO
TEJERINGO
GRINGO
CHIRINGO
MESINGO
SEÑORITINGO
DISTINGO
BONGO
CONGO
CHONGO
CANDONGO
ZANGANDONGO
MONDONGO
GONGO
HONGO
QUIJONGO
LONGO
OBLONGO
PILONGO
TRARILONGO
CUADRILONGO
ABOLONGO
BARCOLONGO
MONGO
PONGO
ZORONGO
MORRONGO
TONGO
BITONGO
DIPTONGO
TRIPTONGO
REZONGO
CUSCUNGO
ZANGANDUNGO
LUNGO
CALUNGO
CAMUNGO
RUNGO
MATUNGO
DOGO
ISÓFOGO
PEDAGOGO
COLAGOGO
DEMAGOGO
EMENAGOGO
ARQUISINAGOGO
MISTAGOGO
AHOGO
DESAHOGO
DECÁLOGO
DIÁLOGO
ANÁLOGO
CATÁLOGO
EPÍLOGO
ULTÍLOGO
GINECÓLOGO
MICÓLOGO
SICÓLOGO
PSICÓLOGO
MUSICÓLOGO
LEXICÓLOGO
TOCÓLOGO
IDEÓLOGO
GEÓLOGO
PALEÓLOGO
ESPELEÓLOGO
NEÓLOGO
TEÓLOGO
ARQUEÓLOGO
GRAFÓLOGO
LARINGÓLOGO
OTORRINOLARINGÓLOGO
BIÓLOGO
SOCIÓLOGO
RADIÓLOGO
CARDIÓLOGO
CONQUILIÓLOGO
PAREMIÓLOGO
BACTERIÓLOGO
ASIRIÓLOGO
FISIÓLOGO
ICTIÓLOGO
FILÓLOGO
ETIMÓLOGO
OFTALMÓLOGO
HOMÓLOGO
ENTOMÓLOGO
COSMÓLOGO
CAMPANÓLOGO
ARACNÓLOGO
ENÓLOGO
FRENÓLOGO
RINÓLOGO
SINÓLOGO
FONÓLOGO
MONÓLOGO
CRONÓLOGO
ETNÓLOGO
ZOÓLOGO
APÓLOGO
HIPÓLOGO
ANTROPÓLOGO
PRÓLOGO
ASTRÓLOGO
NEURÓLOGO
DERMATÓLOGO
PATÓLOGO
DIALECTÓLOGO
PANDERETÓLOGO
LITÓLOGO
MITÓLOGO
ORNITÓLOGO
ONTÓLOGO
ODONTÓLOGO
PALEONTÓLOGO
OTÓLOGO
EGIPTÓLOGO
ORTÓLOGO
HISTÓLOGO
MOGO
ROGO
ALÓBROGO
ARGO
EMBARGO
DESEMBARGO
CARGO
RECARGO
SOBRECARGO
ENCARGO
ALFARGO
PIGARGO
LARGO
RABILARGO
PELILARGO
CUELLILARGO
MANILARGO
CARILARGO
PASILARGO
LENGÜILARGO
ZANQUILARGO
BRAZOLARGO
AMARGO
LLAMARGO
PARGO
SARGO
LETARGO
ERGO
ALBERGO
CHAMBERGO
MERGO
MUERGO
EXERGO
SIRGO
VIRGO
SORGO
SINSORGO
TORGO
OTORGO
BURGO
LICURGO
TEÚRGO
DEMIURGO
EXPURGO
QUIRURGO
DRAMATURGO
TAUMATURGO
ASGO
PELASGO
RASGO
TRASGO
RIESGO
GRIESGO
SESGO
USGO
MUSGO
REMUSGO
SABUGO
ALBUGO
CUCHUGO
VERDUGO
LUCÍFUGO
VERMÍFUGO
TENÍFUGO
IGNÍFUGO

FEBRÍFUGO
CALORÍFUGO
CENTRÍFUGO
HIDRÓFUGO
PRÓFUGO
TRÁSFUGO
TRÁNSFUGO
JUGO
TAJUGO
SOTALUGO
JARAMUGO
SAMUGO
SAMARUGO
TAMARUGO
TARUGO
BRUGO
MENDRUGO
VERRUGO
CORRUGO
TASUGO
BESUGO
VESTUGO
OSTUGO
AVUGO
YUGO
SAYUGO
CUADRIYUGO
CACICAZGO
PATRIARCAZGO
ALBACEAZGO
ALMOJARIFAZGO
ALARIFAZGO
ALMOJERIFAZGO
JUSTICIAZGO
CADIAZGO
BAILIAZGO
MESIAZGO
NOVIAZGO
CARDENALAZGO
FIELAZGO
ALGUACILAZGO
APOSTOLAZGO
CONSULAZGO
FALLAZGO
HALLAZGO
CILLAZGO
CABDILLAZGO
VILLAZGO
PRIMAZGO
MAYORDOMAZGO
DEANAZGO
ARCEDIANAZGO
HERMANAZGO
ALMOTACENAZGO
MECENAZGO
TRECENAZGO
REINAZGO
ALAMINAZGO
SOBRINAZGO
MADRINAZGO
PADRINAZGO
CENTURIONAZGO
PADRONAZGO
PATRONAZGO
INFANZONAZGO
PAPAZGO
ARZOBISPAZGO
COMADRAZGO
COMPADRAZGO
COLODRAZGO
ALFERAZGO
PRIORAZGO
MAYORAZGO
TERRAZGO
MAESTRAZGO
CURAZGO
ALCAHUETAZGO
INFANTAZGO
ALMIRANTAZGO
VICEALMIRANTAZGO
TENIENTAZGO
MONTAZGO
PONTAZGO
HARTAZGO
PORTAZGO
ARCIPRESTAZGO
PREBOSTAZGO
PIEZGO
YEZGO
AHO
VAHO
HUCHOHÓ
MOHO
RHO
BÚHO
DÚHO
TÚHO
CABIO
LABIO
ENLABIO
ASTROLABIO
ARABIO
ALGARABÍO
ARRABIO
SABIO
RESABIO
MONOSABIO
ANFIBIO
LIBIO
ESPIBIO
ADEMPRIBIO
TIBIO
ESTIBIO
CAMBIO
CONTRACAMBIO
RECAMBIO
LIBRECAMBIO
CONCAMBIO
INTERCAMBIO
REBUMBIO
NELUMBIO
ESCOBIO
ADOBÍO
GOBIO
AGOBIO
NIOBIO
LICNOBIO
CENOBIO
MICROBIO
AEROBIO
ANAEROBIO
OPROBIO
ERBIO
SOBERBIO
TERBIO
ADVERBIO
PROVERBIO
EUFORBIO
SUBURBIO
GURBIO
TURBIO
DISTURBIO
LESBIO
UBIO
CONCUBIO
DUBIO
CONNUBIO
RUBIO
ENRUBIO
MARRUBIO
DERRUBIO
BARBIRRUBIO
PELIRRUBIO
BOQUIRRUBIO
RASCACIO
RESCACIO
DACIO
TRIDACIO
MENDACIO
REACIO
PREFACIO
PELOPONESIACIO
LACIO
PALACIO
SELACIO
HIDROFILACIO
PIROFILACIO
GAZOFILACIO
SOLACIO
CIMACIO
CARTAPACIO
CRISOPACIO
TOPACIO
ESPACIO
DESPACIO
BRACIO
FERECRACIO
PANCRACIO
TRACIO
BATRACIO
SAMOTRACIO
SACIO
MANIVACÍO
MANVACÍO
YACIO
EQUINOCCIO
NECIO
PECIO
TRAPECIO
DESPECIO
RECIO
PRECIO
APRECIO
SOBREPRECIO
JUSTIPRECIO
DESPRECIO
MENOSPRECIO
LUTECIO
HELVECIO
EJERCICIO
CEDICIO
INDICIO
DESPERDICIO
JUDICIO
PREJUDICIO
MALEFICIO
BENEFICIO
VENEFICIO
LACIFICIO
EDIFICIO
SACRIFICIO
ORIFICIO
PONTIFICIO
ARTIFICIO
OFICIO
FLAGICIO
LICIO
CARDENALICIO
CATEDRALICIO
CASALICIO
ESPONSALICIO
NATALICIO
HOSPITALICIO
VITALICIO
DELICIO
CILICIO
EDILICIO
SILICIO
GENTILICIO
SUPLICIO
FAMULICIO
BOLLICIO
MOLLICIO
BULLICIO
REBULLICIO
HOMICIO
FENICIO
INICIO
EPINICIO
LADRONICIO
FORNICIO
TRIBUNICIO
PICIO
PRECIPICIO
PROPICIO
ESTROPICIO
LASERPICIO
FRONTISPICIO
HOSPICIO
AUSPICIO
RICIO
APARICIO
CINERICIO
SUBCINERICIO
SANGRICIO
PASTORICIO
PATRICIO
COMPATRICIO
MERETRICIO
NUTRICIO
COMENDATICIO
ARRENDATICIO
ACOMODATICIO
PRELATICIO
TRASLATICIO
TRANSLATICIO
AGNATICIO
COGNATICIO
PIGNORATICIO
FACTICIO
PROFECTICIO
COLECTICIO
FICTICIO
CONDUCTICIO
ADITICIO
CREDITICIO
SUPOSITICIO
CANTICIO
RECREMENTICIO
EXCREMENTICIO
ALIMENTICIO
SARMENTICIO
FRUMENTICIO
GUARENTICIO
ADVENTICIO
OBREPTICIO
SUBREPTICIO
ARREPTICIO
ARMISTICIO
SOLSTICIO
INTERSTICIO
JUICIO
PREJUICIO
ANTEJUICIO
QUICIO
ESQUICIO
RESQUICIO
VICIO
CONVICIO
NOVICIO
CONNOVICIO
SERVICIO
DESERVICIO
CALCIO
ANDANCIO
RANCIO
CALASANCIO
CANSANCIO
CENCÍO
SILENCIO
ASENCIO
MINCIO
SOPONCIO
ESTRONCIO
PAJUNCIO
NUNCIO
ANUNCIO
DENUNCIO
RENUNCIO
ABRENUNCIO
PRENUNCIO
PRONUNCIO
INTERNUNCIO
TERUNCIO
OCIO
BOCIO
NIQUISCOCIO
CAPADOCIO
SACERDOCIO
BEOCIO
NEGOCIO
ROCÍO
SOCROCIO
SOCIO
CONSOCIO
TOCIO
EGIPCIO
MARCIO
COMERCIO
TERCIO
DECIMOTERCIO
SESTERCIO
CONSORCIO
MAVORCIO
DIVORCIO
ENFURCIO
MURCIO
ASCIO
NESCIO
ANFISCIO
OMNISCIO
PERISCIO
ANTISCIO
HETEROSCIO
GLAUCIO
FALEUCIO
ESGUCIO
DESAHUCIO
LUCIO
ESTRAPALUCIO
BARBILUCIO
CARILUCIO
CASQUILUCIO
PREPUCIO
OCCIPUCIO
RUCIO
BRUCIO
LAMBRUCIO
BARBIRRUCIO
SUCIO
TONTUCIO
MACHÍO
COCHÍO
SECADÍO
ARCADIO
REGADÍO
PALADIO
GLADIO
CANADIO
VANADIO
RENADÍO
DONADÍO
CUÑADÍO
RADIO
RADÍO
FARADIO
LABRADÍO
SEMBRADÍO
EXTRARRADIO
ESTADIO
EPICEDIO
MEDIO
REMEDIO
COMEDIO
PROMEDIO
INTERMEDIO
PREDIO
ASEDIO
TEDIO
CAVEDIO
RUBIDIO
COCCIDIO
DEICIDIO
REGICIDIO
CONYUGICIDIO
FILICIDIO
ESTILICIDIO
HOMICIDIO
TIRANICIDIO
UXORICIDIO
PARRICIDIO
MATRICIDIO
PATRICIDIO
FRATRICIDIO
FETICIDIO
INFANTICIDIO
SUICIDIO
GENOCIDIO
PROBOSCIDIO
EXCIDIO
OFIDIO
GINGIDIO
LIDIO
NIDIO
ANIDIO
OÍDIO
LEPIDIO
HESPERIDIO
IRIDIO
ESPORIDIO
SUBSIDIO
PRESIDIO
SUSIDIO
FASTIDIO
BALDÍO
ALCALDÍO
SANDIO
INCENDIO
VILIPENDIO
ANTIPENDIO
ESTIPENDIO
COMPENDIO
DISPENDIO
EXPENDIO
INDIO
TINDÍO
FLORIPONDIO
CENTIPONDIO
FRONDIO
MINIFUNDIO
LATIFUNDIO
INFUNDIO
GERUNDIO
ODIO
CLADODIO
ALODIO
FILODIO
MODIO
SESQUIMODIO
ENODIO
INTERNODIO
PODIO
POLIPODIO
MONIPODIO
ANTIPODIO
LICOPODIO
CLINOPODIO
RODIO
BRODIO
SODIO
EPISODIO
CUSTODIO
PERICARDIO
ENDOCARDIO
MIOCARDIO
SARDIO
TARDÍO
MONACORDIO
TETRACORDIO
OCTACORDIO

PENTACORDIO
MANICORDIO
CLAVICORDIO
INCORDIO
ANEMOCORDIO
MONOCORDIO
NOTOCORDIO
DIASCORDIO
ESCORDIO
HORDIO
EXORDIO
GAUDIO
REBUDIO
JUDÍO
MATAJUDÍO
LUDIO
PRELUDIO
INTERLUDIO
PUDIO
SANAPUDIO
REPUDIO
TRIPUDIO
CRUDIO
ESTUDIO
PAFIO
GRAFIO
SAFIO
DESAFÍO
EPITAFIO
CENOTAFIO
ZAFÍO
ZAFIO
TELEFIO
SERIFIO
GOFIO
FIOFÍO
GARFIO
AGIO
ADAGIO
PLAGIO
NAUFRAGIO
SUFRAGIO
PRESAGIO
TRISAGIO
CONTAGIO
ELEGIO
SACRILEGIO
FLORILEGIO
SORTILEGIO
PRIVILEGIO
COLEGIO
ARPEGIO
REGIO
EGREGIO
PRODIGIO
LIGIO
MALACOPTERIGIO
ACANTOPTERIGIO
FRIGIO
LETIGIO
LITIGIO
GUARENTIGIO
FASTIGIO
ESTIGIO
PRESTIGIO
DESPRESTIGIO
VESTIGIO
MANUTIGIO
FALANGIO
ESPORANGIO
CAROLINGIO
CARLOVINGIO
MEROVINGIO
CONGIO
ELOGIO
ANTILOGIO
EUCOLOGIO
MENOLOGIO
EPISCOPOLOGIO
MARTIROLOGIO
ERGIO
EFUGIO
REFUGIO
DIFUGIO
CONFUGIO
SUBTERFUGIO
ARTILUGIO
ALBAHÍO
BOHÍO
BUHÍO
BAJÍO
LEJÍO
MONJÍO
LÍO
ESCALIO
IDALIO

ACIDALIO
GALIO
PALIO
HISPALIO
SALIO
TESALIO
TALIO
TANTALIO
CASTALIO
AVALÍO
HIPOMOCLIO
BELIO
DECIBELIO
MICELIO
DELIO
BEDELIO
ALMUDELIO
AFELIO
EVANGELIO
HELIO
PERIHELIO
PARHELIO
SEPELIO
EPITELIO
NEUROEPITELIO
ENDOTELIO
ALMUTELIO
GANGLIO
BAILÍO
CILIO
CODICILIO
DOMICILIO
CONCILIO
IDILIO
PERVIGILIO
LILIO
FAMILIO
BERILIO
BASILIO
MASILIO
UTENSILIO
VESPERTILIO
EXILIO
AUXILIO
OLIO
ESCOLIO
EOLIO
FOLIO
CERAFOLIO
QUINQUEFOLIO
CUADRIFOLIO
AGRIFOLIO
TRIFOLIO
AQUIFOLIO
INFOLIO
PORFOLIO
AJOLIO
LOLIO
POLIO
MONOPOLIO
ESPOLIO
SOLIO
ETOLIO
CAPITOLIO
SANTOLIO
EPISTOLIO
ACROSTOLIO
AMPLIO
DESLÍO
PECULIO
JULIO
ENJULIO
CHIRULIO
TERTULIO
CONTERTULIO
MÍO
MIO
CAMIO
ANDAMIO
EPITALAMIO
RAMIO
ARAMIO
VOLFRAMIO
SAMIO
CADMIO
ACADEMIO
LAUDEMIO
BOHEMIO
PROEMIO
GREMIO
PREMIO
APREMIO
ABSTEMIO
OHMIO
DAIMIO
DIDIMIO

JIMIO
NIMIO
SIMIO
PROSIMIO
CACOQUIMIO
EXIMIO
SIFILICOMIO
MANICOMIO
ENCOMIO
CONCOMIO
RECONCOMIO
NOSOCOMIO
MOMIO
BINOMIO
POLINOMIO
CUADRINOMIO
TRINOMIO
MONOMIO
DEUTERONOMIO
ACROMIO
AMORMÍO
OSMIO
CONDUMIO
VULCANIO
DARDANIO
LANÍO
DOMANIO
GERMANIO
UCRANIO
GERANIO
IRANIO
URANIO
TURANIO
TITANIO
DECENIO
PROSCENIO
QUINDENIO
GENIO
PRIMIGENIO
ENGENIO
INGENIO
PERGENIO
BIENIO
CUADRIENIO
TRIENIO
CUATRIENIO
HELENIO
SELENIO
MILENIO
ESPLENIO
ARMENIO
SIRENIO
ESENIO
SEPTENIO
RUTENIO
AQUENIO
DIAQUENIO
QUINQUENIO
SUBVENIO
CONVENIO
SEXENIO
DESIGNIO
GALICINIO
VATICINIO
LACTICINIO
CONTICINIO
RACIOCINIO
LENOCINIO
LADROCINIO
TIROCINIO
LATROCINIO
PATROCINIO
GLUCINIO
ARCIFINIO
TRIFINIO
LINIO
TRICLINIO
ESTERQUILINIO
MINIO
POSLIMINIO
POSTLIMINIO
DOMINIO
PREDOMINIO
CONDOMINIO
ARMINIO
EXTERMINIO
ALUMINIO
ABISINIO
ACTINIO
BITINIO
ESCRUTINIO
ALGUINIO
LEMNIO
INSOMNIO
INTERCOLUMNIO
AONIO

LACONIO
MECONIO
HELICONIO
GLICONIO
CIRCONIO
TASCONIO
ADONIO
MACEDONIO
CALCEDONIO
CALEDONIO
CALIDONIO
SIDONIO
SARDONIO
PEONIO
AMBLIGONIO
PERIGONIO
OXIGONIO
ORTOGONIO
PELARGONIO
SICIONIO
ALCIONIO
JONIO
TELONIO
QUELONIO
BABILONIO
FILONIO
BOLONIO
POLONIO
AMONIO
ESTRAMONIO
DEMONIO
LACEDEMONIO
POLEMONIO
MATRIMONIO
PATRIMONIO
ANTIMONIO
PRESTIMONIO
TESTIMONIO
ARMONIO
HARMONIO
NONIO
PANONIO
CORONIO
TRONÍO
DAMASONIO
AUSONIO
ESTONIO
PLUTONIO
FAVONIO
LIVONIO
AMAZONIO
PARAZONIO
ESCARNIO
ENGARNIO
BERNIO
CONTUBERNIO
PERNIO
LECTISTERNIO
ESMIRNIO
FLABELICORNIO
UNICORNIO
CAPRICORNIO
TRICORNIO
CAVICORNIO
CALIFORNIO
BIGORNIO
TURNIO
SATURNIO
BOSNIO
BUNIO
JUNIO
ENTRELUNIO
SEMILUNIO
PLENILUNIO
NOVILUNIO
ENTRECOLUNIO
INTERLUNIO
ERMUNIO
FORTUNIO
INFORTUNIO
PÍO
APIO
ESCOLAPIO
MORAPIO
TRAPÍO
PRESEPIO
MONTEPÍO
MUNICIPIO
PARTICIPIO
PRINCIPIO
CONTRAPRINCIPIO
RIPIO
IMPÍO
LIMPIO
RELIMPIO
COLUMPIO

OPIO
ACOPIO
EPIDIASCOPIO
VERASCOPIO
CATASCOPIO
CELESCOPIO
TELESCOPIO
EPISCOPIO
POLARISCOPIO
PERISCOPIO
CALEIDOSCOPIO
CALIDOSCOPIO
ENDOSCOPIO
FONENDOSCOPIO
ESTEREOSCOPIO
PELAGOSCOPIO
LARINGOSCOPIO
HELIOSCOPIO
ESPECTROHELIOSCOPIO
ANEMOSCOPIO
OFTALMOSCOPIO
TERMOSCOPIO
MICROSCOPIO
ULTRAMICROSCOPIO
HIGROSCOPIO
GIROSCOPIO
PIROSCOPIO
FOSFOROSCOPIO
ELECTROSCOPIO
ESPECTROSCOPIO
ESTETOSCOPIO
OTOSCOPIO
ETIOPIO
FALOPIO
PROPIO
DESAPROPIO
REPROPIO
IMPROPIO
HELIOTROPIO
EPICARPIO
PERICARPIO
SARCOCARPIO
ENDOCARPIO
ESPOROCARPIO
MESOCARPIO
ESCORPIO
CASPIO
RÍO
ARIO
BARIO
SILABARIO
CIBARIO
LEMBARIO
PALUMBARIO
COLUMBARIO
HERBARIO
CARIO
BECARIO
PRECARIO
BOTECARIO
BIBLIOTECARIO
APOTECARIO
HIPOTECARIO
ENFITEUTECARIO
ICARIO
SUBURBICARIO
RELICARIO
FORNICARIO
SICARIO
BOTICARIO
APOTICARIO
ENFITEUTICARIO
VICARIO
FALCARIO
BANCARIO
SANTISCARIO
LACTUCARIO
HADARIO
HEBDOMADARIO
ABECEDARIO
DROMEDARIO
VEREDARIO
ELUCIDARIO
DILUCIDARIO
SOLIDARIO
LAPIDARIO
PRESIDARIO
PARTIDARIO
CALDARIO
NEFANDARIO
LEGENDARIO
RECIPIENDARIO
CALENDARIO
REFERENDARIO
REFRENDARIO
PRENDARIO

LEYENDARIO
VECINDARIO
SECUNDARIO
SEGUNDARIO
CARDARIO
SUDARIO
IDEARIO
BALEARIO
NUCLEARIO
OLEARIO
BALNEARIO
ALVEARIO
QUIROGRAFARIO
NEFARIO
GARIO
GREGARIO
BERENGARIO
RECIARIO
INDICIARIO
JUDICIARIO
BENEFICIARIO
SUPERFICIARIO
NOTICIARIO
SILENCIARIO
PENITENCIARIO
PLENIPOTENCIARIO
TERCIARIO
FIDUCIARIO
DIARIO
INTERMEDIARIO
SUBSIDIARIO
PRESIDIARIO
INCENDIARIO
ESTIPENDIARIO
PLAGIARIO
CONGIARIO
ESPONGIARIO
EVANGELIARIO
BILIARIO
ATRABILIARIO
MOBILIARIO
INMOBILIARIO
NOBILIARIO
DOMICILIARIO
MILIARIO
HOMILIARIO
CONSILIARIO
VICECONSILIARIO
DIMIARIO
VENDIMIARIO
MONOMIARIO
HERNIARIO
PECUNIARIO
TRIARIO
APOCRISIARIO
BESTIARIO
CESTIARIO
VESTIARIO
OSTIARIO
HOSTIARIO
RELIQUIARIO
AVIARIO
BREVIARIO
TRANVIARIO
FERROVIARIO
TABALARIO
ESPONDALARIO
ESTRAFALARIO
CORALARIO
HEXACORALARIO
OCTOCORALARIO
SALARIO
METALARIO
HOSPITALARIO
INHOSPITALARIO
CANCELARIO
ARANCELARIO
CARCELARIO
PARCELARIO
BUCELARIO
ARBOLARIO
HERBOLARIO
PROTOCOLARIO
PENDOLARIO
RADIOLARIO
CERIOLARIO
VIOLARIO
COROLARIO
EPISTOLARIO
EJEMPLARIO
TEMPLARIO
ISLARIO
BULARIO
VOCABULARIO
FABULARIO
FUNDIBULARIO

TURIBULARIO
PATIBULARIO
PROSTIBULARIO
ESPECULARIO
CUBICULARIO
FOLICULARIO
CANICULARIO
VERSICULARIO
ARTICULARIO
NAVICULARIO
CEDULARIO
FALDULARIO
ANDULARIO
FANDULARIO
PERDULARIO
CELULARIO
FORMULARIO
NUMULARIO
TUMULARIO
ESCAPULARIO
CAPITULARIO
CARTULARIO
MAMARIO
FRIMARIO
PRIMARIO
COMPRIMARIO
VICESIMARIO
VICTIMARIO
LEGITIMARIO
ALMARIO
PALMARIO
ARMARIO
CUARESMARIO
PLUMARIO
BRUMARIO
SUMARIO
CANARIO
TAFANARIO
TERCIANARIO
SEMANARIO
CAMPANARIO
LUPANARIO
OCHENTANARIO
TREINTANARIO
CUARTANARIO
PORTANARIO
DECENARIO
TRECENARIO
QUINCENARIO
DOCENARIO
MERCENARIO
ESCENARIO
DENARIO
DUODENARIO
NONAGENARIO
CUADRAGENARIO
QUINCUAGENARIO
SEPTUAGENARIO
SEXAGENARIO
OCTOGENARIO
MILENARIO
PLENARIO
SENARIO
SETENARIO
CENTENARIO
TRICENTENARIO
CINCUENTENARIO
TREINTENARIO
VEINTENARIO
SEPTENARIO
DUENARIO
NOVENARIO
DECEMNOVENARIO
LIGNARIO
BINARIO
CONCUBINARIO
ORDINARIO
EXTRAORDINARIO
ENTREORDINARIO
TRASORDINARIO
VALETUDINARIO
CONSUETUDINARIO
SIMILITUDINARIO
VICISITUDINARIO
LATITUDINARIO
IMAGINARIO
ORIGINARIO
DISCIPLINARIO
CULINARIO
SEMINARIO
VETERINARIO
INTERINARIO
DOCTRINARIO
URINARIO
GENITOURINARIO
SINARIO

RUTINARIO
SANGUINARIO
INGUINARIO
QUINARIO
COQUINARIO
VINARIO
HIMNARIO
COLUMNARIO
CARBONARIO
ANTIFONARIO
ESTACIONARIO
REACCIONARIO
FACCIONARIO
REFACCIONARIO
FRACCIONARIO
REFECCIONARIO
LECCIONARIO
DICCIONARIO
LECIONARIO
EXPEDICIONARIO
OFICIONARIO
LICIONARIO
PETICIONARIO
UNCIONARIO
FUNCIONARIO
DEVOCIONARIO
REVOLUCIONARIO
LEGIONARIO
REGIONARIO
RELIGIONARIO
CORRELIGIONARIO
EMBRIONARIO
PASIONARIO
CESIONARIO
CONCESIONARIO
PROCESIONARIO
CONFESIONARIO
MISIONARIO
DIMISIONARIO
COMISIONARIO
VISIONARIO
DIVISIONARIO
CONVULSIONARIO
MANSIONARIO
PENSIONARIO
CONCUSIONARIO
CUESTIONARIO
TALONARIO
AQUILONARIO
MILLONARIO
MULTIMILLONARIO
SERMONARIO
CORONARIO
CESONARIO
CONFESONARIO
TONARIO
CARNARIO
TABERNARIO
CUADERNARIO
TERNARIO
CUATERNARIO
CAVERNARIO
CALAVERNARIO
DIURNARIO
LACUNARIO
LUNARIO
EPIZOARIO
ESPOROZOARIO
HEMATOZOARIO
ESPERMATOZOARIO
ENTOZOARIO
PROTOZOARIO
PARIO
ESTEPARIO
LARARIO
TENEBRARIO
ERARIO
CRUCIFERARIO
TURIFERARIO
CEROFERARIO
CELERARIO
TEMERARIO
NUMERARIO
SUPERNUMERARIO
CINERARIO
DINERARIO
ITINERARIO
VULNERARIO
ONERARIO
CARNERARIO
FUNERARIO
OPERARIO
COOPERARIO
LITERARIO
ILITERARIO
AGRARIO

SAGRARIO
ORARIO
EBORARIO
HORARIO
HONORARIO
VAPORARIO
TEMPORARIO
CAPRARIO
ARBITRARIO
CONTRARIO
SECUESTRARIO
MUESTRARIO
USURARIO
ESCRITURARIO
ESCRIPTURARIO
FUTURARIO
NECESARIO
INNECESARIO
DESNECESARIO
PESARIO
EMPRESARIO
IMPRESARIO
MISARIO
EMISARIO
COMISARIO
FIDEICOMISARIO
COMPROMISARIO
FALSARIO
ENCENSARIO
INCENSARIO
DISPENSARIO
FONSARIO
ALFONSARIO
OSARIO
COSARIO
FOSARIO
GLOSARIO
ROSARIO
AVERSARIO
ADVERSARIO
ANIVERSARIO
CORSARIO
CURSARIO
SABATARIO
ADJUDICATARIO
LOCATARIO
DATARIO
FEDATARIO
MANDATARIO
COMENDATARIO
ARRENDATARIO
SUBARRENDATARIO
COMODATARIO
PODATARIO
CONCORDATARIO
CAUDATARIO
FEUDATARIO
LEGATARIO
COLEGATARIO
RENUNCIATARIO
EPIGRAMATARIO
DIGNATARIO
SIGNATARIO
RESIGNATARIO
CONSIGNATARIO
DESTINATARIO
DONATARIO
CENSATARIO
ENDOSATARIO
PRESTATARIO
MUTUATARIO
LACTARIO
REFRACTARIO
NECTARIO
SECTARIO
CONSECTARIO
CETARIO
RECETARIO
SOCIETARIO
DIETARIO
PROPIETARIO
COPROPIETARIO
ARIETARIO
PROLETARIO
COMETARIO
PLANETARIO
INTERPLANETARIO
MONETARIO
SECRETARIO
SUBSECRETARIO
VICESECRETARIO
ORBITARIO
INFRAORBITARIO
PUBLICITARIO
PLEBISCITARIO
HEREDITARIO

COMANDITARIO
SAGITARIO
TOTALITARIO
IGUALITARIO
UTILITARIO
SOLITARIO
HUMANITARIO
SANITARIO
TRINITARIO
ANTITRINITARIO
UNITARIO
PARITARIO
QUIRITARIO
AUTORITARIO
PARASITARIO
DEPOSITARIO
UNIVERSITARIO
UBIQUITARIO
PITUITARIO
VOLTARIO
INDULTARIO
PLANTARIO
SEXTANTARIO
PLACENTARIO
DENTARIO
SEDENTARIO
ACCIDENTARIO
ARGENTARIO
REGLAMENTARIO
ANTIRREGLAMENTARIO
PARLAMENTARIO
ANTIPARLAMENTARIO
INTERPARLAMENTARIO
SACRAMENTARIO
TESTAMENTARIO
COMPLEMENTARIO
SUPLEMENTARIO
FRAGMENTARIO
PIGMENTARIO
SEDIMENTARIO
RUDIMENTARIO
ALIMENTARIO
COMENTARIO
TORMENTARIO
INDUMENTARIO
TEGUMENTARIO
FRUMENTARIO
SERPENTARIO
UNGÜENTARIO
INVENTARIO
CONTARIO
VOLUNTARIO
INVOLUNTARIO
OTARIO
ANECDOTARIO
ANTIDOTARIO
NOTARIO
PROTONOTARIO
LIBERTARIO
PRESUPUESTARIO
TRIBUTARIO
CONTRIBUTARIO
TENUTARIO
MINUTARIO
ESTATUTARIO
SEXTARIO
ACUARIO
PECUARIO
AGROPECUARIO
ANTICUARIO
LEGUARIO
ANUARIO
CASUARIO
CENSUARIO
USUARIO
ESTATUARIO
ACTUARIO
LECTUARIO
ELECTUARIO
FRUCTUARIO
USUFRUCTUARIO
LETUARIO
OBITUARIO
SALTUARIO
TUMULTUARIO
SANTUARIO
PRONTUARIO
SUNTUARIO
PORTUARIO
ESTUARIO
CUESTUARIO
VESTUARIO
MUTUARIO
USUFRUTUARIO
VARIO
OCHAVARIO

CLAVARIO
OCTAVARIO
CALVARIO
OVARIO
CERVARIO
DESVARÍO
BALANZARIO
BRÍO
CABRIO
CABRÍO
LABRIO
CINABRIO
CANTABRIO
EBRIO
LUDIBRIO
EQUILIBRIO
DESEQUILIBRIO
HAMBRÍO
CEMBRIO
DECEMBRIO
SISIMBRIO
SOMBRÍO
UMBRÍO
OPROBRIO
SOBRIO
MANUBRIO
CRÍO
TRINACRIO
TEUCRIO
ALBEDRÍO
CAMEDRIO
SINEDRIO
NIDRIO
VIDRIO
HIPOCONDRIO
BODRIO
ERÍO
HABERÍO
IBERIO
TIBERIO
CELTIBERIO
CERIO
LACERIO
PRIMICERIO
MOCERÍO
VOCERÍO
CUÑADERÍO
PODERÍO
HEMISFERIO
PLANISFERIO
REFRIGERIO
ZAHERÍO
PIERIO
MUJERÍO
BALERÍO
PRIMICLERIO
CIMERIO
SAHUMERIO
PLUMERÍO
AMPERIO
IMPERIO
IMPROPERIO
PUERPERIO
HESPERIO
GATUPERIO
VITUPERIO
SERIO
CASERÍO
JOCOSERIO
BEATERIO
MEGATERIO
ELATERIO
CLIMATERIO
DICTERIO
ASCETERIO
PRESBITERIO
ASCITERIO
CRITERIO
GRITERÍO
SALTERIO
ADULTERIO
CEMENTERIO
CIMENTERIO
MESENTERIO
PALEOTERIO
DINOTERIO
ACROTERIO
MONASTERIO
MONESTERIO
MAGISTERIO
MISTERIO
MINISTERIO
BATISTERIO
BAPTISTERIO
BAUTISTERIO
FALANSTERIO

CAUTERIO
TERMOCAUTERIO
DEUTERIO
VEGUERÍO
CARGUERÍO
SAQUERÍO
AVERÍO
CAPTIVERIO
CAUTIVERIO
POLVERÍO
FRÍO
CORTAFRÍO
CALOFRÍO
ESCALOFRÍO
RESFRÍO
CALOSFRÍO
AGRIO
CONGRIO
CIRIO
HIDRARGIRIO
LITARGIRIO
LIRIO
DELIRIO
SUBDELIRIO
ILIRIO
COLIRIO
SIRIO
ASIRIO
TIRIO
SATIRIO
ZOOFTIRIO
FITOFTIRIO
MARTIRIO
VIRIO
ELZEVIRIO
LABORÍO
CIBORIO
CIMBORIO
DORIO
ESTANDORIO
AYUDORIO
TRIFORIO
PASTOFORIO
PODRIGORIO
PUDRIGORIO
HOLGORIO
JOLGORIO
ABALORIO
PAPELORIO
VELORIO
REQUILORIO
ABOLORIO
DOLORÍO
VELLORIO
AMORÍO
TENORIO
SEÑORÍO
EMPORIO
INTIMARORIO
CASORIO
SUASORIO
ACCESORIO
SUCESORIO
CONFESORIO
POSESORIO
DECISORIO
INDECISORIO
INCISORIO
RESCISORIO
REMISORIO
COMISORIO
PROMISORIO
COMPROMISORIO
IRRISORIO
VISORIO
DIVISORIO
COMPULSORIO
REVULSORIO
CENSORIO
DEFENSORIO
APREHENSORIO
SUSPENSORIO
REPRENSORIO
SENSORIO
RESPONSORIO
DESPOSORIO
ASPERSORIO
DETERSORIO
DIVERSORIO
INFUSORIO
RECLUSORIO
DELUSORIO
ILUSORIO
COLUSORIO
TORIO
LIBATORIO

PROBATORIO
APROBATORIO
REPROBATORIO
COMPROBATORIO
DEPRECATORIO
IMPRECATORIO
DEDICATORIO
PREDICATORIO
VINDICATORIO
REIVINDICATORIO
EDIFICATORIO
MODIFICATORIO
PURIFICATORIO
RATIFICATORIO
CERTIFICATORIO
IMPLICATORIO
SUPLICATORIO
MASTICATORIO
ADVOCATORIO
REVOCATORIO
INVOCATORIO
CONVOCATORIO
PISCATORIO
COMENDATORIO
RECOMENDATORIO
RETARDATORIO
RECORDATORIO
RECAUDATORIO
LAUDATORIO
SUDATORIO
ALEATORIO
OLFATORIO
CAGATORIO
INDAGATORIO
AMAGATORIO
ENJUAGATORIO
DELEGATORIO
DENEGATORIO
VEJIGATORIO
OBLIGATORIO
FUMIGATORIO
MITIGATORIO
NALGATORIO
COMULGATORIO
JERINGATORIO
ROGATORIO
EROGATORIO
DEROGATORIO
SUPEREROGATORIO
INTERROGATORIO
PURGATORIO
EXPURGATORIO
NUGATORIO
PROPICIATORIO
DENUNCIATORIO
GLADIATORIO
PALIATORIO
CONCILIATORIO
AUXILIATORIO
EXPIATORIO
EMBAJATORIO
VEJATORIO
AGUIJATORIO
ALCABALATORIO
VELATORIO
OSCILATORIO
DILATORIO
DEPILATORIO
COMPILATORIO
DESTILATORIO
DISTILATORIO
CONSOLATORIO
CONTEMPLATORIO
PARLATORIO
DEAMBULATORIO
JACULATORIO
EYACULATORIO
ARTICULATORIO
CALCULATORIO
CIRCULATORIO
ADULATORIO
ONDULATORIO
UNDULATORIO
GRATULATORIO
CONGRATULATORIO
AMATORIO
DIFAMATORIO
INFAMATORIO
DISFAMATORIO
DECLAMATORIO
EXCLAMATORIO
INFLAMATORIO
BLASFEMATORIO
CREMATORIO
SUBLIMATORIO
LACRIMATORIO

ESTIMATORIO
CONFIRMATORIO
DEFORMATORIO
REFORMATORIO
DEZMATORIO
SANATORIO
CONDENATORIO
SENATORIO
VENATORIO
ASIGNATORIO
COMBINATORIO
CALCINATORIO
DECLINATORIO
RECLINATORIO
ELIMINATORIO
CONMINATORIO
DIVINATORIO
ADIVINATORIO
ENTONATORIO
NUNCUPATORIO
EUPATORIO
ARATORIO
ACLARATORIO
DECLARATORIO
PREPARATORIO
DISPARATORIO
LIBRATORIO
VIBRATORIO
COBRATORIO
EXECRATORIO
LIBERATORIO
MODERATORIO
REFRIGERATORIO
REMUNERATORIO
IMPERATORIO
OPERATORIO
MIGRATORIO
EMIGRATORIO
INMIGRATORIO
TRANSMIGRATORIO
GIRATORIO
ESPIRATORIO
RESPIRATORIO
ORATORIO
LABORATORIO
ADORATORIO
EXPLORATORIO
CONMEMORATORIO
EVAPORATORIO
NARRATORIO
IMPETRATORIO
ARBITRATORIO
ADMINISTRATORIO
FRUSTRATORIO
JURATORIO
DEPURATORIO
SUPURATORIO
COMPENSATORIO
ACUSATORIO
NATATORIO
DICTATORIO
CITATORIO
IMITATORIO
INVITATORIO
ATENTATORIO
ROTATORIO
CAPTATORIO
HORTATORIO
EXHORTATORIO
GESTATORIO
REFUTATORIO
CONFUTATORIO
TRASMUTATORIO
TRANSMUTATORIO
ESTORNUTATORIO
EVACUATORIO
LAVATORIO
AGRAVATORIO
OBSERVATORIO
CONSERVATORIO
CALEFACTORIO
SATISFACTORIO
REFECTORIO
DESINFECTORIO
DIRECTORIO
PROTECTORIO
CONTRADICTORIO
CONVICTORIO
PERFUNCTORIO
INTRODUCTORIO
DESTRUCTORIO
COMPLETORIO
SUPLETORIO
DECRETORIO
SECRETORIO
DISCRETORIO

EXCRETORIO
PRETORIO
REDHIBITORIO
INHIBITORIO
PROHIBITORIO
AUDITORIO
REFITORIO
MINGITORIO
EREMITORIO
VOMITORIO
ERMITORIO
DORMITORIO
GENITORIO
DEFINITORIO
DIFINITORIO
MONITORIO
PREMONITORIO
CONMONITORIO
ESCRITORIO
MERITORIO
DEMERITORIO
INMERITORIO
TERRITORIO
REQUISITORIO
INQUISITORIO
TRANSITORIO
REPOSITORIO
DISPOSITORIO
SUPOSITORIO
PETITORIO
ENVOLTORIO
CONSULTORIO
ENCANTORIO
PERENTORIO
PREVENTORIO
PROMONTORIO
JUNTORIO
EMUNTORIO
NOTORIO
DECEPTORIO
DESCRIPTORIO
RESCRIPTORIO
SARTORIO
OFERTORIO
REPERTORIO
ASERTORIO
REPORTORIO
CASTORIO
VEJESTORIO
FALDISTORIO
VANISTORIO
CONSISTORIO
USTORIO
PRECAUTORIO
EJECUTORIO
PERSECUTORIO
LOCUTORIO
INTERLOCUTORIO
ADJUTORIO
COLUTORIO
ABSOLUTORIO
RESOLUTORIO
SUTORIO
RESTITUTORIO
EXUTORIO
ADYUTORIO
COADYUTORIO
TEXTORIO
MORTUORIO
CIPRIO
ADEMPRIO
PROPRIO
IMPROPRIO
BARRIO
ESCARRIO
DESCARRÍO
AZCARRIO
GUARDARRÍO
SARRIO
ZARRIO
ABORRÍO
CIMBORRIO
BODORRIO
ALDEORRIO
VILLORRIO
ENGURRIO
MURRIO
TRÍO
ATRIO
PATRIO
ITRIO
ARBITRIO
EPIGASTRIO
HIPOGASTRIO
SAURIO
EMIDOSAURIO

DINOSAURIO
LINCURIO
MERCURIO
AUGURIO
TUGURIO
JURIO
PERJURIO
TELURIO
MURMURIO
ESPURIO
INTERUSURIO
CASIO
PASCASIO
GIMNASIO
PRASIO
TASIO
POTASIO
ICONOSTASIO
CESIO
EFESIO
ADEFESIO
MILESIO
SILESIO
MAGNESIO
POLINESIO
INDONESIO
ETESIO
SERVENTESIO
TARTESIO
TRAVESÍO
ELISIO
MISIO
ODRISIO
FRISIO
CANSÍO
ASENSIO
TÍO
NATÍO
MANATÍO
ENATÍO
PATIO
TRASPATIO
VATIO
KILOVATIO
LITIO
PITIO
SITIO
VOLTIO
ACANTIO
PERIANTIO
PLANTÍO
CALLANTÍO
LABRANTÍO
ESTANTÍO
GENTÍO
CORRENTÍO
TIRINTIO
CORINTIO
ABSINTIO
HARTÍO
FASTÍO
HASTÍO
ENHASTÍO
ESTÍO
PERIOSTIO
MUSTIO
CUTIO
AGÜÍO
BAGUIO
AHOGUÍO
CARGUÍO
VERGUÍO
QUÍO
BAQUIO
TRIBAQUIO
ANTIBAQUIO
EUSTAQUIO
SEQUÍO
OBSEQUIO
TEQUIO
DELIQUIO
PIRRIQUIO
HEMISTIQUIO
LAMELIBRANQUIO
LOFOBRANQUIO
BRONQUIO
ELOQUIO
SOLILOQUIO
VANILOQUIO
CENTILOQUIO
CIRCUNLOQUIO
COLOQUIO
PROLOQUIO
CARISQUIO
AVÍO
CAVÍO

SUBCLAVIO
NAVÍO
BRAVÍO
AGRAVIO
DESAGRAVIO
EXTRAVÍO
DESAVÍO
ATAVÍO
DESATAVÍO
OBVIO
PREVIO
ALIVIO
DECLIVIO
SOLIVIO
CUADRIVIO
TRIVIO
CONVIVIO
ENVÍO
REENVÍO
OVIO
NOVIO
NERVIO
SERVIO
DESVÍO
LATVIO
REDUVIO
EFLUVIO
DILUVIO
PEDILUVIO
MANILUVIO
IMPLUVIO
COMPLUVIO
ANTUVIO
OBNOXIO
JO
AJO
AJÓ
BAJO
ABAJO
ESCARABAJO
TRABAJO
CONTRABAJO
DEBAJO
REBAJO
BREBAJO
ALTIBAJO
EMBAJO
ESCOBAJO
HIERBAJO
YERBAJO
CABIZBAJO
CAJO
RANCAJO
ZANCAJO
HORCAJO
MORCAJO
CASCAJO
ESCAJO
BADAJO
RENDAJO
ARRENDAJO
TENDAJO
CEAJO
FAJO
REFAJO
GAJO
CEGAJO
LEGAJO
REGAJO
FREGAJO
ESPIGAJO
COLGAJO
MENGAJO
PINGAJO
GARGAJO
VERGAJO
MAJO
ALMAJO
GOLMAJO
ARMAJO
ALHUMAJO
ESPUMAJO
GUANAJO
TERMINAJO
LATINAJO
ESCUPITINAJO
DORNAJO
LAGUNAJO
TIZNAJO
MOÑAJO
PAJO
TRAPAJO
REPAJO
ESTROPAJO
DESPARPAJO
RASPAJO

DESPAJO
ESPUMARAJO
ZARAJO
REQUEBRAJO
RESQUEBRAJO
SOMBRAJO
ANDRAJO
CALANDRAJO
GRAJO
TIRAJO
MARRAJO
PINTARRAJO
BORRAJO
BURRAJO
BEBISTRAJO
COMISTRAJO
GASAJO
AGASAJO
TASAJO
TAJO
ATAJO
HATAJO
RETAJO
ESCUPITAJO
ESPANTAJO
CINTAJO
ACERTAJO
TRASTAJO
ESTAJO
DESTAJO
MOSTAJO
CUAJO
RANACUAJO
RENACUAJO
DESCUAJO
LAVAJO
NAVAJO
SALIVAJO
CARVAJO
GABEJO
SABEJO
TREBEJO
SOBEJO
CEJO
RAPACEJO
GRACEJO
AGRACEJO
RECEJO
SOBRECEJO
ENTRECEJO
VILLANCEJO
PERENCEJO
VENCEJO
ONCEJO
CONCEJO
HONCEJO
FORCEJO
DEJO
ABADEJO
CADEJO
PENDEJO
MONDEJO
VERDEJO
ALMUDEJO
ANIEJO
PIEJO
VIEJO
REVIEJO
ATABALEJO
CALEJO
CARRASCALEJO
CAUDALEJO
REALEJO
ZAGALEJO
REGALEJO
PEGUJALEJO
MALEJO
ANIMALEJO
ARENALEJO
AÑALEJO
PUÑALEJO
PERALEJO
MATORRALEJO
CATALEJO
ARTALEJO
SARTALEJO
PORTALEJO
COSTALEJO
CABEZALEJO
BOZALEJO
DIABLEJO
RAZONABLEJO
RABELEJO
FARDELEJO
CORDELEJO
BATELEJO

PASTELEJO
ENTRESUELEJO
TERRAZUELEJO
REFLEJO
CIRCUNFLEJO
ALGUACILEJO
BADILEJO
CANDILEJO
MANDILEJO
BARRILEJO
ARBOLEJO
CARACOLEJO
IDOLEJO
MARMOLEJO
COMPLEJO
INCOMPLEJO
PERPLEJO
AZULEJO
CABALLEJO
CALLEJO
VALLEJO
CABELLEJO
CAMELLEJO
PELLEJO
CUCHILLEJO
TORDILLEJO
COLMILLEJO
ANILLEJO
CAPILLEJO
AMARILLEJO
LADRILLEJO
CASTILLEJO
PRIVILLEJO
OVILLEJO
NOVILLEJO
COLLEJO
HOLLEJO
PIMPOLLEJO
BERMEJO
SOBERMEJO
ANEJO
VOLCANEJO
MEDIANEJO
RUFIANEJO
MANEJO
SACRISTANEJO
RUBINEJO
BACINEJO
MOLINEJO
REVELLINEJO
POLLINEJO
CAMINEJO
TOMINEJO
PATINEJO
BERGANTINEJO
CONEJO
CORNEJO
AÑEJO
TRASAÑEJO
TRESAÑEJO
CORPIÑEJO
DEMOÑEJO
TIPEJO
PULPEJO
ESPEJO
DESPEJO
REJO
ALBAREJO
LAGAREJO
LUGAREJO
MANJAREJO
TELAREJO
PILAREJO
SILLAREJO
COLLAREJO
HONTANAREJO
PINAREJO
PAREJO
APAREJO
CARIPAREJO
EMPAREJO
DESPAREJO
DISPAREJO
ALTAREJO
PESEBREJO
LIBREJO
RODREJO
BACHILLEREJO
PORTEREJO
CANGREJO
ALMOREJO
SALMOREJO
PESTOREJO
CARREJO
CONSEJO
TEJO

RETEJO
ANTEJO
INFANTEJO
COTEJO
MOTEJO
ARTEJO
CORTEJO
TRASTEJO
FESTEJO
HIDALGUEJO
ANGÜEJO
DOMINGUEJO
AZOGUEJO
QUEJO
AQUEJO
BARBIQUEJO
BARBOQUEJO
BOSQUEJO
BARBUQUEJO
GOZQUEJO
RUEJO
REDRUEJO
ANTRUEJO
ENTRUEJO
ARVEJO
RAIJO
ACABIJO
COBIJO
ACOBIJO
BARBIJO
ABRACIJO
REGOCIJO
RETORCIJO
MASCADIJO
ARGADIJO
ARMADIJO
AMASADIJO
ATADIJO
APARTADIJO
ASCONDREDIJO
ENREDIJO
ESCONDIDIJO
ARGAMANDIJO
ARMANDIJO
HONDIJO
BODIJO
FIJO
AFIJO
PREFIJO
CRUCIFIJO
POSTIFIJO
TRASFIJO
TRANSFIJO
POSFIJO
SUFIJO
HIJO
COJIJO
LIJO
ALIJO
DESVALIJO
PROLIJO
MIJO
EXPREMIJO
ENTREMIJO
CANIJO
RIJO
ARIJO
ESCONDEDRIJO
ESCOMENDRIJO
ASCONDRIJO
ESCONDRIJO
SERIJO
AMASIJO
CONDESIJO
ENTRESIJO
HATIJO
BETIJO
REVOLTIJO
BOTIJO
LAGARTIJO
APARTIJO
ACERTIJO
CORTIJO
GUIJO
AHOGUIJO
QUIJO
CASQUIJO
NARANJO
AJENJO
ASENJO
JINJO
GUINJO
AJONJO
CARONJO
TORONJO
OJO

AOJO
TAPAOJO
BOJO
REBOJO
EMBOJO
TOLOBOJO
COJO
PATICOJO
COSCOJO
PARADOJO
ESTADOJO
CORDOJO
DESCORDOJO
REOJO
ANTEOJO
REGOJO
CONGOJO
GORGOJO
MALHOJO
PIOJO
PIJOJO
MALOJO
DESALOJO
MELOJO
FLOJO
MOJO
RAMOJO
TRAMOJO
TAMOJO
REMOJO
CHIMOJO
MANOJO
ENOJO
GENOJO
DESENOJO
FINOJO
HINOJO
AÑOJO
CHIPOJO
RAMPOJO
DESPOJO
ROJO
GAROJO
MAROJO
ABROJO
REDROJO
PEROJO
SEROJO
GROJO
SONROJO
COROJO
MOROJO
ARROJO
ULTRARROJO
PINTARROJO
CERROJO
HERROJO
VERROJO
BARBIRROJO
PECHIRROJO
ALIRROJO
PELIRROJO
COLIRROJO
PETIRROJO
RASTROJO
RESTROJO
BISOJO
TOJO
MATOJO
PATOJO
ANTOJO
TRAMPANTOJO
PINTOJO
ALMARJO
ROSJO
BUJO
REBUJO
DIBUJO
CAMBUJO
DUJO
BANDUJO
CANDUJO
ENGANDUJO
BLANDUJO
PAPANDUJO
CODUJO
MAGUJO
SOMORGUJO
LUJO
FLUJO
AFLUJO
EFLUJO
DEFLUJO
REFLUJO
INFLUJO
ESCAMUJO

CARAMUJO
ESCARAMUJO
TAMUJO
SOMORMUJO
GRANUJO
PUJO
TAPUJO
EMPUJO
REMPUJO
GARUJO
BRUJO
TAPERUJO
MAGRUJO
TAPIRUJO
ORUJO
BORUJO
CARRUJO
BURUJO
CARTUJO
LO
HELIOGÁBALO
SÁBALO
ALBALO
GÁMBALO
CÍMBALO
CLAVICÍMBALO
RÓBALO
BÚBALO
CALO
CALÓ
ANACALO
CERNÍCALO
ENCALO
ZÓCALO
ESCALO
NÍSCALO
MÍZCALO
DÉDALO
CÁNDALO
CANDALO
ESCÁNDALO
JÁNDALO
SÁNDALO
VÁNDALO
TINDALO
FALO
CÉFALO
ACÉFALO
BICÉFALO
BRAQUICÉFALO
ENCÉFALO
DOLICOCÉFALO
CALOCÉFALO
CINOCÉFALO
MACROCÉFALO
MICROCÉFALO
HIDROCÉFALO
MESOCÉFALO
ACANTOCÉFALO
BUCÉFALO
BÚFALO
GALO
ASTRÁGALO
TAGALO
MURCIÉGALO
REGALO
HALO
GUILALO
MALO
ÁMALO
TÍMALO
TITÍMALO
ANÓMALO
PALO
ZAMBAPALO
REPÁPALO
ARREPÁPALO
ZAMPAPALO
VARAPALO
TÁPALO
MATAPALO
PEJEPALO
SÉPALO
DISÉPALO
DIALISÉPALO
POLISÉPALO
GAMOSÉPALO
MONOSÉPALO
TÉPALO
ÓPALO
PERPALO
HISPALO
PEZPALO
RALO
TÉSALO
TÓRSALO

TALO
PÉTALO
OXIPÉTALO
MONOPÉTALO
ÍTALO
BONÍTALO
PEZPÍTALO
TÁNTALO
CRÓTALO
ONOCRÓTALO
DESTARTALO
ESTALO
ESCUALO
ÓVALO
INTERVALO
CÉNZALO
PASAGONZALO
VOCABLO
DIABLO
CACHIDIABLO
ESPINABLO
PABLO
RETABLO
ESTABLO
PUEBLO
DESPUEBLO
TIEMBLO
DOBLO
TRASDOBLO
NUBLO
ANUBLO
ÑUBLO
AÑUBLO
RUBLO
CLO
MIRACLO
CICLO
BICICLO
HEMICICLO
EPICICLO
TRICICLO
KILOCICLO
SICLO
CHANCLO
CARBUNCLO
CHOCLO
ÑOCLO
ZOCLO
ESCABELO
FLABELO
CEREBELO
LIBELO
CRIBELO
OBELO
COTOBELO
CERBELO
CELO
ESFACELO
MACELO
RECELO
PEDICELO
VIOLONCELO
OCELO
VIOLONCHELO
ASFÓDELO
MODELO
URODELO
BASTARDELO
GELO
FLAGELO
ANHELO
CIELO
SOBRECIELO
ENTRECIELO
NOCHIELO
HIELO
DESHIELO
LELO
PARALELO
AMELO
CAMELO
CARAMELO
POMELO
GURUMELO
CANELO
JUANELO
FALCINELO
TINELO
FORNELO
RETORNELO
PELO
CAPELO
CHAPELO
RODAPELO
GUARDAPELO
NAPELO

ANAPELO
ZURRAPELO
CONTRAPELO
REPELO
SOBREPELO
PORCIPELO
ESCALPELO
REDOPELO
TERCIOPELO
REDROPELO
CARPELO
ESCARPELO
POSPELO
MACARELO
SALTARELO
GRELO
MANTELO
MARTELO
ESTELO
FACISTELO
ABUELO
TATARABUELO
TRASABUELO
TRESABUELO
BISABUELO
REBISABUELO
TRASBISABUELO
TRANSBISABUELO
BELLACUELO
RECUELO
CHICUELO
LOCUELO
ESTERCUELO
CACHUELO
MUCHACHUELO
RIACHUELO
MACHUELO
CAMACHUELO
PENACHUELO
GAZPACHUELO
BORRACHUELO
PORTACHUELO
COVACHUELO
PECHUELO
DERECHUELO
CAMPICHUELO
PORTICHUELO
BARQUICHUELO
NAVICHUELO
ANCHUELO
GANCHUELO
GARRANCHUELO
CINCHUELO
BIZCOCHUELO
TOCHUELO
TORCHUELO
DUELO
CRIADUELO
AGÜELO
BISAGÜELO
CANGUELO
MAYORAZGÜELO
AMBLEHUELO
MANTEHUELO
JUDIHUELO
MATIHUELO
BAJUELO
ESCARABAJUELO
TRABAJUELO
CASCAJUELO
BADAJUELO
MAJUELO
GRAJUELO
TAJUELO
ATAJUELO
SALVAJUELO
TREBEJUELO
VALLEJUELO
PELLEJUELO
HOLLEJUELO
BERMEJUELO
CONEJUELO
ESPEJUELO
PAREJUELO
APAREJUELO
CANGREJUELO
TEJUELO
HIJUELO
OJUELO
COJUELO
REGOJUELO
PIOJUELO
FLOJUELO
MANOJUELO
ENOJUELO
REDROJUELO

ANTOJUELO
HUJUELO
CABALLUELO
TALLUELO
CABELLUELO
PILLUELO
CASTILLUELO
BOLLUELO
POLLUELO
REPOLLUELO
MUELO
TIRANUELO
MONUELO
BAÑUELO
REBAÑUELO
CALCAÑUELO
ESCAÑUELO
TAMAÑUELO
PAÑUELO
ARAÑUELO
CASTAÑUELO
SEÑUELO
PEQUEÑUELO
LIÑUELO
PIÑUELO
SANGUIÑUELO
DEMOÑUELO
MADROÑUELO
BUÑUELO
RASGUÑUELO
AQUELO
ACERUELO
FACERUELO
PUCHERUELO
MADERUELO
HILANDERUELO
SENDERUELO
CORDERUELO
LIGERUELO
AGUJERUELO
PARLERUELO
DINERUELO
HARNERUELO
MAÑERUELO
FERRERUELO
HERRERUELO
TERUELO
CICATERUELO
RATERUELO
OTERUELO
MORTERUELO
TORTERUELO
EMBUSTERUELO
CIRUELO
HORUELO
ZORRUELO
SUELO
ASUELO
SERRASUELO
SUBSUELO
SOBRESUELO
ENTRESUELO
CRISUELO
FRISUELO
PRISUELO
CONSUELO
DESCONSUELO
BABOSUELO
MOCOSUELO
CAUSUELO
ESTUDIANTUELO
TUNANTUELO
TONTUELO
TRASTUELO
VUELO
REVUELO
LACAYUELO
RAYUELO
SAYUELO
HOYUELO
MOYUELO
ARROYUELO
CEDAZUELO
PEDAZUELO
MAZUELO
RAPAZUELO
BRAZUELO
CABEZUELO
HACEZUELO
PIECEZUELO
NECEZUELO
PECEZUELO
PRADEZUELO
GRANDEZUELO
INDEZUELO
VERDEZUELO

VIEJEZUELO
VEJEZUELO
POBLEZUELO
FRAILEZUELO
TERNEZUELO
CUERNEZUELO
CORNEZUELO
BOEZUELO
PEZUELO
CORPEZUELO
HOMBREZUELO
POBREZUELO
ODREZUELO
CUEREZUELO
COREZUELO
HERREZUELO
HIERREZUELO
VENTREZUELO
HUESEZUELO
OSEZUELO
GROSEZUELO
NETEZUELO
DENTEZUELO
CONTEZUELO
PONTEZUELO
FUERTEZUELO
HUERTEZUELO
PUERTEZUELO
FORTEZUELO
HORTEZUELO
PORTEZUELO
CEGUEZUELO
CIEGUEZUELO
FUEGUEZUELO
JUEGUEZUELO
LONGUEZUELO
FOGUEZUELO
FLEQUEZUELO
PUERQUEZUELO
PORQUEZUELO
HUEVEZUELO
OVEZUELO
NERVEZUELO
REYEZUELO
BUEYEZUELO
BOYEZUELO
PAÑIZUELO
PATIZUELO
NIETIZUELO
ANZUELO
GARBANZUELO
LENZUELO
JOVENZUELO
BRIBONZUELO
CABRONZUELO
LADRONZUELO
NEGOZUELO
MOZUELO
POZUELO
TOZUELO
TERZUELO
ORZUELO
CORZUELO
HABLADORZUELO
TORZUELO
ESCRITORZUELO
VELO
NOVELO
CERVELO
DESVELO
PITAFLO
CHIFLO
PANTUFLO
MIRAGLO
ARREGLO
DESARREGLO
CEÑIGLO
SIGLO
VESTIGLO
ANGLO
PABILO
DESPABILO
ESTRÓBILO
JÓBILO
BACILO
COLIBACILO
CODICILO
REFOCILO
LUCILO
CHICHILO
CÓNDILO
ESPÓNDILO
CACODILO
CROCODILO
CORDILO
FILO

ÁFILO
CONTRAFILO
DÍFILO
PÁNFILO
COLOMBÓFILO
VASCÓFILO
ALIADÓFILO
BIBLIÓFILO
GARIOFILO
CALOFILO
HALÓFILO
ANEMÓFILO
ENTOMÓFILO
HISPANÓFILO
MONOFILO
HIDRÓFILO
NEGRÓFILO
CLOROFILO
TAURÓFILO
ANISOFILO
ESCATÓFILO
CERVANTÓFILO
SIGILO
HILO
AHÍLO
TRANCAHÍLO
CONTRAHÍLO
REHÍLO
SOBREHÍLO
DESHILO
KILO
CALILO
PILILO
MILO
CAMILO
ZOILO
PILO
CHIPILO
MICRÓPILO
NÉSPILO
PUPILO
ARILO
OXIDRILO
COCODRILO
BERILO
CRISOBERILO
ESPIRILO
SILO
ASILO
MASILO
REFUSILO
TILO
DÁCTILO
DIDÁCTILO
ANTIDÁCTILO
SINDÁCTILO
ARTIODÁCTILO
PTERODÁCTILO
PERISODÁCTILO
ETILO
CETILO
ACETILO
METILO
ESTILO
POLISTILO
PISTILO
PERISTILO
SÍSTILO
AREOSÍSTILO
AREÓSTILO
CICLOSTILO
CARENÓSTILO
PRÓSTILO
ANFIPRÓSTILO
OCTÓSTILO
EUSTILO
NAUTILO
MÚTILO
RÚTILO
ANGUILO
QUILO
TRANQUILO
INTRANQUILO
TROQUILO
TOQUILO
ESQUILO
DESQUILO
VILO
VESIVILO
MONÓXILO
HIDROXILO
PIRÓXILO
BOLO
DIÁBOLO
MABOLO
CÍBOLO

CHIBOLO
BLANQUÍBOLO
CARAMBOLO
ÉMBOLO
CHIRIMBOLO
SÍMBOLO
DISÍMBOLO
ÓBOLO
COCOBOLO
DISCÓBOLO
DESARBOLO
COLO
CAULÍCOLO
CHÓCOLO
COLOCOLO
PROTOCOLO
NACASCOLO
DÍSCOLO
CHOLO
CHICHOLO
TICHOLO
DOLO
ÍDOLO
MALÉOLO
NUCLÉOLO
MULÉOLO
FASÉOLO
MAUSEOLO
ALVEOLO
CHINGOLO
PECÍOLO
GLADÍOLO
GRADÍOLO
FOLÍOLO
PIPIOLO
ARÍOLO
CABRÍOLO
VITRIOLO
BRONQUIOLO
POLOLO
MOLO
TRÉMOLO
MANOLO
POLO
CHIPOLO
CAROLO
ACEROLO
SOLO
SÓLO
TOLO
ETOLO
TÍTOLO
TÓRTOLO
APÓSTOLO
MALÉVOLO
BENÉVOLO
VELÍVOLO
FRÍVOLO
ÓVOLO
PEPLO
PERIPLO
TRIPLO
MÚLTIPLO
SUBMÚLTIPLO
ESCALPLO
AMPLO
ENSIEMPLO
EJEMPLO
TEMPLO
ANTETEMPLO
ESCOPLO
SOPLO
RESOPLO
DÉCUPLO
UNDÉCUPLO
TERCIODÉCUPLO
DUODÉCUPLO
DUPLO
SUBDUPLO
CUÁDRUPLO
ÓCTUPLO
CÉNTUPLO
QUÍNTUPLO
SÉPTUPLO
SÉXTUPLO
ARLO
CARLÓ
GARLO
MERLO
BIRLO
CHIRLO
MIRLO
CHIRLOMIRLO
ORLO
CHORLO
CHURLO

MASLO
CUESLO
OÍSLO
MUSLO
BULO
CONCILIÁBULO
PÁBULO
SÁBULO
ACETÁBULO
FUNDÍBULO
TRÍBULO
TURÍBULO
PATÍBULO
VESTÍBULO
PROSTÍBULO
PREÁMBULO
SOMNÁMBULO
SONÁMBULO
FUNÁMBULO
NOCTÁMBULO
LÓBULO
GLÓBULO
CULO
BÁCULO
JÁCULO
CENÁCULO
TENÁCULO
SIGNÁCULO
PROPUGNÁCULO
PINÁCULO
TABERNÁCULO
GOBERNÁCULO
INFERNÁCULO
VERNÁCULO
INVERNÁCULO
TAPACULO
UMBRÁCULO
ORÁCULO
ARRASTRACULO
ESPECTÁCULO
HABITÁCULO
RECITÁCULO
TENTÁCULO
SUSTENTÁCULO
RECEPTÁCULO
OBSTÁCULO
ESPÉCULO
RECULO
CUBÍCULO
FASCÍCULO
EDÍCULO
PEDÍCULO
RIDÍCULO
OFENDÍCULO
PERPENDÍCULO
VEHÍCULO
CALÍCULO
FOLÍCULO
CAULÍCULO
PANÍCULO
ADMINÍCULO
FUNÍCULO
APÍCULO
VENTRÍCULO
SÍCULO
VERSÍCULO
BATICULO
RETÍCULO
DENTÍCULO
CONVENTÍCULO
FONTÍCULO
MONTÍCULO
ARTÍCULO
DIVERTÍCULO
TESTÍCULO
CÁLCULO
ANIMÁLCULO
ARDÍNCULO
VÍNCULO
CARBÚNCULO
PEDÚNCULO
HOMÚNCULO
RANÚNCULO
FORÚNCULO
FURÚNCULO
FÓCULO
BINÓCULO
MONÓCULO
PÓCULO
TUBÉRCULO
OPÉRCULO
CÍRCULO
SEMICÍRCULO
TÓRCULO
SÚRCULO
MÁSCULO

ÓSCULO
FLÓSCULO
SEMIFLÓSCULO
MÚSCULO
MINÚSCULO
MUNÚSCULO
CREPÚSCULO
OPÚSCULO
CORPÚSCULO
MAYÚSCULO
DILÚCULO
CHULO
CRÉDULO
INCRÉDULO
ACÍDULO
PÉNDULO
MÓDULO
NÓDULO
VÁRDULO
TÚRDULO
BORRACHEULO
MOCHEULO
COÁGULO
RÉGULO
GÁLGULO
ÁNGULO
TRIÁNGULO
EQUIÁNGULO
CUADRÁNGULO
OBTUSÁNGULO
RECTÁNGULO
BIRRECTÁNGULO
TRIRRECTÁNGULO
ACUTÁNGULO
OBLICUÁNGULO
HEXÁNGULO
SEXÁNGULO
CÍNGULO
JULO
ESDRÚJULO
SOBREESDRÚJULO
SOBRESDRÚJULO
MULO
PICAMULO
FÁMULO
CALPAMULO
ÉMULO
TRÉMULO
DISIMULO
ESTÍMULO
INSTÍMULO
PÓMULO
CÚMULO
TÚMULO
NULO
ÁNULO
GRÁNULO
CÁPULO
VÁPULO
DISCÍPULO
CONDISCÍPULO
MANÍPULO
PÓPULO
LÚPULO
ESCRÚPULO
RULO
HÉRULO
CACHIRULO
PIRULO
TIRULO
GÁRRULO
GETULO
RÉTULO
MÍTULO
CAPÍTULO
TÍTULO
SUBTÍTULO
VÍTULO
RÓTULO
ERGÁSTULO
TRASTULO
VÓLVULO
CONVÓLVULO
ÓVULO
PÁRVULO
CABALLO
PASACABALLO
SALTACABALLO
REVIENTACABALLO
RODABALLO
CERIBALLO
CALLO
CHOCALLO
CHUCALLO
ANDALLO
ESCANDALLO

BURDALLO
FALLO
CHAFALLO
CONTRAFALLO
GALLO
AGALLO
TARAGALLO
CERAGALLO
PEJEGALLO
SEGALLO
CIGALLO
LIGALLO
PERIGALLO
GRIGALLO
CIRIGALLO
PIPIRIGALLO
SALTIGALLO
CANGALLO
CHANGALLO
TARANGALLO
TRANGALLO
UROGALLO
JIJALLO
MALLO
PALAMALLO
TRASMALLO
GOBERNALLO
ASNALLO
AZNALLO
ZAPALLO
RALLO
FARALLO
SERRALLO
CONTRALLO
VASALLO
RESALLO
SISALLO
TALLO
RETALLO
ENTALLO
ESTALLO
NOVALLO
CARVALLO
ORVALLO
ELLO
BELLO
CABELLO
DESCABELLO
CARIBELLO
CELLO
CONCELLO
DELLO
PESAMEDELLO
COLLADIELLO
CABDIELLO
CARAMIELLO
LADRIELLO
CULTIELLO
CAMELLO
GAMELLO
REGOMELLO
PINGANELLO
PELLO
ATROPELLO
SELLO
CONTRASELLO
RESELLO
SOBRESELLO
JUSELLO
VERTELLO
DESTELLO
CUELLO
TIRACUELLO
ALZACUELLO
TORCECUELLO
SOBRECUELLO
DESCUELLO
GÜELLO
DEGÜELLO
ARGUELLO
HUELLO
LUELLO
AQUELLO
RUELLO
MIRUELLO
DESUELLO
RESUELLO
VELLO
MAÍLLO
CABILLO
CASCABILLO
JABILLO
RABILLO
CASABILLO
SEBILLO
ESTRIBILLO

ALBILLO
PAPIALBILLO
PATIALBILLO
MOZALBILLO
CARAMBILLO
BOMBILLO
BOBILLO
TOBILLO
GARBILLO
CERBILLO
CORBILLO
CUBILLO
JUBILLO
BACILLO
CACILLO
CEDACILLO
MACILLO
MONACILLO
BRACILLO
AGRACILLO
GUIZACILLO
HACECILLO
PECECILLO
CODECILLO
VERDECILLO
PATIECILLO
NERVIECILLO
PAJECILLO
FRAILECILLO
OMECILLO
GOMECILLO
HOMECILLO
CANECILLO
PANECILLO
PEINECILLO
MONECILLO
SONECILLO
CORNECILLO
CAMPECILLO
CORPECILLO
HUMBRECILLO
AGRECILLO
CORECILLO
CATRECILLO
VENTRECILLO
MURECILLO
OSECILLO
VERSECILLO
DENTECILLO
VENTECILLO
HORTECILLO
CEGUECILLO
CIEGUECILLO
PLIEGUECILLO
FUEGUECILLO
FLOQUECILLO
CHARQUECILLO
BUEYECILLO
MAICILLO
CODICILLO
CAREICILLO
CALICILLO
HOMICILLO
CUAJANICILLO
CARRICILLO
VERTICILLO
GAVILANCILLO
ROMANCILLO
ALACRANCILLO
TRENCILLO
SENCILLO
JABONCILLO
CARBONCILLO
BALCONCILLO
ALGODONCILLO
CARDONCILLO
BORDONCILLO
CORDONCILLO
DRAGONCILLO
BODEGONCILLO
CLARIONCILLO
BAJONCILLO
REJONCILLO
SALONCILLO
TABLONCILLO
MELONCILLO
CAMONCILLO
CAÑAMONCILLO
PIÑONCILLO
LEBRONCILLO
LADRONCILLO
MADRONCILLO
BORRONCILLO
CARRETONCILLO
COTONCILLO
BASTONCILLO

CORAZONCILLO
TIZONCILLO
REBOCILLO
POCILLO
ZARCILLO
CERCILLO
ARRENDADORCILLO
GOBERNADORCILLO
ADMINISTRADORCILLO
TENEDORCILLO
MORCILLO
AMORCILLO
CASTORCILLO
SAUCILLO
LUCILLO
CRUCILLO
CHILLO
GANCHILLO
COCHILLO
CUCHILLO
TUMBADILLO
CADILLO
SECADILLO
PICADILLO
BOCADILLO
BROCADILLO
ECHADILLO
ACONCHADILLO
BORDADILLO
PEGADILLO
HIGADILLO
ARGADILLO
LICENCIADILLO
RAJADILLO
CUAJADILLO
TEJADILLO
LADILLO
SALADILLO
DOBLADILLO
PELADILLO
TINGLADILLO
FILADILLO
HILADILLO
REHILADILLO
ARRIMADILLO
ARMADILLO
CANADILLO
GRANADILLO
CORNADILLO
CAPADILLO
TAPADILLO
RASPADILLO
QUEBRADILLO
SOBRADILLO
CUADRADILLO
DORADILLO
COMPRADILLO
CURADILLO
PASADILLO
ROSADILLO
PINTADILLO
CORTADILLO
TOSTADILLO
RAYADILLO
TORZADILLO
CABDILLO
DEDILLO
SABIDILLO
TORCIDILLO
CERNIDILLO
MARIDILLO
METIDILLO
CALDILLO
TOLDILLO
ARANDILLO
ZARANDILLO
GUINDILLO
REDONDILLO
SEGUNDILLO
MUNDILLO
CODILLO
RODILLO
JABARDILLO
TABARDILLO
CARDILLO
ESCARDILLO
PARDILLO
BASTARDILLO
BORDILLO
GORDILLO
TORDILLO
CAUDILLO
PICUDILLO
ESCUDILLO
VELUDILLO
VELLUDILLO

NUDILLO
MENUDILLO
ÑUDILLO
CRUDILLO
FILLÓ
BAJILLO
DEJILLO
CONEJILLO
TEJILLO
PIOJILLO
CERROJILLO
CIMBALILLO
REALILLO
GALILLO
REGALILLO
RAMALILLO
PALILLO
COPALILLO
CORALILLO
TALCUALILLO
CAVALILLO
DIABLILLO
CUCLILLO
CASCABELILLO
CANELILLO
PELILLO
PAPELILLO
CUARTELILLO
PASTELILLO
BROQUELILLO
CIRUELILLO
VUELILLO
VELILLO
FACILILLO
CANDILILLO
BOLILLO
ARBOLILLO
TRESBOLILLO
CARACOLILLO
FRIJOLILLO
MARMOLILLO
PINOLILLO
FAROLILLO
QUITASOLILLO
ATOLILLO
BARTOLILLO
YOLILLO
SOPLILLO
MASCULILLO
ESCRUPULILLO
TITULILLO
CABALLILLO
GALLILLO
MILLO
FAMILLO
RAMILLO
CARAMILLO
CIMILLO
COLMILLO
LOMILLO
SOLOMILLO
TOMILLO
HUMILLO
ZUMILLO
ANILLO
ABANILLO
RABANILLO
ESCRIBANILLO
TAMBANILLO
CIMBANILLO
LOBANILLO
ZARZAGANILLO
TANGANILLO
PINGANILLO
ORGANILLO
ROMANILLO
CAMPANILLO
TEMPANILLO
TIMPANILLO
MARANILLO
VERANILLO
GRANILLO
GUSANILLO
VENTANILLO
JUANILLO
COVANILLO
MANZANILLO
CARDENILLO
FRENILLO
MORENILLO
BARRENILLO
COCHINILLO
MOLINILLO
COMINILLO
PINILLO
ESPINILLO

TINILLO
PATINILLO
VINILLO
BONILLO
MONILLO
CORONILLO
TONILLO
ARNILLO
CUADERNILLO
INFERNILLO
INFIERNILLO
DORNILLO
HORNILLO
TORNILLO
ASNILLO
FRESNILLO
ACEITUNILLO
DURAZNILLO
PILLO
CAPILLO
TRAPILLO
MALTRAPILLO
SAPILLO
CEPILLO
CAMPILLO
TROMPILLO
GALOPILLO
PILLOPILLO
HISOPILLO
GUISOPILLO
ESPILLO
CRESPILLO
OBISPILLO
COSPILLO
EXPILLO
ARILLO
ALBARILLO
TAMBARILLO
CARILLO
CARICARILLO
CASCARILLO
AZUCARILLO
JARILLO
PAJARILLO
AMARILLO
SARILLO
CANTARILLO
CANTARILLO
BUARILLO
LAZARILLO
BRILLO
LEBRILLO
LIBRILLO
MEMBRILLO
COGOMBRILLO
HOMBRILLO
COHOMBRILLO
LADRILLO
CUADRILLO
MELINDRILLO
COLODRILLO
CERILLO
ACERILLO
MAJADERILLO
CORDERILLO
CERRAJERILLO
MASTELERILLO
ALFILERILLO
ROMERILLO
DINERILLO
PERILLO
ASPERILLO
FEBRERILLO
SOMBRERILLO
HERRERILLO
SERILLO
CASERILLO
TINTERILLO
TESTERILLO
GRILLO
VINAGRILLO
NEGRILLO
TIGRILLO
ORILLO
FORILLO
GREGORILLO
MORILLO
TORILLO
POTORILLO
BARRILLO
CARRILLO
CHASCARRILLO
CIGARRILLO
MARRILLO
SARRILLO
GUITARRILLO

CERRILLO
BECERRILLO
PERRILLO
BATIBORRILLO
CORRILLO
CHORRILLO
CACHORRILLO
MODORRILLO
PATAGORRILLO
MANGORRILLO
MORRILLO
PORRILLO
VENTORRILLO
ZORRILLO
BURRILLO
BATIBURRILLO
BATURRILLO
TRILLO
TIRATRILLO
CUATRILLO
CULANTRILLO
RASTRILLO
MAESTRILLO
CABESTRILLO
ROSTRILLO
CLAUSTRILLO
DURILLO
PASILLO
COMPASILLO
VASILLO
MESILLO
PESILLO
CIPRESILLO
TRESILLO
QUESILLO
COPEISILLO
VISILLO
BOLSILLO
DESCANSILLO
JUSILLO
ROSILLO
CURSILLO
USILLO
HUSILLO
TILLO
AGUACATILLO
SULFATILLO
GATILLO
SAUCEGATILLO
SARGATILLO
SAUZGATILLO
HATILLO
BONIATILLO
RIATILLO
COJATILLO
PLATILLO
TOMATILLO
CORNATILLO
GALAPATILLO
BARATILLO
MALBARATILLO
CERVATILLO
ZATILLO
COLETILLO
BONETILLO
SONETILLO
PETILLO
GOLPETILLO
CARRETILLO
CONFITILLO
PITILLO
PIZPITILLO
ESPIRITILLO
CHIGUIRRITILLO
ALTILLO
REVOLTILLO
CANTILLO
INFANTILLO
MANTILLO
AMANTILLO
PORTANTILLO
SARMENTILLO
CONVENTILLO
CINTILLO
TINTILLO
QUINTILLO
TONTILLO
PUNTILLO
BOTILLO
COTILLO
ACOTILLO
PICOTILLO
COGOTILLO
BELLOTILLO
CAMOTILLO
CAPOTILLO

ZAPOTILLO
VIROTILLO
GARROTILLO
SOTILLO
MARTILLO
ESPARTILLO
CUARTILLO
PORTILLO
ESPORTILLO
TORTILLO
CASTILLO
DIÁSTILLO
CANASTILLO
RASTILLO
PESTILLO
MOSTILLO
GUSTILLO
JUSTILLO
AUTILLO
FLAUTILLO
CANUTILLO
CAÑUTILLO
SEXTILLO
MAGUILLO
MONAGUILLO
MURCEGUILLO
TEGUILLO
MORCIGUILLO
HORMIGUILLO
LORIGUILLO
TRIGUILLO
LATIGUILLO
CERVIGUILLO
FANDANGUILLO
TANGUILLO
DOMINGUILLO
SOGUILLO
AMARGUILLO
VERDUGUILLO
ALTABAQUILLO
SOBAQUILLO
BARRAQUILLO
FLEQUILLO
SEQUILLO
CHIQUILLO
MEDIQUILLO
PERIQUILLO
BANQUILLO
BLANQUILLO
TRANQUILLO
ESTANQUILLO
CINQUILLO
BRINQUILLO
JUNQUILLO
COQUILLO
MOQUILLO
ESTOQUILLO
BARQUILLO
CERQUILLO
CASQUILLO
DAMASQUILLO
BUSQUILLO
SAUQUILLO
CUQUILLO
BEJUQUILLO
GOZQUILLO
ESCAVILLO
CLAVILLO
GREVILLO
CHIVILLO
OLIVILLO
POLVILLO
OVILLO
NOVILLO
CORVILLO
UVILLO
HUEZILLO
GAOLLO
BOLLO
REBOLLO
ABIBOLLO
ESCOLLO
BODOLLO
MEOLLO
PERIFOLLO
TRASFOLLO
PEGOLLO
ZARANGOLLO
FRANGOLLO
COGOLLO
COHOLLO
CRIOLLO
GENOLLO
POLLO
MATAPOLLO
SIGUEMEPOLLO

REPOLLO
PAVIPOLLO
RAMPOLLO
PIMPOLLO
PIOPOLLO
SERPOLLO
ROLLO
AZAROLLO
ABROLLO
EMBROLLO
CEROLLO
MOGROLLO
ZOROLLO
DESARROLLO
TERROLLO
SOLLO
TOLLO
CENTOLLO
AÚLLO
MAÚLLO
CASCABULLO
APABULLO
GARAMBULLO
ZAMBULLO
EMBULLO
GARBULLO
CHULLO
CHANCHULLO
ANDULLO
BANDULLO
ZANGANDULLO
PEGULLO
ARGULLO
ORGULLO
ENJULLO
HALLULLO
JALLULLO
MULLO
CARAMULLO
ZARAMULLO
MORMULLO
MURMULLO
CAPULLO
GARAPULLO
REPULLO
BARULLO
GARULLO
MARULLO
GRULLO
PEROGRULLO
GORULLO
ARRULLO
ZORRULLO
TRULLO
GURULLO
TURULLO
ZURULLO
ENSULLO
AMO
RECAMO
CACHICAMO
CÁNCAMO
CÁRCAMO
MUCAMO
MARCHAMO
CANDAMO
GAMO
LÉGAMO
BÍGAMO
POLÍGAMO
MONÓGAMO
FANERÓGAMO
CRIPTÓGAMO
HAMO
ÁLAMO
CÁLAMO
LITOCÁLAMO
ESCÁLAMO
TÁLAMO
HIPOTÁLAMO
CLAMO
RECLAMO
CHULAMO
DINAMO
CÁÑAMO
RAMO
CÁRAMO
PÁRAMO
GUÁRAMO
CHAGUARAMO
BRAMO
REBRAMO
GRAMO
DECAGRAMO
DECIGRAMO
MILIGRAMO

PARALELOGRAMO
KILOGRAMO
QUILOGRAMO
HECTOGRAMO
DESPARRAMO
DERRAMO
TRAMO
NUESTRAMO
NOSTRAMO
SÉSAMO
BÁLSAMO
COCOBÁLSAMO
OPOBÁLSAMO
CARPOBÁLSAMO
TAMO
DÍCTAMO
RETAMO
HIPOPÓTAMO
CÁRTAMO
PRÉSTAMO
APRÉSTAMO
EMPRÉSTAMO
GUAMO
BLASFEMO
BOHEMO
FIEMO
MEMO
REMO
BAREMO
SUPREMO
TREMÓ
POSTREMO
EXTREMO
PARASEMO
ANDROSEMO
CRISANTEMO
CUEMO
REQUEMO
RESQUEMO
BORBORIGMO
ÁCIMO
RACIMO
GUÁCIMO
DÉCIMO
TREDÉCIMO
QUINDÉCIMO
UNDÉCIMO
DUODÉCIMO
CHIMÓ
DÍDIMO
FIMO
ÍNFIMO
PRÓJIMO
LIMO
ÁLIMO
FACÍLIMO
DIFICÍLIMO
HUMÍLIMO
DÓLLIMO
MIMO
PANTOMIMO
ÁNIMO
LONGÁNIMO
PUSILÁNIMO
MAGNÁNIMO
DESÁNIMO
MÍNIMO
SEUDÓNIMO
HOMÓNIMO
ANÓNIMO
SINÓNIMO
EPÓNIMO
ANTROPÓNIMO
TOPÓNIMO
PARÓNIMO
JERÓNIMO
ANTÓNIMO
EVÓNIMO
OPIMO
RIMO
HEMACRIMO
PRIMO
ARRIMO
DESARRIMO
CELEBÉRRIMO
LIBÉRRIMO
UBÉRRIMO
SALUBÉRRIMO
ACÉRRIMO
INTEGÉRRIMO
ASPÉRRIMO
PAUPÉRRIMO
MISÉRRIMO
PULQUÉRRIMO
MONORRIMO
TRECÉSIMO

TRICÉSIMO
VICÉSIMO
NONAGÉSIMO
CUADRAGÉSIMO
QUINCUAGÉSIMO
SEPTUAGÉSIMO
SEXAGÉSIMO
TRIGÉSIMO
VIGÉSIMO
OCTOGÉSIMO
MILÉSIMO
CIENMILÉSIMO
DIEZMILÉSIMO
ENÉSIMO
BILLONÉSIMO
MILLONÉSIMO
MILMILLONÉSIMO
CIENMILMILLONÉSIMO
DIEZMILMILLONÉSIMO
CIENMILLONÉSIMO
DIEZMILLONÉSIMO
PÉSIMO
CENTÉSIMO
TRICENTÉSIMO
DUCENTÉSIMO
SEXCENTÉSIMO
NONINGENTÉSIMO
CUADRINGENTÉSIMO
OCTINGENTÉSIMO
SEPTINGENTÉSIMO
QUINGENTÉSIMO
VEINTÉSIMO
CATOLICÍSIMO
SIMPLICÍSIMO
AMICÍSIMO
ENEMICÍSIMO
INIMICÍSIMO
PARCÍSIMO
ESPURCÍSIMO
FRIGIDÍSIMO
REVERENDÍSIMO
LONGÍSIMO
FRIÍSIMO
GENERALÍSIMO
FIDELÍSIMO
INFIDELÍSIMO
CRUDELÍSIMO
AGRADABILÍSIMO
AFABILÍSIMO
AMABILÍSIMO
ESTIMABILÍSIMO
CULPABILÍSIMO
CONSIDERABILÍSIMO
VENERABILÍSIMO
MISERABILÍSIMO
ADMIRABILÍSIMO
DELEITABILÍSIMO
NOTABILÍSIMO
ESTABILÍSIMO
APACIBILÍSIMO
TERRIBILÍSIMO
HORRIBILÍSIMO
NOBILÍSIMO
AMPLÍSIMO
SIMPLÍSIMO
ENORMÍSIMO
MISMÍSIMO
CRISTIANÍSIMO
SERENÍSIMO
BONÍSIMO
TERNÍSIMO
SUMARÍSIMO
DESTRÍSIMO
ILUSTRÍSIMO
GROSÍSIMO
BEATÍSIMO
ORNATÍSIMO
SACRATÍSIMO
TEMPERATÍSIMO
ODORATÍSIMO
MEMORATÍSIMO
AFECTÍSIMO
MERITÍSIMO
ALTÍSIMO
SANTÍSIMO
RECENTÍSIMO
BENEFICENTÍSIMO
MAGNIFICENTÍSIMO
MUNIFICENTÍSIMO
LUCENTÍSIMO
ARDENTÍSIMO
VALENTÍSIMO
EXCELENTÍSIMO
BENEVOLENTÍSIMO
EMINENTÍSIMO
FLORENTÍSIMO

FERVENTÍSIMO
POTÍSIMO
CERTÍSIMO
INCERTÍSIMO
CIERTÍSIMO
FORTÍSIMO
AMIGUÍSIMO
LONGUÍSIMO
EQUÍSIMO
INIQUÍSIMO
ANTIQUÍSIMO
LEVÍSIMO
NOVÍSIMO
TIMO
ÉTIMO
SÉTIMO
LEGÍTIMO
ILEGÍTIMO
FINÍTIMO
EPÍTIMO
MARÍTIMO
ÚLTIMO
PENÚLTIMO
ANTEPENÚLTIMO
CÉNTIMO
ÍNTIMO
SÉPTIMO
DECIMOSÉPTIMO
ÓPTIMO
QUIMO
ESQUIMO
MÁXIMO
PRÓXIMO
ÁZIMO
ALMO
CALMO
ESCALMO
PALMO
SALMO
ENSALMO
SANTELMO
CUELMO
COGÜELMO
YELMO
ESQUILMO
OLMO
COLMO
TOLMO
ULMO
CUMO
DUMO
MAYORDOMO
ECCEHOMO
LOMO
PALOMO
BOTALOMO
SOLOMO
PLOMO
APLOMO
DESPLOMO
GUILLOMO
MOMO
AMOMO
CARDAMOMO
CINAMOMO
NOMO
GNOMO
ECÓNOMO
HETERÓNOMO
AGRÓNOMO
METRÓNOMO
ASTRÓNOMO
GASTRÓNOMO
FISÓNOMO
AUTÓNOMO
POMO
ROMO
AROMO
BROMO
CROMO
POLICROMO
MONOCROMO
PALÍNDROMO
VELÓDROMO
HIPÓDROMO
AERÓDROMO
PRÓDROMO
GROMO
SOMO
ASOMO
TOMO
ÁTOMO
RAQUÍTOMO
DICÓTOMO
TRICÓTOMO
MICRÓTOMO
NEURÓTOMO
DÍSTOMO
PLAGIÓSTOMO
CICLÓSTOMO
FISÓSTOMO
IGNÍVOMO
OSMAZOMO
POSARMO
PAQUIDERMO
ENDODERMO
EQUINODERMO
MESODERMO
ECTODERMO
BLASTODERMO
ESTAFERMO
ENFERMO
ANGIOSPERMO
GIMNOSPERMO
MONOSPERMO
ZOOSPERMO
TERMO
HEMATERMO
ISOTERMO
MUERMO
YERMO
YODOFORMO
CLOROFORMO
TORMO
SARCASMO
ORGASMO
ENTUSIASMO
BLASMO
METAPLASMO
PLEONASMO
PASMO
ESPASMO
MARASMO
CLEUASMO
MESMO
ASIMESMO
ANSIMESMO
TENESMO
SESMO
ARCAÍSMO
JUDAÍSMO
BEHAÍSMO
LAÍSMO
LAMAÍSMO
CARAÍSMO
HEBRAÍSMO
ULTRAÍSMO
FARISAÍSMO
MOSAÍSMO
PROSAÍSMO
PUTAÍSMO
ABISMO
BABISMO
ARABISMO
ESTRABISMO
LIBRECAMBISMO
CUBISMO
DROPACISMO
OSTRACISMO
SITACISMO
PSITACISMO
ROTACISMO
SOLECISMO
GRECISMO
CATECISMO
LAICISMO
CIENTIFICISMO
GALICISMO
ANGLICISMO
CATOLICISMO
NEOCATOLICISMO
ACADEMICISMO
MECANICISMO
ORGANICISMO
TECNICISMO
CRONICISMO
NEOPLATONICISMO
ESTOICISMO
GASTRICISMO
CLASICISMO
NEOCLASICISMO
ATICISMO
ECLECTICISMO
CRITICISMO
ROMANTICISMO
PRERROMANTICISMO
ESCEPTICISMO
CASTICISMO
ESCOLASTICISMO
MISTICISMO
NOSTICISMO
GNOSTICISMO
AGNOSTICISMO
EXORCISMO
FASCISMO
ANDALUCISMO
FETICHISMO
DIECIOCHISMO
ABOGADISMO
NOMADISMO
SADISMO
VELOCIPEDISMO
ENCICLOPEDISMO
VEDISMO
HIBRIDISMO
PARTIDISMO
DRUIDISMO
GASENDISMO
PERIODISMO
MODISMO
METODISMO
LUNFARDISMO
VANGUARDISMO
BUDISMO
PALUDISMO
DESNUDISMO
SABEÍSMO
SADUCEÍSMO
DEÍSMO
CALDEÍSMO
MAZDEÍSMO
LEÍSMO
MEÍSMO
MISONEÍSMO
EPICUREÍSMO
SEÍSMO
FARISEÍSMO
TEÍSMO
ATEÍSMO
DITEÍSMO
POLITEÍSMO
PANTEÍSMO
PANENTEÍSMO
MONOTEÍSMO
ASTEÍSMO
MANIQUEÍSMO
YEÍSMO
PACIFISMO
SOFISMO
FILOSOFISMO
METAMORFISMO
DIMORFISMO
POLIMORFISMO
HILOMORFISMO
ANTROPOMORFISMO
ISOMORFISMO
SUFISMO
SUFRAGISMO
DIALOGISMO
PARALOGISMO
EPILOGISMO
SILOGISMO
NEOLOGISMO
ONTOLOGISMO
PARAJISMO
ESPARAJISMO
SALVAJISMO
ESPEJISMO
CANIBALISMO
VERBALISMO
RADICALISMO
SINDICALISMO
CLERICALISMO
ANTICLERICALISMO
LOCALISMO
VOCALISMO
VANDALISMO
FEUDALISMO
IDEALISMO
REALISMO
SUPRARREALISMO
ACEFALISMO
REGALISMO
PRESIDENCIALISMO
PROVIDENCIALISMO
PROVINCIALISMO
SOCIALISMO
IMPERIALISMO
MATERIALISMO
MINISTERIALISMO
INDUSTRIALISMO
SIALISMO
TIALISMO
FORMALISMO
NOMINALISMO
NACIONALISMO
INTERNACIONALISMO
RACIONALISMO
CORRECCIONALISMO
TRADICIONALISMO
CONVENCIONALISMO
REGIONALISMO
PROFESIONALISMO
GAMONALISMO
PERSONALISMO
CANTONALISMO
EPISCOPALISMO
LIBERALISMO
FEDERALISMO
AMORALISMO
CENTRALISMO
NATURALISMO
UNIVERSALÍSMO
FATALISMO
DIALECTALISMO
BIMETALISMO
MONOMETALISMO
PETALISMO
CAPITALISMO
VITALISMO
TRANSCENDENTALISMO
ORIENTALISMO
SENTIMENTALISMO
DUALISMO
INDIVIDUALISMO
CASUALISMO
SENSUALISMO
RITUALISMO
ESPIRITUALISMO
CONCEPTUALISMO
PROVENZALISMO
CATACLISMO
CICLISMO
PRERRAFAELISMO
MENDELISMO
NEFELISMO
PARALELISMO
MONOTELISMO
ARISTOTELISMO
MAQUIAVELISMO
PROBABILISMO
PANFILISMO
NIHILISMO
MERCANTILISMO
GENTILISMO
AUTOMOVILISMO
SERVILISMO
ANABOLISMO
CATABOLISMO
METABOLISMO
EMBOLISMO
SIMBOLISMO
MONGOLISMO
ALCOHOLISMO
ESPAÑOLISMO
SIMPLISMO
CARLISMO
SOMNAMBULISMO
SONAMBULISMO
NOCTAMBULISMO
ESCROFULISMO
LULISMO
FORMULISMO
CAUDILLISMO
MISMO
ADAMISMO
ISLAMISMO
PANISLAMISMO
DINAMISMO
EUFEMISMO
EXTREMISMO
TOTEMISMO
ANIMISMO
ASIMISMO
PESIMISMO
ANSIMISMO
OPTIMISMO
TOMISMO
ATOMISMO
TRANSFORMISMO
ERASMISMO
ACOSMISMO
URBANISMO
MECANISMO
MEJICANISMO
REPUBLICANISMO
ANGLICANISMO
AMERICANISMO
PANAMERICANISMO
HISPANOAMERICANISMO
VULCANISMO
ADANISMO
ALDEANISMO
PAGANISMO
ORGANISMO
MICROORGANISMO
COLOMBIANISMO
ANCIANISMO
VALENCIANISMO
CONFUCIANISMO
PELAGIANISMO
SEMIPELAGIANISMO
ITALIANISMO
SABELIANISMO
HEGELIANISMO
PRISCILIANISMO
FENIANISMO
SOCINIANISMO
AGUSTINIANISMO
VEGETARIANISMO
VOLTERIANISMO
ECUATORIANISMO
PRETORIANISMO
NESTORIANISMO
ARRIANISMO
ASTURIANISMO
MESIANISMO
CARTESIANISMO
MALTUSIANISMO
CRISTIANISMO
EUTIQUIANISMO
CATALANISMO
VENEZOLANISMO
CASTELLANISMO
BRAHMANISMO
ROMANISMO
GERMANISMO
PANGERMANISMO
HUMANISMO
ENANISMO
ONANISMO
HISPANISMO
CULTERANISMO
LUTERANISMO
CHARLATANISMO
SATANISMO
GITANISMO
PURITANISMO
LUSITANISMO
MONTANISMO
ULTRAMONTANISMO
PUTANISMO
DONJUANISMO
PERUANISMO
GALVANISMO
CENISMO
INDIGENISMO
POLIGENISMO
ORIGENISMO
MONOGENISMO
GALENISMO
HELENISMO
CHILENISMO
JANSENISMO
RABINISMO
ALBINISMO
JACOBINISMO
CINISMO
ANDINISMO
MORFINISMO
MOLINISMO
FEMINISMO
DETERMINISMO
ILUMINISMO
FILIPINISMO
ALPINISMO
MARINISMO
LATINISMO
ACTINISMO
CRETINISMO
BIZANTINISMO
ARGENTINISMO
NICOTINISMO
QUINISMO
MAQUINISMO
CALVINISMO
DARVINISMO
LACONISMO
HEDONISMO
ABANDONISMO
ANTAGONISMO
CREACIONISMO
ASOCIACIONISMO
AISLACIONISMO
PROTECCIONISMO
OBSTRUCCIONISMO
EXHIBICIONISMO
ABOLICIONISMO
ABSTENCIONISMO
INTERVENCIONISMO

ADOPCIONISMO
CONFUCIONISMO
EVOLUCIONISMO
HISTRIONISMO
SIONISMO
IMPRESIONISMO
EXPRESIONISMO
EXCURSIONISMO
CONFUSIONISMO
ANEXIONISMO
MONISMO
MAIMONISMO
SANSIMONISMO
MORMONISMO
ANACRONISMO
PARACRONISMO
SINCRONISMO
ISOCRONISMO
PIRRONISMO
CATONISMO
PLATONISMO
MATONISMO
DALTONISMO
SINTONISMO
PLUTONISMO
MODERNISMO
SATURNISMO
COMUNISMO
NEPTUNISMO
OPORTUNISMO
MONTAÑISMO
HONDUREÑISMO
COSTARRIQUEÑISMO
TAOÍSMO
EGOÍSMO
JINGOÍSMO
LOÍSMO
DICROÍSMO
POLICROÍSMO
HEROÍSMO
AVERROÍSMO
SINTOÍSMO
PRIAPISMO
SINAPISMO
PAPISMO
HIPISMO
TROPISMO
GEOTROPISMO
MALABARISMO
BARBARISMO
VULGARISMO
GARGARISMO
GLACIARISMO
DIARISMO
PARTICULARISMO
MARISMO
MILENARISMO
LATITUDINARISMO
APOLINARISMO
DOCTRINARISMO
AGRARISMO
CESARISMO
SECTARISMO
MILITARISMO
UTILITARISMO
HUMANITARISMO
UNITARISMO
AUTORITARISMO
PARLAMENTARISMO
GUARISMO
ALGUARISMO
SUARISMO
ZARISMO
EQUILIBRISMO
COSTUMBRISMO
POBRISMO
CURANDERISMO
FURIERISMO
EXTRANJERISMO
CUAKERISMO
BANDOLERISMO
MESMERISMO
COMPAÑERISMO
PAUPERISMO
OBRERISMO
CARACTERISMO
ETERISMO
CATETERISMO
ENTERÍSMO
ESOTERISMO
REPORTERISMO
ASTERISMO
HISTERISMO
FILIBUSTERISMO
CHURRIGUERISMO
CUAQUERISMO
VERISMO
INTEGRISMO
HIDRARGIRISMO
LIRISMO
EMPIRISMO
LATIRISMO
METEORISMO
AFORISMO
CATEGORISMO
RIGORISMO
GONGORISMO
TUCIORISMO
APRIORISMO
COLORISMO
MEMORISMO
HUMORISMO
TERRORISMO
MOTORISMO
TRISMO
EGOCENTRISMO
ANTROPOCENTRISMO
ZOROASTRISMO
PEDESTRISMO
CONSERVADURISMO
PURISMO
TURISMO
NATURISMO
SISMO
PARASISMO
INGLESISMO
ARAGONESISMO
MONTAÑESISMO
PROGRESISMO
PORTUGUESISMO
NARCISISMO
MONOFISISMO
ALFONSISMO
PRECIOSISMO
NERVIOSISMO
MOLINOSISMO
ESPINOSISMO
PARSISMO
KRAUSISMO
ABATISMO
SABATISMO
ACROBATISMO
DATISMO
MITRIDATISMO
LINFATISMO
DRAMATISMO
MATEMATISMO
ANATEMATISMO
ESQUEMATISMO
PRAGMATISMO
ASTIGMATISMO
DOGMATISMO
CROMATISMO
ACROMATISMO
AUTÓMATISMO
TRAUMATISMO
REUMATISMO
FANATISMO
PROGNATISMO
INNATISMO
DONATISMO
SEPARATISMO
HIERATISMO
ESTATISMO
ANALFABETISMO
DOCETISMO
ASCETISMO
PROFETISMO
PIETISMO
QUIETISMO
ATLETISMO
MIMETISMO
MAHOMETISMO
PROXENETISMO
MAGNETISMO
ELECTROMAGNETISMO
FONETISMO
HERPETISMO
SINCRETISMO
ERETISMO
PATETISMO
COQUETISMO
CENOBITISMO
HERMAFRODITISMO
PROSELITISMO
COSMOPOLITISMO
SEMITISMO
SIBARITISMO
ESPIRITISMO
FAVORITISMO
ARTRITISMO
PARASITISMO
RAQUITISMO
CELTISMO
CULTISMO
OCULTISMO
DANTISMO
PEDANTISMO
GIGANTISMO
KANTISMO
EMANANTISMO
CONSONANTISMO
MODERANTISMO
TOLERANTISMO
OBSCURANTISMO
OSCURANTISMO
PROTESTANTISMO
CERVANTISMO
DECADENTISMO
CARIENTISMO
INDIFERENTISMO
ABSENTISMO
ADVENTISMO
NICOTISMO
NARCOTISMO
ESCOTISMO
EGOTISMO
ERGOTISMO
IDIOTISMO
PATRIOTISMO
QUIJOTISMO
ILOTISMO
HIPNOTISMO
NEPOTISMO
DESPOTISMO
EROTISMO
VIROTISMO
DERROTISMO
BAPTISMO
ANABAPTISMO
CONCEPTISMO
BONAPARTISMO
DEPORTISMO
DINASTISMO
BAUTISMO
ABSOLUTISMO
MUTISMO
HIRSUTISMO
QUECHUISMO
GALLEGUISMO
BILINGÜISMO
LUISMO
TABAQUISMO
MONAQUISMO
SENEQUISMO
CATEQUISMO
CACIQUISMO
ANTIQUISMO
BOLCHEVIQUISMO
FLAMENQUISMO
BARROQUISMO
MASOQUISMO
ANARQUISMO
MONARQUISMO
CONGRUISMO
ALTRUISMO
CASUISMO
PANESLAVISMO
ATAVISMO
BOLCHEVISMO
CIVISMO
EXCLUSIVISMO
RELATIVISMO
COOPERATIVISMO
COLECTIVISMO
SUBJETIVISMO
POSITIVISMO
VIVISMO
LAXISMO
PAROXISMO
MARXISMO
ENSAYISMO
MACROCOSMO
MICROCOSMO
HUSMO
RITMO
LOGARITMO
ALGORITMO
ISTMO
OCUMO
LÚCUMO
PEUMO
FUMO
HUMO
GUARDAHÚMO
SAHÚMO
NUMO
RUMO
GUARUMO
BRUMO
GRUMO
YAGRUMO
CHURUMO
SUMO
CONSUMO
TUMO
TOTUMO
PÓSTUMO
ZUMO
SEXMO
DIEZMO
REDIEZMO
NO
ANO
ABANO
HABANO
GUANÁBANO
RÁBANO
SÁBANO
TÁBANO
ÉBANO
PLÉBANO
TEBANO
CLÍBANO
OLÍBANO
ESCRIBANO
ALBANO
GÁLBANO
CARÁMBANO
CLAVECÍMBANO
CLAVICÍMBANO
URBANO
SUBURBANO
INURBANO
INTERURBANO
CUBANO
TÚBANO
CANO
CHABACANO
DECANO
MECANO
GRECANO
ENTRECANO
SECANO
RETRUÉCANO
GAICANO
JAMAICANO
RABICANO
BARBICANO
MEJICANO
GALICANO
PUBLICANO
REPUBLICANO
PELÍCANO
PELICANO
ANGLICANO
COLICANO
DOMINICANO
COPERNICANO
AMERICANO
SUDAMERICANO
NORTEAMERICANO
PANAMERICANO
ANGLOAMERICANO
HISPANOAMERICANO
IBEROAMERICANO
AFRICANO
SUDAFRICANO
CENTROAMENRICANO
ARMORICANO
SICANO
VATICANO
PETICANO
RUSTICANO
CÁNCANO
CANCANO
CUENCANO
CALAMOCANO
ARCANO
COMARCANO
CERCANO
CONCERCANO
HIRCANO
ASURCANO
FRANCISCANO
TOSCANO
ARAUCANO
TEZCUCANO
LUCANO
ANTELUCANO
CHANO
CACHANO
CAMPECHANO
TRUCHANO
CIUDADANO
CONCIUDADANO
BERGADANO
LÁDANO
EXTREMADANO
TRASPADANO
CISPADANO
TRANSPADANO
PEUCÉDANO
CANDELEDANO
TOLEDANO
MÉDANO
OLMEDANO
CARREDANO
ALMUÉDANO
ERÍDANO
LERIDANO
FLORIDANO
MIRTÍDANO
REGOLDANO
CÁNDANO
ARÁNDANO
MERUÉNDANO
MUNDANO
ULTRAMUNDANO
TRANSMUNDANO
RODANO
DÁRDANO
MARDANO
TARDANO
TUÉRDANO
JURDANO
LÁUDANO
OCÉANO
MONTEVIDEANO
ALDEANO
CRANEANO
PAMPEANO
COREANO
BAQUEANO
FANO
DIÁFANO
PÍFANO
QUIRÓFANO
PROFANO
HUÉRFANO
UFANO
BÓFANO
GANO
PAGANO
SUFRAGANO
DEGANO
BURDÉGANO
LÉGANO
MÉGANO
ORÉGANO
AFGANO
MORIÁNGANO
CARÁNGANO
TÁNGANO
ZÁNGANO
MENGANO
PERENGANO
ÁRGANO
VÁRGANO
MUÉRGANO
ÓRGANO
CLAVIÓRGANO
XILÓRGANO
ASTORGANO
MAZORGANO
DESGANO
LUGANO
BABIANO
COLOMBIANO
GRANCOLOMBIANO
TOBIANO
LESBIANO
DANUBIANO
PUBIANO
TUBIANO
ACIANO
PALACIANO
IGNACIANO
HORACIANO
TRACIANO
ALSACIANO
NOVACIANO
MELQUISEDECIANO
VENECIANO
GRECIANO
EGICIANO
GALICIANO
MILICIANO
HOMICIANO
FENICIANO

SULPICIANO
HOSPICIANO
PATRICIANO
ANCIANO
ESCANCIANO
PALANCIANO
VALENCIANO
TERENCIANO
PLASENCIANO
PINCIANO
PROVINCIANO
COMPROVINCIANO
ESCOCIANO
LANGUEDOCIANO
GOCIANO
PESTALOCIANO
EGIPCIANO
MARCIANO
BERCIANO
MURCIANO
CONFUCIANO
ADIANO
VADIANO
ARCEDIANO
MEDIANO
ENTREMEDIANO
SOGDIANO
CIDIANO
EUCLIDIANO
MERIDIANO
ANTEMERIDIANO
POSMERIDIANO
POSTMERIDIANO
COTIDIANO
CUOTIDIANO
OVIDIANO
INDIANO
GERUNDIANO
HERODIANO
SARDIANO
GORDIANO
JALIFIANO
JARIFIANO
JERIFIANO
SOFIANO
PELAGIANO
SEMIPELAGIANO
ELEGIANO
FALANGIANO
GEORGIANO
VESTFALIANO
AUSTRALIANO
TESALIANO
ITALIANO
SABELIANO
ORCHELIANO
MENDELIANO
HEGELIANO
SICILIANO
PRISCILIANO
VIRGILIANO
JULIANO
LULIANO
CAMULIANO
ROTULIANO
TERTULIANO
CONTERTULIANO
BOHEMIANO
JERONIMIANO
ASTRONOMIANO
ACROMIANO
ANATOMIANO
FLEBOTOMIANO
ERASMIANO
BANIANO
CRANIANO
FENIANO
SOCINIANO
VIRGINIANO
REUCLINIANO
ANTONINIANO
MORATINIANO
RETINIANO
PLANTINIANO
VALENTINIANO
FOTINIANO
MARTINIANO
SANMARTINIANO
AGUSTINIANO
DARVINIANO
BACONIANO
DRACONIANO
ALARCONIANO
SANSIMONIANO
FEBRONIANO
CICERONIANO

CALDERONIANO
NERONIANO
PIRRONIANO
CATONIANO
BRETONIANO
DALTONIANO
ANTONIANO
ESTONIANO
PLUTONIANO
DEVONIANO
CALIFORNIANO
NEPTUNIANO
PIANO
FORTEPIANO
ETIOPIANO
CARPIANO
METACARPIANO
MARIANO
CESARIANO
VEGETARIANO
BOLIVARIANO
ZARIANO
CZARIANO
CAMBRIANO
SIBERIANO
TRANSIBERIANO
VAGNERIANO
NEPERIANO
BACTERIANO
PRESBITERIANO
VOLTERIANO
HANNOVERIANO
SIRIANO
ASIRIANO
ELZEVIRIANO
CORIANO
ISIDORIANO
GREGORIANO
SORIANO
ORATORIANO
ECUATORIANO
PRETORIANO
VITORIANO
NESTORIANO
ARRIANO
ENTRERRIANO
CAMPURRIANO
BACTRIANO
ARBITRIANO
SILURIANO
ASTURIANO
ASIANO
CIRCASIANO
CAUCASIANO
PARNASIANO
SALESIANO
SILESIANO
MAGNESIANO
TERESIANO
ARTESIANO
CARTESIANO
GALDOSIANO
TEODOSIANO
AMBROSIANO
METATARSIANO
PERSIANO
PRUSIANO
MALTUSIANO
HAITIANO
KANTIANO
SEBASTIANO
CRISTIANO
ANTICRISTIANO
CUTIANO
BAQUIANO
EUTIQUIANO
PARROQUIANO
PAVIANO
OCTAVIANO
VALDIVIANO
LIVIANO
BOLIVIANO
PELVIANO
CRACOVIANO
SEGOVIANO
VARSOVIANO
DILUVIANO
ANTEDILUVIANO
POSTDILUVIANO
LLUVIANO
PERUVIANO
MAJANO
TRAJANO
SOBEJANO
LEJANO
OREJANO

TEJANO
ECIJANO
LEBRIJANO
RIOJANO
LOJANO
CIRUJANO
ZURUJANO
CARTUJANO
ALANO
BÁLANO
MIROBÁLANO
GALANO
ABLANO
POBLANO
TUDELANO
HORTELANO
COMPOSTELANO
ULFILANO
MILANO
CARRILANO
VILANO
PARABOLANO
MIRABOLANO
ESCOLANO
ORIOLANO
FERROLANO
SOLANO
SUBSOLANO
RESOLANO
TOLANO
HORTOLANO
VENEZOLANO
PLANO
BIPLANO
TRIPLANO
SESQUIPLANO
MONOPLANO
HIDROPLANO
AEROPLANO
EPERLANO
ULANO
HERCULANO
TUSCULANO
FULANO
HULANO
FRIULANO
INSULANO
PORTULANO
LLANO
RELLANO
MORELLANO
RIOSELLANO
CASTELLANO
AVELLANO
TRUJILLANO
ANTILLANO
MONTILLANO
VILLANO
SEVILLANO
MANO
GUARDAMANO
BAJAMANO
BESALAMANO
CONTRAMANO
PASAMANO
SALVAMANO
SOBREMANO
ANTEMANO
BIMANO
CUARTODECIMANO
CAUDIMANO
CENTIMANO
SACOMANO
MUSICÓMANO
TOXICÓMANO
MARCOMANO
TURCOMANO
GRAFÓMANO
BIBLIÓMANO
MEGALÓMANO
MELÓMANO
ANGLÓMANO
MORFINÓMANO
ROMANO
GRECORROMANO
RETORROMANO
DIPSÓMANO
OTOMANO
EROTÓMANO
CLEPTÓMANO
GERMANO
COGERMANO
HERMANO
COHERMANO
ATÉRMANO
DIATÉRMANO

BIRMANO
CORMANO
NORMANO
TRASMANO
DESMANO
CUMANO
TUCUMANO
HUMANO
SOBREHUMANO
INHUMANO
DESHUMANO
RUMANO
CUADRUMANO
NANO
BANANO
ENANO
RENANO
ROBIÑANO
GUIPUSCOANO
JOLOANO
ROANO
TRÉPANO
CAMPANO
PÁMPANO
ARCHIPÁMPANO
DESPAMPANO
TÉMPANO
TÍMPANO
CÓPANO
RÁSPANO
HISPANO
CELTOHISPANO
RANO
JARANO
BEJARANO
SAMBRANO
SAMPEDRANO
RIBERANO
SOBERANO
NAJERANO
BEJERANO
CORDILLERANO
CAMERANO
POMERANO
TRASMERANO
SUPERANO
UTRERANO
SERANO
VETERANO
CULTERANO
LAGARTERANO
LUTERANO
ANTEQUERANO
VERANO
CERVERANO
GRANO
CAMPIRANO
TIRANO
ALCORANO
FORANO
ZAMORANO
TEMPRANO
SOPRANO
MARRANO
SERRANO
SALVATERRANO
SOTERRANO
ANDORRANO
CALAHORRANO
URANO
ZURANO
SANO
DIOCESANO
PALMESANO
PARMESANO
SOBRESANO
MANRESANO
TORESANO
MENTESANO
ARTESANO
CORTESANO
PAISANO
OREJISANO
ELISANO
PISANO
MALSANO
ORENSANO
INSANO
TOLOSANO
BARBUSANO
SIRACUSANO
ESCUSANO
EXCUSANO
GUSANO
SUSANO
YUSANO

PLÁTANO
ETANO
GAETANO
TIBETANO
LACETANO
EDETANO
TURDETANO
EGETANO
VALISOLETANO
POPULETANO
METANO
MAHOMETANO
CARPETANO
TRASFRETANO
TRANSFRETANO
ORETANO
CERRETANO
LAURETANO
COSETANO
AUSETANO
LUSETANO
TÉTANO
BASTETANO
CUÉTANO
PERUÉTANO
PIRUÉTANO
TUÉTANO
LAYETANO
SETABITANO
UCUBITANO
CITANO
MALACITANO
ACCITANO
OCCITANO
ILICITANO
URCITANO
GADITANO
DEITANO
AMALFITANO
GITANO
ASTIGITANO
VIGITANO
TINGITANO
AURGITANO
ILITURGITANO
CARMELITANO
BILBILITANO
NEAPOLITANO
NAPOLITANO
PENTAPOLITANO
TRIPOLITANO
CONSTANTINOPOLITANO
METROPOLITANO
SOLIMITANO
HIEROSOLIMITANO
JEROSOLIMITANO
PALERMITANO
PANORMITANO
ANCONITANO
SALERNITANO
SAMARITANO
TAMARITANO
BRITANO
ILIBERITANO
ABDERITANO
EMPORITANO
ILIBERRITANO
CALAGURRITANO
MAURITANO
PURITANO
LUSITANO
BASTITANO
AQUITANO
ALTANO
MISACANTANO
LANTANO
PANTANO
CALENTANO
VALLISOLENTANO
VENTANO
FONTANO
MONTANO
TRAMONTANO
CITRAMONTANO
ULTRAMONTANO
SOMONTANO
TRASMONTANO
CISMONTANO
TRANSMONTANO
BOGOTANO
BRÓTANO
ABRÓTANO
SÓTANO
ANSOTANO
EGIPTANO
ESPARTANO

TÁRTANO
CERTANO
HUERTANO
PESTANO
CONTESTANO
INDOSTANO
CESARAUGUSTANO
TÚTANO
ZUTANO
CEBUANO
SÉCUANO
PADUANO
TRIDUANO
CUATRIDUANO
GUANO
MIRAGUANO
YURAGUANO
LIGUANO
RUANO
PERUANO
LITUANO
ESPIRITUANO
MANTUANO
VANO
GRANÉVANO
CUÉVANO
CAÑIVANO
DENTIVANO
TONTIVANO
ZANQUIVANO
CASQUIVANO
GALVANO
SILVANO
TRANSILVANO
PENSILVANO
BAYANO
RAYANO
PARAGUAYANO
POMPEYANO
CAMAGÜEYANO
SABOYANO
ALCOYANO
TROYANO
CUYANO
ALBAZANO
FOLGAZANO
ALAZANO
SOBRAZANO
BAEZANO
BAÑEZANO
JEREZANO
ALCAÑIZANO
MANZANO
ZARAGOZANO
LOZANO
ALTOZANO
ESCARZANO
TÁRZANO
RIBAGORZANO
BÓZANO
ANTUZANO
AMACENO
DAMACENO
ALMACENO
SARRACENO
DECENO
TRECENO
SECENO
DECISECENO
NICENO
EPICENO
BENCENO
QUINCENO
ONCENO
DOCENO
EOCENO
OLIGOCENO
PLIOCENO
MIOCENO
PLEISTOCENO
BARCENO
CÉRCENO
CATORCENO
CUATORCENO
DAMASCENO
OBSCENO
VEINTEOCHENO
DECIOCHENO
DIECIOCHENO
VEINTIOCHENO
ACEBUCHENO
CIBDADENO
MOLIBDENO
RODENO
DUODENO
CÁRDENO

FOSFENO
GENO
COLÁGENO
EGENO
CORALÍGENO
ALIENIGENO
SACARÍGENO
TERRÍGENO
ANTÍGENO
OXÍGENO
CARBÓGENO
GLUCÓGENO
ENDÓGENO
HALÓGENO
CIMÓGENO
LACRIMÓGENO
CROMÓGENO
CIANÓGENO
HIDRÓGENO
ELECTRÓGENO
NITRÓGENO
GASÓGENO
PATÓGENO
AUTÓGENO
HENO
CIENO
MASIENO
AJENO
ESCALENO
GALENO
MATUSALENO
HELENO
MELENO
CHILENO
FILENO
MILENO
ACETILENO
GASOLENO
PLENO
TERRAPLENO
LLENO
RELLENO
SOBRELLENO
CARILLENO
AMENO
INAMENO
ISOQUÍMENO
PROLEGÓMENO
ESTIÓMENO
FENÓMENO
CATECÚMENO
ENERGÚMENO
NOÚMENO
NACIANENO
VENENO
CONTRAVENENO
PENO
SAGAPENO
RENO
MACARENO
AGARENO
DESARENO
NAZARENO
CEDRENO
SERENO
FRENO
DESENFRENO
GRENO
MORENO
BARBIMORENO
OJIMORENO
BARRENO
TERRENO
TIRRENO
TRENO
VEINTICUATRENO
ESTRENO
SENO
SEISENO
VEINTESEISENO
DIECISEISENO
VEINTISEISENO
VEINTEDOSENO
TREINTAIDOSENO
VEINTIDOSENO
SAMOSATENO
SETENO
CENTENO
OCHENTENO
CUARENTENO
TRENTENO
CINCUENTENO
TREINTENO
VEINTENO
SEPTENO
TUNGSTENO

MACUTENO
RUTENO
BUENO
NOCHEBUENO
CINQUENO
ANTIOQUENO
TRUENO
CALVATRUENO
SUENO
REVENO
ESLOVENO
NOVENO
DECIMONOVENO
DESVENO
HAYENO
MAGNO
MAREMAGNO
INTERREGNO
DIGNO
FIDEDIGNO
INDIGNO
CONDIGNO
MALIGNO
PELIGNO
BENIGNO
SIGNO
BILBAÍNO
VIZCAÍNO
ALCALAINO
SAÍNO
TAINO
ZAINO
OJIZAINO
DULZAINO
JABINO
RABINO
SABINO
ALBINO
COLOMBINO
PRECOLOMBINO
COLUMBINO
JACOBINO
ESCOBINO
NICEROBINO
GARBINO
SEGORBINO
TURBINO
CALABACINO
ONFACINO
HACINO
FORNACINO
AMARACINO
BUCCINO
SUCCINO
SANTAFECINO
ALMECINO
FORNECINO
HORNECINO
TUNECINO
MORTECINO
BLANQUECINO
VECINO
CONVECINO
CIRCUNVECINO
RICINO
LARICINO
MASTICINO
ALCINO
FALCINO
ENCINO
ALAVENCINO
CONCINO
INCONCINO
JUNCINO
MENDOCINO
FOCINO
HOCINO
VELLOCINO
ROCINO
BROCINO
CROCINO
FERROCINO
ESFORROCINO
TOCINO
BARCINO
CORCINO
PORCINO
PAMPORCINO
CHINO
LECHINO
RECHINO
MICHINO
COCHINO
CAPUCHINO
DINO
LADINO

ALCALADINO
PALADINO
IGUALADINO
ANADINO
GRANADINO
NEOGRANADINO
ENCARNADINO
ALDINO
ESMERALDINO
ANDINO
ALMANDINO
HERMANDINO
FERNANDINO
ARANDINO
JACARANDINO
INTERANDINO
TRASANDINO
CISANDINO
TRANSANDINO
ENDINO
INDINO
GIRONDINO
TONDINO
ANODINO
HETERODINO
BOMBARDINO
ANACARDINO
PECHARDINO
NARDINO
VERDINO
SORDINO
CAUDINO
REINO
SUBREINO
VIRREINO
VISORREINO
FINO
AFINO
REFINO
ENTREFINO
JOSEFINO
ASTIFINO
COFINO
SUPERFINO
ANDRÓGINO
MISÓGINO
MOHÍNO
TRAJINO
SALVAJINO
SELVAJINO
PEJINO
TOJINO
LINO
CABALINO
RASCALINO
SANDALINO
BUFALINO
HIALINO
MALINO
PEDERNALINO
PAPALINO
OPALINO
CORALINO
SALINO
METALINO
CRISTALINO
CENZALINO
DICLINO
ARCHITRICLINO
ISABELINO
GIBELINO
MARCELINO
FELINO
ARGELINO
MELINO
OREOSELINO
MANUELINO
SIBILINO
AQUILINO
INQUILINO
COINQUILINO
COLINO
FRANCOLINO
REDOLINO
JORGOLINO
MOLINO
REMOLINO
CIPOLINO
TRIPOLINO
CASPOLINO
CAROLINO
CAPITOLINO
PERLINO
HERCULINO
MERCULINO
MASCULINO

CREPUSCULINO
FIGULINO
CUPULINO
LUPULINO
AZULINO
GALLINO
SAGALLINO
TORBELLINO
CEBOLLINO
MOLLINO
POLLINO
MINO
CAMINO
TAPACAMINO
DESCAMINO
PERGAMINO
CICLAMINO
GÉMINO
COMINO
AJICOMINO
DÓMINO
DOMINÓ
CONDÓMINO
PALOMINO
NÓMINO
TÉRMINO
CONTÉRMINO
ORMINO
DIFUMINO
ESFUMINO
DISFUMINO
GURRUMINO
ABANINO
CANINO
ALBELLANINO
TANINO
SANJUANINO
BENINO
FESCENINO
MENINO
FEMENINO
VENINO
MININO
ASININO
LEONINO
ANTONINO
ESTORNINO
SATURNINO
NOCTURNINO
ASNINO
AÑINO
DAÑINO
CIGOÑINO
POÍNO
PINO
SERAPINO
SAPINO
CALEPINO
PEPINO
FILIPINO
GOSIPINO
ALPINO
TRASALPINO
CISALPINO
TRANSALPINO
VULPINO
PAMPINO
EMPINO
COPINO
TOPINO
ESPINO
LUPINO
SUPINO
ALBARINO
AMBARINO
NACARINO
SACARINO
ZUCARINO
BAGARINO
TAGARINO
ESCOLARINO
COLLARINO
MARINO
ULTRAMARINO
SUBMARINO
TRASMARINO
TRANSMARINO
ROSMARINO
CESARINO
ANSARINO
ROSARINO
NECTARINO
ALCANTARINO
JAZARINO
LAZARINO
GINEBRINO

SOBRINO
RESOBRINO
ENDOCRINO
ORINO
PADRINO
CEDRINO
ANDRINO
ALEJANDRINO
SALAMANDRINO
ENDRINO
GOLONDRINO
TIBERINO
TRASTIBERINO
TRANSTIBERINO
AMBERINO
ACERINO
SANTANDERINO
CORDERINO
FERINO
LUCIFERINO
SOLFERINO
TANGERINO
NAJERINO
PUEBLERINO
MERINO
QUIMERINO
VIPERINO
JUPITERINO
ADULTERINO
INTERINO
UTERINO
PELEGRINO
MONTENEGRINO
PEREGRINO
CAIRINO
ZAFIRINO
GIRINO
TAMBORINO
GONGORINO
LEPORINO
CENSORINO
MAYORINO
CAPRINO
CIPRINO
CATARRINO
SERRINO
TERRINO
MIRRINO
CATIRRINO
PLATIRRINO
GORRINO
PORRINO
LEPTORRINO
MÚRRINO
TRINO
DOCTRINO
CETRINO
SEMITRINO
BUITRINO
BOTRINO
SUCOTRINO
AJOTRINO
ALABASTRINO
BARBASTRINO
AUSTRINO
LIGUSTRINO
BUTRINO
LAURINO
TAURINO
LIGURINO
PURPURINO
SINO
CASINO
EFESINO
AVILESINO
TRECEMESINO
DOCEMESINO
CREMESINO
TREMESINO
SIETEMESINO
CINCOMESINO
DOSMESINO
TRESMESINO
DIEZMESINO
CAMPESINO
CIPRESINO
CUPRESINO
ASESINO
MONTESINO
REVESINO
CANSINO
TENSINO
ALFONSINO
TOBOSINO
LOSINO
RAPOSINO

CAMPOSINO
TORTOSINO
ELEUSINO
GAMUSINO
VENUSINO
PERUSINO
TINO
ATINO
SABATINO
CATINO
REATINO
TEATINO
AGATINO
SERRAGATINO
LATINO
PALATINO
GRECOLATINO
NEOLATINO
CELTOLATINO
PLATINO
PAULATINO
MATINO
RATINO
DESATINO
BENEDICTINO
MORABETINO
ABIETINO
ARIETINO
ARETINO
CRETINO
MARAVETINO
ALICANTINO
ANDANTINO
ELEFANTINO
INFANTINO
GIGANTINO
BRIGANTINO
ESTUDIANTINO
ADAMANTINO
DIAMANTINO
SALMANTINO
NUMANTINO
LEVANTINO
CERVANTINO
BIZANTINO
PLACENTINO
HEDENTINO
TRIDENTINO
ARGENTINO
PALENTINO
SALENTINO
VALENTINO
SACRAMENTINO
SEMENTINO
PONENTINO
REPENTINO
SERPENTINO
TARENTINO
FLORENTINO
CORRENTINO
JACINTINO
CONTINO
DRAGONTINO
BIPONTINO
FRONTINO
VISONTINO
MAGUNTINO
SAGUNTINO
SEGUNTINO
ZANGOLOTINO
SERÓTINO
CERROTINO
LIBERTINO
CONCERTINO
VESPERTINO
MIRTINO
MONFORTINO
TIBURTINO
MEDIASTINO
ASBESTINO
DESTINO
CLANDESTINO
TRIESTINO
PALESTINO
CELESTINO
NEGRESTINO
INTESTINO
ARISTINO
CRISTINO
PRÍSTINO
COSTINO
LANGOSTINO
DEMOSTINO
AGUSTINO
PLAUTINO
MATUTINO

CUINO
BEDUINO
SANTIAGUINO
BEGUINO
FUEGUINO
SANGUINO
PINGÜINO
LECHUGUINO
GENUINO
QUINO
CAQUINO
BALDAQUINO
EQUINO
ANTEQUINO
PARTIQUINO
SALAMANQUINO
CINQUINO
BOQUINO
COQUINO
BECOQUINO
BARQUINO
LORQUINO
NEOYORQUINO
TURQUINO
DAMASQUINO
MARRASQUINO
MESQUINO
MOSQUINO
MACUQUINO
MEZQUINO
VINO
TRAGAVINO
CATAVINO
PATAVINO
DEVINO
DIVINO
ADIVINO
OLIVINO
ALVINO
OVINO
BOVINO
CERVINO
NERVINO
CORVINO
ALNO
HIMNO
CRIMNO
ALUMNO
ATUMNO
BONO
ABONO
DESABONO
EMBONO
CARBONO
CONO
DIÁCONO
SUBDIÁCONO
ARCHIDIÁCONO
ICONO
DESENCONO
BALDONO
ABANDONO
COSEONO
ÁFONO
MEGÁFONO
TELÉFONO
POLÍFONO
PERÍFONO
GRAMÓFONO
HOMÓFONO
MICRÓFONO
FOTÓFONO
SAXÓFONO
DECÁGONO
PENTADECÁGONO
PENTEDECÁGONO
ENDECÁGONO
UNDECÁGONO
DODECÁGONO
ENEÁGONO
NONÁGONO
TETRÁGONO
OCTÁGONO
PENTÁGONO
HEPTÁGONO
HEXÁGONO
POLÍGONO
EPÍGONO
TRÍGONO
ISÓGONO
OCTÓGONO
COLONO
POLONO
MONO
QUIMONO
COTOMONO

NONO
DECIMONONO
ISÓCRONO
JACERONO
TALAVERONO
PRONO
TRONO
PATRONO
COMPATRONO
DULCÍSONO
DÍSONO
GRANDÍSONO
UNDÍSONO
BELÍSONO
UNÍSONO
HORRÍSONO
ALTÍSONO
CÓNSONO
TONO
ÁTONO
AUTÓCTONO
DÍTONO
SEMIDÍTONO
OXÍTONO
SEMITONO
BARÍTONO
TRÍTONO
PAROXÍTONO
PROPAROXÍTONO
ENTONO
DESENTONO
MONÓTONO
OZONO
CERNO
LUCERNO
CUADERNO
MODERNO
INFERNO
GERNO
HIBIERNO
GOBIERNO
DESGOBIERNO
LADIERNO
ALADIERNO
INFIERNO
PIZPIERNO
TIERNO
ALITIERNO
IVIERNO
INVIERNO
FALERNO
GALERNO
PERNO
SUPERNO
TERNO
ALATERNO
MATERNO
PATERNO
FRATERNO
CUATERNO
ETERNO
COETERNO
SEMPITERNO
EVITERNO
ALTERNO
SUBALTERNO
LANTERNO
INTERNO
QUINTERNO
EXTERNO
CUERNO
CACHICUERNO
DESCUERNO
BIZCUERNO
DUERNO
AVERNO
YERNO
ALBORNO
SOBORNO
CORNO
TOCORNO
FISCORNO
BOCHORNO
ADORNO
DESADORNO
CODORNO
FORNO
HORNO
SAHORNO
PIORNO
TORNO
RETORNO
ENTORNO
DENTORNO
DINTORNO
CONTORNO

TRASTORNO
EXTORNO
EBURNO
VIBURNO
ALBURNO
DIURNO
TURNO
SATURNO
NOCTURNO
TACITURNO
VULTURNO
COTURNO
SOTURNO
DIUTURNO
ASNO
FRESNO
UNO
CAUNO
FAUNO
TRIBUNO
LOBUNO
VACUNO
PORCUNO
CASCUNO
CADASCUNO
MACHUNO
DEGUNO
ALGUNO
NENGUNO
NINGUNO
HUNO
BAHÚNO
VEINTIUNO
JUNO
AJUNO
BAJUNO
PAJUNO
GRAJUNO
ABEJUNO
CONEJUNO
DENTICONEJUNO
BOQUICONEJUNO
OVEJUNO
JABALUNO
FRAILUNO
CABALLUNO
GAMUNO
ASNUNO
RUNO
BRUNO
CABRUNO
CEBRUNO
LEBRUNO
HEMBRUNO
HOMBRUNO
RESUMBRUNO
CARNERUNO
MORUNO
TORUNO
PRUNO
PERRUNO
ZORRUNO
DESUNO
DENSUNO
CONSUNO
OSUNO
RAPOSUNO
TUNO
GATUNO
ACEITUNO
CABRITUNO
MONTUNO
CHOTUNO
ROTUNO
NEPTUNO
FORTUNO
INFORTUNO
IMPORTUNO
OPORTUNO
INOPORTUNO
CERVUNO
AYUNO
LACAYUNO
DESAYUNO
REYUNO
BUEYUNO
YEYUNO
BOYUNO
ANQUIBOYUNO
DURAZNO
LOBEZNO
RODEZNO
JUDEZNO
RUFEZNO
POLLEZNO
GAMEZNO

REZNO
VIBOREZNO
PERREZNO
TURREZNO
OSEZNO
ESCUEZNO
RUEZNO
PAVEZNO
TUNDIZNO
GOLLIZNO
CHOZNO
BICHOZNO
ROZNO
BROZNO
REBUZNO
REPELUZNO
ESPELUZNO
ÑO
AÑO
BAÑO
REBAÑO
CAÑO
TACAÑO
PICAÑO
CULTIPICAÑO
CALCAÑO
ZOCAÑO
CARCAÑO
SURCAÑO
ESCAÑO
RESCAÑO
CHAÑO
ESCUCHAÑO
DAÑO
GUADAÑO
ALEDAÑO
MEDAÑO
REDAÑO
PAREDAÑO
PELDAÑO
LINDAÑO
ESCUDAÑO
AFAÑO
ADEGAÑO
REGAÑO
ABRIGAÑO
ENGAÑO
DESENGAÑO
OGAÑO
HOGAÑO
MORGAÑO
MUSGAÑO
DIAÑO
PERPIAÑO
CALAÑO
MAMPELAÑO
BOLAÑO
MAÑO
AMAÑO
TAMAÑO
CUAMAÑO
DESMAÑO
ÑAÑO
PAÑO
APAÑO
ALZAPAÑO
SOBREPAÑO
ENTREPAÑO
COMPAÑO
MEDIOPAÑO
RAÑO
ARAÑO
BARAÑO
FORAÑO
CHAFARRAÑO
SOTERRAÑO
ENTRAÑO
EXTRAÑO
HURAÑO
TRAVESAÑO
ATRAVESAÑO
SOSAÑO
TAÑO
ERMITAÑO
SUPITAÑO
TIRITAÑO
ANTAÑO
CASTAÑO
BARBICASTAÑO
ESTAÑO
CESTAÑO
RESTAÑO
FUSTAÑO
ALCALAEÑO
ALGABEÑO
ARRIBEÑO

RIOBAMBEÑO
ARROBEÑO
CEÑO
PACEÑO
ALCARACEÑO
AGRACEÑO
PECEÑO
SOBRECEÑO
CENCEÑO
PONCEÑO
MARCEÑO
ZARCEÑO
CRUCEÑO
SABADEÑO
PRADEÑO
GEDEÑO
SEDEÑO
MERIDEÑO
NAVIDEÑO
ARGANDEÑO
RONDEÑO
ORDEÑO
DESDEÑO
RIFEÑO
TARIFEÑO
TINERFEÑO
ENGEÑO
PERGEÑO
TAHEÑO
BARBITAHEÑO
ABAJEÑO
GUADIJEÑO
GUIJEÑO
AGUIJEÑO
LOJEÑO
LEÑO
CALEÑO
QUINTALEÑO
ZARZALEÑO
ZORZALEÑO
ALMIZCLEÑO
BELEÑO
SANMIGUELEÑO
FRAILEÑO
CABILEÑO
CHILEÑO
MARFILEÑO
MANILEÑO
ABRILEÑO
MADRILEÑO
BRASILEÑO
AGUILEÑO
CARIAGUILEÑO
AQUILEÑO
GUAYAQUILEÑO
CONGOLEÑO
MOLEÑO
MARMOLEÑO
ISLEÑO
PATIMULEÑO
CASQUIMULEÑO
PANAMEÑO
CAÑAMEÑO
JARAMEÑO
EXTREMEÑO
LIMEÑO
ESQUILMEÑO
CERMEÑO
MARISMEÑO
ISTMEÑO
DEZMEÑO
SANJUANEÑO
PEÑO
EMPEÑO
DESEMPEÑO
ESTOPEÑO
CARPEÑO
CARRASPEÑO
DESPEÑO
SANLUCAREÑO
SALGAREÑO
HOGAREÑO
LUGAREÑO
ZAHAREÑO
GUADALAJAREÑO
ANDUJAREÑO
ALCALAREÑO
GIBRALTAREÑO
JIBRALTAREÑO
ALMODOVAREÑO
ALCAZAREÑO
CIMBREÑO
MIMBREÑO
COBREÑO
SALOBREÑO
SOBREÑO

SUCREÑO
RIBEREÑO
CEREÑO
CACEREÑO
SANTAFEREÑO
ALMAGREÑO
ALGECIREÑO
ALJECIREÑO
ALCIREÑO
SALVADOREÑO
MONTOREÑO
CASTUREÑO
BARREÑO
ALCARREÑO
GUIJARREÑO
ALPUJARREÑO
PIZARREÑO
TERREÑO
CALAHORREÑO
BURREÑO
CUATREÑO
CASTREÑO
IMBABUREÑO
HONDUREÑO
MUREÑO
APUREÑO
CONTRASEÑO
DESEÑO
DISEÑO
ENSEÑO
TOBOSEÑO
CERRATEÑO
ALBACETEÑO
HUETEÑO
MARGARITEÑO
QUITEÑO
SALTEÑO
PINTEÑO
SOTEÑO
NORTEÑO
PORTEÑO
MESTEÑO
COSTEÑO
AGOSTEÑO
CAMPORRUTEÑO
DUEÑO
VIDUEÑO
CONDUEÑO
FAGÜEÑO
SANTIAGUEÑO
FALAGÜEÑO
HALAGÜEÑO
MALAGUEÑO
NICARAGÜEÑO
CIGÜEÑO
PEDIGÜEÑO
TRIGUEÑO
PERTIGUEÑO
GALGUEÑO
SANGÜEÑO
BARGUEÑO
VARGUEÑO
BURGUEÑO
TARAPAQUEÑO
CARAQUEÑO
PEQUEÑO
ENRIQUEÑO
COSTARRIQUEÑO
BORRIQUEÑO
PUERTORRIQUEÑO
PORTORRIQUEÑO
CINQUEÑO
BORINQUEÑO
ANTIOQUEÑO
ALCORNOQUEÑO
ROQUEÑO
SANROQUEÑO
HARQUEÑO
CATAMARQUEÑO
TABASQUEÑO
CARRASQUEÑO
SANLUQUEÑO
VELAZQUEÑO
ALMIZQUEÑO
RUEÑO
SUEÑO
QUITASUEÑO
RISUEÑO
SONRISUEÑO
ENSUEÑO
PASTUEÑO
CALATRAVEÑO
HUELVEÑO
CORVEÑO
GUAIÑO
REBOCIÑO

LIÑO
ALIÑO
DESALIÑO
ADELIÑO
ENTRELIÑO
ARMIÑO
NIÑO
ANDANIÑO
PIÑO
LAMPIÑO
BARBILAMPIÑO
CARILAMPIÑO
CORPIÑO
CARIÑO
DESCARIÑO
FARIÑO
ESCRIÑO
ESCUDRIÑO
CARRIÑO
DESIÑO
RATIÑO
DESTIÑO
PESTIÑO
PRESTIÑO
GUIÑO
ULAGUIÑO
BRINQUIÑO
REBOÑO
ESTADOÑO
LODOÑO
COLOÑO
MOÑO
RASCAMOÑO
MATRIMOÑO
GAZMOÑO
ÑOÑO
CAMBROÑO
COLOMBROÑO
MADROÑO
CARROÑO
MORROÑO
BISOÑO
RETOÑO
OTOÑO
CUÑO
ALCUÑO
ENCUÑO
RASCUÑO
PESCUÑO
CHUÑO
VEDUÑO
VIDUÑO
GARDUÑO
REFUNFUÑO
RASGUÑO
NUÑO
PUÑO
ABREPUÑO
ARUÑO
BRUÑO
CABRUÑO
TERRUÑO
PESUÑO
ZUÑO
AZAMBOO
HEMORROO
METAZOO
ESPOROZOO
ESPERMATOZOO
ANTOZOO
PROTOZOO
ESCAPO
IMOSCAPO
SUMOSCAPO
CHAPÓ
GACHAPO
LAPO
GALAPO
SOLAPO
TRASLAPO
CHULAPO
CALLAPO
CHINAPO
GUIÑAPO
PAPO
GUARDAPAPO
REPAPO
SOPAPO
RAPO
HARAPO
GUSARAPO
GUARAPO
ESPADRAPO
ESPARADRAPO
ARRAPO
GARRAPO

TRAPO
SAPO
MATASAPO
PEJESAPO
GUARISAPO
PINSAPO
GUAPO
ZAPO
GAZAPO
CEPO
CHEPO
REPO
CARAIPO
CIPO
ANTICIPO
HIPO
PÓLIPO
ZOLLIPO
COIPO
PIPO
GRIPO
EURIPO
TIPO
SUBTIPO
TELETIPO
ARQUETIPO
FENOTIPO
GENOTIPO
MONOTIPO
DAGUERROTIPO
PROTOTIPO
QUIPO
EQUIPO
PALPO
FELPO
ULPO
PULPO
AMPO
CAMPO
ACAMPO
HIPOCAMPO
ESCAMPO
HAMPO
LAMPO
MELAMPO
AIRAMPO
TIEMPO
CONTRATIEMPO
PASATIEMPO
ENTRETIEMPO
DESTIEMPO
OLIMPO
POMPO
TROMPO
ZOMPO
COPO
CÉRCOPO
EPIDIÁSCOPO
ESCOPO
COEPÍSCOPO
COREPÍSCOPO
GIRÓSCOPO
HORÓSCOPO
CHOPO
CACHOPO
LAGOPO
HOPO
JOPO
GALOPO
CANOPO
SOMPOPO
ZOMPOPO
OLOPOPO
PIROPO
TROPO
PITECÁNTROPO
LICÁNTROPO
FILÁNTROPO
MISÁNTROPO
HELIOTROPO
ZOÓTROPO
HISOPO
GUISOPO
TOPO
ISÓTOPO
ZOPO
CARPO
METACARPO
CUERPO
ANTICUERPO
ARIMASPO
GRASPO
CRESPO
ENCRESPO
OBISPO
ARZOBISPO

CHISPO
RISPO
CUPO
ESCUPO
GRUPO
ESTRUPO
CHOZPO
RO
ARO
LÁBARO
BÍBARO
JÍBARO
CÁMBARO
GÁMBARO
BÁRBARO
RABÁRBARO
CARO
ÁCARO
JÁCARO
GUARACARO
SOBRECARO
JÍCARO
PÍCARO
ENCARO
PEÑASCARÓ
ESCARO
DESCARO
ÉUSCARO
BÚCARO
CHÚCARO
JÚCARO
CHARO
GUÁCHARO
CHÍCHARO
FARO
PÍFARO
FARFARO
GARÓ
GARO
BÍGARO
FÍGARO
BÚLGARO
ÁNGARO
CÍNGARO
HÚNGARO
GÁRGARO
TITIARO
JARO
PÁJARO
CLARO
DECLARO
PRECLARO
ENTRECLARO
MARO
AMARO
CÁMARO
ULTRAMARO
ALMARO
RUSMARO
IGNARO
PARO
PÁPARO
PARAPARO
TAPARO
REPARO
GEMÍPARO
OPÍPARO
VIVÍPARO
OVÍPARO
AMPARO
MAMPARO
DESAMPARO
GUÁMPARO
OVOVIVÍPARO
DISPARO
RARO
TRARO
ÁSARO
ARÍSARO
GUZPÁTARO
CÁNTARO
TÁRTARO
BUARO
GUARO
CUNAGUARO
AVARO
BÁVARO
ALGAVARO
YARO
AZARO
LÁZARO
CENÍZARO
GENÍZARO
JENÍZARO
ESGUÍZARO
SUÍZARO

CABRO
MACABRO
ESCABRO
FABRO
LABRO
DESCALABRO
CANDELABRO
GLABRO
CARABRO
CATABRO
TATABRO
CÁNTABRO
ÁRTABRO
ENCEBRO
QUIEBRO
REQUIEBRO
CELEBRO
CULEBRO
NEBRO
ENEBRO
JINEBRO
CEREBRO
LIBRO
SICAMBRO
MIEMBRO
CIMBRO
GOLIMBRO
ESCOMBRO
DESCOMBRO
COGOMBRO
HOMBRO
COHOMBRO
ASOMBRO
RELUMBRO
COBRO
RECOBRO
RUBRO
SIMULACRO
ANFÍMACRO
SACRO
LAVACRO
LÚDICRO
FULCRO
PULCRO
SEPULCRO
CANCRO
CHANCRO
LOCRO
TEUCRO
LUCRO
INVOLUCRO
ALADRO
BALADRO
TALADRO
ARADRO
CUADRO
BECUADRO
RECUADRO
ESCUADRO
DODECAEDRO
TETRAEDRO
ICOSAEDRO
OCTAEDRO
PENTAEDRO
HEXAEDRO
ALBEDRO
CEDRO
DIEDRO
POLIEDRO
ARRIEDRO
TRIEDRO
LEDRO
MEDRO
DESMEDRO
ROMBOEDRO
PEDRO
DOMPEDRO
REDRO
ARREDRO
CIDRO
ANHIDRO
ISIDRO
VIDRO
MEANDRO
ESCAFANDRO
DIANDRO
CORIANDRO
BALANDRO
MELANDRO
PALISANDRO
RODODENDRO
ENGENDRO
ALMENDRO
CILINDRO
SEMICILINDRO
GOLONDRO

MOLONDRO
TOLONDRO
COLODRO
ERO
ALMACAERO
ALBALAERO
ATALAERO
BABERO
CABERO
CARABERO
GARABERO
ALMADRABERO
CEBERO
ÍBERO
ALJIBERO
LÍBERO
RIBERO
CELTÍBERO
ALBERO
CAMBERO
TAMBERO
BOMBERO
ESCOBERO
AJOBERO
LOBERO
ARROBERO
ALGARROBERO
BARBERO
BÉRBERO
CERBERO
CANCERBERO
HERBERO
REVERBERO
CUBERO
PÚBERO
IMPÚBERO
YUBERO
CERO
ACERO
ABACERO
CALABACERO
PICACERO
CEDACERO
FACERO
MANIFACERO
DELGACERO
LACERO
PLACERO
MACERO
CAMACERO
TENACERO
HORNACERO
TRAPACERO
BRACERO
AGRACERO
CORACERO
CARRACERO
ALCARRACERO
MOSTACERO
AGUACERO
NAVACERO
COMENZACERO
JAECERO
CABECERO
MANIFECERO
ALJECERO
NUECERO
VECERO
REVECERO
CERVECERO
MAICERO
CÍCERO
HECHICERO
AJICERO
CHAMICERO
CENÍCERO
CENICERO
CARNICERO
LAPICERO
TAPICERO
CHORICERO
TORTICERO
BRAQUÍCERO
PROVICERO
DULCERO
ALABANCERO
GARBANCERO
CHANCERO
LANCERO
BALANCERO
ROMANCERO
PARANCERO
SOBRANCERO
GRANCERO
MATANCERO
PITANCERO

LENCERO
SINCERO
INSINCERO
RONCERO
CALABOCERO
COCERO
PERCOCERO
CLADÓCERO
MOCERO
POCERO
ROCERO
PROCERO
ARROCERO
CARROCERO
NEMATÓCERO
VOCERO
GARCERO
MARCERO
APARCERO
ALPARCERO
ZARCERO
BERCERO
MERCERO
TERCERO
SOBRETERCERO
DECIMOTERCERO
BUCERO
ARCABUCERO
ALCUCERO
ALCUZCUCERO
CHUCERO
SANDUCERO
PAJUCERO
LUCERO
ALTRAMUCERO
CHAPUCERO
BRUCERO
CRUCERO
AZABACHERO
HACHERO
CAMBALACHERO
TABLACHERO
POPULACHERO
MACHERO
CAPACHERO
DESPACHERO
GAZPACHERO
CUCARACHERO
DICHARACHERO
MANDRACHERO
BORRACHERO
TACHERO
PISTACHERO
CECHERO
LECHERO
FLECHERO
MECHERO
PECHERO
BRECHERO
DERECHERO
RETRECHERO
COSECHERO
BICHERO
SALCHICHERO
DICHERO
FICHERO
TILICHERO
BOLICHERO
TRAPICHERO
COLCHERO
CANCHERO
GANCHERO
LANCHERO
RANCHERO
CHINCHERO
BOCHINCHERO
TRINCHERO
CONCHERO
NAOCHERO
BOCHERO
COCHERO
MELCOCHERO
BIZCOCHERO
GALOCHERO
ATOCHERO
RCHERO
ARCHERO
PERCHERO
SUPERCHERO
CORCHERO
ANTORCHERO
CAUCHERO
BABUCHERO
CHUCHERO
CACHUCHERO
PUCHERO

CALPUCHERO
TRUCHERO
BABADERO
TRABADERO
CEBADERO
ESTRIBADERO
DERRUMBADERO
SOBADERO
ESCARBADERO
ATRACADERO
RECADERO
SECADERO
SACRIFICADERO
PURIFICADERO
APLICADERO
PICADERO
SALPICADERO
TROMPICADERO
REVOLCADERO
ARRANCADERO
ABARRANCADERO
EMBOCADERO
DESEMBOCADERO
MOCADERO
DESMOCADERO
ROCADERO
DERROCADERO
CONVOCADERO
EMBARCADERO
DESEMBARCADERO
MERCADERO
ATASCADERO
PESCADERO
APRISCADERO
ENFOSCADERO
MOSCADERO
ROSCADERO
ECHADERO
ACECHADERO
AHECHADERO
DADERO
NADADERO
OLVIDADERO
ALBELDADERO
SOLDADERO
ANDADERO
MANDADERO
DEMANDADERO
COMENDADERO
ARRENDADERO
RECODADERO
ESCODADERO
RODADERO
AGUARDADERO
VERDADERO
ENGORDADERO
SUDADERO
RANCHEADERO
FONDEADERO
MEADERO
APEADERO
GOLPEADERO
APEDREADERO
PASEADERO
DESEADERO
SESTEADERO
CAGADERO
PAGADERO
TRAGADERO
ZAGADERO
AZAGADERO
ALLEGADERO
REGADERO
FREGADERO
ESTREGADERO
SEGADERO
ENEMIGADERO
BRIGADERO
ABRIGADERO
DESGALGADERO
COLGADERO
HOLGADERO
DESCOMULGADERO
ESPULGADERO
RENGADERO
ALONGADERO
AHOGADERO
LOGADERO
CARGADERO
DESCARGADERO
PORGADERO
OTORGADERO
ENTIBIADERO
DERRUMBIADERO
ASUBIADERO
VACIADERO

LIDIADERO
DESAFIADERO
CRIADERO
ENFRIADERO
ESPERRIADERO
CHIRRIADERO
ALIVIADERO
ABAJADERO
MAJADERO
TAJADERO
ATAJADERO
CEJADERO
DEJADERO
AHIJADERO
REMOJADERO
LADERO
RESBALADERO
CALADERO
BACALADERO
SALADERO
TEMBLADERO
ROBLADERO
ANCLADERO
HELADERO
PELADERO
ASELADERO
BAILADERO
DESFILADERO
COLADERO
VOLADERO
TEMPLADERO
SOPLADERO
BURLADERO
ACABALLADERO
ENCALLADERO
MANCELLADERO
ESTRELLADERO
MANCILLADERO
HUMILLADERO
DEGOLLADERO
HOLLADERO
DESOLLADERO
ATOLLADERO
AULLADERO
MADERO
BRAMADERO
DÉRRAMADERO
QUEMADERO
ARRIMADERO
TOMADERO
ASMADERO
FUMADERO
PERFUMADERO
LUMADERO
REZUMADERO
GANADERO
MANADERO
EMANADERO
PANADERO
VERANADERO
GRANADERO
CENADERO
VENADERO
PATINADERO
DIVINADERO
SONADERO
CERNADERO
ENVERNADERO
INVERNADERO
TORNADERO
MESNADERO
LIMOSNADERO
DELEZNADERO
BAÑADERO
RESTAÑADERO
ORDEÑADERO
DESPEÑADERO
ENSEÑADERO
VIÑADERO
LOADERO
TAPADERO
ESPADERO
CHUPADERO
APIARADERO
PARADERO
DISPARADERO
VARADERO
LABRADERO
QUEBRADERO
ENJAMBRADERO
COBRADERO
SOBRADERO
COFRADERO
MIRADERO
RESPIRADERO
TIRADERO

HONRADERO
COMPRADERO
ACHICHARRADERO
AGARRADERO
AMARRADERO
CERRADERO
ENCERRADERO
HERRADERO
ASERRADERO
DESTERRADERO
ARBITRADERO
ENTRADERO
ARRASTRADERO
DURADERO
MADURADERO
JURADERO
APURADERO
ASADERO
REBASADERO
CASADERO
AMASADERO
PASADERO
BALSADERO
EMBALSADERO
DESCANSADERO
REBOSADERO
POSADERO
REPOSADERO
EXCUSADERO
ATADERO
MATADERO
APRETADERO
PRECIPITADERO
SALTADERO
APACENTADERO
SENTADERO
TENTADERO
AVENTADERO
REVENTADERO
CINTADERO
CONTADERO
MONTADERO
APARTADERO
APORTADERO
GASTADERO
PASTADERO
ESTADERO
ASESTADERO
PISTADERO
RECOSTADERO
AGOSTADERO
APOSTADERO
EJECUTADERO
AGUADERO
JAGUADERO
DESAGUADERO
AMENGUADERO
LAVADERO
LEVADERO
LLEVADERO
ABREVADERO
PRIVADERO
APARVADERO
GUAYADERO
APOYADERO
ARROYADERO
DESBAZADERO
CAZADERO
FRAZADERO
TROPEZADERO
DESLIZADERO
DESVAPORIZADERO
ATIZADERO
ALZADERO
DESCALZADERO
COMENZADERO
HOZADERO
ROZADERO
AGUZADERO
CABEDERO
HABEDERO
BEBEDERO
FACEDERO
HACEDERO
INHACEDERO
COMPLACEDERO
PACEDERO
ACAECEDERO
FALLECEDERO
MECEDERO
EMPECEDERO
CRECEDERO
PERECEDERO
IMPERECEDERO
ABORRECEDERO
ACONTECEDERO

VENCEDERO
COCEDERO
TORCEDERO
DEFENDEDERO
PRENDEDERO
TENDEDERO
ESCONDEDERO
PERDEDERO
CREEDERO
COGEDERO
RECOGEDERO
VALEDERO
OLEDERO
MOLEDERO
TEMEDERO
COMEDERO
TENEDERO
MONEDERO
PONEDERO
CERNEDERO
ATAÑEDERO
ROMPEDERO
TORPEDERO
CONTRATORPEDERO
CAZATORPEDERO
HOSPEDERO
REDERO
HEREDERO
COHEREDERO
VEREDERO
BARREDERO
CORREDERO
ESCORREDERO
SEDERO
TEDERO
ARREMETEDERO
VERTEDERO
RUEDERO
REVOLVEDERO
ENVOLVEDERO
HABIDERO
RECIBIDERO
SUBIDERO
DECIDERO
DIVIDIDERO
ACUDIDERO
RECUDIDERO
REIDERO
EXIGIDERO
SURGIDERO
CRUJIDERO
SALIDERO
POLIDERO
CUMPLIDERO
PULIDERO
FALLIDERO
APELLIDERO
EXPRIMIDERO
DORMIDERO
SUMIDERO
VENIDERO
AVENIDERO
ADVENIDERO
CERNIDERO
PLAÑIDERO
CEÑIDERO
REÑIDERO
ESCUPIDERO
GUARIDERO
ABRIDERO
DESCUBRIDERO
PODRIDERO
PUDRIDERO
SOFRIDERO
SUFRIDERO
INSUFRIDERO
ESCURRIDERO
ASIDERO
BATIDERO
ABATIDERO
PERMITIDERO
MENTIDERO
REPARTIDERO
DESPARTIDERO
SURTIDERO
RESISTIDERO
CUTIDERO
DESCUIDERO
SEGUIDERO
HUIDERO
ALGUAQUIDERO
VIVIDERO
REVIVIDERO
HERVIDERO
SERVIDERO
BALDERO

CALDERO
FALDERO
HALDERO
CABILDERO
MOLDERO
TOLDERO
BULDERO
ANDERO
BANDERO
SOBANDERO
COLGANDERO
CHUPALANDERO
REVELANDERO
HILANDERO
COLANDERO
VOLANDERO
PANDERO
CARANDERO
ZARANDERO
PARRANDERO
CURANDERO
GUISANDERO
LAVANDERO
VIVANDERO
REZANDERO
HACENDERO
MERCENDERO
CREENDERO
MOLENDERO
COMENDERO
ENCOMENDERO
MERENDERO
PRENDERO
BARRENDERO
SENDERO
TENDERO
LINDERO
FONDERO
HONDERO
TONDERO
SEGUNDERO
GALLUNDERO
CODERO
RODERO
ARDERO
ALABARDERO
ALBARDERO
BOMBARDERO
LOMBARDERO
CARDERO
FARDERO
ALFARDERO
ESPINGARDERO
LARDERO
PETARDERO
CORDERO
ESCUDERO
ALMUDERO
MENUDERO
LEZDERO
FIDEERO
TAREERO
CORREERO
ESTAFERO
ÉFERO
BÍFERO
NUBÍFERO
LATICÍFERO
LUCÍFERO
CRUCÍFERO
CONCHÍFERO
GLANDÍFERO
OLEÍFERO
RANGÍFERO
RENGÍFERO
FRUGÍFERO
INFRUGÍFERO
JIFERO
ALÍFERO
CALIFERO
CORALÍFERO
SALÍFERO
METALÍFERO
FLABELÍFERO
ULBELÍFERO
MELIFERO
ESTELÍFERO
FOSILÍFERO
QUILÍFERO
AQUILÍFERO
PETROLÍFERO
CAULÍFERO
CUPULÍFERO
MAMÍFERO
PALMÍFERO
POMÍFERO

ARMÍFERO
FUMÍFERO
PLUMÍFERO
LANÍFERO
VENENÍFERO
IGNÍFERO
SIGNÍFERO
FORAMINÍFERO
ESTAMINÍFERO
SEMINÍFERO
PINÍFERO
RESINÍFERO
PLATINÍFERO
VINÍFERO
SOMNÍFERO
ESTANNÍFERO
CARBONÍFERO
CONÍFERO
SACARÍFERO
AERÍFERO
CERÍFERO
ALJERIFERO
ODORÍFERO
SUDORÍFERO
CALORÍFERO
FLORÍFERO
SAPORÍFERO
SOPORÍFERO
CUPRÍFERO
ASTRÍFERO
OSTRÍFERO
AURÍFERO
LAURÍFERO
TURÍFERO
ALCATIFERO
LACTÍFERO
FRUCTÍFERO
INFRUCTÍFERO
DIAMANTÍFERO
TRIDENTÍFERO
ARGENTIFERO
ARTIFERO
MORTÍFERO
PESTÍFERO
GUTÍFERO
SALUTÍFERO
FRUTÍFERO
SANGUÍFERO
BRANQUÍFERO
OLIVÍFERO
ALCACHOFERO
GALLOFERO
GARROFERO
HEMISFERO
CHUFERO
ADUFERO
GURRUFERO
ESTUFERO
ABIGERO
CRUCÍGERO
GLANDÍGERO
LIGERO
ALIGERO
BELÍGERO
FLAMÍGERO
ARMÍGERO
MANIGERO
PENÍGERO
CORNÍGERO
IMPÍGERO
FLORÍGERO
AURIGERO
SERPENTÍGERO
ALBERGERO
BUHERO
VACIERO
ESPECIERO
ARTIFICIERO
HOMICIERO
NOTICIERO
JUSTICIERO
JUICIERO
MAGANCIERO
GANANCIERO
FINANCIERO
ESTANCIERO
CREDENCIERO
PENDENCIERO
DILIGENCIERO
AUDIENCIERO
SILENCIERO
ESENCIERO
PENITENCIERO
ALMADIERO
MEDIERO
FIERO

HIERO
ALGALIERO
ALFOLIERO
COMPANIERO
INGENIERO
CONFALONIERO
GONFALONIERO
CEREMONIERO
TESTIMONIERO
ARROPIERO
ROSARIERO
VIDRIERO
AGUAGRIERO
ARRIERO
HARRIERO
AJOARRIERO
CAROSIERO
SITIERO
CONDOTIERO
CARTIERO
HOSTIERO
AGUIERO
ACEQUIERO
GAVIERO
NAVIERO
TRANVIERO
AJERO
BAJERO
DEBAJERO
HERBAJERO
CAJERO
ENCAJERO
PEAJERO
FAJERO
GAJERO
BAGAJERO
VIAJERO
TABLAJERO
PLUMAJERO
TINAJERO
SONAJERO
PAJERO
OBRAJERO
ANDRAJERO
GRAJERO
CERRAJERO
TERRAJERO
FORRAJERO
PASAJERO
VISAJERO
MENSAJERO
TAJERO
VENTAJERO
ESTAJERO
DESTAJERO
CARRUAJERO
NAVAJERO
ABEJERO
CONCEJERO
AZULEJERO
CALLEJERO
PELLEJERO
CONEJERO
ESPEJERO
REJERO
CANGREJERO
CONSEJERO
TEJERO
ROPAVEJERO
OVEJERO
VEDIJERO
VALIJERO
PELLIJERO
MIJERO
HORNIJERO
BOTIJERO
LAGARTIJERO
CORTIJERO
SORTIJERO
QUIJERO
LAVIJERO
CLAVIJERO
NARANJERO
GRANJERO
EXTRANJERO
ENJERO
AJONJERO
ALJONJERO
LISONJERO
COSCOJERO
ANTEOJERO
CRIOJERO
ALOJERO
MALOJERO
RELOJERO
TROJERO
TARJERO
ALFORJERO
AGUJERO
CUÁKERO
ALERO
BALERO
CABALERO
ALCABALERO
RABALERO
ARRABALERO
SABALERO
ATABALERO
CIMBALERO
TIMBALERO
CALERO
TABACALERO
AÑACALERO
TRACALERO
BANCALERO
TENDALERO
GALERO
REGALERO
REHALERO
PEGUJALERO
CAMALERO
TAMALERO
VIRGINALERO
JORNALERO
SEÑALERO
PUÑALERO
PALERO
GENERALERO
CORALERO
CARRALERO
FONCARRALERO
CIGARRALERO
CORRALERO
DESTRALERO
SALERO
CASALERO
CENSALERO
TÁLERO
TALERO
CAFETALERO
METALERO
HOSPITALERO
QUINTALERO
FRONTALERO
PORTALERO
COSTALERO
HOSTALERO
SAYALERO
CABEZALERO
POZALERO
ZORZALERO
TABLERO
RETABLERO
ESTABLERO
SENSIBLERO
DOBLERO
CLERO
NAUCLERO
ALMIZCLERO
CASCABELERO
PINCELERO
CARCELERO
PICHELERO
CARAMANCHELERO
PERCHELERO
CANDELERO
RODELERO
CORDELERO
BURDELERO
VERGELERO
HELERO
PIELERO
BAJELERO
MELERO
CANELERO
TINELERO
TONELERO
PAPELERO
TERCIOPELERO
OROPELERO
TROPELERO
TELERO
BATELERO
HOTELERO
CARTELERO
CUARTELERO
MASTELERO
PASTELERO
HOSTELERO
POSTELERO
HIJUELERO
SANGUIJUELERO
BROQUELERO
ZARZUELERO
VELERO
NOVELERO
JOYELERO
RIFLERO
PITOFLERO
MURCIGLERO
VOCINGLERO
RINGLERO
PAILERO
FRAILERO
GUADAMACILERO
CHILERO
MOCHILERO
CANDILERO
AÑAFILERO
HILERO
REHILERO
ACEMILERO
CAÑILERO
PILERO
PUPILERO
CHAMARILERO
TAMBORILERO
BARRILERO
FERROCARRILERO
SILERO
FUSILERO
ANGUILERO
ESGUILERO
MAQUILERO
ESQUILERO
BOLERO
CARAMBOLERO
COLERO
CARACOLERO
COCOLERO
ESTERCOLERO
BANDOLERO
GONDOLERO
VIGOLERO
ALCOHOLERO
FRIOLERO
VIOLERO
PAJOLERO
SANGUIJOLERO
JINJOLERO
GUINJOLERO
MOLERO
SACAMOLERO
PAÑOLERO
BUÑOLERO
NISPOLERO
FAROLERO
PAROLERO
CIROLERO
TROLERO
PETROLERO
SOLERO
ATOLERO
REFECTOLERO
CITOLERO
REFITOLERO
PISTOLERO
EPISTOLERO
RISTOLERO
CAZOLERO
ANZOLERO
COPLERO
PARLERO
PERLERO
PARADISLERO
USLERO
FRUSLERO
CACAXTLERO
BAULERO
JAULERO
MAULERO
BULERO
CULERO
CACHULERO
DULERO
ADULERO
CAMANDULERO
FARANDULERO
VERDULERO
FULERO
HULERO
MULERO
PERULERO
CARATULERO
CABALLERO
TRIPICALLERO
QUINCALLERO
CHOCALLERO
FALLERO
GALLERO
MURCIGALLERO
LIGALLERO
CANGALLERO
MALLERO
FARAMALLERO
TOALLERO
CAZALLERO
ABELLERO
CELLERO
CANCELLERO
CAMELLERO
ESTRELLERO
GROSELLERO
BOTELLERO
CASTELLERO
CABILLERO
HEBILLERO
CILLERO
PONCILLERO
MORCILLERO
MOCHILLERO
CUCHILLERO
TONADILLERO
PANDILLERO
RODILLERO
PALILLERO
COLILLERO
GOLILLERO
CAMILLERO
SEMILLERO
CANILLERO
ORGANILLERO
CAMPANILLERO
GRANILLERO
CAVANILLERO
MANZANILLERO
ARENILLERO
DONILLERO
DORNILLERO
TORNILLERO
CAPILLERO
CASCARILLERO
CHAMARILLERO
ALCANTARILLERO
MEMBRILLERO
LADRILLERO
CUADRILLERO
CERILLERO
BANDERILLERO
GRILLERO
ORILLERO
MORILLERO
BARRILLERO
GUERRILLERO
CORRILLERO
CHURRILLERO
SILLERO
CASILLERO
HUSILLERO
ZAPATILLERO
BARATILLERO
GACETILLERO
MULETILLERO
CARRETILLERO
PLANTILLERO
CENTILLERO
PUNTILLERO
BOTILLERO
COTILLERO
PACOTILLERO
PELOTILLERO
ARTILLERO
CARTILLERO
MARTILLERO
ESPORTILLERO
ASTILLERO
CASTILLERO
CANASTILLERO
RASTILLERO
FRUTILLERO
CARGUILLERO
TAQUILLERO
MANTEQUILLERO
ESTANQUILLERO
QUINQUILLERO
BARQUILLERO
ROSQUILLERO
VILLERO
GAVILLERO
NOVILLERO
OLLERO
BOLLERO
CEBOLLERO
BAMBOLLERO
FOLLERO
GOLLERO
COGOLLERO
MOLLERO
REMOLLERO
POLLERO
ADROLLERO
CHANCHULLERO
FULLERO
FARFULLERO
HULLERO
BARULLERO
GRULLERO
MARRULLERO
CHURRULLERO
PATRULLERO
CASULLERO
MERO
CAMERO
MARCHAMERO
GALAMERO
ZALAMERO
FLAMERO
SOFLAMERO
CAÑAMERO
RAMERO
TETRÁMERO
RETAMERO
PENTÁMERO
PRESTAMERO
EFÉMERO
REMERO
POSTREMERO
POSTEMERO
APOSTEMERO
CIMERO
ENCIMERO
DÍMERO
EFÍMERO
LIMERO
ANIMERO
COIMERO
RIMERO
PRIMERO
TRÍMERO
POSTRIMERO
LASTÍMERO
JAQUIMERO
JALMERO
ENJALMERO
PALMERO
OMERO
GOMERO
PALOMERO
PLOMERO
MOMERO
ASTRONOMERO
ROMERO
HETERÓMERO
SOMERO
ISÓMERO
ANISÓMERO
ARMERO
ENFERMERO
FORMERO
HORMERO
ESMERO
SESMERO
CHISMERO
JISMERO
PARAJISMERO
GULUSMERO
UMERO
FUMERO
PERFUMERO
HÚMERO
HUMERO
PLUMERO
NÚMERO
INNÚMERO
SINNÚMERO
ESPUMERO
CONSUMERO
DEXMERO
SEXMERO
DEZMERO
SOBREDEZMERO
CODEZMERO
DIEZMERO
ABANERO
HABANERO
RABANERO
SABANERO
GALBANERO
CORDOBANERO
CANERO

UFANERO
PALANGANERO
ORGANERO
VAHANERO
MEDIANERO
TRIANERO
SOBAJANERO
LANERO
CHICLANERO
FLANERO
LLANERO
AVELLANERO
MANERO
BAJAMANERO
PASAMANERO
SEMANERO
ROMANERO
BANANERO
MAÑANERO
PANERO
CAMPANERO
RANERO
ARANERO
JARANERO
VERANERO
AZAFRANERO
REFRANERO
GRANERO
TEMPRANERO
FAISANERO
BATANERO
PLATANERO
ALTANERO
VENTANERO
PORTAVENTANERO
FONTANERO
MONTANERO
TOTANERO
TARTANERO
COSTANERO
FUSTANERO
ADUANERO
GUANERO
JUANERO
SANJUANERO
CARAVANERO
ALCARAVANERO
MANZANERO
ENERO
BAENERO
FAENERO
JAENERO
VERBENERO
CENERO
ALMACENERO
CADENERO
GÉNERO
CARTAGENERO
SUBGÉNERO
PLENERO
LL NERO
BALLENERO
COLMENERO
ARENERO
CARENERO
SERENERO
FRENERO
PALAFRENERO
MORENERO
BARRENERO
CENTENERO
VEINTENERO
SARTENERO
ARGUENERO
VENERO
VAINERO
DULZAINERO
CARABINERO
BACINERO
CHACINERO
MELECINERO
CALCINERO
BOCINERO
COCINERO
TOCINERO
CHINERO
COCHINERO
DINERO
SACADINERO
JARDINERO
SARDINERO
TARDINERO
PEINERO
IMAGINERO
TRAJINERO
BEJINERO

LINERO
JABALINERO
SALINERO
BOLINERO
ALFOLINERO
MOLINERO
PAMPLINERO
GALLINERO
MINERO
CAMINERO
CANCHAMINERO
PERGAMINERO
LAMINERO
CELEMINERO
COMINERO
JAZMINERO
CANINERO
AÑINERO
CHAPINERO
HARINERO
CLARINERO
MARINERO
MADRINERO
CHILINDRINERO
MERINERO
DOCTRINERO
DOTRINERO
CALESINERO
RESINERO
VOLATINERO
PRETINERO
CANTINERO
BOTINERO
POSTINERO
RUTINERO
BORCEGUINERO
TAQUINERO
COQUINERO
PIRQUINERO
JABONERO
CARBONERO
JUBONERO
CHACONERO
PICONERO
FALCONERO
HALCONERO
RINCONERO
COLCHONERO
AZADONERO
FONDONERO
HONDONERO
ALGODONERO
ALBARDONERO
BORDONERO
CORDONERO
LEONERO
PEONERO
ANTIFONERO
BODEGONERO
PREGONERO
FIGONERO
ALIGONERO
MANGONERO
FOGONERO
HURGONERO
TAHONERO
ATAHONERO
BOHONERO
BUHONERO
ACIONERO
SUPLICACIONERO
RELACIONERO
RACIONERO
ESTACIONERO
TRAICIONERO
EXPEDICIONERO
GUARNICIONERO
MUNICIONERO
PARTICIONERO
CANCIONERO
INVENCIONERO
PARCIONERO
APARCIONERO
PORCIONERO
CAUCIONERO
CHIRRIONERO
PASIONERO
POSESIONERO
MISIONERO
PRISIONERO
ABUSIONERO
CAJONERO
MOJONERO
COGUJONERO
GONFALONERO
TALONERO

PANTALONERO
MELONERO
VELONERO
PILONERO
VELLONERO
CAÑAMONERO
LIMONERO
TIMONERO
CAÑONERO
PIÑONERO
QUIÑONERO
TAPONERO
CORCHOTAPONERO
ARPONERO
CAMARONERO
PADRONERO
CERONERO
SERONERO
LIRONERO
TURRONERO
TRONERO
PATRONERO
HURONERO
MESONERO
TESONERO
PERSONERO
LATONERO
ALATONERO
RATONERO
CARRETONERO
CANTONERO
PIMENTONERO
MONTONERO
PONTONERO
BOTONERO
MELOCOTONERO
CARTONERO
BASTONERO
LISTONERO
SALAZONERO
MAZONERO
CARNERO
HARNERO
TABERNERO
TERNERO
VENTERNERO
LINTERNERO
BORNERO
CORNERO
HORNERO
TORNERO
ASNERO
LIMOSNERO
ALMOSNERO
CUNERO
LAGUNERO
COMUNERO
ATUNERO
GATUNERO
BETUNERO
ACEITUNERO
DURAZNERO
TORREZNERO
TIZNERO
AÑERO
BAÑERO
CABAÑERO
CAÑERO
ESCAÑERO
CUCAÑERO
CADAÑERO
GUADAÑERO
DEGAÑERO
MAÑERO
PAÑERO
COMPAÑERO
ARAÑERO
MARAÑERO
PATRAÑERO
EXTRAÑERO
MONTAÑERO
CASTAÑERO
ESTAÑERO
PUTAÑERO
FAZAÑERO
HAZAÑERO
CIZAÑERO
ACEÑERO
ENGEÑERO
LEÑERO
VALDEPEÑERO
ALMADREÑERO
SEÑERO
SOCALIÑERO
NIÑERO
VIÑERO

LODOÑERO
TESTIMOÑERO
GAZMOÑERO
MADROÑERO
CARANTOÑERO
UÑERO
AZAMBOERO
CANOERO
PERO
APERO
CAPERO
GUADAPERO
GALAPERO
PAPERO
DRAPERO
GUALDRAPERO
TRAPERO
LÉPERO
ESTEPERO
POLIPERO
JUNÍPERO
CHIRIPERO
TRIPERO
PULPERO
CAMPERO
CHINAMPERO
PAMPERO
TRAMPERO
ESTAMPERO
EMPERO
TEMPERO
ATEMPERO
TROMPERO
COPERO
ROPERO
TROPERO
SOPERO
ÁSPERO
DIÁSPERO
HÉSPERO
DESESPERO
VÉSPERO
CHISPERO
MÍSPERO
NÍSPERO
AVISPERO
PRÓSPERO
IMPRÓSPERO
CARERO
CHACARERO
JACARERO
MASCARERO
AZUCARERO
CHACHARERO
CUCHARERO
ALFARERO
LAGARERO
ALGARERO
ALFAHARERO
PAJARERO
ALIJARERO
ALMIJARERO
ATIJARERO
PEGUJARERO
MARERO
CAMARERO
ANTIPARERO
LAMPARERO
ASARERO
ANSARERO
GUZPATARERO
ALTARERO
CANTARERO
OLIVARERO
ALMAZARERO
CABRERO
LABRERO
PALABRERO
CEBRERO
FEBRERO
HEBRERO
LEBRERO
CELEBRERO
HUEBRERO
LIBRERO
COCHAMBRERO
PELAMBRERO
CORAMBRERO
ALFOMBRERO
ALHOMBRERO
SOMBRERO
OBRERO
MANIOBRERO
MANOBRERO
POBRERO
SOBRERO

ALADRERO
BALADRERO
MADRERO
COMADRERO
CEDRERO
PEDRERO
PICAPEDRERO
HOJALDRERO
LANDRERO
LENDRERO
ALMENDRERO
MELINDRERO
ODRERO
CERERO
MADERERO
CALDERERO
MUJERERO
GALERERO
CILLERERO
CARNERERO
HARNERERO
PERERO
CAMPERERO
SOMBRERERO
LITERERO
TITERERO
MONTERERO
ESTERERO
HOSTERERO
CAÑAVERERO
ZAFRERO
COFRERO
MILAGRERO
ALMAGRERO
VINAGRERO
NEGRERO
CHIGRERO
PALANGRERO
LOGRERO
SOCAIRERO
ANCORERO
DERECHORERO
PILDORERO
FORERO
ALMIFORERO
ALCANFORERO
FOSFORERO
AGORERO
FLORERO
TEMPORERO
TESORERO
VICETESORERO
TORERO
ELECTORERO
TINTORERO
TOTORERO
AZORERO
COMPRERO
BARRERO
GABARRERO
CARRERO
CHICARRERO
CHOCARRERO
CACHARRERO
CHICHARRERO
CHINCHARRERO
BUTIFARRERO
CIGARRERO
JARRERO
GOMARRERO
CHATARRERO
GUITARRERO
COTARRERO
GUARRERO
PIZARRERO
CERRERO
BECERRERO
FERRERO
HERRERO
PERRERO
TERRERO
GUERRERO
BORRERO
ZABORRERO
CHINCHORRERO
PEDORRERO
ANDORRERO
GORRERO
MANGORRERO
HORRERO
CAMORRERO
TORRERO
VENTORRERO
ZORRERO
BURRERO
CHURRERO

BAHURRERO
MOHATRERO
MATRERO
ALMATRERO
CUATRERO
CETRERO
ACETRERO
LETRERO
ARBITRERO
SALITRERO
BELITRERO
BUITRERO
FALTRERO
PELTRERO
PUTRERO
RASTRERO
CABESTRERO
DESTRERO
OSTRERO
POSTRERO
CLAUSTRERO
UTRERO
AURERO
TESAURERO
ALBURERO
DERECHURERO
COCHURERO
FIGURERO
JURERO
BASURERO
USURERO
MANUFACTURERO
CONFITURERO
SEPULTURERO
VENTURERO
AVENTURERO
PINTURERO
MESTURERO
MISTURERO
COSTURERO
MIXTURERO
CASERO
ESCASERO
PASERO
RASERO
BRASERO
GRASERO
TRASERO
DEHESERO
CALESERO
MESERO
FRESERO
PRESERO
QUESERO
TRAVESERO
YESERO
MÍSERO
MISERO
CAMISERO
SISERO
SANLUISERO
DEVISERO
BALSERO
SALSERO
BOLSERO
DESPENSERO
PRENSERO
OSERO
PORDIOSERO
RAPOSERO
ROSERO
GROSERO
SOSERO
ALEUSERO
HUSERO
INCLUSERO
SUSERO
YUSERO
TERO
BATERO
HIERBATERO
CORBATERO
CICATERO
HORCHATERO
GATERO
ZARAGATERO
CEGATERO
REGATERO
ALPARGATERO
HATERO
LATERO
OJALATERO
HOJALATERO
FILATERO
PILATERO
CUADRILÁTERO
TRILÁTERO
MULTILÁTERO
EQUILÁTERO
CHOCOLATERO
VOLATERO
PLATERO
MULATERO
MATERO
FEMATERO
CARROMATERO
TOMATERO
PINATERO
VINATERO
LEÑATERO
PATERO
GARRAPATERO
ZAPATERO
RATERO
BARATERO
APARATERO
DISPARATERO
PATARATERO
BORATERO
PATATERO
CARITATERO
AGUATERO
CACAHUATERO
BRAVATERO
CONDUCTERO
FRUCTERO
SAETERO
PEBETERO
JUBETERO
GACETERO
MACETERO
CALCETERO
LANCETERO
CACHETERO
MACHETERO
CAFETERO
ESTAFETERO
COHETERO
TARJETERO
AGUJETERO
CALETERO
MALETERO
PALETERO
PELETERO
CHUFLETERO
CUCHUFLETERO
CUBILETERO
CANDILETERO
ALFILETERO
BOLETERO
COLETERO
VIOLETERO
SOLETERO
CAZOLETERO
MULETERO
GALLETERO
PELLETERO
RAMILLETERO
SILLETERO
SERVILLETERO
FOLLETERO
MOLLETERO
PANETERO
JUANETERO
SAINETERO
PEINETERO
BONETERO
CHANZONETERO
VIÑETERO
TROMPETERO
ESCOPETERO
ZOPETERO
CUCHARETERO
DECRETERO
PANDERETERO
PERETERO
BARRETERO
CARRETERO
FERRETERO
CORRETERO
TRETERO
SETERO
MASETERO
PESETERO
CORSETERO
TETERO
POTETERO
BRAGUETERO
JUGUETERO
PAQUETERO
RAQUETERO
PIQUETERO
ETIQUETERO
VOLQUETERO
ZOQUETERO
HORQUETERO
MOSQUETERO
CHIVETERO
GAITERO
PRESBÍTERO
COMPRESBÍTERO
DITERO
CHAFALDITERO
ACEITERO
EMPLEITERO
CONFITERO
ALITERO
BILÍTERO
CUADRILÍTERO
TRILÍTERO
PIRLITERO
DINAMITERO
TERMITERO
HUMITERO
GARITERO
VARITERO
CABRITERO
TITIRITERO
TAMBORITERO
VISITERO
GUITERO
MANGUITERO
MOSQUITERO
SESQUIÁLTERO
SALTERO
SOLTERO
CULTERO
ADÚLTERO
ANTERO
CANTERO
GARGANTERO
DELANTERO
CARIDELANTERO
MANTERO
SANTERO
DISANTERO
MONTANTERO
BASTANTERO
GUANTERO
ENTERO
PLACENTERO
AGUARDENTERO
ARGENTERO
PIDIENTERO
CASAMENTERO
SUPLEMENTERO
SEMENTERO
CUMPLIMENTERO
PIMENTERO
BASTIMENTERO
PALMENTERO
TERROMENTERO
RENTERO
FRENTERO
PRESENTERO
CUENTERO
VENTERO
ASPAVENTERO
CINTERO
HINTERO
CARPINTERO
TINTERO
QUINTERO
CONTERO
MONTERO
SOTAMONTERO
FRONTERO
TORRONTERO
JUNTERO
PUNTERO
YUNTERO
COYUNTERO
ACOYUNTERO
OTERO
BOTERO
COTERO
CHACOTERO
PICOTERO
COCOTERO
ESCOTERO
GOTERO
LAGOTERO
CHIRIGOTERO
GORGOTERO
CANDIOTERO
PATRIOTERO
PIJOTERO
BOJOTERO
LOTERO
ANDALOTERO
PELOTERO
BELLOTERO
MOTERO
CAMOTERO
POTERO
CAPOTERO
ZAPOTERO
CAMAROTERO
CEROTERO
CAPIROTERO
ABARROTERO
DERROTERO
TROTERO
ISÓTERO
MITOTERO
COYOTERO
ÁPTERO
DÍPTERO
HEMÍPTERO
AFANÍPTERO
PERÍPTERO
ARQUÍPTERO
HELICÓPTERO
LEPIDÓPTERO
COLEÓPTERO
CALÓPTERO
HOMOPTERO
HIMENÓPTERO
MONÓPTERO
CHUPÓPTERO
HETERÓPTERO
QUIRÓPTERO
HORÓPTERO
NEURÓPTERO
ORTÓPTERO
ARTERO
TALABARTERO
CARTERO
LAGARTERO
PARTERO
ESPARTERO
CUARTERO
ENCUARTERO
COBERTERO
CERTERO
ACERTERO
REFERTERO
HUERTERO
SUERTERO
MORTERO
PORTERO
REPORTERO
COMPORTERO
SORTERO
TORTERO
RETORTERO
ASTERO
BASTERO
ABASTERO
BANASTERO
CANASTERO
PASTERO
FORASTERO
TRASTERO
ESTERO
CESTERO
FESTERO
GESTERO
FIESTERO
BALLESTERO
FLORESTERO
SESTERO
DESESTERO
TESTERO
PUESTERO
LISTERO
EVANGELISTERO
PISTERO
ALPISTERO
RESISTERO
REVISTERO
COSTERO
AGOSTERO
REPOSTERO
PREPÓSTERO
MAMPOSTERO
AEROSTERO
AUSTERO
FILIBUSTERO
EMBUSTERO
FUSTERO
ÚTERO
FLAUTERO
FILAUTERO
ZARABUTERO
CONDUTERO
ZARAGUTERO
VELLUTERO
CANUTERO
MINUTERO
CAÑUTERO
PUTERO
FRUTERO
MATUTERO
AZUTERO
HIBUERO
CUERO
TIRACUERO
RECUERO
MORCUERO
PASCUERO
FUERO
AFUERO
CONTRAFUERO
DESAFUERO
AGÜERO
PICHAGÜERO
SANTIAGUERO
MAJAGÜERO
BALAGUERO
FALAGUERO
HALAGUERO
ESTOMAGUERO
HORNAGUERO
PARAGÜERO
BRAGUERO
TIRABRAGUERO
PIRAGÜERO
MARRAGUERO
ESPARRAGUERO
TERRAGUERO
ZAGUERO
PORTADGUERO
JABEGUERO
ACEGUERO
ALFONDEGUERO
BODEGUERO
ALBANEGUERO
FANEGUERO
PEGUERO
REGUERO
BREGUERO
BORREGUERO
MESEGUERO
VEGUERO
YEGÜERO
ALMACIGUERO
ALBERCHIGUERO
ALHONDIGUERO
PERDIGUERO
HIGÜERO
OMBLIGUERO
MIGUERO
HORMIGUERO
CINTRONIGUERO
BOÑIGUERO
CUADRIGUERO
LORIGUERO
TRIGUERO
LATIGUERO
BOTIGUERO
PERTIGUERO
GALGUERO
SALGUERO
JILGUERO
SILGUERO
FANDANGUERO
GANGUERO
BULLANGUERO
MANGUERO
CHARANGUERO
DENGUERO
CHINGUERO
DOMINGUERO
CANDONGUERO
MONDONGUERO
MILONGUERO
REZONGUERO
SANDUNGUERO
ALBOGUERO
FOGUERO
TRASHOGUERO
LOGUERO
ALOGUERO
DROGUERO
SOGUERO
AZOGUERO
CARGUERO
ADARGUERO
GARGUERO

GARGÜERO
LARGUERO
VARILARGUERO
AMARGUERO
SARGUERO
ALBERGUERO
VERGUERO
SIRGUERO
TRASGUERO
LECHUGUERO
MADRUGUERO
BESUGUERO
AVUGUERO
YUGUERO
TERRAZGUERO
PONTAZGUERO
PORTAZGUERO
HUERO
CACAHUERO
BAQUERO
TABAQUERO
ACHAQUERO
ALBAHAQUERO
TRIAQUERO
ATRIAQUERO
JAQUERO
HAMAQUERO
ALMANAQUERO
RAQUERO
BARRAQUERO
SAQUERO
ESTAQUERO
CUÁQUERO
VAQUERO
CHALEQUERO
EMBELEQUERO
SEQUERO
MANTEQUERO
TABIQUERO
VILLANCIQUERO
CHIQUERO
PELLIQUERO
MIQUERO
ABANIQUERO
PIQUERO
TOPIQUERO
FABRIQUERO
BORRIQUERO
MUSIQUERO
BANQUERO
PALANQUERO
BLANQUERO
SALAMANQUERO
TRANQUERO
RETRANQUERO
ESTANQUERO
PODENQUERO
CINQUERO
FINQUERO
ALBARICOQUERO
ALBARCOQUERO
ALBERCOQUERO
LOQUERO
CLOQUERO
MOQUERO
NOQUERO
ROQUERO
CAROQUERO
TOQUERO
ARQUERO
BARQUERO
ABARQUERO
ALBERQUERO
ESTERQUERO
PORQUERO
MAZURQUERO
CHUBASQUERO
CASQUERO
BORRASQUERO
TRASQUERO
TASQUERO
ESQUERO
PESQUERO
FRESQUERO
YESQUERO
CISQUERO
CHISQUERO
MARISQUERO
PEDRISQUERO
APRISQUERO
VENTISQUERO
MOSQUERO
EUSQUERO
CUQUERO
MACUQUERO
PELUQUERO

HARRUQUERO
TRUQUERO
GUIZQUERO
GRUERO
SUERO
TUERO
VERO
CAVERO
OCHAVERO
GARGAVERO
CALAVERO
CLAVERO
SUBCLAVERO
LLAVERO
PAVERO
NEVERO
ENTREVERO
SEVERO
CUEVERO
HUEVERO
ARCHIVERO
OLIVERO
VIVERO
CALVERO
ENVERO
OVERO
RECOVERO
HOVERO
RENOVERO
MONOVERO
TROVERO
MASOVERO
PARVERO
CONSERVERO
UVERO
YERO
ATALAYERO
PLAYERO
COPAYERO
RAYERO
BOYERO
JOYERO
AFRO
GRO
AGRO
MILAGRO
MAGRO
ONAGRO
PAGRO
ALEGRO
NEGRO
BARBINEGRO
FALDINEGRO
HALDINEGRO
VERDINEGRO
OJINEGRO
PELINEGRO
CULÍNEGRO
RASPINEGRO
CARINEGRO
BOQUINEGRO
ARISNEGRO
ÍNTEGRO
REINTEGRO
SUEGRO
CONSUEGRO
PELIGRO
PIGRO
CANGRO
TUNGRO
OGRO
LOGRO
MALOGRO
GUABAIRO
PAIRO
GUAIRO
ÁSCIRO
BOTAFUMEIRO
VAQUEIRO
ZAFIRO
CÉFIRO
GIRO
SOBREGIRO
DEXTRÓGIRO
AUTOGIRO
LEVÓGIRO
HIDRARGIRO
GUAJIRO
RAMIRO
CHÁPIRO
GAZNÁPIRO
PAPIRO
CEBIPIRO
VAMPIRO
RESPIRO
SUSPIRO

TIRORIRO
SIRO
TIRO
SÁTIRO
RETIRO
BUTIRO
GÜIRO
CHIGÜIRO
HUIRO
SÉVIRO
DECENVIRO
TRIUNVIRO
CENTUNVIRO
DUUNVIRO
CUATORVIRO
GENRO
ORO
BORO
ELÉBORO
SEBORO
CORO
ÁCORO
CAÑACORO
SOTACORO
DECORO
INDECORO
ENTRECORO
ANTECORO
SOCORO
TRASCORO
CHORO
ADORO
CALORÍDORO
COMODORO
INODORO
DESDORO
METEORO
HIDROMETEORO
FORO
AFORO
SEMÁFORO
SUBFORO
ÉFORO
REÓFORO
MELANÓFORO
NECRÓFORO
AERÓFORO
PIRÓFORO
ELECTRÓFORO
BÓSFORO
FÓSFORO
GÓRGORO
DETERIORO
LORO
ACALORO
CLORO
BIFLORO
TRIFLORO
MULTIFLORO
PÍLORO
INCOLORO
DISCOLORO
INDOLORO
LLORO
MORO
SICÓMORO
CANORO
SONORO
INSONORO
ÑORO
PORO
INCORPORO
DIÁSPORO
ESPORO
TOCORORO
PORORÓ
SORO
TESORO
YUSO
TORO
ATORO
PASATORO
RETORO
AVETORO
HERBÍVORO
PISCÍVORO
FRUGÍVORO
FUMÍVORO
GRANÍVORO
OMNÍVORO
CARNÍVORO
AURÍVORO
INSECTÍVORO
PRO
SEMICAPRO
ASPRO

DIASPRO
ESTUPRO
BARRO
GABARRO
TABARRO
LOBARRO
DESBARRO
CARRO
CACARRO
MACARRO
PICARRO
MOCARRO
SOCARRO
CHASCARRO
CUCARRO
CHARRO
CACHARRO
GUACHARRO
CHICHARRO
COCHARRO
CUCHARRO
FARRO
GALFARRO
DESPILFARRO
GARRO
AGARRO
CIGARRO
ENGARRO
DESGARRO
JAHARRO
BUHARRO
JARRO
MANGAJARRO
GUIJARRO
MARRO
AMARRO
CHAMARRO
CARRAMARRO
ZAMARRO
SOMARRO
CHINARRO
PARRO
CAPARRO
ALCAPARRO
CHAPARRO
SARRO
TARRO
CATARRO
PITARRO
GUITARRO
COTARRO
GUARRO
NAVARRO
CHIVARRO
CAZARRO
BIZARRO
SUZARRO
ERRO
BERRO
GAMBERRO
CERRO
BECERRO
CENCERRO
FERRO
TESTAFERRO
CIERRO
ENCIERRO
FIERRO
CAGAFIERRO
HIERRO
PALAHIERRO
SIERRO
ENTIERRO
DESTIERRO
PERRO
PASAPERRO
ESPETAPERRO
PUERRO
AJIPUERRO
ESQUERRO
YERRO
ESBIRRO
CIRRO
ESCIRRO
BORRO
ZABORRO
CHORROBORRO
CORRO
ACORRO
CHICORRO
CALCORRO
SOCORRO
CHORRO
CACHORRO
MACHORRO
CHINCHORRO

COCHORRO
PEDORRO
CODORRO
MODORRO
ALDEORRO
FORRO
AFORRO
ENTREFORRO
GANFORRO
ENFORRO
GORRO
ENGORRO
HORRO
AHORRO
ALHORRO
VILHORRO
JORRO
AJORRO
GAJORRO
ABEJORRO
MORRO
CHAMORRO
CALAMORRO
CIMORRO
PORRO
CEPORRO
PIPORRO
RORRO
CATORRO
MATORRO
PITORRO
VENTORRO
POTORRO
ZORRO
BABAZORRO
CABEZORRO
ZONZORRO
BURRO
CEBURRO
CURRO
CUSCURRO
CHURRO
DESPACHURRO
CHICHURRO
SUSURRO
BATURRO
PATURRO
CAZURRO
TEATRO
ANFITEATRO
BÁRATRO
CUATRO
CHIQUILICUATRO
VEINTICUATRO
ELECTRO
PLECTRO
ESPECTRO
CETRO
NIETRO
METRO
DECÁMETRO
DIÁMETRO
SEMIDIÁMETRO
MIRIÁMETRO
PARÁMETRO
KILOGRÁMETRO
QUILOGRÁMETRO
VOLTÁMETRO
PENTÁMETRO
HEPTÁMETRO
HEXÁMETRO
TELÉMETRO
DECÍMETRO
CALCÍMETRO
DÍMETRO
ACIDÍMETRO
ALCALÍMETRO
ECLÍMETRO
MILÍMETRO
CIENMILÍMETRO
MICROMILÍMETRO
DIEZMILÍMETRO
ALCOHOLÍMETRO
PLANÍMETRO
SACARÍMETRO
CAPILARÍMETRO
POLARÍMETRO
PERÍMETRO
AMPERÍMETRO
CALORIAMPERÍMETRO
ISOPERÍMETRO
CALORÍMETRO
COLORÍMETRO
TRÍMETRO
PLESÍMETRO
PULSÍMETRO

DENSÍMETRO
VATÍMETRO
ACETÍMETRO
ALTÍMETRO
VOLTÍMETRO
CENTÍMETRO
TAQUÍMETRO
GRAVÍMETRO
PELVÍMETRO
CURVÍMETRO
PLUVÍMETRO
TAXÍMETRO
GLUCÓMETRO
ODÓMETRO
HODÓMETRO
PODÓMETRO
UDÓMETRO
OLEÓMETRO
REÓMETRO
AREÓMETRO
GRAFÓMETRO
RADIÓMETRO
EUDIÓMETRO
HELIÓMETRO
GONIÓMETRO
PLUVIÓMETRO
AXIÓMETRO
KILÓMETRO
QUILÓMETRO
HOLÓMETRO
EBULLÓMETRO
DINAMÓMETRO
ANEMÓMETRO
CREMÓMETRO
ESFIGMÓMETRO
ASTIGMÓMETRO
TERMÓMETRO
SISMÓMETRO
ENDOSMÓMETRO
ARITMÓMETRO
MANÓMETRO
GALVANÓMETRO
CLINÓMETRO
ALBUMINÓMETRO
ACTINÓMETRO
FONÓMETRO
CRONÓMETRO
SONÓMETRO
OZONÓMETRO
CERAUNÓMETRO
TIPÓMETRO
BARÓMETRO
MICRÓMETRO
SICRÓMETRO
PSICRÓMETRO
HIDRÓMETRO
DENDRÓMETRO
AERÓMETRO
ESFERÓMETRO
HIGRÓMETRO
GIRÓMETRO
PIRÓMETRO
ESPIRÓMETRO
ELECTRÓMETRO
GASÓMETRO
DROSÓMETRO
HIPSÓMETRO
CURSÓMETRO
BATÓMETRO
LACTÓMETRO
GALACTÓMETRO
HECTÓMETRO
CATETÓMETRO
CLITÓMETRO
FOTÓMETRO
OPTÓMETRO
CARTÓMETRO
ELAYÓMETRO
PIEZÓMETRO
EMPETRO
RETRO
FÉRETRO
TETRO
QUETRO
ÁRBITRO
LITRO
DECALITRO
ÉLITRO
DECILITRO
MILILITRO
CENTILITRO
CASCOLITRO
KILOLITRO
QUILOLITRO
HECTOLITRO
NITRO

AFRONITRO
FIELTRO
HIELTRO
FILTRO
PILTRO
QUILTRO
ANTRO
CILANTRO
CULANTRO
ENTRO
CENTRO
METACENTRO
EPICENTRO
DENTRO
ADENTRO
RECUENTRO
ENCUENTRO
REENCUENTRO
RESCUENTRO
OTRO
LLOTRO
QUILLOTRO
AQUILLOTRO
NOTRO
POTRO
ESOTRO
ESTOTRO
DESTOTRO
ESCEPTRO
ASTRO
ALABASTRO
CASTRO
MEDICASTRO
COMICASTRO
MUSICASTRO
POLITICASTRO
CRITICASTRO
AVUCASTRO
COCHASTRO
OLEASTRO
FILOSOFASTRO
APIASTRO
HIJASTRO
PALASTRO
CELASTRO
ABUELASTRO
EMPLASTRO
POLLASTRO
CAMASTRO
CANASTRO
HERMANASTRO
PINASTRO
APOASTRO
RASTRO
PADRASTRO
CATASTRO
LATASTRO
NIETASTRO
POETASTRO
MENTASTRO
OLIVASTRO
RECALVASTRO
ESTRO
MAESTRO
CABESTRO
CESTRO
DIESTRO
INDIESTRO
SINIESTRO
SECUESTRO
NUESTRO
PADRENUESTRO
VUESTRO
REGISTRO
CONTRARREGISTRO
CALAMISTRO
CANISTRO
MINISTRO
SOTAMINISTRO
ADMINISTRO
SOTOMINISTRO
SUMINISTRO
SINISTRO
CAPISTRO
TERISTRO
SISTRO
MONSTRO
OSTRO
CALOSTRO
MOSTRO
ROSTRO
SALTARROSTRO
FALCIRROSTRO
CONIRROSTRO
ATRIRROSTRO
FISIRROSTRO

DENTIRROSTRO
TENUIRROSTRO
AUSTRO
CLAUSTRO
SOBRECLAUSTRO
PLAUSTRO
LIGUSTRO
LUSTRO
RUSTRO
NEUTRO
DEXTRO
AMBIDEXTRO
URO
CAURO
LAURO
MAURO
TESAURO
PLESIOSAURO
ICTIOSAURO
TAURO
CATAURO
CENTAURO
HIPOCENTAURO
RESTAURO
BURO
CHAMBURO
CARBURO
HIDROCARBURO
ALOPECURO
PEDICURO
MANICURO
ABSCURO
OBSCURO
ESCURO
VERDESCURO
OSCURO
ENTREOSCURO
CLAROSCURO
CHURO
DERECHURO
DURO
ADURO
MADURO
INMADURO
CHONTADURO
BEDURO
CABECIDURO
BOQUIDURO
YODURO
EURO
ANFINEURO
FURO
SULFURO
BISULFURO
PROTOSULFURO
FOSFURO
GURO
PAGURO
SEGURO
REASEGURO
CONTRASEGURO
INSEGURO
CANGURO
SELENIURO
ARSENIURO
BRAQUIURO
OXIURO
JURO
CANJURO
CONJURO
ESCONJURO
PERJURO
CALURO
SILURO
COLURO
ANOPLURO
MURO
CONTRAMURO
SAMURO
CASAMURO
ZAMURO
ANTEMURO
ANOMURO
BROMURO
ANURO
CIANURO
TISANURO
PURO
APURO
IMPURO
MACRURO
HUAIRURO
CLORURO
PROTOCLORURO
PERCLORURO
MORURO

CURURO
ALCOHOLATURO
PREMATURO
INMATURO
PASATURO
VENTURO
ARTURO
FUTURO
ZURO
SO
BASO
CÁRBASO
CASO
ACASO
PORSIACASO
FRACASO
MALCASO
OCASO
ESCASO
PEGASO
LASO
ABOMASO
NASO
PARNASO
PASO
CONTRAPASO
REPASO
ENTREPASO
TRASPASO
RASO
CRASO
LAUROCERASO
GRASO
ATRASO
RETRASO
GUISASO
PETASO
GUASO
VASO
NARVASO
PAYASO
ESO
MAESO
BESO
OBESO
CESO
ACCESO
INACCESO
DECESO
RECESO
SECESO
CONCESO
PROCESO
RETROCESO
ABSCESO
SUCESO
EXCESO
CHESO
CODESO
DEFESO
CONFESO
INCONFESO
PROFESO
ADIESO
CONFIESO
SIESO
TIESO
SIEMPRETIESO
TENTETIESO
PELITIESO
PALMITIESO
PATITIESO
AVIESO
ARGAVIESO
TRAVIESO
DEVIESO
DIVIESO
LESO
EMBELESO
ILESO
CÁRMESO
JUSMESO
MANGANESO
QUERSONESO
PESO
CONTRAPESO
REPESO
ESPESO
BARBIESPESO
CRESO
FRESO
EGRESO
REGRESO
INGRESO
REINGRESO
CONGRESO

PROGRESO
PRESO
APRESO
SALPRESO
IMPRESO
REIMPRESO
COMPRESO
OPRESO
SUPRESO
EXPRESO
SESO
OBSESO
POSESO
TESO
RETESO
SABUESO
FRAMBUESO
CANGÜESO
SANGÜESO
HUESO
SOBREHUESO
FRANHUESO
SINHUESO
CALLUESO
MUESO
CAMUESO
NUESO
QUESO
AQUESO
AJOQUESO
GRUESO
CANTUESO
VUESO
YESO
PARAÍSO
BISO
ABISO
OCCISO
INDECISO
PRECISO
IMPRECISO
ENCISO
INCISO
CONCISO
CIRCUNCISO
INCIRCUNCISO
NARCISO
INTERCISO
LISO
ALISO
RASOLISO
REMISO
PREMISO
ENTREMISO
OMISO
COMISO
DECOMISO
FIDECOMISO
FIDEICOMISO
COMPROMISO
PERMISO
INTERMISO
MANUMISO
SUMISO
INSUMISO
FOISO
PISO
REPISO
ARREPISO
ENTREPISO
RISO
CIPARISO
FRISO
SONRISO
PRISO
CÍTISO
GUISO
LONGUISO
CONQUISO
VISO
AVISO
CONTRAAVISO
ANTEVISO
DIVISO
INDIVISO
ENVISO
PROVISO
IMPROVISO
BALSO
CADALSO
FALSO
CADAFALSO
CADAHALSO
SALSO
RENVALSO
EXCELSO

PREEXCELSO
RELSO
BOLSO
EMBOLSO
REEMBOLSO
REMBOLSO
DESEMBOLSO
MOLSO
MULSO
PULSO
APULSO
REPULSO
IMPULSO
COMPULSO
EXPULSO
INSULSO
CONVULSO
ZARIMSO
CANSO
DESCANSO
GANSO
MANSO
REMANSO
SANSO
CENSO
ACCENSO
DECENSO
INCENSO
ASCENSO
DESCENSO
DENSO
CONDENSO
INDEFENSO
INOFENSO
APREHENSO
DEPREHENSO
ENCIENSO
INCIENSO
PIENSO
INMENSO
PROPENSO
SUSPENSO
COMPRENSO
ASENSO
DISENSO
CONSENSO
TENSO
SUBTENSO
PRETENSO
INTENSO
EXTENSO
INEXTENSO
ALONSO
RESPONSO
INTONSO
OSO
BABOSO
CABOSO
RABOSO
SEBOSO
GIBOSO
CRIBOSO
SILBOSO
BULBOSO
COMBOSO
RUMBOSO
LOBOSO
GLOBOSO
TOBOSO
GARBOSO
HERBOSO
VERBOSO
YERBOSO
MORBOSO
ESTORBOSO
BUBOSO
NUBOSO
COSO
ACOSO
TABACOSO
ACHACOSO
PECOSO
MANTECOSO
JAQUECOSO
RADICOSO
QUEJICOSO
GALICOSO
BELICOSO
PICOSO
VARICOSO
FRUTICOSO
TALCOSO
BARRANCOSO
RENCOSO
CARBUNCOSO
JUNCOSO
COCOSO
JOCOSO
MOCOSO
ROCOSO
ASCOSO
BASCOSO
PEÑASCOSO
CARRASCOSO
BORRASCOSO
RISCOSO
VENTISCOSO
VISCOSO
BOSCOSO
HOSCOSO
ARCABUCOSO
MUCOSO
SUCOSO
FACHOSO
HILACHOSO
EMPACHOSO
CARACHOSO
TACHOSO
MOSTACHOSO
ENDECHOSO
LECHOSO
MECHOSO
DESPECHOSO
SOSPECHOSO
ASECHOSO
PROVECHOSO
DICHOSO
CAPRICHOSO
GANCHOSO
MANCHOSO
CHINCHOSO
CONCHOSO
CARONCHOSO
MARCHOSO
CORCHOSO
CUIDADOSO
MALDADOSO
BONDADOSO
ENFADOSO
ENHADOSO
PIADOSO
IMPIADOSO
GRADOSO
VADOSO
MIEDOSO
IMPIEDOSO
SOLEDOSO
GREDOSO
ENREDOSO
SEDOSO
GRAVEDOSO
NOVEDOSO
ARDIDOSO
PERDIDOSO
VELEIDOSO
HABILIDOSO
VANIDOSO
COIDOSO
LAPIDOSO
CARIDOSO
CUIDOSO
RUIDOSO
OLVIDOSO
CALDOSO
HUMILDOSO
JACARANDOSO
ENDOSO
HACENDOSO
FACHENDOSO
MENDOSO
ESTRUENDOSO
ONDOSO
BONDOSO
ABONDOSO
FRONDOSO
TORONDOSO
UNDOSO
ABUNDOSO
LODOSO
MODOSO
LARDOSO
ALARDOSO
GUARDOSO
JUARDOSO
CERDOSO
MERDOSO
VERDOSO
DUDOSO
DEUDOSO
NUDOSO
ÑUDOSO
SUDOSO
ZACEOSO
CECEOSO
OLEOSO
MAREOSO
CORREOSO
CASEOSO
GASEOSO
DESEOSO
NAUSEOSO
TEOSO
PLEITEOSO
FOSO
GAFOSO
CONTRAFOSO
VAFOSO
ANTEFOSO
AGOSO
EMPALAGOSO
PLAGOSO
LLAGOSO
CHAMAGOSO
CENAGOSO
FRAGOSO
CONFRAGOSO
FARRAGOSO
TENEBREGOSO
PEDREGOSO
TERREGOSO
TOSEGOSO
VEGOSO
VEJIGOSO
HORMIGOSO
ESPIGOSO
BRIGOSO
TOSIGOSO
FATIGOSO
HOSTIGOSO
ALGOSO
PULGOSO
FANGOSO
GANGOSO
RANGOSO
DENGOSO
PRINGOSO
CATINGOSO
HONGOSO
FUNGOSO
FOGOSO
EMBARGOSO
CARGOSO
MARGOSO
AMARGOSO
LETARGOSO
MUSGOSO
JUGOSO
RUGOSO
VERRUGOSO
DESAPROVEDHOSO
MOHOSO
ESCABIOSO
RABIOSO
OPROBIOSO
SOBERBIOSO
TURBIOSO
ESPACIOSO
DESPACIOSO
GRACIOSO
FACCIOSO
INFECCIOSO
ESPECIOSO
PRECIOSO
AMBICIOSO
SEDICIOSO
BLANDICIOSO
INDICIOSO
CODICIOSO
JUDICIOSO
BENEFICIOSO
ARTIFICIOSO
INARTIFICIOSO
OFICIOSO
INOFICIOSO
FLAGICIOSO
MALICIOSO
DELICIOSO
BULLICIOSO
PERNICIOSO
CARICIOSO
AVARICIOSO
NOTICIOSO
SUPERSTICIOSO
JUICIOSO
VICIOSO
ALABANCIOSO
GANANCIOSO
RANCIOSO
JACTANCIOSO
SUBSTANCIOSO
SUSTANCIOSO
LICENCIOSO
CADENCIOSO
TENDENCIOSO
AGENCIOSO
SILENCIOSO
PESTILENCIOSO
HEMENCIOSO
QUERENCIOSO
SENTENCIOSO
CONTENCIOSO
PRESUNCIOSO
OCIOSO
NEGOCIOSO
CAPCIOSO
FASCIOSO
CUCIOSO
ACUCIOSO
AGUCIOSO
MINUCIOSO
ASTUCIOSO
DIOSO
RADIOSO
TRAGEDIOSO
TEDIOSO
ACIDIOSO
DESIDIOSO
INSIDIOSO
FASTIDIOSO
ENVIDIOSO
INVIDIOSO
GRANDIOSO
VILIPENDIOSO
COMPENDIOSO
DISPENDIOSO
INFUNDIOSO
ENJUNDIOSO
ODIOSO
MELODIOSO
MISERICORDIOSO
ESTUDIOSO
PORFIOSO
AMBAGIOSO
PRESAGIOSO
CONTAGIOSO
PRODIGIOSO
RELIGIOSO
IRRELIGIOSO
ANTIRRELIGIOSO
LITIGIOSO
PRESTIGIOSO
ESPONGIOSO
ELOGIOSO
LIOSO
VALIOSO
CONTUMELIOSO
BILIOSO
ATRABILIOSO
DOLIOSO
PREMIOSO
SANIOSO
INGENIOSO
ARSENIOSO
IGNOMINIOSO
CALUMNIOSO
MELANCONIOSO
MALENCONIOSO
AGONIOSO
CEREMONIOSO
PARSIMONIOSO
ARMONIOSO
HARMONIOSO
HERNIOSO
RIPIOSO
COPIOSO
CARIOSO
ESCARIOSO
MARIOSO
CONTRARIOSO
VOLUNTARIOSO
BRIOSO
EBRIOSO
OPROBRIOSO
VIDRIOSO
LACERIOSO
IMPERIOSO
VITUPERIOSO
ARTERIOSO
MISTERIOSO
LABORIOSO
GLORIOSO
VANAGLORIOSO
DOLORIOSO
MEMORIOSO
VICTORIOSO
VITORIOSO
BARRIOSO
ZARRIOSO
INDUSTRIOSO
CURIOSO
INCURIOSO
FURIOSO
INJURIOSO
LUJURIOSO
FANTASIOSO
ANSIOSO
CUANTIOSO
CONTIOSO
HASTIOSO
ENHASTIOSO
ANGUSTIOSO
OBSEQUIOSO
AGRAVIOSO
ALIVIOSO
LLOVIOSO
NERVIOSO
PLUVIOSO
LLUVIOSO
TRABAJOSO
PICAJOSO
ZANCAJOSO
CASCAJOSO
GAJOSO
CEGAJOSO
PEGAJOSO
PINGAJOSO
GARGAJOSO
QUEMAJOSO
ESPUMAJOSO
PAJOSO
TRAPAJOSO
ESTROPAJOSO
QUEBRAJOSO
RESQUEBRAJOSO
ANDRAJOSO
CORAJOSO
ULTRAJOSO
GASAJOSO
AGASAJOSO
VENTAJOSO
DESVENTAJOSO
TARTAJOSO
GUEDEJOSO
SALTANEJOSO
QUEJOSO
AQUEJOSO
ACIJOSO
VEDIJOSO
COJIJOSO
LIJOSO
DORMIJOSO
RIJOSO
GUIJOSO
ESPONJOSO
OJOSO
CORDOJOSO
ANGOJOSO
CONGOJOSO
GORGOJOSO
HOJOSO
PIOJOSO
ENOJOSO
DESENOJOSO
LUJOSO
GRANUJOSO
RESBALOSO
CALOSO
ESCANDALOSO
CAUDALOSO
TEMBLOSO
NUBLOSO
ÑUBLOSO
CELOSO
RECELOSO
PROCELOSO
ANHELOSO
MELOSO
PELOSO
REPELOSO
CAUTELOSO
HIOGLOSO
HIPOGLOSO
HABILOSO
PABILOSO
JUBILOSO
NUBILOSO
FILOSO
SIGILOSO
ARGILOSO
DORMILOSO

PILOSO
QUILOSO
CAVILOSO
COLOSO
DOLOSO
FORMIDOLOSO
GOLOSO
VARIOLOSO
MOLOSO
FRIVOLOSO
FABULOSO
SABULOSO
NEBULOSO
GLOBULOSO
TUBULOSO
MACULOSO
MIRACULOSO
RIDICULOSO
VESICULOSO
METICULOSO
GESTICULOSO
CALCULOSO
TUBERCULOSO
ANTITUBERCULOSO
SURCULOSO
VASCULOSO
MUSCULOSO
MEDULOSO
GLANDULOSO
MODULOSO
ESCROFULOSO
GULOSO
COAGULOSO
ANGULOSO
TREMULOSO
ESTREMULOSO
ESTIMULOSO
ANULOSO
GRANULOSO
PAPULOSO
CRAPULOSO
AMPULOSO
POPULOSO
ESCRUPULOSO
FISTULOSO
PUSTULOSO
CALLOSO
ROCALLOSO
FARFALLOSO
BATALLOSO
CABELLOSO
MANCELLOSO
QUERELLOSO
VELLOSO
MANCILLOSO
RENCILLOSO
ARCILLOSO
QUEJILLOSO
PELILLOSO
CARAMILLOSO
HUMILLOSO
GRANILLOSO
TERNILLOSO
LADRILLOSO
PUNTILLOSO
ASTILLOSO
POSTILLOSO
QUISQUILLOSO
COSQUILLOSO
GOZQUILLOSO
MARAVILLOSO
EMBROLLOSO
ARGULLOSO
ORGULLOSO
ESCAMOSO
FAMOSO
INFAMOSO
LEGAMOSO
LAMOSO
CLAMOSO
MAMOSO
RAMOSO
GRAMOSO
GEMOSO
FLEMOSO
CREMOSO
TREMOSO
EXTREMOSO
TEMOSO
APOSTEMOSO
RACIMOSO
LIMOSO
CALIMOSO
ESQUILIMOSO
ESCOLIMOSO
MIMOSO

ANIMOSO
LACRIMOSO
GRIMOSO
LAGRIMOSO
ESCATIMOSO
LASTIMOSO
CALMOSO
GOMOSO
LOMOSO
PLOMOSO
AROMOSO
FERMOSO
ENFERMOSO
HERMOSO
MUERMOSO
DISFORMOSO
ASMOSO
PASMOSO
CHISMOSO
FUMOSO
HUMOSO
PLUMOSO
ESPUMOSO
BRUMOSO
GRUMOSO
ZUMOSO
GALBANOSO
CANOSO
CANCANOSO
MEDANOSO
AFANOSO
GANOSO
HARAGANOSO
LEGANOSO
LANOSO
REMANOSO
PANOSO
PAMPANOSO
ARANOSO
MEMBRANOSO
GRANOSO
GUSANOSO
PANTANOSO
FONTANOSO
AGUANOSO
CENOSO
ADENOSO
CIENOSO
AMENOSO
VENENOSO
PENOSO
ARENOSO
GANGRENOSO
CENTENOSO
VENOSO
PECINOSO
LACTICINOSO
PINGÜEDINOSO
LIBIDINOSO
TENDINOSO
VERDINOSO
EMPEINOSO
OLEAGINOSO
MUCILAGINOSO
CARTILAGINOSO
FIBROCARTILAGINOSO
VORAGINOSO
CALIGINOSO
FULIGINOSO
SERPIGINOSO
VERTIGINOSO
VORTIGINOSO
ULGINOSO
ANGINOSO
LANUGINOSO
RUGINOSO
ERUGINOSO
FERRUGINOSO
AGUAJINOSO
CALINOSO
CANTALINOSO
NEBLINOSO
PAMPLINOSO
GALLINOSO
PECAMINOSO
LAMINOSO
CRIMINOSO
FULMINOSO
OMINOSO
CARMINOSO
VERMINOSO
ALBUMINOSO
ACUMINOSO
LEGUMINOSO
LUMINOSO
ALUMINOSO

VOLUMINOSO
BETUMINOSO
BITUMINOSO
PINOSO
ESPINOSO
HARINOSO
RESINOSO
GELATINOSO
QUITINOSO
HEDENTINOSO
GLUTINOSO
CONGLUTINOSO
SANGUINOSO
BLANQUINOSO
PERINQUINOSO
RUINOSO
VINOSO
ERUMNOSO
JABONOSO
CARBONOSO
ENCONOSO
DONOSO
GAMONOSO
FLEMONOSO
FLEGMONOSO
CARNOSO
SARNOSO
GOBERNOSO
CAVERNOSO
BOCHORNOSO
LAGUNOSO
FORTUNOSO
BRIZNOSO
AÑOSO
DAÑOSO
FAÑOSO
LAGAÑOSO
MAGAÑOSO
LEGAÑOSO
ENGAÑOSO
MAÑOSO
PAÑOSO
TELARAÑOSO
MARAÑOSO
CARRAÑOSO
SAÑOSO
PITAÑOSO
MONTAÑOSO
PESTAÑOSO
FAZAÑOSO
HAZAÑOSO
CEÑOSO
DESDEÑOSO
ENGEÑOSO
LEÑOSO
EMPEÑOSO
BREÑOSO
ALIÑOSO
RIÑOSO
CARIÑOSO
MORRIÑOSO
TIÑOSO
VERGOÑOSO
ROÑOSO
CAROÑOSO
PONZOÑOSO
EMPONZOÑOSO
UÑOSO
POSO
POSÓ
GUIÑAPOSO
RAPOSO
HARAPOSO
HALDRAPOSO
ZURRAPOSO
REPOSO
ADIPOSO
HIPOSO
FELPOSO
CULPOSO
PULPOSO
TRAMPOSO
POMPOSO
COPOSO
ESTOPOSO
ZARPOSO
CASPOSO
CARRASPOSO
ESPOSO
CHISPOSO
PUPOSO
ROSO
GAROSO
VAGAROSO
JAROSO
BATALLAROSO

PESAROSO
AZAROSO
LAZAROSO
ESCABROSO
SABROSO
HEBROSO
TENEBROSO
LATEBROSO
FIBROSO
COCHAMBROSO
MIMBROSO
SOMBROSO
ASOMBROSO
UMBROSO
QUEJUMBROSO
LUMBROSO
ALUMBROSO
RELUMBROSO
PENUMBROSO
HERRUMBROSO
ZOZOBROSO
LUCROSO
MEDROSO
PEDROSO
LENDROSO
MELINDROSO
HABEROSO
SUBEROSO
TUBEROSO
CEROSO
ACEROSO
ULCEROSO
CANCEROSO
PROCEROSO
PRADEROSO
PONDEROSO
PODEROSO
TODOPODEROSO
OJEROSO
SALEROSO
VALEROSO
ESCLEROSO
CABALLEROSO
TEMEROSO
NUMEROSO
GENEROSO
FACINEROSO
DINEROSO
ONEROSO
OPEROSO
VITUPEROSO
SEROSO
ALTEROSO
MENESTEROSO
SEQUEROSO
ASQUEROSO
SUEROSO
CADAVEROSO
AZUFROSO
GROSO
PELAGROSO
MILAGROSO
VINAGROSO
ALEGROSO
PELIGROSO
CANGROSO
MUGROSO
AIROSO
DONAIROSO
SUSPIROSO
MENTIROSO
BUTIROSO
HONROSO
DESHONROSO
LABOROSO
SABOROSO
RUBOROSO
DECOROSO
INDECOROSO
ICOROSO
LICOROSO
RENCOROSO
ASCOROSO
MADOROSO
CANDOROSO
ESPLENDOROSO
ARDOROSO
DESDOROSO
PUDOROSO
SUDOROSO
FRAGOROSO
RIGOROSO
VIGOROSO
CALOROSO
TEMBLOROSO
OLOROSO

DOLOROSO
LLOROSO
MOROSO
AMOROSO
CLAMOROSO
DESAMOROSO
DEMOROSO
MEMOROSO
NEMOROSO
PRIMOROSO
MARMOROSO
HUMOROSO
RUMOROSO
TUMOROSO
FACINOROSO
PUNDONOROSO
HONOROSO
SONOROSO
POROSO
VAPOROSO
SOPOROSO
HORROROSO
TOROSO
ESTERTOROSO
PAVOROSO
POLVOROSO
FERVOROSO
HERVOROSO
LEPROSO
CUPROSO
BARROSO
GUIJARROSO
SARROSO
CATARROSO
PATARROSO
PITARROSO
PIZARROSO
FERROSO
TERROSO
CIRROSO
ESCIRROSO
BORROSO
ENGORROSO
SABURROSO
PETROSO
SALITROSO
NITROSO
VENTROSO
MINTROSO
POTROSO
ASTROSO
ZARRAPASTROSO
ZAPARRASTROSO
DESASTROSO
COSTROSO
LUSTROSO
DESLUSTROSO
RANCUROSO
RENCUROSO
ANCHUROSO
SULFUROSO
HIPOSULFUROSO
FIGUROSO
FULGUROSO
CALUROSO
CAMPUROSO
PRESUROSO
APRESUROSO
CALENTUROSO
VENTUROSO
SOSO
GRASOSO
HUESOSO
YESOSO
PAVISOSO
CANSOSO
PENSOSO
OSOSO
PEPITSOSO
GARABATOSO
REBATOSO
ARREBATOSO
CEGATOSO
LATOSO
ERISIPELATOSO
FLATOSO
MATOSO
ECCEMATOSO
EDEMATOSO
PARENQUIMATOSO
COMATOSO
PATOSO
GARRAPATOSO
APARATOSO
ACETOSO
GRIETOSO

RESPETOSO
CHURRETOSO
AFTOSO
ACEITOSO
DELEITOSO
CALAMITOSO
SELENITOSO
TRUNITOSO
COITOSO
CAPITOSO
ESTREPITOSO
PRECIPITOSO
CESPITOSO
PIRITOSO
ESPIRITOSO
APETITOSO
CUITOSO
NIQUITOSO
PITUITOSO
FALTOSO
VILTOSO
REVOLTOSO
CULTOSO
FACULTOSO
DIFICULTOSO
CANTOSO
TALANTOSO
ESPANTOSO
AGUARDENTOSO
ARGENTOSO
ALENTOSO
TALENTOSO
MEDICAMENTOSO
LIGAMENTOSO
LAMENTOSO
FILAMENTOSO
ATRAMENTOSO
CEMENTOSO
EXCREMENTOSO
ALIMENTOSO
TOMENTOSO
SARMENTOSO
TORMENTOSO
ARGUMENTOSO
RENTOSO
AFRENTOSO
CORRENTOSO
PORTENTOSO
OSTENTOSO
VENTOSO
ENFINTOSO
INFINTOSO
MONTOSO
UNTOSO
PEGUNTOSO
PUNTOSO
BOTOSO
GOTOSO
ROTOSO
LACERTOSO
DEPORTOSO
FASTOSO
GASTOSO
PASTOSO
MAJESTOSO
MOLESTOSO
FUNESTOSO
APESTOSO
TEMPESTOSO
CHISTOSO
AMISTOSO
ARISTOSO
ESQUISTOSO
VISTOSO
COSTOSO
DENOSTOSO
FAUSTOSO
GUSTOSO
DISGUSTOSO
CRUSTOSO
LUTOSO
ACUOSO
AGUOSO
SINUOSO
MENSTRUOSO
MONSTRUOSO
FLATUOSO
ACTUOSO
LACTUOSO
ANFRACTUOSO
AFECTUOSO
DEFECTUOSO
DELICTUOSO
LUCTUOSO
FLUCTUOSO
FRUCTUOSO

INFRUCTUOSO
IMPETUOSO
RESPETUOSO
IRRESPETUOSO
ESPIRITUOSO
TUMULTUOSO
VULTUOSO
CONCENTUOSO
MONTUOSO
UNTUOSO
PUNTUOSO
SUNTUOSO
PRESUNTUOSO
CONCEPTUOSO
VOLUPTUOSO
VIRTUOSO
INVIRTUOSO
TORTUOSO
FASTUOSO
ESTUOSO
INCESTUOSO
MAJESTUOSO
TEMPESTUOSO
CUESTUOSO
FRUTUOSO
FLEXUOSO
VOSO
BRAVOSO
GRAVOSO
ALEVOSO
NEVOSO
LASCIVOSO
DADIVOSO
SALIVOSO
CLIVOSO
OLIVOSO
SELVOSO
SILVOSO
OVOSO
NOVOSO
NERVOSO
SAXOSO
RAYOSO
FOYOSO
HOYOSO
SOLAZOSO
QUEMAZOSO
EMBARAZOSO
AGUAZOSO
ZAZOSO
ACEZOSO
TROPEZOSO
PEREZOSO
CENIZOSO
RIZOSO
BONANZOSO
GRANZOSO
VERGONZOSO
GOZOSO
BROZOSO
CUARZOSO
ZARZOSO
FORZOSO
LAPSO
RELAPSO
ILAPSO
COLAPSO
PROLAPSO
MARSO
TARSO
METATARSO
INMERSO
DISPERSO
TERSO
VERSO
AVERSO
ADVERSO
REVERSO
DIVERSO
UNIVERSO
ANVERSO
INVERSO
CONVERSO
INTROVERSO
CONTROVERSO
PERVERSO
TRASVERSO
TRANSVERSO
TIRSO
ABURSO
CORSO
DORSO
ENDORSO
DEXTRORSO
TORSO
CURSO

DECURSO
RECURSO
INCURSO
CONCURSO
OCURSO
TRASCURSO
DISCURSO
TRANSCURSO
USO
PLAUSO
APLAUSO
BUSO
ABUSO
ACUSO
DECUSO
INCUSO
INCONCUSO
ASCUSO
ESCUSO
TUCUSO
EXCUSO
FUSO
EFUSO
DIFUSO
PATIDIFUSO
INFUSO
CONFUSO
CIRCUNFUSO
PROFUSO
HUSO
PARAHŰSO
LUSO
RECLUSO
SECLUSO
INCLUSO
CONCLUSO
EXCLUSO
ILUSO
AMUSO
GATAMUSO
RUSO
ÑARUSO
DRUSO
INTRUSO
ABSTRUSO
SUSO
ASUSO
DESUSO
TUSO
OBTUSO
PITUSO
CONTUSO
AYUSO
TO
BATO
GABATO
JABATO
NABATO
GARABATO
REBATO
ARREBATO
CELIBATO
SILBATO
LOBATO
ESTILÓBATO
BARBATO
HIPÉRBATO
CORBATO
CATO
ACATO
SANJACATO
MONACATO
PACATO
DESACATO
RECATO
MENTECATO
PROTOMEDICATO
SINDICATO
SILICATO
HIDROSILICATO
REPLICATO
CANONICATO
CARICATO
PREVARICATO
CLERICATO
PIZZICATO
BROCATO
ZOCATO
CHATO
CARICHATO
DATO
CANDIDATO
MITRIDATO
MANDATO
CONTRAMANDATO
COMODATO

CORDATO
CONCORDATO
GRATISDATO
CAUDATO
BEATO
ABIGEATO
GALEATO
MEATO
REATO
FATO
CALIFATO
JALIFATO
OLFATO
SULFATO
HIPOSULFATO
FOSFATO
SUPERFOSFATO
GATO
MARAGATO
CEGATO
ALEGATO
REGATO
BIGATO
COCHIGATO
MOJIGATO
CUADRIGATO
MOGATO
HATO
CIATO
ABADIATO
MEDIATO
INMEDIATO
HIATO
VALIATO
FORMIATO
ARSENIATO
BONIATO
MONIATO
BUNIATO
OPIATO
VICARIATO
CANCELARIATO
COMISARIATO
NOTARIATO
VICTORIATO
GORRIATO
GURRIATO
DECURIATO
MURIATO
AMASIATO
PRUSIATO
LANDGRAVIATO
MARGRAVIATO
BURGRAVIATO
JATO
HIJATO
LATO
CÃLATO
CALATO
MARISCALATO
PROVINCIALATO
BAJALATO
MALATO
CARDENALATO
ASPÃLATO
GENERALATO
OXALATO
OBLATO
ELATO
FIELATO
RELATO
CORRELATO
FLATO
AFLATO
CHIFLATO
SALICILATO
CACODILATO
PUGILATO
CETILATO
ALCOHOLATO
PLATO
OMÓPLATO
TRASLATO
NAGUATLATO
ULULATO
MULATO
FAMULATO
TIRULATO
TURULATO
MATO
ALPAMATO
ULTIMATO
ECONOMATO
CARROMATO
NATO
DECANATO

DEANATO
ORFANATO
PERMANGANATO
CIANATO
ARCEDIANATO
VALERIANATO
MANATO
ROMANATO
ADNATO
TRECENATO
BALLENATO
PROGNATO
PLECTOGNATO
CONCUBINATO
VIRREINATO
INQUILINATO
FULMINATO
ALUMINATO
PINATO
FARINATO
ASESINATO
MORTINATO
INNATO
NAONATO
CARBONATO
BICARBONATO
CONATO
DIACONATO
SUBDIACONATO
CELIDONATO
CAMPEONATO
ESTELIONATO
DECURIONATO
COLONATO
NONATO
MUCRONATO
AERONATO
PATRONATO
COMPATRONATO
GARNATO
ORNATO
JESNATO
TRIBUNATO
ÑATO
NIÑATO
BOATO
AZOATO
PATO
CARAPATO
GARRAPATO
ZAPATO
GALLIPATO
PERIPATO
ESPATO
FELDESPATO
RATO
BARATO
SOBREBARATO
MALBARATO
DESBARATO
CARATO
APARATO
DISPARATO
LEBRATO
PICRATO
HIDRATO
CLORHIDRATO
CERATO
PROCERATO
ESTATUDERATO
AGÉRATO
CABALLERATO
BACHILLERATO
SERATO
PRESBITERATO
PROTOALBEITERATO
LITERATO
ILITERATO
VERATO
GRATO
INGRATO
VISIRATO
LEVIRATO
DECENVIRATO
TRIUNVIRATO
CENTUNVIRATO
DUUNVIRATO
CUATORVIRATO
BORATO
PERBORATO
CHORATO
ODORATO
SUPERIORATO
PRIORATO
SUPRIORATO
CLORATO

HIDROCLORATO
MORATO
TIMORATO
PROVISORATO
TRATO
RETRATO
AUTORRETRATO
CITRATO
NITRATO
MALTRATO
CONTRATO
CASICONTRATO
CUASICONTRATO
TARTRATO
SUBSTRATO
ESTRATO
URATO
BURATO
CURATO
SATO
SENSATO
INSENSATO
TATO
LACTATO
ACETATO
SUBACETATO
ABINTESTATO
REÓSTATO
HELIÓSTATO
TERMOSTATO
AERÓSTATO
GIRÓSTATO
ARAGUATO
CIGUATO
PAZGUATO
BRAVATO
CHIVATO
NOVATO
ERVATO
CERVATO
SERVATO
CORVATO
ARROYATO
ZATO
CACTO
AUTODIDACTO
ENTREACTO
DEFACTO
TUMEFACTO
ESTUPEFACTO
RAREFACTO
TORREFACTO
PUTREFACTO
ARTEFACTO
MANSUEFACTO
PACTO
IMPACTO
COMPACTO
REFRACTO
INFRACTO
TRACTO
RETRACTO
CONTRACTO
ABSTRACTO
DISTRACTO
EXTRACTO
TACTO
INTACTO
CONTACTO
EXACTO
INEXACTO
AFECTO
DESAFECTO
EFECTO
DEFECTO
PREFECTO
SUBPREFECTO
INFECTO
PERFECTO
PLUSCUAMPERFECTO
IMPERFECTO
DESPERFECTO
INTERFECTO
HECTO
OBJECTO
DIALECTO
CATALECTO
ACATALECTO
ELECTO
DELECTO
REELECTO
SELECTO
INTELECTO
DILECTO
PREDILECTO
PLEURONECTO

ASPECTO
RESPECTO
CIRCUNSPECTO
PROSPECTO
SUSPECTO
RECTO
ERECTO
INDIRECTO
SEMIRRECTO
CORRECTO
INCORRECTO
INSURRECTO
CONTRECTO
INSECTO
ARQUITECTO
PROVECTO
TRAYECTO
ABYECTO
OBYECTO
DEYECTO
PROYECTO
CONTRAPROYECTO
ANTEPROYECTO
ADICTO
EDICTO
VEREDICTO
ENTREDICTO
INTERDICTO
FICTO
DELICTO
RELICTO
DERRELICTO
AFLICTO
INFLICTO
CONFLICTO
ASTRICTO
ESTRICTO
RESTRICTO
VICTO
INVICTO
CONVICTO
DOCTO
INDOCTO
VIADUCTO
REDUCTO
ACUEDUCTO
OVIDUCTO
CONDUCTO
SALVOCONDUCTO
OLEODUCTO
PRODUCTO
INTRODUCTO
ERUCTO
FRUCTO
USUFRUCTO
CUASIUSUFRUCTO
DESTRUCTO
INSTRUCTO
ABETO
ALFABETO
ANALFABETO
DIABETO
CUODLIBETO
CAMBETO
GAMBETO
CUBETO
ACETO
FACETO
TANACETO
CALCETO
CONCETO
BOCETO
TERCETO
FETO
CAFETO
EFETO
PERFETO
IMPERFETO
HALIETO
NIETO
TATARANIETO
CUADRINIETO
TRASNIETO
TRESNIETO
BISNIETO
REBISNIETO
TRASBISNIETO
TRANSBISNIETO
BIZNIETO
CHUZNIETO
RIETO
PRIETO
APRIETO
OJIPRIETO
ARISPRIETO
QUIETO

IRREQUIETO
INQUIETO
JETO
OBJETO
PORTAOBJETO
CUBREOBJETO
SUBJETO
ROJETO
SUJETO
ALETO
CANALETO
PALETO
PALETÓ
PARACLETO
ELETO
DELETO
INTELETO
ESQUELETO
ENDOESQUELETO
NEUROESQUELETO
EXOESQUELETO
CORNIVELETO
REJILETO
BOLETO
COLETO
RECOLETO
VIOLETO
MAJOLETO
MARJOLETO
CHISPOLETO
OBSOLETO
FAZOLETO
MARZOLETO
REPLETO
COMPLETO
INCOMPLETO
BULETO
MULETO
AMULETO
CAPULETO
MALLETO
FOLLETO
GAMETO
INDUMETO
NETO
ANETO
VÉNETO
MAGNETO
SONETO
LUNETO
ESCAÑETO
PETO
PARAPETO
CENTRÍPETO
ÍMPETO
BALSOPETO
FALSOPETO
ESPETO
RESPETO
ZURUPETO
RETO
CARETO
CAMARETO
LAZARETO
LIBRETO
POBRETO
DECRETO
SECRETO
CONCRETO
DISCRETO
INDISCRETO
EXCRETO
ALEGRETO
ACARRETO
MAMOTRETO
SETO
CASETO
VARASETO
CARISETO
EQUISETO
FARSETO
CATETO
EPÍTETO
ANTÍTETO
QUINTETO
SEPTETO
CUARTETO
DESTETO
SEXTETO
CUETO
VERICUETO
ESCUETO
DUETO
MAGÜETO
VERIGÜETO
COQUETO

ESPIROQUETO
ASUETO
MANSUETO
CONSUETO
VETO
CAVETO
CIVETO
MAYETO
COFTO
PAPAÍTO
HÁBITO
GARABITO
MORABITO
DÉBITO
ÁMBITO
GAMBITO
ÓBITO
CÚBITO
DECÚBITO
CONCÚBITO
SÚBITO
CITO
CEDACITO
PLÁCITO
BENEPLÁCITO
DESPACITO
TÁCITO
VEJECITO
FRAILECITO
TERNECITO
CORNECITO
CAMPECITO
CORPECITO
PRECITO
OSECITO
NIETECITO
VENTECITO
CIEGUECITO
FUEGUECITO
CORVECITO
CANEICITO
LÍCITO
ILÍCITO
SOLÍCITO
IMPLÍCITO
EXPLÍCITO
MAITENCITO
LEUCOCITO
LINFOCITO
FAGOCITO
MOCITO
ERITROCITO
EJÉRCITO
CHUPADORCITO
PRESCITO
PLEBISCITO
CHITO
DERECHITO
CHICHITO
MARCHITO
DITO
SUPERÁDITO
SÚBDITO
INÉDITO
EXPEDITO
RÉDITO
CRÉDITO
DESCRÉDITO
QUEDITO
MALDITO
ÁNDITO
CALLANDITO
BENDITO
RECÓNDITO
HERMAFRODITO
TODITO
AUDITO
INAUDITO
ERUDITO
JEITO
PLEITO
ESLEITO
AREITO
FITO
PALAFITO
ESPERMAFITO
GRAFITO
EPIFITO
SULFITO
HIPOSULFITO
SÍNFITO
TERIDOFITO
NEÓFITO
BRIOFITO
ZOÓFITO
MICRÓFITO

SAPROFITO
SOFITO
DÍGITO
HITO
AHÍTO
CERROJITO
REALITO
MEGALITO
HÁLITO
NOPALITO
CORALITO
DIABLITO
PARÁCLITO
ÍNCLITO
PERÍNCLITO
HETERÓCLITO
DELITO
CUASIDELITO
ANGELITO
ANHÉLITO
CIELITO
MELITO
PROSÉLITO
CLAVELITO
GILITO
TRILITO
ACÓLITO
TEODOLITO
EOLITO
OSTEOLITO
JOLITO
NOLITO
URANOLITO
MONOLITO
PAÑOLITO
OOLITO
AEROLITO
COPROLITO
ELECTRÓLITO
ASTROLITO
SÓLITO
CRISÓLITO
INSÓLITO
MOTOLITO
TORTOLITO
ZAPOYOLITO
GARLITO
CHORLITO
CULITO
CABALLITO
GALLITO
POLLITO
MITO
AMITO
RAMITO
FRÉMITO
CAIMITO
PALMITO
INDÓMITO
VÓMITO
NITO
ANITO
MANITO
GRANITO
TEMPRANITO
BENITO
SAMBENITO
UNIGÉNITO
INGÉNITO
CONGÉNITO
SEGUNDOGÉNITO
PRIMOGÉNITO
CUARTOGÉNITO
MORENITO
ARSENITO
IGNITO
LIGNITO
INCÓGNITO
COCHINITO
FINITO
INFINITO
PINITO
CRINITO
BONITO
ACÓNITO
ARAGONITO
ALCIONITO
GAMONITO
ATÓNITO
TAMAÑITO
COITO
INTROITO
PITO
APITO
GARAPITO
ZARAPITO

TRAPITO
ZAPITO
DECRÉPITO
ESTRÉPITO
GALPITO
PÚLPITO
ESPITO
INHÓSPITO
SÚPITO
RITO
GARITO
PAJARITO
CABRITO
PRACRITO
INFRASCRITO
TRASCRITO
SUBSCRITO
ADSCRITO
ESCRITO
DESCRITO
RESCRITO
SOBRESCRITO
PRESCRITO
TRANSCRITO
SÁNSCRITO
INSCRITO
CIRCUNSCRITO
PROSCRITO
MANUSCRITO
SUSCRITO
CEDRITO
CERITO
MAJADERITO
CHUPADERITO
ARRIERITO
MÉRITO
EMÉRITO
DEMÉRITO
BENEMÉRITO
INMÉRITO
PERITO
IMPERITO
LEGISPERITO
JURISPERITO
PRETÉRITO
CANTERITO
FRITO
REFRITO
COCHIFRITO
SOFRITO
GRITO
NEGRITO
CHINGUIRITO
BORBORITO
CORITO
METEORITO
GORGORITO
GOLORITO
MORITO
SEÑORITO
TORITO
FAVORITO
ZORITO
BARRITO
IMPERTÉRRITO
ÍRRITO
BURRITO
AIRITO
DETRITO
NITRITO
EPÍTRITO
CONTRITO
INCONTRITO
DISTRITO
PRURITO
ZURITO
SITO
PASITO
PARÁSITO
EPIPARÁSITO
ENDOPARÁSITO
ECTOPARÁSITO
ADQUISITO
REQUISITO
EXQUISITO
MANSITO
TRÁNSITO
ÍNSITO
PÓSITO
APÓSITO
DEPÓSITO
PREPÓSITO
OPÓSITO
PROPÓSITO
APROPÓSITO
DESPROPÓSITO

SUPÓSITO
EXPÓSITO
TITO
APETITO
CONFITITO
CHIQUIRRITITO
CALENTITO
TONTITO
BOTITO
TRIPARTITO
EMPRÉSTITO
CIRCUITO
GUITO
MANGUITO
CONGUITO
MUITO
QUITO
CARIAQUITO
SÉQUITO
CHIQUITO
FINIQUITO
PERIQUITO
COQUITO
POQUITO
DESQUITO
MOSQUITO
TAMARRUSQUITO
TAMARRIZQUITO
GRATUITO
INTUITO
FORTUITO
VITO
CLAVITO
INVITO
ÉXITO
HOYITO
ALTO
BALTO
COBALTO
FALTO
GRIFALTO
ASFALTO
PISASFALTO
CALLIALTO
PALTO
ASPALTO
ESPALTO
PERALTO
CONTRALTO
SALTO
ASALTO
BASALTO
RESALTO
SOBRESALTO
BISALTO
ESBELTO
SUELTO
ABSUELTO
RESUELTO
IRRESUELTO
DISUELTO
VUELTO
DEVUELTO
REVUELTO
ENVUELTO
DESENVUELTO
DESVUELTO
BULTO
CULTO
INCULTO
OCULTO
ESCULTO
ADULTO
INDULTO
SINGULTO
TUMULTO
INULTO
SEPULTO
INSEPULTO
INSULTO
CONSULTO
INCONSULTO
SENADOCONSULTO
JURISCONSULTO
ESTULTO
VULTO
COMTO
ABANTO
CANTO
ACANTO
TRAGACANTO
ANACANTO
ALICANTO
CALICANTO
ENCANTO
DESENCANTO

CHANTO
DANTO
ESTROFANTO
MAGANTO
ADRAGANTO
AMIANTO
ADELANTO
AILANTO
PLANTO
LLANTO
MANTO
CHAMANTO
ESQUENANTO
RINANTO
ESQUINANTO
ESPANTO
AMARANTO
QUEBRANTO
ESPERANTO
MASTRANTO
CURANTO
SANTO
DISANTO
CORISANTO
CAMPOSANTO
SACROSANTO
ESPIRITUSANTO
TANTO
ENTRETANTO
CUATROTANTO
TRESTANTO
CUANTO
ALGUANTO
SOLEVANTO
ACENTO
CONCENTO
CARACHENTO
AGUACHENTO
IRREDENTO
GENTO
ARGENTO
SARGENTO
HERRUGENTO
CIENTO
HECIENTO
PECIENTO
CENICIENTO
HEDIENTO
SEDIENTO
LODIENTO
FERRUGIENTO
HERRUGIENTO
MOHIENTO
ZANCAJIENTO
GARGAJIENTO
GRANUJIENTO
LIENTO
ALIENTO
SOBREALIENTO
DESALIENTO
FRIOLIENTO
SOÑOLIENTO
AMIENTO
ACABAMIENTO
CONCHABAMIENTO
ALABAMIENTO
TRABAMIENTO
AMANCEBAMIENTO
LIBAMIENTO
DERRIBAMIENTO
ARRUMBAMIENTO
DERRUMBAMIENTO
ABOBAMIENTO
EMBOBAMIENTO
ROBAMIENTO
ARROBAMIENTO
EXACERBAMIENTO
TURBAMIENTO
CONTURBAMIENTO
APLACAMIENTO
EMPACAMIENTO
SACAMIENTO
ASACAMIENTO
SONSACAMIENTO
SOSACAMIENTO
ATACAMIENTO
EMBELECAMIENTO
SECAMIENTO
DESECAMIENTO
AHUECAMIENTO
ALAMBICAMIENTO
ACHICAMIENTO
SIGNIFICAMIENTO
DELICAMIENTO
ENTRICAMIENTO
INTRICAMIENTO

APALANCAMIENTO
MANCAMIENTO
ARRANCAMIENTO
ABARRANCAMIENTO
ESTANCAMIENTO
AFINCAMIENTO
AHINCAMIENTO
INTRINCAMIENTO
ENTRONCAMIENTO
DESTRONCAMIENTO
TRONCAMIENTO
ABOCAMIENTO
DESBOCAMIENTO
APOCAMIENTO
DERROCAMIENTO
TROCAMIENTO
TRASTROCAMIENTO
TOCAMIENTO
AVOCAMIENTO
ABARCAMIENTO
ENCHARCAMIENTO
CERCAMIENTO
ACERCAMIENTO
CASCAMIENTO
RASCAMIENTO
ENFRASCAMIENTO
ATASCAMIENTO
REFRESCAMIENTO
ENRISCAMIENTO
ARRISCAMIENTO
ENVISCAMIENTO
AMOSCAMIENTO
ENROSCAMIENTO
BUSCAMIENTO
REBUSCAMIENTO
OFUSCAMIENTO
EMBAUCAMIENTO
MACHUCAMIENTO
EMPACHAMIENTO
DESPACHAMIENTO
EMBORRACHAMIENTO
ECHAMIENTO
ACECHAMIENTO
COHECHAMIENTO
DESPECHAMIENTO
ESTRECHAMIENTO
ASECHAMIENTO
APROVECHAMIENTO
DESAPROVECHAMIENTO
ENGANCHAMIENTO
REENGANCHAMIENTO
ENSANCHAMIENTO
HINCHAMIENTO
LINCHAMIENTO
ABROCHAMIENTO
ACORCHAMIENTO
DAMIENTO
ACEBADAMIENTO
ENCEBADAMIENTO
ENFADAMIENTO
DESENHADAMIENTO
ANONADAMIENTO
AGRADAMIENTO
RECABDAMIENTO
REMEDAMIENTO
HOSPEDAMIENTO
DESHOSPEDAMIENTO
EMPAREDAMIENTO
HEREDAMIENTO
DESHEREDAMIENTO
ENREDAMIENTO
QUEDAMIENTO
VEDAMIENTO
APELLIDAMIENTO
DESBRIDAMIENTO
ENRIDAMIENTO
DESCUIDAMIENTO
BALDAMIENTO
ENCELDAMIENTO
ATILDAMIENTO
AMOLDAMIENTO
ASOLDAMIENTO
CONSOLDAMIENTO
ENTOLDAMIENTO
ANDAMIENTO
ABLANDAMIENTO
MANDAMIENTO
COMANDAMIENTO
DESMANDAMIENTO
EMENDAMIENTO
ENMENDAMIENTO
COMENDAMIENTO
ACOMENDAMIENTO
ENCOMENDAMIENTO
PRENDAMIENTO
ARRENDAMIENTO

SUBARRENDAMIENTO
AVECINDAMIENTO
ALINDAMIENTO
DESLINDAMIENTO
ABONDAMIENTO
AHONDAMIENTO
ABUNDAMIENTO
ENLODAMIENTO
ACOMODAMIENTO
DESACOMODAMIENTO
APODAMIENTO
RODAMIENTO
ACOBARDAMIENTO
DETARDAMIENTO
GUARDAMIENTO
AGUARDAMIENTO
ZABORDAMIENTO
DESBORDAMIENTO
ACORDAMIENTO
DESACORDAMIENTO
RECORDAMIENTO
ENSORDAMIENTO
RECAUDAMIENTO
DUDAMIENTO
MUDAMIENTO
DEMUDAMIENTO
REMUDAMIENTO
TRASMUDAMIENTO
TRANSMUDAMIENTO
ANUDAMIENTO
AÑUDAMIENTO
ENGRUDAMIENTO
DESENGRUDAMIENTO
AYUDAMIENTO
CABECEAMIENTO
COCEAMIENTO
ACOCEAMIENTO
TORPEDEAMIENTO
CALDEAMIENTO
MOLDEAMIENTO
AMERCENDEAMIENTO
ARRODEAMIENTO
FEAMIENTO
GORJEAMIENTO
APALEAMIENTO
SOLEAMIENTO
ASOLEAMIENTO
VAPULEAMIENTO
SANEAMIENTO
LINEAMIENTO
DELINEAMIENTO
APEAMIENTO
DESPEAMIENTO
ACAREAMIENTO
MAREAMIENTO
APAREAMIENTO
CREAMIENTO
APEDREAMIENTO
CARNEREAMIENTO
SABOREAMIENTO
POLVOREAMIENTO
ARREAMIENTO
ACARREAMIENTO
APORREAMIENTO
FALSEAMIENTO
HERMOSEAMIENTO
GATEAMIENTO
PATEAMIENTO
PLEITEAMIENTO
SALTEAMIENTO
PLANTEAMIENTO
MANTEAMIENTO
SORTEAMIENTO
HORMIGUEAMIENTO
SAQUEAMIENTO
BLANQUEAMIENTO
FRANQUEAMIENTO
ZANQUEAMIENTO
ARQUEAMIENTO
ESCALFAMIENTO
ATUFAMIENTO
EMPALAGAMIENTO
LLAGAMIENTO
ENCENAGAMIENTO
AHORNAGAMIENTO
PAGAMIENTO
APAGAMIENTO
COMPAGAMIENTO
DESPAGAMIENTO
ESPARRAGAMIENTO
ESTRAGAMIENTO
ABOTAGAMIENTO
CEGAMIENTO
DOBLEGAMIENTO
LLEGAMIENTO
ALLEGAMIENTO

NEGAMIENTO
ANEGAMIENTO
DENEGAMIENTO
DESNEGAMIENTO
PEGAMIENTO
APEGAMIENTO
DESPEGAMIENTO
FREGAMIENTO
REFREGAMIENTO
ENTREGAMIENTO
ESTREGAMIENTO
RESTREGAMIENTO
ARRAIGAMIENTO
DESARRAIGAMIENTO
DERRAIGAMIENTO
DESPERDIGAMIENTO
LIGAMIENTO
ALIGAMIENTO
OBLIGAMIENTO
COLIGAMIENTO
ABRIGAMIENTO
ATOSIGAMIENTO
HOSTIGAMIENTO
DESCERVIGAMIENTO
CABALGAMIENTO
ENCABALGAMIENTO
COLGAMIENTO
FOLGAMIENTO
DESCOMULGAMIENTO
EXCOMULGAMIENTO
ALONGAMIENTO
PROLONGAMIENTO
ABOGAMIENTO
AFOGAMIENTO
AHOGAMIENTO
DESAHOGAMIENTO
ALOGAMIENTO
AZOGAMIENTO
EMBARGAMIENTO
ENCARGAMIENTO
DESCARGAMIENTO
ALARGAMIENTO
ALETARGAMIENTO
OTORGAMIENTO
HURGAMIENTO
PURGAMIENTO
APESGAMIENTO
AMUGAMIENTO
ATARUGAMIENTO
ARRUGAMIENTO
ENYUGAMIENTO
JUZGAMIENTO
DESAVAHAMIENTO
ABUHAMIENTO
EMBABIAMIENTO
CAMBIAMIENTO
ENTURBIAMIENTO
ESPACIAMIENTO
CONGRACIAMIENTO
VACIAMIENTO
APRECIAMIENTO
DESPRECIAMIENTO
MENOSPRECIAMIENTO
DESPERDICIAMIENTO
AJUSTICIAMIENTO
ENJUICIAMIENTO
DESQUICIAMIENTO
ENVICIAMIENTO
LICENCIAMIENTO
ANUNCIAMIENTO
PRONUNCIAMIENTO
ROCIAMIENTO
ASOCIAMIENTO
ACUCIAMIENTO
DESAFUCIAMIENTO
ENSUCIAMIENTO
ADIAMIENTO
DESAFIAMIENTO
APREMIAMIENTO
LIMPIAMIENTO
ALIMPIAMIENTO
ACOPIAMIENTO
DESAPROPIAMIENTO
VARIAMIENTO
DESVARIAMIENTO
CRIAMIENTO
REFRIAMIENTO
ENFRIAMIENTO
RESFRIAMIENTO
ENRIAMIENTO
DESCARRIAMIENTO
ENGURRIAMIENTO
INJURIAMIENTO
GUIAMIENTO
AVIAMIENTO
AGRAVIAMIENTO
DESAGRAVIAMIENTO
ABREVIAMIENTO
ALIVIAMIENTO
DESVIAMIENTO
AJAMIENTO
BAJAMIENTO
ABAJAMIENTO
REBAJAMIENTO
SOBAJAMIENTO
DESENCAJAMIENTO
FAJAMIENTO
RELAJAMIENTO
MAJAMIENTO
RESQUEBRAJAMIENTO
TAJAMIENTO
ATAJAMIENTO
AVENTAJAMIENTO
AMORTAJAMIENTO
DESTAJAMIENTO
CUAJAMIENTO
DEJAMIENTO
DESMADEJAMIENTO
ALEJAMIENTO
AÑEJAMIENTO
APAREJAMIENTO
EMPAREJAMIENTO
DESOREJAMIENTO
COTEJAMIENTO
AQUEJAMIENTO
COBIJAMIENTO
AFIJAMIENTO
PROFIJAMIENTO
AHIJAMIENTO
PROHIJAMIENTO
DESVALIJAMIENTO
ENCANIJAMIENTO
CORNIJAMIENTO
ENSORTIJAMIENTO
AGUIJAMIENTO
ESPONJAMIENTO
AOJAMIENTO
ALOJAMIENTO
DESALOJAMIENTO
AFLOJAMIENTO
DESPOJAMIENTO
ARROJAMIENTO
AHERROJAMIENTO
ANTOJAMIENTO
PUJAMIENTO
SOBREPUJAMIENTO
EMPUJAMIENTO
EMBRUJAMIENTO
ESTRUJAMIENTO
DESCABALAMIENTO
RESBALAMIENTO
ACICALAMIENTO
ESCALAMIENTO
ACODALAMIENTO
REGALAMIENTO
SEÑALAMIENTO
EMPALAMIENTO
ACORRALAMIENTO
APUNTALAMIENTO
IGUALAMIENTO
ENTABLAMIENTO
DOBLAMIENTO
REDOBLAMIENTO
DESDOBLAMIENTO
POBLAMIENTO
DESPOBLAMIENTO
MESCLAMIENTO
MEZCLAMIENTO
RECELAMIENTO
ENCELAMIENTO
ENCARCELAMIENTO
CONGELAMIENTO
HELAMIENTO
ALELAMIENTO
DESMANTELAMIENTO
AMARTELAMIENTO
ACUARTELAMIENTO
EMPASTELAMIENTO
REVELAMIENTO
DESVELAMIENTO
INFLAMIENTO
ARREGLAMIENTO
AFRAILAMIENTO
FILAMIENTO
AFILAMIENTO
AHILAMIENTO
ANIHILAMIENTO
APILAMIENTO
DESCARRILAMIENTO
FUSILAMIENTO
ANIQUILAMIENTO
ALQUILAMIENTO
ENCULAMIENTO
ESTERCOLAMIENTO
ASOLAMIENTO
TEMPLAMIENTO
DESTEMPLAMIENTO
ACOPLAMIENTO
DESACOPLAMIENTO
MIRLAMIENTO
AISLAMIENTO
ACUMULAMIENTO
VAPULAMIENTO
CALLAMIENTO
FALLAMIENTO
HALLAMIENTO
ENCANALLAMIENTO
AVASALLAMIENTO
ENTRETALLAMIENTO
ENTALLAMIENTO
AVITUALLAMIENTO
DESCABELLAMIENTO
ATROPELLAMIENTO
ESTRELLAMIENTO
HABILLAMIENTO
MANCILLAMIENTO
CABDILLAMIENTO
ACABDILLAMIENTO
ARRODILLAMIENTO
ACAUDILLAMIENTO
APOLILLAMIENTO
HUMILLAMIENTO
DESTORNILLAMIENTO
ENCASTILLAMIENTO
ABARQUILLAMIENTO
DESCOLLAMIENTO
DESMEOLLAMIENTO
DEGOLLAMIENTO
ENGOLLAMIENTO
ARROLLAMIENTO
DESOLLAMIENTO
APABULLAMIENTO
MAGULLAMIENTO
ATURULLAMIENTO
DESFAMAMIENTO
DISFAMAMIENTO
AMALGAMAMIENTO
AMOJAMAMIENTO
INFLAMAMIENTO
LLAMAMIENTO
DESPARRAMAMIENTO
DERRAMAMIENTO
EMBALSAMAMIENTO
REMAMIENTO
QUEMAMIENTO
REQUEMAMIENTO
LASTIMAMIENTO
DESALMAMIENTO
TOMAMIENTO
AZOMAMIENTO
ARMAMIENTO
DESARMAMIENTO
ERMAMIENTO
FIRMAMIENTO
AFIRMAMIENTO
CONFIRMAMIENTO
INFORMAMIENTO
TRASFORMAMIENTO
TRANSFORMAMIENTO
ASMAMIENTO
ENSIMISMAMIENTO
BRUMAMIENTO
ACHABACANAMIENTO
PROFANAMIENTO
ABARRAGANAMIENTO
AMILANAMIENTO
APLANAMIENTO
ALLANAMIENTO
AVILLANAMIENTO
HERMANAMIENTO
DESGRANAMIENTO
AGUSANAMIENTO
AMANZANAMIENTO
ALMACENAMIENTO
ADECENAMIENTO
CERCENAMIENTO
ENCADENAMIENTO
DESENCADENAMIENTO
ORDENAMIENTO
DESORDENAMIENTO
AJENAMIENTO
ENAJENAMIENTO
ENVENENAMIENTO
APENAMIENTO
REFRENAMIENTO
ENFRENAMIENTO
DESENFRENAMIENTO
DESFRENAMIENTO
CONCATENAMIENTO
AVENAMIENTO
HACINAMIENTO
ACECINAMIENTO
EMPECINAMIENTO
MEDICINAMIENTO
CALCINAMIENTO
ABOCINAMIENTO
ALUCINAMIENTO
RECHINAMIENTO
COORDINAMIENTO
REINAMIENTO
FINAMIENTO
AFINAMIENTO
REFINAMIENTO
CONFINAMIENTO
IMAGINAMIENTO
ACOJINAMIENTO
ENCAMINAMIENTO
EXAMINAMIENTO
AFEMINAMIENTO
EFEMINAMIENTO
DETERMINAMIENTO
EMPINAMIENTO
ENCALABRINAMIENTO
AMADRINAMIENTO
APADRINAMIENTO
ADOCTRINAMIENTO
AMOTINAMIENTO
ACOQUINAMIENTO
ENTARQUINAMIENTO
ARRUINAMIENTO
ADIVINAMIENTO
ABONAMIENTO
ESLABONAMIENTO
ENCONAMIENTO
DESENCONAMIENTO
ARRINCONAMIENTO
BALDONAMIENTO
ABALDONAMIENTO
ABANDONAMIENTO
PERDONAMIENTO
ACORDONAMIENTO
RACIONAMIENTO
ESTACIONAMIENTO
FRACCIONAMIENTO
PERFECCIONAMIENTO
ALECCIONAMIENTO
CONDICIONAMIENTO
ACONDICIONAMIENTO
MUNICIONAMIENTO
FUNCIONAMIENTO
APASIONAMIENTO
ENCAJONAMIENTO
AGUIJONAMIENTO
AMOJONAMIENTO
ESCALONAMIENTO
TAPONAMIENTO
EMPADRONAMIENTO
CORONAMIENTO
DESMORONAMIENTO
DESTERRONAMIENTO
ATRONAMIENTO
APOLTRONAMIENTO
DESTRONAMIENTO
APISONAMIENTO
CONSONAMIENTO
APERSONAMIENTO
APITONAMIENTO
ACANTONAMIENTO
ENTONAMIENTO
ENVALENTONAMIENTO
DESENTONAMIENTO
AMONTONAMIENTO
RAZONAMIENTO
DESCORAZONAMIENTO
ENCABEZONAMIENTO
ENCARNAMIENTO
GOBERNAMIENTO
ADORNAMIENTO
TORNAMIENTO
RETORNAMIENTO
TRASTORNAMIENTO
AUNAMIENTO
COADUNAMIENTO
ALUNAMIENTO
DESCORAZNAMIENTO
DELEZNAMIENTO
ESPELUZNAMIENTO
DAÑAMIENTO
REGAÑAMIENTO
ENGAÑAMIENTO
DESENGAÑAMIENTO
APAÑAMIENTO
ACOMPAÑAMIENTO
DESACOMPAÑAMIENTO
ARAÑAMIENTO
ENMARAÑAMIENTO
DESENTRAÑAMIENTO
EXTRAÑAMIENTO
ENSAÑAMIENTO
EMPEÑAMIENTO
DESEMPEÑAMIENTO
DESPEÑAMIENTO
DESEÑAMIENTO
ENSEÑAMIENTO
DESENSEÑAMIENTO
AMIÑAMIENTO
APIÑAMIENTO
ESCUDRIÑAMIENTO
EMPONZOÑAMIENTO
ENFURRUÑAMIENTO
LOAMIENTO
ESCAPAMIENTO
SOLAPAMIENTO
EMPAPAMIENTO
RAPAMIENTO
DESHARRAPAMIENTO
TAPAMIENTO
ANTICIPAMIENTO
DESTRIPAMIENTO
PALPAMIENTO
AGOLPAMIENTO
CAMPAMIENTO
POPAMIENTO
ARROPAMIENTO
TOPAMIENTO
RASPAMIENTO
ENCRESPAMIENTO
CRISPAMIENTO
AGRUPAMIENTO
ENCARAMIENTO
ENMASCARAMIENTO
DESCARAMIENTO
DESQUIJARAMIENTO
DECLARAMIENTO
DESPILARAMIENTO
AMILLARAMIENTO
ACAPARAMIENTO
REPARAMIENTO
PREPARAMIENTO
AMPARAMIENTO
DESAMPARAMIENTO
EMPARAMIENTO
ENVARAMIENTO
QUEBRAMIENTO
LIBRAMIENTO
DELIBRAMIENTO
DESMEMBRAMIENTO
DESCIMBRAMIENTO
NOMBRAMIENTO
ASOMBRAMIENTO
ENCUMBRAMIENTO
ALUMBRAMIENTO
DESALUMBRAMIENTO
TRASLUMBRAMIENTO
DESLUMBRAMIENTO
DESHERRUMBRAMIENTO
COBRAMIENTO
RECOBRAMIENTO
ROBRAMIENTO
SOBRAMIENTO
EMPEDRAMIENTO
ARREDRAMIENTO
ACENDRAMIENTO
ENGENDRAMIENTO
ATOLONDRAMIENTO
DELIBERAMIENTO
MACERAMIENTO
ENCERAMIENTO
ATRINCHERAMIENTO
MADERAMIENTO
ENMADERAMIENTO
ABANDERAMIENTO
ACODERAMIENTO
MODERAMIENTO
APODERAMIENTO
DESAPODERAMIENTO
ALIGERAMIENTO
AMUJERAMIENTO
CELERAMIENTO
ACELERAMIENTO
BACHILLERAMIENTO
ESMERAMIENTO
AMANERAMIENTO
DESTEMPERAMIENTO
ESPERAMIENTO
DESESPERAMIENTO
ENTERAMIENTO
ENCHIQUERAMIENTO
AZUFRAMIENTO
CONSAGRAMIENTO

DESANGRAMIENTO
MALOGRAMIENTO
AIRAMIENTO
GIRAMIENTO
MIRAMIENTO
DESMIRAMIENTO
ESPIRAMIENTO
TIRAMIENTO
RETIRAMIENTO
ESTIRAMIENTO
HONRAMIENTO
EMPEORAMIENTO
AFORAMIENTO
MEJORAMIENTO
DESMEJORAMIENTO
ACALORAMIENTO
AFLORAMIENTO
DESFLORAMIENTO
COLORAMIENTO
DESCOLORAMIENTO
ENAMORAMIENTO
ENSEÑORAMIENTO
ASESORAMIENTO
ATORAMIENTO
DOCTORAMIENTO
EMPOLVORAMIENTO
MEYORAMIENTO
AZORAMIENTO
ABARRAMIENTO
ABIGARRAMIENTO
DESGARRAMIENTO
CERRAMIENTO
ENCERRAMIENTO
AFERRAMIENTO
EMPERRAMIENTO
ATERRAMIENTO
ENTERRAMIENTO
DESENTERRAMIENTO
SOTERRAMIENTO
DESTERRAMIENTO
AMODORRAMIENTO
AFORRAMIENTO
AHORRAMIENTO
AZORRAMIENTO
DESPACHURRAMIENTO
ENHETRAMIENTO
DESENHETRAMIENTO
ARBITRAMIENTO
ENTRAMIENTO
RECONCENTRAMIENTO
EMPOTRAMIENTO
ARRASTRAMIENTO
AMAESTRAMIENTO
ADESTRAMIENTO
ADIESTRAMIENTO
DEMONSTRAMIENTO
AMOSTRAMIENTO
DEMOSTRAMIENTO
LUSTRAMIENTO
CURAMIENTO
MADURAMIENTO
ENDURAMIENTO
SEGURAMIENTO
ASEGURAMIENTO
DESFIGURAMIENTO
JURAMIENTO
ENJURAMIENTO
APURAMIENTO
ASURAMIENTO
MESURAMIENTO
APRESURAMIENTO
DESNATURAMIENTO
ASAMIENTO
EMBASAMIENTO
CASAMIENTO
ENCASAMIENTO
DESCASAMIENTO
AMASAMIENTO
PASAMIENTO
CONTRAPASAMIENTO
TRASPASAMIENTO
ABRASAMIENTO
ENRASAMIENTO
ARRASAMIENTO
ATRASAMIENTO
CESAMIENTO
AFRANCESAMIENTO
PROCESAMIENTO
ADHESAMIENTO
EMBELESAMIENTO
DESINTERESAMIENTO
APRESAMIENTO
SALPRESAMIENTO
RETESAMIENTO
ENTESAMIENTO
ABURGUESAMIENTO
CORNISAMIENTO
GUISAMIENTO
AGUISAMIENTO
AVISAMIENTO
PULSAMIENTO
DESPULSAMIENTO
CANSAMIENTO
AMANSAMIENTO
PENSAMIENTO
LIBREPENSAMIENTO
REBOSAMIENTO
ACOSAMIENTO
ENDIOSAMIENTO
ANQUILOSAMIENTO
DESPOSAMIENTO
ENGROSAMIENTO
CONVERSAMIENTO
EMBAUSAMIENTO
ACUSAMIENTO
ENGATUSAMIENTO
ATAMIENTO
ARREBATAMIENTO
CATAMIENTO
ACATAMIENTO
DESACATAMIENTO
RECATAMIENTO
ACHATAMIENTO
AQUILATAMIENTO
MATAMIENTO
REMATAMIENTO
ABARATAMIENTO
DESBARATAMIENTO
TRATAMIENTO
MALTRATAMIENTO
CONTRATAMIENTO
DESATAMIENTO
DELECTAMIENTO
AGRIETAMIENTO
AQUIETAMIENTO
FLETAMIENTO
AFLETAMIENTO
APRETAMIENTO
AGUAITAMIENTO
HABITAMIENTO
INCITAMIENTO
MARCHITAMIENTO
AFEITAMIENTO
DELEITAMIENTO
AHITAMIENTO
INHABILITAMIENTO
IRRITAMIENTO
CUITAMIENTO
ACUITAMIENTO
QUITAMIENTO
DESQUITAMIENTO
EXALTAMIENTO
AVILTAMIENTO
ABULTAMIENTO
ENCANTAMIENTO
DESENCANTAMIENTO
ADELANTAMIENTO
PLANTAMIENTO
AMAMANTAMIENTO
ATARANTAMIENTO
QUEBRANTAMIENTO
LEVANTAMIENTO
ALEVANTAMIENTO
SOLEVANTAMIENTO
APACENTAMIENTO
ACRECENTAMIENTO
ENCENTAMIENTO
CALENTAMIENTO
RECALENTAMIENTO
ESCALENTAMIENTO
AVALENTAMIENTO
ENSANGRENTAMIENTO
SENTAMIENTO
ASENTAMIENTO
APOSENTAMIENTO
DESATENTAMIENTO
CONTENTAMIENTO
DESCONTENTAMIENTO
SUSTENTAMIENTO
AVENTAMIENTO
RECONTAMIENTO
DESCONTAMIENTO
REMONTAMIENTO
AFRONTAMIENTO
APRONTAMIENTO
ATONTAMIENTO
UNTAMIENTO
JUNTAMIENTO
AJUNTAMIENTO
DESJUNTAMIENTO
AVOLUNTAMIENTO
APUNTAMIENTO
BARRUNTAMIENTO
AYUNTAMIENTO
DESAYUNTAMIENTO
DESCOYUNTAMIENTO
EMBOTAMIENTO
ACOTAMIENTO
DOTAMIENTO
AGOTAMIENTO
FLOTAMIENTO
ENCAPOTAMIENTO
FROTAMIENTO
AZOTAMIENTO
ENCARTAMIENTO
ENARTAMIENTO
APARTAMIENTO
ACERTAMIENTO
DESPERTAMIENTO
ABORTAMIENTO
CORTAMIENTO
ACORTAMIENTO
ENCORTAMIENTO
CONFORTAMIENTO
CONHORTAMIENTO
DESCONHORTAMIENTO
AMORTAMIENTO
REPORTAMIENTO
COMPORTAMIENTO
TRASPORTAMIENTO
TRANSPORTAMIENTO
ABASTAMIENTO
GASTAMIENTO
DESGASTAMIENTO
APLASTAMIENTO
EMPLASTAMIENTO
ESTAMIENTO
MANIFESTAMIENTO
ENHESTAMIENTO
AMONESTAMIENTO
ATESTAMIENTO
ALISTAMIENTO
ACOSTAMIENTO
AGOSTAMIENTO
DENOSTAMIENTO
APOSTAMIENTO
AJUSTAMIENTO
RECLUTAMIENTO
APACIGUAMIENTO
AVERIGUAMIENTO
ANTIGUAMIENTO
SANTIGUAMIENTO
AMORTIGUAMIENTO
ATESTIGUAMIENTO
ALENGUAMIENTO
MENGUAMIENTO
AMENGUAMIENTO
CONTINUAMIENTO
LAVAMIENTO
DESLAVAMIENTO
AGRAVAMIENTO
LEVAMIENTO
SUBLEVAMIENTO
ELEVAMIENTO
SOLEVAMIENTO
AVIVAMIENTO
SALVAMIENTO
ASOLVAMIENTO
AZOLVAMIENTO
RENOVAMIENTO
INNOVAMIENTO
ENERVAMIENTO
ENCORVAMIENTO
LAXAMIENTO
ATALAYAMIENTO
DESMAYAMIENTO
ENSAYAMIENTO
RECHAZAMIENTO
DESPEDAZAMIENTO
AMORDAZAMIENTO
PROFAZAMIENTO
DELGAZAMIENTO
ADELGAZAMIENTO
ENGAZAMIENTO
ENLAZAMIENTO
APLAZAMIENTO
EMPLAZAMIENTO
DESPLAZAMIENTO
DESLAZAMIENTO
ABRAZAMIENTO
ACORAZAMIENTO
EMBORRAZAMIENTO
ENCABEZAMIENTO
DESCABEZAMIENTO
EMPEZAMIENTO
ADEREZAMIENTO
ENDEREZAMIENTO
ATEZAMIENTO
DESCORTEZAMIENTO
CAFIZAMIENTO
BALIZAMIENTO
ABALIZAMIENTO
DESLIZAMIENTO
ENCARNIZAMIENTO
ADRIZAMIENTO
ERIZAMIENTO
ENERIZAMIENTO
ENRIZAMIENTO
AUTORIZAMIENTO
CICATRIZAMIENTO
DESCUARTIZAMIENTO
ALZAMIENTO
ENSALZAMIENTO
ALCANZAMIENTO
AFIANZAMIENTO
LANZAMIENTO
ENTRELANZAMIENTO
COMENZAMIENTO
ENCOMENZAMIENTO
DESVERGÜENZAMIENTO
AVERGONZAMIENTO
ENVERGONZAMIENTO
DESVERGONZAMIENTO
GOZAMIENTO
ROZAMIENTO
ALBOROZAMIENTO
FORZAMIENTO
ESFORZAMIENTO
ENCAUZAMIENTO
BUZAMIENTO
AGUZAMIENTO
DESPELUZAMIENTO
DESMENUZAMIENTO
CRUZAMIENTO
PLACEMIENTO
EMBAIMIENTO
CAIMIENTO
DECAIMIENTO
DESCAIMIENTO
RAIMIENTO
ATRAIMIENTO
DETRAIMIENTO
RETRAIMIENTO
DISTRAIMIENTO
CABIMIENTO
DECEBIMIENTO
CONCEBIMIENTO
PERCEBIMIENTO
APERCEBIMIENTO
DESAPERCEBIMIENTO
RECIBIMIENTO
CONCIBIMIENTO
APERCIBIMIENTO
DESAPERCIBIMIENTO
ESCRIBIMIENTO
ABSORBIMIENTO
SUBIMIENTO
CIMIENTO
FACIMIENTO
AFACIMIENTO
DESFACIMIENTO
HACIMIENTO
CONTRAHACIMIENTO
REHACIMIENTO
DESHACIMIENTO
PLACIMIENTO
APLACIMIENTO
COMPLACIMIENTO
NACIMIENTO
RENACIMIENTO
YACIMIENTO
ACAECIMIENTO
DESCAECIMIENTO
EMBEBECIMIENTO
EMBOBECIMIENTO
ENSOBERBECIMIENTO
PADECIMIENTO
AGRADECIMIENTO
DESAGRADECIMIENTO
REGRADECIMIENTO
CONTRADECIMIENTO
OBEDECIMIENTO
DESOBEDECIMIENTO
MALDECIMIENTO
REBLANDECIMIENTO
RESPLANDECIMIENTO
ENGRANDECIMIENTO
ENARDECIMIENTO
ENSORDECIMIENTO
ATORDECIMIENTO
ENMUDECIMIENTO
RECRUDECIMIENTO
ENMOHECIMIENTO
ENVEJECIMIENTO
ENROJECIMIENTO
FORTALECIMIENTO
ENFORTALECIMIENTO
CONVALECIMIENTO
ESTABLECIMIENTO
RESTABLECIMIENTO
ENNOBLECIMIENTO
ENVILECIMIENTO
FALLECIMIENTO
DEFALLECIMIENTO
DESFALLECIMIENTO
EMBELLECIMIENTO
ENORGULLECIMIENTO
ESTREMECIMIENTO
ENTOMECIMIENTO
ADORMECIMIENTO
ATORMECIMIENTO
ENTORMECIMIENTO
ATUMECIMIENTO
ENTUMECIMIENTO
DESENTUMECIMIENTO
ENVANECIMIENTO
DESVANECIMIENTO
FENECIMIENTO
DEFENECIMIENTO
REJUVENECIMIENTO
EMBARNECIMIENTO
ESCARNECIMIENTO
ENTERNECIMIENTO
FORNECIMIENTO
EMPEQUEÑECIMIENTO
EMPECIMIENTO
TORPECIMIENTO
ENTORPECIMIENTO
CARECIMIENTO
ENCARECIMIENTO
ESCLARECIMIENTO
APARECIMIENTO
DESAPARECIMIENTO
ENRARECIMIENTO
GUARECIMIENTO
EMPOBRECIMIENTO
CRECIMIENTO
ACRECIMIENTO
DECRECIMIENTO
RECRECIMIENTO
DESCRECIMIENTO
PODRECIMIENTO
MERECIMIENTO
DESMERECIMIENTO
PERECIMIENTO
ATERECIMIENTO
OFRECIMIENTO
ENNEGRECIMIENTO
FLORECIMIENTO
REFLORECIMIENTO
DESFLORECIMIENTO
ABORRECIMIENTO
OBSCURECIMIENTO
ESCURECIMIENTO
OSCURECIMIENTO
ENDURECIMIENTO
ENFURECIMIENTO
ENALTECIMIENTO
ACONTECIMIENTO
ENTONTECIMIENTO
AMORTECIMIENTO
BASTECIMIENTO
ABASTECIMIENTO
ENTRISTECIMIENTO
ROBUSTECIMIENTO
EMBRUTECIMIENTO
DEFLAQUECIMIENTO
ENFLAQUECIMIENTO
DESFLAQUECIMIENTO
ENRIQUECIMIENTO
BLANQUECIMIENTO
EMBLANQUECIMIENTO
ENRONQUECIMIENTO
ENLOQUECIMIENTO
EMBRAVECIMIENTO
DESEMBRAVECIMIENTO
APROVECIMIENTO
VENCIMIENTO
CONVENCIMIENTO
FRUNCIMIENTO
COCIMIENTO
ESCOCIMIENTO
NOCIMIENTO
CONOCIMIENTO
RECONOCIMIENTO
DESCONOCIMIENTO
ESPARCIMIENTO
DESPARCIMIENTO
RESARCIMIENTO
TORCIMIENTO

RETORCIMIENTO
ESTORCIMIENTO
NASCIMIENTO
REDUCIMIENTO
INDUCIMIENTO
PRODUCIMIENTO
LUCIMIENTO
ENLUCIMIENTO
TRASLUCIMIENTO
DESLUCIMIENTO
FENCHIMIENTO
HENCHIMIENTO
REHENCHIMIENTO
HINCHIMIENTO
REHINCHIMIENTO
AÑADIMIENTO
PROCEDIMIENTO
PEDIMIENTO
ESPEDIMIENTO
DESPEDIMIENTO
ANTEVEDIMIENTO
BLANDIMIENTO
DECENDIMIENTO
ENCENDIMIENTO
DESCENDIMIENTO
DEFENDIMIENTO
HENDIMIENTO
DEHENDIMIENTO
SUSPENDIMIENTO
RENDIMIENTO
PRENDIMIENTO
REPRENDIMIENTO
DESPRENDIMIENTO
ATENDIMIENTO
ENTENDIMIENTO
DESENTENDIMIENTO
ASCONDIMIENTO
ESCONDIMIENTO
COHONDIMIENTO
CONFUNDIMIENTO
HUNDIMIENTO
ARDIMIENTO
PERDIMIENTO
MORDIMIENTO
REMORDIMIENTO
ATURDIMIENTO
ACUDIMIENTO
SACUDIMIENTO
RECUDIMIENTO
LUDIMIENTO
DESLEIMIENTO
DESCREIMIENTO
ENGREIMIENTO
SOBRESEIMIENTO
DESPOSEIMIENTO
PROVEIMIENTO
DESPROVEIMIENTO
REGIMIENTO
CORREGIMIENTO
AFLIGIMIENTO
FINGIMIENTO
ENFINGIMIENTO
COSTRINGIMIENTO
UNGIMIENTO
PUNGIMIENTO
COMPUNGIMIENTO
COGIMIENTO
ACOGIMIENTO
RECOGIMIENTO
SOBRECOGIMIENTO
ENCOGIMIENTO
DESENCOGIMIENTO
ESCOGIMIENTO
SUMERGIMIENTO
RESURGIMIENTO
TEJIMIENTO
ENTRETEJIMIENTO
FALIMIENTO
SALIMIENTO
VALIMIENTO
DESVALIMIENTO
ESTABLIMIENTO
MOLIMIENTO
REMOLIMIENTO
CUMPLIMIENTO
CUMPLIMIENTO
INCUMPLIMIENTO
BOLLIMIENTO
TOLLIMIENTO
ESCABULLIMIENTO
ZABULLIMIENTO
ZAMBULLIMIENTO
TULLIMIENTO
COMPREMIMIENTO
CONCOMIMIENTO
DESCOMIMIENTO

DORMIMIENTO
ADORMIMIENTO
CONSUMIMIENTO
DETENIMIENTO
RETENIMIENTO
ENTRETENIMIENTO
MANTENIMIENTO
SOSTENIMIENTO
AVENIMIENTO
CONTRAVENIMIENTO
DESAVENIMIENTO
ADVENIMIENTO
REVENIMIENTO
ENTREVENIMIENTO
LINIMIENTO
PONIMIENTO
COMPONIMIENTO
ESCARNIMIENTO
GUARNIMIENTO
DISCERNIMIENTO
FORNIMIENTO
PLAÑIMIENTO
TAÑIMIENTO
ESTREÑIMIENTO
CONSTREÑIMIENTO
COSTREÑIMIENTO
DESCOSTREÑIMIENTO
RESTRIÑIMIENTO
CONSTRIÑIMIENTO
BRUÑIMIENTO
GRUÑIMIENTO
OIMIENTO
PIMIENTO
ROMPIMIENTO
ARROMPIMIENTO
ENTRERROMPIMIENTO
CORROMPIMIENTO
PARIMIENTO
GUARIMIENTO
ABRIMIENTO
SABRIMIENTO
DESABRIMIENTO
CUBRIMIENTO
ENCUBRIMIENTO
DESCUBRIMIENTO
PODRIMIENTO
PUDRIMIENTO
REFERIMIENTO
PREFERIMIENTO
PROFERIMIENTO
ENGERIMIENTO
HERIMIENTO
MAHERIMIENTO
ZAHERIMIENTO
REHERIMIENTO
ATERIMIENTO
REQUERIMIENTO
SUFRIMIENTO
DESCOLORIMIENTO
CORRIMIENTO
ACORRIMIENTO
DECORRIMIENTO
DESCORRIMIENTO
ABURRIMIENTO
INCURRIMIENTO
ESCURRIMIENTO
DISCURRIMIENTO
NUTRIMIENTO
ASIMIENTO
DESASIMIENTO
BATIMIENTO
ABATIMIENTO
REBATIMIENTO
COMBATIMIENTO
METIMIENTO
ARREMETIMIENTO
ENTREMETIMIENTO
COMETIMIENTO
ACOMETIMIENTO
PROMETIMIENTO
COMPROMETIMIENTO
ENTROMETIMIENTO
SOMETIMIENTO
DERRETIMIENTO
REPENTIMIENTO
ARREPENTIMIENTO
SENTIMIENTO
ASENTIMIENTO
RESENTIMIENTO
PRESENTIMIENTO
DISENTIMIENTO
CONSENTIMIENTO
PARTIMIENTO
DEPARTIMIENTO
REPARTIMIENTO
COMPARTIMIENTO

DESPARTIMIENTO
VERTIMIENTO
ADVERTIMIENTO
DESADVERTIMIENTO
DIVERTIMIENTO
CONVERTIMIENTO
PERVERTIMIENTO
CURTIMIENTO
SURTIMIENTO
ABASTIMIENTO
REVESTIMIENTO
ASISTIMIENTO
DESISTIMIENTO
FUIMIENTO
SEGUIMIENTO
CONSEGUIMIENTO
PROSEGUIMIENTO
PERSEGUIMIENTO
ERGUIMIENTO
HUIMIENTO
BLANQUIMIENTO
EMBLANQUIMIENTO
DELINQUIMIENTO
DESTRUIMIENTO
COSTRUIMIENTO
PAVIMIENTO
ATREVIMIENTO
ABSOLVIMIENTO
VOLVIMIENTO
AVOLVIMIENTO
REVOLVIMIENTO
ENVOLVIMIENTO
DESENVOLVIMIENTO
MOVIMIENTO
REMOVIMIENTO
CONMOVIMIENTO
HERVIMIENTO
CARCOMIENTO
ESCARMIENTO
SARMIENTO
HUMIENTO
ZUMIENTO
PIZMIENTO
ALMORRANIENTO
GUSANIENTO
HOLLINIENTO
ORINIENTO
GUIÑAPIENTO
HARAPIENTO
GUSARAPIENTO
ZURRAPIENTO
TRAPIENTO
CAMARIENTO
AVARIENTO
HAMBRIENTO
CALUMBRIENTO
FAMGRIENTO
SANGRIENTO
MUGRIENTO
SUDORIENTO
FRIGORIENTO
CORPORIENTO
POLVORIENTO
CAZCARRIENTO
MALMARRIENTO
ZARRIENTO
CHURRIENTO
CALENTURIENTO
ASIENTO
CRASIENTO
GRASIENTO
GROSIENTO
TIENTO
DESATIENTO
DESTIENTO
ACHAQUIENTO
ALHARAQUIENTO
BORUQUIENTO
VIENTO
AVIENTO
ASPAVIENTO
ESPAVIENTO
CATAVIENTO
CORTAVIENTO
AGUAVIENTO
ADVIENTO
SOBREVIENTO
REDROVIENTO
PIOJENTO
LENTO
TALENTO
MACILENTO
FRIOLENTO
VIOLENTO
SANGUINOLENTO
VINOLENTO

SOÑOLENTO
VIROLENTO
TURBULENTO
FECULENTO
TRUCULENTO
SUCULENTO
FRAUDULENTO
TREMULENTO
TEMULENTO
OPULENTO
CORPULENTO
PULVERULENTO
VIRULENTO
PURULENTO
FLATULENTO
AMARILLENTO
AMENTO
RACAMENTO
DESTACAMENTO
MEDICAMENTO
PREDICAMENTO
ASOSEGADAMENTO
FALDAMENTO
ENCOMENDAMENTO
FUNDAMENTO
PALUDAMENTO
LINEAMENTO
DELINEAMENTO
PAGAMENTO
LIGAMENTO
CASTIGAMENTO
ENCABALGAMENTO
CARGAMENTO
RENUNCIAMENTO
PAPIAMENTO
CORNIJAMENTO
LAMENTO
CALAMENTO
ENTABLAMENTO
REGLAMENTO
FILAMENTO
PARLAMENTO
ARMAMENTO
FIRMAMENTO
ASMAMENTO
ENCANAMENTO
INQUINAMENTO
CORONAMENTO
ORNAMENTO
CAMPAMENTO
ACAMPAMENTO
ESCAMPAMENTO
PARAMENTO
APARAMENTO
PREPARAMENTO
EMPARAMENTO
SACRAMENTO
EXECRAMENTO
TEMPERAMENTO
DELIRAMENTO
ATRAMENTO
ARBITRAMENTO
JURAMENTO
BASAMENTO
ENCASAMENTO
PASAMENTO
CORNISAMENTO
SALSAMENTO
FLETAMENTO
INCITAMENTO
ADITAMENTO
ENCANTAMENTO
DEPARTAMENTO
ESTAMENTO
TESTAMENTO
AGRAVAMENTO
SALVAMENTO
FORZAMENTO
DECAEMENTO
DECAEMENTO
CEMENTO
ELEMENTO
COMPLEMENTO
SUPLEMENTO
MEMENTO
CREMENTO
DECREMENTO
RECREMENTO
INCREMENTO
EXCREMENTO
FRAGMENTO
SEGMENTO
PIGMENTO
CIMENTO
COMEDIMENTO
PEDIMENTO

IMPEDIMENTO
SEDIMENTO
EXTENDIMENTO
CONDIMENTO
RECUDIMENTO
RUDIMENTO
ALIMENTO
POLIMENTO
PULIMENTO
LINIMENTO
FORNIMENTO
CLARIMENTO
NUDRIMENTO
EXPERIMENTO
DETRIMENTO
NUTRIMENTO
BATIMENTO
ESBATIMENTO
BASTIMENTO
VESTIMENTO
BLANQUIMENTO
PAVIMENTO
OMENTO
COMENTO
FOMENTO
MOMENTO
AGNOMENTO
COGNOMENTO
TOMENTO
ARMENTO
FERMENTO
HORMENTO
TORMENTO
AUMENTO
DOCUMENTO
TEGUMENTO
INTEGUMENTO
ARGUMENTO
JUMENTO
EMOLUMENTO
MONUMENTO
INSTRUMENTO
ARAÑENTO
ESPERPENTO
RENTO
APOSENTO
ATENTO
INATENTO
DESATENTO
OBTENTO
INTENTO
CONTENTO
RECONTENTO
MALCONTENTO
DESCONTENTO
PORTENTO
OSTENTO
SUSTENTO
CUENTO
RECUENTO
BICUENTO
DESCUENTO
REDESCUENTO
DISCUENTO
UNGÜENTO
CRUENTO
INCRUENTO
AFRUENTO
SOTAVENTO
ADVENTO
EVENTO
INVENTO
CONVENTO
BARLOVENTO
PROVENTO
EXENTO
TEREBINTO
TURBINTO
CINTO
JACINTO
RECINTO
PRECINTO
PROCINTO
DESCINTO
SUCINTO
DESNUDAMEINTO
PLINTO
HELMINTO
PLATELMINTO
NEMATELMINTO
PINTO
LABERINTO
LABIRINTO
CORINTO
TINTO
RETINTO

DISTINTO
INDISTINTO
INSTINTO
EXTINTO
QUINTO
REQUINTO
DECIMOQUINTO
DEVINTO
MONTO
PONTO
PRONTO
SONTO
TONTO
BARBITONTO
PAVITONTO
UNTO
DEFUNTO
DIFUNTO
SEMIDIFUNTO
JUNTO
ADJUNTO
CEJUNTO
CEJIJUNTO
CONJUNTO
PUNTO
CONTRAPUNTO
BARRUNTO
ASUNTO
REASUNTO
TRASUNTO
PRESUNTO
BISUNTO
CONSUNTO
YUNTO
AYUNTO
CONYUNTO
DESCOYUNTO
DESYUNTO
DISYUNTO
OTO
BOTO
COTO
COTÓ
DESACOTO
INYUNCOTO
CHOTO
PERIDOTO
ANTÍDOTO
ENFITÉOTO
FOTO
CUMANAGOTO
CIGOTO
ZIGOTO
HOTO
ENHOTO
NIOTO
COMPATRIOTO
JOJOTO
LOTO
CALOTO
PELOTO
DERMATOESQUELOTO
POLÍGLOTO
MELILOTO
PILOTO
BELLOTO
MOTO
BERGAMOTO
REMOTO
MAREMOTO
TERREMOTO
INMOTO
NOTO
CEANOTO
GRANOTO
IGNOTO
GIMNOTO
INNOTO
ONOTO
CONOTO
EPOTO
DÉSPOTO
ROTO
BAROTO
CAROTO
BROTO
ESCROTO
CEROTO
ALBOROTO
TORLOROTO
POROTO
PROTO
ARROTO
INTERROTO
MANIRROTO
BOQUIRROTO

SOTO
GUARITOTO
BOTOTO
VOTO
DEVOTO
INDEVOTO
EXVOTO
APTO
MENTECAPTO
OVISCAPTO
RAPTO
DESAPTO
ACEPTO
ECEPTO
RECEPTO
PRECEPTO
CONCEPTO
EXCEPTO
ADEPTO
RIEPTO
INEPTO
EGIPTO
EUCALIPTO
INFRASCRIPTO
TRASCRIPTO
SUBSCRIPTO
ADSCRIPTO
ESCRIPTO
DESCRIPTO
RESCRIPTO
SOBRESCRIPTO
PRESCRIPTO
TRANSCRIPTO
INSCRIPTO
CONSCRIPTO
CIRCUNSCRIPTO
INCIRCUNSCRIPTO
PROSCRIPTO
SUSCRIPTO
COMPTO
COPTO
ABRUPTO
EXABRUPTO
CORRUPTO
INCORRUPTO
ARTO
FARTO
INFARTO
LAGARTO
HARTO
REHARTO
CARIHARTO
PARTO
REPARTO
SOBREPARTO
MALPARTO
ESPARTO
CUARTO
ANTECUARTO
DECIMOCUARTO
TRASCUARTO
LIBERTO
LACERTO
PROFERTO
ABIERTO
ENTREABIERTO
ALIABIERTO
PERNIABIERTO
CORNIABIERTO
PATIABIERTO
BOQUIABIERTO
CUBIERTO
ENCUBIERTO
DESCUBIERTO
CIERTO
ACIERTO
DESACIERTO
INCIERTO
CONCIERTO
DESCONCIERTO
DESPIERTO
DISPIERTO
DESIERTO
ENJERTO
INJERTO
ALERTO
EXPERTO
INEXPERTO
ASERTO
DISERTO
INSERTO
PREINSERTO
HUERTO
MUERTO
PREMUERTO
PUERTO

ANTEPUERTO
AEROPUERTO
TUERTO
RETUERTO
OJITUERTO
PERNITUERTO
ROSTRITUERTO
PATITUERTO
PIQUITUERTO
ZANQUITUERTO
BOQUITUERTO
ENTUERTO
YERTO
MIRTO
CHUPAMIRTO
ORTO
BORTO
ABORTO
ALBORTO
CORTO
RABICORTO
ANCHICORTO
FALDICORTO
PELICORTO
CUELLICORTO
MANICORTO
PASICORTO
LENGÜICORTO
CONFORTO
EXHORTO
VELORTO
VILORTO
OPORTO
ABSORTO
CURTO
FURTO
INFURTO
HURTO
SURTO
ASTO
BASTO
ABASTO
CASTO
INCASTO
AGNOCASTO
FASTO
NEFASTO
GASTO
LASTO
BALASTO
GLASTO
EMPLASTO
MASTO
BANASTO
CANASTO
PASTO
APASTO
REPASTO
POLIPASTO
POLISPASTO
TRISPASTO
ANTISPASTO
LEBRASTO
TRASTO
CONTRASTO
TASTO
GUASTO
VASTO
ESTO
ASBESTO
CESTO
INCESTO
BALONCESTO
DESTO
MODESTO
INMODESTO
INFESTO
GESTO
ALMAGESTO
DIGESTO
INDIGESTO
SUGESTO
MANIFIESTO
ENFIESTO
INFIESTO
ENHIESTO
LOMIENHIESTO
INHIESTO
LOMINHIESTO
BISIESTO
TIESTO
ATIESTO
MOLESTO
MESTO
DERMESTO
HONESTO

INHONESTO
DESHONESTO
FUNESTO
ANAPESTO
RESTO
SECRESTO
PRESTO
APRESTO
EMPRESTO
ZAMPALOPRESTO
ARRESTO
CONTRARRESTO
PALIMPSESTO
PROTESTO
CUESTO
ACUESTO
RECUESTO
ENTRECUESTO
DENUESTO
PUESTO
APUESTO
ADAPUESTO
CONTRAPUESTO
DESAPUESTO
DEPUESTO
REPUESTO
SOBREPUESTO
PREPUESTO
ENTREPUESTO
ANTEPUESTO
PERIPUESTO
MAMPUESTO
IMPUESTO
COMPUESTO
RECOMPUESTO
INCOMPUESTO
DESCOMPUESTO
OPUESTO
PROPUESTO
INTERPUESTO
TRASPUESTO
DESPUESTO
RESPUESTO
DISPUESTO
MALDISPUESTO
INDISPUESTO
TRANSPUESTO
POSPUESTO
SUPUESTO
PRESUPUESTO
PROSUPUESTO
EXPUESTO
AQUESTO
ESTATOCISTO
OLIGISTO
FLOGISTO
LISTO
MISTO
CONMISTO
PISTO
ARREPISTO
CRISTO
VICECRISTO
ANTECRISTO
ANTICRISTO
JESUCRISTO
ADRISTO
AMETISTO
QUISTO
MALQUISTO
BIENQUISTO
ESQUISTO
VISTO
REVISTO
PREVISTO
IMPREVISTO
ANTEVISTO
PROVISTO
IMPROVISTO
DESPROVISTO
COSTO
AGOSTO
LAGOSTO
MAGOSTO
REGOSTO
ARREGOSTO
ANGOSTO
BOQUIANGOSTO
CONGOSTO
MOSTO
REMOSTO
TRASMOSTO
APOSTO
ENCAUSTO
INCAUSTO
HOLOCAUSTO

HIPOCAUSTO
FAUSTO
INFAUSTO
EXHAUSTO
INEXHAUSTO
BUSTO
COMBUSTO
INCOMBUSTO
ROBUSTO
ARBUSTO
ADUSTO
FUSTO
GUSTO
REGUSTO
DISGUSTO
AUGUSTO
JUSTO
VERENJUSTO
INJUSTO
VENUSTO
ONUSTO
SUSTO
VETUSTO
AUTO
CAUTO
INCAUTO
JAUTO
LAUTO
MARABUTO
MORABUTO
TRIBUTO
ATRIBUTO
CAMBUTO
ESCORBUTO
CUTO
ACUTO
MACUTO
ZACUTO
CHUCUTO
CHEUTO
DEUTO
ENJUTO
OJIENJUTO
LUTO
ANACOLUTO
POLUTO
IMPOLUTO
ABSOLUTO
RESOLUTO
IRRESOLUTO
DISOLUTO
INSOLUTO
BISMUTO
CANUTO
MINUTO
DIMINUTO
CORNUTO
ÑUTO
CAÑUTO
PUTO
CÓMPUTO
ESPUTO
CARUTO
LANGARUTO
BRUTO
ARCHIBRUTO
ERUTO
FRUTO
USOFRUTO
USUFRUTO
INSTRUTO
TUTURUTO
VERSUTO
HIRSUTO
ESTATUTO
SUBSTITUTO
INSTITUTO
CONSTITUTO
PROSTITUTO
SUSTITUTO
BOTUTO
FOTUTO
SOTUTO
ASTUTO
SEXTO
DECIMOSEXTO
TEXTO
PRETEXTO
CONTEXTO
MIXTO
CONMIXTO
VACUO
ECUO
UBICUO
PROFICUO
OBLICUO

INICUO
CONSPICUO
PERSPICUO
LONGINCUO
PROPINCUO
GRANDÍLOCUO
VANÍLOCUO
MAGNÍLOCUO
SOMNÍLOCUO
VENTRÍLOCUO
ALTÍLOCUO
INOCUO
INNOCUO
PROMISCUO
DÚO
OCCIDUO
TRIDUO
ASIDUO
RESIDUO
DIVIDUO
INDIVIDUO
ARDUO
AMBIGUO
ANTIGUO
SANTIGUO
CONTIGUO
EXIGUO
AVALÚO
MELIFLUO
SUPERFLUO
ANUO
INGENUO
ESTRENUO
TENUO
CONTINUO
INCONTINUO
DESCONTINUO
DISCONTINUO
PRECIPUO
CRÚO
CONGRUO
INCONGRUO
MESTRUO
MENSTRUO
MONSTRUO
FATUO
CUATRATUO
PERPETUO
LITUO
MUTUO
AVO
CÓNCAVO
BICÓNCAVO
CÁRCAVO
CHAVÓ
OCHAVO
DIECIOCHAVO
MOLDAVO
DIECISIETEAVO
DIECINUEVEAVO
FAVO
HAVO
JAVO
BLAVO
CLAVO
MADRECLAVO
ESCLAVO
FLAVO
ESLAVO
YUGOSLAVO
IGNAVO
ESCANDINAVO
PAVO
COLIPAVO
GALLIPAVO
BRAVO
MORAVO
PRAVO
TRAVO
CALATRAVO
SEISAVO
DIECISEISAVO
TREINTAIDOSAVO
BÁTAVO
OCTAVO
INFRAOCTAVO
DECIMOCTAVO
CENTAVO
OCHENTAVO
CUARENTAVO
SESENTAVO
SETENTAVO
CINCUENTAVO
NOVENTAVO
TREINTAVO
VEINTAVO
ZUAVO
TREZAVO
QUINZAVO
ONZAVO
DOZAVO
CATORZAVO
EVO
LONGEVO
MEDIEVO
ALEVO
RELEVO
PRIMEVO
COEVO
MEDIOEVO
HUEVO
NUEVO
RENUEVO
MUNDONUEVO
SUEVO
LACIVO
NOCIVO
EXERCIVO
LASCIVO
CHIVO
ARCHIVO
DIVO
COMPUNGIVO
ARGIVO
OLIVO
SOLIVO
ALGARIVO
DERIVO
MASIVO
PASIVO
COMPASIVO
INCOMPASIVO
ABRASIVO
DISUASIVO
PERSUASIVO
EVASIVO
CONCESIVO
SUCESIVO
EXCESIVO
ADHESIVO
COHESIVO
LESIVO
AGRESIVO
REGRESIVO
PROGRESIVO
DEPRESIVO
REPRESIVO
COMPRESIVO
OPRESIVO
EXPRESIVO
INEXPRESIVO
OBSESIVO
POSESIVO
DECISIVO
INCISIVO
MISIVO
REMISIVO
PERMISIVO
VISIVO
DIVISIVO
EMULSIVO
REPULSIVO
IMPULSIVO
COMPULSIVO
EXPULSIVO
REVULSIVO
CONVULSIVO
EXPANSIVO
INCENSIVO
DEFENSIVO
OFENSIVO
INOFENSIVO
APREHENSIVO
COMPREHENSIVO
SUSPENSIVO
APRENSIVO
INAPRENSIVO
DESAPRENSIVO
COMPRENSIVO
INTENSIVO
OSTENSIVO
EXTENSIVO
RESPONSIVO
IMPLOSIVO
EXPLOSIVO
EROSIVO
CORROSIVO
DETERSIVO
ABSTERSIVO
SUBVERSIVO
DIVERSIVO
CONVERSIVO
SUVERSIVO
RETORSIVO
CURSIVO
DISCURSIVO
PLAUSIVO
ABUSIVO
REPERCUSIVO
DISCUSIVO
EFUSIVO
DIFUSIVO
ALUSIVO
INCLUSIVO
CONCLUSIVO
OCLUSIVO
EXCLUSIVO
DELUSIVO
ILUSIVO
DILUSIVO
MUSIVO
APROBATIVO
DEVERBATIVO
TURBATIVO
CONTURBATIVO
CATIVO
PLACATIVO
DEPRECATIVO
DESECATIVO
ERADICATIVO
ABDICATIVO
DEDICATIVO
PREDICATIVO
INDICATIVO
VINDICATIVO
MORDICATIVO
JUDICATIVO
ESPECIFICATIVO
EDIFICATIVO
MUNDIFICATIVO
MODIFICATIVO
CALIFICATIVO
MOLIFICATIVO
AMPLIFICATIVO
LENIFICATIVO
SIGNIFICATIVO
BONIFICATIVO
CLARIFICATIVO
RARIFICATIVO
VERIFICATIVO
RECTIFICATIVO
SANTIFICATIVO
NOTIFICATIVO
TESTIFICATIVO
JUSTIFICATIVO
VIVIFICATIVO
APLICATIVO
MULTIPLICATIVO
DUPLICATIVO
EXPLICATIVO
COMUNICATIVO
LUBRICATIVO
FRICATIVO
LOCATIVO
VOCATIVO
PROVOCATIVO
EDUCATIVO
DATIVO
SEDATIVO
CONSOLIDATIVO
ABLANDATIVO
FECUNDATIVO
RETARDATIVO
RECORDATIVO
CONCORDATIVO
LAUDATIVO
CREATIVO
RECREATIVO
NAUSEATIVO
OLFATIVO
PROPAGATIVO
NEGATIVO
ELECTRONEGATIVO
AGREGATIVO
SEGREGATIVO
DISGREGATIVO
OBLIGATIVO
MITIGATIVO
VENGATIVO
ROGATIVO
INTERROGATIVO
PRORROGATIVO
PURGATIVO
VOMIPURGATIVO
APRECIATIVO
DESPRECIATIVO
MENOSPRECIATIVO
INICIATIVO
ENUNCIATIVO
PRIVILEGIATIVO
PALIATIVO
CONCILIATIVO
CONSILIATIVO
AMPLIATIVO
PREMIATIVO
EXPIATIVO
INEBRIATIVO
DEJATIVO
FIJATIVO
ABLATIVO
OBLATIVO
CONGELATIVO
APELATIVO
RELATIVO
CORRELATIVO
INFLATIVO
ILATIVO
VIGILATIVO
ASIMILATIVO
HORRIPILATIVO
OPILATIVO
DESOPILATIVO
COLATIVO
CONSOLATIVO
CONTEMPLATIVO
SUPERLATIVO
TRASLATIVO
LEGISLATIVO
TRANSLATIVO
AMBULATIVO
ESPECULATIVO
REGULATIVO
ANULATIVO
COPULATIVO
AMATIVO
INFAMATIVO
EXCLAMATIVO
LLAMATIVO
EXISTIMATIVO
APROXIMATIVO
AFIRMATIVO
CONFIRMATIVO
FORMATIVO
REFORMATIVO
INFORMATIVO
TRASFORMATIVO
TRANSFORMATIVO
NORMATIVO
CONSUMATIVO
NATIVO
SANATIVO
DESIGNATIVO
CONSIGNATIVO
IMPUGNATIVO
ORDINATIVO
COORDINATIVO
IMAGINATIVO
INCLINATIVO
CONMINATIVO
DOMINATIVO
NOMINATIVO
CARMINATIVO
GERMINATIVO
TERMINATIVO
DETERMINATIVO
ILUMINATIVO
CONGLUTINATIVO
DIVINATIVO
DONATIVO
ENCARNATIVO
GOBERNATIVO
GUBERNATIVO
ALTERNATIVO
INCOATIVO
CONSTIPATIVO
NUNCUPATIVO
CHUPATIVO
DECLARATIVO
REPARATIVO
PREPARATIVO
SEPARATIVO
COMPARATIVO
EXECRATIVO
LUCRATIVO
DELIBERATIVO
ULCERATIVO
FEDERATIVO
CONFEDERATIVO
DESIDERATIVO
CONSIDERATIVO
PONDERATIVO
MODERATIVO
EXAGERATIVO
FRIGERATIVO
REFRIGERATIVO
ENUMERATIVO
GENERATIVO
DEGENERATIVO
ENGENERATIVO
REMUNERATIVO
IMPERATIVO
OPERATIVO
COOPERATIVO
RECUPERATIVO
ITERATIVO
REITERATIVO
ALTERATIVO
ASEVERATIVO
SAGRATIVO
DENIGRATIVO
ADMIRATIVO
ESPIRATIVO
INSPIRATIVO
ROBORATIVO
CORROBORATIVO
DECORATIVO
COLORATIVO
MEMORATIVO
REMEMORATIVO
CONMEMORATIVO
MINORATIVO
CORPORATIVO
PEYORATIVO
NARRATIVO
AHORRATIVO
PENETRATIVO
ARBITRATIVO
ADMINISTRATIVO
DEMOSTRATIVO
ILUSTRATIVO
RESTAURATIVO
INSTAURATIVO
CURATIVO
DURATIVO
MADURATIVO
FIGURATIVO
APURATIVO
DEPURATIVO
SUPURATIVO
CONMENSURATIVO
SATIVO
ASATIVO
ESPESATIVO
PULSATIVO
CONDENSATIVO
PENSATIVO
COMPENSATIVO
DISPENSATIVO
ADVERSATIVO
CONVERSATIVO
CAUSATIVO
ACUSATIVO
DILATATIVO
HUMECTATIVO
VEGETATIVO
APRETATIVO
INTERPRETATIVO
DUBITATIVO
RECITATIVO
INCITATIVO
CONCITATIVO
EJERCITATIVO
EXCITATIVO
MEDITATIVO
ACREDITATIVO
COGITATIVO
CUALITATIVO
IMITATIVO
LIMITATIVO
CARITATIVO
AUTORITATIVO
CANTITATIVO
CUANTITATIVO
ENTITATIVO
EQUITATIVO
FACULTATIVO
AMOLLENTATIVO
FERMENTATIVO
AUMENTATIVO
ARGUMENTATIVO
REPRESENTATIVO
TENTATIVO
OSTENTATIVO
FRECUENTATIVO
DENOTATIVO
CONNOTATIVO
ROTATIVO
OPTATIVO
CONFORTATIVO
EXHORTATIVO

MANIFESTATIVO
POTESTATIVO
PROTESTATIVO
GUSTATIVO
ENGLUTATIVO
INMUTATIVO
CONMUTATIVO
TRASMUTATIVO
TRANSMUTATIVO
PUTATIVO
EVACUATIVO
COLICUATIVO
EXTENUATIVO
INSINUATIVO
CONTINUATIVO
LAVATIVO
GRAVATIVO
DERIVATIVO
PRIVATIVO
RESERVATIVO
PRESERVATIVO
CONSERVATIVO
LAXATIVO
TAXATIVO
ESCANDALIZATIVO
CICATRIZATIVO
ACTIVO
REACTIVO
ESTUPEFACTIVO
PUTREFACTIVO
LICUEFACTIVO
RADIACTIVO
INACTIVO
COACTIVO
RETROACTIVO
REFRACTIVO
ATRACTIVO
CONTRACTIVO
ABSTRACTIVO
AFECTIVO
EFECTIVO
DEFECTIVO
INFECTIVO
PERFECTIVO
INTERJECTIVO
LECTIVO
ELECTIVO
SELECTIVO
INTELECTIVO
COLECTIVO
CONECTIVO
DESPECTIVO
RESPECTIVO
RETROSPECTIVO
INTROSPECTIVO
PERSPECTIVO
DIRECTIVO
CORRECTIVO
DELICTIVO
AFLICTIVO
ASTRICTIVO
RESTRICTIVO
CONSTRICTIVO
DUCTIVO
DEDUCTIVO
SEDUCTIVO
INDUCTIVO
CONDUCTIVO
PRODUCTIVO
REPRODUCTIVO
IMPRODUCTIVO
DESTRUCTIVO
INSTRUCTIVO
CONSTRUCTIVO
RECONSTRUCTIVO
OBJETIVO
SUBJETIVO
ADJETIVO
COMPLETIVO
EXPLETIVO
RESPETIVO
PROHIBITIVO
COERCITIVO
COGNOSCITIVO
IMPEDITIVO
EXPEDITIVO
AUDITIVO
REGITIVO
PUNGITIVO
FUGITIVO
MOLITIVO
VOLITIVO
PRIMITIVO
VOMITIVO
DORMITIVO
CONSUMITIVO

GENITIVO
LENITIVO
DEFINITIVO
INFINITIVO
UNITIVO
PUNITIVO
COITIVO
APERITIVO
NUTRITIVO
ADQUISITIVO
INQUISITIVO
TRANSITIVO
INTRANSITIVO
SENSITIVO
POSITIVO
APOSITIVO
PREPOSITIVO
COMPOSITIVO
ELECTROPOSITIVO
TRASPOSITIVO
DISPOSITIVO
TRANSPOSITIVO
POSPOSITIVO
SUPOSITIVO
EXPOSITIVO
FACTITIVO
APETITIVO
PARTITIVO
ARGÜITIVO
FRUITIVO
TUITIVO
INTUITIVO
ALTIVO
CULTIVO
CONSULTIVO
MERCANTIVO
SUBSTANTIVO
SUSTANTIVO
INCENTIVO
PUNGENTIVO
RETENTIVO
CONTENTIVO
PREVENTIVO
INVENTIVO
DISTINTIVO
INSTINTIVO
EXTINTIVO
SUBJUNTIVO
CONJUNTIVO
PRESUNTIVO
CONSUNTIVO
ADYUNTIVO
DISYUNTIVO
MOTIVO
EMOTIVO
VOTIVO
CAPTIVO
RECEPTIVO
PRECEPTIVO
CONCEPTIVO
PERCEPTIVO
SUSCEPTIVO
EXCEPTIVO
DESCRIPTIVO
ADOPTIVO
ERUPTIVO
CORRUPTIVO
ASERTIVO
ORTIVO
ABORTIVO
DEPORTIVO
FURTIVO
RESURTIVO
ESTIVO
FESTIVO
DIGESTIVO
CONGESTIVO
SUGESTIVO
TEMPESTIVO
INTEMPESTIVO
RESISTIVO
EXHAUSTIVO
ARBUSTIVO
ADUSTIVO
CAUTIVO
ATRIBUTIVO
RETRIBUTIVO
CONTRIBUTIVO
DISTRIBUTIVO
EJECUTIVO
CONSECUTIVO
SOLUTIVO
RESOLUTIVO
DISOLUTIVO
EVOLUTIVO
DEVOLUTIVO

DIMINUTIVO
SUBSTITUTIVO
CONSTITUTIVO
SUSTITUTIVO
AQUIVO
ESQUIVO
VIVO
SOPLAVIVO
REDIVIVO
SEMIVIVO
TIOVIVO
REFLEXIVO
IRREFLEXIVO
CONEXIVO
CALVO
SALVO
RESALVO
BIVALVO
POLIVALVO
CONIVALVO
UNIVALVO
GILVO
POLVO
GUARDAPOLVO
RAPAPOLVO
MATAPOLVO
VOLVO
OVO
CORCOVO
DENOMINATOVO
PARVO
ACERVO
HIRCOCERVO
CIERVO
NIERVO
SIERVO
CONSIERVO
PROTERVO
CUERVO
AJICUERVO
YERVO
CORVO
RECORVO
TRASCORVO
CAZCORVO
TORVO
CURVO
LAXO
PLEXO
AMPLEXO
COMPLEXO
INCOMPLEXO
NEXO
ANEXO
CONEXO
INCONEXO
SEXO
CONVEXO
BICONVEXO
HETERODOXO
ORTODOXO
YO
AYO
BAYO
COBAYO
CAYO
ACAYO
LACAYO
ALACAYO
AMACAYO
TOCAYO
CUCAYO
CHAYO
ALFAYO
GAYO
PAPAGAYO
ARGAYO
HAYO
GALAYO
MALAYO
GLAYO
AGLAYO
COLAYO
DESLAYO
SOSLAYO
MAYO
GUACAMAYO
DESMAYO
PAYO
PAPAYO
CIPAYO
RAYO
PARARRAYO
SAYO
RESAYO
BISAYO

CAPISAYO
ENSAYO
REENSAYO
MITAYO
GUAYO
PARAGUAYO
ZANGUAYO
URUGUAYO
CARVAYO
YAYO
CENZAYO
PLEBEYO
EPICEYO
CONCEYO
LEGULEYO
REGOMEYO
CONSEYO
TEYO
ALBOYO
CHIVICOYO
CHOCOYO
MORROCOYO
ESCOYO
VERDOYO
FOYO
HOYO
REHOYO
JOYO
CALOYO
MOYO
CHIRIMOYO
NOYÓ
POYO
APOYO
REPOYO
ROYO
ARROYO
ORZOYO
BUYO
CUYO
COCUYO
TOCUYO
CUCUYO
CALUYO
PUYO
SUYO
TUYO
YUYO
COCHAYUYO
COYUYO
BAZO
ALDABAZO
GABAZO
CALABAZO
RIBAZO
BOMBAZO
ZAMBOMBAZO
ESCOBAZO
CHUBAZO
CAZO
TACAZO
BATACAZO
ESTACAZO
RECAZO
ABANICAZO
PICAZO
BLANCAZO
TRANCAZO
REBENCAZO
PENCAZO
TINCAZO
BOCAZO
BODOCAZO
CAÑOCAZO
TORCAZO
VARDASCAZO
VERDASCAZO
PEÑASCAZO
GUASCAZO
TRABUCAZO
CHAZO
HACHAZO
FLECHAZO
MECHAZO
RECHAZO
LANCHAZO
GARRANCHAZO
CINCHAZO
PINCHAZO
TRONCHAZO
BOCHAZO
MOCHAZO
BROCHAZO
GARROCHAZO
PARCHAZO
CHUCHAZO

CEBADAZO
ALMOHADAZO
AZADAZO
CEDAZO
PEDAZO
MARIDAZO
BANDAZO
LINDAZO
HONDAZO
CODAZO
ALABARDAZO
LAMPREAZO
CORREAZO
FAZO
PROFAZO
BAGAZO
ZURRIAGAZO
TALEGAZO
REGAZO
VEJIGAZO
LATIGAZO
ANGAZO
ENGAZO
JERINGAZO
LONGAZO
SARGAZO
VERDUGAZO
CAMBIAZO
ALCANCIAZO
NIAZO
GENIAZO
ERIAZO
BADAJAZO
VERGAJAZO
PAJAZO
NAVAJAZO
PESTOREJAZO
TEJAZO
VEJAZO
ALFANJAZO
NARANJAZO
CERROJAZO
VERROJAZO
CAUJAZO
AGUJAZO
LAZO
ALAZO
BALAZO
TAPABALAZO
RAMALAZO
PALAZO
COSTALAZO
SABLAZO
TABLAZO
RAMBLAZO
POBLAZO
CORDELAZO
CHINELAZO
CUARTELAZO
BROQUELAZO
PANTUFLAZO
FUCILAZO
BADILAZO
CANDILAZO
ESMERILAZO
TAMBORILAZO
FUSILAZO
ANGUILAZO
BOLAZO
ESPOLAZO
FAROLAZO
SOLAZO
PLAZO
EMPLAZO
REEMPLAZO
REMPLAZO
CHIRLAZO
POPULAZO
CABALLAZO
TRALLAZO
METRALLAZO
BOTELLAZO
ESPADILLAZO
RODILLAZO
COLMILLAZO
CAMPANILLAZO
COILLAZO
SOMBRILLAZO
LADRILLAZO
CUADRILLAZO
BANDERILLAZO
GATILLAZO
ZAPATILLAZO
PUNTILLAZO
MARTILLAZO
ASTILLAZO

COLLAZO
MAZO
CAÑAMAZO
LIMAZO
JAQUIMAZO
CALMAZO
PELMAZO
REDOMAZO
PLOMAZO
HORMAZO
HUMAZO
PLUMAZO
SABANAZO
TABANAZO
MACANAZO
CORTESANAZO
VENTANAZO
FENAZO
HENAZO
SARTENAZO
CARABINAZO
ESCARCINAZO
CHINAZO
PEINAZO
DISCIPLINAZO
GALLINAZO
CHAPINAZO
ESPINAZO
CHUPINAZO
PATINAZO
PRETINAZO
BARQUINAZO
ESQUINAZO
VINAZO
BONAZO
ALDABONAZO
TACONAZO
AZADONAZO
CORDONAZO
FOGONAZO
HURGONAZO
BAJONAZO
NAVAJONAZO
REJONAZO
VAREJONAZO
AGUIJONAZO
TALONAZO
ESPOLONAZO
CAÑONAZO
TAPONAZO
CHASPONAZO
RASPONAZO
PICARONAZO
CIMBRONAZO
MARRONAZO
TERRONAZO
ENCONTRONAZO
RECATONAZO
BOTONAZO
BASTONAZO
PAVONAZO
TIZONAZO
AGUZONAZO
SARNAZO
LINTERNAZO
FORNAZO
HORNAZO
LAGUNAZO
CAÑAZO
HOGAÑAZO
ARAÑAZO
ANTAÑAZO
LEÑAZO
ARUÑAZO
PAZO
CAPAZO
GUALDRAPAZO
GOLPAZO
LAMPAZO
TRAMPAZO
TROMPAZO
HISOPAZO
ZARPAZO
CORPAZO
CHISPAZO
ALBARAZO
EMBARAZO
DESEMBARAZO
JICARAZO
ESPALDARAZO
ALGARAZO
JARAZO
HUMARAZO
SARAZO
CINTARAZO
TESTARAZO
VARAZO
ZARAZO
BRAZO
ABRAZO
GUARDABRAZO
RODEABRAZO
CULEBRAZO
ANTEBRAZO
LIBRAZO
AVAMBRAZO
TIMBRAZO
PADRAZO
CENDRAZO
PUCHERAZO
PANDERAZO
CANDELERAZO
ALFILERAZO
MARINERAZO
SOMBRERAZO
TINTERAZO
CUERAZO
ESTIRAZO
CARRAZO
CHINCHARRAZO
JARRAZO
GUIJARRAZO
MARRAZO
CHAPARRAZO
ZAPARRAZO
GUITARRAZO
GUARRAZO
TERRAZO
CALAMORRAZO
PORRAZO
CACHIPORRAZO
TRAZO
ESTRAZO
GATAZO
CULATAZO
TOMATAZO
GAZNATAZO
ZAPATAZO
SAETAZO
LANCETAZO
MACHETAZO
COHETAZO
JETAZO
ALETAZO
PALETAZO
COLETAZO
PISTOLETAZO
SILLETAZO
GOLLETAZO
PALMETAZO
BONETAZO
BAYONETAZO
CASTAÑETAZO
UÑETAZO
PUÑETAZO
TROMPETAZO
ESCOPETAZO
TOPETAZO
CARPETAZO
RETAZO
MARETAZO
VARETAZO
PANDERETAZO
TIJERETAZO
FLORETAZO
SERRETAZO
BRAGUETAZO
BAQUETAZO
CASQUETAZO
MOSQUETAZO
ACEITAZO
DINAMITAZO
CANTAZO
GUANTAZO
SARMENTAZO
CHICOTAZO
PICOTAZO
COGOTAZO
PALOTAZO
PELOTAZO
MANOTAZO
CAPOTAZO
CHAFAROTAZO
CAPIROTAZO
PAPIROTAZO
VIROTAZO
GARROTAZO
AZOTAZO
CARTAZO
CUARTAZO
PORTAZO
TORTAZO
TRASTAZO
BALLESTAZO
VISTAZO
MOSTAZO
GUSTAZO
CAÑUTAZO
AGUAZO
ESGUAZO
CACHAVAZO
NAVAZO
NEVAZO
SALIVAZO
PLAYAZO
BOYAZO
PUYAZO
ZAZO
CALABAZAZO
MAZAZO
TENAZAZO
CABEZAZO
GUIZAZO
LANZAZO
ARCABUZAZO
CHUZAZO
BEZO
CABEZO
ROBEZO
ACEZO
BOCEZO
ARRAPIEZO
EMPIEZO
TROPIEZO
ENTROPIEZO
ESTROPIEZO
DESPIEZO
RESQUIEZO
ALEZO
BLEZO
COMBLEZO
BELEZO
ESTREMEZO
ALMEZO
DESPEZO
REZO
BREZO
ADREZO
CEREZO
ADEREZO
ENDEREZO
ESPEREZO
DESPEREZO
DESCORTEZO
BOSTEZO
ARCABUEZO
CUEZO
PESCUEZO
COMBLUEZO
LINUEZO
COMBRUEZO
CARCAVUEZO
VEZO
REVEZO
ALMAIZO
CAMBIZO
ESCOBIZO
CARBIZO
MACIZO
CACHIZO
HECHIZO
COCHIZO
NOCHIZO
ROBADIZO
ARROBADIZO
ACHACADIZO
SACADIZO
AHORCADIZO
ECHADIZO
MANCHADIZO
ENFADADIZO
OLVIDADIZO
ACOMODADIZO
RODADIZO
MUDADIZO
BORNEADIZO
ACARREADIZO
ALAGADIZO
APAGADIZO
DOBLEGADIZO
PLEGADIZO
ALLEGADIZO
ANEGADIZO
PEGADIZO
APEGADIZO
REGADIZO
COLGADIZO
AHOGADIZO
CAMBIADIZO
VACIADIZO
ENVIADIZO
RAJADIZO
RESQUEBRAJADIZO
ATAJADIZO
ENOJADIZO
ARROJADIZO
ANTOJADIZO
RESBALADIZO
HELADIZO
HILADIZO
ALQUILADIZO
COLADIZO
VOLADIZO
ACUCHILLADIZO
ARRIMADIZO
ROMADIZO
PANADIZO
DESMORONADIZO
TORNADIZO
DELEZNADIZO
ENGAÑADIZO
DESPEÑADIZO
TAPADIZO
TOPADIZO
ATOPADIZO
QUEBRADIZO
ASOMBRADIZO
ALTERADIZO
ENAMORADIZO
COMPRADIZO
ERRADIZO
CERRADIZO
SERRADIZO
ASERRADIZO
CONTRADIZO
ENCONTRADIZO
ARRASTRADIZO
PASADIZO
ARREBATADIZO
APRETADIZO
SALTADIZO
SOLTADIZO
ESPANTADIZO
LEVANTADIZO
ALEVANTADIZO
CONTENTADIZO
MALCONTENTADIZO
DESCONTENTADIZO
ESCOTADIZO
ALBOROTADIZO
APARTADIZO
ACORTADIZO
ESTADIZO
PRESTADIZO
ASUSTADIZO
CLAVADIZO
LEVADIZO
DESLIZADIZO
ALZADIZO
ALCANZADIZO
CAEDIZO
RAEDIZO
TRAEDIZO
BEBEDIZO
CEDIZO
COCEDIZO
COGEDIZO
ACOGEDIZO
SALEDIZO
VENEDIZO
AVENEDIZO
ADVENEDIZO
CORREDIZO
COSEDIZO
LLOVEDIZO
MOVEDIZO
PERDIDIZO
SALIDIZO
AVENIDIZO
ENCUBRIDIZO
ESCURRIDIZO
FUIDIZO
HUIDIZO
GODIZO
PAJIZO
BERMEJIZO
ROJIZO
LIZO
CALIZO
CANALIZO
CONTRALIZO
TABLIZO
RAMBLIZO
ROBLIZO
CANDELIZO
ESTERCOLIZO
CALLIZO
MELLIZO
GOLLIZO
ROLLIZO
MIZO
CHAMIZO
PLOMIZO
ENFERMIZO
PANIZO
GRANIZO
PARAGRANIZO
CENIZO
BONIZO
HIBERNIZO
INVERNIZO
BORNIZO
CORNIZO
CAÑIZO
OTOÑIZO
ZOIZO
RIZO
ALBARIZO
CACARIZO
PORCARIZO
AMARIZO
PANARIZO
YEGUARIZO
VARIZO
BRIZO
OBRIZO
COBRIZO
PEDRIZO
ERIZO
BANDERIZO
ESTABLERIZO
CELERIZO
CABALLERIZO
CELLERIZO
CILLERIZO
PRIMERIZO
ASNERIZO
CABRERIZO
ENTERIZO
FRONTERIZO
YEGÜERIZO
VAQUERIZO
PORQUERIZO
LLAVERIZO
CALVERIZO
BOYERIZO
CHORIZO
CARRIZO
FERRIZO
TERRIZO
ROSTRIZO
TIZO
VOLTIZO
BAPTIZO
CUARTIZO
COBERTIZO
ESPORTIZO
CASTIZO
MESTIZO
AGOSTIZO
POSTIZO
APOSTIZO
BAUTIZO
SEQUIZO
BLANQUIZO
CARRASQUIZO
SUIZO
CALZO
RECALZO
DESCALZO
CAPIALZO
BANZO
GARBANZO
HANZO
BALANZO
OJARANZO
HOJARANZO
MASTRANZO
AVANZO
GAVANZO
AGAVANZO
LIENZO
COMIENZO
ARIENZO
ATRENZO
BONZO
BRONZO
TRONZO
ZONZO
PUNZÓ

BOZO
CALABOZO
REBOZO
ARREBOZO
EMBOZO
CONTRAEMBOZO
DESEMBOZO
ESBOZO
CHOZO
CADOZO
GOZO
CALAGOZO
ALLOZO
SOLLOZO
MOZO
TENTEMOZO
POZO
CONTRAPOZO
ROZO
CAROZO
DESBROZO
BEROZO
ALBOROZO
COROZO
ESCORROZO
TROZO
SOTROZO
DESTROZO
TOZO
RETOZO
ESCARZO
CADARZO
ARIFARZO
GARZO
OJIGARZO
MARZO
CUARZO
CHAGUARZO
JAGUARZO
JUAGUARZO
ZARZO
BIERZO
CIERZO
ESCUERZO
REFUERZO
CONFUERZO
ESFUERZO
COGÜERZO
ALMUERZO
MASTUERZO
NASTUERZO
MESTUERZO
CORZO
ESCORZO
CATZO
UZO
BUZO
GABUZO
CUZO
CHUZO
LECHUZO
PAJUZO
ESPELUZO
DESPELUZO
MUZO
MENUZO
ZAMPUZO
ABRUZO
DESCAPERUZO
TERRUZO
TESTUZO
ZUZO
CAZUZO

P

CAP
SALEP
GALOP
TOP
CRUP

R

BEZAAR
BAR
DESBABAR
ACABAR
RECABAR
ENCABAR
MESCABAR
MENOSCABAR
CONCHABAR
HABAR
JONJABAR
ALABAR
MALABAR
DESALABAR
SILABAR
NABAR
GRABAR
FOTOGRABAR
ENRABAR
DERRABAR
SORRABAR
DESRABAR
TRABAR
ENTRABAR
DESTRABAR
CEBAR
RECEBAR
DESCEBAR
ENJEBAR
ENSEBAR
DESENSEBAR
ESTEBAR
ACÍBAR
ESCIBAR
GIBAR
ENGIBAR
LIBAR
ESCALIBAR
GALIBAR
CAMÎBAR
ALMÍBAR
BRIBAR
EMBRIBAR
CRIBAR
ACRIBAR
ARRIBAR
DERRIBAR
ESTRIBAR
RESTRIBAR
COSTRIBAR
TÎBAR
ATIBAR
DESATIBAR
ENTIBAR
ESTIBAR
ALBAR
ENALBAR
RALBAR
SILBAR
ÂMBAR
CAMBAR
LIQUIDÂMBAR
GUTÍAMBAR
ALÂMBAR
CALIMBAR
ALMIMBAR
NIMBAR
ABOMBAR
REBOMBAR
RIMBOMBAR
COMBAR
ACOMBAR
ALOMBAR
REBUMBAR
LUMBAR
RUMBAR
ARRUMBAR
DECERRUMBAR
DERRUMBAR
TUMBAR
RETUMBAR
TRASTUMBAR
ZUMBAR
AZÚMBAR
ABOBAR
EMBOBAR
ENCOBAR
ESCOBAR
ADOBAR
COHOBAR
AJOBAR
ENGLOBAR
CONGLOBAR
ROBAR
JOROBAR
PROBAR
APROBAR
DESAPROBAR
REPROBAR
IMPROBAR
COMPROBAR
ARROBAR
SOBAR
TOBAR
ATOBAR
RETOBAR
BARBAR
DESBARBAR
ESCARBAR
GARBAR
HARBAR
DESACERBAR
EXACERBAR
HERBAR
DESHERBAR
DESYERBAR
AMORBAR
ESTORBAR
TURBAR
CONTURBAR
PERTURBAR
DESTURBAR
DISTURBAR
EXTURBAR
ATISBAR
ENCUBAR
INCUBAR
TITUBAR
ENTUBAR
CAR
ACHACAR
MACHACAR
REJACAR
ARREJACAR
AFLACAR
ENFLACAR
PLACAR
APLACAR
ZULACAR
DESZULACAR
ABELLACAR
MACAR
ZUMACAR
NÂCAR
APACAR
EMPACAR
DESEMPACAR
HORACAR
ABARRACAR
ATRACAR
DESATRACAR
FURACAR
SACAR
ASACAR
RESACAR
ENTRESACAR
ENSACAR
SONSACAR
SOSACAR
TACAR
ATACAR
CONTRAATACAR
DESATACAR
RETACAR
ESTACAR
DESTACAR
VACAR
ENVACAR
OBCECAR
DEFECAR
EMBELECAR
DESFLECAR
ALBANECAR
PECAR
CHAPECAR
DEPRECAR
IMPRECAR
SECAR
DESECAR
RESECAR
BISECAR
DISECAR
TRISECAR
ENSECAR
DESMANTECAR
HIPOTECAR
DESHIPOTECAR
ENCHUECAR
AHUECAR
ENHUECAR
TABICAR
LAMBICAR
ALAMBICAR
EMBICAR
UBICAR
CUBICAR
HOCICAR
AHOCICAR
ACHICAR
ENCHICAR
RADICAR
ERRADICAR
ABDICAR
DEDICAR
MEDICAR
PREDICAR
INDICAR
CONTRAINDICAR
SINDICAR
VINDICAR
REIVINDICAR
MORDICAR
CLAUDICAR
JUDICAR
ADJUDICAR
PERJUDICAR
FICAR
AFICAR
TRAFICAR
RUBIFICAR
PACIFICAR
ESPECIFICAR
CALCIFICAR
DULCIFICAR
CRUCIFICAR
DESCRUCIFICAR
EDIFICAR
REEDIFICAR
SOBREEDIFICAR
DESEDIFICAR
ACIDIFICAR
SOLIDIFICAR
NIDIFICAR
LAPIDIFICAR
MUNDIFICAR
CODIFICAR
MODIFICAR
DEIFICAR
CASEIFICAR
CALIFICAR
DESCALIFICAR
SALIFICAR
CUALIFICAR
MELIFICAR
QUILIFICAR
MOLIFICAR
AMPLIFICAR
EJEMPLIFICAR
SIMPLIFICAR
MOLLIFICAR
QUIMIFICAR
MOMIFICAR
PANIFICAR
ESCENIFICAR
HENIFICAR
LENIFICAR
MAGNIFICAR
DIGNIFICAR
SIGNIFICAR
DAMNIFICAR
BONIFICAR
SAPONIFICAR
PERSONIFICAR
TONIFICAR
UNIFICAR
SACARIFICAR
ESCARIFICAR
CLARIFICAR
PARIFICAR
RARIFICAR
LUBRIFICAR
SACRIFICAR
VERIFICAR
MIRIFICAR
ORIFICAR
GLORIFICAR
HONORIFICAR
CORPORIFICAR
ELECTRIFICAR
METRIFICAR
PETRIFICAR
VITRIFICAR
DESVITRIFICAR
PURIFICAR
IMPURIFICAR
TURIFICAR
GASIFICAR
CLASIFICAR
FALSIFICAR
DENSIFICAR
INTENSIFICAR
DOSIFICAR
PROSIFICAR
VERSIFICAR
DIVERSIFICAR
RUSIFICAR
BEATIFICAR
RATIFICAR
GRATIFICAR
ESTRATIFICAR
RECTIFICAR
FRUCTIFICAR
ACETIFICAR
LETIFICAR
PLANTIFICAR
SANTIFICAR
IDENTIFICAR
PONTIFICAR
NOTIFICAR
CERTIFICAR
FORTIFICAR
MORTIFICAR
TESTIFICAR
JUSTIFICAR
FRUTIFICAR
SANGUIFICAR
VIVIFICAR
REVIVIFICAR
POLVIFICAR
PARVIFICAR
ENJICAR
EMPALICAR
PUBLICAR
VELICAR
EMBOLICAR
APLICAR
DESAPLICAR
REPLICAR
CUADRIPLICAR
TRIPLICAR
MULTIPLICAR
IMPLICAR
COMPLICAR
DECUPLICAR
DUPLICAR
REDUPLICAR
CUADRUPLICAR
SUPLICAR
CENTUPLICAR
QUINTUPLICAR
SEPTUPLICAR
SEXTUPLICAR
EXPLICAR
EMPELLICAR
MULLICAR
DESMICAR
ABANICAR
FENICAR
FORNICAR
COMUNICAR
INCOMUNICAR
ENTUNICAR
EMPAÑICAR
FUÑICAR
PICAR
REPICAR
SALPICAR
EMPICAR
TROMPICAR
DESPICAR
ARICAR
JARICAR
PREVARICAR
FABRICAR
LUBRICAR
RUBRICAR
FRICAR
CONFRICAR
RETORICAR
CARRICAR
ENTRICAR
INTRICAR
DESPOTRICAR
ENTOSICAR

VIATICAR
PLATICAR
PRACTICAR
HERETICAR
CRITICAR
CANTICAR
SENTICAR
AUTENTICAR
EMBOTICAR
ESTIPTICAR
MASTICAR
DOMESTICAR
SOFISTICAR
DIAGNOSTICAR
PRONOSTICAR
CAUSTICAR
RUSTICAR
TOXICAR
ATOXICAR
INTOXICAR
DESINTOXICAR
CALCAR
RECALCAR
ENCALCAR
DESENCALCAR
DESCALCAR
FALCAR
DEFALCAR
DESFALCAR
REMOLCAR
POLCAR
VOLCAR
REVOLCAR
INCULCAR
CONCULCAR
ESCULCAR
SULCAR
ASULCAR
ATRABANCAR
DESBANCAR
CHANCAR
APALANCAR
SOPALANCAR
MANCAR
DESPANCAR
RANCAR
AFRANCAR
ARRANCAR
ABARRANCAR
DESABARRANCAR
EMBARRANCAR
DESEMBARRANCAR
DERRANCAR
TRANCAR
ATRANCAR
DESATRANCAR
ATANCAR
DESATANCAR
ESTANCAR
DESESTANCAR
ESBLENCAR
PENCAR
APENCAR
ARENCAR
ESBRENCAR
ENTRENCAR
FINCAR
AFINCAR
HINCAR
AHINCAR
DESHINCAR
BLINCAR
BRINCAR
REBRINCAR
ARRINCAR
TRINCAR
INTRINCAR
DESTRINCAR
ATÍNCAR
RONCAR
ABRONCAR
TRONCAR
ENTRONCAR
DESTRONCAR
JUNCAR
ENJUNCAR
TRUNCAR
AOCAR
ABOCAR
EMBOCAR
DESEMBOCAR
TRASBOCAR
DESBOCAR
COCAR
ESCOCAR
DESCOCAR

CHOCAR
ACHOCAR
ENTRECHOCAR
ENFOCAR
SOFOCAR
SUFOCAR
CARIOCAR
BAJOCAR
ALOCAR
CLOCAR
ACLOCAR
ENCLOCAR
DESENFLOCAR
COLOCAR
DISLOCAR
ENLLOCAR
MOCAR
ENCALAMOCAR
DESMOCAR
ENOCAR
APOCAR
ANTIPOCAR
DEBROCAR
EMBROCAR
ENROCAR
RECIPROCAR
DERROCAR
TROCAR
RETROCAR
TRASTROCAR
DESTROCAR
TOCAR
RETOCAR
APONTOCAR
TRASTOCAR
ESTOCAR
DESTOCAR
AVOCAR
ADVOCAR
EVOCAR
REVOCAR
EQUIVOCAR
INVOCAR
CONVOCAR
PROVOCAR
AZOCAR
DESZOCAR
ARCAR
ABARCAR
EMBARCAR
REEMBARCAR
DESEMBARCAR
SOBARCAR
ASOBARCAR
ENCHARCAR
MARCAR
CONTRAMARCAR
DEMARCAR
REMARCAR
ENMARCAR
COMARCAR
ENARCAR
APARCAR
CERCAR
ACERCAR
DECERCAR
RECERCAR
ENCERCAR
DESCERCAR
MERCAR
ALTERCAR
ESTERCAR
PIRCAR
AFORCAR
ENFORCAR
AHORCAR
ENHORCAR
JORCAR
MORCAR
AMORCAR
APORCAR
DESAPORCAR
EMPORCAR
AMURCAR
SURCAR
ASURCAR
DESURCAR
ÁSCAR
BASCAR
ENVARBASCAR
CASCAR
DESCASCAR
CHASCAR
LASCAR
MASCAR
ADAMASCAR

AÑASCAR
RASCAR
TARASCAR
ENTARASCAR
ENFRASCAR
ARRASCAR
TARRASCAR
EMBORRASCAR
TASCAR
ATASCAR
DESATASCAR
ENESCAR
PESCAR
CHAPESCAR
BRESCAR
REFRESCAR
ENGRESCAR
MUESCAR
CISCAR
TROCISCAR
MORDISCAR
CONFISCAR
OLISCAR
LAMISCAR
COMISCAR
TAPISCAR
MARISCAR
BRISCAR
ENRISCAR
APRISCAR
ARRISCAR
BARRISCAR
DERRISCAR
DESRISCAR
TRISCAR
VENTISCAR
AGUISCAR
NEVISCAR
ENVISCAR
EMBOSCAR
ESCOSCAR
ENFOSCAR
AMOSCAR
ROSCAR
ENROSCAR
DESENROSCAR
ARROSCAR
BUSCAR
REBUSCAR
FUSCAR
INFUSCAR
OFUSCAR
CHAMUSCAR
JAMUSCAR
APAÑUSCAR
APEÑUSCAR
CORUSCAR
CHURRUSCAR
EMBAUCAR
EMBABUCAR
TRABUCAR
ZABUCAR
ZAMBUCAR
CUCAR
ENCUCAR
MACHUCAR
ADÚCAR
CADUCAR
EDUCAR
REEDUCAR
ALDÚCAR
MANDUCAR
FÚCAR
DESNUCAR
RUCAR
CARRUCAR
TRUCAR
RETRUCAR
BESUCAR
DESUCAR
BATUCAR
ESTUCAR
AZÚCAR
BAZUCAR
BIZCAR
EMBIZCAR
PELLIZCAR
PIZCAR
REPIZCAR
EMPIZCAR
DESPIZCAR
AGABACHAR
EMBACHAR
CACHAR
ENCACHAR
ESCACHAR

LODACHAR
AGACHAR
HACHAR
CAMBALACHAR
DESFILACHAR
DESHILACHAR
MACHAR
REMACHAR
EMPENACHAR
ENCAPACHAR
LAPACHAR
PAPACHAR
EMPACHAR
DESEMPACHAR
DESPACHAR
RACHAR
FARACHAR
ENCORACHAR
EMBORRACHAR
DESEMBORRACHAR
SACHAR
TACHAR
AGUACHAR
ENAGUACHAR
ECHAR
ESCABECHAR
BARBECHAR
ABARBECHAR
ACECHAR
RECECHAR
ENDECHAR
FECHAR
DESFECHAR
AHECHAR
COHECHAR
LECHAR
PELECHAR
EMPELECHAR
FLECHAR
ENLECHAR
DESLECHAR
MECHAR
AMECHAR
ENMECHAR
ENECHAR
PECHAR
APECHAR
CONTRAPECHAR
REPECHAR
EMPECHAR
ESPECHAR
DESPECHAR
SOSPECHAR
BRECHAR
DESTEBRECHAR
RETRECHAR
PERTRECHAR
ESTRECHAR
ASECHAR
TRASECHAR
DESECHAR
COSECHAR
TECHAR
DESTECHAR
PROVECHAR
APROVECHAR
DESAPROVECHAR
FICHAR
ESPICHAR
DESPICHAR
DESENCAPRICHAR
COLCHAR
ACOLCHAR
DESCOLCHAR
ANCHAR
ENGANCHAR
REENGANCHAR
DESENGANCHAR
DESGANCHAR
LANCHAR
ENLANCHAR
PLANCHAR
APLANCHAR
DESPLANCHAR
MANCHAR
DESMANCHAR
ENANCHAR
ARRANCHAR
DERRANCHAR
ENSANCHAR
CINCHAR
RECINCHAR
DESCINCHAR
CHINCHAR
EMBOCHINCHAR
FINCHAR

HINCHAR
DESHINCHAR
LINCHAR
RELINCHAR
PINCHAR
TRINCHAR
GUINCHAR
QUINCHAR
ACONCHAR
DESCONCHAR
RONCHAR
DERRONCHAR
TRONCHAR
DESTRONCHAR
PUNCHAR
APUNCHAR
ZUNCHAR
ENZUNCHAR
BOCHAR
SALCOCHAR
AMELCOCHAR
SANCOCHAR
BIZCOCHAR
MOCHAR
CAMOCHAR
ESCAMOCHAR
DESMOCHAR
ESPINOCHAR
DESPINOCHAR
SONOCHAR
PERNOCHAR
TRASNOCHAR
CAROCHAR
ABROCHAR
DESABROCHAR
QUEROCHAR
REPROCHAR
CARROCHAR
GARROCHAR
AGARROCHAR
DERROCHAR
ALFORROCHAR
ATROCHAR
ATOCHAR
ESCARCHAR
MARCHAR
CONTRAMARCHAR
EMPARCHAR
CERCHAR
CHERCHAR
PERCHAR
EMPERCHAR
CORCHAR
ENCORCHAR
ESCORCHAR
DESCORCHAR
ANTORCHAR
ENTORCHAR
ENCAUCHAR
ESCABUCHAR
EMBUCHAR
DESEMBUCHAR
DESBUCHAR
CUCHAR
ESCUCHAR
ACHUCHAR
DUCHAR
AGUADUCHAR
ACONDUCHAR
AHUCHAR
LUCHAR
GALUCHAR
RELUCHAR
ENCAPUCHAR
EMPUCHAR
RUCHAR
ASERRUCHAR
ENTRUCHAR
ENCARTUCHAR
DAR
CEBADAR
ACEBADAR
ENCEBADAR
RECADAR
ARRECADAR
ASOLDADAR
FADAR
ENFADAR
DESENFADAR
HADAR
ENHADAR
DESENHADAR
APIADAR
EMPIADAR
AMAJADAR
ALADAR

PALADAR
SALADAR
TRASLADAR
MULADAR
MALLADAR
AMALLADAR
VALLADAR
ATOLLADAR
NADAR
SOBRENADAR
ANONADAR
ACERNADAR
ENCERNADAR
APUÑADAR
ESPADAR
RADAR
SOBRADAR
FRADAR
GRADAR
AGRADAR
DESAGRADAR
DEGRADAR
RETROGRADAR
DESGRADAR
FORADAR
AFORADAR
HORADAR
AVADAR
ACABDAR
RECABDAR
DEBDAR
ACOBDAR
ACEDAR
DESACEDAR
JEDAR
REMEDAR
ARREMEDAR
HUMEDAR
MONEDAR
AMONEDAR
ALMONEDAR
ESPEDAR
ENCESPEDAR
AVISPEDAR
HOSPEDAR
REDAR
EMPAREDAR
DESPAREDAR
HEREDAR
COHEREDAR
DESHEREDAR
EXHEREDAR
ENGREDAR
ENREDAR
DESENREDAR
DEPREDAR
SEDAR
ASEDAR
QUEDAR
AQUEDAR
VEDAR
DEVEDAR
BOVEDAR
ABOVEDAR
EMBOVEDAR
DESVEDAR
DESLAIDAR
CIRCUNCIDAR
ELUCIDAR
DILUCIDAR
TRUCIDAR
VALIDAR
REVALIDAR
INVALIDAR
CONVALIDAR
SOLIDAR
CONSOLIDAR
APELLIDAR
INTIMIDAR
FORMIDAR
ANIDAR
DESANIDAR
COIDAR
LAPIDAR
DILAPIDAR
TREPIDAR
ALARIDAR
MARIDAR
ENMARIDAR
DESMARIDAR
BRIDAR
EMBRIDAR
DESEMBRIDAR
DESBRIDAR
CRIDAR
GRIDAR

ENRIDAR
ARRIDAR
APARTIDAR
CUIDAR
DESCUIDAR
GUIDAR
LIQUIDAR
OLVIDAR
ENVIDAR
REENVIDAR
CONVIDAR
DESCONVIDAR
OXIDAR
DESOXIDAR
BALDAR
ACALDAR
ESCALDAR
RESCALDAR
FALDAR
ENFALDAR
DESENFALDAR
SOFALDAR
ENGUIRNALDAR
ESPALDAR
DESPALDAR
RESPALDAR
DESESPALDAR
SALDAR
BELDAR
ALBELDAR
ENCELDAR
BIELDAR
ABIELDAR
MELDAR
APELDAR
ACABILDAR
TILDAR
ATILDAR
REGOLDAR
MOLDAR
AMOLDAR
DESAMOLDAR
REMOLDAR
ROLDAR
SOLDAR
ASOLDAR
DESOLDAR
CONSOLDAR
TOLDAR
ENTOLDAR
DESENTOLDAR
BULDAR
ANDAR
DEBANDAR
CANDAR
MALANDAR
ABLANDAR
ENGUIRLANDAR
MANDAR
CONTRAMANDAR
DEMANDAR
REMANDAR
COMANDAR
DESMANDAR
PANDAR
APANDAR
EMPANDAR
GARANDAR
ZARANDAR
AZARANDAR
AGRANDAR
ENGRANDAR
DESANDAR
ENTANDAR
AZANDAR
PREBENDAR
HACENDAR
CALENDAR
EMENDAR
REMENDAR
ENMENDAR
COMENDAR
ACOMENDAR
RECOMENDAR
ENCOMENDAR
RENDAR
MERENDAR
REFRENDAR
OFRENDAR
PRENDAR
ARRENDAR
SUBARRENDAR
DESARRENDAR
ATENDAR
VENDAR
DESENVENDAR

DESVENDAR
VECINDAR
AVECINDAR
LINDAR
ALINDAR
BLINDAR
DESLINDAR
BRINDAR
GUINDAR
DESGUINDAR
ABONDAR
ARREDONDAR
AFONDAR
DESFONDAR
AHONDAR
ZAHONDAR
MONDAR
ESCAMONDAR
REMONDAR
ENMONDAR
RONDAR
SONDAR
ASONDAR
ATONDAR
ABUNDAR
SOBREABUNDAR
SUPERABUNDAR
FECUNDAR
SECUNDAR
CIRCUNDAR
REDUNDAR
FUNDAR
ENFUNDAR
DESENFUNDAR
PROFUNDAR
DESFUNDAR
SEGUNDAR
ASEGUNDAR
INUNDAR
ACOYUNDAR
ACODAR
RECODAR
ESCODAR
DESCODAR
EMBEODAR
ENLODAR
DESENLODAR
CAMODAR
ACOMODAR
DESACOMODAR
INCOMODAR
PODAR
APODAR
CHAPODAR
REPODAR
HOSPODAR
RODAR
ENRODAR
APRODAR
DEVODAR
BARDAR
ALBARDAR
ENALBARDAR
DESENALBARDAR
DESALBARDAR
EMBARDAR
ACOBARDAR
DESACOBARDAR
DESBARDAR
CARDAR
ABOCARDAR
ESCARDAR
FARDAR
ALFARDAR
ENFARDAR
DESENFARDAR
GARDAR
LARDAR
ENLARDAR
ESGOARDAR
EMPARDAR
TARDAR
DETARDAR
RETARDAR
ABASTARDAR
EMBASTARDAR
GUARDAR
AGUARDAR
REGUARDAR
ESGUARDAR
RESGUARDAR
ENLERDAR
JAMERDAR
BORDAR
ABORDAR
ZABORDAR

TRASBORDAR
DESBORDAR
TRANSBORDAR
ACORDAR
DESACORDAR
RECORDAR
ENCORDAR
DESENCORDAR
CONCORDAR
DESCORDAR
DISCORDAR
BOFORDAR
ENGORDAR
BOHORDAR
AJORDAR
ASORDAR
ENSORDAR
DESDAR
RECAUDAR
LAUDAR
COLAUDAR
FRAUDAR
DEFRAUDAR
EMBUDAR
ESCUDAR
PESCUDAR
DUDAR
ADEUDAR
DESADEUDAR
FEUDAR
ENFEUDAR
INFEUDAR
LEUDAR
ALEUDAR
LLEUDAR
ATREUDAR
SEGUDAR
LIUDAR
ENVIUDAR
SALUDAR
RESALUDAR
ATALUDAR
MUDAR
DEMUDAR
REMUDAR
TRASMUDAR
TRANSMUDAR
ANUDAR
REANUDAR
DESANUDAR
DENUDAR
ENCORNUDAR
ESTORNUDAR
DESNUDAR
AÑUDAR
DESAÑUDAR
ENGRUDAR
DESENGRUDAR
SUDAR
TRASUDAR
DESUDAR
RESUDAR
INSUDAR
EXUDAR
AYUDAR
DESAYUDAR
BABEAR
CABEAR
ALDABEAR
FABEAR
ALABEAR
DESALABEAR
SILABEAR
RABEAR
CARABEAR
JARABEAR
ALBEAR
BOMBEAR
RUMBEAR
BOBEAR
LOBEAR
ENSOBEAR
BARBEAR
GARBEAR
TITUBEAR
CALABACEAR
CACEAR
CEDACEAR
REGACEAR
LACEAR
SOLACEAR
PLACEAR
MACEAR
TENACEAR
ATENACEAR
AÑACEAR

CAPACEAR
TRAPACEAR
LAMPACEAR
ALGARACEAR
TARACEAR
ATARACEAR
ZARACEAR
BRACEAR
APORRACEAR
ZACEAR
CABECEAR
CECEAR
NECEAR
PERECEAR
MERCANCEAR
CHANCEAR
MAGANCEAR
LANCEAR
ALANCEAR
BALANCEAR
CONTRABALANCEAR
ROMANCEAR
NANCEAR
LINCEAR
ONCEAR
RONCEAR
BRONCEAR
BOCEAR
COCEAR
ACOCEAR
MOCEAR
TROCEAR
VOCEAR
BRAVOCEAR
ESCARCEAR
MARCEAR
ALPARCEAR
ZARCEAR
CERCEAR
BUCEAR
ARCABUCEAR
BALBUCEAR
ESCARAMUCEAR
CHAPUCEAR
CAPERUCEAR
BACHEAR
CACHEAR
MUCHACHEAR
FACHEAR
HACHEAR
CAMBALACHEAR
MACHEAR
BORRACHEAR
TRECHEAR
CHICHEAR
CUCHICHEAR
COMICHEAR
TRAPICHEAR
CANCHEAR
PLANCHEAR
RANCHEAR
TRINCHEAR
COCHEAR
CHOCHEAR
ESCAMOCHEAR
GARROCHEAR
AGARROCHEAR
ABUCHEAR
CHUCHEAR
CUCHUCHEAR
HUCHEAR
BOCADEAR
ABOCADEAR
MERCADEAR
JADEAR
MAJADEAR
IJADEAR
LADEAR
PALADEAR
VALLADEAR
ANADEAR
PANADEAR
PARPADEAR
FRADEAR
VADEAR
MONEDEAR
ALMONEDEAR
TORPEDEAR
SEDEAR
IDEAR
BALDEAR
CALDEAR
FALDEAR
HALDEAR
ESPALDEAR
CABILDEAR

MOLDEAR
BANDEAR
CONTRABANDEAR
BLANDEAR
PANDEAR
ZARANDEAR
PARRANDEAR
MERCENDEAR
FACHENDEAR
ONDEAR
REDONDEAR
ARREDONDEAR
FONDEAR
HONDEAR
SONDEAR
TRAPISONDEAR
VAGABUNDEAR
VAGAMUNDEAR
TUNDEAR
CODEAR
RODEAR
MERODEAR
ARRODEAR
JABARDEAR
BOMBARDEAR
LOMBARDEAR
COBARDEAR
PICARDEAR
MOSCARDEAR
ADARDEAR
BIGARDEAR
LARDEAR
ALARDEAR
GALLARDEAR
PARDEAR
PETARDEAR
BASTARDEAR
CERDEAR
IZQUIERDEAR
EZQUERDEAR
VERDEAR
BORDEAR
REBORDEAR
PAVORDEAR
TARTAMUDEAR
MENUDEAR
AFEAR
BAFEAR
RAFEAR
PARRAFEAR
DESAFEAR
CEFEAR
GOLFEAR
SOLFEAR
ENFEAR
GALLOFEAR
GARFEAR
DESFEAR
CHUFEAR
VAHEAR
AJEAR
ESCARABAJEAR
HERBAJEAR
ZANCAJEAR
BADAJEAR
CEGAJEAR
GARGAJEAR
GOLMAJEAR
PLUMAJEAR
ESPUMAJEAR
PAJEAR
ESTROPAJEAR
GRAJEAR
PINTARRAJEAR
CERRAJEAR
BORRAJEAR
FORRAJEAR
BURRAJEAR
TRAJEAR
ORAJEAR
TARTAJEAR
FORCEJEAR
CALLEJEAR
BERMEJEAR
ESPEJEAR
OREJEAR
VOLTEJEAR
JIJEAR
CANJEAR
ANARANJEAR
FRANJEAR
GRANJEAR
LONJEAR
LISONJEAR
OJEAR
BOJEAR
COJEAR
HOJEAR
FLOJEAR
MANOJEAR
ROJEAR
SONROJEAR
GORJEAR
BURBUJEAR
MURMUJEAR
BRUJEAR
ALEAR
BALEAR
ABALEAR
TABALEAR
ATABALEAR
BAMBALEAR
TAMBALEAR
OCALEAR
FISCALEAR
CAZCALEAR
PEDALEAR
ARDALEAR
JALEAR
MALEAR
AMALEAR
RAMALEAR
PALEAR
APALEAR
CHAPALEAR
TRAPALEAR
TRASPALEAR
RALEAR
ATALEAR
PATALEAR
CANTALEAR
ACANTALEAR
TENTALEAR
TARTALEAR
ZALEAR
DIABLEAR
SABLEAR
TABLEAR
ESTABLEAR
TECLEAR
CHICLEAR
ANCLEAR
COCLEAR
NUCLEAR
CASCABELEAR
HELEAR
AHELEAR
REHELEAR
PELEAR
PAPELEAR
CONTRAPELEAR
CARTELEAR
PASTELEAR
FRAILEAR
REDILEAR
ZASCANDILEAR
CHAMARILEAR
VERILEAR
TAMBORILEAR
OLEAR
BOLEAR
BAMBOLEAR
COLEAR
CARACOLEAR
CHICOLEAR
HOLEAR
CABRIOLEAR
POLOLEAR
QUINOLEAR
SEÑOLEAR
ESPOLEAR
FAROLEAR
SOLEAR
ASOLEAR
VOLEAR
REVOLEAR
EMPLEAR
COPLEAR
ESCOPLEAR
CARLEAR
CHARLEAR
GARLEAR
CHIRLEAR
CORLEAR
CHULEAR
ADULEAR
GANDULEAR
CAMANDULEAR
FARANDULEAR
BRUJULEAR
VAPULEAR
ESCRUPULEAR
BARTULEAR
AZULEAR
CABALLEAR
CALLEAR
GALLEAR
CENTELLEAR
DENTELLEAR
CAMPANILLEAR
PILLEAR
AMARILLEAR
CABRILLEAR
BANDERILLEAR
GUERRILLEAR
COTILLEAR
MARTILLEAR
COSQUILLEAR
BORBOLLEAR
MOLLEAR
PIMPOLLEAR
MEAR
FLAMEAR
LLAMEAR
ENGRAMEAR
LAGRIMEAR
PALMEAR
SALMEAR
MAYORDOMEAR
LOMEAR
PALOMEAR
PLOMEAR
MOMEAR
BROMEAR
CHISMEAR
GOLOSMEAR
HUSMEAR
GULUSMEAR
FUMEAR
PERFUMEAR
HUMEAR
AHUMEAR
PLUMEAR
ANEAR
ABANEAR
SABANEAR
REBANEAR
BAMBANEAR
CANEAR
CHACANEAR
AZACANEAR
PICANEAR
CANCANEAR
CHUCANEAR
MUNDANEAR
ALBARDANEAR
HARAGANEAR
MANGANEAR
ZANGANEAR
TRUHANEAR
RUFIANEAR
CHALANEAR
PLANEAR
MANEAR
AMANEAR
TRUJAMANEAR
ROMANEAR
HERMANEAR
DESMANEAR
NANEAR
MAÑANEAR
CAMPANEAR
JARANEAR
SOBERANEAR
SERANEAR
VERANEAR
GRANEAR
CHARRANEAR
SANEAR
GUSANEAR
BATANEAR
CHARLATANEAR
GITANEAR
CAPITANEAR
SIMULTANEAR
VENTANEAR
MONTANEAR
SOTANEAR
FABLISTANEAR
VANEAR
DEVANEAR
HOLGAZANEAR
LOZANEAR
VERBENEAR
MENEAR
VAIVENEAR
CHINEAR
LINEAR
ALINEAR
DESALINEAR
NEBLINEAR
DELINEAR
ENTRELINEAR
BOLINEAR
REMOLINEAR
INTERLINEAR
TRASLINEAR
TRANSLINEAR
CELEMINEAR
COMINEAR
MARINEAR
PERINEAR
GOLOSINEAR
LATINEAR
TINTINEAR
PIRQUINEAR
BRIBONEAR
BAMBONEAR
CARBONEAR
TACONEAR
HALCONEAR
CHASCONEAR
MOSCONEAR
DONEAR
BALDONEAR
PENDONEAR
BORDONEAR
TELEFONEAR
PERIFONEAR
DRAGONEAR
TRAGONEAR
MANGONEAR
HURGONEAR
FISGONEAR
AMBICIONEAR
REJONEAR
AGUIJONEAR
GALONEAR
TALONEAR
PAPELONEAR
REMOLONEAR
ESPOLONEAR
SOPLONEAR
BORBOLLONEAR
MONEAR
RAMONEAR
TIMONEAR
SERMONEAR
CAÑONEAR
ACAÑONEAR
PIÑONEAR
HARONEAR
LADRONEAR
BALADRONEAR
RONRONEAR
FANFARRONEAR
BORRONEAR
PATRONEAR
HURONEAR
PISONEAR
RECATONEAR
REGATONEAR
GUITONEAR
CANTONEAR
PINTONEAR
GLOTONEAR
BASTONEAR
FESTONEAR
PAVONEAR
MAZONEAR
TIZONEAR
BARZONEAR
GARZONEAR
CARNEAR
HARNEAR
CERNEAR
PERNEAR
ORNEAR
BORNEAR
CORNEAR
ACORNEAR
BIZCORNEAR
HORNEAR
TORNEAR
CONTORNEAR
LIMOSNEAR
CUNEAR
TUNEAR
MOLLIZNEAR
ALBAÑEAR
TACAÑEAR
MAÑEAR
PESTAÑEAR
PUTAÑEAR
CIZAÑEAR
NIÑEAR
DOÑEAR
APUÑEAR
APEAR
CAPEAR
CHAPEAR
GUACHAPEAR
SOPAPEAR
GUALDRAPEAR
SORRAPEAR
TRAPEAR
CONTRAPEAR
GUAPEAR
CAYAPEAR
ZAPEAR
CHIRIPEAR
GOLPEAR
CAMPEAR
CHAMPEAR
LAMPEAR
PAMPEAR
TRAMPEAR
ZAMPEAR
POMPEAR
TROMPEAR
COPEAR
CHOPEAR
HOPEAR
GALOPEAR
JAROPEAR
PIROPEAR
ESTROPEAR
SOPEAR
HISOPEAR
TOPEAR
ZARPEAR
SERPEAR
JIRPEAR
JASPEAR
RASPEAR
CARRASPEAR
CHISPEAR
CHURRUPEAR
CAREAR
ACAREAR
CACAREAR
JACAREAR
CHACHAREAR
CUCHAREAR
ALGAREAR
FOGAREAR
PAJAREAR
CLAREAR
MAREAR
PAREAR
APAREAR
DESAPAREAR
DESPAREAR
TARAREAR
ATAREAR
CINTAREAR
VAREAR
ALMOGAVAREAR
BREAR
CABREAR
CULEBREAR
LIBREAR
HAMBREAR
ALAMBREAR
EMBREAR
HEMBREAR
CIMBREAR
MIMBREAR
HOMBREAR
SOMBREAR
CREAR
RECREAR
PROCREAR
BALADREAR
COMADREAR
PADREAR
APEDREAR
MELINDREAR
LACEREAR
TERCEREAR
SENDEREAR
ASENDEREAR
ESCUDEREAR
AGUJEREAR
CABALLEREAR
BACHILLEREAR
QUIMEREAR
CARNEREAR
ASPEREAR
MISEREAR

CUEREAR
CALAVEREAR
CAÑAVEREAR
ACAÑAVEREAR
COFREAR
NEGREAR
RENEGREAR
LOGREAR
AIREAR
CONREAR
ENCONREAR
OREAR
LABOREAR
SABOREAR
ALBOREAR
TAMBOREAR
COREAR
PECOREAR
GORGOREAR
CONTRALOREAR
VALOREAR
FLOREAR
TRASFLOREAR
TRANSFLOREAR
COLOREAR
CLAMOREAR
PRIMOREAR
SEÑOREAR
VAPOREAR
TOREAR
VICTOREAR
VITOREAR
PASTOREAR
POLVOREAR
ESPOLVOREAR
DESPOLVOREAR
PREAR
LAMPREAR
ARREAR
BARREAR
CARREAR
ACARREAR
CHUCARREAR
FARREAR
FANFARREAR
GARREAR
ZANGARREAR
HARREAR
JARREAR
MARREAR
ZAMARREAR
CHAPARREAR
BIZARREAR
BERREAR
CENCERREAR
APERREAR
TERREAR
GUERREAR
CHIRREAR
CORREAR
CALCORREAR
ENCORREAR
DESCORREAR
CHORREAR
DESMANGORREAR
CHISMORREAR
PORREAR
APORREAR
PAPORREAR
TORREAR
PINTORREAR
COTORREAR
CHAPURREAR
ESPURREAR
CANTURREAR
LETREAR
DELETREAR
BUITREAR
POTREAR
LASTREAR
RASTREAR
MAESTREAR
CABESTREAR
LAUREAR
MURMUREAR
PUREAR
PURPUREAR
USUREAR
ZUREAR
ASEAR
ESCASEAR
GLASEAR
PASEAR
FRASEAR
PARAFRASEAR
PERIFRASEAR

DESASEAR
FANTASEAR
DESEAR
ENTREMESEAR
SESEAR
QUESEAR
TRAVESEAR
BISBISEAR
SISEAR
VISEAR
BALSEAR
FALSEAR
SALSEAR
BOLSEAR
PULSEAR
GANSEAR
RESPONSEAR
OSEAR
BABOSEAR
RABOSEAR
TRASDOSEAR
METAMORFOSEAR
CARGOSEAR
PORDIOSEAR
CURIOSEAR
GOLOSEAR
AFERMOSEAR
ENFERMOSEAR
HERMOSEAR
MANOSEAR
RAPOSEAR
MARIPOSEAR
ROSEAR
SONROSEAR
VENTOSEAR
VOSEAR
VERSEAR
CORSEAR
DISCURSEAR
CAUSEAR
NAUSEAR
JESUSEAR
ATEAR
BATEAR
GARABATEAR
CATEAR
RECATEAR
CICATEAR
ACICATEAR
FORCATEAR
CHATEAR
CALAFATEAR
OLFATEAR
GATEAR
REGATEAR
HATEAR
PLATEAR
MULATEAR
MATEAR
PATEAR
GARRAPATEAR
ZAPATEAR
RATEAR
BARATEAR
PIRATEAR
PRORRATEAR
CHIVATEAR
SAETEAR
ASAETEAR
RIBETEAR
GAMBETEAR
ACACHETEAR
MACHETEAR
AMACHETEAR
CALAFETEAR
ABOFETEAR
OJETEAR
ALETEAR
PALETEAR
CANTALETEAR
TABLETEAR
TEMBLETEAR
CHANCLETEAR
PAPELETEAR
CHUFLETEAR
REGLETEAR
INGLETEAR
CUBILETEAR
CANDILETEAR
FILETEAR
TAFILETEAR
SOLETEAR
CAZOLETEAR
SAINETEAR
ASAINETEAR
JINETEAR

SONETEAR
CASTAÑETEAR
APUÑETEAR
GOLPETEAR
TROMPETEAR
ESCOPETEAR
SOPETEAR
CHUPETEAR
CUCHARETEAR
VARETEAR
POBRETEAR
SECRETEAR
DISCRETEAR
PANDERETEAR
TIJERETEAR
FLORETEAR
BARRETEAR
CARRETEAR
FERRETEAR
HERRETEAR
CORRETEAR
CUSETEAR
DESPLEGUETEAR
SEGUETEAR
HURGUETEAR
JUGUETEAR
ALCAHUETEAR
BAQUETEAR
TRAQUETEAR
REPIQUETEAR
BANQUETEAR
COQUETEAR
MOQUETEAR
TOQUETEAR
RASQUETEAR
PIRUETEAR
VETEAR
CLAVETEAR
CORVETEAR
PLEITEAR
BALITEAR
CARABRITEAR
TAMBORITEAR
GORGORITEAR
CATITEAR
ALTEAR
SALTEAR
VOLTEAR
CANTEAR
DESCANTEAR
PEDANTEAR
GARGANTEAR
GALANTEAR
PLANTEAR
REPLANTEAR
LLANTEAR
MANTEAR
TUNANTEAR
FARSANTEAR
TANTEAR
MONTANTEAR
BASTANTEAR
REGENTEAR
SARGENTEAR
PARLAMENTEAR
CARPENTEAR
SERPENTEAR
VENTEAR
AVENTEAR
BARLOVENTEAR
PINTEAR
CARPINTEAR
PERCONTEAR
MONTEAR
PONTEAR
TONTEAR
PUNTEAR
CONTRAPUNTEAR
PESPUNTEAR
OTEAR
RABOTEAR
SABOTEAR
BARBOTEAR
BORBOTEAR
COTEAR
CHACOTEAR
CHICOTEAR
PICOTEAR
REPICOTEAR
CHOTEAR
LAGOTEAR
PEGOTEAR
FREGOTEAR
ZANGOTEAR
PALOTEAR
PELOTEAR

BAILOTEAR
PILOTEAR
CHACOLOTEAR
ZANGOLOTEAR
REVOLOTEAR
CHARLOTEAR
PARLOTEAR
BELLOTEAR
MOTEAR
CAMOTEAR
ESCAMOTEAR
GIMOTEAR
PALMOTEAR
MARMOTEAR
MANOTEAR
CAPOTEAR
CHAPOTEAR
JARAPOTEAR
TAGAROTEAR
CEROTEAR
TIROTEAR
GARROTEAR
AGARROTEAR
BEBORROTEAR
CHISPORROTEAR
VILTROTEAR
PISOTEAR
LAVOTEAR
CONCEPTEAR
CARTEAR
LAGARTEAR
PARTEAR
CUARTEAR
NORTEAR
PORTEAR
ESPORTEAR
SORTEAR
BASTEAR
TRASTEAR
NORDESTEAR
FESTEAR
GESTEAR
BALLESTEAR
NOROESTEAR
TEMPESTEAR
SESTEAR
NORUESTEAR
BOSTEAR
COSTEAR
MOSTEAR
POSTEAR
MAMPOSTEAR
FARABUSTEAR
EMBUSTEAR
ZARABUTEAR
ZARAGUTEAR
PUTEAR
TUTEAR
MATUTEAR
GAGUEAR
HORNAGUEAR
RELAMPAGUEAR
VAGUEAR
ZIGZAGUEAR
VERDEGUEAR
NEGREGUEAR
HORMIGUEAR
LATIGUEAR
GALGUEAR
NALGUEAR
MINDANGUEAR
GANGUEAR
MANGUEAR
DENGUEAR
LENGÜEAR
CHINGUEAR
CANDONGUEAR
PINDONGUEAR
ALBOGUEAR
FOGUEAR
SOGUEAR
VERGUEAR
RASGUEAR
TRASGUEAR
BAQUEAR
JAQUEAR
FLAQUEAR
ZULAQUEAR
PALLAQUEAR
BELLAQUEAR
MAQUEAR
HAMAQUEAR
PAQUEAR
RAQUEAR
VARRAQUEAR
VERRAQUEAR

TRAQUEAR
MATRAQUEAR
SAQUEAR
VAQUEAR
VIVAQUEAR
ZAQUEAR
TEMBLEQUEAR
MUÑEQUEAR
AMARREQUEAR
CACIQUEAR
CHIQUEAR
PALIQUEAR
GEMIQUEAR
COMIQUEAR
PERIQUEAR
LLORIQUEAR
BOLSIQUEAR
GRAMATIQUEAR
POLITIQUEAR
ANQUEAR
CHANQUEAR
BLANQUEAR
EMBLANQUEAR
FLANQUEAR
MANQUEAR
FRANQUEAR
TRANQUEAR
RETRANQUEAR
ZANQUEAR
RENQUEAR
RONQUEAR
TRONQUEAR
BOQUEAR
LOQUEAR
MALOQUEAR
BLOQUEAR
DESBLOQUEAR
CLOQUEAR
MOQUEAR
ESTOQUEAR
ARQUEAR
BARQUEAR
CHARQUEAR
TERQUEAR
ASQUEAR
BASQUEAR
CHASQUEAR
CARRASQUEAR
MORDISQUEAR
CELLISQUEAR
CHIRRISQUEAR
VENTISQUEAR
MOSQUEAR
BEJUQUEAR
BESUQUEAR
BATUQUEAR
BAZUQUEAR
COXQUEAR
BIZQUEAR
CARCAVEAR
BRAVEAR
GRAVEAR
CORCOVEAR
ECHACORVEAR
OXEAR
BOXEAR
AYEAR
MAYEAR
FAR
ALCAFAR
CHAFAR
GAFAR
AGAFAR
ENGAFAR
PIAFAR
ESCLAFAR
ENRAFAR
AGARRAFAR
ENGARRAFAR
DESENGARRAFAR
ESTAFAR
ZAFAR
BEFAR
ARRECIFAR
ALJOFIFAR
ALIFAR
PIFAR
RIFAR
TARIFAR
ENGRIFAR
ALCATIFAR
ESQUIFAR
ALFAR
ESCALFAR
ALFALFAR
REGOLFAR

ENGOLFAR
TRIUNFAR
DESTRIUNFAR
ALCACHOFAR
ALCARCHOFAR
ALJÓFAR
GALLOFAR
MOFAR
ALMÓFAR
APOSTROFAR
FILOSOFAR
ESTOFAR
AZÓFAR
ARFAR
BUFAR
REBUFAR
CHUFAR
ENCHUFAR
DESENCHUFAR
PERCHUFAR
ESCALDUFAR
FUFAR
AFUFAR
AMUFAR
NENÚFAR
ARRUFAR
TRUFAR
ATUFAR
ESTUFAR
BAGAR
DESBAGAR
CAGAR
INDAGAR
TRAFAGAR
ATRAFAGAR
ATAFAGAR
ALIAGAR
MIAGAR
EMBRIAGAR
DESEMBRIAGAR
ZURRIAGAR
LAGAR
ALAGAR
BALAGAR
FALAGAR
AFALAGAR
HALAGAR
EMPALAGAR
DESEMPALAGAR
DESALAGAR
BOLAGAR
PLAGAR
APLAGAR
AULAGAR
ABULAGAR
LLAGAR
MAGAR
AMAGAR
ESTOMAGAR
PAGAR
APAGAR
GALAPAGAR
REPAGAR
ANTEPAGAR
PROPAGAR
DESPAGAR
EMBRAGAR
DESEMBRAGAR
DESBRAGAR
DRAGAR
NAUFRAGAR
SUFRAGAR
AMORAGAR
ESPARRAGAR
ATARRAGAR
TRAGAR
ESTRAGAR
ENJUAGAR
VAGAR
DIVAGAR
PROVAGAR
REZAGAR
ARREZAGAR
MONTADGAR
AMONTADGAR
APEDGAR
JUDGAR
ALBEGAR
JALBEGAR
ENJALBEGAR
CEGAR
OBCEGAR
FEDEGAR
EMBODEGAR
LEGAR
ALEGAR

SALEGAR
ENTALEGAR
DOBLEGAR
REDOBLEGAR
DELEGAR
SUBDELEGAR
RELEGAR
PLEGAR
APLEGAR
REPLEGAR
DESPLEGAR
LLEGAR
ALLEGAR
NEGAR
ANEGAR
ABNEGAR
DENEGAR
RENEGAR
DERRENEGAR
DESNEGAR
EMBUÑEGAR
PEGAR
APEGAR
DESAPEGAR
EMPEGAR
DESEMPEGAR
DESPEGAR
REGAR
BREGAR
DESPEDREGAR
FREGAR
REFREGAR
TRASFREGAR
TRANSFREGAR
AGREGAR
DESAGREGAR
SEGREGAR
CONGREGAR
DISGREGAR
PREGAR
ESBORREGAR
SORREGAR
ATREGAR
ENTREGAR
ESTREGAR
RESTREGAR
SEGAR
TRASEGAR
RESEGAR
SOSEGAR
ASOSEGAR
DESASOSEGAR
DESOSEGAR
NAVEGAR
CIRCUNNAVEGAR
RAIGAR
ARRAIGAR
DESARRAIGAR
DERRAIGAR
DESRAIGAR
ALMACIGAR
ALECHIGAR
FADIGAR
MENDIGAR
PRODIGAR
PERDIGAR
APERDIGAR
EMPERDIGAR
DESPERDIGAR
CABRAFIGAR
CABRAHIGAR
ENCABRAHIGAR
AVEJIGAR
LIGAR
ALIGAR
OBLIGAR
DESOBLIGAR
RELIGAR
PROFLIGAR
ENLIGAR
DESLIGAR
MIGAR
AMIGAR
DEMIGAR
ENEMIGAR
DESMIGAR
FUMIGAR
HUMIGAR
BOÑIGAR
EMBOÑIGAR
ESPIGAR
RESPIGAR
DESNARIGAR
ABRIGAR
DESABRIGAR
AMADRIGAR

RODRIGAR
ENRODRIGAR
ARRODRIGAR
FORIGAR
DESBARRIGAR
IRRIGAR
INTRIGAR
ROSIGAR
TOSIGAR
ATOSIGAR
ENTOSIGAR
FATIGAR
RATIGAR
LITIGAR
MITIGAR
AMITIGAR
ARTIGAR
EMPERTIGAR
CASTIGAR
MASTIGAR
DESVASTIGAR
INVESTIGAR
INSTIGAR
HOSTIGAR
FUSTIGAR
NAVIGAR
LEVIGAR
ENVIGAR
DESCERVIGAR
ALGAR
CABALGAR
ENCABALGAR
DESENCABALGAR
DESCABALGAR
REBALGAR
AHIDALGAR
TRAFALGAR
ENGALGAR
DESGALGAR
REJALGAR
NALGAR
SALGAR
JABELGAR
MELGAR
AMELGAR
PELGAR
PECILGAR
ENDILGAR
INDILGAR
SILGAR
COLGAR
ACOLGAR
DECOLGAR
DESCOLGAR
FOLGAR
HOLGAR
RESOLGAR
COMULGAR
DESCOMULGAR
EXCOMULGAR
PROMULGAR
PULGAR
REPULGAR
EMPULGAR
DESEMPULGAR
ESPULGAR
VULGAR
DIVULGAR
PERVULGAR
CANGAR
ENFANGAR
REMANGAR
ARREMANGAR
ENMANGAR
DESMANGAR
RENGAR
ARENGAR
DERRENGAR
VENGAR
DEVENGAR
CHINGAR
ENTALINGAR
DESENTALINGAR
RELINGAR
DESRELINGAR
BERLINGAR
PINGAR
IMPINGAR
RESPINGAR
RINGAR
DESCUAJARINGAR
JERINGAR
PRINGAR
EMPRINGAR
SINGAR
RESTINGAR

LONGAR
ALONGAR
DELONGAR
PROLONGAR
PERLONGAR
ENTONGAR
DIPTONGAR
TRIPTONGAR
REZONGAR
AUNGAR
BOGAR
ABOGAR
FOGAR
AFOGAR
ENFOGAR
ESFOGAR
DESFOGAR
HOGAR
AHOGAR
DESAHOGAR
REHOGAR
LOGAR
ALOGAR
DIALOGAR
CATALOGAR
EPILOGAR
HOMOLOGAR
MONOLOGAR
PROLOGAR
ASTROLOGAR
DESMOGAR
ROGAR
ABROGAR
SUBROGAR
EROGAR
DEROGAR
FROGAR
ARROGAR
INTERROGAR
IRROGAR
PRORROGAR
ENSOGAR
APERSOGAR
YOGAR
AZOGAR
DESAZOGAR
EMBARGAR
DESEMBARGAR
CARGAR
RECARGAR
SOBRECARGAR
ENCARGAR
DESENCARGAR
DESCARGAR
ADARGAR
LARGAR
ALARGAR
MARGAR
AMARGAR
ALETARGAR
ALBERGAR
ENJERGAR
EMPERGAR
POSTERGAR
ENVERGAR
DESENVERGAR
SIRGAR
DESVIRGAR
SABORGAR
ASABORGAR
AMORGAR
MENORGAR
AMENORGAR
PORGAR
ATORGAR
OTORGAR
DESTORGAR
MADURGAR
HURGAR
PURGAR
REPURGAR
COMPURGAR
EXPURGAR
ESTURGAR
RASGAR
ARRIESGAR
NESGAR
APESGAR
SESGAR
FISGAR
AMUSGAR
REMUSGAR
AÑUSGAR
ALECHUGAR
DESLECHUGAR
APECHUGAR

DESPECHUGAR
AVERDUGAR
FUGAR
JUGAR
SUBJUGAR
DEJUGAR
ENJUGAR
CONJUGAR
DESJUGAR
LUGAR
ALUGAR
ACALUGAR
MUGAR
REMUGAR
RUGAR
ATARUGAR
ENTARUGAR
MADRUGAR
ARRUGAR
DESARRUGAR
CORRUGAR
SUBYUGAR
ENYUGAR
DESYUGAR
AMAYORAZGAR
MONTAZGAR
AMONTAZGAR
PORTAZGAR
GUIZGAR
AGUIZGAR
ENGUIZGAR
JUZGAR
SUBJUZGAR
PREJUZGAR
SOJUZGAR
ALFAHAR
VAHAR
AVAHAR
DESAVAHAR
DESVAHAR
AZAHAR
ALBIHAR
BUHAR
ABIAR
ENLABIAR
RABIAR
ENRABIAR
RESABIAR
BRIBIAR
ADEMPRIBIAR
TIBIAR
ATIBIAR
ENTIBIAR
CAMBIAR
RECAMBIAR
DESCAMBIAR
IMBIAR
DERRUMBIAR
AGOBIAR
OPROBIAR
OPROBIAR
SOBERBIAR
PROVERBIAR
TURBIAR
ENTURBIAR
ALUBIAR
ENRUBIAR
DERRUBIAR
ASUBIAR
CIAR
ACIAR
GLACIAR
ENLACIAR
ESPACIAR
AGRACIAR
DESAGRACIAR
REGRACIAR
ENGRACIAR
CONGRACIAR
DESGRACIAR
SACIAR
VACIAR
PRECIAR
APRECIAR
DESAPRECIAR
DEPRECIAR
JUSTIPRECIAR
DESPRECIAR
MENOSPRECIAR
ARRECIAR
AMBICIAR
ACOBDICIAR
INDICIAR
CODICIAR
ACODICIAR
DESPERDICIAR

MALEFICIAR
BENEFICIAR
VENEFICIAR
ARTIFICIAR
OFICIAR
MALICIAR
BULLICIAR
INICIAR
PROPICIAR
AUSPICIAR
ACARICIAR
AVARICIAR
ALBRICIAR
NOTICIAR
JUSTICIAR
AJUSTICIAR
AJUICIAR
ENJUICIAR
ESQUICIAR
DESQUICIAR
VICIAR
AVICIAR
ENVICIAR
SERVICIAR
ESCANCIAR
FINANCIAR
RANCIAR
ENRANCIAR
SUBSTANCIAR
DESUBSTANCIAR
TRANSUBSTANCIAR
DISTANCIAR
SUSTANCIAR
DESUSTANCIAR
LICENCIAR
RESIDENCIAR
EVIDENCIAR
PROVIDENCIAR
PENDENCIAR
AGENCIAR
DILIGENCIAR
SILENCIAR
FEMENCIAR
HEMENCIAR
DIFERENCIAR
CONFERENCIAR
REVERENCIAR
IRREVERENCIAR
QUINTAESENCIAR
PRESENCIAR
PENITENCIAR
ENTENCIAR
SENTENCIAR
POTENCIAR
ENJUNCIAR
NUNCIAR
ANUNCIAR
ENUNCIAR
DENUNCIAR
RENUNCIAR
ABRENUNCIAR
PRENUNCIAR
PRONUNCIAR
OCIAR
NEGOCIAR
ROCIAR
ASOCIAR
DESASOCIAR
DISOCIAR
JARCIAR
ENJARCIAR
COMERCIAR
TERCIAR
ENTERCIAR
FORCIAR
DIVORCIAR
MURCIAR
EMBUCIAR
ACUCIAR
AFUCIAR
DESAFUCIAR
ENFUCIAR
AGUCIAR
AHUCIAR
DESAHUCIAR
FIUCIAR
AFIUCIAR
DESAFIUCIAR
DIFIUCIAR
ALUCIAR
EMPAPUCIAR
ENSUCIAR
CHIAR
CUCHICHIAR
ADIAR
JADIAR
DIGLADIAR
ALMADIAR
RADIAR
IRRADIAR
MEDIAR
DEMEDIAR
REMEDIAR
ENTREMEDIAR
COMEDIAR
PROMEDIAR
INTERMEDIAR
ASEDIAR
TEDIAR
ATEDIAR
LIDIAR
DIMIDIAR
ANIDIAR
PRESIDIAR
INSIDIAR
FASTIDIAR
ENFASTIDIAR
ENVIDIAR
INVIDIAR
SANDIAR
INCENDIAR
VILIPENDIAR
ESTIPENDIAR
COMPENDIAR
ODIAR
SALMODIAR
PARODIAR
CUSTODIAR
EXORDIAR
REBUDIAR
JUDIAR
LUDIAR
PRELUDIAR
REMUDIAR
REPUDIAR
TRIPUDIAR
ESTUDIAR
FIAR
AFIAR
CABLEGRAFIAR
TELEGRAFIAR
CALIGRAFIAR
TAQUIGRAFIAR
CALCOGRAFIAR
RADIOGRAFIAR
MECANOGRAFIAR
ESTENOGRAFIAR
LITOGRAFIAR
CROMOLITOGRAFIAR
FOTOLITOGRAFIAR
FOTOGRAFIAR
LITOFOTOGRAFIAR
AUTOGRAFIAR
ESGRAFIAR
DESAFIAR
DEFIAR
PIFIAR
ENFIAR
CONFIAR
DESCONFIAR
ESCOFIAR
ATROFIAR
PORFIAR
PLAGIAR
MAGIAR
PRESAGIAR
CONTAGIAR
DESCONTAGIAR
PRIVILEGIAR
PRESTIGIAR
DESPRESTIGIAR
VIGIAR
ELOGIAR
REFUGIAR
ENLEJIAR
RUJIAR
LIAR
ALIAR
ESCALIAR
ALGALIAR
PALIAR
APALIAR
EMPALIAR
AVALIAR
BILIAR
CILIAR
DOMICILIAR
ADOMICILIAR
CONCILIAR
RECONCILIAR
SUPERCILIAR
FILIAR
AFILIAR
MILIAR
FAMILIAR
HUMILIAR
AUXILIAR
ESCOLIAR
FOLIAR
INTERFOLIAR
EXFOLIAR
EXPOLIAR
AMPLIAR
BURLIAR
DESLIAR
PECULIAR
TERTULIAR
MIAR
CAMIAR
AGREMIAR
PREMIAR
APREMIAR
VENDIMIAR
ALMIAR
CANMIAR
ENCOMIAR
RUMIAR
GAZMIAR
INGENIAR
CONGENIAR
MINIAR
CALUMNIAR
ACALUMNIAR
CALONIAR
ENDEMONIAR
DESENDEMONIAR
MATRIMONIAR
TESTIMONIAR
PIAR
TAPIAR
DESTAPIAR
PRINCIPIAR
PIPIAR
RIPIAR
ENRIPIAR
LIMPIAR
ALIMPIAR
RELIMPIAR
COLUMPIAR
COPIAR
ACOPIAR
FOTOCOPIAR
APROPIAR
IMPROPIAR
DESPROPIAR
EXPROPIAR
ESCARPIAR
ESPIAR
EXPIAR
CARIAR
ESCARIAR
SALARIAR
ASALARIAR
SUMARIAR
CONTRARIAR
INVENTARIAR
VARIAR
DESVARIAR
ENCABRIAR
ENCALABRIAR
INEBRIAR
CRIAR
RECRIAR
MALCRIAR
ALBEDRIAR
VIDRIAR
FERIAR
SEXTAFERIAR
IMPERIAR
SERIAR
REFRIAR
ENFRIAR
ESFRIAR
RESFRIAR
AGRIAR
MARTIRIAR
ENRIAR
ESCORIAR
EXCORIAR
ZAHORIAR
GLORIAR
CONGLORIAR
HISTORIAR
EJECUTORIAR
ARRIAR
DESCARRIAR
ENGARRIAR
CHERRIAR
ESPERRIAR
ENTERRIAR
CHIRRIAR
EMBURRIAR
ENGURRIAR
ESPURRIAR
ATURRIAR
CANTURRIAR
ZURRIAR
TRIAR
REPATRIAR
ESTRIAR
ISTRIAR
INDUSTRIAR
CURIAR
INJURIAR
LUJURIAR
PESIAR
ANESTESIAR
HIPERESTESIAR
LISIAR
ANSIAR
SITIAR
CUANTIAR
ACUANTIAR
CORRENTIAR
ENFASTIAR
HASTIAR
ENHASTIAR
DESENHASTIAR
AMNISTIAR
ANGUSTIAR
ENSANGUSTIAR
AMUSTIAR
ENMUSTIAR
GUIAR
ACEQUIAR
OBSEQUIAR
SOLILOQUIAR
APARROQUIAR
DESAPARROQUIAR
FASQUIAR
ESQUIAR
AVIAR
CAVIAR
ENGAVIAR
AGRAVIAR
DESAGRAVIAR
EXTRAVIAR
DESAVIAR
ATAVIAR
DESATAVIAR
OBVIAR
ALEVIAR
ABREVIAR
ALIVIAR
SOLIVIAR
LIXIVIAR
ENVIAR
REENVIAR
INVIAR
FERROVIAR
ANTOVIAR
NERVIAR
DESNERVIAR
DESVIAR
UVIAR
DILUVIAR
ANTUVIAR
ASFIXIAR
JAR
AJAR
BAJAR
ABAJAR
TRABAJAR
ATRABAJAR
REBAJAR
DESCOBAJAR
SOBAJAR
HERBAJAR
ENTUBAJAR
ENCAJAR
DESENCAJAR
CASCAJAR
FAJAR
DESFAJAR
ENLEGAJAR
DESMIGAJAR
DESGAJAR
AHAJAR
ALHAJAR
DESALHAJAR
VIAJAR
ATALAJAR
RELAJAR
MAJAR
CASCAMAJAR
ALMAJAR
EMPLUMAJAR
DESLINAJAR
CROAJAR
PAJAR
ENTRAPAJAR
ESTRAPAJAR
EMPAJAR
DESPARPAJAR
DESPAJAR
RAJAR
BARAJAR
QUEBRAJAR
ESQUEBRAJAR
RESQUEBRAJAR
DESCALANDRAJAR
ESTIRAJAR
ENCORAJAR
ABARRAJAR
ATARRAJAR
PINTARRAJAR
DESCERRAJAR
ATERRAJAR
ULTRAJAR
SAJAR
GASAJAR
AGASAJAR
ENGASAJAR
ATASAJAR
TAJAR
ATAJAR
RETAJAR
AVENTAJAR
MORTAJAR
AMORTAJAR
DESTAJAR
CUAJAR
DESCUAJAR
GUĂJAR
ABEJAR
DESABEJAR
TREBEJAR
CEJAR
GRACEJAR
RECEJAR
FORCEJAR
DEJAR
ENMADEJAR
DESMADEJAR
BANDEJAR
MODÉJAR
MUDĚJAR
ANIEJAR
AVIEJAR
ENVIEJAR
DESVIEJAR
LEJAR
ALEJAR
ENCATALEJAR
DELEJAR
RELEJAR
VELEJAR
DESENVELEJAR
FLEJAR
REFLEJAR
PREVILEJAR
SOLEJAR
ASOLEJAR
AZULEJAR
EMPELLEJAR
DESPELLEJAR
PRIVILLEJAR
DESHOLLEJAR
SEMEJAR
ASEMEJAR
DESEMEJAR
ALMEJAR
PALMEJAR
EMBERMEJAR
ANEJAR
MANEJAR
ENEJAR
CONEJAR
AÑEJAR
PROEJAR
CAMPEJAR
ESPEJAR
DESPEJAR
APAREJAR
ENAPAREJAR
DESAPAREJAR
EMPAREJAR
DESEMPAREJAR
DESPAREJAR
ENREJAR

TEMPOREJAR
DESOREJAR
CARREJAR
DESTREJAR
CONSEJAR
ACONSEJAR
DESACONSEJAR
DESCONSEJAR
TEJAR
RETEJAR
VOLTEJAR
ENTEJAR
LENTEJAR
COTEJAR
MOTEJAR
CORTEJAR
TRASTEJAR
DESTEJAR
FESTEJAR
QUEJAR
AQUEJAR
ESQUEJAR
DESQUEJAR
BOSQUEJAR
ANTRUEJAR
VEJAR
AVEJAR
ARVEJAR
IJAR
ENCAMBIJAR
EMBIJAR
COBIJAR
ACOBIJAR
ENCOBIJAR
DESCOBIJAR
CUBIJAR
DESPANCIJAR
DESVENCIJAR
REGOCIJAR
RETORCIJAR
LEIJAR
FIJAR
AFIJAR
DESAFIJAR
PREFIJAR
PROFIJAR
PORFIJAR
DESFIJAR
AHIJAR
DESAHIJAR
PROHIJAR
PORHIJAR
DESHIJAR
LIJAR
ALIJAR
ENVALIJAR
DESVALIJAR
ELIJAR
ENLIJAR
ALMIJAR
ENCANIJAR
ACOSIJAR
ENHATIJAR
EMBOTIJAR
DESORTIJAR
ENSORTIJAR
RETORTIJAR
ENTORTIJAR
AGUIJAR
QUIJAR
ENCLAVIJAR
DESENCLAVIJAR
CALVIJAR
MANJAR
FRANJAR
ZANJAR
PINJAR
ESPONJAR
ARRONJAR
LISONJAR
OJAR
AOJAR
DESAOJAR
BOJAR
CERREBOJAR
EMBOJAR
DESEMBOJAR
ENCOJAR
COSCOJAR
TRASFOJAR
CONGOJAR
ACONGOJAR
DESCONGOJAR
AHOJAR
ENREHOJAR
TRASHOJAR
DESHOJAR
DESPIOJAR
ALOJAR
DESALOJAR
MELOJAR
AFLOJAR
MOJAR
REMOJAR
MANOJAR
AMANOJAR
ENOJAR
DESENOJAR
AFINOJAR
HINOJAR
AHINOJAR
DESPOJAR
DESMAROJAR
ENROJAR
SONROJAR
ARROJAR
ACERROJAR
FERROJAR
AFERROJAR
AHERROJAR
DESAHERROJAR
ATROJAR
ENTROJAR
RASTROJAR
DESOJAR
BATOJAR
ABATOJAR
TARJAR
ASPERJAR
FORJAR
DESALFORJAR
REBUJAR
ARREBUJAR
DESARREBUJAR
DIBUJAR
MASCUJAR
ADUJAR
GANDUJAR
AGUJAR
PEGUJAR
SOMORGUJAR
ESCAMUJAR
MAMUJAR
SOMORMUJAR
PUJAR
EMPAPUJAR
ENTAPUJAR
REPUJAR
SOBREPUJAR
EMPUJAR
REMPUJAR
ARREMPUJAR
EMBRUJAR
DESEMBRUJAR
DESBRUJAR
ABORUJAR
TRUJAR
ENTRUJAR
ESTRUJAR
ABURUJAR
REBURUJAR
EMBURUJAR
APRETUJAR
ATORTUJAR
LAR
ALAR
BALAR
ABALAR
CABALAR
ACABALAR
DESCABALAR
SABALAR
EMBALAR
DESEMBALAR
RESBALAR
CALAR
RECALAR
CICALAR
ACICALAR
ABANCALAR
ENCALAR
INTERCALAR
AFASCALAR
ESCALAR
CHALAR
EMBROCHALAR
ESCANDALAR
ATENDALAR
ACODALAR
ACAUDALAR
APEALAR
CAGALAR
REGALAR
HALAR
INHALAR
EXHALAR
PIALAR
JALAR
ENREJALAR
OJALAR
MALAR
AMALAR
ACANALAR
ENCANALAR
ACARDENALAR
JORNALAR
AJORNALAR
ATRESNALAR
ACOMUNALAR
ATRAZNALAR
DESCARCAÑALAR
SEÑALAR
TRASEÑALAR
ENSEÑALAR
APUÑALAR
BOALAR
EMPALAR
PROPALAR
TRASPALAR
ESPALAR
UMBRALAR
ARRALAR
ACARRALAR
ACORRALAR
ENCORRALAR
CONTRALAR
SALAR
DESALAR
TALAR
ATALAR
AMETALAR
ESTANTALAR
APUNTALAR
DESAPUNTALAR
AFORTALAR
ENCRISTALAR
INSTALAR
REINSTALAR
ENCOSTALAR
APEGUALAR
IGUALAR
DESIGUALAR
VALAR
AVALAR
DAVALAR
CONTRAVALAR
DEVALAR
CIRCUNVALAR
OVALAR
ENSAYALAR
ABOZALAR
EMBOZALAR
FABLAR
HABLAR
ENDIABLAR
DESENDIABLAR
PABLAR
TABLAR
ATABLAR
ENTABLAR
DESENTABLAR
DESTABLAR
ANIEBLAR
ANEBLAR
REBLAR
MUEBLAR
AMUEBLAR
DESAMUEBLAR
AFIBLAR
AMBLAR
RAMBLAR
ENRAMBLAR
ARRAMBLAR
ENSAMBLAR
DESENSAMBLAR
SEMBLAR
ASEMBLAR
RESEMBLAR
TEMBLAR
RETEMBLAR
DOBLAR
REDOBLAR
ENDOBLAR
CUATRODOBLAR
TRASDOBLAR
DESDOBLAR
TRESDOBLAR
MOBLAR
AMOBLAR
DESAMOBLAR
POBLAR
REPOBLAR
DESPOBLAR
ROBLAR
DESROBLAR
NUBLAR
ANUBLAR
DESANUBLAR
ÑUBLAR
AÑUBLAR
CICLAR
ANCLAR
DESANCLAR
ENCOCLAR
CHOCLAR
MESCLAR
MEZCLAR
ENTREMEZCLAR
ALMIZCLAR
ENCASCABELAR
DEBELAR
LIBELAR
CELAR
BACELAR
RECELAR
CANCELAR
ENCELAR
CINCELAR
PINCELAR
BOCELAR
ENCARCELAR
DESENCARCELAR
EXCARCELAR
PARCELAR
ENCANDELAR
ESCANDELAR
MODELAR
ENFARDELAR
DESENFARDELAR
CORDELAR
ACORDELAR
ENCORDELAR
DESENCORDELAR
PUDELAR
FLAGELAR
CONGELAR
HELAR
ANHELAR
DESHELAR
ENCIELAR
AFIELAR
ENFIELAR
ENHIELAR
NIELAR
RIELAR
ENRIELAR
SAJELAR
AMOJELAR
ALELAR
PARALELAR
MELAR
AMELAR
CAMELAR
CAÑAMELAR
ACARAMELAR
ENMELAR
DESMELAR
COLUMELAR
CANELAR
CHANELAR
ENTONELAR
TIÑELAR
PELAR
APELAR
EMPAPELAR
DESEMPAPELAR
ESCARAPELAR
REPELAR
ENTREPELAR
ERISIPELAR
EMPELAR
COPELAR
CARPELAR
ESCARPELAR
INTERPELAR
ARELAR
CAIRELAR
ACAIRELAR
BISELAR
ABISELAR
ENDOSELAR
ENCORSELAR
TELAR
ENTRETELAR
DESMANTELAR
ENTELAR
DINTELAR
AMARTELAR
DESAMARTELAR
CUARTELAR
ACUARTELAR
EMPASTELAR
ESTELAR
INTERESTELAR
APOSTELAR
CAUTELAR
PRECAUTELAR
TUTELAR
EMPIGÜELAR
HIJUELAR
MUELAR
AMUELAR
ABUÑUELAR
NIQUELAR
ABROQUELAR
TROQUELAR
VELAR
AVELAR
REVELAR
NIVELAR
ANIVELAR
DESNIVELAR
ENVELAR
DOVELAR
NOVELAR
DESVELAR
CHIFLAR
RECHIFLAR
INFLAR
DESINFLAR
RUNFLAR
ARRUNFLAR
CHUFLAR
SUFLAR
INSUFLAR
REGLAR
ARREGLAR
DESARREGLAR
DESREGLAR
SEGLAR
MANGLAR
CINGLAR
JINGLAR
SINGLAR
RETINGLAR
JOGLAR
YOGLAR
JUGLAR
BAILAR
RESPAILAR
FRAILAR
AFRAILAR
ENFRAILAR
DESENFRAILAR
BABILAR
APABILAR
ESPABILAR
DESPABILAR
RABILAR
ASIBILAR
CUBILAR
ACUBILAR
JUBILAR
BACILAR
DESCACILAR
EMBRACILAR
VACILAR
CODICILAR
ADOCILAR
REFOCILAR
OSCILAR
FUCILAR
CHILAR
ENCHILAR
REDILAR
ARREDILAR
ENCANDILAR
MANDILAR
FREILAR
FILAR
AFILAR
ESCAFILAR
DESCAFILAR
DESAFILAR
ENFILAR
DESENFILAR
PERFILAR
DESPERFILAR
DESFILAR
SIGILAR

VIGILAR
INVIGILAR
PUGILAR
HILAR
AHILAR
REHILAR
SOBREHILAR
ANIHILAR
ENHILAR
DESHILAR
EMPEREJILAR
MAMILAR
AGRAMILAR
ACEMILAR
SIMILAR
ASIMILAR
DISIMILAR
ARMILAR
AÑILAR
DESENGAÑILAR
PILAR
APILAR
CAPILAR
PAPILAR
DEPILAR
HORRIPILAR
EMPILAR
COMPILAR
OPILAR
COPILAR
RECOPILAR
DESOPILAR
PUPILAR
EXPILAR
RILAR
ESMERILAR
ENTORILAR
EMBARRILAR
ENCARRILAR
DESCARRILAR
BURILAR
ASILAR
BASILAR
ENSILAR
TONSILAR
FUSILAR
DACTILAR
TITILAR
ACANTILAR
ENTILAR
VENTILAR
CINTILAR
AFRONTILAR
ENFRONTILAR
OTILAR
MOTILAR
ASOTILAR
ESTILAR
DESTILAR
DISTILAR
INSTILAR
POSTILAR
MUTILAR
RUTILAR
ASUTILAR
ESGUILAR
MAQUILAR
ANIQUILAR
ALQUILAR
DESALQUILAR
TRANQUILAR
TRASQUILAR
ESQUILAR
DESQUILAR
RESQUILAR
TRESQUILAR
EMBROSQUILAR
AVILAR
CAVILAR
ACEVILAR
ACIVILAR
AXILAR
MAXILAR
SUBMAXILAR
INTERMAXILAR
BOLAR
ARREBOLAR
TREBOLAR
EMBOLAR
ARBOLAR
ENARBOLAR
DESARBOLAR
HERBOLAR
ENHERBOLAR
COLAR
ACOLAR

RECOLAR
ENCOLAR
DESENCOLAR
SOCOLAR
PROTOCOLAR
ESTERCOLAR
TRASCOLAR
ESCOLAR
DESCOLAR
ACHOLAR
DOLAR
DÓLAR
DEDOLAR
EMPENDOLAR
MALEOLAR
AREOLAR
AUREOLAR
ALVEOLAR
ALCOFOLAR
ESFOLAR
DESFOLAR
AGOLAR
ENGARGOLAR
DESGARGOLAR
ALCOHOLAR
PIOLAR
APIOLAR
DESAPIOLAR
EMPIOLAR
CABRIOLAR
VIOLAR
DESENVIOLAR
MAJOLAR
DESMAJOLAR
EMPAJOLAR
FRIJOLAR
MANJOLAR
MOLAR
AMOLAR
ABEMOLAR
REMOLAR
PREMOLAR
TREMOLAR
INMOLAR
DESPENOLAR
ESPAÑOLAR
ABUÑOLAR
POLAR
CAPOLAR
CIRCUMPOLAR
INTERPOLAR
ROLAR
ESCAROLAR
CHAROLAR
ACHAROLAR
ENROLAR
SOLAR
ASOLAR
TORNASOLAR
DESOLAR
SOBRESOLAR
CRISOLAR
ACRISOLAR
INSOLAR
CONSOLAR
DESCONSOLAR
CIRCUNSOLAR
ENTOLAR
ACOTOLAR
ATORTOLAR
FISTOLAR
AFISTOLAR
EPISTOLAR
VOLAR
EVOLAR
REVOLAR
CONVOLAR
CIRCUNVOLAR
TRASVOLAR
ESCAYOLAR
COYOLAR
AZOLAR
ANZOLAR
ESTOZOLAR
ATIPLAR
ARRAMPLAR
EJEMPLAR
DEJEMPLAR
TEMPLAR
CONTEMPLAR
DESTEMPLAR
HIMPLAR
PIMPLAR
ACOPLAR
DESACOPLAR
SOPLAR

RESOPLAR
DECUPLAR
ARLAR
CHARLAR
GARLAR
PARLAR
CULTIPARLAR
BIRLAR
CHIRLAR
MIRLAR
ORLAR
CORLAR
BURLAR
AISLAR
LEGISLAR
BROSLAR
EMBAULAR
DESEMBAULAR
ENJAULAR
DESENJAULAR
MAULAR
PAULAR
BULAR
FABULAR
CONFABULAR
TABULAR
ESTABULAR
MANDIBULAR
TRIBULAR
ATRIBULAR
TURIBULAR
AMBULAR
DEAMBULAR
NOCTAMBULAR
GLOBULAR
TUBULAR
ACULAR
MACULAR
INSACULAR
DESINSACULAR
ESPECTACULAR
TENTACULAR
EYACULAR
MOLECULAR
ESPECULAR
RECULAR
SECULAR
FINISECULAR
ORBICULAR
ACICULAR
PEDICULAR
APENDICULAR
PERPENDICULAR
CALICULAR
PELICULAR
FOLICULAR
VERMICULAR
CANICULAR
PANICULAR
ADMINICULAR
FUNICULAR
CUADRICULAR
MATRICULAR
VENTRICULAR
AURICULAR
BIAURICULAR
VESICULAR
RETICULAR
DENTICULAR
LENTICULAR
ARTICULAR
PARTICULAR
INTERARTICULAR
DESARTICULAR
GESTICULAR
TESTICULAR
CUTICULAR
CLAVICULAR
SUPRACLAVICULAR
NAVICULAR
CERVICULAR
CALCULAR
VINCULAR
DESVINCULAR
CARUNCULAR
OCULAR
TRILOCULAR
INOCULAR
OPERCULAR
CIRCULAR
SEMICIRCULAR
VASCULAR
GASTROVASCULAR
DESCULAR
MUSCULAR
INTRAMUSCULAR

CREPUSCULAR
CORPUSCULAR
DULAR
ADULAR
CEDULAR
MEDULAR
ACIDULAR
ESTRIDULAR
GLANDULAR
PENDULAR
ONDULAR
UNDULAR
MODULAR
FULAR
MAGULAR
COAGULAR
DESCOAGULAR
REGULAR
IRREGULAR
ANGULAR
TRIANGULAR
CUADRANGULAR
ESTRANGULAR
RECTANGULAR
SINGULAR
UNGULAR
YUGULAR
PIULAR
CELULAR
UNICELULAR
PLURICELULAR
INTERCELULAR
ULULAR
PULULAR
MULAR
AMULAR
FAMULAR
EMULAR
SIMULAR
DISIMULAR
INSIMULAR
ESTIMULAR
INSTIMULAR
FORMULAR
CUMULAR
ACUMULAR
NUMULAR
ANULAR
CANULAR
GRANULAR
CATENULAR
SUBSCAPULAR
ESCAPULAR
VAPULAR
DISCIPULAR
MANIPULAR
TRIPULAR
DISIPULAR
ESTIPULAR
COPULAR
POPULAR
IMPOPULAR
RULAR
INSULAR
PENINSULAR
INTERINSULAR
CONSULAR
PROCONSULAR
CAPSULAR
CLAUSULAR
GRATULAR
CONGRATULAR
CAPITULAR
RECAPITULAR
TITULAR
SUBTITULAR
INTITULAR
ROTULAR
FISTULAR
AFISTULAR
POSTULAR
VALVULAR
UVULAR
AZULAR
LLAR
BALLAR
ABALLAR
CABALLAR
ACABALLAR
ENCABALLAR
CALLAR
ACALLAR
BACALLAR
ENCALLAR
DESENCALLAR
DALLAR

BADALLAR
ESCANDALLAR
FALLAR
CHAFALLAR
CONTRAFALLAR
GALLAR
ATAGALLAR
ANTAGALLAR
CANGALLAR
HALLAR
JIJALLAR
MALLAR
CONTRAMALLAR
REMALLAR
DESENMALLAR
DESMALLAR
ACANALLAR
ENCANALLAR
PALLAR
RALLAR
AMETRALLAR
CONTRALLAR
RASTRALLAR
AMURALLAR
SALLAR
RESALLAR
TALLAR
BATALLAR
DETALLAR
RETALLAR
ENTRETALLAR
ENTALLAR
ESTALLAR
DESTALLAR
RESTALLAR
VITUALLAR
AVITUALLAR
VALLAR
AVALLAR
CARVALLAR
ORVALLAR
ZALLAR
CIZALLAR
ABELLAR
CABELLAR
ENCABELLAR
DESCABELLAR
TABELLAR
CELLAR
CHANCELLAR
MANCELLAR
PANCELLAR
ENCELLAR
BORCELLAR
CABDELLAR
ACABDELLAR
MELLAR
REMELLAR
APELLAR
CAPELLAR
REPELLAR
EMPELLAR
TROPELLAR
ATROPELLAR
TRASPELLAR
ESTRELLAR
SELLAR
CONTRASELLAR
DESELLAR
RESELLAR
ENSELLAR
CENTELLAR
DENTELLAR
ADENTELLAR
EMBOTELLAR
CASTELLAR
DESTELLAR
MOSTELLAR
FUELLAR
AQUELLAR
TRAILLAR
ATRAILLAR
DESATRAILLAR
BILLAR
TRASTRABILLAR
ATABILLAR
TRASTABILLAR
HEBILLAR
ENHEBILLAR
DESHEBILLAR
ACRIBILLAR
ESCOBILLAR
EMBARBILLAR
DESBARBILLAR
GARBILLAR
AGARBILLAR

BACILLAR
CODECILLAR
MANCILLAR
AMANCILLAR
TRENCILLAR
ARCILLAR
CHILLAR
CUCHILLAR
ACUCHILLAR
CADILLAR
DESCADILLAR
ALMUHADILLAR
DOBLADILLAR
ESPADILLAR
CABDILLAR
ACABDILLAR
DESPALDILLAR
APANDILLAR
EMPANDILLAR
MERENDILLAR
ACODILLAR
ARRODILLAR
CARDILLAR
ESCARDILLAR
ACAUDILLAR
DESCAUDILLAR
ESCUDILLAR
DESPALILLAR
ENTABLILLAR
APOLILLAR
DESAPOLILLAR
MILLAR
ESGUARDAMILLAR
CARAMILLAR
ASEMILLAR
COLMILLAR
DESCOLMILLAR
TOMILLAR
HUMILLAR
ANILLAR
ENCANILLAR
MANILLAR
DESPAMPANILLAR
FRENILLAR
AFRENILLAR
ATORNILLAR
DESATORNILLAR
ENTORNILLAR
DESENTORNILLAR
DESTORNILLAR
PILLAR
ACAPILLAR
ENCAPILLAR
DESENCAPILLAR
DESCAPILLAR
CEPILLAR
ACEPILLAR
ESTAMPILLAR
TROMPILLAR
ARPILLAR
ASPILLAR
TRASPILLAR
ESPILLAR
DESCASCARILLAR
ANGARILLAR
ALCANTARILLAR
VARILLAR
BRILLAR
MEMBRILLAR
LADRILLAR
ENLADRILLAR
DESENLADRILLAR
DESLADRILLAR
ACUADRILLAR
GRILLAR
ENGRILLAR
ORILLAR
DESORILLAR
BARRILLAR
ENCARRILLAR
DESCARRILLAR
ZARZAPARRILLAR
EMPARRILLAR
CERRILLAR
TRILLAR
RETRILLAR
ENTRILLAR
RASTRILLAR
ESTRILLAR
ACABESTRILLAR
SILLAR
ENCASILLAR
ENMASILLAR
ENRASILLAR
AVASILLAR
ENSILLAR
DESENSILLAR
TILLAR
ENGATILLAR
DESPATILLAR
ENCAJETILLAR
DESPALETILLAR
ATETILLAR
ESCANTILLAR
DESCANTILLAR
PLANTILLAR
APLANTILLAR
EMPLANTILLAR
AMANTILLAR
APUNTILLAR
ARTILLAR
MARTILLAR
AMARTILLAR
DESARTILLAR
ACUARTILLAR
APORTILLAR
DESPORTILLAR
ASTILLAR
ENCASTILLAR
DESENCASTILLAR
ENHASTILLAR
ENASTILLAR
RASTILLAR
EMPRESTILLAR
COSTILLAR
DESCOSTILLAR
APOSTILLAR
FRUTILLAR
HORMIGUILLAR
DESLECHUGUILLAR
ESTAQUILLAR
ABOQUILLAR
EMBOQUILLAR
DESBOQUILLAR
ABARQUILLAR
HORQUILLAR
AHORQUILLAR
ENCASQUILLAR
COSQUILLAR
CLAUQUILLAR
VILLAR
GAVILLAR
AGAVILLAR
ENGAVILLAR
MARAVILLAR
OVILLAR
DESOVILLAR
OLLAR
BOLLAR
ABOLLAR
DESABOLLAR
CEBOLLAR
ENCEBOLLAR
REBOLLAR
BORBOLLAR
COLLAR
ACOLLAR
MACOLLAR
AMACOLLAR
DESACOLLAR
PERCOLLAR
APERCOLLAR
ESCOLLAR
DESCOLLAR
MEOLLAR
DESMEOLLAR
FOLLAR
AFOLLAR
CACHIFOLLAR
ESCACHIFOLLAR
EMPERIFOLLAR
DESPERFOLLAR
DESFOLLAR
DEGOLLAR
FRANGOLLAR
ACOGOLLAR
DESCOGOLLAR
HOLLAR
REHOLLAR
MOLLAR
AMOLLAR
TIRAMOLLAR
REMOLLAR
REPOLLAR
AMPOLLAR
CARIAMPOLLAR
EMPOLLAR
PIMPOLLAR
DESPIMPOLLAR
SERPOLLAR
ROLLAR
BROLLAR
AMBROLLAR
EMBROLLAR
DESEMBROLLAR
ENROLLAR
DESENROLLAR
ARROLLAR
DESARROLLAR
SOLLAR
DESOLLAR
RESOLLAR
ATOLLAR
DESATOLLAR
AULLAR
MAULLAR
BULLAR
ENCABULLAR
ESCABULLAR
APABULLAR
EMBULLAR
BARBULLAR
ENGARBULLAR
HARBULLAR
DESBULLAR
MASCULLAR
ESCULLAR
ENFULLAR
FARFULLAR
MAGULLAR
MAMULLAR
MORMULLAR
MURMULLAR
DESPULLAR
EMBARULLAR
ACORULLAR
ARRULLAR
ACURRULLAR
ATURRULLAR
TRULLAR
PATRULLAR
ATURULLAR
PATULLAR
MAR
AMAR
ACAMAR
RECAMAR
ALCAMAR
ENCAMAR
ESCAMAR
DESCAMAR
CHAMAR
MARCHAMAR
ADAMAR
PLEAMAR
REAMAR
AFAMAR
DESAFAMAR
DEFAMAR
DIFAMAR
ALFAMAR
INFAMAR
DESFAMAR
DISFAMAR
ALEGAMAR
ENLEGAMAR
AMALGAMAR
ALHAMAR
JAMAR
BAJAMAR
TAJAMAR
AMOJAMAR
ALAMAR
CALAMAR
ENTALAMAR
ENZALAMAR
CLAMAR
ACLAMAR
DECLAMAR
RECLAMAR
PROCLAMAR
EXCLAMAR
AFLAMAR
INFLAMAR
DESINFLAMAR
SOFLAMAR
ENLAMAR
DESLAMAR
LLAMAR
ESTRELLAMAR
SOLLAMAR
MAMAR
DESMAMAR
PLENAMAR
CAÑAMAR
ENCARAMAR
BRAMAR
REBRAMAR
GRAMAR
AGRAMAR
DESGRAMAR
ENRAMAR
GARRAMAR
DESPARRAMAR
DERRAMAR
ENTREDERRAMAR
DESRAMAR
TRAMAR
ULTRAMAR
ENTRAMAR
DESTRAMAR
DESAMAR
BALSAMAR
EMBALSAMAR
RETAMAR
ENTAMAR
AGUAMAR
ADEMAR
VERDEMAR
FEMAR
BLASFEMAR
DESFLEMAR
REMAR
TREMAR
EXTREMAR
ESTEMAR
APOSTEMAR
QUEMAR
REQUEMAR
RESQUEMAR
DESYEMAR
AZEMAR
DIAFRAGMAR
DEFLEGMAR
CIMAR
RACIMAR
DECIMAR
ENCIMAR
LIMAR
DESCALIMAR
GALIMAR
SUBLIMAR
RELIMAR
MIMAR
ANIMAR
REANIMAR
DESANIMAR
RIMAR
ENTARIMAR
DESENTARIMAR
LACRIMAR
LAGRIMAR
APRIMAR
ALZAPRIMAR
EMPRIMAR
IMPRIMAR
ARRIMAR
DESARRIMAR
TIMAR
ESCATIMAR
LEGITIMAR
ILEGITIMAR
EPITIMAR
ULTIMAR
INTIMAR
LASTIMAR
ESTIMAR
DESESTIMAR
EXISTIMAR
ENJAQUIMAR
APROXIMAR
CALMAR
ACALMAR
ENJALMAR
DESENJALMAR
PALMAR
EMPALMAR
ESPALMAR
DESPALMAR
SALMAR
DESALMAR
ENSALMAR
BILMAR
ESQUILMAR
COLMAR
DESCOLMAR
COGOLMAR
ENTRECOMAR
MAESTREGICOMAR
MASEJICOMAR
ESCOMAR
DOMAR
ARREDOMAR
GOMAR
ENGOMAR
DESENGOMAR
MARGOMAR
DESGOMAR
LOMAR
ALOMAR
PALOMAR
EMPALOMAR
SALOMAR
PLOMAR
APLOMAR
DESAPLOMAR
EMPLOMAR
DESPLOMAR
DESLOMAR
POMAR
AROMAR
AMAROMAR
ENMAROMAR
BROMAR
ABROMAR
EMBROMAR
CROMAR
ENROMAR
ARROMAR
ASOMAR
TOMAR
ENTRETOMAR
EPITOMAR
AZOMAR
ARMAR
REARMAR
ALARMAR
DESARMAR
ERMAR
ADERMAR
ENFERMAR
MERMAR
YERMAR
AYERMAR
FIRMAR
AFIRMAR
REAFIRMAR
CONTRAFIRMAR
REFIRMAR
INFIRMAR
CONFIRMAR
HIRMAR
AHIRMAR
FORMAR
DEFORMAR
REFORMAR
UNIFORMAR
ENFORMAR
INFORMAR
CONFORMAR
DESCONFORMAR
TRASFORMAR
DESFORMAR
DISFORMAR
TRANSFORMAR
GORMAR
AHORMAR
DESTORMAR
ASMAR
ENTUSIASMAR
BLASMAR
PLASMAR
PASMAR
ESPASMAR
CUARESMAR
ABISMAR
CISMAR
ENCISMAR
CHISMAR
EMBOLISMAR
UNIMISMAR
CRISMAR
DESCRISMAR
HUSMAR
RITMAR
FUMAR
AFUMAR
DIFUMAR
PERFUMAR
ESFUMAR
DISFUMAR
HUMAR
AHUMAR
SAHUMAR
DESAHUMAR
INHUMAR
TRASHUMAR
EXHUMAR
AJUMAR
EMBALUMAR

EMPLUMAR
DESPLUMAR
ESPUMAR
DESPUMAR
BRUMAR
ABRUMAR
AGRUMAR
ARRUMAR
DESARRUMAR
SUMAR
ASUMAR
CONSUMAR
AZUMAR
REZUMAR
DESZUMAR
DEZMAR
DIEZMAR
REDIEZMAR
BIZMAR
ABANAR
ENSABANAR
REBANAR
ALBANAR
ACHABACANAR
ABUCANAR
ENJORDANAR
AFANAR
PROFANAR
GANAR
AGANAR
SOBREGANAR
DESGANAR
APIANAR
CRISTIANAR
ACRISTIANAR
DESCRISTIANAR
ALIVIANAR
AMAJANAR
LANAR
ENGALANAR
CHAFLANAR
ACHAFLANAR
AMILANAR
SOLANAR
ASOLANAR
APLANAR
COMPLANAR
DESPLANAR
EXPLANAR
ALLANAR
RELLANAR
AVELLANAR
AVILLANAR
MANAR
AMANAR
PASAMANAR
EMANAR
IMANAR
DIMANAR
DESIMANAR
RUMANAR
PROMANAR
HERMANAR
AHERMANAR
DESHERMANAR
DESMANAR
HUMANAR
BANANAR
TRASMAÑANAR
TREPANAR
ACAMPANAR
ENCAMPANAR
DESPAMPANAR
EMPANAR
TEMPANAR
DESPANAR
LUPANAR
VERANAR
AZAFRANAR
GRANAR
AFILIGRANAR
MILGRANAR
ENGRANAR
DESENGRANAR
DESGRANAR
ALQUITRANAR
SANAR
SUBSANAR
RESANAR
SOBRESANAR
BATANAR
ABATANAR
PLATANAR
ALTANAR
APANTANAR
EMPANTANAR

FONTANAR
HONTANAR
ASOTANAR
ADUANAR
ESCAVANAR
DEVANAR
DESDEVANAR
HILVANAR
DESHILVANAR
MANZANAR
AMANZANAR
CENAR
ALMACENAR
DECENAR
ADECENAR
SOBRECENAR
ADOCENAR
MARCENAR
CERCENAR
ENCADENAR
DESENCADENAR
CONCADENAR
CONDENAR
RECONDENAR
ORDENAR
DESORDENAR
OXIGENAR
DESOXIGENAR
MARGENAR
HENAR
ENHENAR
ALIENAR
AJENAR
ENAJENAR
DESMELENAR
AVELENAR
TERRAPLENAR
LLENAR
EMBALLENAR
RELLENAR
SOBRELLENAR
ENLLENAR
MENAR
ALMENAR
DESALMENAR
COLMENAR
SOLMENAR
ESTIOMENAR
CARMENAR
ESCARMENAR
VENENAR
AVENENAR
ENVENENAR
PENAR
APENAR
DESPENAR
ARENAR
CARENAR
ENARENAR
DESARENAR
SERENAR
ASERENAR
FRENAR
REFRENAR
ENFRENAR
DESENFRENAR
SOFRENAR
DESFRENAR
BARRENAR
ABARRENAR
HERRENAR
ESTRENAR
ENSENAR
CONCATENAR
SETENAR
CENTENAR
VEINTENAR
AVENAR
EXTRAVENAR
REVENAR
DESVENAR
IMPREGNAR
DEDIGNAR
INDIGNAR
MALIGNAR
SIGNAR
ASIGNAR
DESIGNAR
RESIGNAR
CONSIGNAR
PERSIGNAR
PUGNAR
CONTRAPUGNAR
REPUGNAR
IMPUGNAR
OPUGNAR

PROPUGNAR
EXPUGNAR
AMAINAR
SAINAR
DESAINAR
ANTAINAR
ENVAINAR
DESENVAINAR
DESVAINAR
BINAR
SABINAR
REBINAR
COMBINAR
HACINAR
ENHACINAR
CECINAR
ACECINAR
MELECINAR
EMPECINAR
AVECINAR
MEDICINAR
VATICINAR
CALCINAR
SALCINAR
LANCINAR
ENCINAR
BOCINAR
ABOCINAR
COCINAR
RACIOCINAR
ARROCINAR
ESFORROCINAR
LATROCINAR
PATROCINAR
APATROCINAR
ATOCINAR
BARCINAR
FASCINAR
ALUCINAR
CHINAR
ACHINAR
AGUACHINAR
ENGUACHINAR
RECHINAR
ENCHINAR
ACOCHINAR
DINAR
ESPALADINAR
DESPALADINAR
INDINAR
ALBARDINAR
INCARDINAR
ENJARDINAR
ORDINAR
SUBORDINAR
INSUBORDINAR
PREORDINAR
COORDINAR
PEINAR
REPEINAR
TRASPEINAR
DESPEINAR
REINAR
CONREINAR
FINAR
AFINAR
DESAFINAR
REFINAR
CONFINAR
ENCOFINAR
ESCOFINAR
MAGINAR
IMAGINAR
DESIMAGINAR
PAGINAR
COMPAGINAR
DESCOMPAGINAR
INTERPAGINAR
INVAGINAR
ORIGINAR
MARGINAR
SAHINAR
ZAHINAR
AMOHINAR
TRAJINAR
ACOJINAR
LINAR
DECLINAR
RECLINAR
INCLINAR
DESINCLINAR
MOLINAR
REMOLINAR
APOLINAR
ESPOLINAR
ATONTOLINAR

DICIPLINAR
DISCIPLINAR
DESLINAR
CAULINAR
HOLLINAR
DESHOLLINAR
MINAR
CAMINAR
ENCAMINAR
DESENCAMINAR
DESCAMINAR
EMPERGAMINAR
LAMINAR
CALAMINAR
CONTRAMINAR
DICTAMINAR
CONTAMINAR
EXAMINAR
REEXAMINAR
AFEMINAR
EFEMINAR
GEMINAR
DISEMINAR
ELIMINAR
PRELIMINAR
CRIMINAR
ACRIMINAR
RECRIMINAR
INCRIMINAR
DISCRIMINAR
ALMINAR
CULMINAR
FULMINAR
CONMINAR
OMINAR
ABOMINAR
DOMINAR
PREDOMINAR
NOMINAR
DENOMINAR
COGNOMINAR
CARMINAR
GERMINAR
TERMINAR
DETERMINAR
PREDETERMINAR
TRASTERMINAR
DISTERMINAR
TRANSTERMINAR
EXTERMINAR
TRASMINAR
ALBUMINAR
DIFUMINAR
ESFUMINAR
LUMINAR
ALUMINAR
ILUMINAR
PINAR
PEPINAR
EMPINAR
OPINAR
COPINAR
PROPINAR
DESOPINAR
ESPINAR
ENHARINAR
MARINAR
AMARINAR
ENCALABRINAR
DESENCALABRINAR
CRINAR
DESCRINAR
AMADRINAR
APADRINAR
DESAPADRINAR
ENGOLONDRINAR
INTERINAR
PELEGRINAR
PEREGRINAR
ORINAR
CASCARRINAR
CHAFARRINAR
TRINAR
DOCTRINAR
ADOCTRINAR
ACETRINAR
DOTRINAR
ADOTRINAR
RESINAR
ASESINAR
MALSINAR
GOLOSINAR
ENGOLOSINAR
GARSINAR
ATINAR
LATINAR

PLATINAR
PATINAR
SATINAR
DESATINAR
RETINAR
AMAITINAR
ENTINAR
TINTINAR
GUILLOTINAR
AMOTINAR
ENCORTINAR
DESCORTINAR
DESTINAR
PREDESTINAR
FESTINAR
RETESTINAR
DESINTESTINAR
AGLUTINAR
CONGLUTINAR
MAQUINAR
INQUINAR
COINQUINAR
ACOQUINAR
ADOQUINAR
APOQUINAR
ATARQUINAR
ENTARQUINAR
DAMASQUINAR
PASQUINAR
ESQUINAR
RUINAR
ARRUINAR
VINAR
CARCAVINAR
ENCARCAVINAR
REVINAR
DIVINAR
ADIVINAR
ENVINAR
DAMNAR
COSTUMNAR
ABONAR
JABONAR
ENJABONAR
DESENLABONAR
ESLABONAR
DESLABONAR
DESESLABONAR
EMBONAR
CARBONAR
DIACONAR
DESTACONAR
JABALCONAR
ENCONAR
DESENCONAR
ARRINCONAR
ATINCONAR
TACHONAR
DESTACHONAR
ACOLCHONAR
PERCHONAR
DONAR
ALMIDONAR
DESALMIDONAR
BALDONAR
ABALDONAR
ABANDONAR
ENDONAR
CONDONAR
DEFONDONAR
ALGODONAR
GALARDONAR
GUALARDONAR
PERDONAR
ABORDONAR
ACORDONAR
ENCORDONAR
DESDONAR
APEONAR
PARAGONAR
PREGONAR
ENRAIGONAR
ENRODRIGONAR
ARRODRIGONAR
PARANGONAR
DESFOGONAR
AMORGONAR
ABRAHONAR
RELACIONAR
COLACIONAR
RACIONAR
ESTACIONAR
OVACIONAR
ACCIONAR
REACCIONAR
FACCIONAR

CONFACCIONAR
COACCIONAR
PACCIONAR
FRACCIONAR
AFECCIONAR
REFECCIONAR
INFECCIONAR
CONFECCIONAR
PERFECCIONAR
ALECCIONAR
SELECCIONAR
COLECCIONAR
INSPECCIONAR
INSURRECCIONAR
SECCIONAR
FRICCIONAR
CONCRECIONAR
TRAICIONAR
ATRAICIONAR
AMBICIONAR
ADICIONAR
CONDICIONAR
ACONDICIONAR
AFICIONAR
DESAFICIONAR
ENFICIONAR
INFICIONAR
DESINFICIONAR
CONFICIONAR
ALICIONAR
GUARNICIONAR
MUNICIONAR
AMUNICIONAR
SANCIONAR
MENCIONAR
RENCIONAR
SUBVENCIONAR
CONCIONAR
FUNCIONAR
PUNCIONAR
EMOCIONAR
CAPCIONAR
EXCEPCIONAR
PROPORCIONAR
DESPROPORCIONAR
CAUCIONAR
SOLUCIONAR
EVOLUCIONAR
REVOLUCIONAR
TALIONAR
GANGLIONAR
OCASIONAR
APASIONAR
DESAPASIONAR
LESIONAR
IMPRESIONAR
DESIMPRESIONAR
OBSESIONAR
POSESIONAR
APOSESIONAR
DESAPOSESIONAR
MISIONAR
COMISIONAR
APRISIONAR
DESAPRISIONAR
EMPRISIONAR
APROVISIONAR
EMULSIONAR
CONVULSIONAR
PENSIONAR
APENSIONAR
EXTORSIONAR
FUSIONAR
DESILUSIONAR
ABASTIONAR
ABESTIONAR
GESTIONAR
CONGESTIONAR
DESCONGESTIONAR
SUGESTIONAR
CUESTIONAR
REFLEXIONAR
ANEXIONAR
ENCAJONAR
DESENCAJONAR
ENCALLEJONAR
AGUIJONAR
MOJONAR
AMOJONAR
JABALONAR
ESCALONAR
JALONAR
ENTALONAR
DESTALONAR
ROBLONAR
MELONAR
ACANELONAR
ENTRERRENGLONAR
EMPILONAR
AQUILONAR
DESPAMPLONAR
ACABALLONAR
ABOLLONAR
ACOLLONAR
DESFOLLONAR
DESMAMONAR
LIMONAR
PULMONAR
ENARMONAR
SERMONAR
ENCAÑONAR
DESCAÑONAR
DESRIÑONAR
CAPONAR
TAPONAR
DESTAPONAR
ARPONAR
DESCHUPONAR
ACARONAR
ENVARONAR
ENCAMBRONAR
EMPADRONAR
ESCUADRONAR
AMUGRONAR
ENCHIRONAR
AJIRONAR
ENRONAR
DESENRONAR
DESBORONAR
CORONAR
DESCORONAR
DESMORONAR
ENGARRONAR
ATERRONAR
DESTERRONAR
ABORRONAR
EMBORRONAR
AMORRONAR
ENZURRONAR
TRONAR
ATRONAR
RETRONAR
ENTRONAR
DESTRONAR
SONAR
ASONAR
BLASONAR
RESONAR
DISONAR
GRANDISONAR
UNISONAR
APISONAR
MALSONAR
CONSONAR
EMPERSONAR
TONAR
RATONAR
DETONAR
ABRETONAR
APITONAR
EMPITONAR
CANTONAR
ACANTONAR
DESCANTONAR
PLANTONAR
ENTONAR
CENTONAR
ENVALENTONAR
DESENTONAR
AMONTONAR
ABOTONAR
DESABOTONAR
DESBOTONAR
MELOCOTONAR
APELOTONAR
ENCARTONAR
ENGASTONAR
FESTONAR
LISTONAR
ENLISTONAR
PAVONAR
EMPAVONAR
DESEMPAVONAR
DESPAVONAR
MAZONAR
RAZONAR
DESCORAZONAR
SAZONAR
DESAZONAR
DESPEZONAR
ENCABREZONAR
ATIZONAR
DESARZONAR
ENCARNAR
REENCARNAR
DESENCARNAR
ESCARNAR
DESCARNAR
AGUACHARNAR
ENGALABERNAR
GOBERNAR
DESGOBERNAR
GUBERNAR
ENCERNAR
ENLUCERNAR
ACHERNAR
ABADERNAR
ENCUADERNAR
REENCUADERNAR
DESENCUADERNAR
DESCUADERNAR
INFERNAR
HIBERNAR
APERNAR
ENTREPERNAR
EMPERNAR
DESEMPERNAR
DESPERNAR
CONFRATERNAR
ALTERNAR
SUBALTERNAR
INTERNAR
CONSTERNAR
IVERNAR
ENVERNAR
INVERNAR
DESINVERNAR
ORNAR
SOBORNAR
ACORNAR
MANCORNAR
DESCORNAR
ABOCHORNAR
ADORNAR
DESADORNAR
ENFORNAR
AHORNAR
ENHORNAR
DESENHORNAR
DESHORNAR
SORNAR
TORNAR
DETORNAR
RETORNAR
MANTORNAR
ENTORNAR
CONTORNAR
TRASTORNAR
EXORNAR
EMBADURNAR
TURNAR
DESASNAR
AMESNAR
TRESNAR
ALMOSNAR
AUNAR
CUNAR
ACUNAR
VACUNAR
REVACUNAR
ENCUNAR
ADUNAR
COADUNAR
LAGUNAR
ENLAGUNAR
LUNAR
SUBLUNAR
SEMILUNAR
MANCOMUNAR
PUNAR
ENRUNAR
TUNAR
BETUNAR
ABETUNAR
EMBETUNAR
FORTUNAR
AFORTUNAR
IMPORTUNAR
AYUNAR
GAZNAR
MAZNAR
BRAZNAR
GRAZNAR
TREZNAR
ESCUEZNAR
MOLLIZNAR
DESBRIZNAR
TIZNAR
ENTIZNAR
GUIZNAR
LLOVIZNAR
ENGOZNAR
DESENGOZNAR
DESGOZNAR
ROZNAR
VOZNAR
REBUZNAR
ESPELUZNAR
DESPELUZNAR
BAÑAR
ABAÑAR
ACABAÑAR
REBAÑAR
ARREBAÑAR
ALBAÑAR
CAÑAR
CALCAÑAR
ENCAÑAR
DESCAÑAR
CHAÑAR
DAÑAR
ESPADAÑAR
GUADAÑAR
REGAÑAR
ENGAÑAR
DESENGAÑAR
MIAÑAR
LAÑAR
AMAÑAR
DESMAÑAR
APAÑAR
DESAPAÑAR
EMPAÑAR
DESEMPAÑAR
ACOMPAÑAR
DESACOMPAÑAR
DESCOMPAÑAR
ARAÑAR
ABARAÑAR
CACARAÑAR
MARAÑAR
AMARAÑAR
ENMARAÑAR
DESENMARAÑAR
DESMARAÑAR
ENTRAÑAR
DESENTRAÑAR
EXTRAÑAR
ASAÑAR
ENSAÑAR
DESENSAÑAR
SONSAÑAR
SOSAÑAR
CASTAÑAR
ESTAÑAR
DESPESTAÑAR
RESTAÑAR
DESESTAÑAR
HAZAÑAR
CIZAÑAR
ENCIZAÑAR
CEÑAR
DEÑAR
ORDEÑAR
DESDEÑAR
ALFEÑAR
ENGEÑAR
PERGEÑAR
ALHEÑAR
LEÑAR
EMBELEÑAR
DOMEÑAR
EMPEÑAR
DESEMPEÑAR
DESPEÑAR
BREÑAR
DESGREÑAR
PREÑAR
EMPREÑAR
ENCUREÑAR
SEÑAR
DESEÑAR
RESEÑAR
DISEÑAR
ENSEÑAR
DESENSEÑAR
ALUEÑAR
ARROBIÑAR
ESCRUDIÑAR
GARRAFIÑAR
GARFIÑAR
ALIÑAR
SOCALIÑAR
DESALIÑAR
DELIÑAR
ADELIÑAR
ENDELIÑAR
DESLIÑAR
ARMIÑAR
APIÑAR
RAPIÑAR
GARAPIÑAR
GARRAPIÑAR
CARIÑAR
ENCARIÑAR
ESCUDRIÑAR
DESIÑAR
DESTIÑAR
GUIÑAR
REBOÑAR
AVERGOÑAR
CALOÑAR
ACALOÑAR
DESMOÑAR
ROÑAR
ENROÑAR
CARROÑAR
ENCARROÑAR
DESROÑAR
SOÑAR
TRASOÑAR
ENSOÑAR
RETOÑAR
ENTOÑAR
OTOÑAR
ABROTOÑAR
PONZOÑAR
APONZOÑAR
EMPONZOÑAR
DESEMPONZOÑAR
CUÑAR
ACUÑAR
REACUÑAR
RECUÑAR
ENCUÑAR
ESCARCUÑAR
RASCUÑAR
EMBARDUÑAR
FUÑAR
REFUNFUÑAR
RASGUÑAR
APUÑAR
EMPUÑAR
DESEMPUÑAR
RUÑAR
ARUÑAR
CABRUÑAR
ENCABRUÑAR
DESENFURRUÑAR
ENGURRUÑAR
DESUÑAR
APEZUÑAR
INCOAR
ANCHOAR
LOAR
CONLOAR
BARLOAR
ABARLOAR
TRASLOAR
DESLOAR
CROAR
GROAR
APROAR
TOAR
ATOAR
AZOAR
BEZOAR
PAR
CAPAR
ENCAPAR
DESENCAPAR
SOCAPAR
ESCAPAR
CHAPAR
ENCHAPAR
SOLAPAR
ASOLAPAR
TRASLAPAR
LLAPAR
PAPAR
EMPAPAR
DESPAPAR
RAPAR
ENGUALDRAPAR
ENGRAPAR
ARRAPAR
ATRAPAR
ENTRAPAR
CONTRAPAR
PINSAPAR

TAPAR
ATAPAR
DESATAPAR
DESTAPAR
YAPAR
ZAPAR
AGAZAPAR
ACEPAR
DECEPAR
ENCEPAR
DESCEPAR
LEPAR
INCREPAR
DISCREPAR
TREPAR
ESTEPAR
ANTICIPAR
PARTICIPAR
MANCIPAR
EMANCIPAR
PRINCIPAR
HIPAR
ZOLLIPAR
PIPAR
DESTRIPAR
DISIPAR
ESTEREOTIPAR
DAGUERROTIPAR
CONSTIPAR
GUIPAR
EQUIPAR
ESQUIPAR
PALPAR
APALPAR
FELPAR
AFELPAR
GOLPAR
AGOLPAR
CULPAR
ENCULPAR
INCULPAR
DISCULPAR
EXCULPAR
DESPULPAR
CAMPAR
DECAMPAR
ESCAMPAR
DESCAMPAR
CHAMPAR
LAMPAR
ALAMPAR
ATRAMPAR
DESATRAMPAR
ENTRAMPAR
DESENTRAMPAR
ESTAMPAR
ZAMPAR
IMPAR
TROMPAR
COPAR
ACOPAR
SINCOPAR
APOCOPAR
GALOPAR
POPAR
EMPOPAR
JAROPAR
ARROPAR
DESARROPAR
ATROPAR
DESTROPAR
SOPAR
HISOPAR
ENSOPAR
TOPAR
ARPAR
ESCARPAR
PARPAR
ZARPAR
DESTIRPAR
EXTIRPAR
DESTORPAR
USURPAR
DETURPAR
ASPAR
DESCASPAR
ENASPAR
RASPAR
DESRASPAR
CRESPAR
ENCRESPAR
DESENCRESPAR
OBISPAR
CHISPAR
ACHISPAR
DISPAR
CRISPAR
AVISPAR
CHOSPAR
UPAR
AUPAR
OCUPAR
PREOCUPAR
ANTEOCUPAR
DESOCUPAR
CHUPAR
AGRUPAR
ESTRUPAR
CHOZPAR
ARAR
ACIBARAR
ALMIBARAR
AMBARAR
ESBARAR
ACARAR
ENCARAR
COCARAR
DESCASCARAR
MASCARAR
ENMASCARAR
DESENMASCARAR
AZUCARAR
REARAR
SOBREARAR
ALJOFARAR
APULGARAR
AFOGARAR
ALMIARAR
ALIJARAR
DESQUIJARAR
CLARAR
ACLARAR
DECLARAR
ENCLARAR
AJUGLARAR
DESPILARAR
AMILLARAR
ACOLLARAR
AMARAR
ENCAMARAR
PARAR
APARAR
ACAPARAR
DEPARAR
REPARAR
PREPARAR
SEPARAR
PINTIPARAR
EQUIPARAR
MALPARAR
AMPARAR
MAMPARAR
DESMAMPARAR
DESAMPARAR
EMPARAR
COMPARAR
DESPARAR
DISPARAR
APESARAR
ALQUITARAR
ACANTARAR
ENCANTARAR
DESENCANTARAR
DESTARAR
VARAR
ENVARAR
ESVARAR
DESVARAR
AZARAR
LABRAR
ESCALABRAR
DESCALABRAR
APALABRAR
RELABRAR
ABEBRAR
ENHEBRAR
DESENHEBRAR
DESHEBRAR
CELEBRAR
ENTENEBRAR
DESCEREBRAR
QUEBRAR
REQUEBRAR
ALIQUEBRAR
PERNIQUEBRAR
PATIQUEBRAR
RESQUEBRAR
DESFIBRAR
LIBRAR
CALIBRAR
DELIBRAR
EQUILIBRAR
DESEQUILIBRAR
VIBRAR
ENCAMBRAR
FIAMBRAR
JAMBRAR
ENJAMBRAR
ALAMBRAR
APALAMBRAR
PELAMBRAR
APELAMBRAR
ESTAMBRAR
MACHIHEMBRAR
LEMBRAR
MEMBRAR
REMEMBRAR
ARREMEMBRAR
DESMEMBRAR
NEMBRAR
SEMBRAR
DESEMBRAR
RESEMBRAR
SOBRESEMBRAR
CIMBRAR
DESCIMBRAR
MIMBRAR
TIMBRAR
ESCOMBRAR
DESCOMBRAR
DESESCOMBRAR
ALFOMBRAR
DESALFOMBRAR
ACOGOMBRAR
ALHOMBRAR
ACOHOMBRAR
NOMBRAR
RENOMBRAR
CONNOMBRAR
TRASNOMBRAR
SOMBRAR
ASOMBRAR
ACUMBRAR
ENCUMBRAR
ADUMBRAR
APESADUMBRAR
ALUMBRAR
RELUMBRAR
COLUMBRAR
TRASLUMBRAR
DESLUMBRAR
VISLUMBRAR
HERRUMBRAR
AHERRUMBRAR
DESHERRUMBRAR
COSTUMBRAR
ACOSTUMBRAR
DESACOSTUMBRAR
CAZUMBRAR
OBRAR
COBRAR
RECOBRAR
ENCOBRAR
MANIOBRAR
POBRAR
ROBRAR
SOBRAR
RESOBRAR
ENSOBRAR
ZOZOBRAR
LUCUBRAR
LACRAR
CONSACRAR
CONSECRAR
EXECRAR
LUCRAR
INVOLUCRAR
ADRAR
LADRAR
ALADRAR
BALADRAR
TALADRAR
ATALADRAR
DESMADRAR
COMPADRAR
ENCOMPADRAR
DESCOMPADRAR
CUADRAR
RECUADRAR
ENCUADRAR
ESCUADRAR
EDRAR
MEDRAR
DESMEDRAR
APEDRAR
EMPEDRAR
DESEMPEDRAR
DESPEDRAR
REDRAR
ARREDRAR
CATEDRAR
HOJALDRAR
CALANDRAR
CENDRAR
ACENDRAR
ENCENDRAR
ENGENDRAR
REENGENDRAR
DESLENDRAR
ALMENDRAR
PENDRAR
PEINDRAR
CILINDRAR
ONDRAR
ATOLONDRAR
DESATOLONDRAR
DESONDRAR
LAZDRAR
ERAR
ACIBERAR
LIBERAR
DELIBERAR
ENGARBERAR
VERBERAR
REVERBERAR
EXUBERAR
ACERAR
LACERAR
DILACERAR
MACERAR
ENACERAR
DESACERAR
ULCERAR
EXULCERAR
CANCERAR
ENCERAR
SINCERAR
CARCERAR
ENCARCERAR
DESCERAR
ATRINCHERAR
ADERAR
DESCADERAR
MADERAR
ENMADERAR
FEDERAR
CONFEDERAR
CONSIDERAR
DESCONSIDERAR
ABANDERAR
EMBANDERAR
SENDERAR
PONDERAR
PREPONDERAR
EQUIPONDERAR
ACODERAR
MODERAR
APODERAR
DESAPODERAR
EMPODERAR
DESCORDERAR
VOCIFERAR
EMPESTIFERAR
EXAGERAR
ALIGERAR
REFRIGERAR
MORIGERAR
ARREJERAR
DESQUIJERAR
AGUJERAR
AGALERAR
CELERAR
ACELERAR
ENSOLERAR
TOLERAR
ACABALLERAR
BACHILLERAR
ASPILLERAR
MERAR
AMERAR
ASALMERAR
AGOMERAR
AGLOMERAR
CONGLOMERAR
ESMERAR
NUMERAR
ANUMERAR
ENUMERAR
CONNUMERAR
ENGRANERAR
GENERAR
DEGENERAR
REGENERAR
VENERAR
INCINERAR
ADINERAR
DESDINERAR
VULNERAR
TRONERAR
ATRONERAR
ENTRONERAR
EXONERAR
DESTERNERAR
REMUNERAR
PEÑERAR
APERAR
TEMPERAR
ATEMPERAR
OBTEMPERAR
CONTEMPERAR
IMPERAR
OPERAR
COOPERAR
IMPROPERAR
EXASPERAR
ESPERAR
DESPERAR
DESESPERAR
PROSPERAR
DEPAUPERAR
RECUPERAR
SUPERAR
VITUPERAR
ATERRERAR
APOTRERAR
EMPOTRERAR
ENSERAR
ITERAR
REITERAR
OBLITERAR
ALTERAR
DESALTERAR
ADULTERAR
DESCANTERAR
ENTERAR
DELINTERAR
ESTERAR
DESESTERAR
PREPOSTERAR
ENCUERAR
DESCUERAR
AGÜERAR
ENGUERAR
ENHUERAR
ENCHIQUERAR
AVERAR
CAÑAVERAR
ADVERAR
ENTREVERAR
ASEVERAR
PERSEVERAR
ENVERAR
NAFRAR
ÑAFRAR
CIFRAR
DESCIFRAR
ENCOFRAR
AZOFRAR
ALUFRAR
AZUFRAR
FLAGRAR
DEFLAGRAR
CONFLAGRAR
ALMAGRAR
ENALMAGRAR
AVINAGRAR
ENVINAGRAR
PERAGRAR
SAGRAR
ABISAGRAR
CONSAGRAR
LEGRAR
ALEGRAR
CONSEGRAR
INTEGRAR
REINTEGRAR
DESINTEGRAR
CONSUEGRAR
PELIGRAR
APELIGRAR
EMIGRAR
INMIGRAR
SORMIGRAR
TRASMIGRAR
TRANSMIGRAR
DENIGRAR
SANGRAR
DESANGRAR
MALINGRAR
DESMALINGRAR

LOGRAR
MALOGRAR
CONSOGRAR
ENMUGRAR
DESMUGRAR
AIRAR
PAIRAR
DESAIRAR
ATAIRAR
GIRAR
SOBREGIRAR
DELIRAR
MIRAR
ADMIRAR
REMIRAR
AÑIRAR
ASPIRAR
TRASPIRAR
ESPIRAR
RESPIRAR
TRANSPIRAR
INSPIRAR
CONSPIRAR
SUSPIRAR
EXPIRAR
TIRAR
RETIRAR
ENTIRAR
ESTIRAR
VIRAR
REVIRAR
ENVIRAR
DESVIRAR
HONRAR
DESHONRAR
ORAR
AORAR
LABORAR
ELABORAR
COLABORAR
ASABORAR
DESABORAR
ROBORAR
CORROBORAR
CORAR
ACORAR
DECORAR
CONDECORAR
EDULCORAR
ANCORAR
DESANCORAR
ENCORAR
ENCOCORAR
ESCORAR
DORAR
ADORAR
DESADORAR
REDORAR
SOBREDORAR
DESDORAR
PEORAR
EMPEORAR
AFORAR
DESAFORAR
CANFORAR
ALCANFORAR
PERFORAR
AGORAR
VIGORAR
AVIGORAR
ENGORAR
ZAHORAR
CERCIORAR
DETERIORAR
AJORAR
MEJORAR
DESMEJORAR
ACALORAR
VALORAR
AVALORAR
DESVALORAR
FLORAR
AFLORAR
ENFLORAR
TRASFLORAR
DESFLORAR
TRANSFLORAR
COLORAR
DECOLORAR
DESCOLORAR
PLORAR
DEPLORAR
IMPLORAR
EXPLORAR
LLORAR
MORAR

NAMORAR
ENAMORAR
DESENAMORAR
DESAMORAR
DEMORAR
MEMORAR
REMEMORAR
CONMEMORAR
ATEMORAR
MALHUMORAR
MENORAR
AMENORAR
IGNORAR
PIGNORAR
INORAR
MINORAR
AMINORAR
HONORAR
INHONORAR
DESHONORAR
AÑORAR
PEÑORAR
PIÑORAR
VAPORAR
EVAPORAR
INCORPORAR
REINCORPORAR
DESINCORPORAR
RORAR
PERORAR
ASESORAR
ATESORAR
DESATESORAR
ATORAR
DESATORAR
EXPECTORAR
RECTORAR
DOCTORAR
CROTORAR
ATORTORAR
DEVORAR
EMPOLVORAR
DESEMPOLVORAR
ESPOLVORAR
FERVORAR
AFERVORAR
EXORAR
MAYORAR
PEYORAR
AZORAR
AVIZORAR
DULZORAR
ADULZORAR
ENDULZORAR
AMPRAR
COMPRAR
ESTUPRAR
CONSTUPRAR
BARRAR
ABARRAR
ACIBARRAR
EMBARRAR
DESEMBARRAR
DESBARRAR
SOCARRAR
ESCACHARRAR
CHICHARRAR
ACHICHARRAR
ACHUCHARRAR
DESPILFARRAR
GARRAR
AGARRAR
DESAGARRAR
ABIGARRAR
ENGARRAR
ESGARRAR
DESGARRAR
JAHARRAR
JARRAR
ZAJARRAR
ENGUIJARRAR
MARRAR
AMARRAR
DESAMARRAR
SOMARRAR
NARRAR
ENCHINARRAR
PARRAR
APARRAR
EMPARRAR
ACATARRAR
DESPATARRAR
EMPIZARRAR
ERRAR
ABERRAR
CERRAR

ACERRAR
DESBECERRAR
ENTRECERRAR
ENCERRAR
DESENCERRAR
DESCERRAR
FERRAR
AFERRAR
DESAFERRAR
DESFERRAR
HERRAR
REHERRAR
DESHERRAR
SERRAR
ASERRAR
ATERRAR
DESATERRAR
ENTERRAR
DESENTERRAR
SOTERRAR
DESOTERRAR
DESTERRAR
BORRAR
ATIBORRAR
EMBORRAR
DESBORRAR
CHORRAR
ACACHORRAR
MODORRAR
FORRAR
AFORRAR
DESAFORRAR
ENFORRAR
ENGORRAR
HORRAR
AHORRAR
JORRAR
AJORRAR
AMORRAR
CHAMORRAR
CALAMORRAR
DESAMORRAR
APORRAR
TORRAR
ESCOTORRAR
SABURRAR
APACHURRAR
ESPACHURRAR
DESPACHURRAR
DESPANCHURRAR
CHAPURRAR
CHAMPURRAR
SUSURRAR
TURRAR
ATURRAR
ZURRAR
DESPANZURRAR
MOHATRAR
IDOLATRAR
AHETRAR
ENHETRAR
DESENHETRAR
ENCALLETRAR
CRONOMETRAR
PENETRAR
IMPETRAR
PERPETRAR
ARBITRAR
RECALCITRAR
MITRAR
FIELTRAR
FILTRAR
INFILTRAR
ENTRAR
CENTRAR
ENCENTRAR
DESENCENTRAR
CONCENTRAR
RECONCENTRAR
DESCENTRAR
SUBINTRAR
ENCONTRAR
RESCONTRAR
LLOTRAR
AQUELLOTRAR
QUILLOTRAR
AQUILLOTRAR
ENQUILLOTRAR
EMPOTRAR
DESEMPOTRAR
CASTRAR
ENCASTRAR
LASTRAR
ALASTRAR
DESLASTRAR
RASTRAR

ENRASTRAR
ARRASTRAR
ZAPARRASTRAR
MAESTRAR
AMAESTRAR
CABESTRAR
ENCABESTRAR
DESENCABESTRAR
DESCABESTRAR
ADESTRAR
ADIESTRAR
SECUESTRAR
REGISTRAR
MINISTRAR
SUBMINISTRAR
ADMINISTRAR
SUMINISTRAR
ENRISTRAR
DEMONSTRAR
ENCOSTRAR
DESCOSTRAR
APEGOSTRAR
RIOSTRAR
ARRIOSTRAR
MOSTRAR
AMOSTRAR
DEMOSTRAR
PREMOSTRAR
ENTREMOSTRAR
ANTEMOSTRAR
ENMOSTRAR
POSTRAR
ENROSTRAR
PROSTRAR
ARROSTRAR
DESROSTRAR
CLAUSTRAR
ENCLAUSTRAR
EXCLAUSTRAR
LUSTRAR
ALUSTRAR
ILUSTRAR
DESENLUSTRAR
DESLUSTRAR
FRUSTRAR
RESTAURAR
INSTAURAR
ABURAR
CARBURAR
DESCARBURAR
CURAR
RECURAR
SOBRECURAR
PROCURAR
OBSCURAR
ESCURAR
ACHURAR
DURAR
ADURAR
MADURAR
MOLDURAR
ENDURAR
CONDURAR
YODURAR
PERDURAR
SULFURAR
SEGURAR
ASEGURAR
DESASEGURAR
FIGURAR
REFIGURAR
PREFIGURAR
CONFIGURAR
TRASFIGURAR
DESFIGURAR
TRANSFIGURAR
FULGURAR
ESPERGURAR
AUGURAR
INAUGURAR
JURAR
ABJURAR
ADJURAR
ENJURAR
CONJURAR
PERJURAR
MURAR
AMURAR
JAMURAR
DESAMURAR
MORMURAR
MURMURAR
DESMURAR
APURAR
DEPURAR
PURPURAR

SUPURAR
CLORURAR
ASURAR
RASURAR
MESURAR
AMESURAR
DESMESURAR
APRESURAR
CENSURAR
MENSURAR
CONMENSURAR
TONSURAR
USURAR
CLAUSURAR
TURAR
ATURAR
CARICATURAR
DESNATURAR
SATURAR
OBTURAR
FACTURAR
MANUFACTURAR
FRACTURAR
ESTRUCTURAR
CONJETURAR
ESCRITURAR
TRITURAR
MOLTURAR
CULTURAR
ENTURAR
AVENTURAR
BIENAVENTURAR
ACINTURAR
TINTURAR
ROTURAR
CAPTURAR
ESCRIPTURAR
TORTURAR
PASTURAR
APASTURAR
ESTURAR
MESTURAR
MISTURAR
MIXTURAR
DULZURAR
LAZRAR
ASAR
BASAR
REBASAR
CASAR
FRACASAR
MALCASAR
ENCASAR
DESENCASAR
DESCASAR
SOBREASAR
JASAR
MASAR
AMASAR
ARGAMASAR
SOASAR
PASAR
CONTRAPASAR
REPASAR
ANTEPASAR
COMPASAR
ACOMPASAR
ENCOMPASAR
PROPASAR
TRASPASAR
DESPASAR
RASAR
BRASAR
ABRASAR
EMBRASAR
SOBRASAR
ENCRASAR
INCRASAR
ENGRASAR
DESENGRASAR
DESGRASAR
ENRASAR
ARRASAR
ATRASAR
RETRASAR
TASAR
FRATASAR
RETASAR
CONCUASAR
VASAR
CARAVASAR
ENVASAR
TRASVASAR
TRANSVASAR
APAYASAR
BESAR

CÉSAR
CESAR
AFRANCESAR
PROCESAR
CONDESAR
DEFESAR
CONFESAR
PROFESAR
DEHESAR
ADEHESAR
ENDEHESAR
ATIESAR
ENTIESAR
EMBELESAR
MESAR
REMESAR
ENTREMESAR
PESAR
CONTRAPESAR
REPESAR
SOMPESAR
SOPESAR
ESPESAR
DESPESAR
SOSPESAR
INTERESAR
FRESAR
REGRESAR
INGRESAR
REINGRESAR
PROGRESAR
PRESAR
APRESAR
REPRESAR
SALPRESAR
MAMPRESAR
OPRESAR
DESPRESAR
EXPRESAR
ASESAR
TESAR
ATESAR
RETESAR
ENTESAR
DESHUESAR
ENGRUESAR
EMPAVESAR
DESPAVESAR
TRAVESAR
ATRAVESAR
DESATRAVESAR
REVESAR
ENVESAR
YESAR
ENYESAR
BISBISAR
PRECISAR
LISAR
ALISAR
CLISAR
FLORDELISAR
ENLISAR
FLORLISAR
MISAR
ENCAMISAR
COMISAR
DECOMISAR
ANISAR
PISAR
REPISAR
EMBRISAR
FRISAR
IRISAR
SONRISAR
SISAR
RESISAR
ENTISAR
GUISAR
AGUISAR
REQUISAR
ESQUISAR
PESQUISAR
VISAR
AVISAR
DESAVISAR
DEVISAR
REVISAR
DIVISAR
IMPROVISAR
BALSAR
REBALSAR
EMBALSAR
FALSAR
VALSAR
RENVALSAR
EMBOLSAR

REEMBOLSAR
REMBOLSAR
DESEMBOLSAR
PULSAR
REPULSAR
IMPULSAR
COMPULSAR
PROPULSAR
DESPULSAR
EXPULSAR
ÁNSAR
CANSAR
DESCANSAR
MERGÁNSAR
AMANSAR
TRANSAR
CENSAR
ACENSAR
ENCENSAR
INCENSAR
DENSAR
ADENSAR
CONDENSAR
DEFENSAR
OFENSAR
PENSAR
REPENSAR
COMPENSAR
RECOMPENSAR
DISPENSAR
EXPENSAR
PRENSAR
APRENSAR
DESAPRENSAR
EMPRENSAR
TENSAR
INTENSAR
RESPONSAR
OSAR
BOSAR
REBOSAR
ACOSAR
ESCOSAR
ADOSAR
BALDOSAR
EMBALDOSAR
DESEMBALDOSAR
ENDOSAR
FOSAR
ENDIOSAR
DESENDIOSAR
LOSAR
ALOSAR
GLOSAR
DESGLOSAR
ENLOSAR
DESENLOSAR
CALLOSAR
POSAR
DEPOSAR
REPOSAR
ANTEPOSAR
ESPOSAR
DESPOSAR
ROSAR
ENGROSAR
DESENGROSAR
SONROSAR
SOSAR
DESOSAR
ECLIPSAR
FARSAR
DISPERSAR
TERSAR
VERSAR
AVERSAR
ADVERSAR
REVERSAR
TERGIVERSAR
MALVERSAR
CONVERSAR
DESCONVERSAR
ENDORSAR
IMBURSAR
CURSAR
CONCURSAR
DISCURSAR
USAR
CAUSAR
ENCAUSAR
PAUSAR
ABUSAR
ACUSAR
RECUSAR
INCUSAR
EXCUSAR

ENFUSAR
HÚSAR
AHUSAR
PARAHUSAR
REHUSAR
MUSAR
DESUSAR
TUSAR
ATUSAR
ENCATUSAR
ENGATUSAR
ENGARATUSAR
CANTUSAR
ENCANTUSAR
DESTUSAR
ATAR
ENGARABATAR
REBATAR
ARREBATAR
ALMARBATAR
CATAR
ACATAR
DESACATAR
RECATAR
ALICATAR
PERCATAR
RESCATAR
ACHATAR
DATAR
ADATAR
ANTEDATAR
REATAR
AFATAR
SULFATAR
ENGATAR
ALPARGATAR
DESGATAR
RABIATAR
MANIATAR
AMANIATAR
ALATAR
DELATAR
RELATAR
DILATAR
QUILATAR
AQUILATAR
DESQUILATAR
ENLATAR
DESPLATAR
CHIRLATAR
DESLATAR
ENCULATAR
MATAR
AMATAR
REMATAR
ARREMATAR
ACLIMATAR
TRASMATAR
DESMATAR
CARBONATAR
DESCARBONATAR
DESNATAR
EMPATAR
DESEMPATAR
BARATAR
ABARATAR
MALBARATAR
DESBARATAR
DISPARATAR
HIDRATAR
DESHIDRATAR
GRATAR
TRATAR
RETRATAR
MALTRATAR
CONTRATAR
DESATAR
CATATAR
PATATAR
EMPETATAR
APUSTATAR
ACIGUATAR
ENGUATAR
ALCAYATAR
ACABTAR
REDACTAR
JACTAR
LACTAR
PACTAR
COMPACTAR
REFRACTAR
DIFRACTAR
TRACTAR
DETRACTAR
RETRACTAR
CONTRACTAR

EXTRACTAR
AFECTAR
INFECTAR
DESINFECTAR
SUBJECTAR
DELECTAR
REFLECTAR
COLECTAR
RECOLECTAR
HUMECTAR
NÉCTAR
CONECTAR
DESCONECTAR
PECTAR
RESPECTAR
RECTAR
DESINSECTAR
INYECTAR
PROYECTAR
DICTAR
PERNOCTAR
ERUCTAR
ABETAR
HEBETAR
ACETAR
RECETAR
CALCETAR
ENCETAR
ABOCETAR
ENGOCETAR
ESCETAR
ACACHETAR
ENCORCHETAR
ENGAFETAR
CALAFETAR
PROFETAR
VEGETAR
ENCOHETAR
DIETAR
ADIETAR
ARIETAR
AGRIETAR
QUIETAR
AQUIETAR
DESENQUIETAR
INQUIETAR
JETAR
OBJETAR
SUJETAR
ENCHANCLETAR
FLETAR
AFLETAR
BOLETAR
SOLETAR
REPLETAR
COMPLETAR
ENCHULETAR
ENGRILLETAR
DESENGRILLETAR
AGOLLETAR
DESGOLLETAR
EMPAÑETAR
POETAR
PETAR
ENCOPETAR
ESCOPETAR
TOPETAR
ENCARPETAR
ESPETAR
RESPETAR
RETAR
ENJARETAR
DESVARETAR
DECRETAR
SECRETAR
CONCRETAR
EXCRETAR
AFRETAR
TRASFRETAR
TRANSFRETAR
APRETAR
REAPRETAR
DESAPRETAR
INTERPRETAR
DESBARRETAR
ACARRETAR
JARRETAR
DEJARRETAR
DESJARRETAR
ENCORSETAR
TETAR
ATETAR
DESTETAR
VERRUGUETAR
ALCAHUETAR
EMPAQUETAR

DESEMPAQUETAR
EMBROQUETAR
ENZOQUETAR
ENHORQUETAR
ENCASQUETAR
VETAR
ENCHAVETAR
ITAR
ENGAITAR
GUAITAR
AGUAITAR
BITAR
ABITAR
HABITAR
COHABITAR
DESHABITAR
ENGARABITAR
DESORBITAR
CITAR
CAPACITAR
RECAPACITAR
INCAPACITAR
RECITAR
LICITAR
FELICITAR
SOLICITAR
ENCITAR
INCITAR
CONCITAR
CROCITAR
EJERCITAR
CRASCITAR
CROSCITAR
SUSCITAR
RESUCITAR
EXCITAR
SOBREEXCITAR
SOBREXCITAR
CHITAR
MARCHITAR
ENMARCHITAR
EDITAR
REEDITAR
MEDITAR
PREMEDITAR
SUPEDITAR
ACREDITAR
DESACREDITAR
COMANDITAR
ALBÉITAR
PROTOALBÉITAR
ACEITAR
ENACEITAR
DESACEITAR
AFEITAR
DESAFEITAR
DELEITAR
AFLEITAR
CONFITAR
ENCONFITAR
AGITAR
COGITAR
EXCOGITAR
REGURGITAR
INGURGITAR
HITAR
AHITAR
JITAR
REJITAR
LITAR
BALITAR
PERICLITAR
HABILITAR
REHABILITAR
INHABILITAR
DEBILITAR
POSIBILITAR
IMPOSIBILITAR
FACILITAR
DOCILITAR
AGILITAR
MILITAR
ACOLITAR
VOLITAR
GAMITAR
AGAMITAR
TRAMITAR
IMITAR
LIMITAR
TRANSLIMITAR
CONCOMITAR
VOMITAR
DORMITAR
SAMBENITAR
ENSAMBENITAR
COITAR

ACOITAR
PITAR
APITAR
DECAPITAR
DESPEPITAR
CREPITAR
DECREPITAR
PRECIPITAR
PALPITAR
ESPITAR
CESPITAR
ENGARITAR
DESGARITAR
DESCABRITAR
MERITAR
FRITAR
GRITAR
ESPIRITAR
TIRITAR
TITIRITAR
BORBORITAR
DESCORITAR
ENGORGORITAR
IRRITAR
NECESITAR
HESITAR
VISITAR
TRANSITAR
DEPOSITAR
MUSITAR
TITAR
LATITAR
ACTITAR
CUITAR
ACUITAR
GUITAR
QUITAR
FINIQUITAR
ESQUITAR
DESQUITAR
RESQUITAR
VITAR
GRAVITAR
EVITAR
CALVITAR
INVITAR
ALTAR
ANTEALTAR
DELANTEALTAR
FALTAR
ASFALTAR
ESMALTAR
PERALTAR
SALTAR
ASALTAR
TRASALTAR
RESALTAR
SOBRESALTAR
EXALTAR
AVILTAR
ESCULTAR
SOLTAR
ABULTAR
FACULTAR
DIFICULTAR
OCULTAR
AUSCULTAR
INDULTAR
MULTAR
SEPULTAR
RESULTAR
INSULTAR
CONSULTAR
EXULTAR
CANTAR
DECANTAR
ENCANTAR
DESENCANTAR
ESCANTAR
DESCANTAR
DISCANTAR
CHANTAR
ATRAGANTAR
AGIGANTAR
ENGARGANTAR
SOLIVIANTAR
ATALANTAR
ADELANTAR
PLANTAR
REPLANTAR
IMPLANTAR
TRASPLANTAR
DESPLANTAR
SUPLANTAR
LLANTAR
CALLANTAR
ACALLANTAR
ABRILLANTAR
ENLLANTAR
AMANTAR
DIAMANTAR
AMAMANTAR
IMANTAR
DESIMANTAR
ENMANTAR
NANTAR
ASONANTAR
ACONSONANTAR
ESPANTAR
ATARANTAR
QUEBRANTAR
AMEDRANTAR
ATIRANTAR
AGUANTAR
ENGUANTAR
LEVANTAR
ALEVANTAR
SOLEVANTAR
YANTAR
APLACENTAR
APACENTAR
DECENTAR
ADECENTAR
RECENTAR
CRECENTAR
ACRECENTAR
ENCENTAR
DENTAR
ACCIDENTAR
ENDENTAR
DESDENTAR
REGENTAR
ARGENTAR
AMBIENTAR
IMPACIENTAR
EXPEDIENTAR
ORIENTAR
DESORIENTAR
AVEJENTAR
ALENTAR
CALENTAR
RECALENTAR
ESCALENTAR
DESALENTAR
AVALENTAR
ABLENTAR
VIOLENTAR
INSOLENTAR
CALLENTAR
MOLLENTAR
AMOLLENTAR
MENTAR
AMENTAR
FUNDAMENTAR
LAMENTAR
REGLAMENTAR
PARLAMENTAR
ORNAMENTAR
PARAMENTAR
EMPARAMENTAR
SACRAMENTAR
JURAMENTAR
CONJURAMENTAR
CASAMENTAR
SALSAMENTAR
EMENTAR
CEMENTAR
DEMENTAR
ELEMENTAR
COMPLEMENTAR
INCREMENTAR
EXCREMENTAR
SEMENTAR
FRAGMENTAR
AUGMENTAR
CIMENTAR
DESCIMENTAR
SEDIMENTAR
CONDIMENTAR
REGIMENTAR
ALIMENTAR
SOBREALIMENTAR
CUMPLIMENTAR
PULIMENTAR
SALPIMENTAR
EXPERIMENTAR
ESBATIMENTAR
BASTIMENTAR
PAVIMENTAR
COMENTAR
FOMENTAR
ESCARMENTAR
SARMENTAR
ENSARMENTAR
FERMENTAR
ADORMENTAR
TORMENTAR
ATORMENTAR
AUMENTAR
DOCUMENTAR
ARGUMENTAR
INSTRUMENTAR
EMPENTAR
RENTAR
APARENTAR
EMPARENTAR
AMEDRENTAR
AFRENTAR
ENFRENTAR
SANGRENTAR
ENSANGRENTAR
EMPRENTAR
SENTAR
ASENTAR
DESASENTAR
PRESENTAR
REPRESENTAR
EMPRESENTAR
APOSENTAR
DESAPOSENTAR
AUSENTAR
RUSENTAR
TENTAR
ATENTAR
PATENTAR
DESATENTAR
DETENTAR
RETENTAR
INTENTAR
CONTENTAR
ACONTENTAR
DESCONTENTAR
DESTENTAR
OSTENTAR
SUSTENTAR
FRECUENTAR
CRUENTAR
VENTAR
AVENTAR
REAVENTAR
ASPAVENTAR
REVENTAR
SOLVENTAR
INVENTAR
AFERVENTAR
HERVENTAR
AHERVENTAR
DESVENTAR
EXENTAR
AFUYENTAR
AHUYENTAR
CINTAR
PRECINTAR
ENCINTAR
DESENCINTAR
DELINTAR
PINTAR
REPINTAR
TRASPINTAR
DESPINTAR
TINTAR
ENTINTAR
QUINTAR
REQUINTAR
CONTAR
ACONTAR
RECONTAR
DESCONTAR
MONTAR
AMONTAR
TRAMONTAR
REMONTAR
ENMONTAR
TRASMONTAR
DESMONTAR
TRANSMONTAR
AFRONTAR
ENFRONTAR
CONFRONTAR
APRONTAR
ATONTAR
UNTAR
REUNTAR
ENTREUNTAR
PEGUNTAR
EMPEGUNTAR
PREGUNTAR
REPREGUNTAR
JUNTAR
AJUNTAR
DESAJUNTAR
ENTREJUNTAR
CONJUNTAR
DESJUNTAR
PUNTAR
APUNTAR
DESAPUNTAR
REPUNTAR
EMPUNTAR
SOPUNTAR
DESPUNTAR
PESPUNTAR
BARRUNTAR
TRASUNTAR
YUNTAR
AYUNTAR
DESAYUNTAR
ENYUNTAR
ACOYUNTAR
DESCOYUNTAR
OTAR
BOTAR
DESRABOTAR
REBOTAR
EMBOTAR
DESEMBOTAR
BARBOTAR
BORBOTAR
COTAR
ACOTAR
DESACOTAR
EMPICOTAR
COLCÔTAR
ACOCOTAR
ENCASCOTAR
ESCOTAR
DESCOTAR
CHOTAR
DOTAR
AGOTAR
DESAGOTAR
AGIGOTAR
ACOGOTAR
DESCOGOTAR
DESGOTAR
ALCAHOTAR
ENHOTAR
ALOTAR
BALOTAR
DESPELOTAR
FLOTAR
PILOTAR
EXPLOTAR
MARLOTAR
ENCARAMILLOTAR
MOTAR
ESCAMOTAR
ENMOTAR
DESMOTAR
NOTAR
ANOTAR
DENOTAR
PRENOTAR
ANTENOTAR
CONNOTAR
PERNOTAR
POTAR
ENCAPOTAR
DESENCAPOTAR
DESCAPOTAR
ROTAR
BROTAR
CALABROTAR
ACALABROTAR
REBROTAR
ENCEROTAR
FROTAR
ENCAPIROTAR
DESCAPIROTAR
EMPAPIROTAR
MALROTAR
ALBOROTAR
EMPINGOROTAR
ABARROTAR
EMBARROTAR
AGARROTAR
ENGARROTAR
DERROTAR
TROTAR
SOTAR
CREOSOTAR
VOTAR
AZOTAR
APTAR
CAPTAR
ACAPTAR
ADAPTAR
COAPTAR
RAPTAR
ACEPTAR
RECEPTAR
INTERCEPTAR
DISCEPTAR
EXCEPTAR
REPTAR
OPTAR
ADOPTAR
ARTAR
SOBRECARTAR
ENCARTAR
DESCARTAR
FARTAR
INFARTAR
DESINFARTAR
PELAGARTAR
HARTAR
REHARTAR
ENARTAR
DESENARTAR
COARTAR
APARTAR
ESPARTAR
ENSARTAR
DESENSARTAR
CUARTAR
ACUARTAR
ENCUARTAR
ABALUARTAR
LIBERTAR
ENCUBERTAR
ACERTAR
DESACERTAR
ENCERTAR
CONCERTAR
DESCONCERTAR
REFERTAR
ENJERTAR
INJERTAR
ALERTAR
ESPERTAR
DESPERTAR
DISPERTAR
DESERTAR
DISERTAR
INSERTAR
REYERTAR
ENYERTAR
ABORTAR
CORTAR
ACORTAR
RECORTAR
ENTRECORTAR
ALICORTAR
ENCORTAR
CONFORTAR
RECONFORTAR
ADHORTAR
DEHORTAR
CONHORTAR
ACONHORTAR
DESCONHORTAR
COHORTAR
EXHORTAR
ENVILORTAR
AMORTAR
PORTAR
APORTAR
PASAPORTAR
DEPORTAR
REPORTAR
BATIPORTAR
IMPORTAR
REIMPORTAR
COMPORTAR
SOPORTAR
TRASPORTAR
TRANSPORTAR
SUPORTAR
EXPORTAR
REEXPORTAR
ABSORTAR
ENTORTAR
FURTAR
HURTAR
BASTAR
ABASTAR
EMBASTAR
DESBASTAR
SUBASTAR
ENCASTAR

DESCASTAR
GASTAR
DEGASTAR
MALGASTAR
ENGASTAR
DESENGASTAR
DESGASTAR
LASTAR
BALASTAR
APLASTAR
EMPLASTAR
EMBANASTAR
DESEMBANASTAR
ENCANASTAR
ENASTAR
DESENASTAR
PASTAR
APASTAR
REPASTAR
EMPASTAR
CONTRASTAR
TASTAR
GUASTAR
VASTAR
DEVASTAR
OBSTAR
ESTAR
ENCESTAR
INCESTAR
MANIFESTAR
ENFESTAR
INFESTAR
ENHESTAR
INHESTAR
MALESTAR
MOLESTAR
ABALLESTAR
DESEMBALLESTAR
DESBALLESTAR
BIENESTAR
HONESTAR
COHONESTAR
DESHONESTAR
AMONESTAR
FUNESTAR
APESTAR
DESAPESTAR
EMPESTAR
TEMPESTAR
RESTAR
SECRESTAR
DESCRESTAR
PRESTAR
APRESTAR
EMPRESTAR
ARRESTAR
CONTRARRESTAR
SESTAR
ASESTAR
TESTAR
ATESTAR
DETESTAR
CONTESTAR
PROTESTAR
RECUESTAR
AQUESTAR
ORQUESTAR
CHISTAR
RECHISTAR
DISTAR
EQUIDISTAR
LISTAR
ALISTAR
MISTAR
AMISTAR
ENEMISTAR
PISTAR
ARREPISTAR
DESPISTAR
ATRISTAR
ENTRISTAR
CONTRISTAR
AQUISTAR
MALQUISTAR
BIENQUISTAR
CONQUISTAR
RECONQUISTAR
AVISTAR
REVISTAR
INSTAR
CONSTAR
BOSTAR
EMBOSTAR
COSTAR
ACOSTAR
RECOSTAR

AGOSTAR
ANGOSTAR
ENANGOSTAR
ENSANGOSTAR
REMOSTAR
ENMOSTAR
DENOSTAR
POSTAR
APOSTAR
REPOSTAR
DESPOSTAR
TOSTAR
RETOSTAR
BARAUSTAR
DESBARAUSTAR
GUSTAR
PREGUSTAR
DISGUSTAR
BARAHUSTAR
DESBARAHUSTAR
JUSTAR
AJUSTAR
BARAJUSTAR
DESBARAJUSTAR
DESAJUSTAR
INCRUSTAR
DESINCRUSTAR
ASUSTAR
AYUSTAR
ENFLAUTAR
PAUTAR
TRIBUTAR
ATRIBUTAR
INTRIBUTAR
DESTRIBUTAR
EJECUTAR
SECUTAR
ELECTROCUTAR
REFUTAR
CONFUTAR
ENJUTAR
RECLUTAR
ENLUTAR
DESENLUTAR
INMUTAR
CONMUTAR
PERMUTAR
TRASMUTAR
TRANSMUTAR
ENCANUTAR
MINUTAR
ENCAÑUTAR
DEPUTAR
REPUTAR
DIPUTAR
AMPUTAR
IMPUTAR
COMPUTAR
ESPUTAR
DISPUTAR
SUPUTAR
RUTAR
ESCRUTAR
ERUTAR
FRUTAR
DESFRUTAR
DISFRUTAR
PRETEXTAR
EVACUAR
ADECUAR
LICUAR
OBLICUAR
COLICUAR
ANTICUAR
PROMISCUAR
ADUAR
GRADUAR
DESGRADUAR
INDIVIDUAR
AGUAR
CHÁGUAR
ADAGUAR
SOBREAGUAR
JAGUAR
ENJAGUAR
ENAGUAR
FRAGUAR
DESAGUAR
YAGUAR
EGUAR
TREGUAR
ATREGUAR
YEGUAR
IGUAR
APACIGUAR
AMOCHIGUAR

ENMOCHIGUAR
MUCHIGUAR
AMUCHIGUAR
APANIGUAR
AVERIGUAR
ANTIGUAR
SANTIGUAR
MORTIGUAR
AMORTIGUAR
TESTIGUAR
ATESTIGUAR
ALENGUAR
DESLENGUAR
MENGUAR
AMENGUAR
DESMENGUAR
MINGUAR
CHÁHUAR
AJUAR
VALUAR
AVALUAR
EVALUAR
ATENUAR
EXTENUAR
INSINUAR
CONTINUAR
DESCONTINUAR
DISCONTINUAR
PUAR
RUAR
GARUAR
DESBRUAR
ARRUAR
MENSTRUAR
CENSUAR
ACENSUAR
ENCENSUAR
INFATUAR
TATUAR
ESTATUAR
ACTUAR
EFECTUAR
FLUCTUAR
USUFRUCTUAR
PERPETUAR
HABITUAR
DESHABITUAR
REDITUAR
SITUAR
TUMULTUAR
ATUMULTUAR
ACENTUAR
PUNTUAR
ECEPTUAR
PRECEPTUAR
CONCEPTUAR
DESCONCEPTUAR
EXCEPTUAR
DESVIRTUAR
USUFRUTUAR
CONTEXTUAR
GANZUAR
CAVAR
RECAVAR
ENTRECAVAR
SOCAVAR
CARCAVAR
EXCAVAR
OCHAVAR
ALMOGÁVAR
ALMUGÁVAR
HAVAR
LAVAR
CLAVAR
ENCLAVAR
DESENCLAVAR
DESCLAVAR
RELAVAR
DESLAVAR
SOBRELLAVAR
ABRAVAR
EMBRAVAR
DESBRAVAR
GRAVAR
AGRAVAR
REAGRAVAR
DESGRAVAR
DEPRAVAR
SEISAVAR
OCTAVAR
REOCTAVAR
SEXTAVAR
LIEVAR
LEVAR
SUBLEVAR
ELEVAR

RELEVAR
SIETELEVAR
MANLEVAR
SOLEVAR
LLEVAR
SOBRELLEVAR
ENTRELLEVAR
CONLLEVAR
NEVAR
DESNEVAR
ABREVAR
CABREVAR
ENTREVAR
ENCUEVAR
HUEVAR
AHUEVAR
CHIVAR
ARCHIVAR
DADIVAR
SALIVAR
DESALIVAR
ENSALIVAR
INSALIVAR
OLIVAR
BOLÍVAR
DERIVAR
PRIVAR
DESPRIVAR
CATIVAR
ENCATIVAR
ACTIVAR
ADJETIVAR
ALTIVAR
CULTIVAR
SUBSTANTIVAR
SUSTANTIVAR
MOTIVAR
CAPTIVAR
CAUTIVAR
ESQUIVAR
VIVAR
AVIVAR
REAVIVAR
CALVAR
DECALVAR
ENCALVAR
MALVAR
SALVAR
ENSELVAR
ALHOLVAR
EMPOLVAR
DESEMPOLVAR
DESPOLVAR
ASOLVAR
AZOLVAR
OVAR
AOVAR
ENCOVAR
DESENCOVAR
CORCOVAR
JOVAR
NOVAR
RENOVAR
INNOVAR
TROVAR
DESOVAR
ESTOVAR
AXOVAR
ADARVAR
APARVAR
EMPARVAR
DESEMPARVAR
ESPARVAR
DESPARVAR
ACERVAR
COACERVAR
ENERVAR
DESNERVAR
SERVAR
OBSERVAR
RESERVAR
PRESERVAR
CONSERVAR
CORVAR
ACORVAR
RECORVAR
ENCORVAR
DESENCORVAR
CURVAR
INCURVAR
COADYUVAR
LAXAR
DELAXAR
CONDEXAR
ANEXAR
PACAYAR

GAYAR
ARGAYAR
LAYAR
ATALAYAR
APLAYAR
DESPLAYAR
EXPLAYAR
SOSLAYAR
MAYAR
DESMAYAR
PAYAR
RAYAR
SUBRAYAR
ENRAYAR
ASAYAR
ENSAYAR
REENSAYAR
GUAYAR
APLEBEYAR
ENACIYAR
BOYAR
ABOYAR
ZABOYAR
AFOYAR
AHOYAR
REHOYAR
ENJOYAR
POYAR
APOYAR
DESAPOYAR
ARROYAR
CONVOYAR
ENCABUYAR
ACHUCUYAR
ENSUYAR
ZAR
AZAR
BAZAR
CALABAZAR
EMBAZAR
ESCOBAZAR
CAZAR
ALCÁZAR
CHAZAR
DESCACHAZAR
RECHAZAR
PEDAZAR
APEDAZAR
ESPEDAZAR
DESPEDAZAR
LODAZAR
ENLODAZAR
AMORDAZAR
ENMORDAZAR
PROFAZAR
REGAZAR
ARREGAZAR
DELGAZAR
ADELGAZAR
HOLGAZAR
ENGAZAR
ALCAHAZAR
ALMOHAZAR
LAZAR
RELAZAR
ENTRELAZAR
ENLAZAR
DESENLAZAR
SOLAZAR
ASOLAZAR
DESOLAZAR
APLAZAR
EMPLAZAR
REEMPLAZAR
REMPLAZAR
DESPLAZAR
DESLAZAR
MAZAR
LLAMAZAR
APELMAZAR
APOMAZAR
MENAZAR
AMENAZAR
ATENAZAR
ENCAPAZAR
TRAPAZAR
ENTRAPAZAR
RAZAR
EMBARAZAR
DESEMBARAZAR
DESPICARAZAR
TARAZAR
ATARAZAR
BRAZAR
ABRAZAR
QUEBRAZAR

EMBRAZAR
DESEMBRAZAR
SOBRAZAR
DISFRAZAR
AGRAZAR
ESTIRAZAR
ACORAZAR
ALFARRAZAR
EMBORRAZAR
TRAZAR
ATRAZAR
ESTRAZAR
TAZAR
RETAZAR
DESTAZAR
AMUSTAZAR
AGUAZAR
ENAGUAZAR
DESAGUAZAR
ESGUAZAR
DESGUAZAR
DESLAVAZAR
CZAR
JAEZAR
AJAEZAR
ENJAEZAR
DESENJAEZAR
ARRAEZAR
BEZAR
ENCABEZAR
DESCABEZAR
ACEZAR
BOCEZAR
RAFEZAR
REFEZAR
RAHEZAR
DESPIEZAR
ALJEZAR
DESMALEZAR
EMPEZAR
TROMPEZAR
TROPEZAR
ENTROPEZAR
DESENTROPEZAR
ESTROPEZAR
DESPEZAR
REZAR
DREZAR
ADREZAR
ENDREZAR
DESCEREZAR
DEREZAR
ADEREZAR
DESADEREZAR
ENDEREZAR
EMPEREZAR
DESEMPEREZAR
FREZAR
DESFREZAR
ATEZAR
DESCORTEZAR
ESTEZAR
BOSTEZAR
ALQUEZAR
VEZAR
AVEZAR
DESAVEZAR
REVEZAR
MALVEZAR
DESVEZAR
IZAR
ARCAIZAR
JUDAIZAR
ALMAIZAR
HEBRAIZAR
ENRAIZAR
SILABIZAR
ARABIZAR
CAMBIZAR
MACIZAR
GRECIZAR
LAICIZAR
EXORCIZAR
HECHIZAR
ENHECHIZAR
DESENHECHIZAR
DESHECHIZAR
RECHIZAR
ARROMADIZAR
EMPRADIZAR
INDEPENDIZAR
COMPENDIZAR
FECUNDIZAR
PROFUNDIZAR
METODIZAR
AGUDIZAR

ALFÉIZAR
HOMOGENEIZAR
EUROPEIZAR
FIZAR
DIALOGIZAR
PARALOGIZAR
SILOGIZAR
TEOLOGIZAR
ETIMOLOGIZAR
APOLOGIZAR
LIZAR
ALIZAR
BALIZAR
ABALIZAR
ALCALIZAR
LOCALIZAR
VOCALIZAR
FISCALIZAR
ABANDALIZAR
ESCANDALIZAR
IDEALIZAR
REALIZAR
LEGALIZAR
GARGALIZAR
LABIALIZAR
ADVERBIALIZAR
ESPECIALIZAR
SOCIALIZAR
PARCIALIZAR
DIALIZAR
MATERIALIZAR
INDUSTRIALIZAR
ANIMALIZAR
FORMALIZAR
NORMALIZAR
ANALIZAR
CANALIZAR
ENCANALIZAR
FINALIZAR
NACIONALIZAR
INTERNACIONALIZAR
DESNACIONALIZAR
PERSONALIZAR
IMPERSONALIZAR
MUNICIPALIZAR
EMPALIZAR
PARALIZAR
LIBERALIZAR
GENERALIZAR
MINERALIZAR
MORALIZAR
DESMORALIZAR
TEMPORALIZAR
CENTRALIZAR
DESCENTRALIZAR
MAESTRALIZAR
NEUTRALIZAR
PLURALIZAR
NATURALIZAR
CONNATURALIZAR
PRETERNATURALIZAR
DESNATURALIZAR
NASALIZAR
UNIVERSALIZAR
PALATALIZAR
METALIZAR
CAPITALIZAR
HOSPITALIZAR
TOTALIZAR
INMORTALIZAR
CRISTALIZAR
INDIVIDUALIZAR
ACTUALIZAR
ESPIRITUALIZAR
PUNTUALIZAR
RIVALIZAR
ANGELIZAR
EVANGELIZAR
CARAMELIZAR
NOVELIZAR
IMPERMEABILIZAR
CONTABILIZAR
ESTABILIZAR
SENSIBILIZAR
INSENSIBILIZAR
AGILIZAR
ESTERILIZAR
VOLATILIZAR
SUBTILIZAR
MERCANTILIZAR
GENTILIZAR
SOTILIZAR
FERTILIZAR
ESTILIZAR
HOSTILIZAR
UTILIZAR

INUTILIZAR
SUTILIZAR
TRANQUILIZAR
INTRANQUILIZAR
CIVILIZAR
MOVILIZAR
INMOVILIZAR
DESMOVILIZAR
ENLIZAR
PARABOLIZAR
SIMBOLIZAR
HERBOLIZAR
HIPERBOLIZAR
MELANCOLIZAR
DESMELANCOLIZAR
PROTOCOLIZAR
ALCOHOLIZAR
ESPAÑOLIZAR
DESESPAÑOLIZAR
MONOPOLIZAR
ELECTROLIZAR
CATOLIZAR
DESCATOLIZAR
DESLIZAR
FABULIZAR
RIDICULIZAR
ESDRUJULIZAR
ESCRUPULIZAR
MIZAR
MACADAMIZAR
ISLAMIZAR
MARRAMIZAR
TAMIZAR
POLEMIZAR
ECONOMIZAR
ATOMIZAR
ANATOMIZAR
ENTOMIZAR
ENFERMIZAR
CLOROFORMIZAR
URBANIZAR
AFRICANIZAR
VULCANIZAR
DIAFANIZAR
PAGANIZAR
ORGANIZAR
REORGANIZAR
DESORGANIZAR
ITALIANIZAR
CRISTIANIZAR
DESCRISTIANIZAR
CASTELLANIZAR
ROMANIZAR
GERMANIZAR
HUMANIZAR
HISPANIZAR
GRANIZAR
TIRANIZAR
GALVANIZAR
ENCENIZAR
HIGIENIZAR
LENIZAR
HELENIZAR
AMENIZAR
LATINIZAR
DIVINIZAR
INDEMNIZAR
SOLEMNIZAR
CARBONIZAR
PRECONIZAR
BUFONIZAR
AGONIZAR
PARANGONIZAR
COLONIZAR
ARMONIZAR
HARMONIZAR
CANONIZAR
SINCRONIZAR
IRONIZAR
CORONIZAR
ENTRONIZAR
DESENTRONIZAR
CATONIZAR
SINTONIZAR
BARNIZAR
EMBARNIZAR
ENCARNIZAR
MODERNIZAR
FRATERNIZAR
ETERNIZAR
DESBORNIZAR
INMUNIZAR
CAÑIZAR
ENCAÑIZAR
ENTRAÑIZAR
LAPIZAR

TAPIZAR
ENTAPIZAR
SINCOPIZAR
RIZAR
BARBARIZAR
ESBARIZAR
PICARIZAR
ESCARIZAR
SOLIDARIZAR
VULGARIZAR
FOGARIZAR
GARGARIZAR
FAMILIARIZAR
VELARIZAR
ASEGLARIZAR
POLARIZAR
DESPOLARIZAR
SECULARIZAR
PARTICULARIZAR
REGULARIZAR
SINGULARIZAR
POPULARIZAR
DESPOPULARIZAR
AMARIZAR
CITARIZAR
MILITARIZAR
TARTARIZAR
BRIZAR
DRIZAR
ADRIZAR
MELINDRIZAR
ERIZAR
MERCERIZAR
BANDERIZAR
ABANDERIZAR
EXTRANJERIZAR
COLERIZAR
ENCOLERIZAR
DESENCOLERIZAR
QUIMERIZAR
ENERIZAR
CARACTERIZAR
ETERIZAR
PASTERIZAR
CLISTERIZAR
CAUTERIZAR
PULVERIZAR
PORFIRIZAR
PANEGIRIZAR
SATIRIZAR
MARTIRIZAR
ENRIZAR
DESENRIZAR
HERBORIZAR
RUBORIZAR
TEORIZAR
METEORIZAR
METAFORIZAR
ALEGORIZAR
VIGORIZAR
GONGORIZAR
EXTERIORIZAR
VALORIZAR
DESVALORIZAR
OLORIZAR
TEMORIZAR
ATEMORIZAR
PORMENORIZAR
SONORIZAR
VAPORIZAR
EVAPORIZAR
TEMPORIZAR
CONTEMPORIZAR
ATERRORIZAR
HORRORIZAR
TESORIZAR
AUCTORIZAR
MOTORIZAR
AUTORIZAR
DESAUTORIZAR
POLVORIZAR
EMPOLVORIZAR
ESPOLVORIZAR
DESPOLVORIZAR
FERVORIZAR
AFERVORIZAR
ENFERVORIZAR
ARRIZAR
ENCERRIZAR
ATERRIZAR
EMBORRIZAR
DESRIZAR
TRIZAR
CICATRIZAR
ELECTRIZAR
DESELECTRIZAR

ENTRIZAR
DESTRIZAR
TESAURIZAR
CARICATURIZAR
ENZURIZAR
ATIZAR
SABATIZAR
MEDIATIZAR
VOLATIZAR
MULATIZAR
MATIZAR
DRAMATIZAR
ANATEMATIZAR
SISTEMATIZAR
ESQUEMATIZAR
ESTIGMATIZAR
DOGMATIZAR
AROMATIZAR
ACROMATIZAR
FANATIZAR
SIMPATIZAR
DEMOCRATIZAR
DESRATIZAR
METATIZAR
ALFABETIZAR
PROFETIZAR
MAHOMETIZAR
MAGNETIZAR
MONETIZAR
DESMONETIZAR
SONETIZAR
POETIZAR
DESPOETIZAR
SINTETIZAR
ELEGANTIZAR
GARANTIZAR
ENTIZAR
REPENTIZAR
PATENTIZAR
COTIZAR
NARCOTIZAR
ERGOTIZAR
HIPNOTIZAR
DESPOTIZAR
BAPTIZAR
ARTIZAR
DESCUARTIZAR
AMORTIZAR
DESAMORTIZAR
ECLESIASTIZAR
MESTIZAR
BAUTIZAR
REBAUTIZAR
GREGUIZAR
ATAQUIZAR
CATEQUIZAR
CRITIQUIZAR
BLANQUIZAR
ANARQUIZAR
JERARQUIZAR
ESCLAVIZAR
SUAVIZAR
COLECTIVIZAR
ALZAR
CALZAR
RECALZAR
ENCALZAR
SOCALZAR
DESCALZAR
REALZAR
SOBREALZAR
CAPIALZAR
SOALZAR
ENSALZAR
EXALZAR
ADULZAR
ENDULZAR
AGARBANZAR
ALCANZAR
PERCANZAR
DANZAR
AFIANZAR
ACRIANZAR
LANZAR
ALANZAR
BALANZAR
RELANZAR
ROMANZAR
ARROMANZAR
ENANZAR
ABONANZAR
ESPERANZAR
DESESPERANZAR
DESGRANZAR
TRANZAR
AVANZAR

ENLENZAR
JIMENZAR
ENMENZAR
COMENZAR
RECOMENZAR
ENCOMENZAR
TRENZAR
ENTRENZAR
DESTRENZAR
ESBINZAR
DESBINZAR
ESPINZAR
DESPINZAR
DESGUINZAR
ESGUINZAR
ESCONZAR
JERIGONZAR
AVERGONZAR
ENVERGONZAR
DESGONZAR
IZGONZAR
RONZAR
ARRONZAR
TRONZAR
DESONZAR
PUNZAR
CONTRAPUNZAR
ENTREPUNZAR
ENCALABOZAR
REBOZAR
ARREBOZAR
DESARREBOZAR
EMBOZAR
DESEMBOZAR
ESBOZAR
GOZAR
HOZAR
ENLOZAR
ALLOZAR
SOLLOZAR
REMOZAR
EMPOZAR
DESEMPOZAR
ROZAR
DESCAROZAR
BROZAR
DESEMBROZAR
DESBROZAR
ENFEROZAR
ALBOROZAR
ENCOROZAR
TROZAR
DESTROZAR
TOZAR
RETOZAR
ESTOZAR
ESCARZAR
ENGARZAR
DESENGARZAR
ENZARZAR
DESENZARZAR
ORZAR
ACORZAR
ALCORZAR
ESCORZAR
FORZAR
REFORZAR
ALFORZAR
ESFORZAR
ALMORZAR
ENCAUZAR
BUZAR
ABARCUZAR
CHUZAR
ARCADUZAR
CARDUZAR
AGUZAR
DESAFIUZAR
ENFIUZAR
DESFIUZAR
ATALUZAR
ESPELUZAR
DESPELUZAR
RESPELUZAR
ESCARAMUZAR
MENUZAR
DESMENUZAR
CAPUZAR
ENCAPUZAR
CHAPUZAR
EMPAPUZAR
RAPUZAR
ZAPUZAR
ZAMPUZAR
BRUZAR
CRUZAR

RECRUZAR
ENTRECRUZAR
DESCRUZAR
ENCAPERUZAR
DESCAPERUZAR
ZUZAR
AZUZAR
CAER
DECAER
RECAER
DESCAER
RAER
TRAER
ATRAER
DESATRAER
SUBTRAER
DETRAER
RETRAER
MALTRAER
CONTRAER
BAJOTRAER
RETROTRAER
DENTROTRAER
ABSTRAER
SUBSTRAER
BISTRAER
DISTRAER
SUSTRAER
EXTRAER
CABER
HÂBER
HABER
SABER
RESABER
BEBER
SOBREBEBER
EMBEBER
DESBEBER
DEBER
BERÉBER
LÍBER
LAMBER
SORBER
ABSORBER
RESORBER
PÚBER
IMPÚBER
ALCACER
FACER
AFACER
CONTRAFACER
REFACER
RAREFACER
LICUEFACER
GRANDIFACER
MALFACER
BIENFACER
DESFACER
SATISFACER
HACER
CONTRAHACER
REHACER
QUEHACER
DESHACER
JACER
PLACER
APLACER
COMPLACER
DESPLACER
DISPLACER
LAGRIMACER
NACER
RENACER
PACER
APACER
REPACER
GUACER
YACER
ENTREYACER
CAECER
ACAECER
ENCAECER
ESCAECER
DESCAECER
EMBEBECER
EMBOBECER
EMBARBECER
ENSOBERBECER
DESENSOBERBECER
HERBECER
ENDULCECER
ENMOCECER
ANOCHECER
ENDELGADECER
PADECER
COMPADECER

GRADECER
AGRADECER
DESAGRADECER
REGRADECER
OBEDECER
DESOBEDECER
HUMEDECER
REHUMEDECER
ENHUMEDECER
DESHUMEDECER
EMPEDECER
PALIDECER
ARIDECER
LANGUIDECER
LIVIDECER
ENCANDECER
EXCANDECER
ABLANDECER
REBLANDECER
EMBLANDECER
ESBLANDECER
RESPLANDECER
BRANDECER
ENGRANDECER
ENSANDECER
ENARDECER
TARDECER
ATARDECER
EXARDECER
VERDECER
REVERDECER
ENVERDECER
ENGORDECER
SORDECER
ENSORDECER
ATORDECER
ENZURDECER
ENMUDECER
DESENMUDECER
ENNUDECER
RECRUDECER
ENCRUDECER
ENRUDECER
DESENRUDECER
ENGAFECER
MOHECER
AMOHECER
ENMOHECER
DESENMOHECER
ENTIBIECER
BERMEJECER
EMBERMEJECER
VEJECER
REVEJECER
ENVEJECER
HOJECER
ENROJECER
CALECER
ESCALECER
ENMALECER
ENRALECER
FORTALECER
ENFORTALECER
DESFORTALECER
PREVALECER
CONVALECER
RECONVALECER
ESTABLECER
RESTABLECER
NOBLECER
ENNOBLECER
DESNOBLECER
ENCRUDELECER
ENCRUELECER
VILECER
ENVILECER
ARBOLECER
HERBOLECER
ADOLECER
CALLECER
ENCALLECER
FALLECER
DESFALLECER
TALLECER
RETALLECER
ENTALLECER
EMBELLECER
AMARILLECER
ENAMARILLECER
BOLLECER
AMOLLECER
ENMOLLECER
PIMPOLLECER
TOLLECER
DESENTOLLECER
BULLECER

ORGULLECER
ENORGULLECER
TULLECER
ENTULLECER
DESTULLECER
MECER
AMECER
REMECER
CONTREMECER
ESTREMECER
ALMECER
CARCOMECER
ATOMECER
ENTOMECER
ADORMECER
DESADORMECER
ATORMECER
EMPLUMECER
ENTUMECER
DESENTUMECER
CANECER
ENCANECER
AMANECER
REMANECER
HERMANECER
PERMANECER
ENVANECER
DESVANECER
LOZANECER
ENLOZANECER
FENECER
DEFENECER
PERTENECER
JUVENECER
REJUVENECER
DIFINECER
ORINECER
ENRUINECER
ONECER
ADONECER
ENTRONECER
EMBARNECER
ENCARNECER
ESCARNECER
ENSARNECER
GUARNECER
DESGUARNECER
EMPEDERNECER
ATERNECER
ENTERNECER
FORNECER
AFORNECER
EMPEQUEÑECER
RETOÑECER
ENTAPECER
EMPECER
TORPECER
ENTORPECER
DESENTORPECER
ARECER
CARECER
ENCARECER
DESENCARECER
CLARECER
ACLARECER
ESCLARECER
AMARECER
PARECER
APARECER
REAPARECER
DESAPARECER
COMPARECER
TRASPARECER
DESPARECER
ENRARECER
GUARECER
ENTENEBRECER
ENSOMBRECER
EMPOBRECER
CRECER
ACRECER
DECRECER
RECRECER
SOBRECRECER
DESCRECER
PODRECER
EMPODRECER
DIFERECER
CONFERECER
DIGERECER
ADHERECER
MERECER
DESMERECER
PERECER
ESPERECER
DESPERECER

ATERECER
OFRECER
MAGRECER
AMAGRECER
ENMAGRECER
NEGRECER
DENEGRECER
ENNEGRECER
ENMUGRECER
ORECER
ALBORECER
ARBORECER
ENCORECER
FOSFORECER
FLORECER
REFLORECER
ENFLORECER
DESFLORECER
AMORECER
ESMORECER
FAVORECER
DESFAVORECER
EMPAVORECER
ENFERVORECER
TERRECER
ATERRECER
ABORRECER
AMODORRECER
ENLUSTRECER
OBSCURECER
ESCURECER
OSCURECER
ENDURECER
ENFURECER
DESENFURECER
ENGROSECER
APETECER
ENALTECER
DENTECER
ENDENTECER
LENTECER
RELENTECER
ENLLENTECER
CONTECER
ACONTECER
ATONTECER
ENTONTECER
ENFORTECER
AMORTECER
ABASTECER
DESABASTECER
EMBASTECER
PLASTECER
EMPLASTECER
ENTESTECER
ENTRISTECER
ROBUSTECER
EMPUTECER
EMBRUTECER
FRUTECER
LICUECER
COLICUECER
LOBREGUECER
ALOBREGUECER
ENLOBREGUECER
DIMINUECER
FLAQUECER
ENFLAQUECER
DESFLAQUECER
ENRIQUECER
BLANQUECER
EMBLANQUECER
ENFRANQUECER
ENRONQUECER
ARRONQUECER
ENCLOQUECER
ENLOQUECER
APOQUECER
EMBOSQUECER
EXPAVECER
ABRAVECER
EMBRAVECER
DESEMBRAVECER
DESBRAVECER
AGRAVECER
ENGRAVECER
ALTIVECER
CALVECER
ENCALVECER
PROVECER
APROVECER
ALICER
MICER
ALQUICER
CÂNCER
MÂNCER

NANCER
VENCER
REVENCER
CONVENCER
COCER
RECOCER
ESCOCER
DESCOCER
COGNOCER
CONOCER
RECONOCER
PRECONOCER
DESCONOCER
PRÓCER
ERCER
EJERCER
COERCER
TERCER
TORCER
ATORCER
RETORCER
ESTORCER
DESTORCER
NASCER
PUBESCER
ENRUBESCER
FALESCER
MOLLESCER
ENCLARESCER
ENVARESCER
FOSFORESCER
FLORESCER
GRAVESCER
NAUCHER
CADER
MERCADER
CEDER
ACCEDER
PRECEDER
ANTECEDER
CONCEDER
PROCEDER
RETROCEDER
INTERCEDER
SUCEDER
EXCEDER
SOBREEXCEDER
SOBREXCEDER
FEDER
HEDER
ESPALDER
PÓLDER
GRANDER
ACENDER
ACCENDER
DECENDER
ENCENDER
ASCENDER
TRASCENDER
DESCENDER
CONDESCENDER
TRANSCENDER
FENDER
DEFENDER
OFENDER
HENDER
DEHENDER
APREHENDER
DEPREHENDER
REPREHENDER
COMPREHENDER
ESPLENDER
PENDER
DEPENDER
IMPENDER
PROPENDER
DESPENDER
SUSPENDER
EXPENDER
RENDER
PRENDER
APRENDER
DESAPRENDER
DEPRENDER
REPRENDER
EMPRENDER
COMPRENDER
INTERPRENDER
SORPRENDER
DESPRENDER
TÉNDER
TENDER
ATENDER
DESATENDER
SUBTENDER
PRETENDER
ENTENDER
SUBENTENDER
SOBREENTENDER
SOBRENTENDER
SUPERENTENDER
INTENDER
CONTENDER
DISTENDER
EXTENDER
VENDER
REVENDER
MALVENDER
RETROVENDER
COLINDER
ASCONDER
ABSCONDER
ESCONDER
COHONDER
RESPONDER
CORRESPONDER
PODER
ARDER
PERDER
MORDER
REMORDER
ESTATÚDER
LEER
RELEER
ESLEER
PEER
CREER
ACREER
MALCREER
DESCREER
SEER
SOBRESEER
POSEER
DESPOSEER
VEER
PROVEER
DESPROVEER
FER
AFER
LUCIFER
CHÓFER
PROTEGER
ALIGER
ÁLIGER
COGER
ACOGER
RECOGER
SOBRECOGER
ENTRECOGER
ANTECOGER
ENCOGER
DESENCOGER
ESCOGER
DESCOGER
EMERGER
ASPERGER
DETERGER
ABSTERGER
CONVERGER
HER
RETRAHER
BRIGADIER
SUBRIGADIER
GREFIER
GUARDAMANGIER
POTAJIER
UJIER
BUJIER
HUJIER
ALIER
PALIER
MULIER
CONFALONIER
GONFALONIER
VERNIER
FURRIER
PENSIER
USIER
SAUSIER
BUSIER
PANATIER
ANTIER
ANTEANTIER
TRASANTIER
PORTIER
FRUTIER
QUIER
QUEQUIER
SIQUIER
CUALQUIER
QUIENQUIER
DOQUIER
ADOQUIER
SERASQUIER
CUALESQUIER
MEJER
TEJER
RETEJER
ENTRETEJER
DESTEJER
MUJER
GUARDAMUJER
PALABRIMUJER
CALER
INCALER
DESACORRALER
VALER
PREVALER
EQUIVALER
ROSICLER
CHANCELER
REPELER
IMPELER
COMPELER
EXPELER
REVELER
ALFILER
ALQUILER
OLER
DOLER
CONDOLER
MOLER
DEMOLER
REMOLER
DESMOLER
SOLER
ALCALLER
TÁLLER
TALLER
CANCELLER
CHANCELLER
CONCELLER
EMPELLER
BOTELLER
CANCILLER
VICECANCILLER
CHANCILLER
BACHILLER
SUMILLER
CAPILLER
ENTROPILLER
CASILLER
BOTILLER
COSTILLER
COLLER
REMOLLER
TOLLER
PEJEMULLER
LAMER
RELAMER
TREMER
TEMER
PRIMER
POSTRIMER
SALMER
COMER
MALCOMER
CARCOMER
DESCOMER
GOMER
VÓMER
BALLENER
TENER
ATENER
OBTENER
DETENER
RETENER
ENTRETENER
MANTENER
CONTENER
CAPTENER
ABSTENER
SOSTENER
MANUTENER
PONER
APONER
ADAPONER
CONTRAPONER
YUXTAPONER
DEPONER
REPONER
SOBREPONER
PREPONER
ENTREPONER
ANTEPONER
IMPONER
DESIMPONER
COMPONER
RECOMPONER
DESCOMPONER
OPONER
PROPONER
SUPERPONER
INTERPONER
TRASPONER
DESPONER
DISPONER
PREDISPONER
INDISPONER
TRANSPONER
POSPONER
SUPONER
PRESUPONER
PROSUPONER
EXPONER
EXONER
CERNER
DISCERNER
FRAÑER
TAÑER
ATAÑER
BÓER
MOER
ROER
CORROER
PER
HIPER
CLÍPER
ROMPER
ARROMPER
DERROMPER
ENTRERROMPER
INTERROMPER
CORROMPER
SÚPER
QUERER
MALQUERER
BIENQUERER
DESQUERER
BARRER
ABARRER
SOBREBARRER
JARRER
FERRER
CORRER
ACORRER
RECORRER
SOCORRER
DESCORRER
MINISTRER
POSTRER
SER
ESER
NECESER
COSER
RECOSER
DESCOSER
TOSER
MÁUSER
PIAMÁTER
CRÁTER
CARÁCTER
ÉTER
METER
REMETER
ARREMETER
ENTREMETER
MALMETER
COMETER
ACOMETER
PROMETER
APROMETER
COMPROMETER
ENTROMETER
SOMETER
COMPETER
URÉTER
CATÉTER
JÚPITER
TROCÁNTER
ÍNTER
ESFÍNTER
PELOTER
HORÓPTER
CÁRTER
VERTER
REVERTER
TRASVERTER
ASTER
ESTER
ÉSTER
CHÉSTER
MESTER
MENESTER
CISTER
CLISTER
PATERNÓSTER
ZOSTER
CÚTER
CUER
FUER
MAGUER
VEGUER
JOGUER
LOGUER
ALOGUER
VERGUER
MUER
PÓQUER
SOTUER
VER
PRECAVER
CADÁVER
REVER
PREVER
ATREVER
ENTREVER
ANTEVER
SOLVER
ABSOLVER
RESOLVER
DISOLVER
ENSOLVER
VOLVER
DEVOLVER
REVÓLVER
REVOLVER
ARREVOLVER
DESARREVOLVER
ENTREVOLVER
ENVOLVER
DESENVOLVER
DESVOLVER
LLOVER
MOVER
AMOVER
REMOVER
CONMOVER
PROMOVER
DEVOVER
ESPARVER
HERVER
TRASVER
AYER
ANTEAYER
ANTEANTEAYER
TRASANTEAYER
CREYER
ESCUYER
IR
EMBAIR
CONTRAIR
ALTAÍR
DECEBIR
CONCEBIR
PRECONCEBIR
APERCEBIR
BIBIR
RECIBIR
PERCIBIR
APERCIBIR
ADHIBIR
REDHIBIR
INHIBIR
COHIBIR
PROHIBIR
EXHIBIR
TRASCRIBIR
SUBSCRIBIR
ADSCRIBIR
ESCRIBIR
DESCRIBIR
RESCRIBIR
SOBRESCRIBIR
PRESCRIBIR
TRANSCRIBIR
INSCRIBIR
CIRCUNSCRIBIR
PROSCRIBIR
MANUSCRIBIR
SUSCRIBIR
INCUMBIR
SUCUMBIR
SUBIR
GRACIR
ATACIR
DECIR
CONTRADECIR
REDECIR
PREDECIR

ENTREDECIR
ANTEDECIR
MALDECIR
BENDECIR
CONDECIR
ESPERDECIR
INTERDECIR
INFECIR
ARRECIR
BENDICIR
ADULCIR
ENDULCIR
FULCIR
DEMULCIR
UNCIR
JUNCIR
FRUNCIR
DESFRUNCIR
DESUNCIR
DESYUNCIR
ADOCIR
NOCIR
TROCIR
PARCIR
ESPARCIR
DESPARCIR
RESARCIR
ESTARCIR
FORCIR
ZURCIR
BALBUCIR
ADUCIR
TRADUCIR
RETRADUCIR
EDUCIR
DEDUCIR
REDUCIR
SEDUCIR
INDUCIR
CONDUCIR
RECONDUCIR
PRODUCIR
REPRODUCIR
INTRODUCIR
LUCIR
RELUCIR
PRELUCIR
ENTRELUCIR
ENLUCIR
DESLUCIR
NUCIR
FENCHIR
HENCHIR
REHENCHIR
HINCHIR
REHINCHIR
ADIR
NÂDIR
NADIR
AÑADIR
SOBREAÑADIR
SUADIR
DISUADIR
PERSUADIR
EVADIR
INVADIR
DESDEDIR
MEDIR
REMEDIR
COMEDIR
AÑEDIR
PEDIR
IMPEDIR
DESPEDIR
EXPEDIR
REEXPEDIR
AGREDIR
TRASGREDIR
TRANSGREDIR
DECIDIR
INCIDIR
REINCIDIR
COINCIDIR
ELIDIR
COLIDIR
AÑIDIR
RESIDIR
PRESIDIR
DISIDIR
DIVIDIR
SUBDIVIDIR
BANDIR
ESCANDIR
GANDIR
BLANDIR
ABLANDIR
ESBLANDIR
EXPANDIR
DESCENDIR
HENDIR
RENDIR
ESCINDIR
RESCINDIR
PRESCINDIR
CONDIR
CUNDIR
FUNDIR
EFUNDIR
REFUNDIR
DIFUNDIR
INFUNDIR
CONFUNDIR
TRASFUNDIR
TRANSFUNDIR
HUNDIR
REHUNDIR
TUNDIR
RETUNDIR
CONTUNDIR
RECODIR
ENVERDIR
EXORDIR
URDIR
DESURDIR
ATURDIR
DESATURDIR
APLAUDIR
EXAUDIR
ACUDIR
SACUDIR
RECUDIR
PERCUDIR
REPERCUDIR
DESPERCUDIR
LUDIR
ALUDIR
ELUDIR
DELUDIR
ILUDIR
COLUDIR
ESLEIR
DESLEIR
REIR
FREIR
REFREIR
SOFREIR
ENGREIR
SONREIR
HAZMERREIR
SAFIR
ZAFIR
KÉFIR
AGIR
ELEGIR
REELEGIR
PREELEGIR
COLEGIR
RECOLEGIR
REGIR
CORREGIR
ELIGIR
REELIGIR
AFLIGIR
INFLIGIR
ERIGIR
DIRIGIR
TRANSIGIR
EXIGIR
REFULGIR
FRANGIR
TANGIR
CINGIR
DESCINGIR
FINGIR
ENFINGIR
INFINGIR
CONFINGIR
REFRINGIR
INFRINGIR
ASTRINGIR
ADSTRINGIR
RESTRINGIR
CONSTRINGIR
COSTRINGIR
UNGIR
ALUNGIR
PUNGIR
COMPUNGIR
YUNGIR
INYUNGIR
SUMERGIR
DIVERGIR
CONVERGIR
URGIR
SURGIR
RESURGIR
INSURGIR
FUGIR
MUGIR
RUGIR
DAHÍR
INVEHIR
MENHIR
ANEJIR
BRUJIR
CRUJIR
RECRUJIR
GRUJIR
FALIR
SALIR
ASALIR
RESALIR
SOBRESALIR
ESTABLIR
SEPELIR
COMPELIR
MOFLIR
MUFLIR
ESTABILIR
ABOLIR
EMOLIR
POLIR
CUMPLIR
INCUMPLIR
SUPLIR
PULIR
REPULIR
FALLIR
BOLLIR
MOLLIR
TOLLIR
BULLIR
ESCABULLIR
ZABULLIR
REBULLIR
ZAMBULLIR
ESCULLIR
ENGULLIR
ERGULLIR
MULLIR
REMULLIR
DESMULLIR
SALPULLIR
SARPULLIR
TULLIR
AMIR
ALAMIR
EMIR
CACHEMIR
GEMIR
APREMIR
IMPREMIR
EXPREMIR
DIMIR
REDIMIR
ESGRIMIR
DIRIMIR
DEPRIMIR
REPRIMIR
EMPRIMIR
IMPRIMIR
REIMPRIMIR
COMPRIMIR
OPRIMIR
DESOPRIMIR
SUPRIMIR
EXPRIMIR
CASIMIR
EXIMIR
ATOMIR
DORMIR
ADORMIR
SUMIR
ASUMIR
REASUMIR
RESUMIR
PRESUMIR
CONSUMIR
DESENTUMIR
MANIR
REMANIR
LENIR
VENIR
AVENIR
CONTRAVENIR
DESAVENIR
SUBVENIR
ADVENIR
EVENIR
DEVENIR
REVENIR
SOBREVENIR
PREVENIR
APREVENIR
ENTREVENIR
ANTEVENIR
INVENIR
CONVENIR
RECONVENIR
DESCONVENIR
DISCONVENIR
CIRCUNVENIR
PROVENIR
SUPERVENIR
INTERVENIR
PORVENIR
FINIR
DEFINIR
PREDEFINIR
PREFINIR
DIFINIR
ESCARNIR
GUARNIR
DESGUARNIR
CERNIR
DECERNIR
CONCERNIR
DISCERNIR
EMPEDERNIR
CONDERNIR
FORNIR
UNIR
REUNIR
PUNIR
DESUNIR
AÑIR
ALBAÑIR
GAÑIR
REGAÑIR
PLAÑIR
COMPLAÑIR
GUAÑIR
CEÑIR
RECEÑIR
DESCEÑIR
HEÑIR
REÑIR
ASTREÑIR
ESTREÑIR
CONSTREÑIR
COSTREÑIR
TEÑIR
RETEÑIR
DESTEÑIR
HIÑIR
ASTRIÑIR
RESTRIÑIR
CONSTRIÑIR
COSTRIÑIR
RETIÑIR
UÑIR
JUÑIR
MUÑIR
ESMUÑIR
BRUÑIR
GRUÑIR
REGRUÑIR
DESUÑIR
OIR
ENTREOIR
FOIR
DEFOIR
TRASOIR
DESOIR
USUCAPIR
TAPIR
ESCULPIR
INSCULPIR
INTERRUMPIR
IRRUMPIR
PRORRUMPIR
ESTRUMPIR
CARPIR
HISPIR
CRISPIR
ESCUPIR
TUPIR
ENTUPIR
PARIR
APARIR
MALPARIR
GUARIR
ABRIR
REABRIR
ENTREABRIR
DESABRIR
CUBRIR
RECUBRIR
ENCUBRIR
DESCUBRIR
PODRIR
REPODRIR
NUDRIR
PUDRIR
REPUDRIR
FACERIR
HACERIR
FERIR
AFERIR
DEFERIR
REFERIR
PREFERIR
ANTEFERIR
DIFERIR
MANFERIR
INFERIR
CONFERIR
CIRCUNFERIR
PROFERIR
INTERFERIR
TRASFERIR
TRANSFERIR
FAZFERIR
ENTREGERIR
DIGERIR
ENGERIR
INGERIR
SUGERIR
HERIR
AHERIR
MAHERIR
ZAHERIR
ADHERIR
REHERIR
MALHERIR
ENJERIR
INJERIR
INSERIR
INTERSERIR
ATERIR
PRETERIR
REQUERIR
INQUERIR
CONQUERIR
PESQUERIR
SUFRIR
DENEGRIR
ADQUIRIR
INQUIRIR
PERQUIRIR
PESQUIRIR
ASABORIR
ESCORIR
COLORIR
DESCOLORIR
MORIR
PREMORIR
ENTREMORIR
DESPAVORIR
DESAPRIR
GARRIR
AGUERRIR
ABORRIR
ABURRIR
RECURRIR
INCURRIR
CONCURRIR
OCURRIR
TRASCURRIR
ESCURRIR
DISCURRIR
TRANSCURRIR
APURRIR
ESPURRIR
ZURRIR
RUSTRIR
NUTRIR
ADURIR
ASIR
DESASIR
VISIR
TRANSIR
CUSIR
CORCUSIR
ENFUSIR
BATIR
ABATIR
CONTRABATIR
DESABATIR
DEBATIR

REBATIR
COMBATIR
LATIR
REPETIR
COMPETIR
RETIR
DERRETIR
ADMITIR
READMITIR
EMITIR
DEMITIR
REMITIR
PREMITIR
DIMITIR
OMITIR
PERMITIR
PRETERMITIR
INTERMITIR
TRASMITIR
TRANSMITIR
RETRANSMITIR
MANUMITIR
GARANTIR
MENTIR
DESMENTIR
SENTIR
ASENTIR
PRESENTIR
DISENTIR
CONSENTIR
DESCONSENTIR
CUNTIR
ACUNTIR
MÁRTIR
PROTOMÁRTIR
PARTIR
DEPARTIR
REPARTIR
TRIPARTIR
IMPARTIR
COMPARTIR
DESPARTIR
IMPERTIR
SUBVERTIR
ADVERTIR
DESADVERTIR
REVERTIR
DIVERTIR
INVERTIR
CONVERTIR
CONTROVERTIR
PERVERTIR
SUVERTIR
ENFORTIR
CURTIR
ENCURTIR
ENFURTIR
INFURTIR
SURTIR
RESURTIR
BASTIR
EMBESTIR
DEGESTIR
DIGESTIR
PRESTIR
VESTIR
REVESTIR
SOBREVESTIR
ENVESTIR
INVESTIR
DESVESTIR
ASISTIR
DESASISTIR
SUBSISTIR
DESISTIR
RESISTIR
INSISTIR
CONSISTIR
PERSISTIR
EXISTIR
PREEXISTIR
COEXISTIR
ROSTIR
EMBUSTIR
RUSTIR
REBUTIR
EMBUTIR
CUTIR
PERCUTIR
REPERCUTIR
DISCUTIR
DEGLUTIR
ENGLUTIR
TRIBUIR
ATRIBUIR
RETRIBUIR
CONTRIBUIR
DISTRIBUIR
IMBUIR
CIRCUIR
INMISCUIR
FUIR
DEFUIR
CONFUIR
DESFUIR
SEGUIR
ASEGUIR
SUBSEGUIR
DESEGUIR
RESEGUIR
CONSEGUIR
PROSEGUIR
PERSEGUIR
DISTINGUIR
SUBDISTINGUIR
CONDISTINGUIR
EXTINGUIR
ARGÜIR
REDARGÜIR
REARGÜIR
ERGUIR
HUIR
REHUIR
LUIR
RECLUIR
INCLUIR
CONCLUIR
OCLUIR
EXCLUIR
FLUIR
AFLUIR
REFLUIR
DIFLUIR
INFLUIR
CONFLUIR
DILUIR
MUIR
ESMUIR
DIMINUIR
DISMINUIR
FAQUIR
JAQUIR
DELINQUIR
DERRELINQUIR
MUQUIR
FRUIR
GRUIR
DERRUIR
IRRUIR
DIRRUIR
OBSTRUIR
DESOBSTRUIR
DESTRUIR
INSTRUIR
CONSTRUIR
RECONSTRUIR
COSTRUIR
ESTATUIR
SUBSTITUIR
DESTITUIR
RESTITUIR
INSTITUIR
CONSTITUIR
RECONSTITUIR
PROSTITUIR
SOSTITUIR
SUSTITUIR
INTUIR
VIVIR
REVIVIR
SOBREVIVIR
MALVIVIR
BIENVIVIR
CONVIVIR
PERVIVIR
DECENVIR
DUUNVIR
FERVIR
HERVIR
REHERVIR
SERVIR
DESERVIR
EXIR
ELIXIR
BABOR
ALCABOR
LABOR
SABOR
DESABOR
SINSABOR
TABOR
ELÉBOR
ESTRIBOR
TIBOR
ALBOR
ROCAMBOR
ALAMBOR
TAMBOR
ATAMBOR
ÁRBOR
BORBOR
RUBOR
COR
DECOR
SECOR
ICOR
LICOR
SALICOR
PICOR
BATICOR
ALCOR
BLANCOR
RANCOR
RENCOR
FRESCOR
FECHOR
MALFECHOR
BIENFECHOR
HECHOR
MALHECHOR
BIENHECHOR
TRECHOR
ANCHOR
ADOR
BABADOR
ACABADOR
MENOSCABADOR
ALABADOR
GRABADOR
CEBADOR
ENGIBADOR
CRIBADOR
ACRIBADOR
DERRIBADOR
ESTRIBADOR
ENTIBADOR
ESTIBADOR
SILBADOR
CHIMBADOR
ARRUMBADOR
ZUMBADOR
ENCOBADOR
ADOBADOR
ROBADOR
PROBADOR
APROBADOR
REPROBADOR
ARROBADOR
ESCARBADOR
DESYERBADOR
ESTORBADOR
TURBADOR
CONTURBADOR
PERTURBADOR
ATISBADOR
MACHACADOR
APLACADOR
EMPACADOR
SACADOR
ASACADOR
ENSACADOR
SONSACADOR
SOSACADOR
ATACADOR
DEFECADOR
EMBELECADOR
PECADOR
SECADOR
DESECADOR
AHUECADOR
ACHICADOR
PREDICADOR
INDICADOR
SINDICADOR
VINDICADOR
ADJUDICADOR
PERJUDICADOR
PACIFICADOR
EDIFICADOR
REEDIFICADOR
CODIFICADOR
MODIFICADOR
CALIFICADOR
MELIFICADOR
AMPLIFICADOR
SIMPLIFICADOR
MAGNIFICADOR
SIGNIFICADOR
DAMNIFICADOR
TONIFICADOR
ESCARIFICADOR
SACRIFICADOR
VERIFICADOR
ORIFICADOR
GLORIFICADOR
METRIFICADOR
PURIFICADOR
CLASIFICADOR
FALSIFICADOR
PROSIFICADOR
VERSIFICADOR
GRATIFICADOR
RECTIFICADOR
FRUCTIFICADOR
SANTIFICADOR
CERTIFICADOR
FORTIFICADOR
MORTIFICADOR
JUSTIFICADOR
VIVIFICADOR
PUBLICADOR
REPLICADOR
MULTIPLICADOR
EXPLICADOR
DESMICADOR
FORNICADOR
PICADOR
PREVARICADOR
FABRICADOR
LUBRICADOR
PRACTICADOR
CRITICADOR
MASTICADOR
PRONOSTICADOR
CALCADOR
DESCALCADOR
DESFALCADOR
REMOLCADOR
INCULCADOR
CONCULCADOR
ARRANCADOR
BRINCADOR
RONCADOR
EMBOCADOR
COCADOR
CHOCADOR
SOFOCADOR
SUFOCADOR
LOCADOR
MOCADOR
APOCADOR
ROCADOR
TROCADOR
TOCADOR
RETOCADOR
ESTOCADOR
EVOCADOR
REVOCADOR
INVOCADOR
CONVOCADOR
PROVOCADOR
ARCADOR
ABARCADOR
EMBARCADOR
MARCADOR
DEMARCADOR
CERCADOR
ACERCADOR
RECERCADOR
DESCERCADOR
MERCADOR
PERCADOR
ALTERCADOR
APORCADOR
SURCADOR
MASCADOR
RASCADOR
TASCADOR
PESCADOR
REFRESCADOR
MARISCADOR
ARRISCADOR
TRISCADOR
AMOSCADOR
BUSCADOR
REBUSCADOR
OFUSCADOR
APAÑUSCADOR
EMBAUCADOR
TRABUCADOR
MACHUCADOR
EDUCADOR
BESUCADOR
ESTUCADOR
PELLIZCADOR
REMACHADOR
EMPACHADOR
DESPACHADOR
EMBORRACHADOR
TACHADOR
ECHADOR
ACECHADOR
FECHADOR
AHECHADOR
COHECHADOR
FLECHADOR
DESPECHADOR
BRECHADOR
DESTEBRECHADOR
ASECHADOR
TRASECHADOR
TECHADOR
APROVECHADOR
ENGANCHADOR
PLANCHADOR
APLANCHADOR
MANCHADOR
ENSANCHADOR
RELINCHADOR
TRINCHADOR
TRASNOCHADOR
ABROCHADOR
REPROCHADOR
AGARROCHADOR
DERROCHADOR
ENCORCHADOR
DESCORCHADOR
ESCUCHADOR
AHUCHADOR
LUCHADOR
DADOR
HADADOR
APIADADOR
TRASLADADOR
NADADOR
AGRADADOR
FORADADOR
HORADADOR
RECABDADOR
REMEDADOR
ARREMEDADOR
HOSPEDADOR
ENREDADOR
DEPREDADOR
AQUEDADOR
DILUCIDADOR
APELLIDADOR
DILAPIDADOR
GRIDADOR
CUIDADOR
LIQUIDADOR
ENVIDADOR
CONVIDADOR
ENFALDADOR
AMOLDADOR
SOLDADOR
ANDADOR
ABLANDADOR
MANDADOR
DEMANDADOR
ZARANDADOR
ATANDADOR
EMENDADOR
ENMENDADOR
COMENDADOR
ACOMENDADOR
SUBCOMENDADOR
SOZCOMENDADOR
PRENDADOR
DEPRENDADOR
ARRENDADOR
SUBARRENDADOR
COARRENDADOR
DESLINDADOR
BRINDADOR
MUNDADOR
RONDADOR
FECUNDADOR
FUNDADOR
ACOMODADOR
INCOMODADOR
PODADOR
APODADOR
RODADOR
CARDADOR
ESCARDADOR
ENFARDADOR
TARDADOR
RETARDADOR
GUARDADOR

AGUARDADOR
BORDADOR
ABORDADOR
TRANSBORDADOR
RECORDADOR
CONCORDADOR
ENGORDADOR
RECAUDADOR
FRAUDADOR
DEFRAUDADOR
EMBUDADOR
SALUDADOR
ANUDADOR
DESNUDADOR
AÑUDADOR
ENGRUDADOR
AYUDADOR
COADYUDADOR
FABEADOR
RUMBEADOR
MACEADOR
BRACEADOR
CABECEADOR
ALANCEADOR
BALANCEADOR
ROMANCEADOR
COCEADOR
ACOCEADOR
VOCEADOR
MARCEADOR
CADUCEADOR
TRECHEADOR
VADEADOR
MOLDEADOR
BLANDEADOR
AMERCENDEADOR
HONDEADOR
RODEADOR
MERODEADOR
REBORDEADOR
AFEADOR
SOLFEADOR
FORRAJEADOR
LISONJEADOR
OJEADOR
GORJEADOR
ABALEADOR
JALEADOR
MALEADOR
PALEADOR
APALEADOR
SABLEADOR
PELEADOR
BOLEADOR
COLEADOR
VOLEADOR
EMPLEADOR
COPLEADOR
CORLEADOR
VAPULEADOR
MOMEADOR
HUSMEADOR
PLANEADOR
GRANEADOR
DEVANEADOR
MENEADOR
DELINEADOR
BOLINEADOR
DONEADOR
GALARDONEADOR
REJONEADOR
AGUIJONEADOR
GALONEADOR
SERMONEADOR
PERNEADOR
CORNEADOR
ACORNEADOR
TORNEADOR
GUADAÑEADOR
APEADOR
CAPEADOR
GOLPEADOR
CAMPEADOR
TRAMPEADOR
CAREADOR
CACAREADOR
ALGAREADOR
MAREADOR
VAREADOR
SOMBREADOR
CREADOR
PROCREADOR
APEDREADOR
SABOREADOR
SEÑOREADOR
ENSEÑOREADOR

TOREADOR
ARREADOR
ACARREADOR
APERREADOR
GUERREADOR
APORREADOR
DELETREADOR
RASTREADOR
PASEADOR
PARAFRASEADOR
FANTASEADOR
DESEADOR
FALSEADOR
HERMOSEADOR
MANOSEADOR
MARIPOSEADOR
CATEADOR
CALAFATEADOR
PLATEADOR
ZAPATEADOR
ASAETEADOR
RIBETEADOR
ABOFETEADOR
PLEITEADOR
SALTEADOR
VOLTEADOR
GALANTEADOR
MANTEADOR
TANTEADOR
MONTEADOR
OTEADOR
ESCAMOTEADOR
GIMOTEADOR
CUARTEADOR
PORTEADOR
SORTEADOR
TRASTEADOR
BALLESTEADOR
FARABUSTEADOR
RASGUEADOR
SAQUEADOR
BLANQUEADOR
FLANQUEADOR
ZANQUEADOR
BLOQUEADOR
ESTOQUEADOR
ARQUEADOR
CHASQUEADOR
MOSQUEADOR
BESUQUEADOR
BRAVEADOR
BOXEADOR
AGARRAFADOR
ENGARRAFADOR
ESTAFADOR
RIFADOR
ESCALFADOR
TRIUNFADOR
MOFADOR
FILOSOFADOR
ESTOFADOR
TRUFADOR
ESTUFADOR
INDAGADOR
TRAFAGADOR
EMBRIAGADOR
FALAGADOR
HALAGADOR
LLAGADOR
PAGADOR
APAGADOR
PROPAGADOR
ESPARRAGADOR
TRAGADOR
ESTRAGADOR
DIVAGADOR
AZAGADOR
JUDGADOR
JALBEGADOR
ENJALBEGADOR
CEGADOR
LEGADOR
PLEGADOR
ALLEGADOR
NEGADOR
RENEGADOR
PEGADOR
DESPEGADOR
REGADOR
FREGADOR
DISGREGADOR
ENTREGADOR
SEGADOR
TRASEGADOR
SOSEGADOR
NAVEGADOR

FUMIGADOR
ESPIGADOR
RESPIGADOR
ABRIGADOR
IRRIGADOR
ATOSIGADOR
FATIGADOR
MITIGADOR
CASTIGADOR
MASTIGADOR
INVESTIGADOR
INSTIGADOR
HOSTIGADOR
FUSTIGADOR
CABALGADOR
AMELGADOR
ENDILGADOR
COLGADOR
DESCOMULGADOR
EXCOMULGADOR
PROMULGADOR
ESPULGADOR
DIVULGADOR
CHANGADOR
ARENGADOR
VENGADOR
JERINGADOR
PROLONGADOR
REZONGADOR
BOGADOR
ABOGADOR
AHOGADOR
ALOGADOR
CATALOGADOR
ROGADOR
DEROGADOR
ARROGADOR
EMBARGADOR
DESEMBARGADOR
CARGADOR
DESCARGADOR
ALARGADOR
ALBERGADOR
OTORGADOR
HURGADOR
PURGADOR
COMPURGADOR
EXPURGADOR
RASGADOR
FISGADOR
DESLECHUGADOR
CENTRIFUGADOR
JUGADOR
ENJUGADOR
MADRUGADOR
SUBYUGADOR
JUZGADOR
SOJUZGADOR
ENLABIADOR
CAMBIADOR
PROVERBIADOR
ENRUBIADOR
ESPACIADOR
CONGRACIADOR
VACIADOR
PRECIADOR
APRECIADOR
DESPRECIADOR
MENOSPRECIADOR
INDICIADOR
CODICIADOR
DESPERDICIADOR
BENEFICIADOR
MALICIADOR
BULLICIADOR
INICIADOR
PROPICIADOR
ACARICIADOR
JUSTICIADOR
DESQUICIADOR
SERVICIADOR
ESCANCIADOR
REVERENCIADOR
SENTENCIADOR
ANUNCIADOR
DENUNCIADOR
PRONUNCIADOR
NEGOCIADOR
ROCIADOR
DISOCIADOR
TERCIADOR
ACUCIADOR
ENSUCIADOR
GLADIADOR
RADIADOR
MEDIADOR

REMEDIADOR
ASEDIADOR
LIDIADOR
INSIDIADOR
ENVIDIADOR
VILIPENDIADOR
COMPENDIADOR
PARODIADOR
ESTUDIADOR
FIADOR
DESAFIADOR
SUBFIADOR
CONFIADOR
COFIADOR
PORFIADOR
BUFIADOR
PRODIGIADOR
PRESTIGIADOR
ELOGIADOR
CONCILIADOR
RECONCILIADOR
AUXILIADOR
ESCOLIADOR
FOLIADOR
EXFOLIADOR
EXPOLIADOR
AMPLIADOR
MIADOR
PREMIADOR
APREMIADOR
VENDIMIADOR
ENCOMIADOR
RUMIADOR
CALUMNIADOR
ACALUMNIADOR
PIADOR
TAPIADOR
PRINCIPIADOR
LIMPIADOR
ALIMPIADOR
COPIADOR
ACOPIADOR
APROPIADOR
EXPROPIADOR
ESCARPIADOR
ESPIADOR
ESCARIADOR
CONTRARIADOR
CRIADOR
RECRIADOR
ALBEDRIADOR
ENFRIADOR
RESFRIADOR
ENRIADOR
HISTORIADOR
CHERRIADOR
CHIRRIADOR
INJURIADOR
SITIADOR
ANGUSTIADOR
GUIADOR
OBSEQUIADOR
ESQUIADOR
VIADOR
AVIADOR
AGRAVIADOR
ABREVIADOR
ALIVIADOR
DESVIADOR
ANTUVIADOR
TRABAJADOR
REBAJADOR
EMBAJADOR
ENCAJADOR
VIAJADOR
RELAJADOR
MAJADOR
DESPAJADOR
RAJADOR
BARAJADOR
ULTRAJADOR
SAJADOR
AGASAJADOR
TAJADOR
ATAJADOR
HATAJADOR
AMORTAJADOR
DESTAJADOR
CEJADOR
DEJADOR
BANDEJADOR
APAREJADOR
EMPAREJADOR
CONSEJADOR
ACONSEJADOR
RETEJADOR

MOTEJADOR
CORTEJADOR
TRASTEJADOR
FESTEJADOR
AQUEJADOR
VEJADOR
COBIJADOR
REGOCIJADOR
FIJADOR
AHIJADOR
PROHIJADOR
ALIJADOR
DESVALIJADOR
RIJADOR
AGUIJADOR
ESPENJADOR
AOJADOR
ACONGOJADOR
DESHOJADOR
DESPIOJADOR
MOJADOR
DESPOJADOR
DESMAROJADOR
ARROJADOR
TARJADOR
FORJADOR
DIBUJADOR
MASCUJADOR
SOMORGUJADOR
PUJADOR
EMPUJADOR
EMBRUJADOR
ESTRUJADOR
BALADOR
EMBALADOR
RESBALADOR
CALADOR
ACICALADOR
ENCALADOR
ESCALADOR
ACAUDALADOR
REGALADOR
INHALADOR
EXHALADOR
OJALADOR
CANALADOR
ACANALADOR
TRASEÑALADOR
PROPALADOR
SALADOR
TALADOR
ATALADOR
INSTALADOR
IGUALADOR
FABLADOR
HABLADOR
AMBLADOR
ENSAMBLADOR
TEMBLADOR
DOBLADOR
POBLADOR
DESPOBLADOR
NOMENCLADOR
MESCLADOR
MEZCLADOR
DEBELADOR
CELADOR
RECELADOR
CINCELADOR
ENCARCELADOR
MODELADOR
ENFARDELADOR
FLAGELADOR
CONGELADOR
HELADOR
CAMELADOR
PELADOR
EMPAPELADOR
ASELADOR
BISELADOR
NIQUELADOR
VELADOR
REVELADOR
NIVELADOR
NOVELADOR
ENJOYELADOR
ARREGLADOR
BAILADOR
DESPABILADOR
OSCILADOR
ENCANDILADOR
FILADOR
AFILADOR
HILADOR
APILADOR
COMPILADOR
COPILADOR

RECOPILADOR
EMBARRILADOR
BURILADOR
TITILADOR
VENTILADOR
DESTILADOR
POSTILADOR
MUTILADOR
ANIQUILADOR
ALQUILADOR
TRASQUILADOR
ESQUILADOR
COLADOR
MARCOLADOR
DOLADOR
ALCOHOLADOR
VIOLADOR
AMOLADOR
INMOLADOR
INTERPOLADOR
SOLADOR
ASOLADOR
DESOLADOR
ACRISOLADOR
CONSOLADOR
DESCONSOLADOR
VOLADOR
TEMPLADOR
CONTEMPLADOR
DESTEMPLADOR
SOPLADOR
ESCARLADOR
CHARLADOR
GARLADOR
PARLADOR
BIRLADOR
CHIRLADOR
ORLADOR
CORLADOR
BURLADOR
AISLADOR
LEGISLADOR
COLEGISLADOR
BROSLADOR
FABULADOR
AFABULADOR
CONFABULADOR
INSACULADOR
ESPECULADOR
MATRICULADOR
ARTICULADOR
CALCULADOR
INOCULADOR
ADULADOR
MODULADOR
COAGULADOR
REGULADOR
ESTRANGULADOR
EMULADOR
SIMULADOR
DISIMULADOR
ESTIMULADOR
CUMULADOR
ACUMULADOR
ANULADOR
MANIPULADOR
DEPOPULADOR
GARRULADOR
ROTULADOR
POSTULADOR
CALLADOR
ACALLADOR
DESCALLADOR
DALLADOR
FALLADOR
ENGALLADOR
HALLADOR
DESMALLADOR
PALLADOR
RALLADOR
CONTRALLADOR
SALLADOR
AVASALLADOR
TALLADOR
BATALLADOR
ENTALLADOR
CABDELLADOR
ATROPELLADOR
QUERELLADOR
SELLADOR
CENTELLADOR
EMBOTELLADOR
GARBILLADOR
CHILLADOR
ACUCHILLADOR
DESCADILLADOR

ACABDILLADOR
ACAUDILLADOR
ESCUDILLADOR
DESPALILLADOR
HUMILLADOR
ATORNILLADOR
DESATORNILLADOR
DESTORNILLADOR
PILLADOR
ARPILLADOR
ASPILLADOR
ESPILLADOR
BRILLADOR
LADRILLADOR
ENLADRILLADOR
TRILLADOR
RASTRILLADOR
MARTILLADOR
ENCASTILLADOR
RASTILLADOR
EMPRESTILLADOR
ESTAQUILLADOR
HORQUILLADOR
ENCASQUILLADOR
CLAUQUILLADOR
GAVILLADOR
AGAVILLADOR
DESABOLLADOR
ACOLLADOR
FOLLADOR
AFOLLADOR
DEGOLLADOR
AMOLLADOR
BROLLADOR
AMBROLLADOR
EMBROLLADOR
ARROLLADOR
SOLLADOR
DESOLLADOR
TOLLADOR
AULLADOR
MAULLADOR
EMBULLADOR
DESBULLADOR
ESCULLADOR
FARFULLADOR
EMBARULLADOR
ARRULLADOR
MADOR
AMADOR
RECAMADOR
MARCHAMADOR
DIFAMADOR
INFAMADOR
DISFAMADOR
AMALGAMADOR
ACLAMADOR
DECLAMADOR
INFLAMADOR
LLAMADOR
MAMADOR
BRAMADOR
AGRAMADOR
DESPARRAMADOR
DERRAMADOR
TRAMADOR
DESAMADOR
EMBALSAMADOR
ADEMADOR
BLASFEMADOR
REMADOR
QUEMADOR
LIMADOR
COLIMADOR
MIMADOR
ANIMADOR
RIMADOR
ENTARIMADOR
IMPRIMADOR
ARRIMADOR
TIMADOR
LEGITIMADOR
ULTIMADOR
LASTIMADOR
ESTIMADOR
DESESTIMADOR
ESPALMADOR
DESPALMADOR
ENSALMADOR
DOMADOR
EMPLOMADOR
EMBROMADOR
TOMADOR
EPITOMADOR
ARMADOR
ALARMADOR

DESARMADOR
ERMADOR
MERMADOR
AFIRMADOR
CONFIRMADOR
FORMADOR
DEFORMADOR
REFORMADOR
UNIFORMADOR
INFORMADOR
CONFORMADOR
TRASFORMADOR
TRANSFORMADOR
GORMADOR
PLASMADOR
EMBOLISMADOR
FUMADOR
PERFUMADOR
SAHUMADOR
EXHUMADOR
ESPUMADOR
BRUMADOR
ABRUMADOR
SUMADOR
CONSUMADOR
DIEZMADOR
AFANADOR
PROFANADOR
GANADOR
PLANADOR
APLANADOR
ALLANADOR
AVELLANADOR
ROMANADOR
DESPAMPANADOR
TEMPANADOR
DESGRANADOR
SANADOR
TANADOR
DEVANADOR
CENADOR
CERCENADOR
CONDENADOR
ORDENADOR
AJENADOR
ENAJENADOR
EMBALLENADOR
MENADOR
CARMENADOR
ESCARMENADOR
VENENADOR
ENVENENADOR
PENADOR
DESPENADOR
ENFRENADOR
SENADOR
VENADOR
CONSIGNADOR
IMPUGNADOR
OPUGNADOR
EXPUGNADOR
AMAINADOR
ENVAINADOR
BINADOR
BACINADOR
HACINADOR
ACECINADOR
VATICINADOR
CALCINADOR
PATROCINADOR
BARCINADOR
FASCINADOR
ALUCINADOR
RECHINADOR
COORDINADOR
PEINADOR
REINADOR
AFINADOR
REFINADOR
COMPAGINADOR
INCLINADOR
DESHOLLINADOR
MINADOR
CAMINADOR
LAMINADOR
DICTAMINADOR
CONTAMINADOR
EXAMINADOR
DISEMINADOR
ELIMINADOR
ACRIMINADOR
RECRIMINADOR
FULMINADOR
CONMINADOR
DOMINADOR
NOMINADOR

DENOMINADOR
GERMINADOR
TERMINADOR
EXTERMINADOR
LUMINADOR
ILUMINADOR
APADRINADOR
DOCTRINADOR
ENGOLOSINADOR
TINADOR
PATINADOR
SATINADOR
AMOTINADOR
MAQUINADOR
ARRUINADOR
DIVINADOR
ADIVINADOR
ABONADOR
JABONADOR
ESLABONADOR
DONADOR
BALDONADOR
GALARDONADOR
PERDONADOR
CONFECCIONADOR
PERFECCIONADOR
ALECCIONADOR
COLECCIONADOR
ADICIONADOR
AFICIONADOR
SANCIONADOR
CONCIONADOR
OCASIONADOR
LESIONADOR
SUGESTIONADOR
AMOJONADOR
EMPADRONADOR
AMUGRONADOR
CORONADOR
EMBORRONADOR
TRONADOR
ATRONADOR
SONADOR
BLASONADOR
RESONADOR
DETONADOR
ENTONADOR
AMONTONADOR
ABOTONADOR
ENCARTONADOR
PAVONADOR
RAZONADOR
SAZONADOR
DESCARNADOR
GOBERNADOR
SUBGOBERNADOR
VICEGOBERNADOR
ENCUADERNADOR
APERNADOR
ALTERNADOR
SOBORNADOR
ADORNADOR
TRASTORNADOR
EMBADURNADOR
AMESNADOR
LIMOSNADOR
VACUNADOR
AYUNADOR
GRAZNADOR
REBUZNADOR
BAÑADOR
ABAÑADOR
REBAÑADOR
ARREBAÑADOR
ENCAÑADOR
DAÑADOR
GUADAÑADOR
ENGAÑADOR
DESENGAÑADOR
LAÑADOR
APAÑADOR
ACOMPAÑADOR
ARAÑADOR
ENMARAÑADOR
ESTAÑADOR
CIZAÑADOR
ENCIZAÑADOR
ORDEÑADOR
DESDEÑADOR
LEÑADOR
EMPREÑADOR
DISEÑADOR
ENSEÑADOR
ALIÑADOR
RAPIÑADOR
ESCUDRIÑADOR

ESCRUTIÑADOR
GUIÑADOR
VIÑADOR
SOÑADOR
ENSOÑADOR
EMPONZOÑADOR
ACUÑADOR
FUÑADOR
REFUNFUÑADOR
EMPUÑADOR
LOADOR
CAPADOR
RAPADOR
TAPADOR
ZAPADOR
ENCEPADOR
INCREPADOR
TREPADOR
ANTICIPADOR
EMANCIPADOR
DESTRIPADOR
DISIPADOR
ESTEREOTIPADOR
DESPULPADOR
ESTAMPADOR
COPADOR
TOPADOR
ARPADOR
EXTIRPADOR
USURPADOR
ASPADOR
RASPADOR
ENCRESPADOR
OCUPADOR
CHUPADOR
AGRUPADOR
ESTRUPADOR
ARADOR
ACLARADOR
DECLARADOR
PARADOR
APARADOR
ACAPARADOR
DEPARADOR
REPARADOR
PREPARADOR
SEPARADOR
AMPARADOR
DESAMPARADOR
COMPARADOR
ESTEREOCOMPARADOR
DISPARADOR
LABRADOR
CELEBRADOR
QUEBRADOR
REQUEBRADOR
LIBRADOR
CALIBRADOR
VIBRADOR
DESMEMBRADOR
SEMBRADOR
TIMBRADOR
ASOMBRADOR
ALUMBRADOR
DESLUMBRADOR
OBRADOR
COBRADOR
EXECRADOR
LADRADOR
TALADRADOR
EMPEDRADOR
DESEMPEDRADOR
ENGENDRADOR
REENGENDRADOR
LIBERADOR
DELIBERADOR
LACERADOR
ENCERADOR
SINCERADOR
CONSIDERADOR
PONDERADOR
MODERADOR
VOCIFERADOR
EXAGERADOR
REFRIGERADOR
ACELERADOR
ESMERADOR
NUMERADOR
GENERADOR
REGENERADOR
VENERADOR
REMUNERADOR
APERADOR
EMPERADOR
IMPERADOR
OPERADOR

COOPERADOR
ESPERADOR
RECUPERADOR
VITUPERADOR
OBLITERADOR
ALTERADOR
ADULTERADOR
DESCIFRADOR
AZUFRADOR
DEFLAGRADOR
ALEGRADOR
SANGRADOR
GIRADOR
MIRADOR
ADMIRADOR
ASPIRADOR
ESPIRADOR
RESPIRADOR
INSPIRADOR
CONSPIRADOR
TIRADOR
VIRADOR
HONRADOR
DESHONRADOR
ORADOR
LABORADOR
ELABORADOR
COLABORADOR
DECORADOR
DORADOR
ADORADOR
AFORADOR
PERFORADOR
AGORADOR
IMPLORADOR
EXPLORADOR
LLORADOR
MORADOR
ENAMORADOR
DEVORADOR
AVIZORADOR
COMPRADOR
ESTUPRADOR
CONSTUPRADOR
EMBARRADOR
DESPILFARRADOR
AGARRADOR
DESGARRADOR
NARRADOR
CERRADOR
ACERRADOR
ENCERRADOR
FERRADOR
AFERRADOR
HERRADOR
SERRADOR
ASERRADOR
ATERRADOR
ENTERRADOR
DESENTERRADOR
BORRADOR
AFORRADOR
AHORRADOR
SUSURRADOR
ZURRADOR
PENETRADOR
IMPETRADOR
PERPETRADOR
ARBITRADOR
FILTRADOR
ENTRADOR
CONCENTRADOR
QUILLOTRADOR
CASTRADOR
AMAESTRADOR
ADESTRADOR
ADIESTRADOR
SECUESTRADOR
REGISTRADOR
MINISTRADOR
SUBMINISTRADOR
ADMINISTRADOR
COADMINISTRADOR
SUMINISTRADOR
DEMONSTRADOR
MOSTRADOR
DEMOSTRADOR
POSTRADOR
ILUSTRADOR
DESLUSTRADOR
RESTAURADOR
INSTAURADOR
CARBURADOR
CURADOR
PROCURADOR
ACHURADOR

DURADOR
MADURADOR
ENDURADOR
SEGURADOR
ASEGURADOR
AUGURADOR
INAUGURADOR
JURADOR
ADJURADOR
PERJURADOR
MURADOR
MURMURADOR
DESMURADOR
APURADOR
DEPURADOR
CENSURADOR
MENSURADOR
ATURADOR
OBTURADOR
CONJETURADOR
TRITURADOR
MOLTURADOR
ROTURADOR
TORTURADOR
LAZRADOR
ASADOR
CASADOR
JASADOR
AMASADOR
PASADOR
TRASPASADOR
ABRASADOR
ENGRASADOR
TASADOR
ENVASADOR
PESADOR
EMPESADOR
APRESADOR
ATRAVESADOR
ALISADOR
PISADOR
FRISADOR
SISADOR
GUISADOR
AVISADOR
IMPROVISADOR
FALSADOR
PULSADOR
AMANSADOR
CONDENSADOR
OFENSADOR
PENSADOR
LIBREPENSADOR
COMPENSADOR
DISPENSADOR
PRENSADOR
APRENSADOR
ACOSADOR
BALDOSADOR
GLOSADOR
ENLOSADOR
POSADOR
PROSADOR
FARSADOR
ADVERSADOR
TERGIVERSADOR
MALVERSADOR
CONVERSADOR
USADOR
CAUSADOR
ABUSADOR
ACUSADOR
EXCUSADOR
ATUSADOR
ENGATUSADOR
ATADOR
REBATADOR
ARREBATADOR
CATADOR
DESACATADOR
RESCATADOR
SULFATADOR
RELATADOR
DILATADOR
QUILATADOR
MATADOR
AMATADOR
BARATADOR
MALBARATADOR
DESBARATADOR
DISPARATADOR
TRATADOR
RETRATADOR
DESATADOR
EXTRACTADOR
AFECTADOR

CONECTADOR
ESPECTADOR
SECTADOR
DICTADOR
RECETADOR
QUIETADOR
AQUIETADOR
INQUIETADOR
SUJETADOR
FLETADOR
RESPETADOR
RETADOR
BRETADOR
APRETADOR
INTERPRETADOR
EMPAQUETADOR
ENGAITADOR
AGUAITADOR
HABITADOR
CITADOR
RECITADOR
LICITADOR
SOLICITADOR
INCITADOR
CONCITADOR
EJERCITADOR
RESUCITADOR
EXCITADOR
MEDITADOR
DESACREDITADOR
AFEITADOR
AGITADOR
PRESTIDIGITADOR
HABILITADOR
TRAMITADOR
IMITADOR
VOMITADOR
DESPEPITADOR
GRITADOR
IRRITADOR
VISITADOR
DEPOSITADOR
QUITADOR
INVITADOR
ESMALTADOR
SALTADOR
ASALTADOR
SOLTADOR
DIFICULTADOR
OCULTADOR
SEPULTADOR
INSULTADOR
CANTADOR
ENCANTADOR
ESCANTADOR
ADELANTADOR
PLANTADOR
IMPLANTADOR
DESPLANTADOR
SUPLANTADOR
ABRILLANTADOR
AMAMANTADOR
ESPANTADOR
QUEBRANTADOR
LEVANTADOR
APACENTADOR
ACRECENTADOR
ENCENTADOR
ARGENTADOR
ORIENTADOR
DESORIENTADOR
ALENTADOR
CALENTADOR
ESCALENTADOR
DESALENTADOR
ABLENTADOR
LAMENTADOR
CIMENTADOR
ALIMENTADOR
EXPERIMENTADOR
COMENTADOR
FOMENTADOR
SARMENTADOR
FERMENTADOR
TORMENTADOR
ATORMENTADOR
AUMENTADOR
ARGUMENTADOR
APARENTADOR
AMEDRENTADOR
AFRENTADOR
ASENTADOR
PRESENTADOR
REPRESENTADOR
POSENTADOR
APOSENTADOR

TENTADOR
DETENTADOR
OSTENTADOR
SUSTENTADOR
FRECUENTADOR
VENTADOR
AVENTADOR
REVENTADOR
INVENTADOR
AHUYENTADOR
QUINTADOR
REQUINTADOR
CONTADOR
MONTADOR
AFRONTADOR
UNTADOR
PREGUNTADOR
JUNTADOR
PUNTADOR
APUNTADOR
DESPUNTADOR
PESPUNTADOR
BARRUNTADOR
AYUNTADOR
BOTADOR
REBOTADOR
EMBOTADOR
DOTADOR
AGOTADOR
AGIOTADOR
FLOTADOR
EXPLOTADOR
DESMOTADOR
ANOTADOR
POTADOR
FROTADOR
MALROTADOR
ALBOROTADOR
TROTADOR
VOTADOR
AZOTADOR
CAPTADOR
ADAPTADOR
ACEPTADOR
RECEPTADOR
EXCEPTADOR
ADOPTADOR
COARTADOR
APARTADOR
LIBERTADOR
ACERTADOR
CONCERTADOR
DESCONCERTADOR
INJERTADOR
DESPERTADOR
DISPERTADOR
DISERTADOR
CORTADOR
CONFORTADOR
EXHORTADOR
PORTADOR
IMPORTADOR
SOPORTADOR
TRASPORTADOR
TRANSPORTADOR
EXPORTADOR
FURTADOR
HURTADOR
DESBASTADOR
GASTADOR
MALGASTADOR
ENGASTADOR
DESGASTADOR
EMPASTADOR
DEVASTADOR
MANIFESTADOR
ENHESTADOR
MOLESTADOR
COHONESTADOR
AMONESTADOR
SECRESTADOR
PRESTADOR
EMPRESTADOR
TESTADOR
RECUESTADOR
ALISTADOR
AQUISTADOR
CONQUISTADOR
AGOSTADOR
DENOSTADOR
TOSTADOR
BARAUSTADOR
JUSTADOR
AJUSTADOR
ENFLAUTADOR
PAUTADOR

EJECUTADOR
CONFUTADOR
RECLUTADOR
CONMUTADOR
DEPUTADOR
DIPUTADOR
IMPUTADOR
DISPUTADOR
ESCRUTADOR
ECUADOR
GRADUADOR
AGUADOR
FRAGUADOR
DESAGUADOR
APACIGUADOR
AVERIGUADOR
SANTIGUADOR
AMORTIGUADOR
EVALUADOR
INSINUADOR
CONTINUADOR
GRUADOR
AGRUADOR
ACENSUADOR
CAVADOR
EXCAVADOR
LAVADOR
DESCLAVADOR
DESBRAVADOR
AGRAVADOR
DEPRAVADOR
LEVADOR
ELEVADOR
LLEVADOR
CONLLEVADOR
BREVADOR
ABREVADOR
ARCHIVADOR
CULTIVADOR
MOTIVADOR
CAUTIVADOR
AVIVADOR
SALVADOR
NOVADOR
RENOVADOR
INNOVADOR
TROVADOR
APARVADOR
ENERVADOR
INERVADOR
SERVADOR
OBSERVADOR
PRESERVADOR
CONSERVADOR
SUBCONSERVADOR
COADYUVADOR
LAYADOR
ATALAYADOR
MAYADOR
PAYADOR
RAYADOR
ENSAYADOR
AHOYADOR
BUYADOR
EMBAZADOR
CAZADOR
CHAZADOR
RECHAZADOR
DESPEDAZADOR
AMORDAZADOR
PROFAZADOR
ADELGAZADOR
ENGAZADOR
ALMOHAZADOR
ENLAZADOR
EMPLAZADOR
AMENAZADOR
EMBARAZADOR
ABRAZADOR
TRAZADOR
DESTAZADOR
CABEZADOR
TROPEZADOR
REZADOR
ENDEREZADOR
FREZADOR
DESCORTEZADOR
BOSTEZADOR
FECUNDIZADOR
VOCALIZADOR
FISCALIZADOR
ESCANDALIZADOR
IDEALIZADOR
SOCIALIZADOR
DIALIZADOR
ANALIZADOR

PARALIZADOR
GENERALIZADOR
MORALIZADOR
DESMORALIZADOR
CENTRALIZADOR
DESCENTRALIZADOR
CATALIZADOR
EVANGELIZADOR
ESTABILIZADOR
ESTERILIZADOR
FERTILIZADOR
SUTILIZADOR
TRANQUILIZADOR
INTRANQUILIZADOR
CIVILIZADOR
MONOPOLIZADOR
ELECTROLIZADOR
ORGANIZADOR
REORGANIZADOR
DESORGANIZADOR
LATINIZADOR
SOLEMNIZADOR
PRECONIZADOR
COLONIZADOR
SINTONIZADOR
BARNIZADOR
INMUNIZADOR
VULGARIZADOR
DESPOLARIZADOR
REGULARIZADOR
ABANDERIZADOR
CAUTERIZADOR
PULVERIZADOR
MARTIRIZADOR
HERBORIZADOR
VIGORIZADOR
VAPORIZADOR
CONTEMPORIZADOR
AUTORIZADOR
ENFERVORIZADOR
ELECTRIZADOR
ATIZADOR
ANATEMATIZADOR
ESTIGMATIZADOR
DOGMATIZADOR
FANATIZADOR
SIMPATIZADOR
PROFETIZADOR
MAGNETIZADOR
SINTETIZADOR
GARANTIZADOR
NARCOTIZADOR
HIPNOTIZADOR
BAPTIZADOR
DESAMORTIZADOR
CATEQUIZADOR
SUAVIZADOR
ALZADOR
CALZADOR
ENSALZADOR
ALCANZADOR
DANZADOR
AFIANZADOR
LANZADOR
ROMANZADOR
COMENZADOR
DESPINZADOR
ESQUINZADOR
TRONZADOR
PUNZADOR
HOZADOR
ROZADOR
BROZADOR
ALBOROZADOR
DESTROZADOR
RETOZADOR
ESCARZADOR
ENGARZADOR
FORZADOR
REFORZADOR
ESFORZADOR
BAUZADOR
CARDUZADOR
AGUZADOR
ESCARAMUZADOR
DESMENUZADOR
BRUZADOR
CRUZADOR
AZUZADOR
ROBUSTECEDOR
RAEDOR
TRAEDOR
DETRAEDOR
MALTRAEDOR
SABEDOR
BEBEDOR
EMBEBEDOR
SORBEDOR
FACEDOR
DESFACEDOR
HACEDOR
CONTRAHACEDOR
DESHACEDOR
COMPLACEDOR
YACEDOR
ANOCHECEDOR
OBEDECEDOR
ENARDECEDOR
ENSORDECEDOR
FORTALECEDOR
ESTABLECEDOR
ENNOBLECEDOR
ENVILECEDOR
FALLECEDOR
ENORGULLECEDOR
MECEDOR
REMECEDOR
ESTREMECEDOR
ADORMECEDOR
DESVANECEDOR
ESCARNECEDOR
GUARNECEDOR
ENTERNECEDOR
EMPECEDOR
ENTORPECEDOR
ENCARECEDOR
ESCLARECEDOR
EMPOBRECEDOR
MERECEDOR
DESMERECEDOR
OFRECEDOR
FLORECEDOR
FAVORECEDOR
DESFAVORECEDOR
ABORRECEDOR
APETECEDOR
ENALTECEDOR
BASTECEDOR
ABASTECEDOR
ENTRISTECEDOR
EMBRUTECEDOR
ENRIQUECEDOR
BLANQUECEDOR
ENLOQUECEDOR
VENCEDOR
CONVENCEDOR
COCEDOR
CONOCEDOR
RECONOCEDOR
DESCONOCEDOR
TORCEDOR
REDEDOR
ALREDEDOR
ENCENDEDOR
DEFENDEDOR
OFENDEDOR
HENDEDOR
DESPENDEDOR
SUSPENDEDOR
EXPENDEDOR
PRENDEDOR
APRENDEDOR
REPRENDEDOR
EMPRENDEDOR
COMPRENDEDOR
TENDEDOR
ATENDEDOR
ENTENDEDOR
CONTENDEDOR
VENDEDOR
REVENDEDOR
RESPONDEDOR
PERDEDOR
MORDEDOR
REMORDEDOR
LEEDOR
CREEDOR
ACREEDOR
COACREEDOR
POSEEDOR
VEEDOR
REVEEDOR
SOBREVEEDOR
PROVEEDOR
FEDOR
COGEDOR
ACOGEDOR
RECOGEDOR
SOBRECOGEDOR
ESCOGEDOR
HEDOR
MEJEDOR
TEJEDOR
ENTRETEJEDOR
VALEDOR
OLEDOR
MOLEDOR
DEMOLEDOR
ESLEDOR
LAMEDOR
TEMEDOR
COMEDOR
TENEDOR
ATENEDOR
DETENEDOR
RETENEDOR
ENTRETENEDOR
MANTENEDOR
CONTENEDOR
SOSTENEDOR
PONEDOR
CONTRAPONEDOR
IMPONEDOR
COMPONEDOR
PROPONEDOR
TRASPONEDOR
DISPONEDOR
TRANSPONEDOR
SUPONEDOR
EXPONEDOR
CERNEDOR
DISCERNEDOR
TAÑEDOR
ROEDOR
ROMPEDOR
CORROMPEDOR
REDOR
FREDOR
ARREDOR
BARREDOR
DERREDOR
ADERREDOR
ALDERREDOR
CORREDOR
ACORREDOR
SOCORREDOR
ESCORREDOR
METEDOR
ARREMETEDOR
ENTREMETEDOR
COMETEDOR
ACOMETEDOR
PROMETEDOR
COMPROMETEDOR
VERTEDOR
ABSOLVEDOR
ENSOLVEDOR
VOLVEDOR
REVOLVEDOR
ARREVOLVEDOR
ENVOLVEDOR
DESENVOLVEDOR
DESVOLVEDOR
MOVEDOR
CONMOVEDOR
PROMOVEDOR
EMBAIDOR
TRAIDOR
SABIDOR
CONSABIDOR
DEBIDOR
RECIBIDOR
ESCRIBIDOR
SUBIDOR
DECIDOR
CONTRADECIDOR
MALDECIDOR
BENDECIDOR
UNCIDOR
FRUNCIDOR
ESPARCIDOR
ZURCIDOR
INDUCIDOR
CONDUCIDOR
PRODUCIDOR
INTRODUCIDOR
LUCIDOR
ENLUCIDOR
FENCHIDOR
HENCHIDOR
PERSUADIDOR
MEDIDOR
PEDIDOR
IMPEDIDOR
EXPEDIDOR
CONDIDOR
FUNDIDOR
REFUNDIDOR
DIFUNDIDOR
HUNDIDOR
TUNDIDOR
URDIDOR
ATURDIDOR
AUDIDOR
APLAUDIDOR
SACUDIDOR
ESLEIDOR
REIDOR
FREIDOR
ELEGIDOR
REGIDOR
CORREGIDOR
FINGIDOR
INFINGIDOR
SURGIDOR
MUGIDOR
RUGIDOR
BRUJIDOR
GRUJIDOR
POLIDOR
CUMPLIDOR
SUPLIDOR
FULIDOR
PULIDOR
BULLIDOR
ZABULLIDOR
ZAMBULLIDOR
CULLIDOR
ENGULLIDOR
MULLIDOR
GEMIDOR
DIMIDOR
REDIMIDOR
ESGRIMIDOR
IMPRIMIDOR
TERMIDOR
DORMIDOR
CONSUMIDOR
AVENIDOR
CONTRAVENIDOR
INTERVENIDOR
DEFINIDOR
ESCARNIDOR
DISCERNIDOR
UNIDOR
PUNIDOR
CEÑIDOR
REÑIDOR
RESTRIÑIDOR
MUÑIDOR
BRUÑIDOR
GRUÑIDOR
OIDOR
ESCULPIDOR
ESTAMPIDOR
CARPIDOR
ESCARPIDOR
ESCUPIDOR
ABRIDOR
ENCUBRIDOR
DESCUBRIDOR
PUDRIDOR
FERIDOR
AFERIDOR
MANFERIDOR
TRASFERIDOR
TRANSFERIDOR
ENGERIDOR
SUGERIDOR
HERIDOR
ZAHERIDOR
REQUERIDOR
CONQUERIDOR
PESQUERIDOR
SUFRIDOR
ADQUIRIDOR
INQUIRIDOR
COLORIDOR
ABURRIDOR
ESCURRIDOR
ESTRIDOR
MESIDOR
ADQUISIDOR
INQUISIDOR
PESQUISIDOR
BATIDOR
COMBATIDOR
FRUCTIDOR
REPETIDOR
COMPETIDOR
PERMITIDOR
DESMENTIDOR
SENTIDOR
CONSENTIDOR
PARTIDOR
DEPARTIDOR
REPARTIDOR
COMPARTIDOR
DESPARTIDOR
CONVERTIDOR
PERVERTIDOR
CURTIDOR
SURTIDOR
BASTIDOR
EMBESTIDOR
RESISTIDOR
EMBUSTIDOR
DISCUTIDOR
CONTRIBUIDOR
DISTRIBUIDOR
SEGUIDOR
PERSEGUIDOR
ARGÜIDOR
HUIDOR
EXCLUIDOR
DESTRUIDOR
INSTRUIDOR
SUBSTITUIDOR
DESTITUIDOR
RESTITUIDOR
INSTITUIDOR
CONSTITUIDOR
SUSTITUIDOR
VIVIDOR
HERVIDOR
SERVIDOR
DESERVIDOR
CANDOR
ALCÂNDOR
ALCANDOR
RESPLANDOR
GRANDOR
ESPLENDOR
RESPLENDOR
CONTENDOR
CÔNDOR
ARDOR
VERDOR
GORDOR
DEUDOR
CODEUDOR
PUDOR
IMPUDOR
SUDOR
TRASUDOR
RESUDOR
PEOR
REPEOR
SEOR
CONFÎTEOR
ATAIFOR
ALMIFOR
CANFOR
ALCANFOR
JOFOR
FRAGOR
RIGOR
VIGOR
FULGOR
LANGOR
CLANGOR
LONGOR
LARGOR
AMARGOR
GORGOR
SENIOR
JÓNIOR
INFERIOR
SUPERIOR
DETERIOR
CITERIOR
ULTERIOR
ANTERIOR
INTERIOR
POSTERIOR
EXTERIOR
FRIOR
PRIOR
SUPRIOR
SOZPRIOR
ABAJOR
ALFAJOR
ALAJOR
ALEJOR
MEJOR
BERMEJOR
ALJOR
CALOR
PALOR
CONTRALOR

ESCUALOR
VALOR
DESVALOR
TEMBLOR
CANDELOR
HELOR
FLOR
PICAFLOR
CHUPAFLOR
SOBREFLOR
COLIFLOR
CERIFLOR
TRUQUIFLOR
TRASFLOR
TRANSFLOR
SIMILOR
OLOR
COLOR
BICOLOR
TECNICOLOR
UNICOLOR
TRICOLOR
MULTICOLOR
SOCOLOR
DISCOLOR
DOLOR
REDOLOR
AMARILLOR
MOR
AMOR
SICAMOR
CUNDEAMOR
CUNDIAMOR
CLAMOR
CICLAMOR
DESAMOR
ATAMOR
CRÉMOR
TREMOR
TEMOR
RESQUEMOR
PRIMOR
MÁRMOR
HUMOR
MALHUMOR
RUMOR
TUMOR
TANOR
ATANOR
MENOR
PORMENOR
TENOR
PUNDONOR
HONOR
SALVOHONOR
DESHONOR
SEÑOR
RUISEÑOR
MONSEÑOR
LOOR
DESLOOR
POR
VAPOR
CONTRAVAPOR
SOPOR
ESTOPOR
TORPOR
ESTUPOR
CLAROR
AGROR
NEGROR
SÓROR
ERROR
TERROR
HORROR
FUROR
SOR
GRASOR
PERSUASOR
EVASOR
VALVASOR
INVASOR
DECESOR
PREDECESOR
ANTECESOR
INTERCESOR
SUCESOR
CONFESOR
PROFESOR
COMPROFESOR
COHESOR
MARMESOR
ESPESOR
AGRESOR
TRASGRESOR
TRANSGRESOR

DEPRESOR
REPRESOR
IMPRESOR
COMPRESOR
OPRESOR
SUPRESOR
ASESOR
MANSESOR
POSESOR
COPOSESOR
LISOR
EMISOR
PERMISOR
TRANSMISOR
RADIOTRANSMISOR
MANUMISOR
VISOR
REVISOR
PREVISOR
IMPREVISOR
DIVISOR
PROVISOR
BOLSOR
EMULSOR
IMPULSOR
PROPULSOR
EXPULSOR
INCENSOR
ASCENSOR
DEFENSOR
OFENSOR
APREHENSOR
COMPREHENSOR
AGRIMENSOR
REPRENSOR
COMPRENSOR
TENSOR
PRETENSOR
EXTENSOR
GROSOR
DISPERSOR
SUBVERSOR
INVERSOR
CURSOR
PRECURSOR
PERCUSOR
FUSOR
DIFUSOR
TRASFUSOR
TRANSFUSOR
DELUSOR
COLUSOR
PISCATOR
FATOR
GLADIATOR
MEDIATOR
NOMENCLÁTOR
DELATOR
RELATOR
LEGISLATOR
ECUATOR
NOVATOR
ACTOR
REDACTOR
FACTOR
CALEFACTOR
BENEFACTOR
REFRACTOR
INFRACTOR
TRACTOR
DETRACTOR
EXTRACTOR
EXACTOR
CONFECTOR
LECTOR
ELECTOR
REFLECTOR
COLECTOR
SUBCOLECTOR
RECOLECTOR
INSPECTOR
SUBINSPECTOR
RECTOR
ERECTOR
DIRECTOR
SUBDIRECTOR
VICERRECTOR
CORRECTOR
SECTOR
BISECTOR
DISECTOR
DETECTOR
ARQUITECTOR
PROTECTOR
VECTOR
INYECTOR

CONYECTOR
CONTRADICTOR
LICTOR
CONSTRICTOR
VÍCTOR
CONVICTOR
DUCTOR
AUCTOR
DUCTOR
ADUCTOR
TRADUCTOR
ABDUCTOR
REDUCTOR
SEDUCTOR
INDUCTOR
CONDUCTOR
PRODUCTOR
REPRODUCTOR
INTRODUCTOR
OBSTRUCTOR
DESTRUCTOR
INSTRUCTOR
CONSTRUCTOR
ADTOR
RECETOR
FETOR
LETOR
RÉTOR
RETOR
SECRETOR
EXCRETOR
PRETOR
PROPRETOR
FILDERRETOR
BITOR
EDITOR
PRODITOR
AUDITOR
REFITOR
DORMITOR
NITOR
GENITOR
PRIMOGENITOR
PROGENITOR
MONITOR
ADNONITOR
SUBSCRITOR
ESCRITOR
SUSCRITOR
COMPOSITOR
OPOSITOR
COOPOSITOR
EXPOSITOR
INSTITOR
VÍTOR
ALTOR
CULTOR
SERICICULTOR
PISCICULTOR
VINICULTOR
VITIVINICULTOR
CUNICULTOR
APICULTOR
SERICULTOR
PUERICULTOR
AGRICULTOR
ARBORICULTOR
FLORICULTOR
VITICULTOR
HORTICULTOR
AVICULTOR
OLIVICULTOR
SILVICULTOR
ESCULTOR
CONSULTOR
ANTOR
CANTOR
LUCENTOR
SUCENTOR
REDENTOR
CORREDENTOR
LENTOR
MENTOR
OBTENTOR
DETENTOR
CONTENTOR
VENTOR
CONTRAVENTOR
INVENTOR
INTERVENTOR
CHINCHINTOR
PINTOR
TINTOR
EXTINTOR
DISYUNTOR
OTOR

BOTOR
DOTOR
MOTOR
BIMOTOR
CALORIMOTOR
TRIMOTOR
CUATRIMOTOR
LOCOMOTOR
PROMOTOR
ELECTROMOTOR
AUTOMOTOR
SERVOMOTOR
ROTOR
FONOCAPTOR
RAPTOR
ACEPTOR
RECEPTOR
PRECEPTOR
RADIORRECEPTOR
INCEPTOR
PERCEPTOR
SUBSCRIPTOR
ESCRIPTOR
PROSCRIPTOR
SUSCRIPTOR
INTERRUPTOR
CORRUPTOR
COBERTOR
ASERTOR
DESERTOR
ESTERTOR
TORTOR
CASTOR
CÁSTOR
PASTOR
MAMPASTOR
GESTOR
DIGESTOR
CUESTOR
TRISTOR
POSTOR
MAMPOSTOR
IMPOSTOR
AUTOR
FAUTOR
COAUTOR
SAUTOR
DISTRIBUTOR
EJECUTOR
SUBEJECUTOR
SECUTOR
LOCUTOR
COLOCUTOR
INTERLOCUTOR
PERCUTOR
ADJUTOR
COADJUTOR
TUTOR
INSTITUTOR
CONTUTOR
PROTUTOR
COADYUTOR
AZTOR
LICUOR
LANGUOR
FLÚOR
CRÚOR
FAVOR
DESFAVOR
DISFAVOR
PAVOR
LIVOR
FERVOR
HERVOR
FLEXOR
CRUCIFIXOR
MAYOR
MEYOR
AZOR
ALAZOR
BUJALAZOR
AVIZOR
DULZOR
DULZOR
ESCOZOR
ABUR
ALBUR
CAMBUR
TOPINAMBUR
ADUR
TAFUR
AGUR
SEGUR
LIGUR
AUGUR
TAHÚR

MOHÚR
ALEJUR
MUR
FÉMUR
LÉMUR
SUR
IMPRIMÁTUR
EXEQUÁTUR
ASTUR
AZUR
AGUAZUR

S

AS
CABÁS
TRAGALDABAS
BARRABÁS
CRIBAS
AMBAS
ENTRAMBAS
DENTRAMBAS
CATACUMBAS
GANDUMBAS
SALTATUMBAS
RAPABARBAS
CERBAS
CATAUBAS
CAS
CARACAS
SACAMANTECAS
PELARRUECAS
BATUECAS
BASÍLICAS
SACAFILÁSTICAS
PARRANCAS
DONCAS
TAPABOCAS
SACABROCAS
CHARCAS
CASTRAPUERCAS
CASCÁS
CHASCÁS
PEGAMOSCAS
PAPAMOSCAS
ATRAPAMOSCAS
MATAMOSCAS
ESPANTAMOSCAS
ESCONDECUCAS
LUCAS
MASELUCAS
AGUACHAS
SACAMANCHAS
QUITAMANCHAS
CHISCHÁS
POLEADAS
ATOLEADAS
ARRAIGADAS
CARGADAS
DESCARGADAS
HÍADAS
ALIADAS
ENCAJADAS
HORCAJADAS
EXTREMADAS
ARREBATAPUÑADAS
ESCUSADAS
PLÉYADAS
PORTAMONEDAS
GUARDARRUEDAS
PARACAÍDAS
ESCONDIDAS
PERSEIDAS
CASTÁLIDAS
OCEÁNIDAS
GEMÍNIDAS
LEÓNIDAS
ORIÓNIDAS
ATLÁNTIDAS
BUSCAVIDAS
PERDONAVIDAS
SALVAVIDAS
ANDAS
PORTAVIANDAS
VOLANDAS
SABIENDAS
QUITAMERIENDAS
CARNESTOLENDAS
REVERENDAS

SENDAS
RODAS
HALACUERDAS
JUDAS
LENEAS
LIMPIACHIMENEAS
PANATENEAS
TIRALÍNEAS
CÁRNEAS
PÁNCREAS
BÓREAS
FAS
NEFAS
GAS
CINCULLAGAS
TAMAGÁS
BALDRAGAS
AJUAGAS
RECOGEMIGAS
MATAPULGAS
CONTRAMANGAS
MONTACARGAS
ALARGAS
VARGAS
SERGAS
JAMUGAS
ARUGAS
CASCARRABIAS
PAPARRABIAS
OROBIAS
TOBÍAS
GARBÍAS
TRACIAS
CASPICIAS
ALBRICIAS
ABREGANCIAS
NUPCIAS
ENTREMEDIAS
CARDIAS
CENOPEGIAS
ALIAS
BOBALÍAS
JOCALIAS
ORDALÍAS
ANIMALIAS
FUNERALIAS
ESPONSALIAS
DEMIAS
JEREMÍAS
ALCOMENÍAS
ALCAMONÍAS
GEMONIAS
NAPIAS
PARIAS
BULERÍAS
SIETESANGRÍAS
CANEFORIAS
DIMISORIAS
COMUNICATORIAS
URÍAS
VENGAINJURIAS
LEMURIAS
ASTURIAS
MESÍAS
CARISIAS
GALIMATÍAS
CERATIAS
CARISTIAS
OBSEQUIAS
EXEQUIAS
SALTAPAJAS
AJASPAJAS
CARAJAS
MONDARAJAS
ESPOSAJAS
DESPOSAJAS
ADVENTAJAS
CATABEJAS
AHOGAVIEJAS
ARDEVIEJAS
LEJAS
COSQUILLEJAS
COLLEJAS
CHAFALMEJAS
TRAFALMEJAS
GALLINEJAS
ESCARBAOREJAS
MONDAOREJAS
JIJAS
MILHOJAS
CASCARROJAS
GUARDAGUJAS
LAS
SACABALAS
ROMPEGALAS
PALAS

BLAS
MATACANDELAS
BRUSELAS
BARBAJUELAS
SACAMUELAS
CASCACIRUELAS
PAYUELAS
TENAZUELAS
APAGAVELAS
RAPAVELAS
AFERRAVELAS
QUEBRANTAOLAS
ROMPEOLAS
FÚRFOLAS
ARTOLAS
CARTOLAS
DORMIRLAS
ATLAS
CULAS
SÚMULAS
TRAGAMALLAS
PALLAS
CIZALLAS
ELLAS
AELLAS
ECHAPELLAS
TENACILLAS
LECHECILLAS
CALCILLAS
HORCAJADILLAS
TIRADILLAS
SENTADILLAS
ASENTADILLAS
HURTADILLAS
ESCONDIDILLAS
FALDILLAS
VOLANDILLAS
TUFILLAS
MENTIRIJILLAS
RETARTALILLAS
CUCLILLAS
QUINOLILLAS
ANGANILLAS
TANGANILLAS
ANGARILLAS
CADERILLAS
CENCERRILLAS
ADOBASILLAS
SACASILLAS
METESILLAS
NATILLAS
FRITILLAS
VALDESTILLAS
VISTILLAS
ENAGÜILLAS
BRAGUILLAS
PULGUILLAS
HORGUILLAS
FUGUILLAS
COSQUILLAS
GOZQUILLAS
TUMBAOLLAS
MAS
MÁS
COCAMAS
GUARDADAMAS
JAMÁS
LANZALLAMAS
ENTRAMAS
DEMÁS
ADEMÁS
ENDEMÁS
POSTREMAS
GUARDACOIMAS
CUANTIMÁS
MIALMAS
TIRAGOMAS
TERMAS
LIMPIAPLUMAS
TAJAPLUMAS
CORTAPLUMAS
PORTAPLUMAS
BANAS
ÁRGANAS
SEVILLANAS
ANANÁS
SATANÁS
MECENAS
APENAS
ÁRGUENAS
AÍNAS
SECUNDINAS
CARDINAS
ARGINAS
DRAGAMINAS
CAMARINAS

TRINCAESQUINAS
ROMPESQUINAS
CUCAMONAS
PINTAMONAS
FERRONAS
AMAZONAS
ENTREPIERNAS
ZAMPALIMOSNAS
AÑAS
ADREDAÑAS
CALAÑAS
VALDEPEÑAS
CACHORREÑAS
ÁRGUEÑAS
LIMPIAÚÑAS
CUELGACAPAS
ARREBATACAPAS
FARRAPAS
CONTRAPÁS
GURAPAS
CALZATREPAS
RASCATRIPAS
COMPÁS
DESCOMPÁS
ZOPAS
CACHARPAS
RAS
DESUELLACARAS
LAVACARAS
EMBORRACHACABRAS
GUARDACABRAS
DESCUERNACABRAS
MATACABRAS
CHOTACABRAS
FIERABRÁS
CRAS
HIPOCRÁS
MADRÁS
CEDRAS
QUEBRANTAPIEDRAS
REVUELVEPIEDRAS
ESDRAS
CAÑICERAS
BOCERAS
EXPLICADERAS
DESPACHADERAS
DESENFADADERAS
ANDADERAS
MONDADERAS
TRAGADERAS
APEGADERAS
ESPABILADERAS
DESPABILADERAS
ARREBAÑADERAS
DESPAVESADERAS
POSADERAS
ATADERAS
AGUANTADERAS
ASENTADERAS
ENTENDEDERAS
CREEDERAS
ABSOLVEDERAS
CEÑIDERAS
GUARDABANDERAS
BOLERAS
CARAMILLERAS
CALZONERAS
CHAPARRERAS
MORRERAS
FUERAS
VERAS
CORREVERÁS
CORRIVERÁS
SASAFRÁS
CORAS
BOLEADORAS
FORAS
ARRAS
ARRÁS
TRASBARRÁS
CHÁNCHARRAS
MÁNCHARRAS
HONDARRAS
MARRAS
ANTIPARRAS
AGUARRÁS
CHIVARRAS
CERRAS
RABIAZORRAS
CALZORRAS
TRAS
ATRÁS
TORNATRÁS
SALTATRÁS
DETRÁS
MIENTRAS

SACAPOTRAS
NOSOTRAS
VOSOTRAS
TRASTRÁS
NUESTRAS
VUESTRAS
NOSTRAS
ESCURAS
CENAAOSCURAS
ADURAS
SERRADURAS
ESCURRIDURAS
BRAMURAS
YURAS
TIRABRASAS
ESAS
AVIESAS
PARABRISAS
LIMPIAPARABRISAS
CATASALSAS
CORTABOLSAS
EXPENSAS
LITISEXPENSAS
FOLLOSAS
ESPOSAS
TROSAS
DECURSAS
TRUSAS
TAS
GATAS
ABRELATAS
PAPANATAS
PATAS
FRATÁS
MATARRATAS
TATAS
PANDECTAS
ANALECTAS
SELECTAS
DUCIETAS
COMPLETAS
MOLLETAS
FARINETAS
ACUSETAS
AGÜETAS
ENAGÜETAS
LONGUETAS
ZOPITAS
SUPLEFALTAS
SACAMANTAS
PORTAMANTAS
TRECIENTAS
SETECIENTAS
NOVECIENTAS
OCHOCIENTAS
DOCIENTAS
CUATROCIENTAS
TRESCIENTAS
SEISCIENTAS
DOSCIENTAS
PORTAHERRAMIENTAS
QUINIENTAS
CAGATINTAS
CHUPATINTAS
TAPAJUNTAS
GUARDAPUNTAS
SACABOTAS
LIMPIABOTAS
TIRABOTAS
CUENTAGOTAS
AHOTAS
SACAPELOTAS
QUITAMOTAS
BALCARROTAS
PESACARTAS
PORTACARTAS
ENTRECUBIERTAS
JERTAS
ALMUERTAS
ALZAPUERTAS
ZAMPATORTAS
HURTAS
CERASTAS
ESTAS
AGUAFIESTAS
CUESTAS
GUARDACOSTAS
LAVAFRUTAS
SUTÁS
DÚAS
GUARDAGUAS
VIERTEAGUAS
PARAGUAS
QUITAGUAS
TRAGALEGUAS
CASCATREGUAS

BUSCANIGUAS
TRABALENGUAS
AZOTALENGUAS
CAMAHUAS
JAMÚAS
EVAS
ABLANDABREVAS
PORTANUEVAS
ADIVAS
EXPECTATIVAS
OVAS
PINCHAÚVAS
PISAÚVAS
ABRAXAS
GUAYAS
GUARDAJOYAS
HALACABUYAS
SUYAS
TUYAS
ZAS
BRAGAZAS
VAINAZAS
ZARAZAS
LAVAZAS
ROMPECABEZAS
GUARDAÍZAS
CALTRIZAS
QUIZÁS
MAJAGRANZAS
PINZAS
DESPINZAS
MARZAS
CIERZAS
BRUZAS
PCHS
ES
MAES
BES
ABÉS
TABES
QUIZABES
COMBÉS
CORDOBÉS
PUBES
DERRAMASOLACES
GÜERMECES
CRECES
PRECES
DEPRECES
CASCANUECES
ROMPENUECES
PORTANVECES
ACTINOMICES
CORTALÁPICES
ARRICÉS
CALCÉS
MAGANCÉS
FRANCÉS
DESPINCES
ENTONCES
ESTONCES
ESCOCÉS
CORCÉS
FASCES
FAUCES
BOCES
BRUCES
AVISACOCHES
ROMPECOCHES
APROCHES
CONTRAAPROCHES
PUCHES
DES
HÍADES
TESPÍADES
GRANADÉS
PLÉYADES
ARQUÍMEDES
CALÍPEDES
SALTAPAREDES
TIENTAPAREDES
HIPOCRÉNIDES
AÓNIDES
HELICÓNIDES
CUBOIDES
CORACOIDES
CRICOIDES
ESCAFOIDES
XIFOIDES
HIOIDES
ETMOIDES
ARACNOIDES
ESFENOIDES
TIROIDES
PARATIROIDES
COROIDES

DELTOIDES
ALANTOIDES
MASTOIDES
PIÉRIDES
EFEMÉRIDES
PEGÁSIDES
NOMEOLVIDES
BALDÉS
CELANDÉS
NEOCELANDÉS
ZELANDÉS
NEOZELANDÉS
FLANDES
GROENLANDÉS
FINLANDÉS
HOLANDÉS
NEERLANDÉS
IRLANDÉS
CURLANDÉS
ISLANDÉS
MIRANDÉS
BURUNDÉS
HERODES
ICTERODES
TRAGAFEES
AMBAGES
ASPERGES
BURGÉS
FACIES
MIES
SANIES
ATENIÉS
BUSCAPIÉS
GUARDAPIÉS
RAPAPIÉS
TAPAPIÉS
ARRASTRAPIÉS
CALIENTAPIÉS
CORTAPIÉS
MILPIÉS
AVAMPIÉS
CIEMPIÉS
CIENTOPIÉS
ARIES
CARIES
AGRAJES
MURAJES
DIJES
GUILINDUJES
PUJÉS
LES
CALÉS
RONCALÉS
LUPERCALES
FRESCALES
SALTABARDALES
GALÉS
SENEGALÉS
CINGALÉS
BURGALÉS
PORTUGALÉS
GUARDAMATERIALES
PARAFERNALES
ANTIFERNALES
PERNALES
FLORALES
ESPONSALES
COMPITALES
CARMENTALES
AYALÉS
GUARDAMUEBLES
CHERICLES
CIBELES
ISÓSCELES
MENUCELES
ROCHELÉS
BORDELÉS
ANOFELES
GABRIELES
PISAPAPELES
SUJETAPAPELES
CORTAPAPELES
SALVAMANTELES
RAJABROQUELES
INGLÉS
MATACANDILES
ATIZACANDILES
AQUILES
ONOQUILES
AVILÉS
CARNÍCOLES
MIÉRCOLES
GOLES
GRAFIOLES
RAVIOLES
TIROLÉS
MORLÉS
HÉRCULES
GULES
TURULÉS
APLANACALLES
TROTACALLES
AZOTACALLES
MARSELLÉS
ESTELLÉS
ALZAFUELLES
ZARAGÜELLES
ROMPEZARAGÜELLES
PULLÉS
MES
SIAMÉS
BAYAMÉS
TREMÉS
ENTREMÉS
DIMES
FOMES
CARMES
KERMES
ALKERMES
TERMES
QUERMES
ALQUERMES
ALBANÉS
DANÉS
SARDANÉS
AMPURDANÉS
SUDANÉS
GUADIANÉS
INDIANÉS
MILANÉS
MANES
ALEMANÉS
HIPÓMANES
CUMANÉS
ROANÉS
ENTREPANES
ARANÉS
ORANÉS
SANES
INDOSTANÉS
AGUANÉS
RUANÉS
JAVANÉS
JAENÉS
MODENÉS
GUIENÉS
VIENÉS
MENÉS
LORENÉS
CESENÉS
ALCATENES
DEMÓSTENES
RAVENÉS
MEDINÉS
ENTREPEINES
FINÉS
UGROFINÉS
IMÁGINES
CARTAGINÉS
MOLINÉS
BERLINÉS
DURLINES
MESINÉS
MATINES
MAITINES
NARBONÉS
LISBONÉS
AMORICONES
GASCONÉS
ESCARRAMANCHONES
LEONÉS
ARAGONÉS
MAHONÉS
GUADAFIONES
LIONÉS
TRIONES
MISIONES
PORTAAVIONES
GIJONÉS
FOLIJONES
QUIJONES
BADALONÉS
BARCELONÉS
POLONÉS
TOLONÉS
PAMPLONÉS
RECULONES
ROSELLONÉS
CREMONÉS
TRINCAPIÑONES
CASCAPIÑONES
AVIÑONÉS
JAPONÉS
MATARONÉS
PADRONÉS
VERONÉS
GIRONÉS
DESTRIPATERRONES
GRASONES
BOTONES
BAYONÉS
ARNÉS
GUADARNÉS
BEARNÉS
GUARNÉS
BERNÉS
HIBERNÉS
VIERNES
REVIERNES
TORNÉS
MARITORNES
LUNES
IRUNÉS
CALAÑÉS
MONTAÑÉS
CAMPIÑÉS
BOLOÑÉS
LOGROÑÉS
SANTOÑÉS
CORUÑÉS
ALOES
LIPES
ALPES
CAMPÉS
POPÉS
RES
ARES
ACHARES
DARES
FARES
LONGARES
FAJARES
VEIMARÉS
NARES
FERRARÉS
QUITAPESARES
ANTARES
CALABRÉS
SANABRÉS
GINEBRÉS
ESCURRIMBRES
TRAGAHOMBRES
MATAHOMBRES
COLUMBRES
MONVIEDRÉS
MURVIEDRÉS
PEDRÉS
PONTEVEDRÉS
BALDRÉS
GÜELDRÉS
ANDRÉS
LONDRÉS
FALONDRES
TRAERES
CERES
DERRAMAPLACERES
FÉFERES
ENSERES
INTERÉS
DESINTERÉS
VÍVERES
FRES
ORIFRÉS
OROFRÉS
GRES
FELIGRÉS
ACORES
PESALICORES
CATALICORES
CHIQUEADORES
SIETECOLORES
MILAMORES
TORÉS
ENGAÑAPASTORES
APRÉS
CIPRÉS
ACIPRÉS
BAUPRÉS
EIBARRÉS
TRES
FRATRES
VEINTITRÉS
ENTRÉS
DEMIENTRES
SES
MOISÉS
ACATES
ÁCATES
ALICATES
GAGATES
ALATÉS
PENATES
DIABETES
PETERETES
CAYETÉS
TRILOBITES
PLEITÉS
DRAGONITES
SORITES
ALABASTRITES
GALATITES
HEMATITES
GALACTITES
ETITES
MALTÉS
ANTES
GANTÉS
ESPILLANTES
MANTÉS
ENANTES
DENANTES
ENDENANTES
ESCARBADIENTES
MONDADIENTES
ENJUAGADIENTES
LIMPIADIENTES
REGAÑADIENTES
LAVADIENTES
SEDIENTES
FUSENTES
HUSENTES
ENTREPUENTES
SIRVENTÉS
MONTÉS
BEAMONTÉS
PIAMONTÉS
AGRAMONTÉS
SALTAMONTES
TORRONTÉS
CALBOTES
BOOTES
TRAGAVIROTES
DESCARTES
MARTES
CORTÉS
DESCORTÉS
ECLESIASTÉS
CERASTES
PARAFRASTES
PENTECOSTÉS
SANTIAGUÉS
MALAGUÉS
SAYAGUÉS
VIGUÉS
YANGÜÉS
BURGUÉS
HAMBURGUÉS
LUCEMBURGUÉS
LUXEMBURGUÉS
LUGUÉS
PORTUGUÉS
AVUGUÉS
GENUÉS
PUES
DESPUÉS
TEPEAQUÉS
JAQUÉS
BUSCAPIQUES
QUESIQUÉS
SALAMANQUÉS
PARACHOQUES
ROQUÉS
IROQUÉS
MARQUÉS
DINAMARQUÉS
MALLORQUÉS
MENORQUÉS
TORQUES
TURQUÉS
LUQUÉS
AVÉS
ALAVÉS
MALAVÉS
PAVÉS
TRAVÉS
AGUANIEVES
AGUZANIEVES
REVÉS
JUEVES
JATIVÉS
ENVÉS
GENOVÉS
GINOVÉS
PAYÉS
BUYES
VALAIS
AINDAMÁIS
PAÍS
BIS
PISCOLABIS
CHISGARABÍS
IBIS
ALCRIBÍS
BIRIBÍS
MAMBÍS
CORANVOBIS
BISBIS
PUBIS
CIS
GLACIS
MACIS
MÁSTICIS
PISCIS
COLAPISCIS
CHIS
HACHÍS
DIS
ENDÍADIS
BRANDÍS
BRINDIS
RONDÍS
PERDIS
NEIS
GNEIS
REIS
SEIS
DIECISÉIS
VEINTISÉIS
BUÉIS
ESTOCAFÍS
GIS
LOGIS
EXTRANJIS
LIS
MELIS
VELIS
BILIS
ATRABILIS
BÓBILIS
FILIS
SÍFILIS
BUSILIS
TORTÍCOLIS
CÓRCHOLIS
ACRÓPOLIS
NECRÓPOLIS
METRÓPOLIS
INTRÍNGULIS
PÁRULIS
MIS
TREMÍS
SEMIS
DERMIS
EPIDERMIS
ANÍS
CÁLANIS
TENIS
GÉMINIS
ADONIS
MONÍS
DINORNIS
PRUÍS
TAPIS
QUEPIS
LIPIS
NIPIS
TRUMPIS
BÁCARIS
FALARIS
PARÍS
CRIS
CAMEDRIS
BERBERÍS
PERÍS
GRIS
PETIGRÍS
GRISGRÍS
IRIS
HONORIS
CLÍTORIS
FURRIS
TRIS
CENTRIS
BASIS
CASIS
CHASIS
ÉNFASIS
ANQUILOSTOMIASIS
MIDRIASIS
SATIRIASIS

PITIRIASIS
LITIASIS
ELEFANTIASIS
HELMINTIASIS
PARALASIS
OASIS
FRASIS
PARÁFRASIS
PERÍFRASIS
ANTÍFRASIS
ÉCTASIS
EPÍTASIS
ÉNTASIS
PRÓTASIS
CATÁSTASIS
APOCATÁSTASIS
METÁSTASIS
ESTASIS
PERÍSTASIS
ANTIPERÍSTASIS
HEMOSTASIS
HIPÓSTASIS
ÉXTASIS
DIÓCESIS
ARCHIDIÓCESIS
ARQUIDIÓCESIS
DIAPÉDESIS
EXÉGESIS
HEMATEMESIS
MIMESIS
GÉNESIS
ENDOGÉNESIS
PARTENOGÉNESIS
PARÉNESIS
CARIOCINESIS
CATACRESIS
ANTICRESIS
SINDÉRESIS
AFÉRESIS
PROSTAFÉRESIS
DIÉRESIS
SINÉRESIS
CATERESIS
DIAFORESIS
ADIAFORESIS
DIURESIS
TESIS
DIÁTESIS
METÁTESIS
ANTÍTESIS
PARACENTESIS
EPÉNTESIS
PARÉNTESIS
SÍNTESIS
PARASÍNTESIS
HIPÓTESIS
PRÓTESIS
PRÓSTESIS
CATEQUESIS
DIÁFISIS
EPÍFISIS
SÍNFISIS
APÓFISIS
HIPÓFISIS
LISIS
DIÁLISIS
ANÁLISIS
SICOANÁLISIS
PSICOANÁLISIS
CRIPTOANÁLISIS
PARÁLISIS
CATÁLISIS
ÉNCLISIS
PROCLISIS
HIDRÓLISIS
ELECTRÓLISIS
CRISIS
HIPERCRISIS
ANAGNÓRISIS
TISIS
HEMOPTISIS
ANTRACOSIS
SITACOSIS
PSITACOSIS
CALCICOSIS
SILICOSIS
MICOSIS
ACTINOMICOSIS
SICOSIS
PSICOSIS
METEMPSICOSIS
CARBUNCOSIS
EQUINOCOSIS
NARCOSIS
CISTICERCOSIS
DOSIS
ACIDOSIS
APÓDOSIS
LORDOSIS
ENFITÉOSIS
APOTEOSIS
CIFOSIS
SIFOSIS
ANAMORFOSIS
METAMORFOSIS
HIPERMETAMORFOSIS
FLOGOSIS
SIMBIOSIS
HELIOSIS
ESCOLIOSIS
MIOSIS
NEUMOCONIOSIS
FILARIOSIS
ALCALOSIS
EPIGLOSIS
COLIBACILOSIS
ESPONDILOSIS
ANQUILOSIS
EPANADIPLOSIS
PEDICULOSIS
TUBERCULOSIS
FIMOSIS
EQUIMOSIS
ANASTOMOSIS
ÓSMOSIS
ENDÓSMOSIS
EXÓSMOSIS
MELANOSIS
SELENOSIS
ESTENOSIS
DIAGNOSIS
PROGNOSIS
AVITAMINOSIS
TRIQUINOSIS
ZOONOSIS
HIPNOSIS
HIPOTIPOSIS
CAROSIS
NECROSIS
ANHIDROSIS
HIPERHIDROSIS
SIDEROSIS
ESCLEROSIS
ARTERIOSCLEROSIS
PIROSIS
VIROSIS
CLOROSIS
CIRROSIS
DIARTROSIS
ENARTROSIS
SINARTROSIS
AMAUROSIS
NEUROSIS
APONEUROSIS
HEMATOSIS
DERMATOSIS
FAGOCITOSIS
MITOSIS
AMITOSIS
EPANORTOSIS
EPANALEPSIS
METALEPSIS
SILEPSIS
PROLEPSIS
APOCALIPSIS
ECLIPSIS
ELIPSIS
SINOPSIS
CATARSIS
ENFITEUSIS
GRATIS
SATIS
ISATIS
MUTATIS
CETÍS
DABITIS
FLEBITIS
APENDICITIS
ASCITIS
CARDITIS
PERICARDITIS
ENDOCARDITIS
MIOCARDITIS
OSTEÍTIS
MENINGITIS
FARINGITIS
LARINGITIS
LITIS
AMIGDALITIS
CEFALITIS
ENCEFALITIS
CUOTALITIS
MIELITIS
OSTEOMIELITIS
POLIOMIELITIS
COLITIS
ENTEROCOLITIS
DERMITIS
BALANITIS
TIMPANITIS
ADENITIS
DUODENITIS
ESPLENITIS
VAGINITIS
RINITIS
PERITONITIS
BLEFARITIS
OVARITIS
CONDRITIS
DIFTERITIS
ENTERITIS
GASTROENTERITIS
NEFRITIS
IRITIS
METRITIS
URETRITIS
ARTRITIS
GASTRITIS
PLEURITIS
NEURITIS
POLINEURITIS
SINUSITIS
ESTOMATITIS
DERMATITIS
HEPATITIS
QUERATITIS
PROSTATITIS
OTITIS
CISTITIS
PERIOSTITIS
RAQUITIS
BRONQUITIS
ORQUITIS
CONJUNTIVITIS
SINOVITIS
ANEXITIS
OCULTIS
MENTÍS
FRONTIS
CHOTIS
GLOTIS
EPIGLOTIS
MORTIS
TORTIS
CUTIS
MUTIS
TIANGUIS
SANGUIS
UNGUIS
LUIS
RAQUIS
EQUIS
MIQUIS
TIQUISMIQUIS
TIQUIS
TIQUISTIQUIS
FLANQUÍS
TRÍNQUIS
CROQUIS
PESQUIS
VIS
COCHEVÍS
MALVÍS
PELVIS
AXIS
ANAFILAXIS
PROFILAXIS
PRAXIS
SINTAXIS
EPISTAXIS
COXIS
APROXIS
ZIS
VALS
TRANS
CLARENS
OS
CAOS
TARDANAOS
PRONAOS
CARAOS
APURACABOS
LANZACABOS
HUEBOS
AMBOS
ENTRAMBOS
DENTRAMBOS
CALABOBOS
ENGAÑABOBOS
MATALOBOS
ESPANTALOBOS
TAPACUBOS
CARIACOS
ROMPESACOS
TIRATACOS
BICOS
AÑICOS
CORTAPICOS
SINGENÉSICOS
PÉSICOS
SALTABANCOS
SALTAEMBANCOS
ALLANABARRANCOS
SALTABARRANCOS
APAÑACUENCOS
TREPATRONCOS
TREPAJUNCOS
SOPLAMOCOS
CIBARCOS
CASTRAPUERCOS
GREGÜESCOS
CAUCOS
PERTRECHOS
SACACORCHOS
GUARDACARTUCHOS
DOS
SACABOCADOS
MEADOS
ESPANTANUBLADOS
SALTAPRADOS
INTRADÓS
EXTRADÓS
LANZATORPEDOS
ENTREDÓS
QUEVEDOS
IDOS
AMBIDOS
AMIDOS
ADAMIDOS
CARBÓNIDOS
MONDADÍDOS
CASITÉRIDOS
VEINTIDÓS
BUSCARRUIDOS
CATACALDOS
SENDOS
MIRAMELINDOS
JUZGAMUNDOS
TROTAMUNDOS
TRASDÓS
BURDEOS
PROPÓLEOS
AMEOS
METAMORFÓSEOS
DIADELFOS
POLIADELFOS
MONADELFOS
BUFOS
REMEDIAVAGOS
PORTAPLIEGOS
CHARNIEGOS
MATAGALLEGOS
ÁCIGOS
ZAMPABODIGOS
ABLANDAHÍGOS
QUINGOS
ARGOS
ENGAÑANECIOS
ROMPENECIOS
COMICIOS
DIOS
ADIÓS
MADIÓS
VICEDIÓS
SEMIDIÓS
MÍOS
AMNIOS
CARNIOS
CATERVARIOS
BRIOS
SINFISANDRIOS
CANTERIOS
CHUPACIRIOS
ANDARRÍOS
TAURIOS
ALISIOS
SITIOS
LOQUIOS
LEJOS
ASTILLEJOS
ASTILLEJOS
CORVEJOS
SALTAOJOS
LAVAOJOS
ABREOJOS
MATAPIOJOS
LOS
ALBOROTAPUEBLOS
CACHELOS
RASCACIELOS
ROMPEHIELOS
RECOGEABUELOS
LLORADUELOS
LEJUELOS
CUENTAHÍLOS
VILOS
CARLOS
BÁRTULOS
MAMACALLOS
MATACALLOS
CORTACALLOS
TRIPICALLOS
PELAGALLOS
TORNAGALLOS
MATAGALLOS
ELLOS
MATASELLOS
ESCARBILLOS
CALZONCILLOS
FONDILLOS
HONDILLOS
QUITAPELILLOS
FRAILILLOS
GRILLOS
TUMBACUARTILLOS
SALTACHARQUILLOS
AMOS
ENTRAMOS
LEJÍSIMOS
EXOFTALMOS
ARMOS
COSMOS
MATAHÚMOS
VENDEHÚMOS
NOS
MÁNFANOS
ACIANOS
ACACIANOS
GALIANOS
MIROBÁLANOS
CALOMELANOS
MIRABOLANOS
ESPANTAVILLANOS
BESAMANOS
AGUAMANOS
LAVAMANOS
MATASANOS
TÉTANOS
MENOS
PARALIPÓMENOS
GUARDAFRENOS
DESHONRABUENOS
CALAÍNOS
TIRACHINOS
ARRANCAPINOS
CATAVINOS
CIEGAYERNOS
CUMPLEAÑOS
CONTRAARMIÑOS
GUARDACUÑOS
POS
SACATRAPOS
CAYAPOS
DEPÓS
NIPOS
EMPÓS
FILOPOS
GROPOS
ROS
ESPANTAPÁJAROS
CÁTAROS
CAVAROS
PORTALIBROS
EROS
BÉRBEROS
PICAMADEROS
TAPAGUJEROS
SACADINEROS
HORTADINEROS
SIETECUEROS
CONTRAVEROS
GROS
TIRATIROS
MATAMOROS
CAPOROS
GUARDABARROS
LIMPIABARROS
SALVABARROS
CORTACIGARROS
CAPARRÓS

AHORCAPERROS
ECHAPERROS
MATAPERROS
ALBATROS
CUENTAKILÓMETROS
NOSOTROS
VOSOTROS
DESCUERNAPADRASTROS
NUESTROS
VUESTROS
INTRAMUROS
EXTRAMUROS
CORTAPUROS
SOS
CUENTAPASOS
ESOS
QUEBRANTAHUESOS
CLISOS
CIANOSOS
TOS
CATOS
PELAGATOS
SALTAGATOS
MAZAGATOS
CALIENTAPLATOS
LAMEPLATOS
ESCURREPLATOS
DUCIETOS
PICAPLEITOS
BUSCAPLEITOS
LEJITOS
ZARCILLITOS
PINGANITOS
CINCONEGRITOS
CORTACIRCUITOS
ECHACANTOS
TIRACANTOS
TRAGASANTOS
SEPANCUANTOS
BENTOS
TRECIENTOS
SETECIENTOS
NOVECIENTOS
OCHOCIENTOS
DOCIENTOS
CUATROCIENTOS
TRESCIENTOS
SEISCIENTOS
DOSCIENTOS
QUINIENTOS
TIENTOS
AGUAVIENTOS
DESTRIPACUENTOS
TROTACONVENTOS
COROTOS
ARTOS
SACACUARTOS
DESENTIERRAMUERTOS
METEMUERTOS
ULTRAPUERTOS
FASTOS
TRIPASTOS
MONOPASTOS
MONOSPASTOS
ESTOS
ESPANTAGUSTOS
FLAUTOS
DÚOS
VOS
CAZACLAVOS
PAPAHUEVOS
ECHACUERVOS
YOS
ATARANTAPAYOS
PARARRAYOS
CIENSAYOS
ROMPEPOYOS
SUYOS
TUYOS
CALZONAZOS
CUARTAZOS
MONDAPOZOS
BUZOS
BRUZOS
BÍCEPS
TRÍCEPS
FÓRCEPS
REPS
CORPS
HABÚS
AGIBÍLIBUS
AGÍLIBUS
ÓMNIBUS
CUMQUIBUS
OBÚS
CHUS
IDUS
TIFUS
NEGUS
NULLÍUS
FELÚS
ÁNGELUS
CÁROLUS
PLUS
MUS
GAUDEAMUS
HUMUS
VENUS
AGNUS
PUS
CORPUS
LUPUS
RUS
VIRUS
ULTRAVIRUS
PETRUS
SUS
DESÚS
JESÚS
LAPSUS
TUS
PATATÚS
RICTUS
SANCTUS
CRISTUS

T

STABAT
MAGNÍFICAT
REQUIÉSCAT
TRÁNSEAT
FÍAT
ALMICANTARAT
EVAT
WAT
ALFAYAT
ET
ALACET
SOVIET
CHALET
CRICQUET
TURBIT
DÉFICIT
JUDIT
NOLIT
CENIT
ZENIT
PITPIT
ÁBSIT
ACCÉSIT
RECÉSIT
SUPERÁVIT
VOLT
DELANT
GRANT
SANT
DEVANT
GENT
ARGENT
ALLENT
ALGUNT
VOLAVÉRUNT
PAILEBOT
PAQUEBOT
SALACOT
FAGOT
CHEVIOT
COMPLOT
MIRRAST
LEST
PREST
CHIST
POST
UT
FEFAÚT
CESOLFAÚT
FOMALHAUT
CALICUT
GESOLREÚT
MAMUT
ACIMUT
AZIMUT
VERMUT
RUT
AZUT

U

U
CAUCHAU
MIAU
JAU
LLAULLAU
MARRAMÁU
CARAÚ
TAU
URUTAÚ
GUAU
BU
MARABÚ
ALMORABÚ
TABÚ
CEBÚ
RENDIBÚ
CARIBÚ
TRIBU
BAMBÚ
CAMAMBÚ
OMBÚ
URUBÚ
CU
PACÚ
CARACÚ
BRIDECÚ
CATECÚ
HUECÚ
SABICÚ
CUBANICÚ
BIRICÚ
CUCÚ
URUCÚ
CURUCÚ
SUCU
CACHÚ
MANCHÚ
UCHÚ
ÑANDÚ
GUANDÚ
COENDÚ
PUDÚ
MILDEU
FU
FUFÚ
SAGÚ
AMBIGÚ
HU
MILDIU
TENÍU
MAÑÍU
SÍU
ALHAJÚ
ALAJÚ
TAJÚ
PATAJÚ
SIJÚ
IJUJÚ
CALALÚ
PELÚ
TOLÚ
BULULÚ
ZULÚ
MU
ANAMÚ
TEMU
RIMÚ
ÑU
BOU
PU
PAPÚ
YAPÚ
PEPÚ
TEPÚ
CHAMPÚ
CAMARÚ
CUMARÚ
MAMBRÚ
PERÚ
TERUTERU
RURRÚ
URÚ
CURÚ
TACURÚ
GUAICURÚ
CHUCURU
ESTUCURÚ
CARURÚ
CURURÚ
TURURÚ
SU
CANESÚ
GRISÚ
TISÚ
VISU
NANSÚ
TÚ
TU
TATÚ
STATU
ÍMPETU
ESPÍRITU
INTUITU
CANTÚ
MOTU
ÑACURUTÚ
TUTURUTÚ
TUTÚ
BAYÚ
TEYÚ
GUABIYÚ
CURIYÚ
ALCUZCUZU

X

AX
GAMBAX
CARCAX
CLÍMAX
OPOPÁNAX
SAXAFRAX
BÓRAX
TÓRAX
METATÓRAX
CEFALOTÓRAX
NEUMOTÓRAX
HIDROTÓRAX
PROTÓRAX
MESOTÓRAX
ÁNTRAX
PATAX
ÍNDEX
SÍLEX
ESCÓLEX
PÓLEX
ÁPEX
EXCREX
LÁTEX
CÓCCIX
DIX
FÉNIX
ÓNIX
OX
GAMBOX
COXCOX
TROX
DUX
MORADUX
ALMORADUX
FLUX
PÓLUX

Y

Y
AY
PIJIBAY
AGUARIBAY
CURIBAY
ÑANDUBAY
CAY
PACAY
AMANCAY
ACHACHAY
CARAPACHAY
GUALANDAY
CARANDAY
URUNDAY
VERDEGAY
GUIRIGAY
BARANGAY
DESGAY
UBAJAY
LAY
BALAY
PALAY
QUILLAY
SINAMAY
QUILMAY
ANAY
ADONAY
ESPAY
CURUPAY
CARAY
GARAY
TARAY
CAMBRAY
CANDRAY
FRAY
NORAY
CONTRAY
ENSAY
HUACATAY
PATAY
YATAY
ESTAY
CONTRAESTAY
GUAY
AGUAY
CARAGUAY
PARAGUAY
COLLIGUAY
BEY
ABEY
QUIBEY
DEY
URUNDEY
CURUJEY
LEY
SANGLEY
MAMEY
CANEY
COPEY
REY
CAREY
YAREY
MEREY
FREY
GREY
PEJERREY
MONTERREY
VIRREY
VISORREY
GUERNESEY
BATEY
CATEY
CARACATEY
BUEY
VACABUEY
MATABUEY
TENTABUEY
DETIENEBUEY
JAGÜEY
MAGUEY
CURAMAGÜEY
CACAHUEY
MY
NY
BOY
COY
COICOY
BOCOY
MORROCOY
OOY
GODOY
HOY
TIPOY
ACROY
CHOROY
PITOITOY
RENTOY
CONVOY
CUY
COCUY
CUCUY
HUY
MUY
ESPUMUY
MANGACHAPUY
COLETUY
YUY

Z

ABAZ
CAZ
BOCACAZ
DICAZ
EFICAZ
INEFICAZ
PERSPICAZ
SUSPICAZ
PROCAZ
SOCAZ
ARCAZ
FORCAZ
TORCAZ
MENDAZ
MORDAZ
AUDAZ
FAZ
SOBREFAZ
ANTIFAZ
TRAGAZ
SAGAZ
FUGAZ
GAZGAZ
HAZ
ALCAHAZ
CONTRAHAZ
SOBREHAZ
ARRIAZ
FALAZ
SALAZ
SOLAZ
PRIMAZ
CONTUMAZ
TENAZ
PUGNAZ
MINAZ
PERTINAZ
ARROAZ
PAZ
CAPAZ
INCAPAZ
PÁPAZ
RAPAZ
PORTAPAZ
ALFARAZ
ALJARAZ
MONTARAZ
LENGUARAZ
FERAZ
VERAZ
DISFRAZ
AGRAZ
VORAZ
DEVORAZ
ARRAZ
ABARRAZ
ALBARRAZ
ALFERRAZ
ALCATRAZ
MATRAZ
SAZ
ASAZ
TAZ
MOGATAZ
LATAZ
CAPATAZ
ALCARTAZ
ALPARTAZ
TASTAZ
SECUAZ
LOCUAZ
LENGUAZ
VIVAZ
ACAYAZ
ARRAYAZ
JAEZ
ARRÁEZ
PATARRÁEZ
MANCEBEZ
COBEZ
MACICEZ
DESCALCEZ
MUCHACHEZ
BORRACHEZ
BORRACHEZ
DERECHEZ
ESTRECHEZ
CHOCHEZ
DELICADEZ
DELGADEZ
DEJADEZ
CUÑADEZ
HONRADEZ
PESADEZ
CUITADEZ
BEBDEZ
MORBIDEZ
ACIDEZ
PLACIDEZ
FLACCIDEZ
RANCIDEZ
LUCIDEZ
TRANSLUCIDEZ
CANDIDEZ
ESPLENDIDEZ
ARDIDEZ
SORDIDEZ
RIGIDEZ
FRIGIDEZ
ALGIDEZ
CALIDEZ
PALIDEZ
ESCUALIDEZ
VALIDEZ
INVALIDEZ
SOLIDEZ
ESTOLIDEZ
PULIDEZ
TULLIDEZ
TIMIDEZ
RAPIDEZ
SAPIDEZ
INTREPIDEZ
INSIPIDEZ
LIMPIDEZ
ESTUPIDEZ
ARIDEZ
FLORIDEZ
HORRIDEZ
PUTRIDEZ
MATIDEZ
FETIDEZ
NITIDEZ
LANGUIDEZ
FLUIDEZ
LIQUIDEZ
AVIDEZ
IMPAVIDEZ
GRAVIDEZ
INGRAVIDEZ
LIVIDEZ
GRANDEZ
SANDEZ
CACHONDEZ
REDONDEZ
SABIHONDEZ
HEDIONDEZ
TORIONDEZ
VERRIONDEZ
PUDIBUNDEZ
RUBICUNDEZ
ORIUNDEZ
BEODEZ
LERDEZ
SORDEZ
BEUDEZ
AGUDEZ
VIUDEZ
MUDEZ
TARTAMUDEZ
SORDOMUDEZ
DESNUDEZ
RUDEZ
TESTARUDEZ
SESUDEZ
TOZUDEZ
FEZ
GAFEZ
RAFEZ
REFEZ
ALFALFEZ
HEZ
RAHEZ
BELHEZ
TIBIEZ
DIEZ
CACHONDIEZ
PARDIEZ
ORDINARIEZ
MANDRIEZ
BAJEZ
CEGAJEZ
SALVAJEZ
VIEJEZ
BERMEJEZ
AÑEJEZ
VEJEZ
ALJEZ
COJEZ
ROJEZ
ENDEBLEZ
TERRIBLEZ
DOBLEZ
BELEZ
RIDICULEZ
PARVULEZ
DONCELLEZ
SENCILLEZ
AMARILLEZ
MOLLEZ
POLLEZ
HAMEZ
MEMEZ
AJIMEZ
ARIMEZ
ALMEZ
VELMEZ
VILAGÓMEZ
PÓMEZ
CANEZ
LIVIANEZ
ALTANEZ
LLENEZ
PEDROJIMÉNEZ
PEROJIMÉNEZ
CANINEZ
TERNEZ
TÚNEZ
EXTRAÑEZ
PREÑEZ
PEQUEÑEZ
NIÑEZ
ÑOÑEZ
SOEZ
PEZ
COLAPEZ
ESPINAPEZ
CERAPEZ
SALIPEZ
ALPEZ
LÓPEZ
AJEDREZ
ALFÉREZ
LIGEREZ
ALFIÉREZ
JEREZ
MARIPÉREZ
ASPEREZ
ENTEREZ
FREZ
ALMOFREZ
DESFREZ
DISFREZ
MAGREZ
ALMIREZ
PREZ
DESPREZ
DESTREZ
DUREZ
MADUREZ
INMADUREZ
ESCASEZ
INSULSEZ
GROSEZ
TEZ
MENTECATEZ
DESFACHATEZ
MOJIGATEZ
SENSATEZ
INSENSATEZ
ESTRICTEZ
MARCHITEZ
RECONDITEZ
EXQUISITEZ
ESBELTEZ
GIGANTEZ
GARGANTEZ
AVILANTEZ
BRILLANTEZ
TIRANTEZ
PESANTEZ
AVARIENTEZ
IDIOTEZ
DESTEZ
ROBUSTEZ
ADUSTEZ
VENUSTEZ
VETUSTEZ
ENJUTEZ
BRUTEZ
EMBRIAGUEZ
MEGUEZ
LOBREGUEZ
MENDIGUEZ
HIDALGUEZ
TIÁNGUEZ
LARGUEZ
ALARGUEZ
JUEZ
SOBREJUEZ
CONJUEZ
NUEZ
AJONUEZ
SELVATIQUEZ
HECTIQUEZ
ETIQUEZ
HETIQUEZ
ESTITIQUEZ
DESPOTIQUEZ
EXOTIQUEZ
ESTIPTIQUEZ
DOMESTIQUEZ
SOFISTIQUEZ
RUSTIQUEZ
ALQUEZ
RONQUEZ
CADUQUEZ
VEZ
MALAVEZ
ALTIVEZ
ESQUIVEZ
VIVEZ
CALVEZ
GÁLVEZ
PLEBEYEZ
MAÍZ
RAÍZ
JARAÍZ
HABIZ
DIZ
FELADIZ
FILADIZ
DESFILADIZ
DESHILADIZ
APRENDIZ
RONDIZ
TONDIZ
PERDIZ
CHOCHAPERDIZ
CAFIZ
HAFIZ
ARRAFIZ
ALFIZ
CAHÍZ
CÁLIZ
REGALIZ
FELIZ
INFELIZ
JELIZ
TERLIZ
DESLIZ
SOBREPELLIZ
TELLIZ
MIZ
ALCAMIZ
TAMIZ
BARNIZ
BERNIZ
CODORNIZ
PROÍZ
LÁPIZ
PORTALÁPIZ
TAPIZ
CARIZ
CHAFARIZ
ALMOFARIZ
JAHARIZ
ALLARIZ
CHAMARIZ
TAMARIZ
NARIZ
VARIZ
LOMBRIZ
PECADRIZ
COCADRIZ
CONSEJADRIZ
MADRIZ
VENADRIZ
ALEFRIZ
ALFORIZ
PECATRIZ
CICATRIZ
RETARDATRIZ
FREGATRIZ
EMBAJATRIZ
MATRIZ
FORMATRIZ
FULMINATRIZ
DOMINATRIZ
ACELERATRIZ
GENERATRIZ
EMPERATRIZ
ADORATRIZ
DEFENSATRIZ
SALTATRIZ
CANTATRIZ
CONMUTATRIZ
ACTRIZ
ATRACTRIZ
ELECTRIZ
DIRECTRIZ
BISECTRIZ
PROTECTRIZ
DUCTRIZ
MERETRIZ
ULTRIZ
COCOTRIZ
MOTRIZ
LOCOMOTRIZ
ELECTROMOTRIZ
AUTOMOTRIZ
NUTRIZ
TUTRIZ
INSTITUTRIZ
MATIZ
QUIRGUIZ
MALVIZ
CERVIZ
COZ
PRECOZ
ALFICOZ
ALPICOZ
CHOZ
CADOZ
FOZ
ALFOZ
HOZ
ALHOZ
VELOZ
ALBORNOZ
TEJAROZ
ALAROZ
FEROZ
ARROZ
ATROZ
VOZ
TORNAVOZ
ALTAVOZ
PORTAVOZ
SOVOZ
ZAREVITZ
CZAREVITZ
SELTZ
CHAUZ
CARAUZ
SAUZ
BUZ
ALCABUZ
ARCABUZ
CUZ
CUZCUZ
ALCUZCUZ
DUZ
ALCADUZ
ARCADUZ
CAÑADUZ
OVADUZ
PALODUZ
MARFUZ
GURGUZ
PAJUZ
LUZ
ANDALUZ
TRAGALUZ
CALALUZ
CONTRALUZ
PARTELUZ
FOLUZ
TRASLUZ
MUZ
ATRAMUZ
ALTRAMUZ
ABENUZ
AJENUZ
CARNUZ
CAPUZ
CHAPUZ
GUIPUZ
CHAMPUZ
CRUZ